VALORES E INTERESSES

DESENVOLVIMENTO ECONÓMICO
E POLÍTICA COMUNITÁRIA DE COOPERAÇÃO

EDUARDO PAZ FERREIRA

Professor Associado da Faculdade de Direito
da Universidade de Lisboa

VALORES E INTERESSES

DESENVOLVIMENTO ECONÓMICO E POLÍTICA COMUNITÁRIA DE COOPERAÇÃO

ALMEDINA

TÍTULO:	VALORES E INTERESSES DESENVOLVIMENTO ECONÓMICO E POLÍTICA COMUNITÁRIA DE COOPERAÇÃO
AUTOR:	EDUARDO PAZ FERREIRA
EDITOR:	LIVRARIA ALMEDINA – COIMBRA www.almedina.net
LIVRARIAS:	LIVRARIA ALMEDINA ARCO DE ALMEDINA, 15 TELEF. 239851900 FAX 239851901 3004-509 COIMBRA – PORTUGAL livraria@almedina.net
	LIVRARIA ALMEDINA ARRÁBIDA SHOPPING, LOJA 158 PRACETA HENRIQUE MOREIRA AFURADA 4400-475 V. N. GAIA – PORTUGAL arrabida@almedina.net
	LIVRARIA ALMEDINA – PORTO R. DE CEUTA, 79 TELEF. 222059773 FAX 222039497 4050-191 PORTO – PORTUGAL porto@almedina.net
	EDIÇÕES GLOBO, LDA. R. S. FILIPE NERY, 37-A (AO RATO) TELEF. 213857619 FAX 213844661 1250-225 LISBOA – PORTUGAL globo@almedina.net
	LIVRARIA ALMEDINA ATRIUM SALDANHA LOJAS 71 A 74 PRAÇA DUQUE DE SALDANHA, 1 TELEF. 213712690 atrium@almedina.net
	LIVRARIA ALMEDINA – BRAGA CAMPUS DE GUALTAR, UNIVERSIDADE DO MINHO, 4700-320 BRAGA TELEF. 253678822 braga@almedina.net
EXECUÇÃO GRÁFICA:	G.C. – GRÁFICA DE COIMBRA, LDA. PALHEIRA – ASSAFARGE 3001-453 COIMBRA producao@graficadecoimbra.pt ABRIL, 2004
DEPÓSITO LEGAL:	210542/04

Toda a reprodução desta obra, por fotocópia ou outro qualquer processo, sem prévia autorização escrita do Editor, é ilícita e passível de procedimento judicial contra o infractor.

*Ao José, meu filho,
meu companheiro*

NOTA PRÉVIA

Como afirmo noutro sítio, escrevi este livro porque penso que ele corresponde à necessidade de reflectir, num plano académico, sobre uma questão fundamental – a do desenvolvimento económico – que se coloca às nossas sociedades.

Ao dedica-lo ao meu filho, José, faço-o com a esperança de que ele conheça um mundo mais justo e em que haja mais espaço para nos preocuparmos com os outros. Recordo, também, como aos seis anos aceitou serenamente a menor disponibilidade do pai para partilhar o seu quotidiano, contribuindo, também assim, para me dar muitas vezes forças para prosseguir.

Mas num livro em que tanto se fala de justiça, não ficaria bem comigo próprio se não desse conta das inúmeras dívidas de gratidão que contrai para com as mais diversas pessoas que não hesitaram em tornar a investigação menos solitária, apoiando-a com sugestões, pistas de investigação, cedência de bibliografia, ou disponibilizando-se para trocas de impressões sempre enriquecedoras, sem nada esperarem em troca.

Os agradecimentos que se seguem, bem como as recordações que evoco, reflectem a minha profunda gratidão para como todos que me auxiliaram, sem com isso representarem uma tentativa de vincular os seus destinatários a qualquer forma de responsabilidade pelas opiniões expressas que só podem ser imputadas ao autor.

Gostaria, em primeiro lugar, de manifestar a minha profunda gratidão ao Professor Doutor Rui Moura Ramos, a cuja enorme competência científica e amizade fico a dever tantas sugestões e tão pacientes trocas de impressões, que muito me auxiliaram no caminho percorrido e isto sem esquecer, naturalmente, o generoso convite que me fez para visitar no ano lectivo de 1999-2000 o Tribunal de Luxemburgo, em cuja excelente Biblioteca pude iniciar a pesquisa bibliográfica.

Não quero, também, esquecer as palavras de estímulo de tantos colegas da Faculdade e, em especial, dos catedráticos do grupo de Jurídico Económicas, Professores Doutores Pedro Soares Martinez, Paulo de Pitta e Cunha e António Luciano de Sousa Franco, bem como as úteis trocas de impressões com os Professores Doutores Manuel Porto, Avelãs Nunes e Aníbal Almeida, infelizmente entretanto falecido e a cuja memória presto a minha homenagem recordando as suas qualidades académicas e humanas.

Do José Medeiros Ferreira recordo o permanente estímulo que deu à minha carreira académica e a forma como ele e outros dois amigos de toda a vida, Mário Mesquita e João Alfacinha da Silva, fizeram sentir a sua presença nos momentos difíceis de hesitação ou desânimo.

Aos Professores Doutores António Soares Pinto Barbosa, Nelson Lourenço, Luís Moita e Adelino Fortunato fico a dever estimulantes trocas de impressões, assim como ao Conselheiro Cunha Rodrigues, ao Dr. Luís Fontoura, ao Padre Agostinho Jardim Gonçalves, ao Comandante Luís Costa Correia e ao Dr. João Ernesto Van Dunem.

À excelente equipa de docentes de Relações Económicas Internacionais da Faculdade de Direito de Lisboa, em especial aos Drs. João Atanásio, Pedro Infante da Mota, Luís Máximo dos Santos, Miguel Moura e Silva e Teresa Moreira estou, igualmente, grato por múltiplas formas de auxílio.

Não me posso esquecer das informações, auxílios bibliográficos, comentários, criticas e outras formas de apoio recebidas de Ana Paz Ferreira Perestrelo de Oliveira, Alexandra Pessanha, Carlota Sousa Gomes, Conceição Van Dunem, Elena Granaglia, Florent Agueh, Giuseppe Campa, Guido Stazi, João Van Dunem, José Simões Patrício, José Tavares, Luís Medeiros Ferreira, Manuel Barros, Marta Rebelo, Miguel Galvão Teles, Paula Marçalo e Xencora Camotim.

Do mesmo modo, não oculto como ao escrever este livro voltei ao diálogo franco, empenhado e interessado que durante tanto tempo mantive com o meu amigo fraterno Renato Cardoso, barbaramente assassinado em Cabo Verde, e cuja memória mais uma vez evoco com a saudade que se não extingue.

A Drª Mónica Ferreira, apoiou o trabalho de pesquisa e revisão do texto com a competência e dedicação, que tem posto no acompanhamento dos meus trabalhos. À arquitecta Gabriela Ferreira é também devida uma palavra pelo apoio na revisão final.

Tive a sorte de poder contar ao longo do trabalho com o acesso a algumas bibliotecas e centros de documentação de grande qualidade e onde a disponibilidade das pessoas é permanente e amiga.

Permita-se-me que homenageie em primeiro lugar a Biblioteca da Procuradoria-Geral da República e todos quantos nela trabalham, reno-

Nota Prévia   9

vando a expressão da minha admiração pela Dr². Natália Rocha, a quem aquela instituição e os juristas portugueses tanto devem.

Não esqueço, também, toda a ajuda recebida da Biblioteca da Faculdade de Direito de Lisboa e, muito particularmente, da Dr² Ana Martinho e da Biblioteca da Faculdade de Direito de Coimbra, através da Dr² Ana Maria Osório, assim como do Centro de Documentação do Banco de Portugal, por intermédio do Dr. Abreu Nunes e da Dr². Filomena Marçal, da Biblioteca do Tribunal Constitucional, pela mão da D.² Lúcia Rodrigues e da representação da Comissão Europeia, especialmente através da D. Ivone Pereira.

À Livraria Almedina e ao Engenheiro Carlos Pinto, expresso os meus agradecimentos pelo acolhimento gentil que mais uma vez me dispensam.

Finalmente recordo a forma como toda a minha família colaborou pelas mais diversa formas, aceitando a minha falta de disponibilidade e, lembro, especialmente, como a mãe Antónia me soube criar, como sempre, as melhores condições para o trabalho.

As últimas palavras vão, naturalmente, para a Francisca, permanente fonte de inspiração e estímulo intelectual, ao mesmo tempo que recordo a sua capacidade para me convencer que o meu texto não era tão claro como eu pensava e a sua abnegação em roubar às escassas horas de descanso o tempo necessário para que o fosse.

Lisboa, Março de 2004

INTRODUÇÃO

I
Das razões da escolha de um tema e de uma metodologia

Por detrás de todos os livros há necessariamente uma história, que incorpora a formação intelectual e científica do autor, o seu percurso pessoal, a sua percepção do mundo e a hierarquia de prioridades que dai resulta.

Essa história fica muitas vezes apenas confiada à subtileza do leitor mais interessado, que procura reconstituir os fios da aventura pessoal do autor ou, então, perde-se na frieza de uma leitura menos atenta.

Por mim entendo que se deve sempre dar conta das razões que nos levaram a privilegiar certo tema ou, pelo menos, daquelas de que temos consciência.

Começo pelas razões de formação pessoal e científica: o trabalho na Faculdade de Direito de Lisboa, no Grupo de Ciências Jurídico-Económicas, onde existe uma tradição de reflexão sobre os problemas das relações económicas internacionais[1] e do desenvolvimento[2] e onde fui consagrando a minha atenção a temas cada vez deles mais próximos[3].

---

[1] Recorde-se o papel pioneiro de PAULO DE PITTA E CUNHA, nas lições de Economia Política do 3.º ano, largamente consagradas ao tema. Vd. *Economia Política, 3.º* ano, versão policopiada, Lisboa, 1973, mais tarde desenvolvidas em *Relações Económicas Internacionais*, versão policopiada, Lisboa, 1983.

[2] Veja-se, por exemplo, a dissertação de SOUSA FRANCO, *Políticas Financeiras e Formação de Capital: Estudo Metodológico*, Lisboa, 1972 e, anteriormente, «Observações sobre a Formação do Capital numa Economia em Desenvolvimento», separata da *Revista da Faculdade de Direito da Universidade de Lisboa*, volume XX, 1966. E ainda ALBERTO XAVIER, «As Desigualdades Internacionais e a Integração Económica (introdução ao estudo das relações entre comércio internacional e o desenvolvimento económico)», *Revista da Faculdade de Direito da Universidade de Lisboa*, volume XXII, 1968/69, pp. 191 a 311.

[3] A título de exemplo, evoco a minha intervenção no Curso de Verão do Instituto Europeu de 2000/2001, os cursos de mestrado de Direito Internacional de 2002/2003 e 2003/2004, consagrados ao tema «Organizações Internacionais e Desenvolvimento Económico» e a disciplina de Relações Económicas Internacionais, leccionada no mestrado organizado pela Faculdade de Direito de Lisboa e pela Faculdade de Direito da Universidade Eduardo Mondlane, em Maputo em 2002/2003.

14 *Valores e Interesses*

Sigo para as razões pessoais: os acasos da vida levaram-me a ter um contacto mais próximo com o continente africano e com pessoas profundamente empenhadas em tarefas de desenvolvimento, o que constituiu uma via de aproximação inevitável à temática, como já explicitei no meu artigo "Direitos Humanos e Desenvolvimento"[4].

Finalmente, evoco a minha percepção do mundo que passa por aquilo que creio ser uma boa sociedade, assente na cidadania e na solidariedade e pelo entendimento de que a história da humanidade tem de ter tradução numa tentativa de encontrar soluções que viabilizem um crescente bem-estar das populações.

A afirmação dos direitos dos cidadãos foi seguramente um passo importante nessa via da criação de sociedades mais justas, mas o crescente processo de mundialização da economia veio tornar impossível restringir as preocupações com a justiça social ao espaço das fronteiras nacionais.

É hoje em dia evidente que, para além de todas as diferenças que separam os diversos povos e continentes, existem problemas comuns que só podem ser resolvidos através da cooperação da sociedade internacional.

O esbatimento das soberanias nacionais, tantas vezes apontado como aspecto negativo da globalização, pelo que implica de homogeneização da cultura e de pensamento, traz consigo, como aspecto positivo, a inevitabilidade de compreensão dos problemas à luz deste processo de transformação da sociedade em que as fronteiras perderam muito da sua importância ou significado[5].

Como se assinala num estudo da OCDE[6], a crescente integração económica entre Estados Nações determinou a "internacionalização" de toda uma séria de domínios anteriormente negligenciados ou objecto de jurisdição interna ou, quando muito, de acordos bilaterais.

Esta percepção está longe de ser nova. Recorde-se que, já em 1963, na encíclica *Pacem in Terris*, se afirmava que "... nenhuma comunidade política se encontra hoje em condições de zelar convenientemente os seus próprios interesses e de se desenvolver satisfatoriamente, fechando-se em si mesma. Porquanto, o nível da sua prosperidade e do seu desenvolvi-

---

[4] Cfr. EDUARDO PAZ FERREIRA, «Direitos Humanos e Desenvolvimento», *Revista da Faculdade de Direito de Lisboa*, volume XLI, n.º 1 (2000), pp. 23-34.

[5] Vd., em especial, a este propósito, MANUEL CASTELLS, *A Era da Informação: Economia, Sociedade e Cultura*, 2 volumes, Lisboa, Gulbenkian, tradução portuguesa, 2002.

[6] Cfr. *Échanges et Développement: les Enjeux*, Paris, OCDE, 2001, p. 23.

Introdução 15

mento é um reflexo e uma componente do nível de prosperidade e desenvolvimento de outras comunidades políticas"[7].

A aceleração deste processo, nos últimos anos, levou a que alguns autores viessem sustentar a ocorrência de um salto qualitativo, que imporá que se deixe de falar em sociedades interdependentes, para se passar a falar numa era de mundialidade da condição humana[8].

Ora, o aspecto central desse tempo novo, a grande revelação da era da mundialidade é, como defende RICARDO PETRELLA, que "... a sociedade humana tomou consciência da sua existência enquanto comunidade mundial e já não enquanto conjuntos múltiplos, justapostos ou interdependentes, de agrupamentos humanos, povos, nações, únicos e independentes, a quem a história recente teria intensificado e aprofundado as relações de dominação-dependência e de cooperação"[9].

A tomada de consciência dessa problemática é, de resto, fortemente acentuada pela velocidade de transmissão da informação, que nos permite ter, em tempo real, imagens impressionantes do sofrimento humano e que ultrapassa em muito a versão que o próprio MARSHALL MCLHUAN formulou da aldeia global[10].

Nesse aspecto, sinto-me especialmente interpelado pela imagem de fome e miséria de tantas crianças, em especial no continente africano e, contrariamente aos que partem da consideração de que o aspecto positivo da situação actual seria o de já não se viver em situação de pobreza generalizada[11], acredito que a riqueza, entretanto acumulada, deve ser utilizada por forma a pôr cobro às situações de pobreza, objectivo crescentemente assumido não só pelas organizações não governamentais de características caritativas, como pelas principais instituições financeiras, que tendem a

---

[7] In *A Igreja no Mundo. Doutrina Social da Igreja. Documentos Pontifícios e Episcopais*, União Gráfica, p. 128.

[8] Cfr. RICARDO PETRELLA, *O Bem Comum. Elogio da Solidariedade*, tradução portuguesa, Porto, Campo das Letras, 2002, p. 107.

[9] *Idem.*

[10] Inicialmente em *The Gutenberg Galaxy: the Making of Typographic Man*, Toronto, Toronto University Press, 1962 e, por ultimo, em *The Global Village: Transformations in World Life and Media in the 21st Century*, em co-autoria com BRUCE POWERS, New York, Oxford University Press, 1989.

[11] Como parece ser a aproximação de SÉRGIO REBELO, «Educação, Capital Humano e Desenvolvimento Económico», in *Globalização, Desenvolvimento e Equidade*, Lisboa, Gulbenkian – Dom Quixote, 2001, p. 77.

estruturar os seus programas de apoio ao desenvolvimento em torno do objectivo de erradicação da pobreza[12].

Fica, assim, claro que rejeito totalmente a ideia de que esse é um problema que não nos diz respeito, a nós cidadãos de Estados que alcançaram níveis elevados de desenvolvimento. Como várias décadas atrás, lucidamente, proclamou ATTLEE: "não podemos criar um céu no interior e deixar um inferno no exterior"[13].

Considero, consequentemente, que o problema do desenvolvimento económico tem profundos reflexos no plano internacional e nas formas de relacionamento entre os diferentes grupos de países, não podendo deixar de julgar positivamente a evolução a que se tem assistido, nos últimos anos, no direito internacional público, com uma afirmação crescente de um direito à ingerência para pôr cobro a situações de opressão intolerável.

A tendência para chamar a sociedade internacional a tentar resolver problemas que ocorrem dentro das fronteiras de alguns Estados, constituindo embora um dado extremamente positivo, não foi, todavia, levada às suas últimas consequências, uma vez que se parece continuar a ignorar a necessidade de assegurar não só a libertação das situações de opressão política, mas também a das situações de carência ou privação, caracterizadas pela existência de um número incalculável de seres humanos a viver abaixo de qualquer patamar mínimo de existência[14].

---

[12] Num movimento criticado por autores como SAMIR AMIN, «World Poverty, Pauperization & Capital Accumulation», *Montlhly Review*, Outubro de 2003, para quem, "um discurso sobre a pobreza e a necessidade de reduzir a sua dimensão, senão de a erradicar, tornou-se hoje moda. É um discurso de caridade, do estilo século dezanove, que não procura compreender os mecanismos económicos e sociais que geram a pobreza, embora existam os mecanismos tecnológicos e científicos para a erradicar".

[13] Recordado em JOHN KENNETH GALBRAITH, *The Nature of Mass Poverty*, New York, Harvard University Press, 1979, p. 30.

[14] Ainda assim, não se poderá esquecer a tendência que se vem desenhando no sentido do reconhecimento de um direito de ingerência humanitária e até de um dever de ingerência. Vd., para uma síntese, MAURICE TORRELLI, «La Dimension Humanitaire de la Sécurité Internationale», intervenção no colóquio de 21-23 de Julho de 1992 da Académie de Droit International de la Haie, actas publicadas sob o titulo *Le Développement du Rôle du Conseil de Sécurité*, Académie de Droit International de la Haie, Dordreccht/Boston/London, Martinus Nijhoff Publishers, 1993, pp. 169 e segs.. Entre nós, FRANCISCO FERREIRA DE ALMEIDA, «O Princípio da Não Ingerência e o Direito Internacional Humanitário», *Boletim da Faculdade de Direito da Universidade de Coimbra*, vol. LXXI, 1995, pp. 373 e segs.; MAFALDA CARMONA, MARIA DE FÁTIMA SILVA, INÊS ALVES VIEIRA e SUSANA VITAL DE FIGUEIREDO, «Direito de Intervenção Humanitária», *Revista Jurídica*, n.º 20, 1996, pp. 259 e segs.. GOMES CANOTILHO, «Nova Ordem Mundial e Ingerência Humanitária (Claros-Es-

Introdução 17

Esta evolução será tributária da tentação, identificada por HENRY SHUE, para distinguir entre os direitos básicos relacionados com a liberdade e os relacionados com a subsistência, desvalorizando estes últimos de uma forma inaceitável[15].

Dir-se-ia, aliás, numa primeira aproximação, que a tendência para desvalorizar esses direitos vai claramente contra a afirmação da Declaração dos Direitos do Homem de 1948, que proclama que "todos têm direito a um padrão de vida adequado à saúde e bem estar dos próprios e de toda a família".

O entendimento que existe um dever de acção da comunidade internacional no sentido de favorecer o desenvolvimento económico, não significa que não se atribua um papel central ao esforço das próprias comunidades em situação de atraso económico.

Penso, no entanto, não ser defensável que o nível de acomodação de certas sociedades a situações de extrema pobreza ao longo dos tempos constitua um argumento no sentido de dissuadir os esforços para combater essas situações, uma vez que a ausência de reacção terá sido, provavelmente, a única e sábia resposta a um problema que atingiu múltiplas gerações, que só assim se puderam defender e sobreviver[16].

As formas como as sociedades menos desenvolvidas foram tentado responder às situações de privação não podem ser ignoradas quando se reflecte sobre as políticas de desenvolvimento, sob pena de estas redundarem em exercícios de paternalismo ou apontarem caminhos que os destinatários terão dificuldade em aceitar[17].

---

curos de um Novo Paradigma Internacional)», *BFD*, vol. LXXI, 1995, pp. 1 e segs., sem deixar de reconhecer a dificuldade de estabelecer um padrão mínimo humanitário e um sistema jurídico internacional de defesa dos direitos humanos, defende a necessidade de reforço desse direito de ingerência, analisando as alterações legislativas que ela poderia justificar. Algumas Organizações Não Governamentais promoveram a adopção de uma Declaração de Padrões Mínimos Humanitários, que pode ser consultada em THEODOR MERON e ALLAN ROSAS, *American Journal of International Law*, vol 85 (1991), n.º 2, pp. 375-381.

[15] Cfr. HENRY SHUE, *Basic Rights, Subsistence, Affluence, and U.S. Foreign Policy*, 2.ª edição, Princeton and New Jersey, Princeton University Press, 1999.

[16] Recorde-se, a propósito, a observação de THEODORE SCHULTZ, ao receber o prémio Nobel em 1979: "as pessoas que são ricas têm dificuldade em compreender o comportamento dos pobres (…), aquilo que muitos economistas não compreendem é que os pobres não estão menos preocupados em melhorar a sua sorte e a dos seus filhos do que os ricos" *Journal of Political Economy*, 1980, vol. 88, n.º 4, p. 639.

[17] Daí a crescente importância dada pelas organizações internacionais aos processos participativos, abreviadamente designados PPA – vd. CAROLINE ROBB, *Can the Poor In-*

O mimetismo que em certas elites dessas sociedades se verifica em relação aos padrões de consumo e comportamento dos países mais desenvolvidos constitui, aliás, um dos aspectos mais criticáveis de muitos processos de desenvolvimento e, porventura, um dos maiores constrangimentos à obtenção de resultados efectivos.

Já FRANÇOIS PERROUX recordava a especial importância dos valores culturais nos países em desenvolvimento, entendidos "como um conjunto de normas e de valores de que a vida dos homens está impregnada nas suas manifestações exteriores e no íntimo das consciências"[18], o que permite entender as dificuldades de imposição de outras culturas totalmente alheias ao processo de sedimentação ocorrido ao longo de gerações.

Mas, se é impossível impor processos de desenvolvimento que não levem em consideração a cultura das populações destinatárias, nem por isso se pode aqui encontrar uma desculpa para ficar indiferente à existência de situações de extrema privação.

Na sociedade justa, que queremos e devemos transmitir às gerações vindouras, não é aceitável a discriminação em função do local onde nasce cada pessoa e creio que este é o grande problema que hoje se nos coloca tal como, no passado, foi o de garantir que ninguém era discriminado por razões de pertença a uma classe social. Tal concepção não pressupõe qualquer forma de igualitarismo, mas tão só a eliminação das barreiras culturais, económicas e sociais a que as pessoas possam fazer as suas escolhas livres e, a partir daí, constituírem sociedades mais justas.

Na abordagem destes temas perfilho a concepção, tão cara a PARTA DASGUPTA[19], de que a economia do desenvolvimento, como a economia em geral ou a filosofia política, não são meras matérias académicas, mas antes têm necessariamente uma ligação intrínseca com a forma como as pessoas nascem, podem viver e morrem[20].

---

fluence Policy, 2.ª edição, The World Bank, International Monetary Fund, Washigton, 2002, ou a importância dada ao conceito de "empowerment" nas políticas de desenvolvimento.

[18] *Ensaio sobre a Filosofia do Novo Desenvolvimento* (1981), tradução portuguesa, Lisboa, Gulbenkian, 1987, p. 280.

[19] *An Inquiry into Well Being and Destitution*, Oxford, Clarendon Press, 1993, p. 9.

[20] Ou, como escreve, numa perspectiva ligeiramente diversa, JOSEPH STIGLITZ, *Globalização. A Grande Desilusão*, tradução portuguesa de *The Globalization and Its Discontents*, Lisboa, Terramar, 2002, p. 25, "talvez a economia pareça um tema árido e bizarro, mas a verdade é que há políticas económicas adequadas que podem mudar a vida dessas populações deserdadas".

Introdução 19

Recordo, aliás, Peter Singer, quando escrevia, há mais de trinta anos[21], a propósito do Bangladesh: "o sofrimento e a morte que estão a ocorrer não são inevitáveis, nem insusceptíveis de ser prevenidos em qualquer sentido fatalístico do termo (...) as decisões e acções de seres humanos podem evitar este género de sofrimento".

Infelizmente, passadas várias décadas, poderia fazer-se a mesma afirmação a propósito de tantas outras situações, demonstrando que o desenvolvimento económico é uma tarefa inadiável e central para a nossa geração, que não pode continuar a assistir passivamente ao desabar de uma parte do mundo, por ausência de uma acção enérgica.

Partilho com Onora O'Neil[22] a convicção de que as pessoas têm o direito a não serem mortas e de que dai resulta para nós um dever de impedir as mortes por fome, sem o que não poderemos deixar de carregar o fardo da responsabilidade por essas mortes.

Não era, de resto, diverso o sentido da Encíclica *Populorum Progressio*, ao recordar aos ocidentais que são homicidas por omissão, falta de atenção e auto-satisfação, como sublinhou François Perroux[23].

As dificuldades da tarefa de desenvolvimento são múltiplas e qualquer análise realista esbarra com a verificação de que os resultados alcançados estão longe de ser satisfatórios. Mas nada poderia ser mais precipitado do que extrair daí conclusões no sentido de que se não deverá continuar a trabalhar pelo desenvolvimento e pela criação de melhores condições de vida para toda a humanidade[24].

Sem omitir a pertinente questão colocada por Immanuel Wallerstein quando se interroga sobre se o desenvolvimento é uma estrela-guia ou uma ilusão[25], creio, de facto, que se impõe continuar uma tarefa em que as dificuldades serão sempre muitas, mas em que o que está em causa é suficientemente importante para justificar a persistência.

A acentuada insensibilidade de vastos sectores da opinião pública que consideram que este não é um problema que lhes toque suficiente-

---

[21] «Famine, Affluence and Morality», *Philosophy and Pubic Affairs*, I, n.º 3 (1972).

[22] «Lifeboat Earth», in Charles Beitz, Marshall Cohen, Thomas Scanlon e John Simmons (orgs.), *International Ethics. A Philosophy and Public Affairs Reader*, Princeton and New Jersey, Princeton University Press, pp. 262 e segs..

[23] *Le Pain et la Parole*, Paris, Les Editions du Cerf, 1969, pp. 281-282.

[24] Como também conclui William Easterly, o seu desencantado e interessante *The Elusive Quest for Growth. Economists' Adventures and Misadventures in the Tropics*, Cambridge, London, MIT Press, 2001.

[25] «Development: Lodestar or Ilusion?», in Leslie Sklair, (org.), *Capitalism and Development*, Routledge, London e New York, 1994, pp. 3 e segs..

mente de perto e que, mesmo que dispostos a cumprir com o dever evangélico de auxiliar os vizinhos, pensam que nenhum critério de vizinhança pode trazer o "inferno no exterior" para junto de nós[26], constitui um factor importante a ter em conta.

À reflexão que está subjacente a esse tipo de comportamentos é preciso responder como o fez o Papa PAULO VI: "o homem deve encontrar o homem, as nações devem encontrar-se como irmãos e irmãs, como filhos de Deus. Nesta compreensão e amizades mútuas, nesta comunhão sagrada, devemos começar também a trabalhar juntos para construir o futuro comum da humanidade"[27].

A circunstância de muitas das nossa decisões, enquanto cidadãos das sociedades mais desenvolvidas, influenciarem directa ou indirectamente, de uma forma decisiva, a vida dessas pessoas, constitui seguramente um critério fundamental para os considerar "mais próximos" do que aquilo que pareceria resultar da mera consideração do espaço geográfico, muito relativizado, aliás, pela transmissão em tempo real das catástrofes e tragédias que atingem as populações dos mais diversos pontos do mundo.

Existe, hoje em dia, um amplo consenso sobre a necessidade de desenvolvimento, que apenas se não estende às metodologias a seguir ou aos ritmos desejáveis.

Valores e interesses alinham-se por detrás desse consenso, como sublinha a OCDE[28], ao sustentar a existência de três ordens de razões para justificar o esforço de desenvolvimento.

A primeira, prende-se com motivações humanitárias, resultantes da verificação de que a situação de privação, a que já aludimos, é insustentável e tem de ser combatida por todas as vias possíveis.

A segunda, apela ao próprio interesse dos países desenvolvidos, encarado quer na perspectiva do desenvolvimento dos mercados para a expansão económica, quer no da diminuição da pressão migratória e dos fenómenos de terrorismo.

A terceira, liga-se ao interesse em assegurar uma mais activa cooperação internacional em muitos domínios, através da adesão a padrões

---

[26] Para uma descrição e crítica deste tipo de posição, vd. THOMAS POGGE, «General Introduction», in THOMAS POGGE (org.), *World Poverty and Human Rights*, Cambridge, Polity, 2002, pp. 6 e segs..

[27] Alocução aos representantes das religiões não cristãs, em Bombaim, a 3 de Dezembro de 1964, recordada na *Populorium Progressio*, in *A Igreja No Mundo*, cit., p. 309.

[28] *Shaping the 21st Century: The Contribution of Development Co-operation*, Paris, 1996, p. 1.

comuns, que permitam encarar com outro optimismo a perspectiva de um desenvolvimento sustentável, respeitador dos valores da preservação do ambiente.

É de tudo isso que se procura falar neste trabalho, de características marcadamente interdisciplinares, mas que parte do pressuposto de que é necessário conjugar contribuições dos mais variados sectores do saber para dar a resposta que os povos mais desfavorecidos esperam, ou têm o direito de esperar.

Naturalmente que não houve a pretensão de tratar de modo exaustivo uma temática tão vasta e tão rica de implicações e que se tem uma clara percepção das dificuldades em encontrar uma resposta adequada para o desafio do desenvolvimento, depois de tantas experiências falhadas, que constituem o terreno ideal para alimentar o cepticismo e a acomodação.

Reconhece-se, da mesma forma, que não é fácil saber do que falamos quando nos referimos ao desenvolvimento económico, tanto mais quanto a expressão tem uma dimensão relativamente elástica, bastando pensar que serão muitos raros os governos que não assumem o desenvolvimento, pelo menos a nível interno, como um projecto central dos seus mandatos.

As profundas alterações que se fizeram sentir ao longo das últimas décadas no pensamento económico serão tidas em devida conta no traçar do panorama evolutivo das diferentes concepções de políticas de desenvolvimento, sem se omitir as posições que, à esquerda e à direita, questionam essas políticas e falam no "fim do desenvolvimento", no "mito do desenvolvimento" ou no "pós-desenvolvimento".

A investigação parte de interrogações fundamentais como as de saber em que se baseia a exigência de desenvolvimento e como se pode falar de um direito ao desenvolvimento, bem como dos termos em que este deve ser exercitado.

Daí a importância da análise desta problemática não só à luz do positivismo jurídico, mas também do rico debate que se vem travando no domínio da ética e das ciências política e filosófica e que vem desenhando os contornos da necessária acção pública para pôr cobro a uma situação de profunda injustiça.

A apreciação genérica da evolução das políticas de desenvolvimento e do próprio conjunto normativo a que, por vezes, se dá a designação de direito do desenvolvimento, dar-nos-á a base para nos aproximarmos da política de cooperação para o desenvolvimento da União Europeia.

O destaque atribuído à União Europeia e à sua política de cooperação para o desenvolvimento funda-se em razões de índole diversa, que de seguida serão enunciadas, mas que globalmente se prendem com a convicção de que, sendo necessário agir para pôr cobro a uma situação que envergonha a humanidade, a política comunitária de cooperação para o desenvolvimento pode ser uma alavanca fundamental dessa acção.

A política de cooperação para o desenvolvimento da União Europeia é, inquestionavelmente, uma das mais antigas e actuantes construções de política orientada para o desenvolvimento, que se traduziu num significativo apoio fornecido a países terceiros, por forma constante, ao longo das últimas décadas.

Paralelamente, a Comunidade Europeia foi o bloco que fez um maior esforço para se aproximar das reivindicações dos países em desenvolvimento, criando, para tanto, instrumentos originais, reveladores de um empenho superior ao de qualquer outro grupo de países.

No plano jurídico, não se pode passar ao lado da originalidade desta experiência, uma vez que a Comunidade Europeia avançou de forma singular, aceitando ligar-se aos países em desenvolvimento no quadro de convenções que criam direitos e deveres, substituindo as tradicionais declarações de intenção.

Num momento em que a Europa parece avançar no caminho de uma maior integração política – e independentemente da avaliação que se faça dessa evolução – é cada vez mais importante reflectir sobre as suas principais políticas e orientações.

Por outro lado, a capacidade da União para continuar a manter relações privilegiadas com os países em desenvolvimento – a sabedoria de não perder o Sul – é um dos critérios fundamentais para determinar se a União consegue exercer uma influência política, económica e diplomática que vá para além das suas próprias fronteiras ou se opta, pelo contrário, por se fechar no seu espaço alargado, desinteressando-se das alianças externas e reduzindo a sua importância como parceiro internacional num mundo crescentemente unipolar.

Finalmente, é cada vez mais intensa a percepção de que a Europa pode ser tentada a afastar-se da posição pioneira em que tantas vezes se colocou neste domínio para, em tempos de harmonização de políticas, alinhar a sua totalmente pelos critérios definidos pelas organizações financeiras internacionais, concentrando o seu esforço no apoio a essas organizações.

Naturalmente que as razões que ficam sumariamente referenciadas nos obrigarão a uma análise da forma como se foi evoluindo, desde uma primeira fase, que terá correspondido fundamentalmente ao interesse de preservação de áreas de influência das antigas metrópoles coloniais, passando pelas convenções Lomé e a consequente abertura de novos horizontes de cooperação, até chegarmos à inflexão determinada pela Convenção de Cotonou e pelos trabalhos que a antecederam e que parecem abrir um novo caminho nesta matéria que poderá ser aprofundado pela Constituição Europeia.

II
Devemos preocuparmo-nos com o desenvolvimento?

Explicitei já as razões que me levam a pensar que o desenvolvimento económico é a tarefa fundamental com que a comunidade internacional se defronta nos nossos dias e a considerar insustentável que se ignore a necessidade de o alcançar, qualquer que seja a concepção de justiça que se perfilhe.

O desenvolvimento constitui, como é crescentemente aceite, a única forma de assegurar que os direitos humanos – conquista civilizacional essencial das modernas sociedades – sejam respeitados na sua plenitude e representem um espaço de garantia de um vida digna de ser vivida.

Importará, por isso, assinalar preliminar e sumariamente, alguns aspectos concretos associados a situações de privação decorrentes do atraso no desenvolvimento económico[29], que demonstram a gravidade da actual situação.

Em termos gerais, pode dizer-se que a questão do desenvolvimento resulta, em larga medida, de uma distribuição profundamente desigual da riqueza a nível internacional – derivada de um conjunto de factores que se procurará analisar mais adiante –, o que significa que a resolução desse problema terá, em larga medida, de ser procurada a nível internacional e passará pela alteração de regras e comportamentos estabelecidos.

De facto, olhando para o panorama mundial, pode dizer-se que muitas coisas se alteraram em relação ao século XIX ou até a 1945, mas importa reconhecer que subsiste uma diferença fundamental de riqueza entre países, que permite falar em mundos dentro do mundo[30].

---

[29] Como escreve MANUEL PORTO, *Economia. Um Texto Introdutório*, Coimbra, Almedina, 2002, p. 516, "quem vive numa área favorecida do mundo, como é o caso da União Europeia, com a generalidade dos seus 370 milhões de habitantes desfrutando de níveis comparativamente elevados de bem-estar, não pode ignorar que é muito diferente a situação da maior parte das outras áreas".

[30] E. E. SIMPSON, *The Developing World. An Introduction*, 2.ª edição, Essex, 1994, pp. 3 e segs..

Naturalmente que nada disto significa que não existam problemas de desenvolvimento dentro dos países normalmente considerados ricos, mas este não é o objecto do nosso estudo, ainda que haja que sublinhar que muito daquilo que se diz a propósito do desenvolvimento dos países mais carecidos pode ser aplicado ou adaptado a nível interno dos países mais ricos[31].

A característica mais marcante da problemática do desenvolvimento será, porventura, a existência de situações de profunda desigualdade. Esta desigualdade é, como teremos ocasião de ver, uma desigualdade entre os diversos Estados ou grupos de Estados, mas é, da mesma forma, um problema de desigualdade interna.

Se a apreciação dessa situação de desigualdade depende de concepções pessoais sobre aquilo que é uma sociedade justa, não se pode deixar de acentuar que ela tem efeitos directos sobre a fome e o desemprego, como vieram demonstrar AMARTYA SEN[32] e outros economistas, como PARTHA DASGUPTA e DEBRAJ RAY[33].

As sociedades menos desenvolvidas sempre se caracterizaram, aliás, por uma situação de grande disparidade entre um sector urbano que conhece, apesar de tudo, patamares mais favoráveis na sua situação económica e um sector rural bastante mais desfavorecido, configurando-se como "sociedades dualistas"[34].

Da estrutura dualista dessas sociedades, que tem uma tradução económica especialmente visível, resultam também profundas diferenças sociológicas e de dinamismo entre os diferentes grupos, com uma muito maior

---

[31] Correctamente, de resto, quer o Banco Mundial, quer o PNUD, nos seus estudos sobre o desenvolvimento, nunca deixam de levar em consideração os dados dos países mais ricos e dos seus pobres, integrando-os na luta geral para a erradicação da pobreza.

[32] *Pobreza e Fomes. Um Ensaio sobre Direitos e Privações,* tradução portuguesa de *Poverty and Famines – An Essay on Entitlement and Deprivation* (1981), Lisboa, Terramar, 1998.

[33] «Inequality as a Determinant of Malnutrition and Unemployment Theory», *The Economic Journal*, 96 (1986), pp. 1011 e segs..

[34] Vd., a este propósito, J-H. BOEKE, *Economics and Economic Policy of Dual Societies*, New York, Institute of Pacific Relations, 1953. O tema das formas dualistas de desenvolvimento mereceu em Portugal uma especial atenção na década de sessenta do século XX, com o aparecimento de importantes estudos como os de EUGÉNIO DE CASTRO CALDAS e MANUEL DE SANTOS LOUREIRO, *Níveis de Desenvolvimento Agrícola no Continente Português*, Lisboa, Fundação Calouste Gulbenkian, 1963 e ADÉRITO SEDAS NUNES, «Portugal, Sociedade Dualista em Evolução», *Análise Social*, vol. II, n.°s 7-8, 1964, pp. 407 e segs.. Sobre a influência dessa situação no planeamento, vd., de forma sintética, FRANCISCO PEREIRA DE MOURA, *Para uma Política de Desenvolvimento Regional em Portugal*, separata de *Estudos Eborenses*, n.° 3, 1967.

abertura ao desenvolvimento por parte dos núcleos situados nas zonas relativamente favorecidas e uma tendência para a estagnação dos restantes grupos ou, em alternativa, para um crescente êxodo para as cidades[35].

O dualismo das estruturas sociais destes países é frequentemente considerado como uma das piores consequências do colonialismo, resultado de um confronto entre dois modelos de vida totalmente opostos e que conviveram praticamente sem intercomunicação[36].

Este dado de partida viria a ser, em certos aspectos, agravado pelas experiências de desenvolvimento que não deram uma resposta positiva a essa situação, tendo mesmo, nalguns casos, determinado um aumento do desemprego, consequência julgada de forma positiva por uma primeira geração de economistas, que consideraram que a existência de mão de obra disponível facilitava o processo de crescimento, numa concepção inaceitável à luz das modernas teorias do desenvolvimento.

Também não se poderá ignorar que o desenvolvimento de burguesias nacionais, genericamente considerado como uma etapa prévia a qualquer processo de desenvolvimento sustentado, muitas vezes levou ao aumento da desigualdade, ao mesmo tempo que diminuía a coesão social, pondo em causa valores tradicionalmente estruturantes dessas sociedades.

De facto, hoje como no passado, a pobreza, como sustenta PIERRE DE SERNACLENS[37], "deve ser apreendida antes do mais como um fenómeno de natureza política que traduz uma carência de relações de solidariedade e consequentemente de integração política, carência que implica quer os Estados quer as organizações internacionais. Ao nível dos Estados ela inscreve-se nas condições de exclusão ou de desintegração social, causadas pelo enfraquecimento das estruturas comunitárias e sobretudo pelas falhas do poder político".

---

[35] É certo que o Relatório sobre o Desenvolvimento Mundial de 2003 do Banco Mundial – *Sustainable Development in a Dynamic World. Transforming Institutions, Growth and Quality of Life*, Washington 2003, identificou aspectos positivos no crescimento das cidades nos países menos desenvolvidos, considerando este movimento como razão de esperança e sublinhando, numa perspectiva positiva, a modificação de atitudes e padrões de vida, quebrando designadamente com normas discriminatórias entre sexos ou por razões étnicas. – pp. 107 e segs. Contudo, essa apreciação não permite ignorar que muitos dos problemas do desenvolvimento se situam, como teremos ocasião de ver, a nível da sobredimensão dessas cidades.

[36] BOEKE, *ob. cit.*.

[37] *La Mondialisation. Théories, Enjeux et Débats*, 3.ª edição, Paris, Armand Collin, 2002, p. 106.

Qualquer análise que se limitasse a apontar o desenvolvimento como um problema internacional e não levasse em consideração a forma como foi minimizada a criação de condições para um processo de desenvolvimento económico na generalidade dos países mais pobres ficaria, aliás, manifestamente incompleta e ignoraria um aspecto cuja importância tem vindo a ser crescentemente acentuada.

O estudo da distribuição da riqueza pelas várias regiões do mundo ou pelos diferentes Estados conduz à conclusão de que, contrariamente àquilo que se poderia esperar do desenvolvimento das trocas económicas internacionais, não se verificou uma diminuição genérica nas disparidades existentes, que antes tendem a aumentar. Esse factor atrai crescentemente a atenção dos economistas[38], ao mesmo tempo que os divide nas explicações, com o surgimento de uma significativa linha, que pode ser personalizada em DOLAR e KRAY[39] e SALA-I-MARTIN[40], que sustenta que foi a ausência de um grau adequado de abertura que determinou que certos países não beneficiassem do processo de globalização.

A análise das disparidades entre Regiões e Estados sendo extremamente útil para a prossecução das tarefas de desenvolvimento e permitindo concluir que a evolução é diversa entre diferentes áreas geográficas, não exclui a verificação de que continua a existir um problema global de pobreza, como tem sido acentuado pelo Banco Mundial, ao definir programas destinados à erradicação da pobreza, ou foi frontalmente encarado pelas Nações Unidas, nas mais recentes cimeiras consagradas ao desenvolvimento[41].

Alguns números extraídos do *Relatório sobre o Desenvolvimento Mundial 2000/2001. A Luta Contra a Pobreza*[42] são, a este propósito, bem elucidativos, mesmo que se tenha em conta a dificuldade de obtenção de estatísticas fiáveis e a própria circunstância de muitos dados quantitativos não reflectirem realmente, por si só, as condições de vida absolutamente diferentes das diversas populações.

A nossa convicção de que se está perante um quadro insustentável à luz de qualquer valoração ética não parte de uma pura avaliação de dados

---

[38] Vejam-se os trabalhos do Décimo Segundo Congresso Mundial da Associação Internacional dos Economistas (Buenos Aires, 1999), agora publicados com o título *Inequality Around the World*, org. RICHARD B. FREEMAN, Palgrave – IEA, 2002.

[39] DOLAR E KRAY, *Trade, Growth and Poverty*, (mimeo), The World Bank, 2001 e «Growth is Good for the Poor», *Journal of Economic Growth*, 7, 2002, pp. 195-225.

[40] *Globalization, Poverty and Inequality*, versão preliminar, apresentada na conferência em homenagem a SILVA LOPES, Lisboa, 2003.

[41] Cfr. *infra*.

[42] Oxford University Press – World Bank, 2001.

quantitativos, antes partilhando a perspectiva do Relatório citado, de que a pobreza não corresponde apenas à privação material, mas também a um baixo nível de saúde ou educação, ou à vulnerabilidade resultante da proliferação de riscos e da ausência de qualquer poder ou influência.

O conjunto de dados que se apresentam, de seguida, embora reflectindo necessariamente uma aproximação quantitativa ao fenómeno do desenvolvimento, procura, assim, dar igualmente conta de diversos outros aspectos que caracterizam de forma tanto ou mais poderosa a situação de atraso económico.

Recorde-se, por exemplo que, segundo os dados desse Relatório, dos 6 biliões de habitantes do Mundo, 2,8 (quase metade) vivem com menos de dois dólares por dia e 1,2 bilião (um quinto) com menos de um dólar[43] e que o rendimento médio nos 20 países mais ricos equivale a 37 vezes o rendimento médio dos 20 mais pobres, percentagem que duplicou nos últimos 40 anos.

Estes dados quantitativos devem ser completados com a apreciação da distribuição geográfica da pobreza extrema, que demonstra uma clara concentração no Sul da Ásia e na África Subsariana, como resulta da figura I.

FIGURA I – **Onde vivem os pobres? Distribuição geográfica da pobreza**

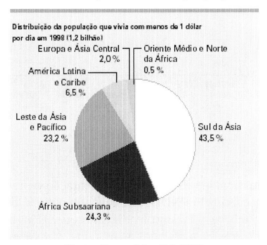

Fonte: Banco Mundial, 2000

---

[43] Esta percentagem que é ligeiramente mais favorável do que a que se registava no início da década de 90 ter-se-á, no entanto, ficado a dever essencialmente ao aumento da população e só muito marginalmente à redução da pobreza, como assinala o PNUD no *Relatório Desenvolvimento Humano 2002. Aprofundar a Democracia num Mundo Fragmentado*. Tradução portuguesa, Mensagem, 2002.

A figura II, por seu turno, permite ter uma melhor percepção da evolução, evidenciando uma tendência para a melhoria acentuada na Ásia do Leste – sobretudo graças à recuperação da China e da Índia – que coexiste com um agravamento no sul da Ásia e em África e também na Europa e na Ásia Central, em consequência dos problemas de transição de modelos económicos nos países do antigo Bloco Soviético.

FIGURA II – **Variação em volume da pobreza absoluta por região, 1987-98**

Fonte: Banco Mundial, 2000

Mais impressionante é, todavia, a comparação de rendimentos individuais levada a cabo pelo PNUD, que concluiu que 1% das pessoas mais ricas do mundo recebe o mesmo rendimento que 37% das mais pobres; que o rendimento dos 5% mais ricos do mundo é 114 vezes o dos 5% mais pobres e que os 10% mais ricos habitantes dos EUA têm um rendimento igual ao dos 43% mais pobres do Mundo, ou seja que 25 milhões de americanos têm o rendimento igual a 2 mil milhões de pessoas[44].

---

[44] *Relatório do Desenvolvimento Humano 2002, Aprofundar a Democracia num Mundo Fragmentado*, cit., p. 19.

Mas, estes dados quantitativos são por si só insuficientes para apreender a dimensão da tragédia, que resulta mais clara se tivermos em consideração que um quinto das crianças nos países mais pobres morrem antes dos cinco anos, contra uma em cada cem nos países ricos. Ou, como sustenta o PNUD, que morrem todos os anos 11 milhões de crianças de causas evitáveis, muitas vezes relacionadas com melhoramentos simples e fáceis de proporcionar na nutrição, saneamento básico e na saúde e educação maternas.

A isto haverá ainda que somar a circunstância de morrerem todos os anos de parto quinhentas mil mulheres, a maior parte das quais na África Subsariana, onde a probabilidade de morte na gravidez ou no parto é de 1 para 13.

No plano sanitário, são ainda de reter os números relativos ao SIDA, estimando-se que, no final de 2000, tinham morrido quase 22 milhões de pessoas, tendo 13 milhões de crianças ficado sem ambos os progenitores, existindo actualmente 40 milhões de pessoas infectadas com o vírus do HIV – 90% das quais em países em desenvolvimento e 75% na África Subsariana.

Se se considerar os indicadores relativos à educação, as conclusões são igualmente muito pouco satisfatórias pelo que toca aos países menos desenvolvidos. De facto, ainda que a escolaridade mínima tenha subido para 84% em 1998 contra 80% em 1990, 113 milhões dos 680 milhões de crianças em idade escolar continuam a não estar na escola, 97% das quais vivendo em países em desenvolvimento.

São, porventura, especialmente ilustrativos da situação de subdesenvolvimento os dados relativos à fome que vêm sendo aturadamente trabalhados pela FAO, nos relatórios sobre a insegurança alimentar no mundo.

Somos, a este propósito, confrontados com um dos mais brutais aspectos do sub-desenvolvimento. Lucidamente JACINTO NUNES escreveu, a este propósito, que "não será preciso afirmar, como JOSUÉ DE CASTRO, que a "fome é um flagelo criado pelo homem", basta afirmar que a fome "é um flagelo consentido pelo homem", para que se tenha de considerar como um dos objectivos fundamentais da humanidade a extinção desse flagelo"[45].

De harmonia com o Relatório do Desenvolvimento Humano de 2002, existiriam cerca de oitocentos e quarenta milhões de pessoas em situação de fome, das quais 799 milhões habitavam nos países em desenvolvimento, 30 nos países de transição e 11 nos países industrializados.

---

[45] JACINTO NUNES, *Desenvolvimento Económico e Planeamento*, Lisboa, ISCEF, 1971, p. 107.

A figura III permite uma melhor percepção da distribuição geográfica da subnutrição.

FIGURA III – **Número de pessoas subnutridas**

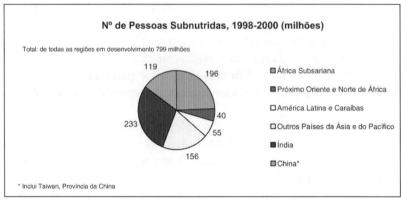

Fonte: Organização das Nações Unidas para a Alimentação e a Agricultura, 2003

Na figura IV verifica-se, aliás, a muita elevada proporção da população de alguns países que se encontra numa situação de subnutrição.

FIGURA IV – **Número e proporção de pessoas subnutridas**

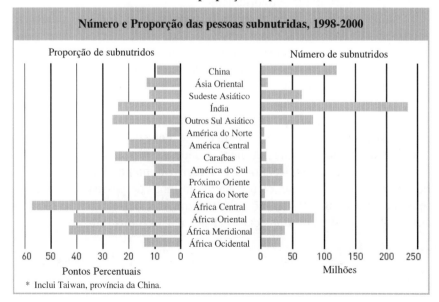

Fonte: Organização das Nações Unidas para a Alimentação e a Agricultura, 2003

Especialmente grave é a situação demonstrada na figura V que revela a evolução verificada nos últimos anos, mostrando a existência de diversas áreas onde o panorama se agravou nos últimos dez anos, a par com uma redução global de 2,5 milhões de pessoas por ano, muito abaixo do objectivo de vinte milhões fixado na Cimeira da Fome.

FIGURA V – **Variação na Subnutrição, 1990-1992 para 1998-2000**

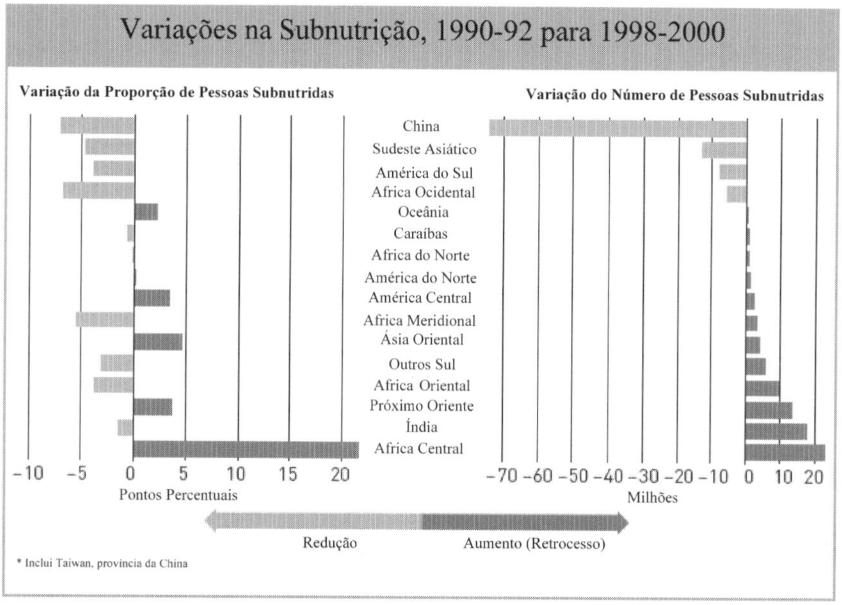

Fonte: Organização das Nações Unidas para a Alimentação e a Agricultura, 2003

A catastrófica situação alimentar sinteticamente descrita não só constitui por si própria uma realidade chocante, como tem efeitos profundos nos níveis de mortalidade infantil resultantes de vários tipos de doenças e cria um ambiente que compromete severamente as possibilidades de desenvolvimento.

A realidade ali evidenciada reflecte-se, de algum modo, nos indicadores de Desenvolvimento Humano do PNUD, como se pode verificar no quadro I, que permite a comparação entre várias áreas geográficas:

QUADRO I

Índice do desenvolvimento humano

	Esperança de vida à nascença (anos) 2001	Taxa de alfabetização de adultos (% 15 anos e mais) 2001	Taxa de escolarização bruta combinada do primário, secundário e superior (%) 2000-01	PIB per capita (dol. PPC) 2001	Índice de esperança de vida 2001	Índice da educação	Índice do PIB	Valor do índice do desenvolvimento humano (IDH) 2001	Ordem do PIB per capita (dol. PPC) menos ordem IDH
Países em desenvolvimento	64,4	74,5	60	3.850	0,66	0,70	0,61	0,655	-
Países menos desenvolvidos	50,4	53,3	43	1.274	0,43	0,50	0,42	0,448	-
Países Árabes	66,0	60,8	60	5.038	0,70	0,63	0,65	0,662	-
Ásia Oriental e Pacífico	69,5	87,1	65	4.233	0,74	0,80	0,63	0,722	-
América Latina e Caraíbas	70,3	89,2	81	7.050	0,75	0,86	0,71	0,777	-
Ásia do Sul	62,8	56,3	54	2.730	0,64	0,56	0,55	0,582	-
África Subsariana	46,5	62,4	44	1.831	0,36	0,56	0,49	0,468	-
Europa Central, do Leste & CEI	69,3	99,3	79	6.598	0,74	0,92	0,70	0,787	-
OCDE	77,0	-	87	23.363	0,87	0,94	0,91	0,905	-
OCDE de rendimento elevado	78,1	-	93	27.169	0,89	0,97	0,94	0,929	
Desenvolvimento humano elevado	77,1	-	89	23.135	0,87	0,95	0,91	0,908	-
Desenvolvimento humano médio	67,0	78,1	64	4.053	0,70	0,74	0,62	0,684	-
Desenvolvimento humano baixo	49,4	55,0	41	1.186	0,41	0,50	0,41	0,440	-
Rendimento elevado	78,1	-	92	26.989	0,89	0,96	0,93	0,927	-
Rendimento médio	69,8	86,6	70	5.519	0,75	0,82	0,67	0,744	-
Rendimento baixo	59,1	63,0	51	2.230	0,57	0,59	0,52	0,561	-
Mundo	66,7	-	64	7.376	0,70	0,75	0,72	0,722	-

Fonte: PNUD: 2003

Foi, por outro lado, já referido o papel das cidades no processo de desenvolvimento económico e a tendência para lhes conceder um papel predominantemente positivo.

Importa, todavia, ter presente que a degradação das condições de vida em muitas destas sociedades, evidenciada por um recente relatório das Nações Unidas é um dos aspectos mais problemáticos do desenvolvimento[46], como, de resto, estava já implícito na Declaração do Milénio, que aponta no sentido da redução, em cem milhões e até 2020, do número de habitantes em bairros degradados[47].

De facto, ainda que se não posa ignorar a relatividade do conceito e a variedade de realidades que se lhe podem reconduzir, importa ter presente que 36,1 por cento da população urbana, ou seja, um total de 924 milhões de pessoas vivem em bairros degradados, podendo tal número mais do que duplicar nos próximos trinta anos se não houver medidas decididas para a sua correcção.

---

[46] *The Challenge of Slums. Global Report on Human Settlements 2003*, Earthcan, London, UN – Habitat.

[47] Expressão que utilizamos para traduzir *slums*, mas que se poderia talvez mais impressivamente traduzir por "bairro de lata" e que recolhe designações muito diversas mesmo no próprio mundo de expressão portuguesa – "musseques" em Angola, "bairros de caniço" em Moçambique, "favelas" no Brasil.

Os quadros e figuras seguintes mostram a distribuição geográfica dos habitantes em bairros degradados, apontando para a sua grande concentração nos países menos desenvolvidos.

QUADRO II
População Mundial, Urbana e dos Bairros Degradados por Região

Região ou Áreas	Total da População *(Milhões)*	População Urbana Milhões	População Urbana *Percentagem*	Estimativa da População dos Bairros Degradados Milhares	Estimativa da População dos Bairros Degradados *Percentagem*
Mundo	6134	2923	47.7	923,986	31.6
Regiões Desenvolvidas	1194	902	75.5	54,068	6.0
Europa	726	534	73.6	33,062	6.2
Outros	467	367	78.6	21,006	5.7
Regiões menos Desenvolvidas	4940	2022	40.9	869,918	43.0
Norte de Africa	146	76	52.0	21,355	28.2
África Subsariana	667	231	34.6	166,208	71.9
América Latina e Caraíbas	527	399	75.8	127,567	31.9
Ásia Oriental	1364	533	39.1	193,824	36.4
Ásia Central-Sul	1507	452	30.0	262,354	58.0
Sudeste Asiático	530	203	38.3	56,781	28.0
Ásia Ocidental	192	125	64.9	41,331	33.1
Oceânia	8	2	26.7	499	24.1
Países Menos Desenvolvidos	685	179	26.2	140,114	78.2
Países Interiores Subdesenvolvidos	275	84	30.4	47,303	56.5
Pequenas Ilhas dos Estados desenvolvidos	52	30	57.9	7,321	24.4

Fonte: United Nations – Habitat, 2003

FIGURA VI – **População dos Bairros Degradados por Região**

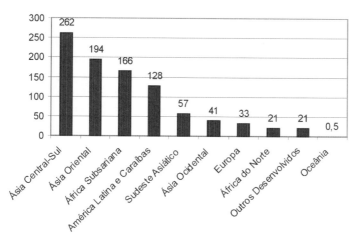

Fonte: United Nations – Habitat, 2003

FIGURA VII – **Distribuição Mundial dos Bairros Degradados**

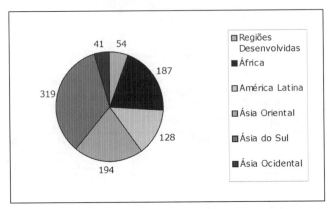

Fonte: United Nations – Habitat, 2003

Ora, se caracterizarmos os bairros degradados, como o faz o citado Relatório, pelo inadequado fornecimento de água, pelo acesso insatisfatório ao saneamento básico e outras infra-estruturas, pela fraca qualidade das habitações, pela sobrepopulação, por um estatuto residencial de insegurança, verificamos a improbabilidade do êxito de qualquer política de desenvolvimento que não integre esta componente.

Os países sujeitos a longos conflitos civis (em especial em África), que determinaram quebras brutais nos rendimentos disponíveis constituem, igualmente, referência indispensável na abordagem da problemática do desenvolvimento.

Convirá a este propósito recordar que, na última década do século XX, quarenta e seis países estiveram envolvidos em conflitos fundamentalmente civis e que, entre estes, se incluíam 17 dos 33 mais pobres[48].

O tema tem vindo a ser desenvolvido mais recentemente por autores como COLLIER[49], para quem as guerras civis são muito mais nefastas do que os conflitos armados entre diferentes países, apresentando consequências de cinco ordens: a destruição do capital físico e humano; a redução da poupança; a fuga de capitais e o declínio do investimento interno; a per-

---

[48] *World Development Report 2003*, cit., p. 2.

[49] «On the Economic Consequences of Civil War», *Oxford Economic Papers*, vol. 51 (1999), pp. 168 e segs..

Introdução 37

turbação das transacções económicas e a concentração das despesas públicas no sector militar, em detrimento dos sectores públicos.

Não admira, pois, que os países sujeitos a situações de conflito tenham conhecido evoluções profundamente dramáticas, como se pode verificar no Quadro III, que analisa a evolução num grupo desses países.

QUADRO III
O custo real dos conflitos em Africa (em $, PPC de 1985)

País	PIB/habitante em 1973	PIB/habitante efectivo em 1999	PIB/habitante sem guerra civil em 2000	Custo do conflito por habitante
Angola	1203	472	963	491
Benin	1142	1077	1271	194
Burundi	447	412	489	77
Tchad	717	381	545	164
Comores	747	439	572	133
Congo, RDC	688	171	343	172
Congo	1715	2001	2233	231
Guiné	574	792	814	22
Guiné Bissau	857	818	836	18
Lesoto	643	1156	1180	24
Liberia	ND	ND	ND	ND
Moçambique	1681	837	1619	782
Rwanda	621	1093	1133	40
São Tomé e P.	ND	ND	ND	ND
Serra Leoa	1182	479	676	197
Somália	778	862	1045	183
Sudão	763	831	1409	578
Uganda	634	723	1368	645
Média	**900**	**784**	**1031**	**247**

Fonte: Ali Abdel Gadir Ali (2001), "Africa's Children and Africa's Development: A Duration of Development Framework", a Study prepared for UNICEF

Mas, porventura ainda mais dramática é a estimativa do Banco Africano de Desenvolvimento[50] de acordo com a qual, em 1999, um africano sobre cinco vivia num país duramente atingido por guerra ou conflitos, com noventa por cento de vitimas civis, ou a evocação dos três milhões de africanos que têm o estatuto de refugiados ou os dezasseis milhões que foram deslocados no interior das fronteiras.

A título de exemplo, recorde-se que o PNUD estima que em Moçambique, durante 16 anos de guerra civil, 40% das escolas infantis foram destruídas ou obrigadas a fechar, encontrando-se a mesma percentagem de destruição nos centros de saúde. A produção industrial do pós-guerra si-

---

[50] *Rapport sur le Développement en Afrique, 2001*, Paris, Economica, 2001.

38   *Valores e Interesses*

tuava-se entre os 20 e os 40% da anterior à guerra, sendo os prejuízos económicos calculados em 15 mil milhões de dólares – várias vezes o PIB de Moçambique do pós-guerra[51].

Naturalmente que se poderia continuar a canalizar dados reveladores da gravidade da situação económica e social destes países que, à luz das modernas concepções sobre desenvolvimento, deveriam igualmente passar pela análise de aspectos, como o respeito pelos direitos políticos, a existência de situações de corrupção, a liberdade de imprensa ou a eficiência governativa, mas optou-se por não prolongar essas referências, remetendo para as análises que têm vindo a ser feitas por diversas organizações internacionais e, muito especialmente, pelo PNUD.

É ainda à mesma fonte que se recorre para perceber em que ponto está a problemática da ajuda pública ao desenvolvimento, ou seja, dos fluxos financeiros transferidos dos países mais desenvolvidos para os países mais pobres a título de auxílio ao desenvolvimento[52].

Trata-se, para recorrer à opinião de GEORGES SOROS, da "componente que falta na arquitectura financeira internacional" como forma de garantir uma evolução no sentido do progresso e da adesão de todos ao países aos valores comuns necessariamente subjacentes a um processo de globalização[53].

Sem prejuízo de quanto veremos mais adiante, impressiona, no entanto, a verificação de que a ajuda pública dos países do CAD (Comissão de Ajuda ao Desenvolvimento) se mantém muito abaixo dos 0,7 por cento do PIB, acordados na Assembleia Geral das Nações Unidas em 1970. Dezassete (17) dos 22 países ficaram abaixo dos 0,5% e onze (11) deram menos de 0,3% percentagens que tendem a piorar nos últimos anos.

De resto, mesmo algumas promessas mais recentes, quer dos Estados Unidos – que resumem a ajuda a 0,075 do PIB –, quer da União Europeia, apontam para metas ainda muito abaixo dos 0,5 por cento que, nas estimativas do PNUD, seria o valor mínimo necessário para se alcançar os objectivos de desenvolvimento do milénio, o que implicaria sensivelmente a duplicação do total da ajuda actualmente concedida pelos países mais ricos.

O Quadro IV é, a este respeito, especialmente elucidativo:

---

[51] *Relatório do Desenvolvimento Humano, 2002*, cit., p. 16.

[52] Sem ignorar a importância dos fluxos financeiros privados, resultantes designadamente de investimentos privados, movimento turísticos ou aplicações financeiras, tão acentuada no Consenso de Monterrey.

[53] *A Globalização*, tradução portuguesa, Lisboa, Temas e Debates, 2003, p. 55.

QUADRO IV
Ajuda Publica ao Desenvolvimento (APD)
de membros do CAD

	$ milhões		% do PNB	
	1996	2001	1996	2001
Austrália	1074	873	0.27	0.25
Áustria	557	533	0.24	0.29
Bélgica	913	867	0.34	0.37
Canada	1795	1533	0.32	0.22
Dinamarca	1772	1634	1.04	1.03
Finlândia	408	389	0.33	0.32
França	7451	4198	0.48	0.32
Alemanha	7601	4990	0.32	0.27
Grécia	184	202	0.15	0.17
Irlanda	179	287	0.31	0.33
Itália	2416	1627	0.20	0.15
Japão	9439	9847	0.20	0.23
Luxemburgo	82	141	0.44	0.82
Holanda	3246	3172	0.81	0.82
Nova Zelândia	122	112	0.21	0.25
Noruega	1311	1346	0.84	0.83
Portugal	218	268	0.21	0.25
Espanha	1251	1737	0.22	0.30
Suécia	1999	1666	0.84	0.81
Suiça	1026	908	0.34	0.34
Reino Unido	3199	4579	0.27	0.32
Estados Unidos	9377	11429	0.12	0.11
Total ou média	**55622**	**52336**	**0.25**	**0.22**

Fonte: Banco Mundial (2003)
N.b. Estes valores referem-se a fluxos (líquidos) para países em desenvolvimento considerados por membros do CAD como elegíveis para a APD; exclui assim economias em transição (países mais avançados da Europa de Leste e Central, países que integravam repúblicas da antiga União Soviética e alguns países em desenvolvimento avançados).

Por outro lado, o quadro V permite ver a distribuição desta ajuda e a forma com a mesma tem vindo a perder importância.

QUADRO V

Recebimentos líquidos da ajuda pública ao desenvolvimento por região, 1990-2001
(Dólares EUA de 2000)

	Per capita do beneficiário		Percentagem do PIB	
Região	1990	2001	1990	2001
Países em desenvolvimento	15	10	1,61	0,81
Países menos desenvolvidos	33	20	12,92	8,45
Países Árabes	59	18	2,85	1,00
Ásia Oriental e Pacífico	5	4	0,77	0,32
América Latina e Caraíbas	13	12	0,48	0,32
Ásia do Sul	6	4	1,18	0,84
África Subsariana	34	21	6,13	4,55
Mundo	14	10	1,28	0,77

Fonte: PNUD - 2003

Também no plano do programa de redução da dívida dos países fortemente endividados (HIPC) lançado em 1996 pelo Banco Mundial e pelo Fundo Monetário Internacional, os resultados parecem insatisfatórios, ainda que se tenham traduzido numa diminuição do serviço de dívida sobre o PIB, de 5,1 em 1990 para 3,6 em 2000[54].

As dificuldades em assegurar um enquadramento que permita algum optimismo sobre o acesso dos países mais pobres a formas de financiamento são por outro lado, ainda, acentuadas pela volatilidade dos capitais[55], que tem determinado importantes crises económicas, sem que se veja uma vontade política significativa de lhes atenuar os efeitos.

Os números dos últimos anos mostram, paralelamente, uma clara redução nos fluxos financeiros destinados aos países em desenvolvimento, que se tornaram negativos, com excepção do investimento directo estrangeiro, que mais do que duplicou nas duas últimas décadas, dirigindo-se preferencialmente à África do Leste e Pacífico, com natural destaque para a China, que atingiu um valor de 62 biliões de dólares em 1967[56] – valor ainda assim insuficiente para compensar a quebra da ajuda pública entretanto registada.

---

[54] Cfr. *infra*, Parte II.

[55] Vd., a este propósito, *World Bank, Global Development Finance. Financing the Poorest Countries*, Washigton, 2002.

[56] *World Development Indicators*, Washington, The World Bank, 1997, pp. 308 e segs..

Introdução 41

O quadro assim traçado e ao qual por vezes será necessário regressar nesta nossa jornada pelas questões do desenvolvimento económico não comporta grandes elementos de esperança, mas conforma seguramente a necessidade de um empenho crescente na busca de soluções.

Empenharmo-nos na tarefa de desenvolvimento económico é uma opção que se não justifica apenas por um objectivo de ver aumentar a riqueza de certos países, mas antes pela esperança de melhorar a vida das suas populações, reduzindo o número de pobres, eliminando a fome e criando uma esperança de vida melhor – de um vida digna de ser vivida – para milhões de crianças às quais não é sequer dada hoje a garantia de que vão crescer e ter uma vida adulta.

Nos capítulos subsequentes procurar-se-á dar conta daquilo que tem vindo a ser feito neste domínio, numa acção que, umas vezes, foi determinada por valores e, outras, por interesses.

PARTE I

QUESTÕES FUNDAMENTAIS DO DESENVOLVIMENTO ECONÓMICO

CAPÍTULO I
A Economia do Desenvolvimento: Cinquenta Anos de Debate

1. A economia do desenvolvimento: Uma ciência em mutação permanente

Entrada no léxico das organizações internacionais e nos debates sobre relações internacionais, objecto de inúmeros estudos – empreendidos a partir de uma multiplicidade de perspectivas – e tema de infindáveis discursos, a noção de desenvolvimento económico está longe de ser consensual, circunstância que aconselha a que se procure surpreender as mais significativas preocupações e orientações que têm marcado o pensamento económico na matéria[57].

Com RUI CONCEIÇÃO NUNES, assente-se que o desenvolvimento é um conceito relativo, na medida em que parte sempre do cotejo com a situação de outros países ou com um "padrão ideal" e histórico, por implicar a comparação da situação económica em diferentes períodos de tempo[58].

Mas, se a própria noção de desenvolvimento não é consensual, também não o são as razões que levaram à existência de sociedades em que, com poucas excepções, praticamente toda a população se encontra em situação de grande pobreza[59], apesar da multiplicidade de explicações que

---

[57] A bibliografia consagrada à história da economia do desenvolvimento é vastíssima. Uma versão sintética de grande utilidade é a da autoria de NICHOLAS STERN, «The Economics of Development: a Survey», *The Economic Journal*, 99, (1989), pp. 597-685.

[58] *Espaço e Desenvolvimento Económico. Introdução ao Estudo do Problema*, Porto, 1964, pp. 16-17.

[59] Sem esquecer que o problema da distribuição interna da riqueza se tornou hoje um dos aspectos centrais dos estudos de desenvolvimento económico, sobretudo por se ter verificado que alguns países especialmente os produtores de petróleo, têm níveis de rendimento *per capita* muito elevados, a que correspondem, no entanto, profundas desigualdades.

têm sido formuladas e que JOHN KENNETH GALBRAITH pôde, com razão, considerar "genericamente insatisfatórias"[60].

Algumas das causas muitas vezes apontadas para o problema do desenvolvimento são particularmente inadequadas e podem ser liminarmente afastadas, como sucede com aquelas que procuram reconduzir o problemas às características de insalubridade que caracterizariam os países tropicais, sem atender a que o subdesenvolvimento não é específico das zonas tropicais e que a insalubridade caracterizava, também, os actuais países ricos, antes de terem experimentado processos de desenvolvimento[61].

É ainda à experiente observação de GALBRAITH que se recorre para recordar que, muitas vezes, a propósito de discutir as causas, se está verdadeiramente a debater consequências, razão que aconselha a que se não tente a autonomização deste estudo, como ponto prévio à questão do desenvolvimento.

Num certo sentido, pode, aliás, dizer-se que o desenvolvimento económico só recentemente foi objecto de teorização[62] e que a passagem da fase em que se o encarava como um problema que apenas se colocava no interior dos Estados para o plano internacional só ocorreu após a segunda guerra mundial, pelo que disporíamos de pouco mais de cinquenta anos de teoria e experiências neste domínio[63].

Continuaram, todavia, a subsistir e a desenvolver-se, em paralelo, duas importantes correntes: uma primeira, caracterizada pelo estudo dos problemas internos dos países ricos e a que, mais frequentemente, andou ligada a expressão crescimento económico; e uma segunda, orientada para o processo de desenvolvimento dos países pobres, já que apenas recentemente se tende a considerar o desenvolvimento com um problema gené-

---

[60] *The Nature of Mass* Poverty, cit., pp. 2-3.

[61] Para uma descrição destas posições e sua crítica, vd. SYLVIE BRUNEL, *Le Sous-Développement*, Paris, PUF, 1996, pp. 79 e segs..

[62] Recorde-se, com JOHN EATWELL, MURRAY MILGATTE e PETER NEWMANN, organizadores do *The New Palgrave*, volume *Economic Development*, reimpressão de 1991, London e Basingstoke MacMillan Press, que, antes da Segunda Guerra, nem a *Encyclopaedia of the Social Sciences* de Selligman, incluía a entrada "desenvolvimento económico" ou "economia do desenvolvimento".

[63] Como escreve JACINTO NUNES, *Crescimento Económico e Política Orçamental*, Lisboa, Instituto Superior de Ciências Económicas e Financeiras, 1961, p. 14, "... também no plano concreto das relações económicas internacionais foi só a partir de 1945 que se deu a "mundialização do desenvolvimento económico", na expressão de Perroux. Até então nunca se tinha verificado uma política sistemática de desenvolvimento dos países atrasados por parte das nações industrializadas".

A Economia do Desenvolvimento: Cinquenta Anos de Debate   47

rico de todas as sociedades, concepção crescentemente espelhada nos principais documentos internacionais consagrados a esta problemática[64].

Ainda que se queira sublinhar o carácter recente das preocupações com o desenvolvimento à escala mundial e do aparecimento de uma disciplina específica de economia do desenvolvimento, não se pode deixar de sentir uma certa frustração pelos resultados no terreno, resultados que foram, seguramente, influenciados pelas profundas alterações na teoria económica e na prática que lhe anda associada, em termos que provocaram, em muitos países menos desenvolvidos ou, pelo menos, nalgumas das suas elites, a sensação de terem servido de cobaias de experiências comandadas do exterior.

A economia do desenvolvimento não poderia, aliás, ficar imune à intensa polémica económica que marcou a segunda metade do século XX, tanto mais quanto uma das questões centrais dessa polémica – o papel do Estado e dos mercados – é fundamental do ponto de vista daquela disciplina.

Esta circunstância não terá sido a única determinante das alterações nas principais concepções sobre o desenvolvimento. IRMA ADELMAN[65] explica esse movimento pelas seguintes causas: **aprendizagem**, resultante de um melhor conhecimento das respostas determinadas por cada experiência de política económica; **mudanças ideológicas**, determinadas pelas alterações das classes dirigentes e dos seus valores e prioridades; **mudanças no ambiente internacional**, especialmente evidentes nas inovações tecnológicas e no domínio das comunicações; **mudanças nas instituições, constrangimentos e aspirações nacionais**, fruto da própria dinâmica do desenvolvimento, que veio trazer para a ribalta novas aspirações e apagar anteriores constrangimentos e, finalmente, a **cultura da disciplina**, correspondente à forma como as modificações anteriormente assinaladas foram incorporadas no método e no discurso económico[66].

---

[64] Cfr. *infra*, capítulo III.

[65] «Fallacies in Development Theory and Their Implications for Policy», in GERALD MEIER e JOSEPH STIGLITZ (orgs), *Frontiers of Development Economics. The Future in Perspective*, World Bank, Oxford University Press, 2001, pp. 103 e segs..

[66] Uma explicação especialmente interessante para as alterações nas políticas de desenvolvimento é aquela que é dada por DAVID LINDAUER e LANT PRITCHETT, «What's the Big Idea? The Third Generation of Policies for Economic Growth», *Economia*, volume 1 (2002), n.º 3, pp. 1-39, que sustentam que os economistas dos países desenvolvidos ao empenharem-se nas políticas de desenvolvimento foram decisivamente influenciados pelas concepções económicas dominantes no período em que se formaram e que procuraram transpor sob a forma de orientações genéricas e categóricas (*big ideas*), que mais tarde

2. Antecedentes históricos do pensamento económico em matéria de desenvolvimento

A afirmação do carácter recente das preocupações com o desenvolvimento deve ser mitigada pela noção de que, em contextos históricos muito diversos e com perspectivas também distintas, o pensamento económico lhe dedicara já alguma atenção.

Se nos colocarmos no ponto de vista das políticas económicas, haverá, muito provavelmente, que remontar ao mercantilismo e ao século XVII, para encontrarmos as primeiras experiências coerentes norteadas por preocupações de desenvolvimento.

Seria, aliás, um erro, nesta perspectiva, desvalorizar o mercantilismo, considerando-o como uma mera prática, sem qualquer teoria subjacente. Independentemente da contestação que lhe foi movida num determinado período histórico, o mercantilismo tem subjacente uma forte componente teórica, orientada para a defesa das posições dos Estados, fechados sobre si próprios, em resultado do cepticismo quanto à hipótese de um desenvolvimento humano global[67].

O tema do desenvolvimento esteve também já presente na obra dos grandes economistas clássicos, podendo dizer-se que o desenvolvimento do sistema capitalista e os constrangimentos que se lhe colocavam ocuparam uma parte significativa do seu trabalho[68].

Trata-se, evidentemente, de estudos feitos numa fase em que o desenvolvimento económico apenas começava a despontar e em que não existiam, por consequência, referências de comparação, o que, no entanto, não afastou esses autores da percepção dos obstáculos que se poderiam colocar aos processos de desenvolvimento.

Na verdade, quando se procura hoje indagar das causas do desenvolvimento de certos países, em contraste com o atraso económico de outros,

---

viriam a ser revistas, acabando por dar lugar a um período em que as incertezas tendem a tornar-se prevalentes.

[67] Nesse sentido, PIERRE VILAR, *Desenvolvimento Económico e Análise Histórica*, tradução portuguesa, Lisboa, Presença, 1982, sustentando que "os mercantilistas são os "primeiros" teóricos das "economias dominantes"".

[68] PRANAB BARDHAN, «Economics of Development and the Development of Economics», *Journal of Economic Perspectives*, vol. 7, n.º 2 (1993), p. 130, pôde afirmar que "os economistas clássicos dos séculos XVII, XVIII e inícios de XIX, eram, claro está, todos economistas do desenvolvimento, na medida em que escreviam sobre um país em desenvolvimento (na maioria dos casos a Grã-Bretanha), que passava por um processo de transformação industrial".

A *Economia do Desenvolvimento: Cinquenta Anos de Debate* 49

está-se bem próximo das preocupações que motivaram ADAM SMITH, ao escrever o fundamental *An Enquiry into the Nature and Causes of the Wealth of the Nations*[69], embora o optimismo de SMITH sobre o progresso natural a caminho da abundância não possa deixar de ser contrastado pelo profundo conhecimento que temos hoje das situações de privação.

Hoje não é pensável que todos os países caminhem automaticamente na via do progresso, revelando-se essencial à compreensão das perspectivas de desenvolvimento a contraposição das situações de bem estar e de privação, como faz, por exemplo, PARTHA DASGUPTA[70].

De qualquer forma, convirá recordar que, para ADAM SMITH, a possibilidade de desenvolvimento económico resultaria da capacidade de acumulação de capital, o que permitiria o uso da mão de obra de um modo mais produtivo, mas que pressuporia a formação de mercados livres da intervenção governamental e a organização de formas de tributação que não inviabilizassem a constituição de capital. Decisiva para ADAM SMITH era a contribuição do comércio internacional.

Igualmente fundamental foi a contribuição de MALTHUS que, sob a forma de uma teoria da população, veio pôr em evidência alguns dos constrangimentos do processo de desenvolvimento económico, ao prever a impossibilidade de alimentar a população futura, dada a escassez da produção e a tendência para o aumento demográfico[71].

E ainda que se não tenham verificado as previsões catastrofistas de MALTHUS – em larga medida em resultado das evoluções tecnológicas –, com razão YUJIRO HAYAMI[72] pode defender a raiz neo-malthusiana dos estudos surgidos na década de 70 do século passado, sob a égide do clube de Roma, que vieram colocar os limites ao crescimento não no plano das crises alimentares, mas no da exaustão dos recursos naturais e da degradação do ambiente, em consequência de uma sobreexploração – lançando assim as bases das modernas preocupações com o desenvolvimento sustentável.

Deve-se a DAVID RICARDO[73] uma contribuição fundamental para a ligação entre o desenvolvimento económico e o comércio internacional, na

---

[69] Vd. tradução portuguesa, *Riqueza das Nações*, 2.ª edição, Lisboa, Fundação Calouste Gulbenkian, 1989.

[70] *An Enquiry…*, cit.

[71] *Principles of Political Economy* (1836), reimpressão de 1951, New York, August Kelly.

[72] *Development Economics. From the Poverty to the Wealth of the Nations*, Oxford, Clarendon Press, 1997, p. 66.

[73] *Princípios de Economia Política e de Tributação*, tradução portuguesa, Lisboa, Fundação Calouste Gulbenkian, 3.ª edição, 1983.

medida em que veio sustentar que a única possibilidade de evitar a estagnação derivava do aumento de produtividade resultante da importação de matérias primas e alimentos, ao mesmo tempo que fundamentava as trocas internacionais nas diferenças relativas dos custos de produção.

Também MARX[74] se vai ocupar da questão do desenvolvimento, explicitando que o dinamismo e inovação características do capitalismo tinham permitido a eliminação dos anteriores modos de produção, sustentando, no entanto, que a competição essencial ao sistema acabaria por gerar situações de dificuldade que seriam aproveitadas pelos trabalhadores.

Com a reserva de que se trata de um conjunto de autores que trabalharam sobre a realidade da Inglaterra dos séculos XVIII e XIX, não deve ser esquecida a importância desses trabalhos, que seria depois obscurecida, a partir do final do século XIX, pelas análises marginalistas, com a valorização dos equilíbrios parciais e o afastamento das questões do desenvolvimento da agenda económica, afastamento prolongado pelas escolas neo-clássicas[75].

Decisiva para a economia do desenvolvimento foi, ainda, a inovadora contribuição de SCHUMPETER[76], de cujo pensamento são profundamente tributários muitos dos desenvolvimentos mais recentes[77].

Essencial para SCHUMPETER é a análise dinâmica da actividade económica, entendida como resultado das rupturas anteriormente existentes, através de uma nova combinação de factores de produção derivada do aparecimento de produtos anteriormente inexistentes, ou de novos processos de fabrico ou da abertura de um novo mercado ou de uma nova forma de organização.

Decisivo para essa dinâmica económica é a figura do empresário que SCHUMPETER distingue quer do capitalista, que se limita a investir dinheiro, quer do inventor.

---

[74] *The Capital*, tradução inglesa, New York, Modern Libary, 1906.

[75] Sobre a história da problemática do desenvolvimento económico, remete-se para MÁRIO MURTEIRA, *Desenvolvimento, Subdesenvolvimento e o Modo Português*, Lisboa, Presença, pp. 7-58.

[76] Na premonitória obra *The Theory of Economic Development. An Inquiry into Profits, Capital, Credit, Interst and the Business Cycle*, que teve uma primeira edição em 1911 depois revista em 1926 e viria a ser traduzida para inglês em 1934, Harvard Economic Studies, vol. XLVI, conhecendo, posteriormente, sucessivas reimpressões.

[77] Sobre a importância e actualidade da obra de SCHUMPETER, vd. MÁRIO MURTEIRA, *Lições de Economia Política do Desenvolvimento*, 2.ª edição, Lisboa, Presença, 1990, pp. 71 e segs. e ADELINO FORTUNATO, *Lições de Economia do Crescimento e Desenvolvimento*, versão policopiada, FEUC, 2002, pp. 49 e segs..

Mais tarde, SCHUMPETER viria a atribuir ainda maior importância à capacidade do empresário para trabalhar nos domínios da investigação e da criação de *know how*[78].

Ora, se a questão central do desenvolvimento económico é a de lograr quebrar os equilíbrios estabelecidos por baixo, avançando para patamares económicos mais satisfatórios que permitam um maior bem estar das comunidades, é fácil perceber a sedução das concepções schumpeterianas para quem se preocupa com a definição de estratégias de combate às situações de subdesenvolvimento.

3. Refluxo e renascimento do pensamento económico em matéria de desenvolvimento

Uma justificação para a longa hibernação do tema do desenvolvimento económico pode, também, encontrar-se no final do debate entre o livre-cambismo e a autarcia económica, que levou ao encerramento dos mercados através de medidas proteccionistas, fazendo florescer a ideia de sistema económico nacional – muitas vezes assente na existência de impérios coloniais, cuja lógica passava obviamente pelo sacrifico dos territórios colonizados, abastecedores por excelência de matérias primas e mercados seguros para a colocação dos produtos manufacturados.

Dessa ordem económica estabelecida resultou a existência de países com graus de desenvolvimento muito diversos, podendo, com CLIVE BELL[79], distinguir-se entre os pioneiros (*pioneeers*) onde foram já alcançados níveis elevados de riqueza e bem estar e os retardatários (*latecomers*), que partem de uma situação de pobreza extrema.

É certo que entre os *retardatários* se encontram graus de desenvolvimento muito variados, como tem vindo a ser sublinhado quer por autores especialmente críticos dos termos em que se tem processado a ajuda aos países menos desenvolvidos, quer pelas diferentes organizações económicas internacionais que procuram definir prioridades para a utilização dos recursos disponíveis, mas nada disso nos autoriza a ignorar a grande linha divisória entre os países que entraram no *mercado da prosperidade* e aqueles que se mantêm no exterior.

---

[78] *Capitalism, Socialism and Democracy*, reimpressão de 1974, London, Unwin University Books.

[79] «Development Economics», in JOHN EATWELL, MURRAY MILGATTE e PETER NEWMANM, *The New Palgrave*, volume *Economic Development*, cit, p. 2.

A tentativa de alterar essa situação e de fazer com que seja assegurada a todos os Estados a possibilidade de alcançar níveis aceitáveis de riqueza está na origem do aparecimento da economia do desenvolvimento e a sua intima ligação à realidade concreta permite perceber porque encontramos, em torno da problemática do desenvolvimento económico, períodos de profundo entusiasmo e empenhamento, a par com outros caracterizados pelo desânimo e cepticismo em face dos resultados alcançados.

Escrevendo em 1982, ALBERT HIRSCHMANN – um dos mais importantes expoentes da fase inicial da economia do desenvolvimento – recordava que a mesma nascera como uma subdisciplina da economia, nos anos quarenta e especialmente cinquenta e que foi, nessa era "excitante", objecto de um florescimento que criou mesmo algum cepticismo e rivalidade por parte de outras ciências. A multiplicação de estudos entrou, porém, em nítido contraste com os escassos resultados das experiências de desenvolvimento, acabando por determinar um progressivo desinteresse dos estudiosos[80].

É certo que, mesmo nessa fase, o pessimismo de HIRSCHMAN esteve longe se ser totalmente acompanhado[81], sendo especialmente contrastado pelo entusiasmo de W. A Lewis[82] que, embora aceitando a existência de um número menor de estudiosos, recordou os novos e interessantes temas que a disciplina começava a colocar, com relevo para os problemas do papel do mercado, da abertura económica, do ambiente ou da distribuição, para concluir que "a economia do desenvolvimento não está no momento mais espectacular, mas está viva e de boa saúde".

Assistir-se-ia, de facto a um rápido reforço do interesse pela disciplina, quer como forma de procurar dar resposta a problemas especialmente relevantes nas relações internacionais – tornados mais visíveis pelo processo de mundialização das trocas económicas –, quer em resultado de uma crescente interpenetração entre os temas de economia do desenvolvimento e os de sociologia ou filosofia política, graças sobretudo ao trabalho de autores como AMARTYA SEN[83].

---

[80] «The Rise and Decline of Development Economics», in *Essays in Trespassing Economics to Politics and Beyond*, Cambridge University Press, 1981, pp. 3 e segs.

[81] Vd., a crítica que lhe é dirigida por AMARTYA SEN, «Development: Wich Way Now?», *The Economic Journal 93* (1983), p. 748, acusando-o de excesso de pessimismo na auto-crítica.

[82] «The State of Development Theory», *The American Economic Review*, Março de 1984, pp. 1-10.

[83] Vd. *infra*.

É certo que, muito provavelmente, se poderá retomar o cepticismo de HIRSCHMAN quanto aos resultados concretos, pois ao optimismo manifestado algumas vezes por responsáveis de instituições como o Banco Mundial[84], se contrapõem dados estatísticos[85] nada satisfatórios, justificando a crítica muito violenta de autores como STIGLITZ, que assinala, de uma forma especialmente impressiva, a ineficácia das instituições de *Bretton Woods* no plano do auxílio ao desenvolvimento económico e a perversidade das regras aplicáveis no domínio das relações económicas mundiais[86].

A apreciação dos resultados depende muito, em qualquer caso, do ângulo que se pretenda privilegiar e, se é possível verificar que certos índices, como o da mortalidade infantil ou até da escolaridade melhoraram em muitos dos países menos desenvolvidos, não se pode ignorar que o rendimento *per capita* em muitos destes países se mantém em níveis inaceitáveis.

Simultaneamente, a percepção que se tem hoje da problemática do desenvolvimento, muito afastada das puras questões quantitativas, torna ainda mais violentas situações como a da brutal desigualdade na distribuição da riqueza, a da sujeição a situações de opressão e violação dos direitos humanos e da permanência de situações de fome e subnutrição que não foram ainda erradicadas e que criam um quadro que envergonha a humanidade.

A dinâmica dos debates sobre esta matéria é inegável, sendo de assinalar a forma como a mesma se tem enriquecido nos últimos tempos, graças sobretudo à contribuição de outras disciplinas, como a ciência política e a sociologia, que vieram viabilizar novas abordagens, mesmo no campo económico.

4. Origens da moderna economia de desenvolvimento

Naturalmente que a problemática do desenvolvimento económico foi inicialmente pensada como um problema de cada sociedade isoladamente, ainda que a sua discussão fosse feita, em regra, com o recurso

---

[84] Nesse sentido, vd. NICOLAS STERN, *A Strategy for Development*, Washington, The World Bank, 2001.

[85] Vd. *Supra*, Introdução.

[86] *Globalização. A Grande Desilusão*, cit.

à comparação com a situação de países que tinham atingido níveis superiores de prosperidade[87].

A ideia de desenvolvimento económico surge, aliás, profundamente ligada ao triunfo do pensamento económico keynesiano que, se num primeiro momento se vai orientar no sentido da resolução dos problemas conjunturais, acabará por evoluir no sentido de se preocupar com os aspectos estruturais da economia.

A passagem da problemática do desenvolvimento para as relações económicas internacionais é, inicialmente, fruto da segunda guerra mundial e do plano Marshall, só num segundo momento, com o acesso generalizado às independências de Estados, se assistindo ao prolongamento dessa problemática em relação aos novos Estados, que apresentavam indicadores de desenvolvimento muito baixos.

As origens da economia do desenvolvimento influenciaram as suas prioridades, que se viraram inicialmente para as questões colocadas por países que tinham sofrido profundos danos na estrutura produtiva pré-existente e que importava recuperar.

O facto de os primeiros estudos terem nascido sob a pressão de exigências políticas levou a que assumissem muitas vezes a forma de relatórios, enquanto se assistia a um profundo empenhamento de economistas em funções de decisão ou de preparação da decisão política[88].

Rapidamente se irá, no entanto, verificar que os problemas do desenvolvimento se colocariam com especial premência em relação aos países que iriam ascender à independência nas décadas seguintes, em especial no continente africano e que apresentavam características económicas totalmente distintas daquelas que marcavam os países atingidos pelo segundo conflito mundial[89].

---

[87] Ou, como escrevem ANTÓNIO MANUEL FIGUEIREDO e CARLOS S. COSTA, *Do Subdesenvolvimento. Vulgatas, Rupturas e Reconsiderações em Torno de um Conceito. Roteiro Crítico e Antologia*, vol I, Afrontamento, Porto, 1982, p. 21, "é assim que o subdesenvolvimento começa por ser assumido (e continuará a sê-lo durante largo tempo) como manifestação de uma *diferença* ou mesmo como a *própria diferença*, o que supõe um referente padrão".

[88] Vd., a este propósito, GERAL MEIER, «The Formative Period», in MEIER e SEERS (orgs.), *Pioneers in Development*, The World Bank, Oxford University Press, 1984, pp. 3 e segs..

[89] Recorde-se, aliás, que nos considerandos da Resolução n.º 1514 da Assembleia Geral das Nações Unidas de 14 de Dezembro de 1960, a Assembleia se declarava "convencida que a continuação do colonialismo impede o desenvolvimento da cooperação económica internacional, baseada no princípio do proveito mútuo e do direito internacional".

A resposta a dar à situação desses novos países era particularmente dificultada pela circunstância, assinalada por GUNNAR MYRDALL, de a "teoria colonialista" se apresentar normalmente apologética desse período, absolvendo as metrópoles de quaisquer responsabilidades na criação das condições de sub-desenvolvimento, atribuídas a razões climatéricas, características das populações ou escassez de recursos[90].

A Comunidade Internacional via-se, assim, a braços com um problema para ela novo e que estivera escondido atrás do manto colonial, mas correspondia à necessidade de responder com realismo às exigências de desenvolvimento desses territórios.

Recorde-se, de resto, que, ainda durante a guerra, ROOSEVELT proclamara um programa político para o pós-guerra que deveria nortear os aliados ocidentais e que incluía a defesa de quatro liberdades fundamentais, entre as quais *a da necessidade*, em qualquer parte do Mundo onde fosse sentida, enquanto que a Carta das Nações Unidas abraçaria uma forte inspiração desenvolvimentista, a que seria, no entanto, largamente imune a conferência de *Bretton Woods*[91].

A ideia de Roosevelt só viria a ser retomada, de forma decidida, logo no início do segundo mandato de HARRY TRUMAN, em 1949, quando o presidente norte americano prometeu um programa activo para colocar os recursos técnicos e financeiros dos Estados Unidos ao serviço dos países mais pobres, dando origem a um movimento de grande impacto, tanto nos meios políticos e diplomáticos, como nos académicos[92].

O ponto quarto da mensagem de TRUMAN[93] era expresso em que os Estados Unidos pretendiam constituir-se como a força capaz de dinamizar as populações mundiais para uma luta com êxito contra a miséria, a fome e o abandono, não privilegiando nessa tarefa nem a ajuda pública nem o

---

[90] «El Fin de la Igualdad en el Desarrollo Mundial», tradução espanhola do discurso proferido na cerimónia do Nobel, em 17 de Março de 1975, in A. A. V. V. *Justicia Económica Internacional*, México, Fondo de Coltora Económica, 1976, p. 208.

[91] Cfr. *Infra*, parte II.

[92] Naturalmente que as avaliações sobre o discurso de TRUMAN são muito diversas e que os críticos dos modelos de desenvolvimento económico encontram aqui as raízes da imposição aos países menos desenvolvidos de um modelo importado dos países capitalistas. Vd., por exemplo, ALEXANDER GILLESPIE, *The Illusion of Progress. Unsustainable Development in International Law and Policy*, London, Earthcan, 2001, p. 1.

[93] Vd. O texto em GLIBERT RIST, *Lo Sviluppo. Storia di una Credenza Occidentale*, tradução italiana, Torino, Bollati Borinhieri, 1997, pp. 75 e segs..

56 *Valores e Interesses*

investimento privado e abraçando claramente a existência de um interesse mútuo na tarefa de desenvolvimento[94].

JOHN KENNETH GALBRAITH, testemunha especialmente qualificada pela sua dupla condição de universitário e colaborador da Administração, dá-nos um relato especialmente impressivo desses tempos e do entusiasmo que a problemática suscitou nesses meios, pelas mais diversas razões e como esse entusiasmo foi arrefecendo, até se chegar a uma situação de acomodação e de fatalismo, de que não isenta de culpas os economistas[95].

Importa, de qualquer forma, reter que as origens da economia do desenvolvimento se vão encontrar nos países desenvolvidos, o que não deixará de marcar a evolução desta matéria, ainda que tal teorização correspondesse à reivindicação que, difusamente, se ia espalhando entre os países que lutavam pela independência.

Como sustentou RENATO CARDOSO, a propósito de África, o desenvolvimento económico "é o anseio fundamental dos povos do continente. Em boa verdade, é a razão e legitimação dos próprios processos de independência"[96].

É certo que não se pode ignorar que nem sempre os programas dos movimentos de libertação reflectiram essa preocupação[97], mas essa omissão tanto pode constituir a expressão de um optimismo algo ingénuo em que a pura supressão das estruturas de dominação colonial resolveria os problemas do atraso económico, como resultar de uma situação que exigia a concentração de esforços na questão política.

Mais provavelmente, haverá que reconhecer a razão de RENATO CARDOSO, quando dava a indicação de que o debate sobre o desenvolvimento por parte dos povos saídos de situações coloniais só poderia ter lugar posteriormente, afirmando: "hoje a África fala de desenvolvimento com tanta insistência, em parte porque já resolveu na sua maioria pro-

---

[94] Vd. JAMES CYPHEWR e JAMES DIETZ, *The Process of Economic Development*, 2.ª edição, London e New York, Routledge, 2004, p. 93.

[95] *The Nature of Mass Poverty..*, cit., pp. 23 e segs..

[96] «Desenvolvimento e Cooperação – A Perspectiva Africana», *Democracia e Liberdade*, Fevereiro-Março de 1986, p. 58.

[97] Não se poderá, entretanto, esquecer a importância que as questões económicas apresentam nos escritos de AMÍLCAR CABRAL e, designadamente, em *Unidade e Luta*, Lisboa, Seara Nova, 1976. A propósito do pensamento do fundador do PAIGC, vd. DALILA CABRITA MATEUS, *A Luta pela Independência. A Formação das Elites Fundadoras Da Frelimo, MPLA e PAIGC*, Lisboa, Inquérito, 1999, pp. 160 e segs..

A *Economia do Desenvolvimento: Cinquenta Anos de Debate*

blemas que de facto são prévios. Resolveu a questão do "ser". Ser entidade, ser país, ser parte na história"[98].

A mesma ideia viria a ser expressa no Relatório da Comissão Sul[99], em que se escreveu que "...o desenvolvimento implica, necessariamente, a liberdade política tanto para os indivíduos como para as nações. Os interesses e desejos do Sul não podiam ser expressos – ou conhecidos – enquanto os antigos territórios coloniais não alcançaram a independência".

De facto, a independência dos territórios colonizados, ainda quando antecedida de longas guerras contra as antigas potências coloniais, resolve-se através de um acto legislativo consensual ou unilateral, o que manifestamente não ocorre com o desenvolvimento económico, que pode ser auxiliado pela existência de instrumentos jurídicos eficientes, mas nunca é o resultado automático desses instrumentos[100].

Tive já ocasião de notar[101] que a generalidade destes Estados se viram confrontados, nos períodos pós-independência, com violentas guerras civis que retardaram o processo de desenvolvimento[102] e influenciaram negativamente a própria reflexão sobre os objectivos económicos e sociais dos novos países[103].

Tais guerras reflectiram, em muitos casos, profundos conflitos étnicos, cuja contribuição para dificultar os processos de desenvolvimento económico não deve ser ignorada[104].

---

[98] «Desenvolvimento e Cooperação...», cit., p. 60.

[99] A comissão, presidida pelo então presidente tanzaniano JULIUS NYERERE, foi formalmente instituída em 1987, por sugestão do primeiro-ministro da Malásia, MAHATIR MOHAMAD, tendo vindo a apresentar o seu Relatório em 1990. Encontra-se publicada uma tradução portuguesa – *O Desafio ao Sul. Relatório da Comissão Sul* – Porto, Afrontamento, 1992.

[100] BASIL DAVIDSON, *À Descoberta do Passado de África*, tradução portuguesa, Lisboa, Sá da Costa, 1981, pp. 223 e segs., para uma apreciação sintética dos ganhos e dos problemas colocados após a independência.

[101] «Desenvolvimento e Direitos Humanos»..., cit., p. 26.

[102] Cfr. *Supra*, introdução.

[103] Naturalmente que o desaparecimento de muitos dos líderes das lutas de libertação e a sua substituição por uma nova geração terá efeitos nesta matéria, parecendo que este processo é seguido com especial interesse pelos meios do Banco Mundial. Vd. A este propósito, HELENA CORDEIRO, «África: um Continente em Mudança», in *África Século XXI. Os Desafios da Globalização e as Respostas do Desenvolvimento*, Lisboa, Sociedade de Geografia, 1998, pp. 177, e segs..

[104] A este propósito, vd. ALBERTO ALESINA, R. BAQIR e W. EASTERLEY, «Public Goods and Ethnic Divisions», *Quarterly Journal of Economics*, 114, n.º 4 (1996), pp. 1243 e segs. e W. EASTERLEY e R. LEVINE, «Africa's Growth Tragedy: Policies and Ethnic Divisions», *Quarterly Journal of Economics*, 43, Novembro (1997), pp. 1203 e segs..

58 *Valores e Interesses*

No caso das antigas colónias portuguesas, a situação foi, porventura, agravada ainda pela circunstância de a independência ter ocorrido muito tardiamente, o que levou os movimentos de libertação e os governos desses países novos Estados a manterem-se muito próximos de experiências económicas que, entretanto, noutros países africanos, começavam a ser questionadas, em face da ausência de resultados[105].

A emergência das novas nações, numa conjuntura política caracterizada pela divisão do mundo em dois blocos – capitalista e socialista – viria politizar de forma acentuada o debate sobre este tema, efeito que seria reforçado pelo movimento dos países do Sul, questionando a ordem económica internacional originária do período colonial, para tanto utilizando as organizações internacionais.

A tentativa de definição de uma via autónoma por parte dos países menos desenvolvidos seria, no entanto, prejudicada pela tentativa dos países socialistas de expandirem a sua influência junto das novas nações e, simultaneamente, pela emergência de uma resposta ocidental, procurando contrariar tal influência através da concessão de auxílio económico[106], que assim ficou muito marcado por objectivos estratégicos.

Apesar da politização desta problemática, fica associado a esse período um conjunto significativo de estudos sobre a possibilidade de melhorar as políticas de desenvolvimento, feitos sob a égide da ONU ou do Clube de Roma, a que estão ligados os nomes de LEONTIEFF e TINBERGEN e que representam um esforço sério para definir os meios e estratégias para conseguir uma redistribuição da riqueza no longo prazo[107].

A estratégia dos novos Estados passou, em geral, pela tentativa de defesa conjunta dos seus pontos de vista através da criação de estruturas como o Movimento dos Não Alinhados, ou o Grupo do 77 e da afirmação

---

[105] Nesse sentido, MÁRIO MURTEIRA, *Economia do Mercado Global. Ensaio sobre as Condicionantes Mega e Macro das Estratégias Empresariais*, Lisboa, Presença, 1997, pp. 61 e segs..

[106] KENNETH GALBRAITH, *The Nature of Mass Poverty..*, cit., para uma descrição do apoio dos movimentos anticomunistas às políticas de ajuda ao desenvolvimento

[107] É de sublinhar, especialmente, no estudo de TINBERGEN, datado de 1958, *The Design of Development*, Washington The Economic Development Institute, International Bank for Reconstruction and Development, uma definição dos objectivos da política de desenvolvimento, que conserva traços de flagrante actualidade, apontando para quatro objectivos fundamentais: a criação de condições favoráveis ao desenvolvimento; a convicção do governo, dos empresários e das comunidades em geral sobre o interesse e as potencialidades do processo de desenvolvimento; a realização de um conjunto de investimentos básicos; a adopção de medidas destinadas a facilitar e estimular o investimento privado.

A *Economia do Desenvolvimento: Cinquenta Anos de Debate*

de uma uniformidade de pontos de vista daquilo que se passou a designar correntemente por "Terceiro Mundo" ou "Sul", apesar de, já então, ser patente a diversidade das situações e dos próprios projectos políticos de muitos destes Estados[108].

Essa estratégia esteve subjacente logo à Conferência de Bandung, realizada em 1955, que reuniu trinta países de África e Ásia, que expressaram a sua oposição ao colonialismo e defenderam uma política de neutralidade em relação aos dois blocos, assente na afirmação de interesses próprios diferenciados, que conduziu à aprovação de uma declaração em 10 pontos[109].

A Conferência teve como consequência a emergência, no plano das relações internacionais, do "afro-asiatismo", correspondendo a uma tomada de consciência destes povos e ao desejo de afirmação da sua existência, o que motivou alguma preocupação no mundo ocidental[110].

Ainda que logo no capítulo 1 da Declaração de *Bandoung* a questão do desenvolvimento fosse abordada com algum pormenor, o Movimento, que passaria a ser designado por Movimento dos Não Alinhados, a partir da conferência realizada em Belgrado em 1961, só viria, todavia, a interessar-se decididamente pelos temas económicos na cimeira de 1976 – na qual Portugal esteve presente, pela primeira vez, com o estatuto de observador –, consagrada ao tema da luta por uma Nova Ordem Económica Internacional.

No essencial da sua lógica de acção está a afirmação de uma identidade absoluta de interesses entre esses grupos de países, ainda quando os factos a pareciam contestar. Mesmo quando se tornou público que era impossível o prolongamento dessa linha e esses países passaram a admitir a

---

[108] Vd. LUÍS FONTOURA, *Das Relações Norte-Sul à Cooperação Horizontal*, separata de *Conjuntura Internacional*, ISCSP, Lisboa, 1996.

[109] Eram os seguintes os dez pontos: respeito pelos direitos fundamentais de harmonia com os princípios das Nações Unidas; respeito pela soberania e integridade territorial de todos os Estados; reconhecimento da igualdade de todas as raças e nações; não intervenção nos assuntos internos dos outros países; direito de cada povo à defesa individual e colectiva; não participação em acções de defesa colectiva no interesse das grandes potências; abstenção de todos os actos ou ameaças de agressão contra outro Estado; solução dos conflitos internacionais por meios pacíficos; estímulo da cooperação e desenvolvimento dos interesses recíprocos e respeito pela justiça internacional.

[110] Ver, a este propósito, JACINTO NUNES, «A Nova Ordem Económica Internacional (I) – De Bandung a Nova Deli», agora in *Temas Económicos*, Lisboa, IN-CM, 1999, p. 235. Mais pormenorizadamente, ODETE GUITARD, *Bandoung et le Réveil des Peuples Colonisés*, 2.ª edição, colecção *Que Sais-je?*, Paris, PUF, 1965.

60   *Valores e Interesses*

existência de diferentes situações ou interesses entre eles, ainda se assistiu a uma última tentativa de defesa da unidade, expressa no Relatório da Comissão Sul, onde se afirmava que "o que os países do sul têm em comum transcende as suas diferenças e dá-lhes uma entidade partilhada e uma razão para trabalhar em conjunto para objectivos comuns"[111].

Ligada à afirmação desta entidade de interesses, surge a problemática da nova ordem económica internacional e da alteração das relações entre o Norte – entendido como o conjunto dos países industrializados de sistema capitalista[112] – e o Sul, entendido como todos os restantes países[113].

Se é certo que as reivindicações deste conjunto de países tiveram na prática pouco sucesso, não se pode esquecer, ainda assim, que chegaram a marcar a agenda política internacional em certos momentos e a dar origem a tentativas de resposta por parte dos Estados Industrializados, como a da Comissão *Brandt*[114].

Os trabalhos da Comissão presidida por WILLY BRANDT representaram, porventura, a proposta global mais avançada com origem nos países em desenvolvimento, traduzindo de uma forma clara a ideia de que o desenvolvimento era uma matéria de interesse recíproco dos dois grupos de países.

A evolução económica e política tornaria, no entanto, as suas propostas letra morta e daria origem a vivos ataques à concepção que lhe estava subjacente.

Os acontecimentos posteriores, como o fim da guerra fria e o desaparecimento do mundo bipolar, a par com a evolução tecnológica que fez com que, em muitos casos, as matérias primas – únicos recursos impor-

---

[111] *O Desafio ao Sul...*, cit., p. 1.

[112] Com os países do bloco socialista a recusarem-se sempre a serem considerados como Norte, defendendo-se quer com a ajuda que estariam a assegurar aos países do Sul, quer com a circunstância de não terem sido potências coloniais, o que implicava não estarem ligados às origens das desigualdades na ordem económica internacional.

[113] Uma síntese da problemática levantada em torno da Nova Ordem Económica Internacional pode ver-se em ANGELOS ANGELOPOULOS, *O Terceiro Mundo Face aos Países Ricos*, tradução portuguesa, Livros do Brasil, 1973 e *Por Uma Nova Política do Desenvolvimento Internacional*, tradução de António Marques dos Santos, Lisboa, Livros do Brasil, 1978 e, entre nós, MARIA MANUELA MAGALHÃES SILVA, *Direito Internacional do Desenvolvimento. Breve Abordagem*, Porto, Universidade Portucalense, 1996, pp. 263 e segs..

[114] *Nord-Sud: un Programme de Survie. Rapport de la Commission Indépendante sur les Problèmes de Développement International sous la Présidence de Willy Brandt*, tradução francesa, Paris, Galimard, 1980. Ver, ainda, JAN TINBERGEN (coordenador), *Nord-Sud. Du Défi au Dialogue. Troisième Rapport au Club de Rome*, Paris, Dunod, 1976.

A *Economia do Desenvolvimento: Cinquenta Anos de Debate* 61

tantes dos países menos desenvolvidos – conhecessem acentuadas quebras de cotação nos mercados internacionais, vieram a revelar-se factores decisivos para o agravamento da situação nos países menos desenvolvidos e para a diminuição da sua capacidade reivindicativa, confrontados com regras pré-estabelecidas das Organizações Internacionais, que limitavam drasticamente o seu poder de decisão, assegurando-lhes quase só a possibilidade de acesso a uma tribuna para exporem os seus pontos de vista[115].

De facto, mesmo na mais democrática dessas organizações – a ONU – apenas na Assembleia Geral se verificava uma igualdade dos Estados que, todavia, dada a escassez dos poderes do órgão, não teve consequências especialmente relevantes, como teremos ocasião de ver mais pormenorizadamente.

Já quanto às organizações financeiras – dominadas por regras anteriores à generalidade das independências – mantiveram-se, no essencial as disposições originárias, assegurando um domínio total dos países desenvolvidos.

Não deixa, aliás, de ser significativo recordar o papel totalmente secundário assumido pelos países menos desenvolvidos presentes na Conferência de *Bretton Woods*, como fica claro do testemunho de KEYNES, ao escrever: "de todas as nações convidadas, vinte e uma não podem trazer qualquer contributo próprio, sendo somente um peso morto"[116].

Tal situação, como teremos ocasião de ver, não se inverteu significativamente nas décadas subsequentes, podendo concordar-se com THOMAS POGGE quando considera surpreendente que as excepcionais condições criadas pelo colapso do império soviético não tenham sido aproveitadas para garantir um desenvolvimento económico acelerado, com um aumento da ajuda externa a ser facilitado pelo corte nas despesas com armamento, como forma de integrar os Estados em desenvolvimento no conjunto de valores característicos do bloco vencedor[117].

5. Características da moderna economia do desenvolvimento

Ficou já assinalado que a economia do desenvolvimento surgiu na sequência de um impulso político ocidental, apesar de a voz dos países

---

[115] Cfr. *infra*, Parte II.

[116] Citado por GERALD MEYER, «The Formative Period»…, cit., p. 9.

[117] «Priorities of Global Justice», in THOMAS POGGE (org.), *Global Justice*, Massachusetts, Blacwell, 2001, p. 6.

62 Valores e Interesses

menos desenvolvidos se ter feito ouvir a nível da reivindicação política e de alguns dos mais lúcidos líderes dos movimentos nacionalistas africanos terem desenvolvido reflexões sobre esta matéria.

Na verdade, as questões colocadas e as soluções preconizadas no domínio da economia do desenvolvimento resultam marcadamente do pensamento económico anglo-saxónico, em resultado da ausência de elaboração teórica autónoma dos quadros dos países menos desenvolvidos.

Essa situação de partida, embora inevitável, não deixava de ser largamente indesejável como, de resto, alertava GUNAR MYRDALL[118], ao formular o voto de que "... os economistas dos países subdesenvolvidos tenham a força de libertar-se de esquemas conceptuais e abordagens teóricas inadequadas e irrelevantes, analisando com a maior amplitude a verdadeira natureza dos problemas e das necessidades das suas sociedades"[119].

A primeira expressão significativa desse esforço de reflexão por parte dos economistas saídos de países menos desenvolvidos fica a dever-se ao trabalho da Comissão Económica para a América Latina (ECLA), criada no âmbito das Nações Unidas e presidida por RAUL PREBISCH[120], que vai ser o *forum* por excelência da escola estruturalista latino americana[121] que inclui, para além de PREBISH[122], nomes como CELSO FURTADO[123] ou FERNANDO HENRIQUE CARDOSO[124].

---

[118] *Rich Lands and Poor*, New York, 1957, p. 104.

[119] Vd. a viva crítica de AVELÃS NUNES, «Neo-Liberalismo, Globalização e Desenvolvimento Económico», in *Conferência Internacional. Angola, Direito, Democracia, Paz e Desenvolvimento*, Luanda, Faculdade de Direito, 2001, pp. 143 e segs.. Também MÁRIO MURTEIRA, «Desenvolvimento e Dependência», *Análise Social*, II Série, vol. XIII, n.º 1 (1977), p. 68, escreve: "a *economia política do desenvolvimento* será, nestes termos, um conhecimento que emerge duma periferia dominada por um centro que, consciente ou inconscientemente, produz a sua ideologia de justificação e apoio do *statu quo*. É óbvio que os fundamentos teóricos terão de ser procurados fora do próprio pensamento dominante nesse centro".

[120] Veja-se a forma impressiva como JAGDISH BHAGWATI evoca a influência de PREBISH sobre a sua geração de economistas de países em desenvolvimento, em comentário a RAUL PREBISH, «Five Stages in My Thinking on Development», in MEYER e SEERS (orgs.), *Pioneers in Development...*, cit., p. 197.

[121] Sobre a CEPAL e o ambiente que a cercava Cfr. CELSO FURTADO, *A Fantasia Organizada*, Rio de Janeiro, Paz e Terra, 1985.

[122] Vd., por exemplo, *Transformacion y Desarrollo, la Grande Tarea de la América Latina*, México, Fondo de Coltora Económica, 1970. Ver a recente reavaliação do seu pensamento, in «Five Stages in My Thinking», cit..

[123] Vd. Por exemplo, *Teoria e Política do Desenvolvimento Económico*, aqui citada na 2.ª edição de 1976, Lisboa, Dom Quixote.

[124] Vd., por exemplo, *O Modelo Político Brasileiro e Outros Ensaios*, São Paulo Difusão Europeia do Livro, 1972 e FERNANDO HENRIQUE CARDOSO e ENZO FALETTO,

No essencial, os estruturalistas sul-americanos defendem que os obstáculos fundamentais ao desenvolvimento daquele subcontinente resultam da existência da inflação devida à insuficiente produção agrícola e à apetência pelas exportações de certos sectores, pelo que se impunha um processo de industrialização e substituição das importações, assente na adopção de vigorosas medidas proteccionistas[125].

Seguindo embora uma linha autónoma de pensamento, os estruturalistas latino-americanos aproximam-se em diversos aspectos das posições neo-marxistas, que aprofundaram as explicações do subdesenvolvimento através da ideia de dependência da periferia em relação ao centro[126].

De facto, uma das ideias centrais de RAUL PREBISCH e dos seus seguidores é a de que o sistema de divisão internacional do trabalho conduziu à concentração dos rendimentos no centro industrializado, criando uma evolução das relações de troca desfavorável aos países da periferia.

Entre as contribuições desta escola também não pode ser minimizada a chamada de atenção para a importância da análise histórica das condições de desenvolvimento, que a leva considerar que, na actual fase, são muito maiores as exigências de capital por trabalhador do que na fase de crescimento dos países desenvolvidos[127].

Coerentemente com as premissas de que partem, os estruturalistas vão defender um papel especialmente activo dos Estados, que se não de-

---

Dependence and Development in Latin América, Berkeley, University of Califórnia Press, 1979.

[125] A questão do papel do comércio internacional nas suas relações com o desenvolvimento foi, de resto, uma das que mais marcou desde o início a discussão sobre a economia do desenvolvimento, sendo de recordar que, por exemplo, aquando da conferência de *Bretton Woods* a generalidade dos países menos desenvolvidos presentes se preocupou essencialmente com a forma de garantir a estabilidade das cotações no mercado internacional, uma vez que se consideravam essencialmente como nações exportadoras de matérias primas.

[126] Como é o caso, por exemplo, de SAMIR AMIN, que veio sustentar a validade universal da análise marxista que seria aplicável a todo o tipo de sociedades, ao mesmo tempo que defendia que a compreensão do capitalismo não se poderia colocar apenas na análise do Estado, mas sim na do conjunto de Estados, assumindo a questão nacional uma importância decisiva nas lutas da periferia. Vd., para um síntese das suas posições, *Classes e Nações no Materialismo Histórico*, tradução portuguesa, Lisboa, Morais, 1981.

[127] Entre nós, um estudo exaustivo dessas posições pode ser visto em AVELÃS NUNES, *Industrialização e Desenvolvimento. A Economia Política do "Modelo Brasileiro de Desenvolvimento"*, Suplemento ao Volume XXIV-XXV do *Boletim da Faculdade de Direito*, Coimbra, 1983.

vem limitar a criar um ambiente favorável, mas antes avançar no sentido da orientação da economia e da actuação económica directa, recorrendo a técnicas de planificação[128].

A forma como a planificação económica é concebida no seio desta escola não é, no entanto, uniforme, porque se a corrente maioritária tendia a aproximá-la do modelo soviético, autores como CELSO FURTADO[129] vieram acentuar sobretudo a necessidade de aumentar o mercado e apontar para formas de planeamento mais próximas das francesas.

Essa necessidade de aumento do mercado é, aliás, expressamente associada por CELSO FURTADO ao desenvolvimento de formas de integração económica regional, consideradas como requisito prévio à formulação de uma política eficaz de desenvolvimento[130].

Reconhecida a importância histórica do estruturalismo e da riqueza e originalidade de alguns autores e em especial de CELSO FURTADO[131], que teve uma significativa influência em Portugal, não poderemos esquecer que as contribuições mais importantes para a economia do desenvolvimento vieram de economistas dos países desenvolvidos e raras vezes foram coincidentes ou, pelo menos, aproximadas das escolas estruturalistas.

Foram tantos os economistas a tratar dessas matérias e tão diversos os seus ângulos de análise que não é fácil tratar conjuntamente as respectivas obras, nem atribuir-lhes uma igual importância, uma vez que, se alguns deles marcaram profundamente trabalhos subsequentes, outros ficaram-se por meras incursões sem especiais sequências.

Nos últimos anos, tem-se assistido, aliás, à proliferação de estudos sobre esses primeiros tempos da economia do desenvolvimento, procurando-se, muitas vezes, proceder à sua reavaliação ou ao confronto com as novas tendências na matéria.

Se olharmos para a generalidade dos estudos produzidos na época fundadora, verificamos, aliás, que quase todos apontam para o diagnóstico

---

[128] Sobre as escolas estruturalistas e outras correntes heterodoxas de desenvolvimento económico, vd. JAMES CYPHER e JAMES DIETZ, *The Process of Economic Development,* cit., pp. 158 e segs..

[129] Em especial em *Teoria e Política do Desenvolvimento Económico,* aqui citada na 2.ª edição de 1976, mas que conheceria sucessivas edições que foram acompanhando a evolução do pensamento do autor.

[130] *Teoria e Política,* cit., p. 423.

[131] Para compreender o sentido profundamente inovador da obra de CELSO FURTADO, vd. a recente auto-revisão dos seus primeiros trabalhos, *O Capitalismo Global,* São Paulo, Paz e Terra, 1998, 4.ª edição.

das causas que estão na base do atraso no desenvolvimento e que mantêm uma certa actualidade, sendo alguns erros de perspectiva amplamente justificáveis pelo ambiente económico dominante da época, como reconheceu AMARTYA SEN, numa reavaliação do trabalho efectuado pelos primeiros economistas que se ocuparam da problemática do desenvolvimento[132].

Deve-se a ALBERT HIRSCHMAN[133] uma tentativa de arrumação das teorias do desenvolvimento nessa primeira fase, que o próprio autor considera simplificadora, mas que constitui, ainda assim, um quadro interessante de aproximação.

Partindo de duas questões fundamentais, que são a aceitação de regras económicas universais (*monoeconomics claim*) e da existência de um interesse recíproco entre países mais e menos desenvolvidos na tarefa de desenvolvimento (*mutual-benefit claim*), HIRSCHMAN identifica quatro tipos de teorias: as da economia ortodoxa, as de Marx, as da economia de desenvolvimento e as dos autores neo-marxistas.

Assim, a economia ortodoxa defenderia regras válidas universalmente e aceitaria a existência de um benefício mútuo no relacionamento económico, enquanto que as teorias neo-marxistas se colocariam na posição inversa, rejeitando essas duas asserções. Já para Marx seria, em princípio, aceitável a existência de regras idênticas, mas não a ideia de um benefício comum, enquanto que a economia do desenvolvimento, recusando as regras comuns, aceita o princípio do benefício recíproco.

Sublinhada, sumariamente embora, a diversidade das posições em matéria de desenvolvimento económico, é possível identificar algumas características essenciais das políticas de desenvolvimento postas em prática nesses primeiros tempos e das orientações económicas que estiveram subjacentes.

Um dos aspectos mais relevantes das análises da época fundadora, em que se pode ver a clara influência do pensamento keynesiano, é a ênfase posta na questão do desemprego ou do subemprego, sobretudo na área rural e na possibilidade de absorção deste desemprego através de um processo de industrialização, que tendeu a privilegiar a indústria pesada.

Trata-se de uma linha que remonta especialmente ao estudo de KURT MANDELBAUM, *The Industrialization of Bacward Áreas*[134], que partia do princípio de que as zonas economicamente deprimidas o eram sobretudo

---

[132] «Development: Wich Way Now?»..., cit..
[133] «The Rise and Fall of Development Economics»..., cit..
[134] Oxford, 1947.

66 *Valores e Interesses*

pela ausência de industrialização, o que aconselhava a induzir um processo rápido nesse sentido como forma de absorver desemprego. Paralelamente, a actuação económica pública deveria orientar-se num sentido redistributivo de modo a reforçar a procura e contrariar a debilidade do mercado.

Outros economistas, nomeadamente MAURICE DOBB[135] ou NURSKE[136], iriam igualmente acentuar a importância da industrialização para absorver a mão de obra desempregada, enquanto que era dada uma especial atenção à análise de experiências concretas, com relevo para a levada a cabo na Índia na década de cinquenta – o chamado "modelo Mahanobolis", que privilegiou o investimento em indústria produtiva de bens de investimento, em detrimento da industria ligeira, produtora de bens finais, considerando que assim se induziria um mais elevado nível de procura.

Em paralelo, foi generalizadamente acentuada a necessidade de formação de capital, considerando-se a acumulação de capital como aspecto central do processo de desenvolvimento, ou como escrevia DOBB[137], "penso não me enganar muito ao afirmar que a acumulação de capital – entendida como crescimento quantitativo e qualitativo dos bens instrumentais – é o ponto nevrálgico"[138].

A importância da formação de capital a partir do sector público foi especialmente acentuada por RAGNAR NURSKE, que afastou a possibilidade do crescimento ser induzido do exterior através de um aumento da procura, inserindo-se, assim, numa corrente de influência estruturalista, que veio questionar as posições neo-clássicas[139].

De alguma forma, estes modelos apontavam para uma repetição do que teria sido o processo de desenvolvimento dos países ricos, tendência que foi levada ao extremo por ROSTOW, ao apresentar uma teoria das diversas etapas do crescimento marcada por uma grande falta de atenção às condições concretas das economias menos desenvolvidas[140].

Na base do pensamento de ROSTOW está a ideia de que todas as sociedades conhecem um desenvolvimento em cinco etapas – a sociedade tradicional, a sociedade de transição, o *take-off*, o caminho para a maturi-

---

[135] *Some Aspects of Economic Development*, Delhi, 1951.

[136] *Problems of Capital Formation in Underdeveloped Countries*, Oxford, 1953.

[137] *Some Aspects..*, cit., p. 7.

[138] Para uma análise dessa problemática, vd., entre nós, SOUSA FRANCO, *Observações sobre a Formação do Capital numa Economia em Desenvolvimento*, cit..

[139] *Problems of Capital Formation in Underdeveloped Counties*, cit..

[140] *The Stages of Economic Growth*, Cambridge University Press, 1960.

A Economia do Desenvolvimento: Cinquenta Anos de Debate   67

dade e a era do consumo de massas, pelo que importaria conseguir as condições para o *take-off* das economias pobres.

A afirmação implícita da identidade substancial de condições de partida entre as diferentes economias e a definição de um padrão de desenvolvimento elevado, assente no consumo de tipo ocidental tem dado origem a críticas muito violentas[141].

Outro e decisivo aspecto em que, de resto, convergiram teóricos e práticos do desenvolvimento económico é o que se prende com a defesa da planificação económica, então experimentada com aparente sucesso nas economias socialistas e correntemente utilizada, ainda que com diferentes características, nas economias da Europa Ocidental[142].

Num ambiente intelectual em que a planificação ganhara uma especial importância, não se pode esquecer que as próprias Nações Unidas recomendavam, em 1951[143], aos países menos desenvolvidos, que criassem organismos centralizados para controlarem a situação económica e elaborarem planos de desenvolvimento e que a estratégia definidas nas décadas para o desenvolvimento arrancava igualmente, em larga medida, dessa inspiração.

A ligação entre o planeamento e o desenvolvimento económico viria a ser um dos aspectos mais contestados na revisão a que se assistiu nesta matéria[144], ainda que se possa pensar que o problema não estava no planeamento

---

[141] ADELINO FORTUNATO, *ob. cit.*, p. 174.

[142] Recorde-se que mesmo em Portugal se caminhou no sentido do planeamento económico, embora com características muito específicas. Não deixa de ser significativo transcrever, a este propósito, uma afirmação de OLIVEIRA SALAZAR, *Discursos*, vol. V, p. 93: "A necessidade de planos na administração e na economia é filha da grandeza e complexidade das tarefas colectivas que os aumentos demográficos e os altos níveis de vida das populações impõem aos Estados modernos. Referi causas económico-sociais, mas por vezes a necessidade política de atingir determinados objectivos em prazos certos está também na raiz do mesmo fenómeno. Por seu lado estes planos tornaram-se possíveis desde que, ao mesmo tempo e pelas mesmas causas, muitas actividades privadas se vão enquadrando, por evolução natural ou imposição política, em formas ou processos colectivos de AGIR. A conclusão é, pois, que um benéfico intervencionismo estatal tem fatalmente de ser aqui admitido". Estando obviamente fora de questão a análise da experiência de planeamento em Portugal, remete-se para Luís Teixeira Pinto, *Políticas de Desenvolvimento Económico*, Lisboa, 1961, para uma defesa da ligação entre plano e desenvolvimento e para A.A.V.V., *O Planeamento Económico em Portugal. Lições da Experiência*, Lisboa, Sá da Costa, 1984.

[143] United Nations Department of Economic Affairs, *Measures for the Economic Development of Underdeveloped Countries.*

[144] Ou como escreve SUKHAMOY CHAKRAVARTY, «Development Planning: a Reappraisal», in *Cambrige Journal of Economics*, vol 15 (1991), p. 5, "o planeamento do desenvolvimento não tem uma boa imprensa por estes dias".

68 Valores e Interesses

em si, mas nos termos rígidos e quantitativos em que foi formulado – à semelhança, aliás, do que sucedeu nos países da Europa Oriental[145].

SUKHAMOY CHAKRAVARTY apontava, no inicio dos anos noventa, um conjunto de explicações que teriam levado a esta contestação, tais como a falta de clareza dos objectivos definidos pelos planeadores, a inadequação dos instrumentos à disposição das autoridades planificadoras e a comparação entre o sucesso de economias onde não existia qualquer forma de planeamento e o fracasso das economias socialistas[146].

Quando se evoluiu no sentido de ligar de modo especial as questões de desenvolvimento aos aspectos institucionais, teria, no entanto, sido possível inverter a técnica de planificação, orientando-a no sentido da atribuição de uma maior importância a esses aspectos.

Não se poderá esquecer, por outro lado, que o planeamento económico surge associado a outra ideia dominante no primeiro período da economia de desenvolvimento, a do crescimento equilibrado, teorizada de forma especialmente impressiva por ROSENSTEIN-RODAN, autor de um dos principais textos fundadores da economia do desenvolvimento[147].

De harmonia com essa concepção, tornava-se necessário assegurar um desenvolvimento simultâneo da procura e da oferta e o aparecimento simultâneo de diversas indústrias, dentro de um processo de forte intervencionismo estatal, o que levou, por vezes mesmo, à defesa de um desenvolvimento equilibrado dentro de uma economia fechada ou dentro de grupos de Estados.

Para ROSENSTEIN RODAN o desenvolvimento deste processo com resultados totalmente satisfatórios implicaria, aliás, um grande impulso (*big push*), para assegurar a continuidade e complementaridade das decisões de investimento[148].

---

[145] Pode concordar-se com EDUARDO SOUSA FERREIRA, prefácio a *Economia Política do Desenvolvimento*, Lisboa, Iniciativas Editoriais, 1977, p. 7, quando escreve: "A convicção da aplicabilidade "universal" da teoria económica nascida no Ocidente alastrou ainda mais, a partir do momento em que as economias socialistas a passaram a utilizar nos modelos de planificação centralizada, mais uma vez não tendo em consideração que, assim como a estrutura dos mercados nos países subdesenvolvidos não permite o funcionamento dum modelo de concorrência pura, também aí o aparelho de Estado não dispõe de uma rede administrativa e de instituições suficientes que permitam a aplicação dum plano como em países socialistas".

[146] «Development Planning: a Reappraisal»…, cit., pp. 5 e segs..

[147] «Problems of Industrialization of Eastern and South-Eastern Europe», *Economic Journal*, vol. 43 (1943), pp. 202-211.

[148] *Economic Development for Latin América*, London, Mac-Millan, 1961.

A Economia do Desenvolvimento: Cinquenta Anos de Debate   69

Tal ideia não foi, no entanto, totalmente consensual, tendo merecido a oposição de autores como PERROUX[149] e HIRSCHMAN[150], que vieram defender a necessidade de existência de pólos de crescimento que expressamente avançassem mais do que a restante economia, funcionando como motores do processo de transformação.

Deverá, no entanto, notar-se que estas concepções, em larga medida influenciadas por SCHUMPETER, não põem em causa a necessidade de um crescimento final equilibrado, apenas entendendo que a existência de sectores de ponta é fundamental para ultrapassar a incapacidade de organização e coordenação pública e privada[151].

Subjacente às análises dos dois autores está a noção de que, nem nos países mais prósperos, nem nos menos prósperos é possível uma repartição uniforme do desenvolvimento, que antes resulta de determinados pontos, a partir dos quais é possível propagar efeitos expansivos.

Partindo de uma experiência na Colômbia, HIRSCHMANN vai sustentar que este tipo de país não é caracterizado pela escassez de factores de produção, mas sim pela ausência de um agente coordenador, cujo aparecimento é necessário provocar, criando em certos sectores da economia estímulos que os tornem especialmente apetecíveis para o Estado ou para empresários privados, que irão investir de forma autónoma, mas que acabarão por induzir um efeito de cadeia[152].

Como PERROUX sublinha, não basta, no entanto, a construção de amplos complexos industriais, já que a noção de pólo só tem valor quando se transforma num instrumento de uma política. Ou, na sua própria expressão, " o pólo de desenvolvimento é uma unidade económica motriz ou um conjunto formado por várias dessas unidades. Uma unidade simples ou complexa, uma empresa, uma indústria, um complexo de indústrias dizem-se motrizes quando exercerem efeitos de expansão sobre outras unidades que com ela estão em relação"[153].

Na base de praticamente todas estas análises e sugestões encontrava-se a convicção de que para o desenvolvimento económico seria necessária a obtenção de recursos externos que contrariassem a escassez de recursos próprios, sendo este o ponto que vai constituir o objecto central da discus-

---

[149] *A Economia do Século XX*, tradução portuguesa, Lisboa, Morais, 1965.
[150] *The Strategy of Economic Development*, Yale University Press, 1958.
[151] *The Strategy of Economic Development*, cit., capítulo VIII.
[152] *The Strategy of Economic Development...*, cit..
[153] *A Economia do Século XX...*, cit., p. 192.

são travada durante décadas entre economistas de países ricos e pobres, em especial no seio das principais instituições internacionais.

Estas posições são, também, fortemente influenciadas pela convicção de que os mercados nestes países ou não funcionam, ou funcionam com falhas tão graves que justificam uma intervenção mais decidida dos governos.

De qualquer modo, é preciso ter em atenção que esta primeira fase de trabalhos sobre o desenvolvimento económico assenta excessivamente em aspectos quantitativos do desenvolvimento, preocupando-se mais com o crescimento do produto interno do que com a sua distribuição[154] e parte de um paradigma de repetição de experiências já levadas a cabo nos países mais desenvolvidos.

Essa não é, contudo, uma tendência presente em todos os autores que se ocuparam do desenvolvimento económico[155], sendo disso significativa a chamada de atenção de JACINTO NUNES para essa perspectiva, que considera errada, acentuando que "perante condições diferentes os métodos dificilmente poderão ser idênticos"[156].

Mesmo em relação aos problemas da desigualdade da distribuição interna não se pode esquecer a vigorosa posição de KUZNETS[157], ao recusar totalmente que o desenvolvimento dos países mais pobres pudesse assentar num processo idêntico ao dos países que conheceram a revolução industrial, assente numa grande concentração de riqueza, alegando com a diversidade das condições e com a circunstância de os rendimentos daqueles países serem já muito baixos[158].

A formulação de KUZNETS, elaborada como o próprio alerta, com escassa base empírica pelo que toca aos países menos desenvolvidos, viria mais tarde a ser amplamente confirmada e desenvolvida pelos trabalhos fundamentais de PARTHA DASGPUTA[159] que veio demonstrar os efeitos ne-

---

[154] Na sequência, aliás, do que parece ser uma tendência dos economistas para privilegiarem o ângulo da produção sobre o da distribuição e das muitas dúvidas surgidas em torno da compatibilização entre redistribuição e desenvolvimento. Vd. GUNNAR MYRDALL, «Equity and Growth», *World Development*, vol. 1, n.º 11, Novembro de 1973, pp. 43 e segs..

[155] Especialmente importante foi a posição crítica de DUDLEY SEERS, «The Limitations of the Special Case», *Bulletin of the Oxford Institute of Economics and Statistics*, XXV (1963), 2, pp. 77-98.

[156] *Crescimento Económico e Política Orçamental...*, cit., p. 15.

[157] «Economic Growth and Economic Inequality», *The American Economic Review*, volume XLV, n.º 1 (1955), pp. 1 e segs..

[158] Vd., também, GUNNAR MYRDAL, «Equity and Growth»..., cit..

[159] Vd., por exemplo, PARTA DASGUPTA e DEBRAJ RAY, «Inequality as a Determinant of Malnutrition and Unemployment Theory», cit..

A Economia do Desenvolvimento: Cinquenta Anos de Debate   71

gativos da desigualdade, pobreza e sub-alimentação na qualidade do trabalho e no próprio processo de crescimento económico[160].

Elaborados num período em que o pensamento dominante em matéria económica era muito diverso do actual e tributário, ainda, em larga medida, do sucesso da intervenção estatal na correcção dos efeitos da grande depressão dos anos trinta e da devastação da guerra, estes textos podem ser hoje criticados em muitos dos seus aspectos, mas não deixam de representar uma importante e generosa contribuição para o início de um debate que está longe de estar concluído.

Por outro lado, se é certo que existe alguma uniformidade nos primeiros textos de economia do desenvolvimento, não se poderá levar demasiado longe a afirmação dessa uniformidade, que foi compatível com a formulação de estratégias alternativas e com um debate por vezes de qualidade elevada ainda que dentro de parâmetros relativamente apertados.

6. A revisão das concepções de desenvolvimento

Uma das características mais negativas desta primeira fase dos estudos de desenvolvimento económico terá sido a já assinalada tendência para repetir experiências e paradigmas estranhos aos países em desenvolvimento.

A verificação dessa tendência dos países que se esforçam por atingir patamares mais elevados de riqueza para repetir os processos (e os erros), em muitos casos já ultrapassados pelos países ricos, está na origem de uma interessante corrente iconoclasta, que questiona a própria ideia de desenvolvimento e que pode ser ilustrada por autores como IVAN ILICCH[161] e FRANÇOIS PARTANT[162].

É nessa linha que SERGE LATOUCHE[163] se interroga sobre a necessidade de recusar o desenvolvimento, para concluir que é preciso "...romper com o paradigma do desenvolvimento, abandonar a economia-mundo,

---

[160] Ainda que, posteriormente, se tenha assistido a uma tentativa de relativizar essas conclusões. Vd., por exemplo, ABHJIT V. BANERJEE e ANDREW F. NEWMAN, «Poverty, Incentives and Development», *The American Economic Review, Papers and Proceedings of the Hundred and Sixth Annual Meeting of the AEA*, Maio de 1994, pp. 211 e segs..

[161] «Development as Planned Poverty», in MAJID RAHNEMA e VICTORIA BAWTREE (orgs.), *The Post-Development Reader*, London, New Jersey, Zed Books, 1997, pp. 94-102.

[162] *La Fin du Développement. Naissance d'une Alternative*, Paris, Maspero, 1982.

[163] *Faut-il Refuser le Développement?*, Paris, PUF, 1986.

inventar uma forma social original reapropriando-se dos problemas reais e trazendo-lhes soluções apropriadas"[164].

O pensamento crítico alternativo ao desenvolvimento económico vai passar, em larga medida, pela afirmação de que as consequências práticas das políticas postas em execução foram a destruição das formas de vida de muitos povos, da sua própria auto-estima e a sua submissão a uma legião de burocratas incapazes de compreenderem os problemas reais[165].

Uma versão especialmente interessante e moderada dessa corrente alternativa à dada pelo Relatório *Dag Hammarskjöld*[166], elaborado em colaboração com o programa das Nações Unidas para o Ambiente e que se estrutura em torno de cinco ideias fundamentais, muitas das quais recuperadas décadas depois.

Em primeiro lugar, contesta-se a existência de uma fórmula universal de desenvolvimento; em segundo afirma-se que o esforço essencial é o de dar resposta às necessidades das populações mais carecidas, que devem contar em primeiro lugar com as suas próprias forças; em terceiro considera-se que a situação de atraso económico é igualmente devida às classes dirigentes dos países pobres, defendendo que deve ser recusada a ajuda aos países que não respeitam os direitos do homem; em quarto defende-se que devem ser levadas em consideração as implicações ambientais de qualquer processo de crescimento económico e, finalmente, preconiza-se uma reestruturação do sistema de cooperação internacional, com um reforço de recitas, a conseguir através de eventuais reformas fiscais.

Da mesma forma, a análise marxista[167], prolongada em autores como IMMANUEL WALLERTSEIN[168], sustenta a versão céptica de que nunca será

---

[164] Na mesma linha ver FRANÇOIS PARTANT, *La Fin du Développement. Naissance d'une Alternative*, cit., e o conjunto de ensaios incluídos em MAJID RAHNEMA e VICTORIA BAWTREE, *The Post Development Reader*, cit., e GILBERT RIST, MAJID RAHNEMA e GUSTAVO ESTEVA (orgs),. *Le Nord Perdu. Repères pour L'Àprés-Développement*, Lausannne, Editions d'En Bas, 1992. Numa linha próxima, ver, ainda, LESLIE SKLAIR (org.), *Capitalism and Development*, London-New York, Routledge, 1994.

[165] Para uma síntese destas posições, vd. MAJID RAHNEMA, «Towards Post-Development Searching for SignPosts, A New Language and New Paradigms», in *The Post Development Reader*, cit., pp. 377 e segs.

[166] Relatório dirigido à VII Sessão Extraordinária da Assembleia Geral das Nações Unidas de 1975 e publicado, sob o título *What Now?*

[167] Vd., por exemplo, YVES BENOT, *Que é o Desenvolvimento*, tradução portuguesa, Lisboa, Sá da Costa, 1980.

[168] IMMANUEL WALLERTSEIN *Após o Liberalismo. Em Busca da Reconstrução do Mundo*, tradução portuguesa de *After Liberalism*, 1995, Petrópolis, Editora Vozes, 2002, pp.173 e segs.

A Economia do Desenvolvimento: Cinquenta Anos de Debate

possível conseguir o desenvolvimento de todos os países, na medida em que o processo de produção capitalista pressupõe sempre a existência de zonas não desenvolvidas.

Este tipo de análise é, em qualquer caso, sensivelmente facilitado pela circunstância de os primeiros estudos de desenvolvimento terem sido inspirados por uma concepção homogeneizadora, que partia do princípio de que o desenvolvimento correspondia a fazer os Estados menos desenvolvidos partilharem dos valores da modernidade, tal como eram entendidos nos países ocidentais, repondo, no fundo, a perspectiva do mundo colonizador[169].

Quanto fica afirmado sofre necessariamente do vício das generalizações, que nunca deixam de ser redutoras e não faltaram autores capazes de identificar a problemática resultante da sobreposição de culturas e de ver na defesa de vias autónomas o caminho real para o desenvolvimento.

Não deixa, aliás, de impressionar a forma como, em 1958, TINBERGER conclui o seu estudo sobre desenvolvimento já referenciado, salientando a importância da obtenção de melhores conhecimentos empíricos, mas explicitando que " não deve, todavia, ser esquecido que o papel a desempenhar pelo conhecimento científico no domínio das políticas de desenvolvimento continuará por longo tempo a ser modesto. Os factos relevantes da vida são demasiados e demasiado variados para que se consigam tomar decisões sem um forte sentimento intuitivo sobre as relações humanas[170].

Em meados da década de sessenta, quando se começam a verificar os primeiros sinais de desapontamento com as teorias e políticas de desenvolvimento, passa a sentir-se a necessidade de diversificar estes modelos.

Mesmo entre nós, pode encontrar-se uma contribuição original neste domínio, por exemplo, em ALFREDO DE SOUSA que, depois de assinalar o desenvolvimento de uma mentalidade crítica da civilização europeia entre as elites africanas, apontava vias do que poderia ter sido a evolução no continente, contemplando a hipótese de vir a ser constituída uma União Africana, para concluir:

"Nesta fase dialéctica, em forma de conflitos ou ainda de antagonismos, há elementos e valores permanentes das culturas africanas – entre os quais o sentido comunitário – que podem constituir contribuições originais. O longo processo evolutivo das sociedades africanas passou no seu

---

[169] Cfr., nesse sentido, MAURO DI MEGLIO, «Il Tempo e lo Spazio nelle Analasi sullo Sviluppo», *Democrazia e Diritto*, 1996, n.º 4, pp. 19 e segs..

[170] *The Design of Development...*, cit., p. 69.

contínuo devir, por diversas fases: desestruturação das suas culturas tradicionais, persistências de alguns elementos, recepção parcial de elementos e de complexos culturais europeus, até à reestruturação e constituição de uma mera conglomeração espacial de conflitos. Parece, no entanto, que entrou em fase de convergência dos diferentes elementos e complexos culturais – segundo diversas significações causais funcionais – que tendem à cumulação numa integração lógico-significativa (...). Sobretudo, parece poderem construir-se segundo novas formas de organização social, de cuja experiência todos poderíamos aproveitar"[171].

Aludimos já às críticas ao desenvolvimento económico provenientes de meios radicais, mas há que reconhecer que elas se mantiveram em círculos intelectuais relativamente restritos.

Diferentemente sucedeu com outro tipo de críticas que vieram de encontro ao cepticismo sempre demonstrado pelos autores de formação clássica e que vieram a ganhar eco crescente com a evolução da ciência económica num sentido marcadamente liberal.

Tais críticas partem do pressuposto de que as regras económicas definidas genericamente seriam suficientes para lidar com o problema do desenvolvimento[172] e assentam basicamente na contestação ao peso da planificação e do sector público.

Num primeiro momento, importa assinalar a importância de PETER BAUER, que veio defender que o mercado sempre fora o responsável pelo aumento de bem estar dos países onde se verificou um fenómeno de enriquecimento, contestando igualmente a ajuda externa, considerada contraproducente e apenas susceptível de gerar um aumento do aparelho burocrático e da apetência pela corrupção[173].

Trata-se de críticas em larga medida formuladas como resposta às primeiras concepções e experiências de desenvolvimento, cuja ultrapassagem está parcialmente assegurada, mas que não deixaram de contribuir para essa ultrapassagem e de ter eco nalgumas preocupações modernas com o desenvolvimento, como teremos ocasião de ver mais pormenorizadamente.

---

[171] *Economia e Sociedade em África*, Morais Editora, 1965, Lisboa, pp. 324-325.

[172] Não deixa de ser curiosa a tentativa de PRANAB BARDHAN, «Economics of Development and the Development of Economics»..., cit., de referenciar um conjunto de temas com origem nos estudos de economia do desenvolvimento e que, posteriormente, teriam sido objecto de análise da teoria económica em geral.

[173] *Dissent on Development*, Harvard University Press, 1972 e *Equality, The Third World and Economic Delusion*, London, Weidenfeld and Nicolson, 1981.

A Economia do Desenvolvimento: Cinquenta Anos de Debate 75

Tendo a política de desenvolvimento nascido profundamente ligada ao pensamento keynesiano e à ideia de activismo do Estado para contrariar as falhas do mercado, a revisão do pensamento económico que caracterizou as últimas décadas do século XX, com a reabilitação quase absoluta do mercado, levou a que se procurasse reduzir estas políticas ao mero funcionamento do mercado, numa concepção que STERN classificou de "fundamentalismo do mercado"[174].

Esse "fundamentalismo do mercado" teria uma expressão extremada na obra de autores como DE SOTO[175], que vieram reabilitar o papel dos mercados informais, considerados como uma verdadeira "revolução invisível", através da qual os empresários respondiam aos problemas burocráticos, ao mesmo tempo que defendiam que o Estado se deveria retirar totalmente, deixando apenas funcionar estes mercados "desregulados", que conduziriam a um crescimento económico da sociedade.

A grande fractura que se irá abrir nos estudos de desenvolvimento económico vai, assim, ser tributária da que surge nos estudos económicos em geral e que tem a ver com o papel do Estado e dos mercados e com a sua capacidade para gerarem melhores níveis de satisfação das sociedades.

Também não poderá ser esquecido o movimento de temor que o crescimento de algumas economias menos desenvolvidas desencadeou junto dos países mais prósperos, que se sentiram ameaçados por esse movimento, num reflexo que PAUL KRUGMAN[176] descreveu e criticou vivamente, pelo que representa de insensibilidade em relação à situação nesses países e de infundado de um ponto de vista económico[177].

Esse receio justificou, no entanto, a adopção de regras no âmbito da Organização Mundial do Comércio que serão adiante estudadas e que representam a criação de dificuldades objectivas ao desenvolvimento das nações mais atrasadas.

---

[174] «*A Stategy…*», cit., p. 3.

[175] *The Other Path: the Invisible Revolution in the Third World*, tradução inglesa, H, New York, Harper an Row, 1989.

[176] «Does Third World Growth Hurt First World Prosperity», agora in *Pop Internationalism*, 2.ª edição, The MIT Press, 1996, pp. 49 e segs..

[177] A este propósito, vd. NOAM CHOMSKY, *A Democracia e os Mercados na Nova Ordem Mundial*, tradução portuguesa, Lisboa, Antígona, 2000.

7. As novas preocupações e inquietações dos estudos de desenvolvimento económico

Nesse ambiente, os estudos de desenvolvimento, que floresceram nos anos cinquenta e sessenta, não tiveram uma continuidade nos anos posteriores, só vindo a reanimar-se já nos finais da década de oitenta[178], com o ressurgimento de interessantes análises e debates.

PAUL KRUGMAN[179] aventou já a hipótese de esta perda de importância se ter ficado a dever ao facto de os primeiros especialistas de economia do desenvolvimento só muito escassamente terem recorrido a formalizações matemáticas para a demonstração dos seus pontos de vista – num mundo em que a economia se afastaria cada vez mais das explicações literárias.

Mas, com razão, STIGLITZ pôde contradizê-lo, recordando não só a existência de vários modelos matemáticos nesses primeiros estudos, como sobretudo salientando que os modelos mais não fazem do que permitir o teste de ideias e, eventualmente, a sua exposição mais simples e sintética[180].

Independentemente do debate sobre as origens e extensão do declínio dos estudos sobre desenvolvimento económico, certo é quando se reacendeu o interesse pela matéria, o ambiente económico tinha-se alterado profundamente, com a afirmação crescente da *contra revolução conservadora*, que levaria mesmo KRUGMAN a apelar para uma *contra-contrarevolução conservadora* que corrigindo alguns dos aspectos negativos das primeiras políticas postas em execução, restaurasse os aspectos mais originais da economia do desenvolvimento[181].

Tal evolução representou o triunfo daquilo que HIRSCHMAN qualificava como a *monoeconomic claim*, o que teve como consequência a tendência para abandonar estudos específicos sobre os problemas dos países menos desenvolvidos, uma vez que se aceitavam regras universalmente válidas.

---

[178] NICHOLAS STERN, «The Determinants of Growth», *The Economic Journal*, 101 (1991), p. 122.

[179] «Toward a Counter- Counterrevolution in Development Theory», *Proceedings of the World Bank Annual Conference on Development Economics*, 1992, pp. 15 e segs.. Vd, também, «The Fall and Rise of Development Economics», in http://web.mit.edu/krugman/www/dishpn.htmail.

[180] «Comment on "Toward a Counter- Counterrevolution in Development Theory" by Paul Krugman», in *Proceedings*, cit., pp. 39 e segs.

[181] «Toward a Counter-Counterrevolution»..., cit..

Não faltaram, aliás, durante esse período, jubilosas declarações de óbito da economia de desenvolvimento, naturalmente não devidas à solução do problema dos países mais pobres, mas ao aparente desinteresse pela continuidade desses estudos ou, pelo menos, na sua autonomização.

É o caso, por exemplo, de ANNE KRUEGER[182] que, após considerar que as falhas do mercado apenas se ficavam a dever a incentivos errados, não hesitou em decretar que a economia do desenvolvimento como domínio de investigação separado tinha largamente desaparecido, enquanto que ARNOLD HARBERGER[183], por seu turno, explicava aos governos dos países menos desenvolvidos que a análise económica neo-clássica era a única boa base para a formulação de políticas económicas, não hesitando, de resto, em assumir o elogio das políticas económicas de governos ditatoriais na América Latina[184].

Trata-se de posições que prolongam a de BAUER, para quem não há qualquer razão para manter a identificação de um grupo de países como países do terceiro mundo, ou países em vias de desenvolvimento, ou qualquer classificação semelhante uma vez que, em sua opinião, "o Terceiro Mundo é uma criação da ajuda financeira externa, sem ajuda externa não há Terceiro Mundo"[185], pelo que se não justificaria qualquer tentativa de estudar a problemática desses países a partir de métodos diferentes dos utilizados para os restantes Estados.

Mas, mesmo noutros quadrantes, não deixou de se encontrar a ideia de que a economia do desenvolvimento desaparecera, como sucedeu com PAUL KRUGMAN[186].

Na decadência dos estudos de economia do desenvolvimento não pode deixar de se ver mais um sinal do recuo das concepções keynesianas e da recuperação da economia clássica, com a sua confiança cega nos automatismos do mercado para lidarem com todos os problemas económicos.

No essencial, este tipo de aproximação recusa a admissão da pobreza como resultado de condições de base, defendendo que ela é necessaria-

---

[182] «Aid in the Development Process», *World Bank Research Observer*, 1, 1986, p. 62.

[183] «Secrets of Success: a Handful of Heroes», *American Economic Review*, 82, n.º 2 (1993), pp. 343-350.

[184] Muito diversa é a perspectiva de ALBERT HIRSCHMANN, «The Turn to Authoritarianism in Latin America and the Search for its Economic Determinants», in *Essays in Trespassing*, cit., pp. 98 e segs., que representa uma lúcida tentativa de compreender as razões que estiveram na génese das ditaduras latino-americanas.

[185] *Equality, The Third World and Economic Delusion*..., cit., p. 87.

[186] «Toward a Counter-Counterrevolution»..., cit., p. 15.

mente consequência de más políticas postas em execução. A partir do sucesso de algumas economias asiáticas fortemente liberalizadas e expostas às trocas comerciais com o exterior foi, então, teorizada a ideia de que as políticas correctas eram as que se deixassem de preocupar com a substituição de importações, antes abrindo-se amplamente ao comércio externo, desenvolvendo um vasto programa de privatizações e sujeitando-se a programas de estabilização.

O triunfo dessas correntes económicas levaria, por outro lado, a que as instituições financeiras internacionais crescentemente impusessem receitas liberais aos países menos desenvolvidos, condicionando o apoio à adopção de programas de privatizações e de abandono de qualquer forma de proteccionismo aduaneiro ou outro.

Particularmente nociva nesse domínio parece ter sido a interligação da actividade do Banco Mundial e do Fundo Monetário Internacional que impôs ao Banco Mundial uma orientação no sentido de apenas apoiar os países que seguissem receitas ultraliberais, passando a ocupar-se de matérias estruturais, que não estariam entre os seus objectivos estatutários[187].

Ao mesmo tempo, as organizações económicas internacionais assumiram um papel cada vez mais relevante na própria produção teórica, promovendo e divulgando um conjunto de estudos de orientação marcadamente liberal.

A "promiscuidade" entre teoria económica e acção política, que marcara já os inícios da economia do desenvolvimento continua, assim, a ser uma característica marcante neste domínio, implicando que qualquer aprofundamento do tema passe simultaneamente pela avaliação de posições teóricas e pela apreciação das medidas e orientações das organizações internacionais.

Um desenvolvimento particularmente perturbador nos estudos da economia de desenvolvimento é o que passa pela afirmação explícita ou pela insinuação de que os regimes ditatoriais forneceriam um melhor quadro para o desenvolvimento económico[188].

A defesa desta posição tornou-se insustentável, particularmente após os estudos de AMARTYA SEN e da criação, por instituições como o PNUD, de índices como o HDI (índex do desenvolvimento humano) que demons-

---

[187] Vd. *Infra,* Parte II.

[188] Ideia que surgira já no segundo pós-guerra, a propósito das economias socialistas. Para um amplo debate sobre o tema, vd. «Symposya: Democracy and Development», *Journal of Economic Perspectives* (1993).

A *Economia do Desenvolvimento: Cinquenta Anos de Debate*

tram claramente que o desenvolvimento não pode ser medido apenas pelo grau de crescimento do Produto Interno Bruto e ainda de trabalhos que vieram negar qualquer confirmação empírica àquela hipótese[189].

Com razão Sen pôde, aliás, alegar que as democracias fornecem um quadro institucional mais favorável ao próprio crescimento económico quantitativo, na medida em que dão possibilidade de oposição a erros de política económica que, de outra forma, prosseguiriam[190].

Em geral, pode dizer-se que a ofensiva contra a economia de desenvolvimento, que encontra um expoente especialmente radical em DEEPAK LAL[191], assentou na afirmação, nem sempre suficientemente demonstrada, de que, esquecendo as regras económicas gerais, os economistas do desenvolvimento tinham induzido muitas vezes os países a erros especialmente significativos no domínio da extensão do sector público e da adopção de toda uma série de projectos de investimento megalómanos, bem como da criação de um conjunto de distorções e contra-incentivos ao regular funcionamento do mercado.

Com razão, os críticos de DEEPAK LAL[192] vieram demonstrar a sobre-simplificação da leitura que este autor faz dos principais economistas de desenvolvimento, atribuindo-lhes posições por eles nunca defendidas e a ausência de rigor das posições alternativas que defende[193].

Os estudos e as políticas de desenvolvimento foram, ainda, confrontados com uma outra linha de contestação, que parte da negação da existência de uma identidade própria dos países tradicionalmente designados por países do Terceiro Mundo, dada a profunda diversidade de interesses e de pro-

---

[189] Para uma crítica desse ponto de vista, sustentada em ampla bibliografia, vd. AMARTYA SEN, «Development Thinking at the Beginning of the XXI Century», in LOUIS EMERIJ (org.), *Economic and Social Development into the XXI Century*, Washington, Inter--American Development Bank, 1997, pp. 531 e segs..

[190] No mesmo sentido, STIGLITZ, «Participation and Development. Perspectives from the Comprehensive Development Paradigm», Washington, The World Bank, 1999.

[191] Autor de vasta bibliografia sob o tema em que sobressai *The Poverty of "Development Economics"*, inicialmente publicado com Hobartpaperback, Institute of Economic Affairs, London, 1983 e, actualmente, numa segunda edição aumentada pela MIT Press, 1999.

[192] Por exemplo, JAMES M. CYPHER e JAMES L. DIETZ, *The Process of Economic Development...*, cit., pp. 217 e segs..

[193] Vd, também, H. W SINGER, «Is Development Economics Still Relevant?», in LOUIS EMMERIJ (org.), *Economic and Social Development into the XXI Century*, cit., pp. 507 e segs.

blemas existentes entre os Estados recentemente industrializados, em especial no continente asiático e a generalidade dos estados africanos[194].

Essa linha de pensamento passou, por outro lado, a atribuir a maior importância à comparação entre *vencedores* e *perdedores*[195], ou seja, à análise do sucesso alcançado por algumas economias, especialmente asiáticas, em contraste com a incapacidade de outras, designadamente as africanas, para diminuírem o fosso que as separa das economias desenvolvidas, tendendo-se, cada vez mais, a pôr a ênfase na capacidade de obter conhecimento[196] e de assegurar condições institucionais para o desenvolvimento de adequadas políticas económicas[197].

A admissibilidade da existência de diferenças entre esses grupos de países constituía já uma preocupação de muitos estudos sobre o desenvolvimento económico, orientados muitas vezes no sentido de criar modelos que pudessem fornecer indicações quanto à sua evolução futura, como sucede nos importantes trabalhos de IRMA ADELMAN e CYNTIA TAFT MORRIS[198], publicados na década de sessenta no *The Quarterly Journal of Economics*, que estiveram, no entanto, longe de ter tido o impacto que justificariam, ainda que sejam hoje objecto de forte revalorização[199].

A resposta mais correcta para este tipo de questões parece, de facto, ser a seguida pelas instituições internacionais como o PNUD, o Banco Mundial ou a Organização Mundial do Comércio[200], ao classificar os paí-

---

[194] Vd., por exemplo, NIGEL HARRIS, *The End of the Third World. Newly Industrialising Countries and the Decline of an Ideology*, London, Penguin,1987.

[195] Para utilizar a terminologia de DAVID LANDES, *A Riqueza e a Pobreza das Nações*, tradução portuguesa, Lisboa, Gradiva, 2002.

[196] Vd, por exemplo, YUJIRO HAYAMI, *Development Economics. From the Poverty to the Wealth of Nations*,cit.

[197] A este propósito, tem-se desenvolvido uma literatura fortemente crítica das práticas governamentais em África. DAVID LANDES, por exemplo, não hesita em escrever: "os governos gerados por essa autoridade de um homem forte provaram ser uniformemente ineptos, com uma excepção parcial para a pilhagem". O tema vem preocupando, aliás, crescentemente, vários sectores da sociedade africana, vd., por exemplo, o *Estudo sobre Corrupção*, Moçambique, 2001, promovido pela Ética Moçambique, Maputo, 2001. Por outro lado, haverá que reconhecer que muitas vezes os governos dos países mais desenvolvidos aceitam ou favorecem mesmo as práticas de corrupção desenvolvidas por sociedades suas nacionais nesses países.

[198] Depois sintetizados em *Society, Politics and Economic Development: A Quantitative Approach*, Baltimore, Jhon Hopkins University Press, 1967.

[199] Vd. JONATHAN TEMPLE e PAUL A. JOHSON, «Social Capability and Economic Growth», *The Quarterly Journal of Economics*, volume CXIII (1998), n.º 3, pp. 965 e segs..

[200] Cfr. *Infra*, capítulo III.

ses menos desenvolvidos em diferentes categorias, aceitando que exista uma problemática comum, compatível com profundas diferenças nas situações concretas que justificam diversos tratamentos[201].

A superação da fase em que se tentava uma aproximação global ao que era, então, considerado o Terceiro Mundo constitui um factor da maior importância para a sobrevivência de uma problemática e de uma economia de desenvolvimento,[202] que passará necessariamente pelo reconhecimento da diversificação das alianças até agora existentes[203] e da possibilidade de extensão a outras áreas dos instrumentos tradicionalmente utilizados para analisar as questões dos países do Sul[204].

Porventura tem razão FRÉDERIC TEULON, quando tenta substituir a designação "terceiro mundo", por "terceiros mundos", considerada mais apta a dar cobertura à grande heterogeneidade de situações no nível de vida, na capacidade de se integrar na economia mundial, na possibilidade de obter financiamentos ou na diversidade das capacidades produtivas[205].

A existência de diferenças significativas entre os países designados por países do terceiro mundo e as dificuldades que colocam às políticas de desenvolvimento estão, em qualquer caso, longe de permitir pensar que a abordagem da problemática económica desses Estados se possa fazer nos precisos termos utilizados para as economias desenvolvidas, o que foi tornado ainda mais evidente pelo processo de globalização, julgado em termos muito contraditórios quanto aos seus efeitos sobre o desenvolvimento dos países mais pobres.

8. Sínteses e perspectivas de futuro

Quando se aprecia a vasta literatura produzida sobretudo nas últimas décadas do século XX, não se pode deixar de pensar que, se os primeiros estudos de desenvolvimento foram exageradamente marcados por um ex-

---

[201] *Idem.*

[202] Neste sentido, ADELINO TORRES, *Horizontes do Desenvolvimento Africano. No Limiar do Século XXI*, Lisboa, Vega, 1998, p. 34.

[203] Vd. FRÉDÉRIC TEULON, *Lés Pays en Développement*, Paris, Hachette, 1999, p. 152.

[204] A este propósito, ADELINO TORRES, *ob. cit.*, p. 222, escreve: "... repensar nas vésperas do século XXI os problemas do desenvolvimento no Sul, hoje mais entrosados do que nunca com os do Norte, ainda que guardem especificidades próprias, exige novas perspectivas que tenham em conta solidariedades mundiais".

[205] *Les Pays en Développement...*, cit., p. 153.

82 *Valores e Interesses*

cesso de confiança na intervenção estatal, esta nova onda de análises parte também de um preconceito excessivamente vincado contra a intervenção pública.

Numa disciplina em que, como já foi reconhecido, têm sido muitas as modificações, não se pode deixar de pensar que estas sucessivas flutuações tiveram consequências profundamente negativas sobre as experiências entretanto postas em prática.

Como aspecto positivo desse movimento haverá, todavia, que registar o intenso desafio intelectual que algumas dessas posições representaram, culminando, nos últimos tempos, numa síntese que procura compatibilizar a necessidade de desenvolvimento dos mercados com uma intervenção estatal que, não só assegure o correcto funcionamento do mercado, como assuma a correcção de algumas deficiências ou o suprimento de insuficiências especialmente graves em países de economia débil.

Trata-se de uma orientação que prolonga aquilo que, por vezes, se designa por *market friendly approach*, mas que se preocupa com a correcção de alguns aspectos mais rígidos ou mais marcados por ideologias conservadoras.

É, no fundo, a posição que STIGLITZ sintetizava em 1989[206], ao sustentar que as falhas do mercado são especialmente evidentes nos países menos desenvolvidos e que têm de ser combatidas por políticas correctas, no sentido de determinar quais podem ser resolvidas fazendo funcionar os mercados mais eficientemente e quais não o podem ser, o que implica reconhecer simultaneamente as forças e as fraquezas dos mercados e da intervenção estatal.

Desse longo debate, que seria impossível seguir em pormenor, resulta como aspecto mais significativo o facto de terem emergido ou ganho especial importância temas novos e estimulantes para quantos se ocupam das questões de desenvolvimento, como é o caso da relevância dada às análises micro económicas, da análise institucional e do ênfase posto na necessidade de investimento na educação e formação profissional, da importância dos mercados financeiros, do conhecimento dos riscos de um Estado Leviatã, da necessidade de uma melhor protecção dos direitos de propriedade e dos contratos, do apelo ao estudo da problemática empresarial e da busca de novas formas de organização política.

---

[206] «Markets, Market Failures and Development», *The American Economic Review*, vol. 79, n.º 2 (1989), p. 202.

Em resultado da já assinalada permeabilidade entre a produção teórica nesta matéria e a acção dos agentes económicos envolvidos no desenvolvimento, estes novos temas vieram a ser especialmente desenvolvidos pelo Banco Mundial, por onde foram passando economistas de orientações profundamente diversas, ao sabor da evolução da política norte-americana.

Desse conjunto de temas importa pôr em destaque a crescente percepção de que, para além do investimento físico, é decisivo para assegurar qualquer processo de desenvolvimento o investimento em "capital humano", ou seja na educação.

A viragem das atenções para esse domínio parece ter ficado a dever-se, sobretudo, ao discurso do então Presidente da *American Economic Association*, TEODOR SCHULTZ, proferido no congresso da Associação, em 1960, precisamente sob o título *Investment in Human Capital*[207], sustentando que o investimento na educação tinha pelo menos tanta importância como o investimento em capital físico.

A educação, entendida como qualquer forma de aprendizagem ou, de modo mais restrito, como aquela que ocorre em instituições especializadas, designadas escolas[208], tem vindo nos últimos anos a ganhar uma posição central na actuação das organizações internacionais e, nomeadamente do Banco Mundial e determinado o aparecimento de interessantes estudos, com destaque para os de PAULO FREIRE[209].

Convirá, porém, evocar aqui o sentido do alerta de AMARTYA SEN[210] sobre a ambiguidade da defesa da educação no processo de desenvolvimento, já que importa, a par com o reconhecimento da instrumentalidade da educação para assegurar ritmos de crescimento, definir os objectivos a prosseguir no campo da educação, identificando o lugar que se pretende reservar para os "instruídos" na sociedade desenvolvida.

O desenvolvimento dos níveis de escolaridade e aprendizagem justifica-se, aliás, por si próprio, como aspecto fundamental de qualquer modelo de desenvolvimento económico e não apenas em função dessa instrumentalidade.

---

[207] «Investment in Human Capital», *American Economic Review*, vol 51 (1961), pp. 1 e segs..

[208] GILLIS, PERKINS, ROEMER e SNODGRASS, *Economics of Development*, London, New York, Norton, 1996, 4.ª edição, p. 251.

[209] Vd., por exemplo, *Ideologia e Educação: Reflexões sobre a Não Neutralidade da Educação*, Rio de Janeiro, Terra e Paz, 1981 e, por último, *Pedagogia da Autonomia*, Rio de Janeiro, Terra e Paz, 1997.

[210] «Development Thinking at the Beginning of the XXI Century», in LOUIS EMERIJ (org..), *Economic and Social Development...*, cit., pp. 540 e segs..

84 *Valores e Interesses*

Associada a este ponto surge naturalmente a questão das transferências de tecnologia e da aquisição de conhecimentos avançados na área científica, que os trabalhos de ABRAMOVITZ[211] e SOLLOW[212], numa perspectiva empírica, depois desenvolvidos por KENNETH ARROW[213] vieram demonstrar serem decisivos para o desenvolvimento.

Um conjunto significativo de autores, como PAUL ROMER[214], JOSEPH STIGLITZ[215] e ROBERT LUCAS[216], vieram atribuir a diferença de níveis de desenvolvimento entre os vários Estado à impossibilidade de alguns deles de desenvolverem um processo de *learning by doing* e de obterem o conhecimento essencial para evitarem a especialização em produções de baixa tecnologia.

Um dos percursos porventura mais interessantes nesta matéria é aquele que retoma o essencial da análise de um dos primeiros grandes textos de SCHUMPETER, atribuindo uma especial importância à inovação tecnológica e ao progresso do conhecimento como forma de garantir o desenvolvimento económico e sobrelevando a figura do empresário[217].

É certo que a grande questão que aqui se coloca tem a ver com a criação de condições susceptíveis de permitir o efectivo desenvolvimento do empresariado em sociedades onde não exista tradição nem experiência[218], dificuldade contrariável, com algum optimismo, pela possibilidade de desenvolvimento de programas de formação que, sem re-

---

[211] Vd., por exemplo, «The Search for the Sources of Growth: Areas of Ignorance, Old and New», *The Journal of Economic History*, volume 53, n.º 2 (1993), pp. 217 e segs..

[212] «Technical Change and the Aggregate Production Function», *Review of Economics and Statistics*, 39 (1957), pp. 312-320.

[213] «The Economics Implications of Learning by Doing», *Review of Economic Studies*, vol. XXIX.

[214] «Increasing Returns and Long-Run Growth», *Journal of Political Economy*, vol. 94 (1986), pp. 1002 e segs. e «The Origins of Endogenous Growth», *Journal of Economic Perspectives*, vol. 8, n.º 1, 1994, pp. 3-22.

[215] Cfr., «Learning to Learn, Localized Learning and Technological Progress», in P. DASGUPTA e P. STONEMAN (orgos). *Economic Policy and Technological Performance*, Cambridge University Press, 1987

[216] «On the Mechanisms of Economic Development», *Journal of Monetary Economics*, vol. 22 (1988), pp. 3 e segs..

[217] Vd., FREDERICK HARBISON, «Entrepeneurial Organization as a Factor in Economic Development», *The Quarterly Journal of Economics*, vol. LXX (1956), n.º 3, pp. 364-379.

[218] Problema que, de resto, se colocaria com especial acuidade no processo de transição das economias socialistas para economias de mercado.

solverem todos os problemas, podem facilitar o desenvolvimento de características empresariais[219].

Mais recentemente, no entanto, autores como ROMER[220] e AGHION e HOWIT[221] têm vindo a reforçar a ideia schumpeteriana da "destruição criativa", segundo a qual a entrada de novos agentes no mercado com capacidade para desalojarem os já acomodados é uma condição essencial para o progresso.

Outras concepções, neo-schumpeterianas, têm vindo a acentuar a importância dos mercados financeiros como instrumento fundamental ao êxito dos processos de desenvolvimento. É o caso, por exemplo, de ROBERT KING e ROSS LEVINE[222] que, na base de uma análise empírica, concluíram pela existência de uma relação entre os níveis de progresso e o desenvolvimento do sistema financeiro[223].

Essa atenção aos agentes financeiros tem-se orientado predominantemente no sentido de garantir a liberdade de funcionamento do sector privado, enquanto persistem dúvidas quanto à utilidade de bancos de desenvolvimento público[224] que, em muitos casos, vieram, aliás, a ser desmantelados sob pressão das organizações financeiras internacionais, sustentadas num conjunto de estudos de autores normalmente conhecidos pela designação de "Escola de Ohio"[225].

Mais recentemente, uma especial atenção viria a ser dada aos financiamentos em pequena escala a actividades comerciais e artesanais por parte de instituições especializadas, aptas a apoiarem projectos de pequena

---

[219] Vd., por exemplo, HARVEY LEIBENSTEIN, «Entrepreneurship and Development», *The American Economic Review*, vol. LVIII, n.º 2 (1968), pp. 72 e segs.

[220] «Endogenous Technological Change», *Journal of Political Economy*, XCVIII (1990), pp. 71 e segs..

[221] «A Model of Growth through Creative Destruction», *Econometrica*, LX (1992), pp. 325 e segs..

[222] «Finance and Growth: Schumpeter Might be Right», *The Quarterly Journal of Economics*, vol. CVIII (1993), pp. 717 e segs..

[223] Sobre a experiência de desenvolvimento dos mercados financeiros em África, vd. PHILIPPE CALLIER, *Finantial Systems and Development in Africa*, EDI Seminar Series, Washington, The World Bank, 1991, que contém muitos elementos úteis a partir de experiências concretas relatadas em seminário realizado em Nairobi em 1990.

[224] Vd., por exemplo, BEATRIZ ARMENDARIZ DE AGHION, «Development Banking», *Journal of Development Economics*, vol. 58 (1999), pp. 83 e segs..

[225] Uma versão recente das críticas a este tipo de instituição pode ser vista em MARK SCHREINER e JACOB YARON, *Development Finance Institutions. Measuring their Subsidy*, Washington, The World Bank, 2001.

envergadura de uma rede muito extensa de agentes económicos, desenvolvendo-se um conjunto de importantes estudos sobre a teoria e a prática das micro-finanças[226].

Nesse domínio, um papel ímpar é ocupado pelo *Grameen* Bank, que representa a mais espectacular experiência de desenvolvimento de uma instituição financeira virada para o apoio às pequenas experiências autónomas das populações, sem apoios exteriores e assente numa revolução nas técnicas da concessão de crédito, aqui apenas sujeita à confiança, sem necessidade de garantias[227].

De um outro ponto de vista, tem vindo a ser acentuada a importância da adesão das elites locais a qualquer processo de reforma, aspecto especialmente sublinhado no âmbito das políticas de ajustamento estrutural levadas a cabo nas últimas décadas do século XX[228].

Mais genericamente, diversos economistas têm vindo a acentuar a importância das "capacidades sociais", conceito de difícil definição, que visa expressar a resposta dada pelas diferentes sociedades às oportunidades económicas, no processo de desenvolvimento, em contraste com os obstáculos criados nas sociedades com atitudes conservadoras[229].

Nesse aspecto, a via aberta por PUTNAM[230], ao introduzir a noção de capital social no seu estudo sobre as diferenças entre o Norte e Sul da Itália, tem vindo a ser generalizada[231], demonstrando que as sociedades em que a confiança recíproca entre os membros e as formas de cooperação cí-

---

[226] Ver, por todos, DAVID HULME e PAUL MOSLEY, *Finance Against Poverty*, 2 volumes, London, New York, Routledge, 1996.

[227] Existe uma vasta bibliografia sobre o Grameen Bank. Ver, por exemplo, DAVID BORNSTEIN, *The Price of a Dream*, New York, Simon and Schuster, 1996 e SYED HASHEMI, SIDNEY SCHULER e ANN RILEY, «Rural Credit Programs and Women's Empowerment in Bangladesh», *World Development,* Abril de 1996, ver também o livro do próprio fundador do Banco, MUHAMMAD YUNUS, *O Banqueiro dos Pobres*, tradução portuguesa, Lisboa, Difel, 2002.

[228] NICOLAS VAN DE WALLE, «Reforma Económica em África, 1980-2000: Padrões e Condicionalismos», in *Globalização, Desenvolvimento e Equidade*, cit, pp. 141 e segs..

[229] Vd., ABRAMOVITZ, «Catching Up, Forging Ahead and Falling Behind», in *Journal of Economic History*, XLVI (1986), pp. 385 e segs. Para um mais recente ponto de situação, Cfr. JONHATAN TEMPLE e PAUL JOHSON, «Social Capability and Economic Growth», cit..

[230] ROBERT PUTNAM (com a colaboração de ROBERT LEONARDI e RAFFAELLA Y. NANETTI), *Making Democracy Work*, New Jersey, Princeton University Press, 1993.

[231] Vd., por exemplo, o estudo de STEPHEN KNACK e PHILIP KEEFER, «Does Social Capital Have an Economic Payoff? A Cross-County Investigation», *The Quarterly Journal of Economics*, n.º 4, vol CXII (1997), pp. 1251 e segs..

A Economia do Desenvolvimento: Cinquenta Anos de Debate   87

vica são elevadas têm muito mais condições de desenvolvimento do que aquelas em que essas características não estejam presentes.

É ainda dentro desse tipo de preocupações, de que faz eco o Relatório do Banco Mundial de 2003[232], que tem vindo a ser sublinhada a impossibilidade de promover um desenvolvimento assente na exclusão de sectores da sociedade, impondo-se um esforço no sentido de impedir as barreiras que determinam essa exclusão.

A ideia de "empowerment" ou de apropriação nacional das políticas de desenvolvimento passou, por outro lado, a constituir uma das mais significativas linhas de força de todos os projectos de desenvolvimento, procurando-se que os mesmos sejam assumidos e liderados pelos próprios beneficiários, num processo que parece ainda longe de ter ultrapassado a fase das declarações de intenções, uma vez que os projectos continuam a ser concebidos e liderados por técnicos dos países ou instituições doadoras[233].

As atenções vêm-se, também, concentrando, crescentemente, nas capacidades dos governos para actuarem como agentes positivos de processos de desenvolvimento, aspecto especialmente trabalhado por DOUGLASS NORTH[234], que exerceu grande influência nas organizações económicas internacionais.

Trata-se da ideia de que não existem políticas económicas de qualidade se não existirem entidades capazes de permitir a sua execução, ideia que, seguindo outro percurso intelectual, é igualmente defendida por AMARTYA SEN.

Para a escola institucionalista, as instituições são definidas como os constrangimentos determinados socialmente à acção individual, que representam um conjunto de regras que irão sempre alterar o que seria o comportamento espontâneo[235].

---

[232] The World Bank, *World Development Report. Sustainable Development in a Dynamic World. Transforming Institutions, Growth and Quality of Life*, Washington, 2003.

[233] Para uma versão crítica dos moldes em que se desenvolve este processo, ver JOHN FRIEDMANN, *Empowerment. Uma Política de Desenvolvimento Alternativo*, tradução portuguesa, Oeiras, Celta, 1996.

[234] Vd., por exemplo, *Structure and Change in Economic History*, New York, Norton, 1981 e, posteriormente, «Institutions», *Journal of Economic Perspectives*, vol. 5, n.º 1 (1991), pp. 97 e segs. e «Economic Performance Through Time», *The American Economic Review*, Junho de 1994, pp. 359 e segs..

[235] Para uma análise desenvolvida desta problemática, vd. CHRISTOPHER CLAGUE (org.) *Institutions and Economic Development. Growth and Governance in Less-Developed and Post-Socialist Countries*, Baltimore e London, the John Hopkins University Press, 1997 e, ainda, OLIVER WILLIAMSON, «The Institutions and Governance of Economic Deve-

Autores como OLSON vieram, a este propósito, sublinhar a impossibilidade das puras acções individuais em Estados que não asseguram os direitos de propriedade, nem a capacidade de executar coercivamente os contratos, aspectos que inviabilizam qualquer possibilidade de desenvolvimento racional[236].

Também a questão da defesa dos direitos de propriedade intelectual tem vindo a ganhar uma importância crescente na literatura económica, afirmando-se maioritariamente uma corrente no sentido de que uma protecção efectiva desses direitos é fortemente instrumental do desenvolvimento económico[237].

Uma formulação radical da defesa da necessidade de tutela dos direitos de propriedade e de criação de um sistema jurídico garantístico é assumida por DE SOTO, para quem a explicação entre as diferenças de níveis de desenvolvimento dos Estados resultaria apenas dessa diferente abordagem da questão da propriedade[238].

Da mesma forma, a existência de um sistema judiciário eficiente, que dê resposta atempada aos problemas resultantes da execução dos contratos e da protecção do direito de propriedade tem sido muito acentuado em ligação com a definição de regras substanciais e sólidas nesse domínio, não faltando até quem, como RICHARD POSSNER[239], minimize a importância de um sistema institucional destinado a proteger as liberdades cívicas.

Os reflexos das diferentes formas de organização dos Estados na problemática do desenvolvimento têm, de resto, dado origem a uma vasta literatura[240], parte da qual veio atribuir o atraso no continente africano

---

lopment and Reform», in *Proceedings of the Word Bank Annual Conference on Development Economics*, 1994, pp. 171 e segs. e «The Institutions of Governance», *The American Economic Review*, Vol 88, n.º 2 (1998), pp. 75 e segs..

[236] Vd., por último, «Big Bills Left on the Sidewalk: Why Some Nations are Rich, and Others Poor», *The Journal of Economic Perspectives*, vol. 10, n.º 2 (1996), pp. 3 e segs..

[237] Ver CARLOS PRIMO BRAGA e CARSTEN FINK, «Reforming Intelectual Property Rights Regimes: Challenges for Developing Countries», *Journal of International Economic Law* (1998), pp. 537 e segs..

[238] DE SOTO, *Il Misterio del Capitale*, tradução italiana de *The Mistery of Capital* (2000), Milano, Garzanti, 2001.

[239] «Creating a Legal Framework for Economic Development», *The World Bank Research Observer*, vol. 13, n.º 1 (1998), pp. 1 e segs.

[240] Para uma síntese, vd. JOHN MARTINUSSEN, *Society, State and Market. A Guide to Competing Theories of Development*, London e New York, Zed Books, reimpressão de 1999, em especial pp. 237 e segs..

à existência de Estados autocráticos[241], sendo também especialmente interessante a tentativa de estabelecer uma relação entre regimes autoritários e a exploração de recursos naturais, com relevo para o petróleo[242].

Já CYNTIA TAFT MORRIS e IRMA ADELMAN[243] acentuam, sobretudo, a importância das instituições no que respeita à difusão da educação e da preparação técnica e profissional e nos limites ao controlo da propriedade pelas elites.

Uma especial atenção é, neste domínio, consagrada ao problema da corrupção e dos Estados por vezes chamados de neopatrimoniais, em que as práticas de clientelismo difuso e de apropriação privada dos dinheiros públicos representam sérios entraves a qualquer processo de desenvolvimento[244].

Dessas análises parece emergir a necessidade de um bom funcionamento das instituições, com a redução das práticas de concessão de licenças administrativas e a institucionalização dos necessários mecanismos de controlo[245].

O estudo das instituições em ligação com o desenvolvimento tem conhecido múltiplas direcções, sendo muitas vezes posto o acento na questão da tributação, com autores como ROBERT KING e SÉRGIO REBELO[246] a analisarem as implicações da tributação nas tendências do desenvolvimento no longo prazo.

---

[241] Por exemplo, CHRISTOPHER CLAPHAM, *Third World Politics. An Introduction*, London, Croom Helm, 1985. Ver uma defesa extremada desse ponto de vista em DAVID DOLLAR, «Ajuda Ao Desenvolvimento, Reformas e Redução da Pobreza em África», in *Globalização, Desenvolvimento e Equidade*, cit., pp. 101 e segs..

[242] Vd., o interessante ensaio de LEONARD WANTCHEKON, «Why do Resource Dependent Countries Have Authoritarian Governments?», Yale University, versão preliminar, 1999.

[243] «Nineteenth Century Development Experience and Lessons for Today», *World Development*, vol. 17, n.º 9 (1989), pp. 1417 e segs..

[244] Vd. ABHIJT V. BANERJEE, «A Theory of Misgovernance», *The Quarterty Journal of Economics*, vol CXII, n.º 4 (1997), pp. 1288 e segs.; NICOLAS VAN DE WALLE, «Reforma Económica em África», cit., pp. 169 e segs. para uma extensa referência bibliográfica e a revista dessa literatura. Para versões sintéticas da problemática, vd. PAULO MAURO, *Why Worry About Corruption?*, Washington, International Monetary Fund, 1997 e VITO TANZI e HAMID DAVOODI, *Roads to Nowhere: How Corruption in Public Investment Hurts Growth*, International Monetary Fund, 1998.

[245] Vd. PRANAB BARDHAN, «Corruption and Development: a Review of Issues», *Journal of Economic Literature*, vol. XXXV (September 1997), pp, 1320 e segs..

[246] ROBERT KING e SÉRGIO REBELO, «Public Policy and Economic Growth: Developing Neoclassical Implications», *Journal of Political Economy*, vol. 98, n.º 5 (1990), pp. 126 e segs..

90 *Valores e Interesses*

Naturalmente que o pano de fundo em que se desenvolveram esses estudos foi sempre o da tentativa da definição de fronteiras entre o Estado e o mercado, parecendo que, neste momento e depois de uma período em que predominaram as tentativas de reduzir o problema do desenvolvimento a um bom funcionamento dos mercados, se começa a reconciliar a acção do mercado com a do Estado.

Essa evolução, que foi nítida não só no pensamento económico como nos próprios Relatórios do Banco Mundial, permitiu a ultrapassagem de uma fase em que a "contra-revolução" no pensamento económico em matéria de desenvolvimento atingira o seu auge, pondo totalmente em causa qualquer forma de intervenção estatal.

Foram já, a este propósito, referenciados os trabalhos de BAUER, mas não se podem esquecer outras contribuições como as ANNE KRUEGER, que veio sustentar que as intervenções estaduais sobre forma administrativa ou tarifária apenas constituíam incentivos à corrupção[247] e de JAGDISH BHAGWATTI, que introduziu na literatura económica o conceito de "direct unproductive profit-seecking behaviour", o "DUP Behaviour"[248], de harmonia com o qual a procura máxima de lucros dos agentes económicos numa sociedade livre seria um factor positivo de competição, susceptível de gerar uma melhoria do bem estar geral, mas essa mesma procura de lucros tornar-se-ia perversa quando orientada para a obtenção de favores por parte de um Estado controlador do mercado e que, designadamente, distribuísse licenças para actuar no mercado ou para importar bens[249].

Para a ultrapassagem dessa fase de crença cega nas potencialidades do mercado contribuíram de forma decisiva quer os estudos históricos e sociológicos, que vieram demonstrar que o mercado, pelo menos no sentido que lhe damos modernamente, não é uma inevitabilidade, assim como os jurídicos, que vieram acentuar que o mercado é antes do mais o produto

---

[247] ANNE KRUEGER, «The Political Economy of the Rent-Seeking Society», *The American Economic Review*, Junho de 1974, pp. 291 e segs..

[248] «Directly Unprodutive Profit-Seeking (DUP) activities», *Journal of Political Economy*, 90, Outubro (1982). Anteriormente, vd. BHAGWATI e DESAI, *India. Planning for Industrialization*, Oxford University Press, OECD, 1970.

[249] Desenvolvimentos ulteriores são devidos, por exemplo, a ANN KRUEGER, «The Political Economy of Rent-Seeking Society», cit. e «Government Failures in Development», *The Journal of Economic Perspectives*, vol 4, n.° 3 (1990), pp. 9 e segs, enquanto que ABHIJIT BANERJEE, «A Theorie of Misgovernance», cit.., veio sustentar que os efeitos negativos da corrupção eram especialmente sensíveis nos países mais pobres. Para uma síntese dos diversos aspectos desta problemática, vd. PRANAB BARDHAN, «Corruption and Development: a Review of Issues», cit., pp. 1320 e segs..

A *Economia do Desenvolvimento: Cinquenta Anos de Debate* 91

das regras jurídicas que recortam o seu modo de funcionamento, as quais são definidas por um Estado que tem de dispor das necessárias capacidades para o fazer.

8.1. *O desenvolvimento como qualidade de vida global*

Sem constituir uma novidade no panorama económico mundial, a globalização, nos termos em que actualmente se desenvolve, tem como aspecto mais saliente a ausência de barreiras ou regras nacionais que lhe criem dificuldades de expansão[250].

Não sendo possível aqui seguir em pormenor o debate entretanto travado, assinale-se que, ao contrário do que pensaria a generalidade dos economistas liberais, a globalização, nos termos em que se veio a concretizar, não parece ter dado uma contribuição significativa para melhorar a situação, podendo afirmar-se que, se alguns países se puderam aproveitar dessa liberalização, a grande maioria acabou por ser prejudicada.

A verificação estatística dessa afirmação, a par com a grande contestação económica e social registada em torno das reuniões das principais instituições económicas internacionais[251] e com a comparação de experiências passadas de grande abertura comercial que acabaram por dar lugar a soluções de autarcia económica[252], terá sido determinante para a decisão tomada em Novembro de 2001 na IV Conferência Ministerial, de adoptar a *Agenda do Desenvolvimento de Doha*, que até agora teve resultados decepcionantes.

Dir-se-á, numa apreciação sumária de muitas das contribuições do pensamento neo-liberal para a problemática do desenvolvimento económico, que se não pode ignorar a enorme insensibilidade manifestada quanto aos aspectos sociais do modelo defendido e às consequências na distribuição da riqueza, que leva, por exemplo, a não ter em conta as migrações maciças, provocadas por formas de desenvolvimento que deter-

---

[250] Vd. Raymond Barre-Fréderic Teulon, *Economie Politique*, tomo 2, Paris, PUF, 1997, 11.ª edição refundida, p. 521.

[251] Sem esquecer o intenso debate que atravessa a esquerda a este propósito. Vd., por exemplo, Martha Harnecker, *Tornar Possível o Impossível. A Esquerda no Limiar do Século XXI*, tradução portuguesa, Porto, Campo de Letras, 2000.

[252] Veja-se, a este propósito, o interessante estudo de Jeffrey Williamson, «Globalization and Inequality, Past and Present», *The World Bank Research Observer*, vol. 12, n.º 2 (1997), pp. 117 e segs..

minaram a emergência local de um grupo de ricos, enquanto a maior parte da população se via desprovida de quaisquer recursos e sentia questionados os seus modelos tradicionais de sobrevivência[253].

No entanto e como vimos, os anos setenta e oitenta são marcados por uma profunda revisão das ideias fundadoras da economia de desenvolvimento e pela auto-crítica (porventura excessivamente severa) de alguns dos seus expoentes, como HIRSCHMAN. Esse processo crítico é marcado pela incapacidade revelada, num primeiro momento, para inverter a tendência negativista e, mais tarde, para evitar a afirmação quase incontestada dos teóricos daquilo que podemos designar por uma nova ortodoxia.

A mais relevante excepção a esse panorama é constituída por AMARTYA SEN que, escrevendo em 1982, se interrogava sobre os caminhos a seguir pela teoria do desenvolvimento, utilizando os dados estatísticos disponíveis e os seus próprios trabalhos anteriores sobre a fome e outras situações da catástrofe para apontar novas metas para o desenvolvimento, trabalho que viria a aprofundar nos anos subsequentes, tornando-se a figura de referência neste domínio.

A esse esforço de revisão encetado por SEN vieram juntar-se muitas contribuições, provenientes não só da área económica, como da ciência política e da sociologia, que foram determinantes para uma evolução dos estudos de economia de desenvolvimento mais preocupada com a sua dimensão social e humana.

Se os autores deste conjunto de trabalhos mantêm uma certa distância crítica em relação a instituições como o Banco Mundial, não se pode ignorar a importância da passagem por aquela instituição, nos finais da década de noventa, de JOSEPH STIGLITZ, que abriu um debate aprofundado sobre o tema que esteve, designadamente, na base de um estudo fundamental de AMARTYA SEN[254].

O aspecto mais emblemático do mérito do trabalho desenvolvido por AMARTYA SEN consistiu em ter trazido para o centro do debate sobre o desenvolvimento – com uma credibilidade porventura reforçada pela

---

[253] Sobre as migrações, vd., por exemplo, GEORGES COM, *A Nova Desordem Económica Mundial. Na Origem dos Fracassos do Desenvolvimento*, tradução portuguesa, Lisboa, Instituto Piaget, 1996, pp. 69 e segs..

[254] *O Desenvolvimento como Liberdade*, (1999) tradução portuguesa, Lisboa, Gradiva, 2003.

A *Economia do Desenvolvimento: Cinquenta Anos de Debate*

concessão do Prémio Nobel de Economia – temas que anteriormente eram considerados marginais ou alternativos[255].

Sendo certo que muitas das posições de AMARTYA SEN não são totalmente inovadoras e estavam já no centro das preocupações de autores como FRANÇOIS PERROUX ou até de encíclicas papais consagradas ao tema[256], não se pode deixar de reconhecer que se lhe deve a formulação de uma concepção global sobre o desenvolvimento que, até pelo impacto que alcançou, alterou radicalmente os termos tradicionais de colocação do problema.

Para AMARTYA SEN, o desenvolvimento, tal como é afirmado numa das suas obras mais recentes[257], identifica-se com liberdade, o que abre o caminho para superar a visão dicotómica entre direitos humanos e desenvolvimento e, por maioria de razão, a tendência para estabelecer formas de *trade-off* entre os dois valores, passando a integrá-los numa mesma matriz.

De harmonia com a concepção de AMARTYA SEN não haverá possibilidade de falar em desenvolvimento em sociedades que não respeitam os direitos humanos, perdendo qualquer sentido a tentativa de determinar se o desenvolvimento é alcançado mais facilmente com o respeito por aqueles direitos ou em situações em que tal se não verifique[258].

Pode reconhecer-se razão a SEN quando afirma que esta perspectiva do desenvolvimento implica um desvio dos aspectos instrumentais, tradicionalmente considerados centrais (crescimento do PIB, modernização, social, inovação tecnológica, etc.) para uma visão substancial do desenvolvimento.

Tal visão implica como pressuposto do desenvolvimento a remoção de todas as formas que impedem a liberdade: tanto a pobreza, como a tirania política, a ausência de oportunidades económicas, como a privação dos direitos sociais e, paralelamente, conduz à conclusão de que vivemos num mundo em que a liberdade é negada a um vasto número de seres humanos e de povos.

A concretização do desenvolvimento exige, então, liberdades políticas, facilidades económicas, oportunidades sociais, garantias de transparência e de segurança.

---

[255] Vd., por exemplo, JOHN FRIEDMANN, *Empowerment: uma Política de Desenvolvimento Alternativo*, cit..

[256] Vd. *Infra*, capítulo II.

[257] *O Desenvolvimento como Liberdade*, cit.

[258] Sobre esse tema ver, por exemplo, TERENCE GEORGE, «A Democracia e o Respeito dos Direitos Humanos como Factores de Sucesso das Políticas de Desenvolvimento», in *Direitos Humanos e Desenvolvimento*, Lisboa, CIDAC, 1991, pp. 83 e segs..

O papel dos Estados, bem como o das organizações internacionais ou da comunidade internacional no seu conjunto é, assim, decisivo para a criação das condições básicas para a correcção da situação mas, uma vez asseguradas as mesmas, os agentes essenciais do desenvolvimento serão os indivíduos, que podem desenhar efectivamente o seu destino e auxiliar-se uns aos outros.

Dentro da enorme riqueza do pensamento de AMARTYA SEN esta é uma abordagem cuja inovação e importância contribui de forma decisiva para alguns consensos que se vão, entretanto, formando e que passam pelo reconhecimento de que o papel do Estado e dos mercados não é necessariamente contraditório.

NICOLAS STERN, actual director do Banco Mundial[259], qualificou como um factor de optimismo em relação ao futuro os consensos alcançados em alguns domínios importantes da problemática do desenvolvimento que, por essa via, terá atingido um patamar evolutivo em que identifica os seguintes elementos:

– Uma melhor percepção do que é uma boa política de desenvolvimento, que inclui medidas para facilitar o investimento e políticas para dar poder aos pobres para participar no crescimento;

– A compreensão de que a liderança e o forte empenhamento nessas políticas, com o apoio de partes significativas da população é decisivo;

– O entendimento de que é possível usar melhor os mecanismos das instituições financeiras internacionais, assegurando parcerias mais correctas.

Mais de cinquenta anos passados sobre a emergência do desenvolvimento económico como um problema central na agenda económica internacional, as questões que se colocam são substancialmente as mesmas: como ultrapassar a situação de atraso económico, que modelos privilegiar nestes caminhos, com que agentes intervir neste processo e com que meios.

Pelo caminho foram ficando diversas tentativas de resposta e resultados julgados de forma contraditória, mas em que claramente sobrelevam as apreciações negativas. Fazer o ponto da situação em matéria de desenvolvimento económico nos nossos dias é, por um lado, lamentar o tempo e os recursos perdidos, tentando dai retirar lições para o futuro e, por outro,

---

[259] NICOLAS STERN, *A Strategy..*, cit., p. 11.

A *Economia do Desenvolvimento: Cinquenta Anos de Debate* 95

verificar a profunda permeabilidade da economia do desenvolvimento às vicissitudes da ciência económica em décadas marcadas por profundas transformações.

Numa apreciação global do que se pode retirar da experiência passada SHAHID YUSSUF e JOSEPH STIGLITZ[260] acentuam que existem uma série de questões em relação às quais foi possível encontrar um consenso bastante generalizado, como sejam as da necessidade de formação de capital e de investimento em infra-estruturas e conhecimento, a liberalização do comércio no quadro de regras multilaterais claramente definidas, a defesa dos direitos de propriedade, a premência na redução da pobreza, a impossibilidade de prosseguir políticas de desenvolvimento que não respeitam o ambiente e a importância do papel regulador do Estado[261].

Naturalmente que esse consenso que, porventura, não é tão claro como pretendem YUSSUF e STIGLITZ, deixa por resolver um conjunto de questões, que seriam os desafios do século XXI e que os autores agrupam em dois grandes grupos: o dos diferentes níveis de decisão e dos problemas de regulação e o dos problemas relacionados com a gestão dos recursos humanos, de capital e naturais.

Na realidade, existem factores positivos na forma como as mais importantes organizações internacionais têm vindo a alterar as suas concepções sobre o desenvolvimento, como resulta claramente dos últimos trabalhos do Banco Mundial[262] e essa alteração pode ajudar a criar um novo ambiente em torno do esforço de desenvolvimento, que deverá cada vez mais ser orientado por uma preocupação de transferir os objectivos do plano quantitativo para o da qualidade de vida das pessoas e para a obtenção de metas e procedimentos consensuais[263].

---

[260] «Development Issues: Settled and Open», in GERALD MEIER e JOSEPH STIGLITZ (orgs.), *Frontiers of Development Economics*, cit., pp. 227 e segs..

[261] Sintomático desse consenso é o elenco das preocupações apresentadas por diversos chefes de Estado e de governo ao Presidente do Banco Mundial, JAMES WOLFENSOHN e por ele divulgado na conferência da Comissão Económica para as Nações Unidas em Janeiro de 1998 em Adis-Abeba, publicada pelo Banco Mundial com o título *Africa's Moment*

[262] Vd., por exemplo, *The Quality of Growth*, World Bank, Oxford University Press, 2000.

[263] Num sentido aproximado, vd. TURID SATO e WILLIAM SMITH, «The New Development Paradigm: Organizing for Implementation», in JO MARIE GRIESGABER e BERNHARD GUNTER (orgs.), *Development. New Paradigms and Principles for the Twenty-first Century*, London, East Heaven, Pluto, 1996, pp. 89 e segs.

96 *Valores e Interesses*

Nesse caminho para um novo desenvolvimento é claro que muitos dos temas que marcam a agenda dos debates económicos, com relevo para o papel do Estado e a sua função de regulação ou para a questão ecológica[264] continuarão a ter uma importância fundamental, mas não se pode deixar de pensar que será sempre necessário que se não faça uma imposição do exterior das orientações aceites noutros contextos, antes sendo necessário atribuir um papel fundamental às populações como agentes de desenvolvimento.

Reflectindo nos finais da década de setenta, FRANCOIS PERROUX[265] sustentava, na sequência da sua longa indagação sobre o desenvolvimento económico, infelizmente praticamente ignorada no mundo anglo-saxónico, que o "novo desenvolvimento" teria de ser *global, endógeno* e *integrado*, ou seja, que teria de visar o conjunto das dimensões do ser humano, ser obra em larga medida dos recursos interiores de cada Estado e envolver uma melhor coesão de sectores, regiões e classes socais, valores que permanecem de total actualidade[266].

Se os objectivos globais do desenvolvimento se encontram claramente identificados hoje em dia, ainda que persista a dificuldade em encontrar os meios necessários para o seu alcance, não deve ser minimizada a importância do combate à pobreza, tema muito significativamente escolhido pelo Banco Mundial para o Relatório sobre o Desenvolvimento Humano 2000/2001.

Essa sempre foi entendida como uma questão central do desenvolvimento económico pela FAO e por múltiplos autores[267], de JOSUÉ DE CASTRO[268] a AMARTYA SEN[269], cujos estudos têm permitido perceber crescen-

---

[264] Vd., por último, para a apreciação das intervenções públicas nesta matéria, NICHOLAS STERN, «Public Policy for Growth and Poverty Reduction», in RICHARD ARNOTT, BRUCE GREENWALD, RAVI KANBUR e BARRY NALEBUFF, *Economics for an Imperfect World. Essays in Honor of Joseph E. Stiglitz*, Cambridge-Massachusetts, London, The MIT Press, 2003, pp. 519-533.

[265] *Ensaio sobre a Filosofia do Novo Desenvolvimento*, tradução portuguesa, Fundação Calouste Gulbenkian, 1987.

[266] De resto, a UNESCO, que estivera na origem do trabalho de PERROUX viria, anos mais tarde, a tomar uma nova iniciativa que daria origem ao livro de HENRI BARTOLI, *Répenser le Développement. En Finir avec la Pauvreté*, Paris, Economica, 1999, que aprofunda e desenvolve os temas de PERROUX à luz das orientações mais recentes e, designadamente, da prioridade ao combate à pobreza.

[267] Vd. O conjunto dos estudos publicados em A.A.V.V. *Subdesenvolvimento Económico*, tradução portuguesa, Lisboa, Presença, 1966.

[268] *O Livro Negro da Fome*, São Paulo, Editora Brasilense, 1966, 2.ª edição.

[269] *Poverty and Famines: an Essay on Entitlement and Deprivation e Hunger and Public Action, in co-autoria com JEAN DRÈZE*, Oxford, Clarendon, 1989.

A Economia do Desenvolvimento: Cinquenta Anos de Debate 97

temente as causas das fomes e os mecanismos que contribuem para a ineficácia do combate a essa tragédia humana.

Particularmente importante nos actuais programas de erradicação da pobreza é a concepção lata adoptada, que não reduz o conceito à possibilidade de alcançar um patamar mínimo de vida que assegure a alimentação, o vestuário e a habitação, mas antes aponta para a o acesso à educação, à saúde, a condições sanitárias aceitáveis e à possibilidade de gozo dos bens públicos.

Igualmente relevante é a crescente atenção dada a um conjunto de problemas relacionados com a pobreza, como as taxas de natalidade excessiva, a degradação ambiental, o ambiente de confronto político e cívico, atenção que gerou uma maior preocupação na conjugação de medidas de estímulo ao investimento com outras mais directamente ligadas ao combate à pobreza e à criação de estruturas políticas mais aptas a responder às necessidades das populações locais[270].

Apesar de todas as dificuldades sentidas ao longo dos tempos, a ideia de desenvolvimento económico foi-se impondo e passando de versões quantitativas e globais para outras mais atentas à realidade dos povos e mais orientada por uma preocupação de reconhecimento de direitos, ponto que será abordado especialmente nos capítulos subsequentes.

Também se concordará com JOSEPH STIGLITZ e LYN SQUIRE[271] quando apontam como nota optimista a circunstância de existir hoje uma muito maior informação económica sobre as questões do desenvolvimento do que no momento em que as primeiras políticas foram postas em execução, sobre a pressão dos factos.

A definição de desenvolvimento económico formulada no segundo parágrafo do preâmbulo da Declaração das Nações Unidas sobre o direito ao desenvolvimento, como "… um processo económico, social, cultural e político de larga envergadura, que visa a melhoria constante do bem estar em conjunto da população e de todos os indivíduos com base na sua participação activa, livre e significativa e na justa divisão dos benefícios que dai decorram" apresenta-se, aliás, como suficientemente ampla para constituir uma base de trabalho.

---

[270] Vd, a este propósito, PARTHA DASGUPTA, «The Economics of Poverty in Poor Countries», *Scandinavian Journal of Economics*, volume 100, n.° 1, (1998), pp. 41 e segs..

[271] «International Development: Is It Possible?», in JEFREY FRIEDEN E DAVID LAKE (orgs), *International Political Economy. Perspectives on Global Power and Wealth*, London e New York, Routledge, 2000, pp. 383 e segs..

Não se ignora que, à medida que a noção de desenvolvimento se foi afastando do seu sentido original, muito ligado ao aumento da produção, ou ao crescimento do Produto Interno Bruto, para passar a englobar o grau de satisfação das necessidades humanas e a prossecução dos objectivos dos elementos fundamentais da sociedade, o estudo da problemática[272] se tornou muito mais difícil, mas também seguramente muito mais motivador.

Pode dizer-se que, nos finais da década de setenta do século XX, era já absolutamente patente a necessidade de afastar o papel central atribuído ao produto Interno Bruto[273], substituindo-o por aproximações que o conjugassem com indicadores do progresso social e índices compósitos que levassem em consideração diversos aspectos relacionados com a qualidade de vida[274].

A resposta mais consistente foi, no entanto, dada pelo PNUD, ao criar um índice do Desenvolvimento Humano (IDH)[275], que tem vindo a incluir um número crescente de variáveis, e que tem sido utilizado nos diversos relatórios sobre o desenvolvimento humano, dentro da concepção

---

[272] Nesse sentido, CELSO FURTADO, *Introdução ao Desenvolvimento. Enfoque Histórico. Estrutural*, São Paulo, Paz e Terra, 2000, 3.ª edição, pp. 22 e seg..

[273] Recorde-se, a propósito, o discurso do candidato presidencial ROBERT KENNEDY em 18 de Março de 1968, quando afirmava que o Produto Interno Bruto, "não nos permite saber da saúde das nossas crianças, da qualidade da sua educação ou da alegria das suas brincadeiras. Ele não inclui a beleza da nossa poesia ou a força dos nossos casamentos, a inteligência dos nossos debates sobre assuntos públicos ou a integridade dos nossos servidores do Estado. Ele não mede nem a nossa coragem nem a nossa visão, nem a nossa devoção ao país. Em síntese, ele mede tudo, excepto aquilo porque vale a pena viver e pode dizer-nos tudo sobre a América, excepto porque nos orgulhamos de ser americanos". Cfr. o texto integral em (http://www.progressproject.org/program_areas/measuring_progress.asp)

[274] Nesse sentido e com ampla descrição de diversas tentativas de criar outras formas de apreciação do desenvolvimento económico, vd. NORMAN HICKS e PAUL STREETEN, «Indicators of Development: The Search for a Basic Needs Yardstick», *World Development*, vol. 7 (1979), pp. 579 e segs..

[275] O IDH corresponde, na própria definição dada pelo PNUD, *Relatório do Desenvolvimento Humano de 2002*, cit., a "uma medida resumo simples de três dimensões do conceito de desenvolvimento humano: viver uma vida longa e saudável, ser instruído e ter um padrão de vida digno". Desde a criação do IDH, em 1990, foram desenvolvidos índices complementares, tais como o índice de pobreza humana (IPH), o índice de desenvolvimento ajustado ao género (IDG) e a medida de participação segundo o género (MPG). Para algumas críticas ao índice de desenvolvimento humano e em defesa de uma solução que afastasse totalmente as grandezas quantitativas, vd. THIERRY MONTALIEU, *Économie du Développement*, Paris, Breál, 2001, pp. 36 e segs..

de que "o desenvolvimento humano não significa grande coisa sem um instrumento que permita medi-lo"[276].

Há, hoje, todas as razões para crer que o desenvolvimento económico será cada vez mais entendido como um processo qualitativo, em que as variáveis quantitativas são meramente instrumentais e em que aquilo que está causa, não só nos países em desenvolvimento, como nos países ricos, é assegurar a qualidade do crescimento[277].

As experiências e os profundos debates teóricos entre neo-liberais e intervencionistas, bem como as contribuições da história económica e da sociologia permitiram, de facto, criar em torno da problemática do desenvolvimento, um ambiente em que se tornou claro que se exige uma análise mais atenta da diversidade das situações nas diferentes sociedades, das modificações das sociedades ao longo do tempo, das diferenças culturais e sociais e das ligações entre as condições ecológicas e o desenvolvimento social.

Por outro lado, se a maior sensibilidade para a diversidade de situações em cada sociedade – demonstrada nos últimos estudos sobre desenvolvimento económico –, é um factor positivo, não se pode esquecer que um processo de desenvolvimento integral deve partir daquilo que pensa cada sociedade e dar uma maior importância aos movimentos tradicionais[278].

Ora, essa necessidade de dar uma especial atenção a cada sociedade é especialmente dificultada pela tendência que se regista recentemente no sentido de uma harmonização dos processos de ajuda ao desenvolvimento[279], assim como pelo facto de se multiplicarem as instâncias de decisão, através dos processos de regionalização e globalização económicas.

RICHARD ECKAUS sublinha, aliás, com especial felicidade, a impossibilidade de encontrar políticas previamente definidas que não levem em consideração as condições concretas de cada economia, prática que pode levar a que mesmo boas políticas conduzam a maus resultados[280].

No fundo, está aqui em causa o alerta que há mais de quarenta anos TINBERGER lançou quanto ao papel da intuição e da sensibilidade na pro-

---

[276] KEVIN MACGRATH, «O Desenvolvimento Humano e os Direitos do Homem», in CIDAC, *Direitos Humanos e Desenvolvimento...*, cit., p. 20.

[277] Vd., World Bank, *The Quality of Growth...*, cit..

[278] Vd., por exemplo, ESCOBAR, *Encountering Development*, Princeton University, 1995, M. RAHNEMA (org.), *The Post Development Reader*, London, Zed Books, 1999, V. TUCKER, *Cultural Perspectives on Development*, London, Franck Cass, 1997.

[279] Cfr. *infra*, parte II.

[280] «The Search for the Grail of Development», versão policopiada, apresentado na conferência internacional em homenagem a SILVA LOPES, Lisboa 2003.

cura de soluções para os problemas, em vez da confiança cega em modelos de política económica[281].

Nada do que fica dito condena, naturalmente, os esforços que vêm sendo feitos para clarificar os conceitos de desenvolvimento económico ou definir um conjunto de princípios que devem servir de roteiro a essa tarefa, mas permite-nos evitar o erro de pensar que as questões estão resolvidas. De resto, as múltiplas mudanças que se registaram nas últimas décadas só podem contribuir para nos fazer suspeitar que as verdades absolutas de hoje poderão, amanhã, ser apresentadas como erros do passado.

8.2. *O Desenvolvimento Sustentável*

Do debate que temos vindo a seguir emerge com clareza a ideia de que os caminhos do desenvolvimento económico passarão cada vez mais pela atenção dada às condições em que são explorados os recursos humanos e pela necessidade de preservar o património comum da humanidade para o transferir às gerações futuras. Tal preocupação não deve, no entanto, subalternizar as preocupações com as dimensões sociais do desenvolvimento, claramente expressas no Relatório *Brutland*[282].

A importância da componente ecológica do desenvolvimento tem-se vindo a impor e a condicionar, de alguma forma, o debate sobre o desenvolvimento económico que, por vezes, é mesmo passado para um segundo plano[283].

Crescentemente, se assiste, aliás, a uma tendência para o recurso à ideia de desenvolvimento sustentável ou duradouro em detrimento da de desenvolvimento económico e isto tanto nos textos constitucionais[284], como no Tratado da Comunidade Europeia[285], nas proclamações e decla-

---

[281] *The Design of Development...*, cit..

[282] *Our Common Future*, Oxford University Press, 1986.

[283] A este propósito, vd. ASIF QUERISH, *International Economic Law*, London, Sweet and Maxwell, 1999, p. 344.

[284] Constituição Portuguesa, artigo 81.º, alínea a).

[285] Designadamente no artigo 2.º que aponta como missão da Comunidade promover "... um desenvolvimento harmonioso, equilibrado e sustentável das actividades económicas" um "... crescimento sustentável e não inflacionista" e "... elevado nível de protecção e de melhoria da qualidade do ambiente" e no Título XIX relativo ao ambiente. Menos claro é, por exemplo, o Tratado de *Assuncion*, que criou o Mercosul e que não inclui qualquer disposição expressa, ainda que do terceiro parágrafo do preâmbulo expressamente se ligue a ideia de desenvolvimento económico à preservação do ambiente, o que

A *Economia do Desenvolvimento: Cinquenta Anos de Debate* 101

rações internacionais sobre esta problemática[286], na própria produção doutrinária ou na prática das organizações internacionais.

Importa, todavia, reconhecer que essa utilização crescente da noção de desenvolvimento sustentável ou duradouro não assenta numa definição clara do conceito, o que não deixa de constituir fonte de alguma ambiguidade[287].

Pese embora a frequência com que o conceito é hoje utilizado, a harmonização entre ecologia e desenvolvimento esteve longe de ser fácil, na medida em que as políticas de desenvolvimento económico tinham já algumas décadas quando as preocupações ecologistas conseguiram afirmar-se definitivamente.

As dificuldades de conciliação resultaram também da percepção, generalizada entre os países em desenvolvimento, de que a introdução da componente ecológica na agenda do desenvolvimento, com as inerentes limitações à disposição indiscriminada dos recursos naturais, constituiria uma tentativa para lhes criar maiores dificuldades[288], impedindo-os de seguir uma via que fora já antes trilhada pelos países ricos[289].

De facto, a protecção do ambiente, na medida em que torna mais cara a industrialização e os métodos de extracção de minerais, dificulta a construção da barragens – que não sendo poluentes implicam profundas alterações ambientais –, põe em causa a produtividade da agricultura – ao excluir o recurso a produtos tóxicos – e ainda questiona a construção de

---

permite a SUSANA CAMARGO VIEIRA sustentar que, mesmo na ausência de outras referências, a preservação do ambiente faz parte dos objectivos do Mercosul, «Regional Integration and Protection of the Environment: The Case of Mercosul», in FRIEDL WEIIS, ERIK DENTERS E PAUL DE WAART (orgs.), *International Economic Law with a Human Face*, The Hague, Docrecht, London, Kluwer Law International, 1998, p. 331.

[286] Vd. *Infra*, capítulo III.

[287] Ver, a este propósito, GERTRUDE PIERATTI E JEAN-LUC PRAT, «Droit, Économie, Écologie et Développement Durable: des Relations Nécessairement Complémentaires mais Inévitablement Ambiguës», *Revue Juridique de l'Environnement*, 2000, n.° 3, pp. 421-444.

[288] Neste sentido recorde-se a afirmação da então primeira ministra da Índia INDIRA GANDHI, aquando da Conferência de Estocolmo, de que a maior poluição é a pobreza (citada em JOSÉ CARLOS BARBIERI, *Desenvolvimento e Meio Ambiente. As Estratégias de Mudanças da Agenda* 21, Petrópolis, Novas Vozes, 3.ª edição refundida, p. 18).

[289] Enfaticamente, JEAN PAUL BESSET, «L'Écologie. Nouvel Age de l'Impérialisme ou Véritable Chance du Développppement?», *L'Évenement Européen*, n.° 19, 1992, p. 204, escreve "E eis que o Norte exige do resto do Mundo que não faça aquilo que ele fez e continua a fazer. Eis, de alguma forma, o criminoso que exige à sua vítima que faça contrição e lhe proíbe definitivamente a prosperidade".

102 — Valores e Interesses

grandes infra-estruturas que causam desflorestação e implicam migrações destruidoras do equilibro ecológico[290], acaba por limitar os meios de acção dos países em desenvolvimento.

A ideia de desenvolvimento sustentável tem na sua raiz, como iremos ver, uma noção de responsabilidade comum da humanidade e de existência de interesses recíprocos dos países desenvolvidos e em vias de desenvolvimento que, entretanto, perdera muita da sua força, sobretudo no primeiro desses grupos de países[291].

A lógica de defesa dos interesses das gerações futuras, que está subjacente à afirmação da necessidade de um modelo de desenvolvimento sustentável, está longe de ser isenta de problemas[292], ainda que se assista, actualmente, a uma tentativa de reforço da tutela desses interesses em termos tais que, por exemplo, nas Filipinas, um Supremo Tribunal admitiu a possibilidade da sua representação em juízo[293].

A tentativa de harmonizar o desenvolvimento económico com a protecção do meio ambiente começou a sentir-se na década de setenta e teve a sua primeira expressão na Conferência das Nações Unidas sobre o Desenvolvimento Humano realizada em Estocolmo, em 1972, que viria pôr em evidência a contradição entre o direito dos Estados a disporem livremente dos seus recursos e a possibilidade de protecção desses recursos e de garantia da sua manutenção.

De qualquer forma, a Conferência ficaria assinalada pela aprovação de uma Declaração acerca do Ambiente Humano, contendo um conjunto de princípios, dos quais importa recordar o primeiro, com o seguinte conteúdo: "os seres humanos têm um direito fundamental à liberdade, igualdade e condições adequadas de vida, num ambiente de qualidade que per-

---

[290] De facto, como sustenta MICHEL BOTHE, «Le Droit de l'Environnement; sa Voie de Développement entre Écologie et Économie», in MICHAEL BOTHE E PETER SAND (eds.), *La Politique de l'Environnement. De la Réglementation aux Instruments Économiques*, estudo promovido pela Academia de Haya, The Hague, Boston, London, Martinus Nhijjof Publshers, 2003, pp. 68 e segs..

[291] Vd., a esse propósito, a análise de PETER BURNELL, *Foreign Aid in a Changing World*, Buckingham-Philadelphia, Open University Press, pps. 74 e segs..

[292] Para a apreciação sintética desta problemática, vd. EDUARDO PAZ FERREIRA, *Da Dívida Pública e das Garantias dos Credores do Estado*, Coimbra, Almedina, 1994, pp. 69-106. Para um maior desenvolvimento, o conjunto de estudos incluídos em R.I. SIKORA E BRIAN BARRY (orgs..), *Obligations to Future Generations*, reimpressão de 1996, Cambridge, The White Horse Press.

[293] SCOVAZZI, «Le Azzione delle Generazione Future», *Rivista Giuridica dell'Ambiente*, 1995, n.º 1.

A *Economia do Desenvolvimento: Cinquenta Anos de Debate*

mita uma vida de dignidade e bem-estar e sobre eles recai uma responsabilidade solene de proteger e melhorar o ambiente para as gerações presentes e futuras"[294].

Nasce aqui um novo conceito – o do desenvolvimento sustentável, também por vezes designado por desenvolvimento duradouro – que, na sua génese, se relaciona com um modelo de desenvolvimento que integra a protecção do ambiente, assegurando uma forma de equidade intergeracional.

O conceito tem a sua origem na percepção da impossibilidade de um crescimento sem limites e da compreensão de que certas formas de utilização dos recursos naturais levariam à sua exaustão, envolvendo a impossibilidade de as gerações futuras deles poderem usufruir.

A realização da Conferência é, de resto, contemporânea da publicação de um conjunto de estudos, alguns dos quais já ficaram referenciados, feita sob a égide do Clube de Roma, que vieram demonstrar a impossibilidade de se prosseguir com uma exploração do planeta nos termos em que esta se estava a processar, sem provocar graves crises económicas e sociais[295].

Subjacente à ideia de desenvolvimento sustentável está, pois, a noção de que existe um património comum da humanidade, cuja preservação é uma tarefa comum, como viria a sublinhar o Relatório *Brutland*.

Essencial para esta concepção desenvolvimento sustentável, veiculada pelo Relatório *Brutland* – e que viria a marcar todos os trabalhos futuros da matéria – é, pois, a ideia de que se trata de uma forma de desenvolvimento que corresponde às necessidades do presente sem comprometer a capacidade de resposta das gerações futuras às necessidades que, razoável e previsivelmente, terão de satisfazer.

A ideia de solidariedade intergeracional, que preside à noção de desenvolvimento sustentável, desenvolve-se em três grandes princípios fundamentais; o da conservação dos recursos para permitir às gerações futuras assegurar a possibilidade de satisfação das suas necessidades; o principio da conservação da qualidade, segundo o qual deve ser transmitida às gerações futuras um planeta com qualidade igual àquela que as gerações presentes herdaram das anteriores e o da conservação dos acessos, de har-

---

[294] A Conferência aprovou ainda um Plano de Acção para a política ambiental integrando 106 recomendações, um Fundo Ambiental e um novo programa das Nações Unidas para o Ambiente.

[295] *Limits to Growth*. 1972.

104 *Valores e Interesses*

monia com o qual é garantida igual possibilidade de acesso aos recursos naturais às diversas gerações[296].

A percepção de que o desenvolvimento sustentável é uma tarefa comum da humanidade não conduziu, no entanto, à afirmação de estruturas supranacionais que assumissem o empenho de zelar por essa causa ao nível internacional, antes sendo patente a preocupação em salvaguardar a posição e a responsabilidade nacional de cada Estado.

No ponto 13 da declaração de Estocolmo, por exemplo, viria a ficar claramente afirmada a regra de que " ... os Estados devem adoptar uma concepção integrada da sua planificação para o desenvolvimento, de forma a torná-lo compatível com a necessidade de proteger e melhorar o ambiente no interesse da sua população", para racionalizar a gestão de recursos e, por essa via, promover melhorias ambientais.

A atribuição de um papel central aos Estados continua a estar presente na Declaração do Rio, ainda que se avance no sentido de uma maior ênfase na cooperação internacional, bem expressa no princípio 7, onde se pode ler que " os Estados devem cooperar em espírito de parceria global para a conservação, protecção e restauração da saúde e da integridade do ecosistema terrestre".

A Cimeira do Rio representando, embora, um momento da maior importância no reconhecimento da importância da preservação do ambiente e da aceitação da existência de obrigações para com as gerações futuras, não subalternizou o objectivo do desenvolvimento económico, que foi aí assumido como valor central.

Da Declaração do Rio resulta o desígnio, linearmente explicitado no princípio 4, de que o desenvolvimento económico não seja pensado independentemente da protecção ambiental, que dele deve fazer parte integrante.

Essa solução não evitou, no entanto, o aparecimento de uma tendência para sobrevalorizar a dimensão ecológica do desenvolvimento, que teve a sua expressão, por exemplo, em afirmações, como a de Barber Conable, para quem, o desenvolvimento que não é ecológico não é desenvolvimento, mas apenas uma ilusão de desenvolvimento[297].

---

[296] Vd. FRÉDERIC FERRAND, «Le Développement Soutenable Est-il une Notion de Droit International Public?», in MICHAEL BOTHE E PETER SAND (orgs.), *La Politique de l'Environnement. De la Réglementation aux Instruments Économiques...*, cit., p. 254.

[297] «Development and Environment: A Global Balance», *American University Journal of International Law amd Policy*, vol. 5 (1989-1990), p. 236.

A *Economia do Desenvolvimento: Cinquenta Anos de Debate* 105

Pode-se, todavia, considerar que saíram derrotadas da Cimeira do Rio as posições ecocêntricas, que quereriam ver os valores ambientais afirmados com prioridade em relação aos do desenvolvimento, sendo patente que o texto final correspondeu à ponderação dos diferentes interesses dos países desenvolvidos e dos países em desenvolvimento, factor que não terá, por vezes, contribuído para a clareza do texto nem para a possibilidade de o transformar em instrumento juridicamente vinculativo.

Vieram a gorar-se as esperanças de quantos chegaram a pensar que da Cimeira do Rio sairia uma verdadeira "Carta da Terra", consagrando um conjunto de princípios jurídicos efectivamente vinculantes, o que acabou por não acontecer[298].

Porém, nada disso pode levar a minimizar a importância da Declaração sobre o Meio Ambiente, saída da Conferência do Rio, onde é reafirmado o princípio do desenvolvimento sustentável e o direito de todos os seres humanos "a uma vida saudável e produtiva em harmonia com a natureza" (princípio 1), ao mesmo tempo que são proclamados diversos princípios fundamentais para a política ambiental, como o princípio do poluidor pagador, o princípio da prevenção e o principio da precaução[299].

Por outro lado, a Conferência do Rio produziu igualmente a ambiciosa Agenda 21 e as Convenções sobre as Mudanças Climatéricas e a Diversidade Biológica, bem como os Princípios sobre a Gestão das Florestas[300].

Sendo certo que – para desgosto das posições ambientalistas maioritárias nas representações da generalidade dos governos ocidentais e das ONGs presentes na Cimeira do Rio[301] – a orientação consagrada na Declaração aponta no sentido da prioridade do desenvolvimento económico sobre os valores ambientais, não se pode deixar de reconhecer que os últi-

---

[298] Vd. JOHN ALDER e DAVID WILKINSON, *Environmental Law & Ethics*, Houndmills, Basingstoke, Hampshire e London, MacMillan, 1998, p. 113.

[299] Sobre esse princípios, vd. JOHN ALDER e DAVID WILKINSON, *Environment Law and Ethics...*, cit., pp. 146 e segs..

[300] Para uma apreciação dos resultados da Cimeira, vd. JOSÉ CARLOS BARBIERI, *Desenvolvimento e Ambiente...*, cit., MARIACHIARA TALLACCINI, «Earth Summit 92», *Rivista Internazionale dei Diritti dell'Uomo*, ano V (1992), n.º 2, pp.527-544 e MICHEL PRIEUR, «Démocratie et Droit de l'Environnement et du Développement», *Revue Juridique de l'Environnement*, 1993, n.º 1, pp. 23-30.

[301] Para uma descrição deste ambiente, vd. DAVID LUFF, «An Overview of International Law of Sustainable Development and a Confrontation Between WTO Rules and Sustainable Development», *Revue Belge de Droit International*, vol. XXIX, 1996, n.º 1, pp. 98 e segs.

mos anos têm sido marcados pela tendência para inverter essa relação, o que pode envolver algum risco de desvalorização do objectivo de desenvolvimento económico.

Impõe-se, de qualquer forma, reconhecer que paralelamente se tem assistido ao alargamento do conceito de desenvolvimento sustentável, em coerência com a percepção que as situações de miséria implicam um maior desgaste dos recursos naturais, o que tem vindo a criar laços cada vez mais fortes entre a problemática ecológica e a erradicação da miséria[302].

Essa percepção leva, aliás, a que crescentemente se apele para um conceito amplo de desenvolvimento sustentável, que abrangeria também a protecção dos direitos civis e políticos, perspectiva de algum modo favorecida pela Declaração do Rio[303].

O desenvolvimento sustentável, na sua componente exclusivamente ecológica, impõe a opção por modelos que implicam maiores custos para os países em desenvolvimento, o que envolve a necessidade de compensar estes países, objectivo para que se apontava já na Declaração do Rio, em cujo princípio 6 se afirmava: " a situação e as necessidades especiais dos países em desenvolvimento relativo e daqueles ambientalmente mais vulneráveis devem receber prioridade especial. Acções internacionais no campo do meio ambiente e do desenvolvimento devem atender aos interesses e necessidades de todos os países"

Na Cimeira do Rio foi também proclamado o princípio de que os Estados têm diferentes níveis de responsabilidade, tendo os países desenvolvidos reconhecido a sua responsabilidade "na busca internacional do desenvolvimento sustentável, em vista das pressões exercidas pelas suas sociedades sobre o meio ambiente global e das tecnologias e recurso financeiros que controlam".

Tem-se tornado progressivamente mais claro que as ameaças ao meio ambiente atingem com especial gravidade os países mais pobres, na medida em que, por um lado, as suas populações dependem, ao nível alimentar, de uma exploração directa dos recursos naturais e, por outro, estes paí-

---

[302] GOMES CANOTILHO, «Estado Constitucional Ecológico e Democracia Sustentada», Revista do Centro de Estudos de Direito do Ordenamento do Urbanismo e do Ambiente, ano IV, 2001, p. 11, pertinentemente, recorda que "não sem razão se pretende traduzir a fórmula anglo-saxónica de "sustainable development" através de enunciados mais densos como "evolução justa e duradoura".

[303] Nesse sentido, DAVID LUFF, ob. cit. Vd., ainda, GILLES FIEVET, «Reflexions sur le Concept de Développement Durable: Pretention Économique, Principes Strátegiques et Protection des Droits Fondamentaux», Revue Belge de Droit International, volume XXIV, 2001, n.º 1, pp. 128-184.

A Economia do Desenvolvimento: Cinquenta Anos de Debate

ses dispõem de menores recursos para se poderem adaptar às modificações, como expressamente se reconhece na Declaração Política do DAC, de 16 de Maio de 2002, intitulada, "Integrating the "Rio Conventions" in Development Co-operation"[304].

Daqui resulta, como se admite na mesma Declaração, a necessidade de os países da OCDE assumirem uma responsabilidade decisiva na liderança da luta por um desenvolvimento sustentável, em função do peso de que dispõem na economia global e no ambiente do planeta.

É-se, assim, levado a pensar que nesta problemática se tornam decisivas duas acções:

Uma primeira, consistente em assegurar que o objectivo do desenvolvimento sustentável seja crescentemente assumido pelos países em desenvolvimento, viabilizando os apoios necessários àqueles que se disponham a respeitar a componente ambiental do desenvolvimento.

Uma segunda, tendente a alcançar progressos significativos no domínio da proliferação dos instrumentos jurídicos internacionais de protecção do ambiente.

Na verdade, embora o desenvolvimento sustentável – à semelhança do que ocorre com o direito ao desenvolvimento –, experimente as maiores dificuldades na sua afirmação no plano jurídico[305], tem vindo a aumentar significativamente o número de convenções internacionais consagradas à protecção do ambiente[306], nas suas múltiplas vertentes, ainda que muitas vezes acompanhadas de reservas de fundo, emitidas por alguns dos países mais desenvolvidos, numa atitude que seguramente retira muito do impacto que poderia ter a ideia de um mundo auto limitado por preocupações ambientais.

Naturalmente que, em todo este processo, é essencial o trabalho das Nações Unidas e dos organismos que integram o seu sistema de apoio ao desenvolvimento, assim com das grandes organizações económicas internacionais, não se devendo esquecer o papel pioneiro desenvolvido pela OCDE que, logo em 1972, aprovou um conjunto de princípios orientadores sobre aspectos económicos internacionais das políticas de ambiente, definindo, designadamente, o princípio do poluído pagador, que depois assumiria uma centralidade absoluta.

---

[304] Publicada sob o título *The DAC Guidelines. Integrating the Rio Conventions into Development Co-operation*, Paris, OECD, 2002.

[305] Vd. *infra*, Parte II

[306] Vd. a útil colectânea do Ministério do Ambiente e do Ordenamento do Território, *Convenções e Protocolos Internacionais de Ambiente*, Lisboa, 2001.

Quaisquer que sejam as dificuldades de concretização, em termos jurídicos, da exigência de um desenvolvimento sustentável, não restam dúvidas que a emergência da ideia e a força com que a mesma se afirmou representam um passo decisivo no sentido do afastamento de uma ideia de desenvolvimento como crescimento económico, medido por meras variáveis quantitativas.

Com razão, foi já notado que o desenvolvimento sustentável é uma espécie de última estação, a que se chegou depois de ultrapassada a estação dos indicadores económicos e volvida a era desenvolvimento social, que privilegiava ainda outro tipo de indicadores[307]

A afirmação crescente do desenvolvimento sustentável como valor fundamental orientador de todos os esforços em matéria de desenvolvimento tem sido, aliás, vista como uma forma dar um rosto humano ao direito económico internacional[308], numa lógica que passa igualmente pela superação dos conflitos entre países desenvolvidos e em vias de desenvolvimento patente, por exemplo, na criação do Fundo para o Desenvolvimento Mundial, saído da acção concertada das Nações Unidas e do Banco Mundial[309].

Naturalmente que a importância do desenvolvimento sustentável como paradigma de referência depende da sua consideração como um processo integral envolvendo elementos económicos, sociais e ambientais, com vista à maximização do bem-estar social no presente, não comprometendo a capacidade de satisfação das necessidades das gerações futuras e respondendo aos objectivos de redução da pobreza e às metas traçadas na Declaração do Milénio[310], como assinala, de resto, a OCDE[311].

---

[307] ALESSANDRO LANZA, *Lo Sviluppo Sostenibile*, Bologna, Il Mulino, 2002, 3.ª edição, p. 15.

[308] Vd., o conjunto de estudos inseridos em FRIEDL WEIIS, ERIK DENTERS e PAUL DE WAART (orgs..), *International Economic Law with a Human Face*, cit. e, em especial, o de M. C. W. PINTO, «The Legal Context: Concepts, Principles, Standards and Institutions», pp. 13- 30.

[309] Nesse sentido, PIERRE MARIE DUPUY, «Où en Est le Droit International de l'Environnement à la Fin du Siècle», *Revue Génerale de Droit International Public*, tomo 101 (1997), n.º 4, p. 879.

[310] Cfr. *Infra*, Parte II.

[311] *The DAC Guidelines, Strategies for Sustainable Development*, Paris, OCDE, 2001.

CAPÍTULO II
O desenvolvimento como imperativo ético

1. Aspectos gerais

Da análise anteriormente efectuada ressaltaram alguns aspectos centrais da noção de desenvolvimento económico, tal como esta hoje se apresenta, depois de décadas de profundo debate e de evoluções por vezes de sentido radicalmente diferente. Ficou também evidenciado que, independentemente da diversidade dos diagnósticos sobre as origens da situação de subdesenvolvimento e das sugestões de acção concreta, existe algum consenso ou, pelo menos, um pensamento maioritário sobre as metas a prosseguir e os valores a preservar.

Importa agora, especialmente, assinalar o modo como a problemática do desenvolvimento económico nasceu, muito influenciada pela resposta a situações concretas e sujeita a uma acentuada politização, resultante da luta pela obtenção de espaços de influência geo-estratégica.

Essa origem viria a marcar de uma forma muito clara a discussão sobre os fundamentos da ajuda ao desenvolvimento, permitindo o florescimento de posições que procuraram limitar a actuação dos países desenvolvidos ao cumprimento de uma obrigação caritativa ou, quando muito, à prossecução de uma política em cuja base estava a afirmação dos seus próprios interesses.

Tanto não significa que, paralelamente, se não tenham afirmado importantes correntes do pensamento que defendiam que o apoio ao desenvolvimento mais não representava do que a concretização de um imperativo ético que recai sobre os Estados que se encontrem em posição comparativamente mais favorável.

Pode, assim, dizer-se, que se assiste nesta matéria a um debate que corresponde, na magnífica síntese de JEAN MARIE DOMENACH, a saber se a ajuda ao desenvolvimento é uma tarefa que deve ficar ao sabor das variações de humor e sentimentos por parte das opiniões públicas ou se ela corresponde a um imperativo comum a todos os povos da terra, independentemente das próprias convicções ou crenças[312].

A defesa de que a cooperação para o desenvolvimento representa o cumprimento de um imperativo moral encontra as suas bases fundamentais de apoio nos estudos de ciência e filosofia políticas e, em especial, nos autores de raiz kantiana e na doutrina social da Igreja.

O esforço no sentido de afirmação de uma obrigação de cooperação para o desenvolvimento ou, de forma simétrica, da existência de um direito ao desenvolvimento, traduziu-se, por outro lado, de forma especial, na tentativa de consagração dessa obrigação num conjunto de instrumentos internacionais.

Para além do carácter pragmático de determinadas acções pontuais de auxílio a situações de carência extrema, assume uma importância crucial a determinação dos fundamentos da política de cooperação, pelas implicações que daí decorrem para a reflexão acerca das regras pelas quais se pauta a sociedade internacional.

Naturalmente que a admissão da existência de um direito ao desenvolvimento, com implicações na ordem económica internacional, se traduz fundamentalmente na emergência de um correlativo dever de ajuda, que impende sobre os países mais ricos, vinculados a agir no sentido de alterar a situação de carência, podendo a ajuda ser concretizada em modalidades diversas, como teremos ocasião de ver.

A necessidade de integrar o apoio ao desenvolvimento económico no quadro das relações económicas internacionais recebe, consequentemente, duas respostas fundamentais: uma primeira, que sustenta que estamos num domínio em que apenas prevalecem considerações humanitárias e caritativas ou em que, quando muito, se afirmam interesses recíprocos, que fundamentam determinadas formas de cooperação; e uma segunda que considera estarmos em presença de verdadeiros direitos, assentes em construções de justiça válidas para toda a sociedade internacional.

Pode dizer-se que a primeira concepção é corrente entre os primeiros autores que se ocuparam desta problemática e corresponde largamente às ideias dominantes nesse período fundador dos estudos sobre desenvolvimento.

---

[312] *Aide au Développement, Obligation Morale?*, New York, Centro de Informação Económica e Social das Nações Unidas, 1971, pp. 2-3.

O *desenvolvimento como imperativo ético*   111

Um bom exemplo deste tipo de aproximação encontra-se em CHAR-LES KINDLEBERGER[313] que, depois de recusar a hipótese de existirem razões económicas sólidas para fundamentar um interesse económico dos países desenvolvidos no auxílio ao desenvolvimento[314], afirma expressamente que "os mais importantes interesses não económicos utilizados para justificar a actual assistência ao desenvolvimento económico são a defesa e os sentimentos humanitários, contrariar os objectivos da União Soviética e evitar a agitação e a revolução que podem expandir-se de modo a envolver outros países e provocar a guerra"[315].

Mais recentemente, outros economistas tentaram encontrar justificação para a ajuda ao desenvolvimento, quer na base de sentimentos de compaixão, quer na necessidade de pôr termo a uma situação que está na base de potenciais conflitos, que prejudicam a comunidade mundial no seu todo.

Alguns acontecimentos recentes, com relevo para os ataques terroristas do 11 de Setembro vieram, aliás, dar origem a uma crescente atenção aos problemas económicos existentes a nível mundial, na perspectiva da sua susceptibilidade para determinar a ocorrência de fenómenos análogos.

Esse tipo de raciocínio tinha, no entanto, antecedentes, como se pode atestar com uma apaixonada defesa da necessidade de apoio ao desenvolvimento ensaiada, em 1996, por JOHN KENNETH GALBRAITH[316], que a justifica como expressão do objectivo de construção de uma boa sociedade e, simultaneamente, pela existência de sentimentos de compaixão, explicitando, por outro lado, o interesse dos Estados desenvolvidos em assegurarem esse auxílio como forma de impedir situações de instabilidade ou conflito, concluindo, de forma irónica, que "a compaixão tem uma face humana, mas também presta um serviço muito prático"[317].

---

[313] KINDLEBERGER esboça até um raciocínio que, algumas décadas depois, viria a fazer carreira, argumentando que o desenvolvimento pode até trazer consequências negativas no plano económico para os países mais ricos, *Economic Development*, 2.ª edição, New York, MacGraw-Hill, 1965, pp. 361 e segs..

[314] *Idem*, p. 365.

[315] Sobre a profunda ligação entre anticomunismo e ajuda ao desenvolvimento vd. GALBRAITH, *The Nature of Mass Poverty*, cit..

[316] *The Good Society. The Humane Agenda*, London, Sinclair-Stevenson, 1996, p. 136.

[317] Também, no mesmo sentido, FREDERICO MAYOR, «Desenvolvimento Endógeno e Governação Democrática», in *Globalização, Desenvolvimento e Equidade*, cit., p. 95, afirma: "existe uma relação directa e recíproca entre os conceitos de paz, desenvolvimento e democracia, que formam uma espécie de triângulo interactivo. Não pode haver paz duradoura sem democracia estável e desenvolvimento sustentado. O desenvolvimento não será duradouro num contexto de injustiça, nem será duradouro se não se repartir melhor,

112 *Valores e Interesses*

Vai-se, aliás, aos poucos, alargando a percepção da necessidade de desenvolvimento económico para assegurar um aumento da coesão social e a prevenção de conflitos étnicos e regionais, particularmente importantes em determinadas áreas geográficas[318].

Na realidade, mesmo autores que tendem a aceitar a existência de uma obrigação moral de ajuda ao desenvolvimento acabam por considerar preferível fundamentar essa ajuda na existência de interesses recíprocos ou até de interesses próprios dos países doadores[319], talvez por pensarem que essa é uma opção mais susceptível de recolher apoio na opinião pública.

De alguma forma, o recurso crescente à expressão cooperação para o desenvolvimento, em detrimento de ajuda ao desenvolvimento, reflecte essa concepção sobre a existência de interesses comuns, ainda que também se possa aqui detectar o desejo de afastar as concepções puramente caritativas.

Naturalmente, o debate que se trava em torno do desenvolvimento económico não tem apenas a ver com a sua fundamentação. Por vezes, tal debate vai muito mais fundo, assistindo-se, hoje em dia, coerentemente com a orientação económica dominante a partir das últimas décadas do século XX, a uma tentativa de questionar todo o apoio financeiro ao desenvolvimento, com a redução de quaisquer acções nesta matéria ao mero apoio técnico aos aspectos organizativos e institucionais, únicos que importariam na tarefa de desenvolvimento, uma vez que a ajuda financeira teria como exclusiva consequência a perpetuação do subdesenvolvimento e a manutenção no poder de oligarquias corruptas.

A contestação à ajuda externa ao desenvolvimento económico corresponde ao ataque que, no plano interno, vem sendo movido ao *Welfare State*, pondo-se em causa aqueles que foram os dois grandes pilares da ordem económica estabelecida no segundo pós-guerra[320].

---

porque um dia os marginalizados, os que sofrem, os excluídos, um dia rebelar-se-ão pela força e assim entraremos no círculo de sempre".

[318] Vd., a este propósito, NAT COLETTA, TECK GHEE LIM e ANITA KELLES-VIITAN-NEN, *Social Cohesion and Conflict Prevention in Asia. Managing Diversity through Development*, Washington, The World Bank, 2001.

[319] Nesse sentido, PETER BURNELL, *Foreign Aid in a Changing World*, Buckingham, Philadelphia, Open University Press, 1997.

[320] Vd. ETHAN KAPSTEIN, «Distributive Justice as an International Public Good. A Historical Perspective», in INGE KAUL, ISABELLE GRINBERG E MARC STERN (organizadores), *Global Public Goods. International Cooperation in the 21st Century*, PNUD, Oxford University Press, 1999, pp. 88 e segs..

O desenvolvimento como imperativo ético · 113

A resposta para o problema do desenvolvimento económico dada por quem contesta a existência de um dever de ajuda é, então, a de que a saída da situação de atraso só pode resultar do aumento do comércio internacional, que seria, aliás, especialmente favorecido pelo processo de globalização, como o atestam o sucesso de alguns Estados e as estatísticas que revelam pequenas melhorias da situação, que seriam atribuíveis àquele processo.

Só que, como lucidamente, sustentou AMARTYA SEN[321], a apreciação dos resultados da globalização não pode ser feita simplesmente na perspectiva de saber se todas as partes ganham qualquer coisa com o processo, mas sim na de determinar se a distribuição dos ganhos é equitativa[322].

É certo que alguns autores puderam também encontrar outras razões de optimismo no processo de globalização, sustentando que este abriu o caminho para sociedades mais justas[323].

Mas se não faltou quem visse no processo de globalização a panaceia para o problema do desenvolvimento económico, não se pode ignorar que ela forneceu também importantes argumentos aos autores menos optimistas quanto aos resultados automáticos de tal processo.

A globalização económica foi, de facto, acompanhada de um conhecimento muito mais amplo da realidade das diferentes sociedades e, em especial, dos dramas com que são confrontados os países menos desenvolvidos. Esse factor veio a determinar uma maior intensidade na tentativa de fundamentar a ajuda ao desenvolvimento em concepções de justiça, ao trazer para o centro das atenções o problema das disparidades no nível de desenvolvimento económico, fazendo com que o debate ganhasse um novo vigor junto das opiniões públicas e fosse acompanhado de expressões es-

---

[321] «Dieci Punti sulla Globalizzazione», in *Globalizzazione e Libertà*, tradução italiana, Milano, Mondadori, 2002, p. 6.

[322] Vd., no entanto, uma defesa empenhada dos benefícios da globalização para os países mais pobres em JOÃO CARLOS ESPADA, MIGUEL MORGADO, HUGO CHELO, *Riqueza e Pobreza*, Lisboa, Principia, 2002. Também JOÃO CARLOS ESPADA, «Riqueza e Pobreza», in a. a. v. v. *A Globalização, o Desenvolvimento e a Ética*, Lisboa, ACEGE, 2002, pp. 75 e segs.. Uma visão mais cuidadosa é a de DIOGO LUCENA, «Globalização e Ética», *idem*, pp. 87 e segs..

[323] Como, por exemplo, MANUELA FERREIRA LEITE, «Globalização, Desenvolvimento e Ética», in *A Globalização, o Desenvolvimento e a Ética*, cit., p. 40, ao escrever que "... a globalização também reflecte a consolidação de princípios democráticos porque conduz a uma crescente abertura das sociedades, à procura da partilha de soluções, à adopção de modelos organizativos mais justos, respondendo a uma crescente exigência da qualidade de vida, não só ao nível económico, mas também no plano da cidadania".

pecialmente violentas de contestação, ao mesmo tempo que se criavam condições para transferir a discussão sobre a problemática da justiça social do plano nacional para o internacional e para a necessidade de criação de uma resposta supranacional para essas questões.

Pertinentemente, WALTER TRUETT ANDERSON[324] pôde escrever: "já sabemos que vivemos numa sociedade de informação; ainda não descobrimos que vivemos num planeta de informação. Um planeta de informação é bastante diferente em vários aspectos da Terra que conhecemos no passado: tem um novo conjunto de mecanismos de realimentação; o funcionamento de todos os seus ecossistemas é cada vez mais influenciado pelo pensamento e pela acção humana; e tem tendência para gerar exigências de novas leis e regulamentos que funcionem à escala global".

A percepção de que existe um importante conjunto de interdependências obriga, pelo menos, a colocar a hipótese da existência de um interesse mundial geral e a partir dele de uma sociedade mundial que daria expressão a esse interesse[325].

É certo que mesmo entre os defensores da necessidade de responder a essa crescente interdependência, com a adopção de regras jurídicas válidas universalmente, não deixa de existir quem pense que a economia é um problema diferente, uma vez que a mundialização se traduziria precisamente numa glorificação do mercado, entendido como resposta e substituto para as regras jurídicas[326].

Num certo sentido, poderá dizer-se que a transposição do problema económico para o centro das relações económicas internacionais prolonga um processo iniciado há vários séculos, quando os descobrimentos vieram pôr em contacto diferentes povos e culturas através de um percurso extremamente atormentado que, como escreve EURICO FIGUEIREDO, "... originou uma acumulação de experiência que conduziu a que a noção de humanidade e igualdade entre os homens se tornasse culturalmente dominante"[327].

---

[324] «O Planeta da Informação e a Política Global de Risco», in Fundação Calouste Gulbenkian, *Globalização, Desenvolvimento e Equidade*, Lisboa, Dom Quixote, 2001, pp. 193 e segs..

[325] M. MAHMOUD MOHAMED SALAH, *Les Contradictions du Droit Mondialisé*, Paris, PUF, 2002, p. 150.

[326] Sobre a pretensa contraposição entre regras jurídicas e mercado, vd. EDUARDO PAZ FERREIRA, *Direito da Economia*, Lisboa, AAFDL, 2001, pp. 23 e segs..

[327] *Angústia Ecológica e o Futuro*, Lisboa, Gradiva, 1993, p. 97.

JEAN MARIE DOMENACH sublinha, no entanto, de modo especialmente impressivo as consequências que daí resultaram para os povos empenhados na colonização, escrevendo "... as nações ocidentais erraram ao impor a sua superioridade cultural para colonizar os povos "indígenas". O resultado foi que os arrastaram para uma aventura comum, que traz a marca da racionalidade histórica e da aventura técnica. De boa ou má vontade, todos os povos do Mundo meteram-se em movimento e encaram agora o seu desenvolvimento na perspectiva de um progresso cujos conceitos e instrumentos lhes foram transmitidos pela cultura ocidental. Poderão, então, os países industrializados recusar a sua responsabilidade em relação àqueles a quem deram a possibilidade e, numa certa medida, impuseram a obrigação de seguir o seu caminho? O pensamento ocidental sob pena de se negar deve aceitar as consequências da universalidade que ele próprio não parou de reclamar..."[328].

Curiosamente, é ainda a essa ideia de reforço da adesão a padrões civilizacionais comuns que a OCDE vai buscar argumentos no sentido de defender o reforço da cooperação para o desenvolvimento[329].

Seria todavia mistificador defender que esse primeiro processo de globalização se tenha traduzido numa preocupação de desenvolvimento e de afirmação de direitos universais, processo que ainda teria de aguardar alguns séculos[330]. Na colonização foi, de facto, evidente que cada potência colonial estava especialmente interessada na afirmação dos seus próprios interesses e na criação de zonas de influência exclusiva.

De qualquer forma, importa recordar que as relações internacionais são tradicionalmente dominadas por considerações pragmáticas[331], ligadas à ideia de afirmação do poder e do interesse próprio de cada Estado.

Na medida em que não era possível encontrar na comunidade internacional uma sociedade politicamente organizada e dotada do necessário poder de coacção para impor as suas decisões, foi fácil o desenvolvimento

---

[328] *Ob. cit.*, p. 5.

[329] Cfr. *Supra.*

[330] Recorde-se, a propósito, a apreciação de PERROUX, *Ensaio sobre a Filosofia do Novo Desenvolvimento*, cit., p. 273, ao afirmar que "o Ocidente foi, no conjunto, um colonizador sem grandes escrúpulos; não tirou partido da sua superioridade militar e económica para instruir os colonizados na sua ciência e nas suas técnicas e dar a elites seleccionadas *por estes* os meios de operar progressivamente a modernização *de sua escolha*".

[331] Para uma síntese desta problemática, vd. MARSHALL COHEN, «Moral Skepticism and International Relations», in CHARLES BEITZ e outros (orgs), *International Ethics,* New Jersey, Princeton University Press, p. 3.

de uma linha de argumentação de inspiração hobesiana, que contestava a existência de quaisquer direitos ou deveres entre os autores dessa comunidade internacional[332].

Tais concepções têm vindo a ser crescentemente postas em crise com a afirmação de um direito de ingerência que, num primeiro momento, se tem orientado sobretudo para a protecção dos direitos individuais, entendidos em sentido tradicional, mas cuja lógica determina a sua extensão ao campo dos direitos económicos e sociais.

De facto, como já sustentamos com apoio na obra de HENRY SHUE[333], o direito à liberdade, à segurança e à subsistência são **direitos básicos**, que condicionam o exercício de quaisquer outros, pelo que a relações económicas internacionais deles se não podem desinteressar, ou optar por privilegiar uns em detrimento dos outros.

Num quadro de liberalização geral das trocas, que se traduz numa inevitável aproximação dos povos, é impossível não encontrar uma nova actualidade na ideia de KANT de que as relações económicas internacionais são necessariamente um campo para o desenvolvimento de uma nova moralidade[334].

As relações económicas internacionais correspondem a um campo onde se tem vindo progressivamente a criar regras e regras acompanhadas de formas efectivas de coacção, ainda que haja que admitir que nem sempre se avançou no sentido de proteger o esforço de desenvolvimento económico, antes reflectindo tais regras o actual equilíbrio de forças, com os países mais desenvolvidos a imporem as soluções que lhes são mais favoráveis.

Mas, se na prática das relações internacionais é difícil encontrar uma expressão clara no sentido da definição de uma prioridade dada ao desenvolvimento económico, também não se pode ignorar as dificuldades da própria reflexão teórica sobre esta matéria.

FIONA ROBISON[335], lucidamente, alerta para que as relações entre a filosofia moral e a análise sobre o desenvolvimento económico são muitas vezes difíceis, com economistas e filósofos a olharem-se com profunda

---

[332] Por todos, ver BERNARD BOSANQUET, *The Philosophical Theory of State*, London, MacMillan, 1958, pp. 325 e segs..

[333] *Basic Rights. Subsistence, Affluence and U.S. Foreign Policy*, cit..

[334] Em especial em *A Paz Perpétua e Outros Opúsculos*, Lisboa, Edições 70, 1975.

[335] FIONA ROBISON, «Beyond Rights and Duties: Building Attachments and Focusing Moral Attention on World Poverty», in SARA OWEN VANDERLUIS AND PARIS YEROS (orgs.), *Poverty in World Politics*, Mac Millan, St. Martin's Press, 2000, p. 35.

O desenvolvimento como imperativo ético

desconfiança. Certo é, contudo, que se trata de uma área em que crescentemente os filósofos têm vindo a empenhar-se, de harmonia com a concepção de que se não podem desinteressar da construção de sociedades justas[336], sendo de assinalar, de algum modo, o papel pioneiro desempenhado por PETER SINGER[337].

De qualquer forma, com razão, CHARLES BEITZ, um autor cuja importância nesta matéria será devidamente sublinhada, comentava em 1999[338] que, nos últimos vinte anos, o tema da justiça distributiva internacional se tinha transformado, passando de um tópico de interesse de um número restrito de académicos para uma matéria de grande legitimação académica e clara importância prática.

Ainda assim, os estudos de relações internacionais continuam a ser largamente dominados pela problemática das grandes potências, ignorando dois terços da humanidade[339] e a temática do desenvolvimento tende a perder o espaço que chegou a ganhar no domínio do direito internacional económico[340].

2. Desenvolvimento e justiça nas relações económicas internacionais

A busca de novas concepções de justiça no plano das relações internacionais correspondeu, por um lado, à transposição das discussões a que se assistiu nas últimas décadas do século passado, por obra sobretudo da moderna filosofia e ciência política anglo-saxónica sobre os conceitos de justiça que fundamentam as sociedades[341] e, por outro, ao peso da influência da doutrina social da Igreja e de economistas e filósofos de raiz

---

[336] Ou, como escreve M. A. SINACEUR, «O Desenvolvimento para Quê?», prefácio a FRANÇOIS PERROUX, *Ensaio sobre a Filosofia do Novo Desenvolvimento*, cit., p. 11: "E o filósofo? Que papel pode desempenhar hoje? Apenas o do homem que, apesar dos riscos num domínio em que os actos e as ideias sofrem os limites dos egoísmos e das ideologias, procura fazer valer o mérito esclarecedor dos esforços do pensamento".

[337] Em especial através do alerta constante de «Philosophers Are Back to Job Again», *New York Times Review Magazine*, 7 de Julho de 1974.

[338] «Social and Cosmopolitan Liberalism», *International Affairs*, 75, 3 (1999), p. 515.

[339] Vd. As críticas a esta situação em JULIAN SAURIN, «Globalisation, Poverty and the Promises of Modernity», in *Poverty in World Politics*, cit., pp. 204 e segs..

[340] Vd., por exemplo, o manual de ASIF QURESHI, *International Economic Law*, cit..

[341] Para uma visão de síntese dos aspectos mais importantes deste debate, vd. SERGE CHRISTOPHE KOLM, *Modern Theories of Justice*, Massachusetts, MIT Press, 1996.

personalista, como François Perroux ou Jean Marie Dommenach, autores de importantíssimas reflexões que tiveram, no entanto, um menor eco nos *fora* internacionais.

Recorde-se, no entanto, que este debate foi largamente antecipado por Kant no seu ensaio sobre a *Paz Perpetua*[342], no qual, partindo embora do princípio de que um Estado Mundial seria uma utopia, avançou, ainda assim, com a ideia de propor uma espécie de contrato social geral, à escala dos povos, em que as diversas vontades nacionais se uniriam livremente para construir as bases do comércio internacional, criando assim um direito de cidadania mundial que seria condição prévia para que todos os cidadãos pudessem levar uma vida pacifica e livre de ameaças.

Ao longo das últimas décadas foram várias as concepções que procuraram responder à interrogação sobre a existência de uma obrigação moral de ajuda ao desenvolvimento.

A diversidade das aproximações teóricas à matéria do desenvolvimento económico é claramente demonstrada pela circunstância de, mesmo entre os autores que se reivindicam das modernas concepções de liberalismo político, ser possível distinguir, recorrendo à terminologia de Charles Beitz[343], entre os que adoptam uma visão de "liberalismo cosmopolita" e os que se mantêm numa posição de "liberalismo social", de que seria exemplar a posição de John Rawls[344].

No essencial, a separação entre essas duas grandes correntes de pensamento assenta na circunstância de a primeira partir da ideia de que é possível um contrato social universal dominado por valores de justiça, em que comungam todos os intervenientes, enquanto que a segunda considera que a justiça é um problema que, inicialmente, se debate nas fronteiras de cada Estado e que, só num segundo momento e através da intervenção dos poderes políticos organizados, pode ser transposta para o plano internacional.

É ainda possível encontrar posições minoritárias de autores que, como Amartya Sen, esboçam uma terceira via, procurando responder às exigências de justiça internacional a partir de pressupostos não contratualistas.

---

[342] *Ob.cit..*

[343] «Social and Cosmopolitan Liberalism», *International Affairs*, 75 (1999), pp. 524-525.

[344] Para uma crítica das duas orientações, que prefere aliás designar por concepção *global* e concepção *internacional* de justiça, vd. Rainer Forst, «Towards a Critical Theory of Transnational Justice», in Tomas Pogge (org,), *Global Justice*, cit., pp. 169 e segs..

O desenvolvimento como imperativo ético 119

No entanto, é necessário registar que as posições fundamentais que se confrontam em matéria de fundamentação da exigência de justiça começam por arrancar de um ponto comum – a teoria da justiça de RAWLS[345] –, à qual os autores que se inserem na corrente que se pode designar por "liberalismo cosmopolita" foram buscar a grelha fundamental de trabalho para a extensão deste debate ao plano internacional.

Da mesma forma, é de sublinhar a dificuldade com que se confronta JOHN RAWLS – o maior expoente do liberalismo político e das concepções contratualistas de justiça – na transposição das suas concepções de justiça interna para o plano internacional.

É certo que se não podem esquecer as dificuldades com que se defrontam as concepções "cosmopolitas", na medida em que a sua lógica, se levada às últimas consequências, apontaria no sentido da criação de um governo mundial único, passo que nem esses autores consideram desejável, em face dos riscos de uma solução totalitária ou da ineficiência que essa solução poderia gerar.

A concentração de poderes numa só entidade seria seguramente uma solução que tornaria mais difícil levar em consideração as particularidades e necessidades nacionais e que contraria as modernas tendências para aproximar a decisão dos seus beneficiários, bem expressa na importância crescente do principio da subsidiariedade introduzido no próprio Tratado da Comunidade Europeia[346].

Na ausência dessa solução e em face das múltiplas dificuldades com que se têm confrontado as Nações Unidas neste domínio, a ultrapassagem do quadro nacional enfrenta as barreiras relacionadas com a possibilidade de garantir os mecanismos de justiça distributiva implícitos na tarefa do desenvolvimento económico.

É, no entanto, de registar a crescente passagem desta problemática para o plano internacional, bem evidenciada no aumento dos mecanismos

---

[345] Essencialmente desenvolvida em *A Theory of Justice*, Harvard University Press, 1971, da qual existe tradução portuguesa da autoria de CARLOS PINTO CORREIA, *Uma Teoria da Justiça*, Lisboa, Presença, 1993, e depois sintetizada e reformulada em *Justice as Fairness. A Restatement*, Harvard University Press, 2001.

[346] A este propósito, vd. FAUSTO DE QUADROS, *O Princípio da Subsidiariedade no Direito Comunitário após o Tratado da União Europeia*, Coimbra, Almedina, 1995, RUTE GIL SARAIVA, *Sobre o Princípio da Subsidiariedade: Génese, Evolução, Interpretação e Aplicação*, Lisboa, AAFDL, 2001, MARIA DO ROSÁRIO VILHENA, *O Princípio da Subsidiariedade no Direito Comunitário*, Coimbra, Almedina, 2002 e, por último, MARGARIDA SALEMA D'OLIVEIRA MARTINS, *O Princípio da Subsidiariedade em Perspectiva Jurídico-Política*, Coimbra, Coimbra Editora, 2003.

120 *Valores e Interesses*

de cooperação entre os Estados, com relevo para os processos de integração económica[347], a tentativa de revisão das regras de funcionamento das instituições económicas internacionais[348] e até a emergência de novos actores não estatais como as Organizações Não Governamentais (ONGs)[349] ou as empresas multinacionais[350].

São, em qualquer caso, patentes as dificuldades em conseguir transformar a actuação desse conjunto de agentes – alguns dos quais escapam deliberadamente às regras do direito estatal – numa acção articulada para a promoção do desenvolvimento e para a prossecução de objectivos de justiça redistributiva.

Uma atenção singular deve ser prestada, neste contexto, às empresas multinacionais, que nunca dispuseram de tanta força como a que lhes foi assegurada pelo processo de globalização e contra as quais os governos se apresentam hoje praticamente desarmados, num processo que concita as mais vivas críticas, particularmente pelo que envolve de subalternização do poder democraticamente estabelecido a organizações motivadas unicamente pela procura de lucro e sem necessidade nem possibilidade de qualquer controlo democrático[351].

Já quanto às ONGS as principais questões que se têm colocado situam-se no plano da sua inserção nos processos de desenvolvimento económico e da sua capacidade para representarem emanações de uma sociedade civil mais viva e actuante.

Ainda assim, não falta quem, como FREDERICO MAYOR[352], continue a

---

[347] A este propósito, ver na bibliografia portuguesa os excelentes estudos de PAULO PITTA E CUNHA (por último, *Integração Europeia: Estudos de Economia Política e de Direito Comunitário*, Lisboa, INCM, 1993 e *A Integração Europeia no Dobrar do Século*, Coimbra, Almedina, 2003) e de MANUEL PORTO (por todos, *Teoria da Integração e Políticas Comunitárias*, 3.ª edição, Coimbra, Almedina, 2001).

[348] Veja-se a alusão feita no texto do Consenso de *Monterrey*.

[349] Para uma primeira aproximação à problemática das ONG'S, vd. RUI PEDRO PAULA DE MATOS, *AS ONG(D) e a Crise do Estado Soberano*, Lisboa, Universidade Lusíada Editora, 2001.

[350] A este propósito, vd. o conjunto de estudos incluidos em JEFFREY FRIEDEN e DAVID LAKE (ORGS.), *Internatinal Political Economy. Perspectives on Global Power and Wealth*, London e New York, Routledge, 2000, pp. 145 e segs. e, em especial, o de DAVID FIELDHOUSE, «"A New Imperial System"? The Role of the Multinational Corporations Reconsidered», pp. 167 e segs..

[351] Nesse sentido, ROBERT KUTTNER, «The Role of Governments in the Global Economy», in WILL HUTTON E ANTHONY GIDDENS (orgs.), *Global Capitalism*, New York, The New Press, 2000, pp. 147-163.

[352] FREDERICO MAYOR, «Desenvolvimento Endógeno...», cit., p. 96.

O *desenvolvimento como imperativo ético* 121

manifestar optimismo quanto às virtualidades das Nações Unidas, como única instituição em que estão representados todos os Estados – para actuar neste domínio – o que o leva a olhar com preocupação para todas as tentativas de marginalizar aquela Organização.

Mas, quaisquer que sejam as dificuldades com que se defronta esta corrente na concretização dos mecanismos de justiça, não podem ser minimizados os problemas de coerência lógica com que são confrontados os autores que, como RAWLS, restringem, pelo menos num primeiro momento, as preocupações com a justiça ao plano interno, colocando-se numa posição de recusa de olhar para o "inferno no exterior" e sobre ele reflectir.

3. John Rawls. Da Teoria da Justiça à Lei dos Povos

Foi já referenciada a importância da obra de JOHN RAWLS como ponto de partida para os mais interessantes debates sobre a justiça distributiva no plano internacional, mas importa alertar para que, nesta, como em tantas outras matérias[353], o autor não hesitou em reformular as suas posições iniciais, avançando para outras substancialmente distintas, ainda que sem dar o passo que permitiria integrá-lo na corrente que designámos por "liberalismo cosmopolita".

Para a compreensão dos termos deste debate é necessário recordar sumariamente as duas condições apresentadas por RAWLS para que uma sociedade possa ser considerada justa: a primeira, é a de que todas as pessoas disponham dos mesmos direitos e liberdades e a segunda, a de que qualquer tratamento económico desfavorável só seja aceite se beneficiar os mais desfavorecidos.

Dentro da visão contratualista de RAWLS, estes seriam os pontos que permitiriam a todos os membros de uma determinada sociedade porem-se de acordo, se tivessem de decidir colocados atrás de um véu de ignorância que lhes não permitiria saber em que classe social iriam nascer, nem quando iriam viver.

RAWLS encara, no entanto, o problema da justiça como sendo um problema intrinsecamente interno, que se coloca entre as pessoas que se situam em determinado espaço geográfico, delimitado por fronteiras e entre as quais existe um sentimento de pertença a uma mesma comunidade. Esta

---

[353] Vd., por exemplo, *Justice as Fairness. A Restatement*, cit. e, anteriormente, o prefácio expressamente escrito para a tradução portuguesa.

122   *Valores e Interesses*

comunidade formaria o que se poderia entender ser uma sociedade cooperativa empenhada no progresso. O próprio filósofo ressalva, aliás, que não é sua intenção abordar, salvo de forma ocasional, a justiça no direito internacional público e nas relações entre Estados[354].

De facto, na *Teoria da Justiça*, RAWLS admite a possibilidade de estender o estudo sobre a justiça às relações internacionais, mas fá-lo de forma acidental e apenas para discutir a questão das condições em que uma guerra poderia ser justa.

Nesse caso, RAWLS vai construir uma espécie de contrato social de segundo grau, substituindo os participantes no contrato inicial que – no caso da justiça a nível interno seriam todos os cidadãos – por representantes dos Estados que, em sua opinião, não explicada de forma muito pormenorizada, apenas estariam disponíveis para aceitar um contrato que envolvesse, no essencial, os princípios que se foram firmando no domínio do direito público internacional tais como o *pacta sunt servanda*, a autodeterminação, ou a legítima defesa.

Esta explicitação confronta-nos com uma profunda diferença entre a posição fortemente inovadora de RAWLS no plano da justiça interna e aquilo que podemos considerar uma visão essencialmente conservadora no domínio das relações internacionais, na medida em que o contrato, a estabelecer entre os representantes das diferentes nações, teria na sua base essencialmente princípios pacificamente aceites no direito internacional[355].

Na realidade, a construção de RAWLS desinteressa-se, de alguma forma, da circunstância de vivermos num mundo em que existem muitas sociedades injustas, porventura em resultado da consideração de que vivemos num mundo não ideal e de que não é possível sustentar a existência de laços tão fortes entre as várias comunidades organizadas em Estados como no interior das fronteiras nacionais.

A isso poderá, logo em primeira linha, opor-se o facto de, muitas vezes, as fronteiras nacionais serem produtos meramente artificiais de acontecimentos históricos, que não asseguram qualquer sentimento de pertença comum a uma mesma comunidade, antes atestando a injustiça de uma ordem internacional imposta aos países mais desfavorecidos[356].

---

[354] RAWLS, *Uma Teoria da Justiça*, tradução portuguesa, cit., p. 30.

[355] Vd. JOÃO LOPES ALVES, "Relações internacionais e Justiça (sobre "The Law of Peoples" de John Rawls)" in *Estudos Jurídicos e Económicos em Homenagem ao Professor João Lumbretes,* FDUL, Coimbra, Coimbra Editora, 2000, pp. 253-267.

[356] Com razão, DAVID LUBAN, «Just War and Human Rights», in *International Ethics,* cit., pp. 207-208, sustenta que as fronteiras artificiais foram impostas duas vezes

O desenvolvimento como imperativo ético

Não se poderá, por outro lado, ignorar que a intensificação das trocas económicas criou um pano de fundo profundamente diferente daquele que existia no momento em que RAWLS escreveu a *Teoria da Justiça*, da mesma forma que não podem ser esquecidas as múltiplas ligações que, a nível profissional, académico ou religioso, para apenas dar alguns exemplos, se vão estabelecendo com uma força que, muitas vezes, ultrapassa a da própria sensação de diferença em resultado da pertença a diferentes nacionalidades.

Mas, sobretudo e levando em consideração o elevado grau de abstracção subjacente à construção do "véu da ignorância" não se pode deixar de concordar com BRIAN BARRY quando claramente se interroga sobre as razões que podem levar a que um princípio que parece totalmente adequado a responder às questões de justiça em geral, seja transposto para o plano internacional com a introdução de ponderações de natureza muito diversa das que estavam presentes na construção da Teoria da Justiça[357].

De facto, impõe-se reconhecer que aquilo que na *Teoria da Justiça* RAWLS está disposto a conceder no domínio das relações internacionais é bem pouco para quem tanto e tão bem se preocupou com os problemas de uma sociedade justa e não admira, por isso, que este tenha sido um dos pontos que esteve na origem de uma das grandes frentes de crítica à obra[358], por vezes apresentadas sob a forma de desafio a que o autor repensasse a sua posição, o que veio a suceder, ainda que de forma também não isenta de críticas.

Num primeiro momento, RAWLS viria a enfrentar a questão de forma algo tímida, numa conferência integrada nas *Oxford Amnesty Lectures 1993*[359], pondo em relevo a importância dos direitos humanos, como forma de atingir o objectivo de conseguir pôr de pé instituições liberais e decentes.

As novas observações colocadas a este texto, designadamente por THOMAS POGGE[360] – um dos seus mais importantes estudiosos e divulga-

---

aos países do terceiro mundo: uma primeira vez através do jogo das potências coloniais e uma segunda em resultado do equilíbrio de forças resultante da Guerra Fria.

[357] *Theories of Justice*, volume 1, de *A Treatise on Social Justice*, University of California Press, 1989, p. 189.

[358] Vd., entre outras, as de CHARLES BEITZ e THOMMAS POGGE, especialmente referenciadas no texto subsequente e de BRIAN BARRY, *ob. cit.* e, ainda, *The Liberal Theory of Justice*, Oxford, Clarendon Press, pp. 128 e segs, e, de THOMAS SCANLON, «Rawls' Theory of Justice», in *University of Pensylvania Law Review*, 121 (1975), n.º 5, pp. 1066 e segs. Para um resumo destas posições, Cfr. ROBERT AMDUR, «Rawls' Theory of Justice: Domestic and International Perspectives», *World Politics*, 29 (1977), n.º 3, pp.. 438 e segs..

[359] «The Law of Peoples», in STEPHEN SHUTE E SUSAN HURLEY (orgs) *On Human Rights*, New York, Basic Books, 1995.

[360] «An Egalitarian Law of Peoples», in *Philosophy and Public Affairs*, volume 23 (1994), n.º 3, pp. 199 e segs..

124 *Valores e Interesses*

dores – terão levado o autor a, numa nova versão da mesma conferência, publicada em 1999[361] e profundamente revista, encarar mais desenvolvidamente o problema da justiça no plano internacional, prolongando e revendo a referência quase acidental da *Teoria*.

Na sua obra final, RAWLS marca, assim, claramente o seu desejo de se ocupar da justiça no plano internacional e das condições que seria necessário reunir para viver numa sociedade razoavelmente justa, e quaisquer que sejam as reservas à construção que empreende, não deixa de impressionar o facto de concluir a reflexão com uma frase bem ilustrativa da sua enorme preocupação com esta temática: "se não é possível a existência de uma sociedade de Povos razoavelmente justa, cujos membros subordinem o seu poder a finalidades razoáveis e se os seres humanos são em larga medida amorais, se não incuravelmente cínicos e auto-centrados, então podemos interrogar-nos com Kant se vale a pena aos seres humanos viverem nesta terra"[362].

Na *Lei dos Povos*, RAWLS continua a partir daquilo que ele próprio reconhece serem os princípios de relacionamento tradicionais entre os Estados ou, como prefere, os povos[363], enumerados da seguinte forma:

1. Os povos são livres e independentes e a sua liberdade e independência devem ser respeitadas pelos outros povos;

2. Os povos devem respeitar os tratados e convenções;

3. Os povos são iguais e partes nos acordos que os vinculam;

4. Os povos devem respeitar um dever de não intervenção;

5. Os povos têm o direito de legitima defesa, mas não devem fomentar guerras por razões que não sejam de legitima defesa;

6. Os povos devem respeitar os direitos humanos;

7. Os povos devem observar certas restrições específicas na condução da guerra;

8. Os povos têm um dever de apoiar outros povos que vivam em condições desfavoráveis que os impeçam de ter um regime político e social decente.

Preliminarmente, importa sublinhar que o autor deixou de fazer apelo a uma lei que regeria as relações entre os Estados, para antes falar numa lei dos povos, o que exclui parcialmente algumas críticas antes referenciadas.

---

[361] *The Law of the Peoples with "The Idea of Public Reason Revisited"*, Harvard University Press, 1999.

[362] *Idem*, p. 128.

[363] Vd. A explicação dada pelo próprio autor, pp. 23-27.

Com efeito, a ideia de povos parece mais ampla do que a de Estados ou até a de nações, na medida em que, à consideração da existência de um povo não basta que exista um Estado politicamente organizado e dotado de uma Constituição democrática, sendo necessário que as comunidades que nele se integram tenham "simpatias comuns" e uma natureza moral. Esta asserção, permitindo compreender num só povo diversas etnias, exclui as situações em que a uma delas tenham sido impostos os valores de outra, construção rica de consequências, designadamente no plano do direito internacional e da defesa dos direitos do homem.

A revisão do pensamento da RAWLS é importante, quer pelo ênfase que vem colocar na defesa intransigente dos direitos humanos, quer por admitir um dever de auxílio aos povos que vivam em condições desfavoráveis, aproximando-se de uma abordagem da problemática do desenvolvimento próxima da de AMARTYA SEN. Porém, nem por isso se pode deixar de pensar que o professor de Harvard não foi tão longe quanto se poderia esperar, em especial ao recusar-se a transpor a questão do desenvolvimento para o plano da justiça redistributiva.

De qualquer forma, impõe-se referir que são introduzidos dois novos princípios – os enunciados em 7 e 8 – no que poderia ser o contrato social entre os diferentes Estados, cujo conteúdo representa uma inovação significativa no que parece ter sido o esforço de RAWLS para conseguir uma construção mais coerente e justa para as sociedades modernas[364], ou, como o próprio afirma, no prefácio, "o culminar das minhas reflexões sobre como podem cidadãos razoáveis e povos viver em conjunto pacificamente num mundo justo"[365].

A enorme importância e influência de RAWLS nos debates contemporâneos sobre a justiça justifica, no entanto, que se prolongue um pouco esta apreciação, com vista a precisar com mais exactidão o seu pensamento, uma vez que, ainda que se o não considere totalmente satisfatório, ele introduz, como sempre, aspectos de grande criatividade e profundo desafio intelectual.

Na base do pensamento de RAWLS está a recusa absoluta em considerar que se possa colocar um problema de justiça redistributiva a nível das relações entre os Estados, a par com a admissão de que existem obrigações de certos Estados para com outros, mas com uma natureza diversa.

---

[364] E esse sentido não deixou de ser devidamente assinalado, mesmo pelos seus próprios críticos como CHARLES BEITZ, «Rawl's Law of Peoples», *Ethics* 110 (Julho de 2000), pp. 669 e segs..

[365] P. VI.

Fundamental para essa construção é a distinção entre as sociedades bem ordenadas, *well-ordered peoples* [366] e as sociedades oneradas, *burdened societies*, sendo estas caracterizadas por falta de tradições culturais e politicas e pela necessidade de organizar melhor o capital humano e os recursos materiais e tecnológicos. Daqui resultaria uma obrigação para as "sociedades bem ordenadas" de assistir as "sociedades oneradas", por forma a fazê-las reentrar no universo das "bens ordenadas", obrigação que, no entanto, cessaria aí e não teria consequências no nível de riqueza das sociedades que, na perspectiva de RAWLS, não deve ser igual, nem sequer tendencialmente.

Na sua perspectiva, uma sociedade com recursos relativamente escassos pode ser uma sociedade bem ordenada, desde que " ... as suas tradições, políticas, lei, propriedade e estrutura de classes, bem como as subjacentes cultura e crenças religiosas e morais sejam de modo a sustentar uma sociedade liberal ou decente"[367].

RAWLS apoia a sua recusa de qualquer obrigação em matéria de distribuição de riqueza no plano internacional no paralelo com o conceito de poupança justa que utiliza no plano interno, o qual assenta num princípio de que não existe qualquer dever de prosseguir ilimitadamente um aumento generalizado de riqueza, mas apenas de conseguir níveis de rendimento que permitam uma vida justa a todos os cidadãos e o estabelecimento de instituições adequadas.

Sempre em resposta a críticas formuladas, RAWLS é explícito em negar a possibilidade de um contrato social entre Estados ou povos, com consequências no plano da justiça distributiva, possibilidade em que o filósofo antecipa o risco da impossibilidade de imposição de limites à obrigação de redistribuição, com a criação de um tendencial igualitarismo, que considera indefensável dentro dos pressupostos da teoria de justiça que defende.

A tanto acresceria a circunstância de se lhe afigurar que muitas vezes as grandes catástrofes humanas se ficariam a dever não tanto à falta de meios, mas sobretudo à inexistência de instituições capazes

---

[366] Conceito a que RAWLS vinha fazendo apelo desde a Teoria da Justiça e que desenvolveu e reviu em *Political Liberalism, with a New Introduction and the "Reply to Habermas"*, Columbia University Press, 1996, pp. 35 e segs., caracterizando-a como uma sociedade onde todos aceitam e sabem que os restantes aceitam os mesmos princípios de justiça, onde existem instituições sociais e políticas que são comummente entendidas como correspondendo àquele princípio e onde existe uma acordo quanto àquilo que deve ser exigido dessas instituições.

[367] *The Law of the Peoples*, cit., p. 106.

de lidarem com os problemas de forma justa e de procederem a uma afectação correcta de recursos.

Em crítica directa às posições de POGGE e BEITZ, que teremos ocasião de analisar, de seguida, RAWLS assume que a diferença da sua posição reside em não se preocupar com o bem-estar dos indivíduos, mas com a justiça das sociedades, contrariamente àqueles autores e justifica-se com a consideração de que cada sociedade dispõe das suficientes capacidades humanas para concretizar instituições justas, nada justificando a preocupação com a redução das desigualdades com outros Estados.

Outro argumento importante avançado por RAWLS é o de que a admissão de considerações de justiça redistributiva entre os povos, permitiria a certas sociedades beneficiarem do esforço de outras, sem desenvolverem elas próprias qualquer esforço. Essa argumentação é, no entanto, incongruente com a construção contratualista interna, que pode levar aos mesmos resultados ou, pelo menos, originar o mesmo tipo de críticas.

Este será, todavia, o ponto mais frágil da construção de RAWLS, confrontável com uma dualidade de critérios, porquanto o contrato social interno seria feito com total desinteresse dos cidadãos (assegurado pelo véu de ignorância), enquanto que o contrato regulador das relações entre nações seria feito na base de interesses concretos.

No fundo, o que perpassa naquela construção é o profundo cepticismo de RAWLS quanto à possibilidade de pessoas que não pertencem à mesma comunidade sentirem a necessidade de um contrato social, receio que estende aliás, ao próprio dever assistencial que sustenta existir por parte das sociedades bem ordenadas.

A cooperação recíproca para o benefício comum que, de alguma forma, estaria subjacente à construção da sociedade justa de RAWLS, não existiria aqui, falecendo, assim, um dos pressupostos justificativos da adesão de todos os membros a um contrato social com estas características.

Reconheça-se, aliás, que o profundo grau de abstracção que está associado à concepção do "véu de ignorância" seria substancialmente complicado pela circunstância de, nesse debate constituinte, figurarem pessoas provenientes de sociedades e culturas profundamente diferentes, o que seguramente dificultaria ainda mais a obtenção de consensos.

De crucial importância para o aprofundamento desta questão foi o contributo de autores, como CHARLES BEITZ e THOMAS POGGE que, usando a mesma grelha teórica, empreenderam a sua transposição para o plano internacional num esforço de construção que, embora sempre rejeitado por RAWLS, se afigura muito estimulante e se insere dentro daquilo que

AMARTYA SEN designa por "grande universalismo", em contraposição aos "particularismos nacionais"[368].

4. O liberalismo cosmopolita

As posições que normalmente se agrupam sob a designação de "liberalismo cosmopolista" são, como já foi referido, fortemente tributárias do pensamento de RAWLS, podendo, da mesma forma, encontrar-se aqui alguma revisão e sofisticação das reivindicações feitas pelos países não alinhados, em especial na década de setenta.

O aspecto essencial em que este grupo de teóricos se afasta do autor da *Teoria da Justiça* relaciona-se com a afirmação da necessidade de ponderação da questão da justiça redistributiva a nível internacional, o que, como já vimos, decorreria, na sua perspectiva, da simples extensão do contrato social teorizado por RAWLS.

Ao rever criticamente o pensamento de RAWLS, CHARLES BEITZ, escrevendo em 1979[369], partia da verificação feita na *Declaração para o Estabelecimento de uma Nova Ordem Económica Internacional*[370] de que a "cooperação internacional para o desenvolvimento é um objectivo partilhado e um dever comum de todos os povos", para se indagar sobre se seria possível passar das declarações retóricas para um fundamentação sólida desse dever, em tempos em que o desenvolvimento das relações internacionais tem como consequência a crescente semelhança da comunidade internacional com uma sociedade doméstica.

São dois os fundamentos essenciais da construção de BEITZ: o primeiro respeita à propriedade dos recursos naturais e o segundo aos aspectos globais de justiça distributiva.

Pelo que toca ao primeiro, BEITZ aproxima-se das tradicionais posições dos países menos desenvolvidos, sustentando que a desigual distribuição de recursos humanos é um dado de partida totalmente arbitrário e independente dos méritos de cada um, para concluir que nenhum princípio de justiça coerente com o pensamento de RAWLS permitiria defender esta situação.

---

[368] «Global Justice Beyond International Equity», in INGE KAUL, ISABELLE GRINBERG E MARC STERN (orgs.), *Global Public Goods*, p.118.

[369] *Political Theory and International Relations*, New Jersey, Princeton University Press.

[370] Aprovada pela Assembleia Geral das Nações Unidas em 1 de Maio de 1974 (Resolução n.º 3201 (S-VI).

O *desenvolvimento como imperativo ético* 129

Este ponto de vista, que se pensaria incontroverso e apenas questionável numa perspectiva técnica – na medida em que se torna difícil montar mecanismos de redistribuição e fixar os limites até onde poderão ir – tem vindo a ser contestado na base da ideia de que mais importante do que a redistribuição de riqueza é a organização social e política[371].

Essa linha de contestação alega, por um lado, com os escassos resultados – em termos de bem estar das respectivas sociedades – decorrentes da existência de petróleo em Estados árabes e, por outro, com o sucesso económico de países como o Japão, com condições naturais extremamente desfavorecidas[372].

Simultaneamente e como argumento substancial, adianta com a circunstância de esse acréscimo de recursos financeiros disponíveis apenas ir contribuir para o aumento da burocracia ou para a manutenção de situações de corrupção e má-governação.

Trata-se do tipo de objecções a que POGGE[373] deu um resposta interessante, ao sugerir um imposto sobre os recursos globais, "global ressources tax", ou GRT, que partiria da ideia de que existe uma propriedade plena de cada Estado sobre os recursos naturais nele situados e que, a não serem utilizados, não seriam objecto de qualquer forma de tributação, mas que, uma vez que se optasse pela sua exploração própria ou alheia, dariam origem ao pagamento de um tributo destinado aos países mais pobres e que funcionaria como uma compensação pela desigual repartição dos recursos naturais[374].

Na proposta de POGGE, essa transferência de riqueza não implicaria a criação adicional de burocracia, na medida em que as receitas recolhidas pelos próprios governos dos Estados seriam distribuídas directamente, em função dos índices de desenvolvimento, pelos Estados mais pobres.

POGGE admite, no entanto, a possibilidade de, no caso de os governos destes Estados serem comprovadamente corruptos, poder haver lugar à canalização de fundos através das agências internacionais[375].

---

[371] Vd. supra, as posições de JOHN RAWLS.

[372] A obra de referência é a de DAVID S. LANDES, *A Riqueza e a Pobreza das Nações*, cit.

[373] «An Egalitarian Law of Peoples», cit., pp. 199 e segs..

[374] Mais recentemente POGGE voltou a sistematizar e defender a ideia em «Erradicating Systemic Poverty: Brief for a Global Resources Dividend», in *World Poverty and Human Rights*, Oxford, Polity Press, 2002, pp. 196 e segs..

[375] «An Egalitarian…», cit., p. 202.

Independentemente da apreciação dos diversos problemas técnicos que se colocariam a uma solução deste tipo, parece claro que ela ajudaria a resolver os problemas da desigualdade na distribuição de recursos, viabilizando aos países menos desenvolvidos a manutenção de um nível adequado de despesa pública ou de incentivos fiscais ao desenvolvimento, permitindo uma melhor educação e saúde e a criação de melhores infra-estruturas.

Mas, porventura ainda mais importante do que o debate sobre a titularidade dos recursos, é o segundo aspecto discutido por BEITZ e retomado e aprofundado por POGGE, ou seja, o da aplicação do princípio da justiça distributiva, tal como teorizado por RAWLS, às relações internacionais[376].

Em finais da década de setenta, BEITZ podia já apresentar o desenvolvimento das trocas e a formação de um mercado único como uma situação que determinara uma grande interdependência entre os Estados e acarretara proveitos acrescidos para os mais ricos, em detrimento dos mais pobres.

Do processo de internacionalização e interdependência das economias teriam resultado, na opinião de BEITZ, dois tipos de ónus para as sociedades mais desfavorecidas: um primeiro, que tem a ver com a impossibilidade dos governos nacionais controlarem as economias internas, que sofrem os impactos de fenómenos económicos registados noutros pontos do Mundo e um segundo, que se prende com o facto de essa evolução ter facilitado muitas vezes a colocação no poder de governos sem preocupações de justiça distributiva, que favoreceram modelos neo-liberais puros.

Desta interdependência resulta um conjunto de interacções sociais muito diferentes das que existiriam se as economias fossem autárcicas, o que determina que, não se estendendo as considerações de justiça distributiva ao plano internacional, alguns Estados contribuirão para que outros possam beneficiar de regimes justos, sem conhecerem, em contrapartida, qualquer benefício.

Essa caracterização importaria necessariamente uma desvalorização do peso atribuído por RAWLS às fronteiras nacionais, que não marcariam o limite das obrigações sociais, obrigando a que o véu de ignorância fosse construído levando em consideração a existência de um mundo interdependente.

---

[376] POGGE vem trabalhando o tema desde *Realizing Rawls*, Ithaca and London, Cornell University Press, 1989.

Se parece claro que BEITZ e POGGE continuam a considerar que existe um problema de justiça distributiva a nível global, que ultrapassa as fronteiras de cada Estado, não deixa de ser interessante verificar que, recentemente, o último destes autores empreendeu uma outra aproximação ao problema, susceptível de auxiliar a ultrapassagem de uma controvérsia teórica que pode ser paralisante do auxílio internacional.

Num artigo mais recente[377], POGGE abandona a grelha de raciocínio teórico de RAWLS, em que vinha anteriormente trabalhando e vem demonstrar, de forma especialmente viva, a impossibilidade de se falar em desenvolvimento humano, *human flourishing*, sem levar em conta as dimensões internacionais desta problemática.

É que, como recorda o autor, as instituições sociais podem ter reflexos profundos sobre pessoas não presentes, bastando evocar o exemplo da política económica e monetária dos Estados Unidos que, através do seu impacto no investimento interno, nos fluxos comerciais, nos preços dos bens nos mercados e nas taxas de juro, afectam a vida de praticamente toda a gente no planeta, o que torna impossível averiguar da justiça de cada sociedade em concreto, uma vez que a situação dos seus membros é profundamente afectada por decisões em que não tem qualquer participação.

De resto, também as decisões tomadas a nível das principais instituições económicas têm um efeito paralelo e que inviabiliza o esforço de uma apreciação isolada de cada sociedade, exigindo, pelo contrário, a formulação de um conceito de justiça universal, que nos permita avaliar, no conjunto, as várias instituições que afectam as diferentes vidas.

Em relação aos textos anteriores, a inflexão mais significativa no trabalho de POGGE é, contudo, a centralidade que vem atribuir às pessoas individualmente consideradas, contrariamente ao que sucedia anteriormente, quando encarava esta problemática especialmente na perspectiva das relações entre Estados.

Naturalmente que a formulação de um conceito universal de justiça não é imune às acusações de paternalismo que, de resto, sempre acompanharam as políticas de desenvolvimento e que POGGE não ignora, mas a que responde com a afirmação de que este conceito universal tem de ser concebido em termos de permitir uma ampla autonomia das culturas e tradições que pode integrar no seu âmbito e com a verificação de que a au-

---

[377] «Human Flourishing and Universal Justice», in ELLEN FRANKEL PAUL, FRED MILLER, JR E JEFFREY PAUL (orgs.), *Human Flourishing*, Cambridge University Press, 1999, pp. 333 e segs..

sência de qualquer estratégia que passe por escolhas (e logo pela acusação de paternalismo) conduziria, na prática, a uma situação de paralisia e injustiça.

POGGE chega, aliás, a uma definição muito ampla e abstracta do que poderia ser esse conceito de justiça, fazendo-o corresponder à ideia de que todas as pessoas dispõem dos bens de que necessitam para desenvolver e concretizar uma concepção pessoal e ética de uma vida digna de ser vivida.

Dentro daquilo que parece resultar numa reformulação da sua posição inicial, POGGE caracterizaria essa situação de justiça por apenas incluir bens que fossem absolutamente necessários para permitir a realização pessoal, por a garantia da sua utilização estar limitada por uma parcela minimamente adequada, por apenas estar em causa o acesso aos bens e não a própria detenção e por a identificação desses bens poder ser feita por uma forma probabilística.

O conceito de justiça universal, entendido nestes termos, torna-se necessariamente bastante mais aceitável para os que, como RAWLS, criticavam a ideia de aplicação de princípios de justiça distributiva às relações internacionais, por entenderem que ela implicaria que nunca existiria um limite nem um momento de inversão de políticas.

Da mesma forma, são afastados os receios de quantos pensariam que a formulação de um conceito de justiça universal implicaria a criação de um governo mundial, utopia para que manifestamente as sociedades não estão preparadas e que, como sublinha FRANCOIS PERROUX, poderia ser tão brutal e violento como o Estado Nacional[378].

Num texto mais recente[379], POGGE viria, ainda, a questionar a circunstância de se ter criado um conjunto de regras económicas internacionais que claramente desfavorecem os países menos desenvolvidos, integrando entre as obrigações da comunidade internacional para com esses países a da correcção dessa base institucional.

Também BEITZ tem vindo a desenvolver e reajustar a sua posição, quer numa série de artigos[380], quer no posfácio à segunda edição de *Political Theory and International Relations*[381].

---

[378] *Ensaio sobre a Filosofia*, cit., p. 297.

[379] «Priorities of Global Justice», in THOMAS POGGE (org.) *Global Justice*, Oxford, Blackwell Publishers, 2001, pp. 6 e segs..

[380] «Social and Cosmopolitan Liberalism», *International Affairs*, volume 75 (1999), 3, pp. 515 e segs. e «Rawl's Law of Peoples», cit..

[381] 2.ª edição, Princeton University Press, 1999.

O *desenvolvimento como imperativo ético* 133

No essencial, BEITZ vem reafirmar a posição assumida inicialmente e responder a críticas que lhe tinham sido dirigidas por autores como BRIAN BARRY – que tinham defendido que o desenvolvimento do comércio internacional não era suficiente para sustentar a identidade entre a comunidade internacional e as comunidades internas – recordando que a evolução mais recente, com a supressão de quase todas as barreiras a todos os tipos de trocas económicas, tem como contraponto a criação de mecanismos de regulação internacional e o aparecimento, ou reforço, de organizações internacionais, cujas decisões se impõem a todos os Estados.

Essa evolução levaria a que se pudesse considerar que mesmo a exigência de reciprocidade, a que alguns autores pretendiam condicionar a aceitação de formas de justiça redistributiva a nível internacional, se começaria a verificar, com o aparecimento de *bens públicos* utilizados por toda a comunidade internacional.

Não se poderá, de resto, esquecer que, mesmo entre os entusiastas da globalização, se tem vindo a afirmar uma corrente no sentido de uma re--regulação dos mercados financeiros, em face da verificação de que a desregulação em nada beneficiou as populações mais desfavorecidas[382].

BEITZ vem, em qualquer caso, contestar vivamente a exigência de reciprocidade, como sendo um pressuposto de aplicação da grelha rawlsiana, que assentaria apenas numa concepção ideal do mundo ou, pelo menos, de cada sociedade isolada.

Dois outros importantes argumentos contra a existência de um dever de justiça distributiva a nível mundial, que se colocaram no centro de alguns dos mais interessantes e politizados debates dos últimos anos, são enfrentados e respondidos por BEITZ. O primeiro é o que se reporta à existência de governos corruptos, que justificariam a não concretização de qualquer forma de ajuda e o segundo, à prioridade que deve ser concedida à protecção dos interesses dos nacionais.

Em relação ao primeiro destes argumentos, que tem estado na origem de importantes tentativas para condicionar as formas de auxílio económico, BEITZ, pertinentemente, alega que ele é estranho ao debate. Trata-se de uma circunstância que pode, efectivamente, determinar a suspensão de qualquer forma de ajuda, mas que não tem reflexo na concepção moral subjacente. Dir-se-ia, aliás, na linha de pensamento de RAWLS, que isso

---

[382] Veja-se, por exemplo, JEFF FAUX e LARRY MISHEL, «Inequality and the Global Economy», in WILL HUTTON E ANTHONY GIDDENS (orgs.), *Global Capitalism*, cit., pp. 93 e segs..

apenas significaria que "as sociedades bem organizadas" têm o dever de procurar pôr cobro a essa situação e fazer a sociedade oprimida por um poder corrupto reentrar no concerto das nações "bem organizadas".

O segundo argumento corresponde à afirmação de que, em situações de crise, os nacionais de um determinado Estado, ainda que já mais favorecidos em relação aos de outros Estados, teriam sempre "prioridade" na prossecução de uma solução para os problemas existentes.

É uma posição que terá sido avançada pela primeira vez por Sidwick há mais de um século, sob a forma de defesa do estabelecimento de limites às quotas de emigração e que tem sido retomada frequentemente, no discurso político populista, por vezes com formulações mais sofisticadas[383].

Mais uma vez, para Beitz, se estará fora do âmbito de considerações centradas numa dada concepção moral. A opção de princípios de natureza marcadamente política, resultará de uma sensação dos governos nacionais de que estão obrigados perante os cidadãos que os escolheram e aos quais, independentemente de qualquer consideração de justiça, terão de conceder prioridade.

De qualquer modo, Peter Singer já tinha assinalado que a proximidade ou a distância não eram factores a ter em consideração nesta problemática, uma vez que se aceite um qualquer princípio de justiça universal e imparcial[384].

5. Outras posições

Se é certo que a busca de uma fundamentação ética para o desenvolvimento económico entre filósofos e economistas tendeu a estruturar-se basicamente entre os dois tipos de posições que temos vindo a analisar, não se pode deixar de registar outras tentativas de resposta ao mesmo problema.

Estas envolvem um conjunto de autores de inspirações muito diversas, mas que, de algum modo, vieram trazer para o centro da argumentação algumas ideias que apareciam de forma marginal nos estudos de Beitz

---

[383] Para a descrição e crítica dessas posições, vd. Henry Shue, *Basic Rights: Subsistence, Affluence and U.S. Foreign Policy*, cit., págs 132 e segs..

[384] «Famine, Affluence and Morality», cit., p. 250.

e POGGE ou se encontravam mais ou menos implícitas nos textos das encíclicas ou nas obras por elas inspiradas.

As soluções identificadas abdicam da controvérsia no plano mais filosófico e abstracto, em benefício do recurso a respostas derivadas da própria evolução das relações económicas internacionais, partindo sempre da recusa da transposição automática do problema da justiça distributiva da sociedade interna para a comunidade internacional, ainda que sem negar o fundamento ético do auxílio ao desenvolvimento.

É o caso, por exemplo, de STÉPHANE CHAUVIER, que contesta a utilidade ou possibilidade de transpor as questões da justiça distributiva para o plano mundial, desenvolvendo e afinando alguns argumentos avançados por RAWLS, mas chegando a resultados muito mais efectivos no plano da cooperação para o desenvolvimento[385].

Como ponto de partida na sua construção, STÉPHANE CHAUVIER acentua a impossibilidade de não levar em consideração as obrigações de cada Estado, no sentido não só de firmar uma ordem constitucional liberal, mas também de construir soluções de justiça social, dissolvidas no contexto das obrigações mais vastas resultantes de um contrato universal que não levasse em consideração a existência de Estados e a ligação entre eles e os seus cidadãos.

Por oposição aos indivíduos em situação de necessidade que se encontrariam numa posição de "nudez", determinante da necessidade de entrar em cooperação com os outros para resolver os seus problemas básicos, os Estados disporiam sempre de alguns meios, o que os levaria a entrar em sistemas de cooperação, mas através da negociação dos pontos que para eles seriam importantes, podendo a sua situação ser definida como de responsabilidade.

Naturalmente que essa possibilidade não esqueceria a existência de pontos de partida desiguais, resultantes de factores históricos ou de distintas distribuições de recursos naturais, o que levaria a que o acordo que os Estados estariam dispostos a negociar assentasse nos seguintes pontos fundamentais:

– definição de um conjunto de regras de aplicação da lei dos povos que consagrasse um direito de intervenção e assegurasse que os Estados disporiam do apoio mínimo para assegurar um nível de vida decente para as populações;

---

[385] «Justice and Nakedness», in THOMAS POGGE (org.), *Global Justice*, cit., pp. 91 e segs. e, mais pormenorizadamente, em *Justice Internationale et Securité*, Nimes, 1999.

– constituição de um conjunto de instituições susceptíveis de assegurar o acesso aos recursos naturais, criando um mecanismo de mercado que permitisse compensações financeiras pela sua não utilização;

– aprovação de um conjunto de regras processuais relativas à organização de voto, conduzindo à revisão dos normativos reguladores das actuais regras do comércio internacional.

Também INGE KAUL, ISABELLE GRUNBERG e MARC STERN preconizam uma aproximação semelhante a esta, ao defenderem a necessidade de crescentemente ser assegurada a produção de bens públicos globais, entendidos como única resposta para os problemas derivados da internacionalização[386].

Partindo da verificação de que a internacionalização produz diversos males, os autores preconizam o desenvolvimento de bens públicos que funcionassem como contrapartida.

A introdução da noção bens públicos globais está longe de ser fácil, antes sendo confrontada com problemas resultantes da própria divisão do mundo em grupos com interesses e poderes muito diversos entre si, assim como com a circunstância de os seus potenciais beneficiários serem não apenas Estados, mas grupos sócio-económicos (por exemplo, os dos pobres e os dos ricos) ou até gerações.

Essa circunstância levaria, na opinião daqueles autores, a mitigar em muito a diferença entre bens públicos puros e impuros, dado que dificilmente se poderia encontrar bens que servissem simultaneamente todos os interessados, havendo assim que considerar no mesmo plano dos bens públicos puros aqueles que logrem abranger um largo número de beneficiários.

Na construção desses autores, os bens públicos globais distinguir-se-iam em duas categorias fundamentais: **os bens públicos finais**, que poderiam ser tangíveis, tais como o ambiente ou a herança comum da humanidade ou intangíveis, como a paz e a segurança financeira e os **bens públicos instrumentais**, como os regimes que contribuem para a provisão dos bens finais.

Nesse contexto, o desenvolvimento económico apareceria como um bem em parte público em parte privado, num contexto em que a justiça in-

---

[386] «Defining Global Public Goods», in INGE KAUL, ISABELLE GRUNBERG E MARC STERN (orgs.), *Global Public Goods. International Cooperation in the 21st Century*, cit..

O desenvolvimento como imperativo ético 137

ternacional poderia ser identificada como um bem público de que beneficiariam Estados, grupos sócio-económicos e gerações.

Trata-se de uma construção sedutora, que representa um esforço significativo para responder a problemas novos colocados pelo processo de globalização, utilizando instrumentos e terminologias tradicionais das finanças públicas, mas que multiplica as dúvidas que se colocam já a propósito dos bens públicos nacionais.

Entre estas dúvidas, haverá que citar necessariamente a questão da revelação das preferências, que nos remete, de novo, para a problemática fundamental de como construir um conceito de justiça aceitável universalmente, para a definição dos responsáveis pelas provisão destes bens e para a separação entre os bens que se deveriam situar a nível nacional, regional ou universal.

O próprio AMARTYA SEN veio introduzir um novo ângulo de análise desta questão, ao desenvolver a aproximação que designa por *plural affiliation* e que se poderia tentar traduzir por "fidelidades diversas"[387].

No essencial, SEN parte da recusa das posições universalistas, de que, no entanto, se considera mais próximo, por as considerar excessivamente ambiciosas e destituídas de aplicação prática, considerada a inexistência de uma entidade com capacidade para tornar efectiva essa forma de justiça, assim como das que assentam na sobreposição das justiças nacionais, que reputa de separatistas e restritivas.

A terceira via desenhada por SEN para justificar o aparecimento de uma moral com expressão para além das fronteiras é, então, a que resulta da circunstância de a internacionalização ter determinado que grupos crescentes de cidadãos de diferentes países estabeleçam entre si laços resultantes da pertença a uma mesma profissão, filiação religiosa ou política, que determinam formas de solidariedade que vão gerando o aparecimento de muitas concepções parcelares de justiça, com uma validade supra--nacional.

Da mesma forma, a vivência de organizações como a UNICEF, o PNUD ou a OIT acaba por desenvolver uma cultura própria e bastante distinta dos governos, que corresponde a mais uma afirmação de uma concepção de justiça no plano internacional.

Se é certo que estas diferentes contribuições não conseguem fundamentar uma exigência de justiça universal, têm a vantagem de avançar por

---

[387] *Globalizzazione e Liberta*, cit., pp. 32 e segs e «Global Justice: Beyond International Equity», in *Global Public Goods*, cit., pp. 116 e segs..

138   *Valores e Interesses*

um caminho menos abstracto e em que é possível encontrar já a expressão concreta de certas formas de cooperação internacional para a criação de uma sociedade mais justa.

A via apontada por SEN constitui mais uma contribuição no difícil percurso de estabelecimento de formas de legitimação para as questões da justiça a nível internacional, mas, isoladamente, não reúne potencialidades que a habilitem a responder a todos os problemas que o debate suscita.

Muito especialmente, é provável que este tipo de aproximação deixasse marginalizados aqueles que, na própria perspectiva de SEN, são os principais destinatários do desenvolvimento – os mais desfavorecidos – mantidos, por regra, bastante à margem dos processos de aproximação entre grupos de diferentes nações.

6. Desenvolvimento e Doutrina Social da Igreja

A tentativa de fundamentar o auxílio ao desenvolvimento como expressão do cumprimento de um dever ético vai-se encontrar também nas diversas confissões religiosas[388], com natural relevo para a doutrina social da Igreja Católica.

Por um lado, trata-se de uma posição compreensível em face do esforço tradicionalmente desenvolvido nesse domínio por diversas instituições ligadas à Igreja Católica e da sua importância em muitos países em desenvolvimento.

Por outro lado, um aspecto especialmente significativo da doutrina social da Igreja consiste em levar em conta não apenas o dever de solidariedade social, mas também o da justiça social, com a consequente obrigação de denúncia, de todas as situações de injustiça, como foi acentuado por AMÉRICO TAIPA DE CARVALHO[389].

Ora, essa denúncia das situações de injustiça não se podia restringir ao nível nacional, impondo-se a sua ponderação igualmente a nível internacional.

Na concepção do auxílio ao desenvolvimento como um dever que ultrapassa as fronteiras e integra uma ideia de justiça universal importa sublinhar a importância das posições assumidas pela Igreja Católica, sobre-

---

[388] Vd. JEAN MARIE DOMENACH, *Aide au Développement...*, cit., pp. 13 e segs..

[389] *Pessoa Humana – Direito – Estado – e Desenvolvimento Económico (Estado-de--Direito Social e Doutrina Social da Igreja)*, Coimbra Editora, 1991, pp. 30 e segs..

tudo, a partir do pontificado de JOÃO XXIII que, logo em 1961[390], definiu o princípio de que é "um dever que incumbe a todos os homens o bom emprego do tempo que lhes é dado para agir a favor da paz, da civilização e do autêntico progresso"[391].

O mesmo Sumo Pontífice desenvolveria esta ideia na encíclica *Pacem in Terris*[392], ao proclamar que "os Estados têm direito à existência, ao desenvolvimento, a disporem dos recursos necessários para este fim, e a desempenharem o papel preponderante na sua realização. Os Estados têm igualmente direito ao bom-nome e à devida estima. Simultaneamente, pois, incumbe aos Estados o dever de respeitar eficazmente cada um destes direitos, e de evitar todo e qualquer acto que os possa violar. Assim como nas relações individuais, não podem as pessoas ir ao encontro dos próprios interesses com prejuízo dos outros, do mesmo modo não pode uma nação, sem incorrer em grave delito, procurar o próprio desenvolvimento tratando injustamente ou oprimindo as demais".

Numa encíclica em relação à qual foram muitas vezes acentuados sobretudo os aspectos relacionados com a justiça social interna, não pode deixar de se sublinhar que, entre os aspectos positivos assinalados pelo Papa JOÃO XXIII, figura o esforço das nações mais pobres para alcançarem um grau de desenvolvimento económico que proporcione a todos cidadãos um nível de vida mais consentâneo com a dignidade de pessoas[393].

Em qualquer caso, os aspectos porventura mais impressivos da encíclica ligam-se à afirmação da existência de um "bem comum universal" e à verificação de que, em face das profundas transformações nas relações de "convivência humana", os Estados deixaram de dispor de condições para assegurar aquele desiderato, impondo-se a procura de soluções no plano internacional.

---

[390] Para uma apreciação genérica desta matéria e do seu enquadramento histórico, vd. RAUL MOREIRA RATO, *A Igreja e o Terceiro Mundo*, separata de *Estudos Políticos e Sociais*, vol. XIV, n.° 1-2 (1986).

[391] Citado em JEAN CHEVALIER, *A Política do Vaticano*, tradução portuguesa, Lisboa, Início, 1970, p. 25.

[392] Tradução portuguesa in PETER STILWELL (org.), *Caminhos da Justiça e da Paz. Doutrina Social da Igreja. Documentos de 1891 a 1991*, Lisboa, Rei dos Livros, 2002, 4.ª edição, pp.215 e segs..

[393] Como assinala SEDAS NUNES, num texto que, aliás, se insere na corrente de dar maior relevo aos aspectos internos, «"Pacem in Terris" no Diálogo das Ideologias», *Análise Social*, n.° 4, volume I, 1963, pp. 561 e segs. Ver, também, do mesmo SEDAS NUNES, para uma apreciação histórica, *Princípios de Doutrina Social*, Lisboa, Logos, 1958.

Daqui resulta a afirmação de que "é a própria ordem moral que exige a instituição de alguma forma de autoridade pública universal". Para João XXIII, tal forma de autoridade só poderia, no entanto, ser instituída por acordo entre todas as partes envolvidas, sob risco de se tornar um instrumento de opressão.

Num texto de impressionante modernidade, alerta-se, ainda, na encíclica, para que a criação de condições favoráveis ao bem comum universal tem como objectivo fundamental o respeito pelos direitos do homem e para que esse processo se deve desenvolver com respeito pelo princípio da subsidiariedade, que implica que seja potenciado o papel das organizações intermédias, mais próximas de cada cidadão.

Seria, no entanto, a encíclica *Populorum Progressio*, o documento que enfrentaria de forma central a questão do desenvolvimento económico, num texto que François Perroux não hesitou em classificar como um dos mais importantes da história humana, qualificando-a como encíclica da ressurreição, capaz de selar de forma soberana a aliança dos mais importantes universalismos: o do Decálogo, o do Evangelho e o da Declaração dos Direitos do Homem[394].

A encíclica aponta para uma concepção global do desenvolvimento que está totalmente em linha com as orientações hoje dominantes nesta matéria e, nesse sentido, pode concordar-se com Afonso Oliveira Martins, quando sustenta que a *Populorum Progressio* antecipou e contribuiu para uma renovação na ordem temporal que se vem desenvolvendo desde a década de 70[395].

Um dos aspectos mais significativos que vamos encontrar na doutrina social da Igreja, a este propósito, é a recusa de uma perspectiva meramente economicista, escrevendo-se na *Populorum Progressio* que "o desenvolvimento não se reduz a um simples crescimento económico. Para ser autêntico, deve ser integral, quer dizer, promover todos os homens e o homem todo"[396].

Porventura, a mensagem mais emblemática que ficou da encíclica foi a de que o desenvolvimento é o novo nome da paz, expressa com um es-

---

[394] *Le Pain et la Parole*, cit., pp. 281 e segs..

[395] «A Encíclica Populorum Progressio e o Direito ao Desenvolvimento Integral do Homem», *Estado e Direito*, vol. I, n.º 1 (1987-88), p. 68.

[396] Vd., a este propósito, Rogério Roque Amaro, «Crescimento Económico e Desenvolvimento», in Centro de Estudos Sócio-Pastorais, *Questões Sociais, Desenvolvimento e Política*, Lisboa, Universidade Católica, 1994, pp. 195 e segs..

O desenvolvimento como imperativo ético 141

pecial vigor num contexto em que PAULO VI considera que "combater a miséria e lutar contra a injustiça, é promover não só o bem estar mas também o progresso humano e espiritual de todos e, portanto, o bem comum da humanidade. A paz não se reduz a uma ausência de guerra, fruto do equilíbrio sempre precário das forças. Constrói-se dia a dia, na busca de uma ordem querida por Deus, que traz consigo uma justiça mais perfeita entre os homens"[397].

Constituem, ainda, traços distintivos desta encíclica o vivo apoio dado às Nações Unidas[398] e ao reforço da sua autoridade, por forma a poder funcionar como instituição internacional apta ao estabelecimento de uma ordem mais justa, bem como a formulação da proposta de criação de um fundo mundial, sustentado por uma parte das despesas militares, a par com a apresentação de toda uma série de propostas técnicas para lutar contra o sub-desenvolvimento.

Do ponto de vista que agora nos interessa, releva especialmente a afirmação, sustentada na evocação da encíclica *Gaudium Spes*, de que o dever de solidariedade é o mesmo tanto para as pessoas como para os povos e a afirmação de que "se é normal que uma população seja a primeira a beneficiar dos dons que a Providência lhe concedeu como fruto do seu trabalho é também certo que nenhum povo tem o direito de reservar as riquezas para seu uso exclusivo. Cada povo deve produzir mais e melhor para dar aos seus um nível de vida verdadeiramente humano e, ao mesmo tempo, contribuir para o desenvolvimento solidário da humanidade".

Estava, assim, constituído um corpo sólido de reflexão sobre o desenvolvimento por parte da Igreja Católica que, depois, viria a conhecer desenvolvimentos extremados[399] e a determinar um empenhamento muito vivo na problemática social e política dos países menos desenvolvidos[400].

---

[397] Texto português in PETER STIWELL,(org.), *Caminhos da Justiça e da Paz*, cit., pp. 399 e segs..

[398] RAUL MOREIRA RATO, *A Igreja e o Terceiro Mundo*, cit, p. 233, considera que "não admira que a Igreja defenda tão calorosamente a acção das Nações Unidas, pois estas defendem alguns dos princípios que lhe são mais caros, como sejam os direitos da pessoa humana e a defesa da sua dignidade".

[399] Como o da Teologia da Libertação que encontra os seus vultos maiores em LEONARDO BOFF, CLODOVIS BOFF e GUSTAVO GUTIERREZ, defensores de posições que viriam a ser criticadas no documento da Congregação da Doutrina da Fé, *Instruções sobre alguns Aspectos da "Teologia da Libertação"*, 1984. De entre a extensa bibliografia dos teólogos da Libertação, recorde-se LEONARDO BOFF e CLÓVIS BOFF, *Como Fazer Teologia da Libertação*, Petrópolis, Vozes, 1993 e GUSTAVO GUTIÈRREZ, *Teologia da Libertação*, Petrópolis, Vozes, 1985.

[400] Recorde-se a figura carismática de Dom HÉLDER CÂMARA e a sua denúncia das

Haverá que reter, em síntese, como momento mais significativo desse corpo de reflexão, a afirmação inequívoca de um direito à solidariedade e a conciliação dos valores individuais da liberdade e da responsabilidade com os valores comunitários.

Com especial felicidade Simões Lopes escreveu, a propósito deste último aspecto, "quando deixamos a pessoa e passamos ao conjunto social, não se modifica o conteúdo dos conceitos. A harmonia e o equilíbrio no processo de crescimento devem do mesmo modo verificar-se, com a certeza de que, para além dos aspectos quantitativos, que de maneira expressiva podem ser referenciados pelo crescimento, existem aspectos qualitativos que os controlam ou deveriam controlar: *é o carácter moral, ético, do próprio processo de crescimento* que está em causa, para assegurar que aspectos de equilíbrio que têm a ver com a justiça, com a liberdade, com a dignidade da pessoa humana, com a estima e a auto-estima são salvaguardados e valorizados no processo social, para que se possa falar de desenvolvimento; é a imposição dos aspectos qualitativos sobre os quantitativos, a consideração dos elementos de natureza cultural e espiritual sobre os de natureza material"[401].

Decorridos 20 anos sobre a publicação da *Populorum Progressio*, João Paulo II desenvolveria a sua própria reflexão sobre a matéria, numa linha de continuidade assumida na encíclica *Solicitudo Rei Socialis*[402], que vai prolongar a concepção do desenvolvimento como um processo de libertação humana e espiritual, ainda que sem deixar de se preocupar com as condições concretas de bem-estar das populações.

Com Jacinto Nunes[403], importa sublinhar que, apesar de toda a revisão do pensamento económico sobre a intervenção estadual, João Paulo II se vai manter fiel à defesa do desenvolvimento económico.

A nova encíclica afirma um duplo objectivo de continuidade e renovação, sublinhando, quanto a este último desiderato, a necessidade de introduzir novas propostas que correspondessem às alterações entretanto verificadas.

---

atrocidades da ditadura militar brasileira, assim como o seu empenho na preparação do Concílio de Vaticano II, em defesa dos pobres. Vd., a este propósito, Márcio Moreira Alves, *A Igreja e a Política no Brasil*, Lisboa, Sá da Costa, 1978 e a terceira carta pastoral do arcebispo Romero de São Salvador, *Political Organization and Violence*, tradução inglesa do Institute for International Relations, London, 1980.

[401] «Políticas de Desenvolvimento», in *Questões Sociais, Desenvolvimento e Política*, cit., p. 209.

[402] Texto português in *Caminhos da Justiça e da Paz. Doutrina Social da Igreja*, cit., pp. 648 e segs..

[403] «A Igreja e o Desenvolvimento Económico», in *Temas Económicos*, cit., p. 288.

Reteremos da encíclica alguns pontos especialmente significativos, na dupla perspectiva da continuidade e da renovação.

Um primeiro e particularmente elucidativo prende-se com a verificação de que as disparidades entre o Norte e o Sul – terminologia expressamente conservada, apesar de algumas reservas colocadas – se avolumaram, o que impõe responsabilidades às nações desenvolvidas e às instituições económicas, financeiras e sociais.

Coerentemente, afirma-se, então, que "sendo assim, deveria parecer óbvio que o desenvolvimento ou se torna *comum* a todas as partes do mundo ou sofrerá um *processo de regressão* mesmo nas zonas caracterizadas por um constante progresso".

Depois de reafirmar a recusa das concepções economicistas e quantitativistas do desenvolvimento económico, o Santo Padre não hesita em afirmar que "a obrigação de trabalhar pelo desenvolvimento dos povos não é só um dever *individual*, nem menos ainda *individualista*, como se fosse possível realizá-lo unicamente com os esforços isolados de cada um. É um imperativo para todos e cada um dos homens e das mulheres e também para as sociedades e as nações".

Assumindo que se trata de um processo em que as interdependências são manifestas, conclui que "a colaboração para o desenvolvimento da pessoa toda e de todas as pessoas é, efectivamente um dever de todos para com todos e, ao mesmo tempo, há-de ser comum às quatro partes do Mundo: Este e Oeste, Norte e Sul; ou, para usar o termo hoje em voga, aos diversos "mundos". Se, pelo contrário, se procurar realizá-lo numa só parte, ou num só mundo, isto far-se-á à custa dos demais; e onde tal sucede, precisamente porque os outros são ignorados, hipertrofia-se e perverte-se".

Um dos aspectos mais impressivos da encíclica, até pelo que revela de aproximação à teologia da libertação, anteriormente condenada pela Santa Sé[404], é a referência às estruturas do pecado.

De facto, JoÃo PAULO II não hesita em considerar que "... é preciso acentuar que um mundo dividido em blocos. Mantidos por doutrinas rígidas, onde, em lugar da interdependência e da solidariedade, dominam diversas formas de império das paixões, não pode deixar de ser um mundo submetido a "estruturas de pecado". O conjunto dos factores negativos que agem em sentido contrário a uma verdadeira consciência do *bem comum*

---

[404] Nesse sentido, PETER STILWELL, *Caminhos da Justiça e da Paz..*, cit., pp. 641-642.

144 *Valores e Interesses*

universal e à exigência de o favorecer, dá a impressão de criar, nas pessoas e nas instituições, um obstáculo difícil de superar".

Anos mais tarde, na encíclica *Centessimus Annus*, muito dominada pelos acontecimentos de 1989 e virada para as nações do antigo bloco soviético, JOÃO PAULO II não deixou de se interessar com a evolução nos países do terceiro mundo, sendo especialmente de reter a preocupação com a evolução futura, bem expressa no ponto 43, em que, após colocar a questão de saber se o sistema capitalista é o modelo a seguir, o papa afirma:

> "... Se por "capitalismo" se indica um sistema económico que reconhece o papel fundamental e positivo da empresa, do mercado, da propriedade privada e da consequente responsabilidade pelos meios de produção, da livre criatividade humana no sector da economia, a resposta é certamente positiva, embora talvez fosse mais apropriado falar de "economia de empresa", ou de "economia de mercado", ou simplesmente de "economia livre". Mas se por "capitalismo" se entende um sistema onde a liberdade no sector da economia não está enquadrada num sólido contexto jurídico que a coloque ao serviço da liberdade humana integral e a considere como uma particular dimensão desta liberdade, cujo centro seja ético e religioso, então a resposta é sem dúvida negativa".

A actualização e reafirmação das preocupações da Igreja com o desenvolvimento económico constituem aspectos da maior importância na consolidação do pensamento da Igreja Católica nessa matéria.

Para além de outras importantes questões que as encíclicas papais vieram pôr em relevo, com destaque para a necessidade de uma resposta internacional ao problema do desenvolvimento, a atribuição de um papel central à pessoa, no processo de desenvolvimento, é um aspecto absolutamente fulcral e que permite fundar de um modo especialmente sólido a exigência de desenvolvimento em considerações éticas.

O desenvolvimento económico insere-se, então, como observa JEAN MARIE DOMENACH[405], num texto que constitui uma das mais importantes contribuições para consolidar a exigência moral desta problemática – na linha de progresso da humanidade que se foi afirmando pela crescente extensão de direitos e de uma situação de bem estar ao maior número de pessoas.

---

[405] *Aide au Développement*, cit.

7. A ajuda ao desenvolvimento como expressão de uma obrigação ética universal

A longa digressão que fizemos sobre a fundamentação do dever de auxílio ao desenvolvimento, que nos levou ao encontro de alguns dos mais importantes textos de reflexão sobre a matéria, não nos deve iludir quanto à possibilidade de convergências em torno do tema, que mantém um carácter profundamente polémico, não faltando quem, em vez da defesa dos valores como vectores determinantes da cooperação internacional para o desenvolvimento, apenas veja interesses.

Como JEAN MARIE DOMENACH sublinhou, muitas das posições em defesa do auxílio ao desenvolvimento surgem, aliás, como prolongamento das antigas reflexões sobre as relações entre os pobres e os ricos, dominadas pela lógica de que a esmola é devida, ou de que certas formas de reparação são igualmente justificáveis ou, finalmente, de que os ricos devem prevenir a violência dos pobres[406].

Sem negar a utilidade pontual de algumas dessas ideias, parece mais importante do que nunca afirmar a natureza ética da obrigação de desenvolvimento, num momento em que a afirmação de um mundo unipolar pode contribuir para que apenas considerações de oportunidade prevaleçam, reforçando a discriminação e o tratamento diferenciado entre os vários Estados.

Se é certo que a obrigação de ajuda teve a sua origem na divisão do mundo entre países ricos e países pobres, ela não pode ficar prisioneira dessa origem, sendo necessário ancorá-la num dever superior e comum que é o do desenvolvimento mundial. A percepção da necessidade dessa inflexão foi lucidamente assinalada por JEAN MARIE DOMENACH[407], num período histórico muito diverso.

O desenvolvimento é uma questão prévia às próprias relações internacionais, que só podem sedimentar-se seguramente se esse problema se resolver. Mais ainda, o desenvolvimento é a única forma de criarmos sociedades mais justas, que poderemos transmitir às gerações futuras com a consciência de termos desempenhado o nosso papel no progresso da humanidade, tarefa que deixou de ser possível (se é que alguma vez o foi) levar a cabo apenas dentro das fronteiras nacionais.

---

[406] *Ob. cit.,* pp. 3 e segs..
[407] *Ob e loc. cit..*

146 *Valores e Interesses*

A afirmação de que existe uma exigência ética de trabalhar para o desenvolvimento e que essa tarefa encontra a sua raiz num bem comum da humanidade actual e futura não resolve só por si todas as questões que ficaram em aberto e, designadamente, a de saber de que forma se deve conceber o exercício desse dever e quais os seus limites.

Naturalmente que as concepções de justiça global, na linha defendida por POGGE, não são isentas de críticas, sendo porventura a mais forte aquela que lhe foi dirigida por SEN, ao sustentar que não se podem defender concepções de justiça a que não estejam associadas instituições capazes de garantir a sua concretização.

Dir-se-á, ainda assim, que essa circunstância não inviabiliza a possibilidade de crítica das instituições (ainda que externas a essas sociedades) que apoiem formulações que garantam a perpetuação de soluções de iniquidade, tanto mais quanto parece inquestionável que as decisões tomadas numa determinada sociedade são aptas a prejudicar outras sociedades.

Se as condições de interpenetração económica em que vive o mundo actual justificam um esbatimento das fronteiras nacionais – que perderam a sua importância como quadros de execução e definição de políticas económicas, deixando de ser a referência necessária para a avaliação da justiça das instituições – nem por isso se pode ignorar algumas dificuldades com que se deparam as concepções de justiça universal.

As nações cedem cada vez mais lugar às civilizações, que constituem, porventura, hoje o verdadeiro pólo aglutinador das diversas fidelidades, como sublinha com outro objectivo, e de forma especialmente dramatizada, SAMUEL HUNTIGTON[408].

Ora, se é certo que entre essas civilizações existem muitas referências comuns que importa aprofundar, como forma de prevenir o alastramento de conflitos, menos certo não é que a história regista momentos em que não é tão nítida essa convergência e que podem comprometer a aceitação de uma ideia de justiça assente em formas ainda que mitigadas de uma igualdade social, em certos aspectos ligada à tradição da social democracia e do liberalismo anglo-saxónico[409].

Daqui resulta muito provavelmente a necessidade de explorar vias

---

[408] SAMUEL HUNTIGTON, *O Choque das Civilizações e a Mudança na Ordem Mundial*, tradução portuguesa, Lisboa, Gradiva, 2001.

[409] Recorde-se, a este propósito, o tom um pouco irritado de RENÉ-JEAN DUPUY, «Les Ambiguités de l'Universalisme», in *Mélanges Michel Virally, Le Droit International au Service de la Paix, de la Justice et du développement,* Paris, Pedone, 1991, pp. 273-279, ao sustentar que a Europa difundira ideias *boomerang*.

O *desenvolvimento como imperativo ético* 147

como a aberta pela reflexão de AMARTYA SEN, sem que isso signifique que se não continue a lutar por uma concepção de justiça universal que envolva a defesa de um princípio redistributivo.

Se, como o faz CHARLES BEITZ[410], estendermos às relações internacionais um tema pensado internamente por THOMAS SCALON[411] – que veio recentemente distinguir entre *razões directas* e *razões derivadas* para contestar a desigualdade social[412] – surge reforçada essa convicção.

De facto, tanto se pode afirmar a necessidade de redistribuição por *razões directas*, que partem da consideração das desigualdades – sejam elas de riqueza, de educação, ou de oportunidades – como fenómeno em si mesmo indesejável, independentemente dos efeitos que produzam, como apelar às *razões indirectas*, que conduziriam à condenação das desigualdades, não como um valor negativo em si mesmo, mas em resultado dos efeitos mais amplos que produzem, por exemplo, sobre o bem-estar de uma sociedade.

Nesse aspecto, ganharia uma especial acuidade, a necessidade de combater as situações de privação, cuja caracterização e explicitação de efeitos se encontra tão brilhantemente feita por AMARTYA SEN.

Da mesma forma, tornar-se-ia uma prioridade a supressão das situações de humilhação, resultantes da desigualdade, que ganham um especial relevo nos países onde persiste a divisão em castas e estratos sociais não comunicáveis.

Alcançaria aqui uma total centralidade a noção de *sociedade decente*, trabalhada por AVISHAI MARGALIT[413], como sendo aquela em que as instituições lutam activamente para que nenhum dos seus dependentes se encontre em situação de poder ser humilhado, como sucede com a grande maioria da população dos países menos desenvolvidos.

A concepção de AVISHAI MARGALIT, que foi desenvolvida em relação às instituições internas, liga-se de forma muito especial com a condição das pessoas que são excluídas do contrato social vigente e consideradas como não cidadãos, ficando, consequentemente, em situação de especial vulnerabilidade. Parece, no entanto, lógico dar o passo seguinte e pugnar por uma sociedade decente, também no plano internacional.

---

[410] Cfr. *supra*.

[411] THOMAS SCALON, *The Diversity of Objections to Inequality*, The Lindley Lecture, Department of Philosophy, University of Kansas, 1997.

[412] «Does Global Inequality Matter?», in TOMAS POGGE (org.), *Global Justice*, cit., pp. 106 e segs.

[413] AVISHAI MARGALIT, *The Decent Society*, Harvard University Press, 1998.

Este tipo de aproximação à problemática do combate às situações de desigualdade apresenta duas vantagens: por um lado, torna claro que o problema se pode colocar em qualquer área geográfica, sendo assim um problema comum da humanidade; por outro, fundamenta a necessidade de uma resposta específica aos grandes problemas do desenvolvimento, com relevo para o da erradicação da fome e o dos cuidados sanitários, evidenciando que se trata de uma obrigação que impende sobre todos, independentemente da consideração de quaisquer aspectos distributivos.

Se se admite que o problema do desenvolvimento económico é um problema universal, que se coloca mesmo no interior de países que apresentam níveis de rendimento *per capita* elevados, não se pode ignorar que ele tem uma especial acuidade num conjunto de países onde se verificam situações especialmente graves de privação.

É, então, em relação a este último grupo de países que se coloca o problema de garantir as condições para pôr cobro a essas situações, condições que passam, necessariamente, por um esforço financeiro dos países mais desenvolvidos.

Importará, de resto, ter presente que a generalidade dos países menos desenvolvidos saíram de situações coloniais que excluíam os seus naturais do pacto social existente ou que, pelo menos, subordinavam os seus interesses de forma decisiva aos dos cidadãos das metrópoles.

Rompidos os laços coloniais, quebrou-se essa situação e passou a existir, naturalmente, um problema de justiça interna, a resolver através da criação de instituições justas, mas igualmente um problema de reinserção na sociedade internacional, agora já não no quadro de relações de dominação, mas sim no seio de um equilíbrio que permita consensualizar a existência de uma sociedade mundial justa.

Admitida a bondade da existência de um conceito universal de justiça social, ou avançando-se pela aceitação de um dever de combater situações insuportáveis em função dos resultados que provocam, importará, prosseguir no sentido de determinar em que medida é que é possível dar um conteúdo concreto às exigências que concretizam a noção de justiça nas relações económicas internacionais.

A resposta mais adequada é seguramente a de que esse conceito deve ser preenchido através do recurso decidido aos direitos humanos, tal como consagrados na Declaração Universal dos Direitos do Homem.

É certo que se entende normalmente que a Declaração Universal se traduz essencialmente num comando aos Estados, para que incorporem aquele conjunto de direitos nos seus textos constitucionais e assegurem a

O desenvolvimento como imperativo ético

149

sua observância efectiva através do aparelho judiciário, o que é naturalmente necessário e desejável; mas importa ir mais longe e reconhecer que a simples proclamação constitucional pode ser insuficiente.

Assim tem acontecido, designadamente, em matéria de direitos sociais, frequentemente objecto de longas enumerações constitucionais, praticamente destituídas de concretização.

Por isso, parece correcto considerá-los como sendo essencialmente uma reivindicação moral em relação às instituições sociais e, consequentemente, aos responsáveis pela criação e manutenção de tais instituições.

Nesse sentido poderá dizer-se que os direitos que ficaram enunciados como constituindo a base mínima de um conceito universal de justiça são direitos contra os governos de um dado Estado, mas também contra o conjunto da comunidade internacional, que acaba por igualmente condicionar a vida dos cidadãos nas "sociedades oneradas", para usar a terminologia de RAWLS.

O direito ao desenvolvimento económico é, assim, um direito que se constitui na esfera de todos os seres vivos, mas que tem uma especial expressão nos cidadãos que vivem em situação de se poderem considerar excluídos de uma vida decente. Esse direito é um direito dirigido em primeiro lugar aos próprios Estados, mas é-o, também, à comunidade internacional e às suas instituições.

A responsabilidade da comunidade internacional e a recusa das posições assentes na diversidade de obrigações para com os próprios cidadãos e com os cidadãos de outros Estados ficou, aliás, inequivocamente expressa na **Declaração do Milénio**, na qual os chefes de Estado e de Governo reunidos na sede das Nações Unidas reconhecem: ".... para além das nossas responsabilidades para com as nossas sociedades separadas, temos uma responsabilidade colectiva em garantir os princípios da dignidade humana, igualdade e justiça ao nível global. Como dirigentes, temos, por isso, uma obrigação para com todas as pessoas do mundo, especialmente as mais vulneráveis e, em particular, as crianças do mundo, a quem pertence o futuro"[414].

Mas, se estamos em presença de um direito que existe na esfera de cada pessoa, nem por isso se pode esquecer que tal direito se integra na categoria que, com felicidade, SHUE[415], designa por **direitos sociais básicos,**

---

[414] Vd. *infra* Parte I, Capítulo I.
[415] *Basic Rights*, cit., pp. 18 e segs..

150 *Valores e Interesses*

ou seja, direitos cuja realização é prévia à realização de quaisquer outros e que, como tal, poderão implicar o seu sacrifício se necessário[416].

Tais direitos com vêm sustentando diversos autores[417] e está implícito na doutrina social da Igreja, são direitos que se adquirem pela simples circunstância de se existir e que não ficam dependentes do estabelecimento de quaisquer laços especiais com comunidades politicamente organizadas.

Nos termos que ficaram vistos, o direito ao desenvolvimento económico existe independentemente da sua consagração em textos juridicamente vinculativos. Certo é, no entanto, que são múltiplas as declarações constitucionais que consagram o direito ao desenvolvimento[418], da mesma forma que no plano internacional se vai constituindo um conjunto de normas que integram aquilo que se designa normalmente por direito internacional do desenvolvimento e que iremos passar em revista.

Mas, ainda antes de passar à análise da forma como o direito ao desenvolvimento tem feito o seu difícil caminho, convém alertar para que um dos seus aspectos porventura mais negativos é a sua concepção sob a forma de atribuição de direitos e não de consignação de obrigações, técnica que, muitas vezes acaba por dificultar a sua concretização.

Esta é, eventualmente, uma das chaves interpretativas mais importantes à compreensão de muitas das dificuldades e impasses com que o direito ao desenvolvimento se confronta.

Por outro lado, as formulações do direito ao desenvolvimento de raiz publicista são confrontadas com a dificuldade resultante da proliferação de ordens jurídicas, o que determina uma fraqueza crescente do direito de raiz estatal[419].

Referimo-nos já aos agentes não estatais da ajuda ao desenvolvimento, com relevo para as ONGs e para as empresas multinacionais, mas

---

[416] Na construção de SHUE estariam designadamente em causa o direito à vida, o direito a não ser torturado, o direito à alimentação, vestuário e habitação, o direito à água e a um ambiente bom.

[417] Por exemplo, GRAGORY VLASTOS, «Justice and Equality», in R. BRANDT (org.), *Social Justice*, New Jersey, Englewood Cliffs, 1962, pp. 31 e segs..

[418] Vd. *infra* Capítulo III.

[419] Para uma aproximação sintética a essa problemática, vd. EDUARDO PAZ FERREIRA, *Direito da Economia*, cit..

não se poderá ignorar que elas tendem a actuar num domínio em que as únicas regras são as que elas próprias estabelecem, o que, seguramente, será tanto mais verdade quanto mais fracos forem os Estados onde desenvolvem a sua actividade.

Mas de tudo isto, trataremos no capítulo seguinte.

CAPÍTULO III
Aspectos jurídicos do desenvolvimento

1. Considerações preliminares

Ainda que as políticas do desenvolvimento tenham variado profundamente, tem-se assistido, nas últimas décadas, a uma forte expressão das posições que as reconduzem ao cumprimento de um dever ético, envolvendo a ideia de que se torna necessário uma sociedade universal mais justa, que permita o pleno desenvolvimento da pessoa, num quadro de solidariedade que ultrapassa as fronteiras nacionais.

Em que medida o direito tem correspondido a essa exigência ética, através da emanação de normas conformadoras de um direito ao desenvolvimento, integrando mecanismos idóneos a permitir a sua concretização, é o que se procurará indagar, de seguida.

A concepção do desenvolvimento como um problema que se coloca no relacionamento entre os Estados é recente, apenas tendo surgido após a segunda guerra mundial[420]. Compreende-se, assim, bem a dificuldade que se terá experimentado no plano jurídico para conseguir a adequação dos quadros do direito internacional formados antes da emergência dessa problemática.

É, contudo, inquestionável que a ideia de solidariedade universal ganhou nova actualidade na segunda metade do século XX, quando as profundas alterações registadas, com relevo para a consagração do princípio da auto-determinação e independência – que se traduziu no aparecimento de um grande número de Estados, caracterizados, do ponto de vista económico, por um baixo nível de desenvolvimento – levaram autores como TRUYOL Y SERRA a considerar necessária a adaptação de uma nova ordem mundial, exigindo uma cooperação dos homens à escala planetária[421].

---

[420] Cfr. *Supra,* Cap. I.

[421] «Genèse et Structure de la Société Internationale», *Recueil des Cours*, 1959, I, p. 593.

154 *Valores e Interesses*

Mas, a posição expressa por aquele autor, em 1959, já então de plena actualidade, viria a ganhar nos últimos anos uma especial importância, por força do aprofundamento do processo de mundialização, que pareceria dever envolver um reforço da solidariedade internacional e, no entanto, teve como resultado visível um aprofundamento das disparidades entre as diferentes nações e os residentes nas várias áreas geográficas.

Essa verificação permite-nos perceber que a forma como a exigência de desenvolvimento fez a sua estrada no caminho do direito, espartilhada entre valores e interesses, está longe de ser fácil ou linear, o que constitui mais uma razão para justificar uma atenção particular.

Não deixam, todavia, de aparecer como paradoxais as dificuldades com que se confrontou a recepção, no plano jurídico, de um conceito ético, objecto de tão largo apoio por parte dos mais variados sectores do pensamento.

Se o interesse pela problemática do desenvolvimento económico ou a autonomização dos respectivos estudos na área das ciências económicas foi tardia[422], ainda o foi mais a resposta jurídica[423], dificilmente se podendo falar, ainda hoje, num direito interno do desenvolvimento, como objecto de estudo autónomo, enquanto que as tentativas de autonomização de um direito internacional do desenvolvimento foram perdendo força.

É, de resto, impressionante notar que, apesar do interesse com que a Academia de Haya foi seguindo a problemática relacionada com os reflexos da alteração da ordem mundial sobre o direito internacional e da publicação de alguns artigos em revistas francófonas, durante muitos anos e até surgirem os manuais de MAURICE FLORY[424] e ALLAIN PELLET[425], a única obra de referência foi a de GUY FEUER, *Les Aspects Juridiques de l'Assistance Téchnique dans le Cadre des Nations Unies et des Institutions Spécialiséees*, podendo, ainda, referenciar-se lições policopiadas, reproduzindo as aulas de FRANÇOIS LUCHAIRE[426].

Os manuais de FLORY e PELLET, apesar dos seus muitos méritos, inauguraram um tipo de aproximação amplamente criticável, dissociando o direito internacional do desenvolvimento do direito interno, o que contribuiu

---

[422] Cfr. *supra*, Cap. I.

[423] Recorde-se que já TRUYOL Y SERRA, *ob. cit.*, p. 592 recordava que, "como sucede com frequência, o direito está atrasado em relação à realidade social".

[424] MAURICE FLORY, *Droit Internationale du Développement*, Paris, PUF, 1977.

[425] ALLAIN PELLET, *Le Droit Internationale du Développement*, Paris, PUF, 1978.

[426] FRANÇOIS LUCHAIRE, *Cours de Droit Internationale du Développement*, Paris, 1970-71.

para uma situação de facto indesejável, dificultando igualmente a clarificação do conceito de direito ao desenvolvimento.

Deverá, por outro lado, reconhecer-se que apesar de, ao nível do discurso teórico, existir um grande consenso sobre a necessidade de promover o desenvolvimento, se tem assistido a uma repetida recusa por parte dos países mais desenvolvidos em aceitar a convergência entre as normas éticas e jurídicas, sendo frequente ver os Estados refugiarem-se num estrito positivismo jurídico para rejeitar a existência de obrigações concretas neste domínio.

Permanentemente tem sido oposta, às tentativas de criação de um ordenamento jurídico mais favorável aos países menos desenvolvidos, uma linha de argumentação política que passa pela insistência em que não é possível confundir obrigações políticas ou éticas com obrigações jurídicas[427].

Nem se pode dizer que neste processo a doutrina jurídica tenha dado um grande impulso inovador, porque se é verdade que os internacionalistas franceses facilmente se inclinaram para discutir estas questões de harmonia com aquilo que PETER SLINN classifica de "ampla perspectiva sociológica", os juristas anglo-saxónicos mantiveram-se mais ligados a uma posição de estrito positivismo jurídico, que o mesmo autor atribui a uma preocupação de defesa da própria disciplina do direito internacional, controvertida, ela própria, pelos juristas mais conservadores[428].

As dificuldades de afirmação do direito internacional do desenvolvimento vieram, aliás, na sequência de idêntico processo quanto ao direito económico internacional.

---

[427] Porventura, um dos exemplos mais extremados deste tipo de atitude foi dado pelos Estados Unidos que, após terem votado a favor da Declaração de Roma sobre a Segurança Alimentar Mundial e o Plano de Acção da Cimeira Mundial de 1996, em que os chefes de Estado e de Governo reafirmavam "... o direito de todos a terem acesso a alimentos seguros e nutritivos, em consonância com o direito a uma alimentação adequada e com o direito fundamental de todos a não sofrer a fome", emitiram uma declaração unilateral interpretativa (www.fao.org/news/2001/010304-e.htm), afirmando que a prossecução de qualquer "direito a alimentação adequada" ou "direito fundamental de todos a não sofrer a fome" constituem objectivos ou aspirações para serem realizados progressivamente sem poderem estar na origem de quaisquer obrigações internacionais".

[428] PETER SLINN, «Differing Approaches to the Relationship between International Law and the Law of Development», in FRANCIS SNYDER E PETER SLINN (orgs.), *International Law of Development: Comparative Perspectives*, Abingdon, Professional Books, 1987, p. 33.

156 *Valores e Interesses*

Paradigmática da forte oposição da generalidade dos cultores do direito internacional, que se mantiveram fieis às concepções tradicionais daquele ramo de direito, pode ser considerada a posição de PROSPER WEIL, quando escreve que "apesar das transformações profundas que afectaram a sociedade internacional, sobretudo depois do fim da segunda guerra mundial, as funções do direito internacional conservaram-se como são desde o início e nada seria mais errado do que opor um direito internacional moderno a um direito internacional clássico"[429].

O facto de uma significativa maioria dos internacionalistas se ter mantido em posições próximas do direito internacional clássico, não significa, no entanto, que outros não tenham evoluído no sentido de acompanhar a crescente importância e complexidade do direito internacional público, que passou de uma fase em que praticamente se cingia à regulação de relações entre Estados, para uma outra em que abrange um intrincado complexo normativo que dispõe acerca de direitos e deveres que atravessam as fronteiras nacionais e vão mesmo muito para além delas[430].

Daqui resultou uma situação em que, como escreve THOMAS FRANK, a questão clássica de saber se o direito internacional público era direito, foi substituída por um conjunto de outras perguntas, tais como as de saber se o direito internacional é efectivo, se é susceptível de ser executado, se é compreendido e, sobretudo, se é equitativo[431].

A equidade passa, na perspectiva de FRANCK, a ser o critério valorativo e orientador de todo o direito internacional público e a sua forma de legitimidade, na medida em que se trata de saber como é possível actuar de forma a maximizar o bem-estar da humanidade.

Naturalmente que a ideia de equidade tem uma tradução especialmente significativa no domínio económico, nos termos do desenvolvimento e do comércio, partilhando FRANK a ideia da existência de um imperativo ético que sustenta a exigência de crescimento económico, que expressa assim: "… existe um consenso comunitário crescente no sentido de que, no mundo, como em cada Estado a feliz circunstância de existir

---

[429] «Vers une Normativité Relative en Droit International», *Revue Générale de Droit International Public*, 1982, p. 14.

[430] Como sucede com as normas resultantes de conferências internacionais e que visam regular a exploração do espaço estratosférico, dos recursos marítimos ou das consequências visíveis da poluição.

[431] *Fairness in International Law and Institutions*, Oxford University Press, 1995, p. 6.

Aspectos jurídicos do desenvolvimento
157

abundância acarreta a responsabilidade por aliviar a condição dos menos afortunados, responsabilidade essa que transcende o acidente histórico das fronteiras nacionais"[432].

Mas, na perspectiva do autor, tal exigência acarreta não só medidas a serem tomadas no domínio redistributivo, mas também um rigoroso escrutínio das regras do sistema económico internacional, em conformidade com o princípio rawlsiano do "maximin", ou seja, da exigência de que as diferenças de tratamento apenas possam ser estabelecidas em benefício dos mais desfavorecidos.

A luminosa análise de FRANK constitui, porventura, uma das mais sólidas fundamentações do direito ao desenvolvimento, mesmo quando haja que reconhecer que se trata de uma posição que se mantêm minoritária.

Mas, se as dificuldades no campo doutrinário aparecem como evidentes, não se pode esquecer que, no plano dos factos, a evolução mundial parece ter-se processado num sentido desfavorável às pretensões dos países mais desfavorecidos.

De resto, a queda do muro de Berlim e a consequente perda de importância política desse grupo de países, a par com o avanço imparável da mundialização, vieram desviar as atenções do esforço de reconstrução do edifício jurídico – que vinha sendo dificilmente empreendido –, na medida em que as regras que presidiram à evolução económica foram precisamente aquelas que mais vinham sendo questionadas, tendo o pensamento dominante passado a encarar todas as disposições que visavam criar condições especialmente favoráveis aos países menos desenvolvidos como meras derrogações temporárias, a suprimir logo que possível[433].

É particularmente perturbador que o direito do desenvolvimento – desde sempre encarado sob uma perspectiva finalista e transitória, como um conjunto normativo que deveria permitir a ultrapassagem das desigualdades económicas para se apagar, cumprida a sua missão de permitir uma igualdade efectiva entre os vários Estados[434] – acabe por ser questionado, de forma especial, num momento em que as desigualdades se agravaram sensivelmente.

---

[432] *Idem*, p. 415.

[433] Vd. MAURICE FLORY, «Mondialisation et Droit International du Développement», *Revue Générale de Droit International Public*, 1997, n.° 3, pp. 611 e segs..

[434] Nesse sentido, BRIGITTE STERN, «Le Droit International du Développement, un Droit de Finalité?», in MAURICE FLORY, AHMED MAHIOU E JEAN ROBERT HENRY (orgs.), *La Formation des Normes en Droit International du Développement. Table Ronde Franco-Maghrébine*, Octobre, 1982, CNRS, Paris, 1984, pp. 43 e segs..

Este refluxo profundo das normas relacionadas com o direito do desenvolvimento – normas que consubstanciavam, de algum modo, modelos de intervencionismo – representa, no plano jurídico, um processo semelhante ao económico, com a glorificação absoluta das leis do mercado e o consequente sacrifício das normas que anteriormente permitiam algum auxílio aos países menos desenvolvidos[435].

Um acompanhamento, ainda que necessariamente sumário, da forma como esta matéria foi evoluindo, apresenta-se útil para compreendermos algumas das questões que ainda se colocam e continuam por resolver.

Registe-se, preliminarmente, que os efeitos devastadores da mundialização sobre o direito de desenvolvimento se fizeram sentir, sobretudo, em relação às concepções que o relacionavam estritamente com as formas de cooperação susceptíveis de recondução à ideia de ajuda pública, sendo menos sensíveis quanto às concepções que sempre incluíram no direito internacional do desenvolvimento matérias como os investimentos estrangeiros ou a actuação dos agentes económicos privados ao serviço do desenvolvimento.

Lamentavelmente, muito do trabalho realizado nesse domínio não levou em consideração o alerta pioneiro de MICHEL VIRALLY, num artigo publicado em 1965, ao apelar para uma concepção alargada do direito internacional do desenvolvimento, susceptível de poder abranger novas realidades e novos agentes, sustentando que o futuro desse ramo do direito exigia "espírito de invenção, o que também faz parte do espírito jurídico"[436].

É possível verificar, hoje, que alguns excessos ideológicos estiveram longe de facilitar o progresso do direito do desenvolvimento ou de o tornar atraente para um maior número de juristas. Porém, não se pode deixar de ver, nalgumas evoluções recentes, uma profunda tentativa de descaracterização desse direito, nascido sob o signo da reivindicação e que, naturalmente, convive mal com tempos de adaptação.

À carga ideológica socializante, que acompanhou os primeiros tempos da economia do desenvolvimento, corresponde agora uma carga ideológica ultra-liberal, igualmente nociva para um desenho tranquilo das normas jurídicas favoráveis ao desenvolvimento.

---

[435] MAURICE FLORY, «Mondialisation et Droit International du Développement», cit., pp. 624 e segs..

[436] «Vers un Droit Internationale du Développement», *Annuaire Français de Droit Internationale*, 1965, pp. 5 e segs..

2. Das razões da necessidade de uma resposta jurídica para o problema do desenvolvimento

A tentativa de consagração de um corpo normativo que desse forma e vida ao direito ao desenvolvimento surgiu como resultado da inadequação dos quadros jurídicos existentes para darem respostas satisfatórias às exigências colocadas pelos diferentes níveis de riqueza dos Estados, identificando-se, normalmente, as novas nações com os países menos desenvolvidos, ainda que haja que reconhecer que situações de atraso económico podem igualmente ser encontradas em nações que desde há muito detêm poderes soberanos.

De resto, a evolução subsequente processou-se no sentido de encarar a problemática do desenvolvimento numa perspectiva geral, abrangendo, de igual modo, os países mais desenvolvidos, onde subsistem graves problemas na distribuição da riqueza, como demonstram os estudos do PNUD ou do Banco Mundial.

A concepção do desenvolvimento como um problema que se coloca em todos os pontos do Mundo, não afasta o reconhecimento de que existem áreas geográficas relativamente privilegiadas em que, apesar da existência de bolsas de pobreza que o Estado de Bem Estar não logrou eliminar, os níveis gerais de bem-estar são muito superiores ao de outras áreas[437].

A diferença de níveis de desenvolvimento entre as várias áreas geográficas não é um dado recente, antes existindo há muitos anos. Para certas construções, será o resultado necessário do processo de colonização e da subalternização dos interesses dos povos colonizados aos das metrópoles. A descolonização viria a tornar a situação mais evidente, criando um quadro em que o tradicional princípio da igualdade entre todas as Nações é confrontado com uma desigualdade substancial entre algumas delas, daqui nascendo a ideia da necessidade de reconstituir a ordem internacional, por forma a acomodar essa novas nações num sistema mais justo.

ALAIN PELLET que, em 1978, definira o direito internacional do desenvolvimento como "o direito social das nações"[438] veio, aliás, retomar e

---

[437] Já São Tomás de Aquino, recordado por Truyol y Serra, «Genèse...», cit., p. 82, afirmava que mais valia ser pobre num país rico do que rico num país pobre, afirmação que, porventura, não é hoje tão adequada à realidade.

[438] *Le Droit Internationale du Développement*, Paris, PUF, Coll. «Que-Sais-je», n.º 1731, 1987, 2.ª edição, p. 125.

desenvolver esta fórmula mais recentemente[439], explicitando que a mesma era inspirada pela ideia de que o direito social, no plano interno, compensava desigualdades reais sem pôr em causa a igualdade real entre as pessoas, enquanto que o direito internacional do desenvolvimento "se quer compensador das desigualdades reais que existem entre os Estados, ao mesmo tempo que preserva o indispensável princípio da sua igualdade soberana".

O essencial da problemática jurídica do desenvolvimento vai-se colocar, num primeiro momento, no plano internacional, confundindo-se, de algum modo, o direito do desenvolvimento com direito internacional do desenvolvimento.

Verificada a existência de uma situação de profunda desigualdade económica, vai-se tentar evoluir no sentido de criar um direito que possa assegurar a promoção dos Estados menos favorecidos e o controlo da sua capacidade de decisão no plano económico[440].

A ideia de um direito internacional do desenvolvimento surge como uma via intermédia entre as posições daqueles que entendiam não ser necessária qualquer adaptação dos quadros tradicionais do direito internacional – perfeitamente aptos para continuar a regular as relações entre nações independentes e logo colocadas num plano de igualdade – e aqueles que entendiam que a descolonização criara um quadro radicalmente diverso, que tornava necessário um processo de desenvolvimento auto-centrado, que rompesse os laços da periferia com o centro, como forma de terminar com qualquer situação de neo-colonialismo. Esta opção levaria à não aplicação do direito internacional clássico às relações entre essas novas nações, que deveriam criar uma ordem jurídica nova, reguladora das suas relações económicas[441].

A importância do direito internacional no processo de desenvolvimento não pode ser questionada e, ainda que a evolução das concepções

---

[439] «Les Composants Sociales et Culturelles du Droit Internationale du Développement», in ALAIN PELLET e JEAN-MARC SOREL (orgs.), *Le Droit Internationale du Développement Social et Culturel*, Lyon, L'Hermès, 1997, p. 12.

[440] MAURICE FLORY, «Inegalité Économique et Évolution du Droit International», in *Pays en Voie de Développement et Transformation du Droit International*, actas do colóquio da Sociedade Francesa para o Desenvolvimento Internacional, Paris, Pedone, 1974, pp. 36 e segs..

[441] MOHAMED BENNOUNA, «Droit International et Développement», in MOHAMMED BEDJAOUI (org.), *Droit International. Bilan et Perspetives*, tomo II, Paris, Pedone, 1991, pp. 663 e segs..

sobre desenvolvimento económico[442] tenha feito deslocar o centro das atenções da necessidade de consagração de um dever de ajuda pública aos países menos desenvolvidos – hoje objecto de muitas críticas – para questões como a garantia dos investimentos estrangeiros de natureza privada, ou do tratamento fiscal desse investimentos – entendidos como factor decisivo para o processo de desenvolvimento – essa deslocação não envolveu o esbatimento da relevância do direito internacional, que permanece intacta.

O esforço de alteração dos quadros jurídicos internacionais no sentido da criação de condições normativas que favorecessem o desenvolvimento teve importantes reflexos em resultado da capacidade demonstrada, em certa altura, pelos países menos desenvolvidos, para questionarem as regras clássicas do direito internacional, num movimento em que foram, no entanto, muito relevantes os aspectos ideológicos.

Partindo do pressuposto da inadequação do direito internacional para lidar com a situação dos novos Estados independentes[443] e da responsabilidade das antigas potências coloniais pela situação de profunda desigualdade económica entre Estados, surgiu com particular vigor, na década de setenta, a reivindicação de instalação de uma nova ordem económica internacional.

Essa nova ordem económica internacional seria, no essencial, caracterizada pela admissibilidade de um duplo estatuto de normas, surgindo um conjunto de regras apenas aplicáveis aos países menos desenvolvidos – como, por exemplo, as que visariam assegurar a esses países uma posição especialmente favorável no domínio do direito internacional –, pela afirmação da existência de uma obrigação de auxílio por parte das nações mais desenvolvidas, que funcionaria como reparação da colonização e pela consagração de um direito destes Estados a disporem das suas riquezas de forma ilimitada, envolvendo a possibilidade de procederem a na-

---

[442] Cfr. *supra* Capítulo 1.

[443] Naturalmente que a noção de Estados Novos tem de ser entendida de forma especial, como alerta RICHARD FALK, «The New States and International Legal Order», in *Reccueil des Cours*, 1966, n.º 2, p. 10, uma vez que muitos destes Estados tinham formas de organização política próprias antes da subordinação colonial, pelo que a alusão a novos Estados deve ser entendida como reportando-se àqueles que recentemente adquiriram ou readquiriram os atributos da soberania nacional, permitindo-lhes beneficiarem de todos os privilégios neste domínio.

162 *Valores e Interesses*

cionalizações, sem qualquer indemnização, com vista a colocar o aparelho produtivo sob o seu controlo[444].

Independentemente da apreciação de diversos destes aspectos e das suas concretizações, que é impossível seguir em pormenor, importa sublinhar de forma especial que este conjunto de reivindicações tinha como pressuposto a existência do direito ao desenvolvimento e como objectivo a sua concretização através do direito do desenvolvimento, que se faria sentir em praticamente todos os planos das relações económicas internacionais.

Mais do que no plano do direito internacional, é no do direito interno que se centram, hoje, as atenções daqueles que se preocupam com o desenvolvimento de um ponto de vista jurídico, sublinhando a necessidade de adopção de um conjunto de medidas, normalmente identificadas com a noção de boa-governação e que visam que o direito possa facilitar o processo de desenvolvimento ou, pelo menos, não criar factores de bloqueamento a esse processo.

Esta ideia não é nova, antes correspondendo à recuperação de preocupações que se tinham feito sentir logo no momento da descolonização, quando nos meios jurídicos dos novos países independentes, como nos dos países desenvolvidos, se teve a percepção da necessidade de alterar o direito dos novos Estados, com vista a responder às exigências de desenvolvimento.

Elucidativo desta preocupação é o estudo sobre os sistemas jurídicos dos novos Estados africanos encomendado pela UNESCO à Associação Internacional de Ciências Jurídicas, para verificar "as transformações e ajustamentos que lhes poderiam ser introduzidas por forma a permitir responder de uma maneira eficaz às novas exigências criadas pelo desenvolvimento económico". O estudo, dirigido por ANDRÉ TUNC, constitui, ainda hoje, um repositório de reflexões do maior interesse[445].

A questão da adequação das estruturas jurídicas destes países a um processo de desenvolvimento colocava-se – e coloca-se – com especial importância, em face daquilo que pode ser considerado a sua inadequação

---

[444] As principais reivindicações dos países em desenvolvimento e as respostas dadas pelos países desenvolvidos podem ser vistas em inúmeros manuais publicados nos anos 70 e 80. Entre nós e mais recentemente, ver a síntese desta problemática em MARIA MANUELA DIAS MARQUES MAGALHÃES SILVA, *Direito Internacional do Desenvolvimento. Breve Abordagem*, cit..

[445] *Les Aspects Juridiques du Développement Économique*, Paris, Dalloz, 1966.

Aspectos jurídicos do desenvolvimento 163

genérica para lidar com um processo de profundas transformações económicas e sociais[446].

Com o risco inerente a todas as generalizações, será ajustado afirmar-se que esses sistemas jurídicos se caracterizam por uma sobreposição de fontes e inspirações muitas vezes contraditórias.

Com efeito, não se poderá ignorar a importância impar do direito consuetudinário em África, especialmente fora dos grandes meios urbanos, em que sobreviveu, apesar das tentativas de asfixia de que frequentemente foi alvo, por iniciativa quer das potências coloniais, quer dos novos poderes dirigentes, alcançadas as independências.

A força desse direito é especialmente significativa porque reflecte, normalmente, uma concepção geral de vida, englobando aspectos que vão desde o direito da família ao direito patrimonial e associando o jurídico e o religioso.

Ao direito de raiz tradicional sobrepôs-se o direito das potências coloniais – entendido, é certo, como um conjunto de normas essencialmente destinadas a regular as relações entre os europeus – mas que viria a ser largamente adoptado e mantido em vigor, como lei nacional, após as independências.

Essa prática viria a determinar soluções que, por vezes, raiam o paradoxo, com a manutenção em vigor da legislação colonial existente ao tempo da colonização, entretanto tornada caduca e profundamente alterada, ou substituída, nas antigas metrópoles, mas mantida mais ou menos intocada nos novos países independentes.

A ausência de um debate aprofundado sobre questões com a importância da propriedade da terra e dos direitos de família e sucessões, em que modernidade e tradição se chocam de modo especial, contribuiu decisivamente para a sedimentação de um quadro jurídico totalmente inadequado, acompanhado, não raro, de um funcionamento deficiente do sistema judiciário.

As consequências da subalternização dos aspectos relacionados com a necessária reforma jurídica dos países em desenvolvimento foram negativas. De facto, quando, há duas décadas, o tema fez a sua entrada na

---

[446] A descrição sumária de programas de adequação do sistema jurídico e do próprio ensino do direito às condições necessárias ao desenvolvimento de um conjunto de países da América Latina, pode ser vista em dois artigos de JOHN HENRY MERRYMAN, «Law and Development Memoirs I: The Chile Law Program» e «Law and Development II: Slade», publicados em *The American Journal of Comparative Law*, volume XVIII, n.ºs 3 e 4, pp. 481 e segs e 731 e segs..

agenda do desenvolvimento, essencialmente pela mão do Banco Mundial, fê-lo de uma forma já especialmente norteada política e ideologicamente.

Os programas de reforço da capacidade institucional e de reforma legal, que o Banco passou a patrocinar a partir dos anos oitenta do século passado, destinaram-se a concretizar orientações fortemente dominadas pelos institucionalistas, que advogam a importância de um correcto funcionamento do aparelho judiciário para o desenvolvimento económico[447].

As reformas jurídicas visaram, fundamentalmente, limitar o papel do Estado e devolver ao mercado a solução de muitos problemas anteriormente resolvidos pela acção pública, esquecendo, em muitos casos, a inexistência de tradições minimamente consolidadas ou a necessidade de enquadrar o seu funcionamento num adequado ordenamento jurídico.

Simultaneamente, era atribuída uma especial atenção ao direito de propriedade, entendido em termos paralelos aos dos países desenvolvidos e em movimento de ruptura com importantes tradições dos destinatários das normas, designadamente no plano da propriedade da terra.

Assim, as reformas, cuja indispensabilidade tinha sido intuída muito tempo antes, caracterizaram-se, essencialmente, pela imposição de um modelo único, muito pouco atento às especificidades de cada país, processo substancialmente reforçado pelos critérios com que muitas vezes é feita a selecção dos consultores do Banco Mundial, que levantam por vezes dúvidas quanto à transparência.

Num momento em que se gerou um enorme consenso quanto à necessidade de um desenvolvimento participado e apropriado pelas próprias comunidades locais, a imposição de soluções jurídicas totalmente exteriores às suas culturas e a desconsideração dos seus sentimentos sociais, surgem como modelos de intervenção totalmente inadequados.

O debate sobre a introdução da componente participativa – com a busca de harmonização das novas regras com os sistemas consuetudinários locais – sendo antigo, está longe de se encontrar resolvido. No referenciado estudo dirigido por ANDRÉ TUNC já sobressaía a diferença de pontos de vista entre MAX GLUCKMAN[448], sustentando a possibilidade de altera-

---

[447] Para uma crítica das orientações do Banco nesta material, vd. LAWRENCE TSHUMA, «The Political Economy of the World Bank's Legal Framework for Economic Development» in JULIO FAUNDEZ, MARY E. FOOTER E JOSEPH J. NORTON (orgs.), *Governance, Development and Globalization*, London, Blackstone Press, 2000, pp. 7 e segs..

[448] «Legal Aspects of Economic Development: Problems and Research Arising from the Study of Traditional Systems of Law», in *Les Aspects Juridiques...*, cit., pp. 59 e segs..

Aspectos jurídicos do desenvolvimento 165

ções jurídicas insuficientemente recebidas poderem ser mais prejudiciais do que benévolas, e B.O Nwabueze[449], defendendo a total inadequação do direito tradicional para servir o desenvolvimento económico.

Mas, se a importância das reformas jurídicas internas é por demais evidente, não nos podemos esquecer que foi durante muito tempo minimizada em benefício do esforço de alteração dos quadros jurídicos internacionais que, devendo ser complementar da actuação no plano interno, acabou por se autonomizar, seguindo um percurso paralelo.

3. Direito ao Desenvolvimento

3.1. *Questões Gerais*

Tem sido assinalada por diversos autores a complexidade da definição do direito ao desenvolvimento, bem como os riscos que correm os juristas que, ao procurarem a sua determinação, se vêem muitas vezes confrontados com zonas cinzentas, de juridicidade duvidosa, numa área em que conceitos morais e jurídicos se confundem com facilidade.

Tais dificuldades não devem, de todo o modo, levar a esquecer a importância dessa indagação, que se prende com a tentativa de assegurar alicerces mais sólidos para a construção de uma sociedade mais justa[450].

No caso do direito ao desenvolvimento as dificuldades provêm de duas origens essenciais.

A primeira, liga-se com a circunstância, assinalada por Abi-Saab[451], de que o conceito se situa na confluência de duas ideias força simultâneas – a do desenvolvimento e a dos direitos humanos.

A outra, traduz-se na necessidade de avançar no terreno escorregadio da transposição de valores que vão ganhando importância crescente nas sociedades e tendem a transformar-se em regras jurídicas, com a inerente dificuldade na concretização do momento em que essa transformação ocorre, especialmente num ramo de direito, como o direito internacional, em que a formação de normas é tão complexa.

---

[449] «Legal Aspects of Economic Development», in *Les Aspects Juridiques...*, cit., pp. 167 e segs..

[450] Vd., por exemplo, Guy Feuer, «Technique Juridique et Valeurs Morales en Droit International du Développement», in *Droits et Libertées*, cit., pp. 231 e segs..

[451] «The Legal Formulation of a Right to Development (Subjects and Content)», in *Le Droit au Développement dans le Domaine International*, cit, p. 159.

166 *Valores e Interesses*

Ficou já referida a forma como, em determinado momento, se imbricaram os conceitos de nova ordem económica internacional e de direito ao desenvolvimento, o que poderia levar a pensar que o abandono do primeiro teria afectado irreversivelmente o segundo.

Assim não é, porém, já que o direito ao desenvolvimento assume um valor intemporal, cujo significado ultrapassa, em muito, as reivindicações que se integravam na ideia de Nova Ordem Económica Internacional.

O direito ao desenvolvimento corresponde, para usar uma fórmula sintética, ao reconhecimento de um direito subjectivo à criação de condições para viver uma vida decente no quadro de sociedades bem ordenadas, constituindo um verdadeiro direito humano[452].

É a existência do direito ao desenvolvimento, entendido nestes termos, que justifica que, na ordem interna como na internacional, sejam adoptadas soluções legislativas que visem prosseguir esse desiderato e que, designadamente no último plano, se fazem sentir no funcionamento das organizações económicas internacionais, como teremos ocasião de ver.

Importa, todavia, assinalar que quando começaram a surgir as primeiras tentativas no sentido da afirmação da existência de um direito subjectivo ao desenvolvimento, e até mesmo quando se começou a utilizar a expressão direito ao desenvolvimento, já proliferava um complexo normativo integrante do direito do desenvolvimento, referente designadamente à actividade das organizações económicas internacionais.

A separação entre direito ao desenvolvimento e direito do desenvolvimento não é totalmente pacífica, não faltando quem, como GÉRARD BLANC[453] unifique as duas expressões, solução que não parece a mais feliz. Pela nossa parte, preferimos entender que existe um direito subjectivo – direito ao desenvolvimento – que se reconduz à vasta categoria dos direitos do homem e que exige, para a sua concretização, a objectivação em regras de direito geral, que constituem o direito do desenvolvimento[454].

Trata-se, naturalmente, de conceitos envoltos num manto de grande polémica e que foram objecto de uma acentuada politização e de um tratamento muito diverso nos ordenamentos jurídicos europeu e norte-ameri-

---

[452] Sem entrar, por agora, na controvérsia da sua qualificação como um direito individual ou colectivo.

[453] «Peut-on Encore Parler d'un Droit du Développement?», *Journal du Droit International*, ano 118.º (1991), n.º 4, pp. 903 e segs..

[454] Nesse sentido, MAURICE FLORY, «Le Droit au Développement. À propos d'un Colloque de l'Académie de la Haye», *Annuaire Français de Droit International*, volume XXVIII, (1981), pp. 169 e segs..

Aspectos jurídicos do desenvolvimento 167

cano, tendendo os primeiros a aceitar a emergência dessas novas realidades, susceptíveis de induzir profundas alterações no direito económico internacional e no direito internacional geral[455] e mantendo-se o segundo numa posição muito mais reticente[456].

Quaisquer que sejam as dificuldades técnicas com que nos deparamos, há que prosseguir com a investigação a fim de determinar o conteúdo e limites daquele direito, os seus titulares e os responsáveis pela sua efectivação.

3.2. *As origens do conceito*

Tudo leva a crer que a expressão **direito ao desenvolvimento** tenha a sua origem nos meios católicos da Argélia, tendo a Comissão Justiça e Paz argelina[457] publicado, em 1968, um manifesto intitulado "O Direito dos Povos Subdesenvolvidos ao Desenvolvimento"[458], enquanto que o cardeal de Argel, na mensagem de ano novo de 1969, afirmava a necessidade de proclamar um direito ao desenvolvimento para o terceiro mundo[459].

Não é de admirar essa origem da expressão, tendo em conta quanto ficou dito acerca da doutrina social da Igreja e da sua importância para a fundamentação do direito dos indivíduos e dos povos ao desenvolvimento, expressa com especial vigor na Encíclica *Populorum Progressio*

---

[455] Vd. o conjunto de manuais citados de autores franceses.

[456] Como resulta claramente do conjunto de estudos incluídos em FRANCIS SNYDER e PETER SLINN (orgs.), *International Law of Development, cit.*.

[457] Recorde-se que a Comissão Justiça e Paz foi criada por un *Motu Próprio* de *PAULO VI, Catholicam Christi Eclesiam*, de 6 de Janeiro de 1967, com o objectivo de "suscitar em todo o povo de Deus o papel que os tempos actuais dele reclamam para promover o progresso dos povos mais pobres, a favorecer a justiça social entre as nações, a oferecer às menos desenvolvidas uma ajuda que lhes permita proverem ao seu próprio progresso", tendo desenvolvido uma acção intensa em termos de acção e reflexão. Vd., a este propósito, M. T. SZMITKOWSKI, «Reconnaissance du Droit au Développement et Doctrine Chrétienne», in *René Cassin Amicorum Discipulorumque Liber*, vol IV, *Méthodologie des Droits de l'Homme*, Paris, Pedone, 1972, p. 126.

[458] Cfr. o texto in *Le Droit au Développement sur le Plan International, cit.*, pp. 204 e segs..

[459] Vd. MOHAMMED BEDJAOUI, «Le Droit au Développement», in MOHAMMED BEDJAOUI (org.), *Droit International. Bilan et Perspectives*, tomo II, Paris, Pedone, 1991, pp. 1247 e segs..

168   *Valores e Interesses*

e reiterada, mais ou menos na mesma altura, em toda uma outra série de documentos e proclamações ligados à Igreja Católica e identificados por diversos autores[460].

Especialmente significativas são, no entanto, as circunstâncias em que se deu a adopção da fórmula pelo Papa PAULO VI que, num discurso proferido na OIT em 10 de Junho de 1969, exortou os membros daquela organização internacional a "empenharem-se em caminhos decididamente novos que assegurem o direito solidário dos povos ao seu desenvolvimento integral e que permitam a todos os povos tornarem-se os artífices do seu próprio destino *"Populorum Progressio*, 65"[461].

A Igreja conservaria o seu empenho na concretização do direito ao desenvolvimento e, em 1992, GIORGIO FILIBECK dava conta de que "... a Santa Sé seguia com vivo interesse o trabalho que, a este propósito, está realizando, no quadro das Nações Unidas, a Comissão dos Direitos do Homem. Trata-se de uma vigorosa linha de pensamento e acção que se encontra em consonância com a preocupação da Igreja com a promoção da dignidade de cada pessoa e da cada comunidade humana"[462].

Nos meios jurídicos, a noção faria a sua entrada através de uma conferência do juiz KÉBA M'BAYE no Instituto Internacional dos Direitos do Homem, em Estrasburgo[463] que, pela primeira vez, veio também relacionar a problemática do desenvolvimento económico com a dos direitos do homem, abrindo a estrada que conduziria posteriormente à tentativa de identificação de um conjunto de direitos humanos dos povos ou de solidariedade.

A noção de direito ao desenvolvimento iria, de resto, ser especialmente desenvolvida no plano do direito internacional, com relevo para os juristas franceses, a partir de um texto já referenciado de MICHEL VIRALLY[464].

Naturalmente que a noção se iria aperfeiçoando progressivamente, em consonância com a evolução das próprias concepções económicas e sociológicas, que deixaram de atender apenas a aspectos quantitativos re-

---

[460] Vd., por exemplo, M. T. SZMITKOWSKY, «Reconnaissance du Droit au Développement et Doctrine Chrétienne», cit., p. 119 e segs..

[461] Vd. Extractos do discurso em *Le Droit au Développement...*, cit., p. 229.

[462] «Il Diritto allo Sviluppo nel Magisterio dellla Chiesa», *Rivista Internazionale dei Diritti dell'Uomo*, ano V (1992), n.º 1, p. 44.

[463] «Le Droit au Développement comme un Droit de l'Homme», *Revue Internationale des Droit de l'Homme*, 1972, 5, pp. 505 e segs..

[464] «Vers un Droit Internationale du Développement», cit..

lacionados com o aumento do rendimento, para passarem a abranger toda uma série de outros aspectos, construindo-se um conceito muito amplo em que é evidente, pelo menos no universo francófono, a influência decisiva dos autores de inspiração personalista[465].

Enquanto se desenvolvia um debate teórico bastante vivo em torno da noção de direito ao desenvolvimento, que teve como consequência – é forçoso reconhecê-lo – uma crescente dificuldade na determinação do conteúdo desse direito, assistia-se, no plano político, a uma tentativa dos países menos desenvolvidos de criarem uma base jurídica sólida para o direito ao desenvolvimento, que levou a que se verificasse um sensível abalo nos princípios tradicionais do direito internacional, que, como já tivemos ocasião de referir, se viria a recompor quase integralmente nos últimos anos.

Esse esforço orientou-se, essencialmente no sentido do aproveitamento da Assembleia-geral das Nações Unidas para fazer aprovar um conjunto de resoluções que consagravam o direito ao desenvolvimento ou consubstanciavam a ideia de uma Nova Ordem Económica Internacional, depois de ter sido abandonada a ideia de uma Declaração Universal de direitos de terceira geração, tais como o direito à paz, ao ambiente e ao desenvolvimento.

Haverá, todavia, que acentuar que a tentativa de consagrar o direito ao desenvolvimento no plano dos textos de vocação universal sobreviveu à tentativa de instauração de uma nova ordem económica internacional, contrariando a posição de quantos defenderam que a Nova Ordem Económica Internacional seria a âncora que poderia garantir efectividade ao direito ao desenvolvimento[466].

3.3. *O Papel das Nações Unidas na definição do conteúdo do Direito ao Desenvolvimento*

Foi no seio da ONU que se procurou avançar no sentido da consagração do direito ao desenvolvimento, tentativa que levou à aprovação das

---

[465] Vd. M'BAYE, «Le Droit au Développement», in *Le Droit au Développement…* cit..

[466] ABI-SAAB, «The Legal Formulation of a Right to Development (Subjects and Content)», in *Le Droit au Développement au Plan Internationale*, cit., pp. 159 e segs..

170 *Valores e Interesses*

mais variadas resoluções e declarações que não lograram, no entanto, reunir o essencial das características normalmente associadas às normas jurídicas.

A tarefa encontrava-se, de resto, dificultada pela circunstância de não se encontrar na Carta das Nações Unidas uma afirmação inequívoca da existência de um direito ao desenvolvimento ou de uma obrigação internacional de cooperação na tarefa de desenvolvimento, ainda que se lhe possa reconhecer uma inspiração desenvolvimentista.

Por outro lado, a tentativa de apresentar o direito ao desenvolvimento como uma realidade nova arranca da percepção de que estamos num dos domínios em que os grandes objectivos das Nações Unidas – desenvolvimento, descolonização e prevenção de conflitos globais – menos avançaram, o que determinou a tentativa de criar instrumentos jurídicos mais eficazes que pudessem conceder um novo fôlego ao objectivo do desenvolvimento.

Como pano de fundo não se pode, por outro lado, ignorar que a actividade de criação de normas jurídicas pela Assembleia-Geral não se encontra consagrada na Carta, nem nos textos fundadores das instituições especializadas, pelo que haverá sempre que considerar que se tratou de uma acção marcada por um forte voluntarismo dos países em desenvolvimento[467].

Procurava-se, então, substituir uma ordem jurídica em cuja construção estes países não tinham participado, por um direito novo, que pudesse contribuir para reparar aquilo que consideravam ser as injustiças da ordem económica internacional.

Mas, como salientou RALF ZACKLIN[468], enquanto a estrutura das organizações internacionais com as características das Nações Unidas constitui um *forum* ideal para o desenvolvimento de teorias e projectos relacionados com o desenvolvimento económico, as regras de formação das normas em direito internacional atribuem-lhes uma escassa relevância, o que pode levar ao conflito entre as proclamações susceptíveis de gerarem expectativas excessivas e o direito organizado.

---

[467] JERZY MAKARCZYK, «Le Rôle du Droit International dans l'Instauration d'un Nouvel Ordre Économique International», *German Yearbook of International Law*, vol. 20 (1977), p. 221.

[468] «The Right to Development at the International Level: Some Reflections on its Sources, Content and Formulation», in *Le Droit au Développement...*cit., pp. 115 e segs..

Os primeiros textos resultantes da acção dos países menos desenvolvidos para obter a consagração formal da existência de um direito ao desenvolvimento foram, porventura, duas declarações da Comissão para os Direitos Humanos das Nações Unidas, de 1977 e 1979, ambas proclamando a existência de um direito humano ao desenvolvimento. Tais declarações contaram logo com o voto contra dos Estados Unidos e a abstenção de vários Estados Ocidentais[469].

Na sequência dos trabalhos jurídicos então desenvolvidos sob a égide do Secretariado foi possível identificar um conjunto de recomendações, declarações e convenções internacionais que serviram de suporte à convicção de que o direito ao desenvolvimento estava consagrado no direito internacional, o que veio a ser reafirmado numa Resolução da Assembleia Geral, que o considera como "um direito humano inalienável pertencente a todos os povos e a todos os indivíduos"[470].

Dar-se-ia, então, origem a um longo processo de preparação[471] que viria a conduzir à aprovação, pela Assembleia-geral, em 1986, da Declaração sobre o Direito ao Desenvolvimento[472], objecto mais uma vez de um voto contra por parte dos Estados Unidos.

O tempo entretanto decorrido permitiu que a Declaração sobre o Direito ao Desenvolvimento se apresentasse bastante mais estruturada do que anteriores textos, representando um esforço de consensualização importante que, no entanto, não evitou a persistência de alguns elementos de continuidade com anteriores declarações e resoluções menos consensuais.

O direito ao desenvolvimento é, de acordo com o n.° 1 do artigo 1.°, dessa Declaração, "um direito humano inalienável em resultado do qual todos os seres humanos e todos os povos têm o direito de participar, de contribuir e de desfrutar do desenvolvimento económico, social, cultural e político, de harmonia com o qual todos os direitos humanos e liberdades fundamentais podem ser realizadas", acrescentando o número 2 que "o direito humano ao desenvolvimento também implica a plena realização do direito dos povos à auto-determinação que inclui de harmonia com as disposições relevantes de ambos os Pactos Internacionais sobre Direitos Humanos, o exercício do seu direito inalienável de soberania plena sobre toda a riqueza e recursos naturais".

---

[469] Resoluções 4 (XXXIII) (1977) e 5 (XXXV) 1979.

[470] Resolução n.° 34/46, de 23 de Novembro de 1979.

[471] Que pode ser acompanhado em MLIAN BULJIC, *Principles of International Development Law*, 2.ª edição revista, Martinus Nijjhof, 1993, pp. 362 e segs..

[472] Resolução 41/128, de 4 de Dezembro de 1986.

Particularmente importantes e emblemáticos da Declaração sobre o Direito ao Desenvolvimento são o artigo 2.°, n.° 1, que precisa que, "a pessoa humana é o sujeito central do desenvolvimento e deverá ser participante activa e beneficiária do direito ao desenvolvimento" e o 3.°, n.° 1, que proclama que "os Estados têm a responsabilidade primária pela criação das condições nacionais e internacionais favoráveis à realização do direito ao desenvolvimento".

Noutras disposições precisa-se a forma como os Estados devem actuar no domínio interno e aponta-se para um dever de cooperação entre os Estados para a realização da tarefa comum.

Com CLAUDE-ALBERT COLLIARD[473] pode sustentar-se existirem na Declaração quatro aspectos fundamentais, ligados com a concepção do direito ao desenvolvimento como um direito do homem, e que são a sua estruturação sob o signo do equilíbrio e no plano da interdependência, a sua apresentação com um rosto humano e ainda a circunstância de representar uma síntese dos direitos do homem.

Apesar de a Declaração constituir um texto bem mais moderado do que outros adoptados no quadro das Nações Unidas visando a criação de uma Nova Ordem Económica Internacional, os Estados Unidos viriam a votar contra, utilizando como argumento principal a ligação entre desarmamento e desenvolvimento estabelecida no artigo 8.°.

A declaração de voto dos Estados Unidos[474] é, no entanto, expressa na recusa daquele país em aceitar qualquer declaração que pudesse inculcar, de alguma forma, a existência de um dever de cooperação para o desenvolvimento que ultrapassasse o puro plano das obrigações morais, ao mesmo tempo que abraça uma noção puramente individualista do processo de desenvolvimento, recusando qualquer papel ao Estado que, na opinião emitida em nome daquele país, tanto poderá ser um facilitador como um repressor do processo de desenvolvimento. Finalmente, os Estados Unidos explicitam o seu entendimento de que existe uma profunda diferença entre os direitos humanos civis e políticos – universalmente reconhecidos – e os direitos económicos e sociais, que consideram apenas poder ser aceites como expressão de objectivos de uma sociedade, a atingir progressivamente.

---

[473] «L'Adoption par l'Assemblée Générale de la Déclaration sur le Droit au Développement (Décembre 1986)», *Annuaire Français de Droit International*, vol. XXXIII, 1987, pp.622 e segs..

[474] Cujos pontos principais podem ser vistos em MLIAN BULJIC, *Principles of International Development Law*, cit., p. 376.

Esta posição, que os Estados Unidos vinham mantendo de uma forma intransigente, viria a ser mitigada com a Administração Clinton, que acabou por admitir a inclusão, na Declaração e no Programa de Acção saídos da Conferências das Nações Unidas sobre Direitos Humanos, realizada em Viena em Junho de 1993, de uma referência ao direito ao desenvolvimento como um "direito humano universal e inalienável" e que "constitui parte integrante dos direitos humanos fundamentais"[475].

A Declaração de Viena reafirma a centralidade da pessoa humana como titular do direito ao desenvolvimento, na sequência da Declaração de 1986, ao mesmo tempo que precisa, por influência dos países ocidentais, que a ausência de desenvolvimento não pode ser invocada para justificar a limitação de outros direitos humanos reconhecidos internacionalmente.

A Declaração é, por outro lado, especialmente cuidadosa no tom utilizado a propósito dos deveres de cooperação dos Estados para com o desenvolvimento, ficando-se pela previsão de que estes "deveriam cooperar uns com os outros".

Não pode também ser esquecida a permeabilidade da Declaração de Viena à ideia de desenvolvimento sustentável, afirmada no ano anterior na Cimeira da Terra[476], reafirmando-se o princípio de que "o direito ao desenvolvimento deverá ser exercido de modo a satisfazer, de forma justa e adequada, as necessidades ambientais e de desenvolvimento das gerações actuais e futuras".

Chegava-se, assim, ao fim de um longo percurso tendente a conseguir que todos os Estados do Mundo reconhecessem o direito ao desenvolvimento como uma realidade com contornos jurídicos. O resultado alcançado em Viena apresenta ligeiras inflexões em relação ao que fora consagrado na Declaração sobre o Direito ao Desenvolvimento, cujos termos são, apesar disso, confirmados.

No capítulo das inflexões é notório o acento posto na centralidade da pessoa humana como fundamento do desenvolvimento, a diminuição da imperatividade da injunção referente à cooperação internacional e, sobretudo, a já assinalada ponte para o novo conceito de desenvolvimento sustentável.

A solução de Viena é, pois, fortemente conciliatória, podendo dizer-se que correspondeu a um abandono, por parte dos países em desenvolvi-

---

[475] Ver a tradução portuguesa da Declaração e Programa de Acção em EDUARDO PAZ FERREIRA e JOÃO ATANÁSIO, *Textos de Comércio Internacional e Desenvolvimento*, vol. II, *Desenvolvimento*. Coimbra. Almedina (no prelo).

[476] Cfr. *supra*, capítulo I.

174 Valores e Interesses

mento, de muitas das suas reivindicações anteriores, a benefício da obtenção do consenso.

Com a distância que o tempo permite, pode-se questionar o esforço anteriormente desenvolvido, que apenas aumentou as tensões de natureza ideológica. Teria, porventura, sido preferível considerar a Carta das Nações Unidas e, designadamente o seu artigo 55.°, como uma base suficiente e consensual para a tarefa do desenvolvimento, em vez de se permitir, através da tentativa de criação de novos instrumentos, que os Estados menos empenhados no processo de desenvolvimento empreendessem críticas, assentes na defesa de que se tratava de um direito imposto e não sentido em muitos países e que não se encontrava suficientemente definido, lançando um crescente descrédito sobre a ideia[477].

Significativamente, após a aprovação da Declaração de Viena, a ideia de direito ao desenvolvimento iria desaparecer dos principais documentos emanados das Nações Unidas, sendo, no entanto, substituída pela afirmação da existência de uma responsabilidade comum na criação de uma ordem económica favorável ao desenvolvimento económico e social, ao mesmo tempo que se proclamava a necessidade de evitar que qualquer pessoa ou Estado fossem afastados dos benefícios do desenvolvimento, como se pode ler na Declaração do Milénio[478].

Essa alteração, fundamental na perspectiva internacional sobre o desenvolvimento, teve o seu início na Cimeira Mundial sobre o Desenvolvimento Social de Copenhaga, onde foi assumida uma responsabilidade colectiva da comunidade internacional, através dos dirigentes políticos nacionais, no sentido de "reconhecer a importância do desenvolvimento social e do bem estar da humanidade e dar a máxima prioridade a esses objectivos" (parágrafo 1.°)[479].

---

[477] Recorde-se, por exemplo, a declaração da delegação australiana, numa votação em 1979, ao afirmar que "o direito ao desenvolvimento é visto por alguns governos e organizações como incluído numa categoria conhecida como os direitos humanos de "terceira geração. De acordo com esta perspectiva, o direito à paz e outros conceitos igualmente nebulosos podem ser descritos como direitos humanos. Mas, é claro que antes que possam ser aceites universalmente como direitos humanos terá de haver uma melhor definição da natureza das obrigações que estes direitos criam e da própria forma como os seres humanos os podem exercer", citada in PHILIP ALSTON, «The Right to Development at the International Level», in *Le Droit au Développement...*cit., p. 99.

[478] Resolução da Assembleia Geral 55/2, de 18 de Setembro de 2000.

[479] Ver o texto, com tradução portuguesa, em EDUARDO PAZ FERREIRA e JOÃO ATANÁSIO, *Textos de Direito do Comércio Internacional*, vol. II, cit, onde se encontra a totalidade dos documentos referenciados no texto.

A Cimeira assume uma clara filiação nos valores afirmados na Carta das Nações Unidas, como resulta claramente do parágrafo 5.º, em que os participantes afirmam: "partilhamos a convicção de que o desenvolvimento social e justiça social são indispensáveis para a prossecução e a manutenção da paz e da segurança nas nações e entre elas. Por sua vez, o desenvolvimento social e a justiça social não podem alcançar-se se não existe paz e segurança ou se não são respeitados todos os direitos humanos e liberdades fundamentais. Esta interdependência básica foi reconhecida há 50 anos na Carta das Nações Unidas e cada vez se reforça mais".

Por outro lado, no parágrafo 29.º, em que se fixam compromissos, os representantes dos Estados anunciam, na alínea f): "reafirmaremos e promoveremos os direitos enunciados em instrumentos e declarações internacionais sobre a matéria, entre os quais a Declaração Universal dos Direitos do Homem, o Pacto dos Direitos Económicos, Sociais e Culturais e a Declaração do Direito ao Desenvolvimento, incluindo os referentes à educação, alimentação, habitação, emprego, saúde e informação, especialmente com vista a ajudar as pessoas que vivem em pobreza".

Poderá, assim, dizer-se que a Cimeira expressamente reafirma o que pode ser considerado como o essencial do adquirido em matéria de direito ao desenvolvimento ao longo de décadas. Tem, de resto, sido pertinentemente notado que a ideia de "desenvolvimento social", correspondendo aparentemente a um novo conceito, não se afasta muito da concepção da Nova Ordem Económica Internacional[480].

O texto espelha transformações profundas, que o tornaram muito mais consensual e que passam por aspectos aos quais voltaremos, em parte, como a revalorização do papel do indivíduo enquanto titular do direito ao desenvolvimento ou a importância do desenvolvimento sustentável.

Há, no entanto, três referências essenciais que, como tal, serão de seguida analisadas.

A primeira, relaciona-se com a circunstância de se ter posto cobro à distinção entre direito internacional e direito interno ao desenvolvimento, afirmando-se uma concepção em que se reconhece a responsabilidade simultânea de cada país e da comunidade internacional.

A segunda, traduz-se na afirmação de que o desenvolvimento é um problema universal, que abrange todas as áreas geográficas, não se reduzindo apenas à preocupação de assegurar o reequilíbrio entre diferentes países.

---

[480] Nesse sentido, MOHAMMED BEDJAOUI, intervenção no colóquio *Les Nations Unies et le Développement Social International*, Paris, Pedone, 1996, editado por Yves Daudet, p. 118.

176   *Valores e Interesses*

A terceira e fundamental, relaciona-se com a concepção subjacente à Declaração e Programa de Acção Aprovada, que tem pressuposta a necessidade de um amplo contrato social, abrangendo Estados, organizações internacionais e membros da sociedade civil, unificados em torno da perspectiva de garantir o desenvolvimento económico.

Este aspecto, que foi especialmente sublinhado pelo Secretariado das Nações Unidas, aquando da realização da Cimeira, é totalmente coerente com a concepção, que partilhamos, da existência de uma responsabilidade colectiva da sociedade internacional e da necessidade de a solidariedade se exercer para além das fronteiras nacionais.

O compromisso assumido, que corresponde à transposição para o plano internacional da ideia de parceria económico-social está, porém, inquinado, à semelhança do que sucedeu com anteriores resoluções e declarações, por um excesso de ambição.

Teria sido preferível, sem dúvida, que o acordo alcançado visasse um conjunto de objectivos mais reduzidos, mas que permitisse aferir dos resultados, sem o que a declaração se arrisca a aparecer como um mero catálogo de valores e intenções[481].

Nos termos em que a Declaração foi aprovada, abrangendo compromissos manifestamente insusceptíveis de cumprimento, é impossível não pensar nos alertas formulados por MICHEL VIRALLY, a propósito do segundo decénio das Nações Unidas para o Desenvolvimento, ao afirmar: "nestas condições, a adopção do Decénio com todas as exigências nele definidas, representa por si só um acto político meritório. Não se arriscará, todavia, a permanecer sem futuro, por falta de entusiasmo e mesmo, de forma mais simples, de determinação necessária para o aplicar (...). É sempre mais fácil, um belo dia, tomar uma decisão de princípio, generosa e sem efeitos imediatos, que fazer o esforço permanente, correspondente a medidas concretas, cujas consequências se fazem sentir imediatamente e provocam reacções"[482].

Essa percepção terá sido determinante em documentos futuros como a Declaração do Milénio, que aponta para um conjunto de objectivos bastante mais modestos e, a este título, politicamente um tanto frustrantes, associados a mecanismos de controlo dos resultados que, no entanto, não parecem conseguir assegurar a efectividade destes.

---

[481] Nesse sentido YVES DAUDET, «Le Développement Social International, Nouveau Concept pour un Nouveau Droit?», in *Les Nations Unies et le Développement*, p. 25.

[482] «La Deuxième Décennie des Nations Unies pour le Développement. Essai d'Interprétation Para-Juridique», *Annuaire Français de Droit International*, XVI (1970), p. 20.

Pertinentemente, MOHAMMED BEDJAOUI[483] notou que a realização da Cimeira e a aprovação de uma Declaração na qual as Nações Unidas e os Estados assumem compromissos da maior importância no plano do desenvolvimento vai em contra-corrente com as crescentes dificuldades da Organização e com a própria crise dos Estados Providência, cada vez com maiores dificuldades em corresponderem aos direitos económicos e sociais.

Mais importante é, ainda, porventura, a assunção, plasmada na Declaração do Milénio, da existência de um compromisso global no sentido de "... fazer do direito ao desenvolvimento uma realidade para todos, libertando a raça humana das situações de necessidade".

Independentemente do balanço que se faça dos resultados, não pode deixar de ser realçado o carácter fortemente inovador, de um ponto de vista metodológico, que a Cimeira assumiu, especialmente assinalado pelo vice-presidente norte-americano – que oficializou uma modificação na política norte-americana de apoio ao desenvolvimento, privilegiando os agentes não governamentais[484].

Do ponto de vista do direito ao desenvolvimento, poderá provisoriamente considerar-se que, ao cabo de uma longa evolução, se tornou num direito inquestionável, na base de uma certa reconversão de algum dos seus pontos de partida e de uma menor politização dos seus pressupostos.

O longo catálogo de compromissos assumidos na Declaração de Copenhaga veio identificar-se com o conteúdo do direito ao desenvolvimento, entendido em termos muito vastos.

Mas, o progressivo alargamento da noção de direito ao desenvolvimento não deixa de produzir dificuldades, obscurecendo o respectivo conteúdo, como notava, já em 1979, HENRI SANSON, ao escrever: "continuamos a acreditar que existe um direito ao desenvolvimento, mas sabemos menos bem o que é o desenvolvimento hoje"[485].

De qualquer forma, esse alargamento do conteúdo do direito ao desenvolvimento é o reflexo da própria redefinição do conceito de desenvolvimento, em termos que não podem deixar de ser considerados positivos.

Se quiséssemos tentar uma fórmula da síntese para o conteúdo do direito ao desenvolvimento poderíamos, porventura, lançar mão da ideia de

---

[483] Intervenção cit..

[484] Vd. O texto do discurso publicado pelo Departamento de Estado no *European Wireless File*, de 17 de Março de 1995.

[485] «Du Droit des Peuples Sous-développés au Développement au Droit des Hommes et des Communautés à Etre Soi, non Seulement par Soi, mais Aussi par les Autres», in *Le Droit au Développement au Plan International*, cit., p. 199.

178 *Valores e Interesses*

YUSUF[486] de que essencial ao direito ao desenvolvimento é o tratamento diferenciado. Tal tratamento diferenciado é considerado pelo autor sobretudo na perspectiva do direito internacional, mas poderia igualmente ser considerado como característico do direito ao desenvolvimento no plano interno.

A exigência de tratamento diferenciado constituirá um pressuposto de realização do desiderato apontado no artigo 28.° da Declaração Universal dos Direitos do Homem, em que se anuncia que "todas as pessoas têm direito a que vigore, no plano social e sobre o plano internacional uma ordem que permita uma plena efectividade dos direitos e liberdades enunciados na presente declaração".

Nem se poderá pensar que esta ideia de tratamento desigual é incompatível com o desiderato de justiça nas relações internacionais que ficou assinalado como princípio norteador do esforço do desenvolvimento.

De há muito que, em filosofia, se verificou que a justiça poderia implicar formas de tratamento inigualitário, sendo apenas relevante determinar em que condições elas são aceitáveis. Estaríamos aqui tão somente em face de uma extensão do "princípio da diferença" defendido por RAWLS no plano interno[487].

Embora poucas vezes evocada, a norma do artigo 28.° da DHDU lida em conformidade com a lógica da diferenciação introduzida por YUSUF, constitui uma das mais despojadas e felizes definições do conteúdo do direito ao desenvolvimento, sendo susceptível de ser sempre adaptada à evolução das circunstâncias.

Mas torna-se ainda necessário prosseguir com a nossa análise com vista a clarificar dois aspectos fundamentais: o de saber quem são os titulares do direito ao desenvolvimento e, a aceitar-se, que, de alguma forma, os Estados são titulares deste direito, a forma de determinação do universo dos Estados abrangidos.

---

[486] «Differential Treatment as a Dimension of the Right to Development», in *Le Droit au Développement au Plan International*, cit., pp. 233 e segs..

[487] Vd., a este propósito, JEAN-PIERRE DUPUY, «Les Inégalités Justes Selon John Rawls», in JOËLLE AFFICHARD E JEAN-BAPTISTE DE FOUCAULD (orgs.), *Justice Sociales et Inégalités*, Paris, Editions Esprit, 1992, pp. 181 e segs..

3.4. *Os sujeitos do direito ao desenvolvimento*

Em paralelo com a discussão sobre a existência do direito ao desenvolvimento, foi desde sempre objecto de viva controvérsia a questão da titularidade do direito ao desenvolvimento, à qual foram dadas três respostas essenciais: a titularidade residiria nas pessoas; seriam os Estados os titulares ou os titulares seriam os povos.

A concepção que vê nos Estados os sujeitos do direito ao desenvolvimento liga-se especialmente à recondução desta problemática ao direito internacional, em que os Estados são assumidos como os sujeitos de direito por excelência e teve, em muitos casos, como consequência uma compressão prática, dos direitos do homem, entendidos como secundários em relação à tarefa de desenvolvimento a levar a cabo pelos Estados.

A atribuição aos Estados de uma posição central como titulares do direito ao desenvolvimento foi assumida pela generalidade dos países em vias de desenvolvimento em defesa da necessidade de construção de uma nova ordem económica internacional e encontra uma expressão clara na Carta dos Direitos e Deveres Económicos dos Estados[488], em que os Estados se apresentam no coração do direito ao desenvolvimento, com omissão de uma ponderação adequada das suas obrigações no desenvolvimento interno[489].

A Carta dos Direitos e Deveres Económicos do Estado constitui, aliás, uma expressão especialmente radical das reivindicações dos países do sul, procurando criar uma verdadeira "constituição económica universal", de pendor fortemente intervencionista[490].

Trata-se de uma concepção que foi, em larga medida, responsável pela subida de tom no confronto entre os países desenvolvidos e menos desenvolvidos e que encontra escassa defesa doutrinária, embora alguns autores, como C. ABI-SAAB[491], sustentem que "se o direito ao desenvolvi-

---

[488] Aprovada pela Resolução 3281 (XXIX) da Assembleia-Geral da Organização das Nações Unidas.

[489] Nesse sentido, SUBRATA ROY CHOWDURY e PAUL DE WAART, «Significance of the Right to Development: an Introductory View», in SUBRATA ROY CHOWDURY, ERIK DENTERS E PAUL DE WAART (orgs.), *The Right to Development in International Law*, cit, p. 13.

[490] Sobre o significado do princípio da solidariedade entre os Estados na Carta e para um estudo aprofundado da mesma, Cfr. PETER VERLOREN VAN THEEMAT, *The Changing Structure of International Economic Law*, Martinus Nijhofff, 1981, pp. 269 e segs..

[491] «The Legal Formulation of a Right to Development», in *Le Droit au Développement*, cit., pp. 163-164.

mento como direito individual não nos leva muito longe teremos que voltar à alternativa do direito ao desenvolvimento entendido como direito colectivo. Esta perspectiva não significa uma preferência em favor da colectividade sobre o indivíduo, mas que por questões de conveniência jurídica poderemos alcançar muito mais para o indivíduo se considerarmos o direito ao desenvolvimento como um direito colectivo".

É uma via que não assenta em fundamentos sólidos, nem apresenta potencialidades de exploração, ainda que, como aspecto altamente positivo, no plano das relações internacionais, retire a cooperação para o desenvolvimento do domínio da caridade[492].

No pólo oposto, situam-se as teorias que, com diferentes inspirações, colocam, todas elas, a pessoa como sujeito e razão fundamental do desenvolvimento. Trata-se de uma perspectiva que, no plano interno, tem designadamente expressão nas consagrações constitucionais de diversos Estados e que ganha especial relevo com a afirmação das concepções do direito ao desenvolvimento como um direito humano.

O direito ao desenvolvimento apareceria, então, largamente como uma síntese de vários outros direitos de personalidade já consagrados, como, por exemplo o direito à vida, à liberdade, à educação, à saúde, ou ao repouso.

A atribuição de uma posição central aos indivíduos como titulares do direito de desenvolvimento tem vindo a ganhar força crescente também nos instrumentos jurídicos internacionais, havendo até quem, forçando manifestamente a interpretação, faça uma leitura de raiz estritamente individualista da Declaração Relativa ao Direito ao Desenvolvimento[493].

Próxima dessa leitura está a Declaração sobre o Desenvolvimento Social, em que os dirigentes de todos os Estados membros reconhecem *as pessoas como o elemento central das suas preocupações sobre o desenvolvimento sustentável, bem como o direito dos indivíduos a uma vida sã e produtiva em harmonia com o meio ambiente*[494], apagando qualquer referência aos Estados, como titulares de uma posição susceptível de gerar uma legítima expectativa de solidariedade internacional para realização das tarefas impostas pelo desenvolvimento.

---

[492] *Idem*. No mesmo sentido, MOHAMED BENNOUNA, *Droit International du Développement. Tiers Monde et Interpellation du Droit International*, Paris, Berger-Levrut, 1983, p. 21.

[493] Como é o caso de J. CRAWFORD, *The Rights of Peoples*, Clarendon Press, 1988, p. 173.

[494] Parágrafo 8.º.

Há quem pretenda que, no texto fundador da noção de direito ao desenvolvimento, o próprio M´Baye abriu caminho a uma interpretação do direito ao desenvolvimento como sendo um direito de raiz individualista, que apenas atribuiria direitos aos cidadãos, a serem exercidos contra o Estado em que se inserem.

Essa concepção, que se afastaria fundamentalmente da que fora expressa no documento da Comissão Justiça e Paz de Argel, nunca foi efectivamente perfilhada por M´Baye, como fica claro de um texto posterior[495], em que afirma que os titulares do direito ao desenvolvimento são simultaneamente os indivíduos e os Estados, enfileirando claramente com as posições dos juristas africanos que estiveram na base da redacção dada à Carta Africana dos Direitos do Homem.

A filosofia que presidiu ao aparecimento do direito ao desenvolvimento assentou, de resto, numa formulação híbrida, em que se conjugava a raiz individualista e personalista com a afirmação de que se estaria em presença de um direito colectivo.

A existência de direitos humanos colectivos não é propriamente uma novidade, na medida em que estes estão, em larga medida, reconhecidos na Declaração Universal de Direitos do Homem de 1948, que apresenta um compromisso muito equilibrado entre direitos civis e políticos e direitos económicos e sociais.

É certo que o desenvolvimento dos princípios da Declaração através de dois pactos distintos – um para os direitos civis e políticos e outro para os direitos económicos, sociais e culturais – permitiu o crescente questionamento da efectividade destes últimos, em especial pelas administrações republicanas norte-americanas[496], e terá também contribuído para uma menor atenção acordada a este segundo grupo de direitos, mesmo nos Estados que os incorporaram extensivamente nas respectivas Constituições, como sucede entre nós.

Essa opção metodológica, não tendo consequências directas sobre a Declaração Universal, permite acentuar e ampliar alguns aspectos que separam os direitos políticos dos económicos e sociais e utilizar essas diferenças para questionar a efectividade destes últimos.

---

[495] «Le Droit au Développement», in *Le Droit au Développement...*, cit., pp. 72 e segs..

[496] Vd., a este propósito, Philip Alston, «U.S: Ratification of the Covenant on Economic, Social and Cultural Rights: The Need for an Entirely New Strategy», *American Journal of International Law*, vol. 84 (1990), pp. 365 e segs..

Nessa linha, acentua-se especialmente a diferença entre os direitos consagrados no Pacto Relativo aos Direitos Civis e Políticos, que resultaram de uma evolução longa de séculos num conjunto de países e os direitos integrados no outro Pacto, de génese bem mais recente, tendo surgido muitas vezes em primeiro lugar em instrumentos internacionais e revestindo-se, por vezes, de um carácter vago, a exigir um sistema mais efectivo de acompanhamento da forma como são exercidos[497].

Autores como PIERRE-HENRI IMBERT[498] têm demonstrado consistentemente a debilidade dos argumentos daqueles que pretendem que a sobreposição destes direitos apenas teria como consequência um enfraquecimento da democracia, sublinhando a sua importância decisiva para o aprofundamento do regime democrático, enquanto que outros, como HECTOR GROS ESPIELL[499] e NICOLAS JACOBS[500] têm vindo a procurar uma melhor identificação dos contornos jurídicos desses direitos.

É certo que este contexto foi sensivelmente complicado pela afirmação da existência de direitos dos povos, realidade nova e cuja aceitação pela comunidade jurídica conhece naturalmente maiores dificuldades, pelo que representam de confronto com o constitucionalismo tradicional.

JORGE MIRANDA, por exemplo, assume com especial vigor a crítica à classificação desses direitos entre os direitos do homem, sustentando que "... não pode fazer-se confusão entre tais direitos dos povos – desde o direito à autodeterminação ao direito à paz – e os direitos do homem – o direito à vida, à liberdade física, às convicções religiosas e filosóficas, ao trabalho, etç; São coisas completamente diversas mesmo se interligadas. Os direitos dos povos são direitos de colectividades mais ou menos bem

---

[497] Vd. AUDREY CHAPMAN, «Une Nouvelle Manière de Concevoir le 'Monitoring' sous le Pacte Internationale Relatif aux Droits Économiques, Sociaux et Culturels», in *Droits Économiques, Sociaux et Culturels et le Rôle des Juristes*, número especial da Revista da Comissão Internacional de Juristas, n.º 5, 1995, pp. 32 e segs. e DIEGO GARCIA-SÁYAN, «Droits Économiques, Sociaux et Culturels: Une Nouvelle Voie», *idem*, pp. 87 e segs..

[498] «Droit des Pauvres, Pauvre(s) Droit(s)? Réflexion sur les Droits Économiques, Sociaux et Culturels», in *Droits Économiques, Sociaux et Culturels et le Rôle des Juristes*, cit, pp. 97 e segs..

[499] «Los Derechos Económicos, Sociales y Culturales en los Instrumentos Internacionales: Posibilidades y Limitaciones para Lograr su Vigencia», *Anuario Jurídico, Universidad Nacional Autonoma de México*, vol. XII, 1985, pp. 139 e segs..

[500] «La Portée Juridique des Droits Économiques, Sociaux et Culturels», in *Revue Belge de Droit International*, 1999, 1, pp. 19 e segs..

Aspectos jurídicos do desenvolvimento 183

definidas em várias situações; os direitos do homem direitos das pessoas (sempre pessoas individuais, concretas, irredutíveis e insubstituíveis)"[501].

A tentativa de alargamento do âmbito dos direitos do homem teria, aliás, como consequência uma crescente desvalorização destes direitos, remetidos, quase todos, para o domínio das meras proclamações destituídas de efeitos jurídicos, processo facilitado por alguns excessos frequentemente cometidos na sua enumeração[502].

É certo que a tentativa de criação de direitos humanos dos povos, ou de direitos dos povos, para usar uma terminologia corrente, surge ligada a uma ideia de que existiriam direitos humanos de terceira geração[503].

A identificação de uma categoria de direitos humanos de terceira geração suscita, no entanto, dificuldades que vão desde a própria referência a diferentes gerações de direitos, que poderia levar a novas subdivisões no quadro dos próprios direitos civis e políticos, até à sua não completa identificação e determinação, passando pelo facto de serem por vezes incluídos direitos que se encontravam já consagrados entre os direitos económicos, sociais e culturais ou, até mesmo, entre os civis e políticos[504].

Daí que, como GOMES CANOTILHO assinala, se venha desenvolvendo uma tendência para falar em três dimensões de direitos do homem, em vez de três gerações, por forma a evitar essas críticas[505].

A inclusão do direito ao desenvolvimento como direito humano de terceira geração revela-se especialmente contraproducente, na medida em que se trata, como se procurou demonstrar anteriormente, de um direito que tem como destinatário fundamental o indivíduo em concreto.

---

[501] *Manual de Direito Constitucional*, 3.ª edição, tomo IV, *Direitos Fundamentais*, Coimbra, Coimbra Editora, 2000, p. 68.

[502] PHILIP ALSTON, «The Right to Development...», cit., recorda, a este propósito, a declaração da Organização Mundial do Turismo de que o turismo se tinha tornado um direito humano.

[503] Que se fica a dever sobretudo a KAREL VASAK, «A 30-Year Struggle: the Sustained Efforts to Give Force of Law to the Universal Declaration of Human Rights», in *UNESCO Courrier*, 1977, pp. 29 e segs..

[504] Vd. As críticas de ALLAN ROSAS, «So-Called Rights of the Third Generation», in ASBJORN EIDE, CATARINA KRAUSE e ALLAN ROSAS (orgs.) *Economic, Social and Cultural Rights. A Textbook*, Martinus Nijhoff Publishers, 1995, pp. 243 e segs. e PHILIP ALSTON, «A Third Generation of Solidarity Rights: Progressive Development or Obfuscation of International Human Rights Law», *Netherlands International Law Review*, vol. 29 (1982), pp. 309 e segs..

[505] *Direito Constitucional e Teoria da Constituição*, 7.ª edição, Coimbra, Almedina, 2004, pp. 3846-3847. Veja-se, também VASCO PEREIRA DA SILVA, «The Aahrus Convention: A "Bridge" to a better environment», *Revista Jurídica do Urbanismo e do Ambiente*, n.º 18/

184 *Valores e Interesses*

Ainda que se pretenda abraçar uma concepção de raiz mais colectiva, não se poderá esquecer que o direito ao desenvolvimento encontra a sua génese num dever de solidariedade desde muito cedo reconhecido, quer por confissões religiosas, quer por teorias filosóficas.

O direito ao desenvolvimento, pela amplitude do seu conteúdo, abrange múltiplos aspectos ou direitos parcelares, alguns dos quais já reconhecidos, na sua generalidade, mesmo em textos de direito internacional de valor inquestionável, pelo que não faria sentido inclui-lo numa nova geração de direitos humanos.

Poderá, isso sim, falar-se numa nova formulação destes direitos parcelares, unificados na noção ampla de direito ao desenvolvimento, reafirmando que tal direito encontra os seus fundamentos numa antiga tradição ética e em mais recentes formulações jurídicas do conceito.

Poderá concluir-se, então, que o direito ao desenvolvimento tem o seu fundamento na necessidade de valorização plena da pessoa, mas que, tal como se encontra desenhado na generalidade dos textos internacionais, corresponde igualmente a um direito colectivo, que existe na esfera das relações internacionais e que faz com que a cooperação tradicional se traduza na criação de condições para que os Estados que se não encontrem em condições de assegurar a promoção de condições de vida digna aos seus cidadãos possam, para esse efeito, receber ajuda[506].

Assim entendido, o direito ao desenvolvimento é simultaneamente um direito individual e colectivo, mas essa última dimensão surge apenas como instrumental da primeira, visando facilitar a tarefa de desenvolvimento através da criação de uma ordem económica mais justa[507].

Encontrados os titulares activos do direito ao desenvolvimento, importa prosseguir com a indagação tendente a identificar e circunscrever o universo de sujeitos obrigados.

/19 – Dezembro/2002-Junho/2003, pp. 134-135, que defende a coexistência e harmonização das várias gerações de direitos humanos.

[506] Num estudo de 1977, citado em GARCIA-AMADOR, *El Derecho Internacional Del Desarrollo. Una Nueva Dimensión del Derecho Internacional Económico*, Madrid, Civitas, 1987, p. 72, o secretário-geral da ONU afirmava que era "evidente que existe um direito universal de todos os Estados a alcançarem o seu próprio desenvolvimento num meio internacional favorável a esse processo".

[507] Ver, em crítica a este tipo de posição, PHILIP KUNIG, «Human Rights Approach to the Right to Development: Merits and Shortcomings», in SUBRATA ROY CHOWDURY, ERIK DENTERS E PAUL DE WAART (orgs.), *The Right to Development in International Law*, cit., pp. 83 e segs, considerando que a nível individual o direito ao desenvolvimento já é objecto de uma protecção suficiente.

No plano interno, poderá aceitar-se como pacífica a ideia expressa na Declaração sobre o Direito ao Desenvolvimento de que são os Estados os principais responsáveis pela política de desenvolvimento, ainda que seja igualmente consensual que se trata de um processo que deve envolver toda a comunidade, num esforço de participação acrescida.

Já no plano externo e em face da inexistência de uma entidade com poderes soberanos que represente a comunidade internacional, haverá que entender que é esta, entendida como o conjunto dos Estados que a integram, a responsável pela garantia do direito ao desenvolvimento.

Na medida em que uma parte dos Estados constituem os sujeitos activos deste direito, haverá que entender que são os Estados desenvolvidos os sujeitos passivos, encontrando-se vinculados a um dever de cooperação para o desenvolvimento, cujos limites e possibilidades de controlo continuam, no entanto, em aberto.

3.4.1. *O conceito de Estados em desenvolvimento*

Um dos aspectos mais controversos da definição dos sujeitos activos do direito ao desenvolvimento prende-se com a exacta determinação dos países que reúnem os requisitos que os tornam beneficiários do estatuto especial, em direito internacional[508], que a atribuição dessa condição pressupõe.

Essa determinação é especialmente importante na medida em que um dos argumentos mais fortes contra a necessidade de redistribuição da riqueza e que foi, por exemplo, utilizado por RAWLS[509] é o de que não é possível determinar os limites dentro dos quais opera o dever de redistribuição, o que conduziria uma concepção igualitária totalmente injustificada.

De facto, num primeiro momento, a tendência que se verificou nesta matéria foi a da mera verificação de que existiam níveis de riqueza muito diferenciados na comunidade internacional e que essa diferenciação justificava a necessidade de encontrar respostas visando a sua correcção.

A essa aproximação genérica juntaram-se, por vezes, outras visões muito amplas e pouco esclarecedoras, como a que consistia em considerar

---

[508] Contra ABI-SAAB, *ob. cit.*, p. 168, sustenta que para além da infelicidade terminológica da expressão país em desenvolvimento o essencial do conceito e da categoria são claros.

[509] Cfr. *Supra*.

o mundo dividido entre países desenvolvidos, identificados como os pertencentes à OCDE, países do bloco socialista e todos os restantes países, que integrariam a vasta categoria dos países em desenvolvimento.

GUY DE LACHARRIÈRE[510] sublinha, a este propósito como, ainda antes de se ter encontrado qualquer classificação satisfatória de país em desenvolvimento, a comunidade internacional pôs em execução políticas visando combater o atraso económico, passando de imediato à fase da terapia.

O problema coloca-se com particular acuidade na medida em que não existe uma entidade que, com poderes soberanos a nível internacional, possa proceder a uma definição genericamente aceite por todos os países, apenas se encontrando uma forma muito restrita de aplicação de um procedimento dessa natureza por parte da Assembleia Geral das Nações Unidas, na definição das responsabilidades nacionais pelas operações de manutenção da paz.

A qualificação do que se deve entender por um país em desenvolvimento veio a tornar-se cada vez mais importante, quando se passou de uma fase em que os seus efeitos praticamente se reconduziam à aptidão para receber ajuda bilateral ou multilateral, nas suas diferentes formas, para a fase em que essa qualificação é pressuposto necessário para a aplicabilidade de determinadas normas criadas em derrogação dos regimes gerais de direito internacional.

Depois de anos em que apenas na doutrina francesa se notou preocupação com a problemática da definição do conceito de países menos desenvolvidos, tem-se vindo a assistir a uma crescente atenção a esta matéria, a partir da verificação de que a maior parte das declarações, resoluções, conferências ou mesmo tratados relacionados com a problemática do desenvolvimento são omissos na definição da noção de "país em desenvolvimento", factor que permite a persistência da dúvida quanto a saber quem serão os beneficiários dos mecanismos anunciados ou criados.

Essa indefinição tem a sua origem nos primórdios das experiências de desenvolvimento e na estratégia seguida pelos países em desenvolvimento, de se agruparem, afirmando uma identidade absoluta de interesses e considerando qualquer iniciativa de verificação da sua condição económica ou de identificação de situações diversas como uma tentativa de minar a unidade dos países genericamente referenciados como do Sul.

---

[510] «Aspects Récents du Classement d'un Pays comme "Moins Développé"», *Annuaire Français de Droit International*, XIII, (1967), p. 703.

Tornou-se, no entanto, desde muito cedo, patente que, ainda que exista um vasto número de Estados que justifica um especial apoio ao desenvolvimento, persistem, entre eles, diferenças no nível de desenvolvimento, que podem fundamentar tratamentos diversificados.

Como lucidamente notou MAURICE FLORY, a classificação dos países como países em desenvolvimento ou sub-desenvolvidos não tem na sua origem qualquer critério científico, antes correspondendo essencialmente a uma categoria política. "Os países em vias de desenvolvimento – para utilizar a terminologia mais difundida – são os que se sentem como tal e que tomam atitudes comuns nos grandes debates sobre a estratégia do desenvolvimento, reunindo-se naquilo que continua a ser chamado o "Grupo dos 77", como nos primeiros tempos da sua existência"[511].

Mas, naturalmente que este critério, aceitável para efeitos de definição de estratégias e votações em organismos internacionais, não pode fundamentar a atribuição de especiais benefícios.

Num momento em que se questionam os motivos e resultados da política de apoio ao desenvolvimento e se coloca essa política ao serviço de interesses estratégicos, não se pode deixar de concordar com GUGLIELMO VERDIRAME[512] quando sustenta que a fixação de critérios vinculativos de identificação dos países em desenvolvimento poderia contribuir para uma maior justiça do sistema e para limitar o impacto de considerações de política externa ou de segurança nacional.

Não se pode, é certo, ignorar que a introdução de diferentes categorias entre os países em desenvolvimento, com o objectivo subsequente de assegurar tratamentos diversificados, cria ainda mais dificuldades na conciliação desta prática com o princípio fundamental da igualdade que domina o direito internacional e que já foi utilizado contra a dualidade de normas pressuposta pelo direito ao desenvolvimento ou pela sua concretização através do direito do desenvolvimento.

A prática das organizações internacionais, nos últimos anos, tem admitido essa diferenciação categorial, sendo de salientar a classificação utilizada nas Nações Unidas para separar países menos desenvolvidos, países em desenvolvimento e países desenvolvidos.

Esta solução não pode deixar de ser considerada como um passo em frente no direito do desenvolvimento, permitindo encontrar soluções diversificadas e mais justas e adequadas às características de cada país.

---

[511] *Droit International du Développement*, cit., p. 59.

[512] «The Definition of Developing Countries under GATT and other International Law», *German Yearbook of International Law*, vol. 39 (1996), pp. 164 e segs.

188 *Valores e Interesses*

A evolução que a permitiu esteve, no entanto, longe de ser fácil, uma vez que os países em desenvolvimento recusaram, durante muito tempo, este tipo de classificação, com a qual se vieram a reconciliar apenas na sequência de experiências de cooperação regional, em que tinham sido conduzidos, eles próprios, a admitir a variedade de estatutos no seu seio[513].

GUY DE LACHARRIÈRE, numa posição especialmente crítica da atitude desses países, atribui aos mais desenvolvidos de entre eles um papel decisivo na manutenção dessa situação – que imputa à defesa de interesses próprios – e recorda a oposição com que a CNUCED recebeu o plano *Brasseur*, apresentado pelo ministro belga do mesmo nome e apoiado pela França, no sentido de se introduzirem alterações no sistema de preferências generalizadas, favorecendo determinados países ou até determinadas categorias de produtos[514].

Em 1971, no entanto, aquele autor poderia escrever[515] que não só tinham sido dados passos significativos na definição dos países em desenvolvimento, como se começava a proceder a uma análise mais detalhada, separando-os em várias categorias.

3.4.2. *A classificação como "país em vias de desenvolvimento"*

Desde que se fez sentir a necessidade de proceder a uma definição de países em desenvolvimento surgiram dúvidas quanto às vantagens de lançar mão de apenas um critério ou de recorrer, pelo contrário, a uma conjugação de critérios.

A possibilidade de recurso a um único critério marcou os trabalhos iniciais nesta matéria e apoiou-se sempre na referência ao rendimento *per capita* nesses países, que ia sendo actualizado por forma a acompanhar as alterações entretanto registadas.

Rapidamente se percebeu, no entanto, que esse critério era por si só insuficiente e susceptível de conduzir a soluções injustas ou absurdas, exigindo o recurso a outros indicadores.

---

[513] Cfr. GUY LADREIT DE LACHARRIÈRE, «L'Influence de l'Inégalité de Développement des États sur le Droit International», in *Recueil des Cours*, tomo 139, 2, (1973), pp. 238 e segs..

[514] «Identification et Statut des Pays «Moins Avancées»», *Annuaire Français de Droit International*, XVII, (1971), pp. 468 e segs..

[515] *Idem.*

Analisando a prática das diferentes organizações internacionais, pode dizer-se que são quatro os métodos essencialmente praticados para a qualificação de um país como país em vias de desenvolvimento. São eles o da definição, o da auto-designação, o da elaboração das listas e o da votação política.

O método da identificação através de uma definição conceptual surge, em primeiro lugar no GATT e vai passar, posteriormente, para as próprias Nações Unidas, embora apenas em relação com a categoria dos países menos desenvolvidos.

A importância da determinação dos países em desenvolvimento no quadro do GATT resulta especialmente da circunstância de a esses países poderem ser atribuídos regimes tarifários preferenciais, que contradizem os princípios gerais do Acordo[516], o que pareceria conduzir à necessidade de um determinação rigorosa do universo dos países abrangidos.

Por isso, o artigo XVIII, na versão revista em 1955, define países em desenvolvimento como sendo aqueles, "cuja economia não pode assegurar à população senão um fraco nível de vida e se encontra nos primeiros estádios do seu desenvolvimento". Estamos, no entanto, em face de uma definição muito vaga e genérica, que se procurou precisar no Anexo I, explicitando dois aspectos.

O primeiro relaciona-se com a impossibilidade de as economias assegurarem às populações um nível de vida aceitável. No Anexo precisa-se que, para a verificação desse requisito, as partes contratantes "deverão tomar em consideração a situação normal dessa economia e não deverão basear as suas decisões sobre circunstâncias excepcionais, tais como as que podem resultar da existência temporária de condições excepcionalmente favoráveis para o comércio de exploração do produto ou dos produtos principais da parte contratante".

O segundo tem a ver com a expressão "primeiros estádios do desenvolvimento", que no Anexo se explicita que "não se aplica somente às partes contratantes que estejam precisamente iniciando o seu desenvolvimento económico, mas também àquelas cujas economias estejam a passar por um processo de industrialização com o fim de corrigir a sua excessiva dependência da produção primária".

Apesar das precisões introduzidas no Anexo I, a definição continuou a poder ser considerada insuficiente, como é bem atestado pela conflituosidade a que deu origem[517].

---

[516] Vd. *Infra* Parte II, Capítulo III.

[517] Para uma descrição de diversas disputas relacionadas, vd. GUGLIELMO VERDIRAME, *ob. cit.*, pp. 176 e segs..

Não parece ter logrado maior sucesso a tentativa de resolução deste problema pelo processo de auto-designação, através do qual são os próprios países que se declaram em desenvolvimento, reivindicando a aplicação de um estatuto especial.

Esta solução foi adoptada pela CNUCED, sendo utilizada especialmente no caso dos sistemas de preferências generalizadas e apontava para uma qualificação automática, em resultado da simples pertença ao Grupo dos 77.

Trata-se de um método que provoca profundas reticências, quer pela sua falta de justificação económica, quer pelas escassas garantias que dá aos países potencialmente beneficiários.

Como é sabido, o denominado grupo dos 77 envolve países com graus de desenvolvimento muito diversificados, sendo certo que a adesão ao grupo não tem pressuposta a equação de qualquer critério de racionalidade económica – como ficou patente com a controversa adesão da Roménia que, ao afastar-se da União Soviética, viu coroada de êxito a sua pretensão de integração no grupo, com fundamento na sua participação em actividades do grupo e no alinhamento com as posições e votações dos seu membros.

Por outro lado e no que respeita à auto-escolha, os países desenvolvidos ficam livres para não aceitar a concessão do sistema de preferências a países que se tenham considerado em desenvolvimento, como veremos a propósito do Sistema de Preferências Generalizadas da Comunidade Europeia e é ainda mais evidente no sistema norte-americano[518].

De facto, o sistema de auto-designação só parece ter relevância prática no quadro das relações entre os próprios países membros do Grupo dos 77, uma vez que o Acordo sobre o Sistema Geral de Preferências Tarifárias entre os países em desenvolvimento, aprovado em Brasília em 22-23 de Maio de 1986, reserva exclusivamente a participação para membros do Grupo dos 77.

O sistema de identificação dos países através de uma lista – aplicado sobretudo na ajuda bilateral –, reúne todos os inconvenientes de representar a concretização de formas de apoio fortemente condicionadas por interesses ou opções ideológicas, raras vezes podendo pensar-se que na sua elaboração se procurou lançar mão de critérios económicos[519].

---

[518] Cfr. *infra*.

[519] O exemplo mais flagrante é o da ajuda concedida pelos Estados Unidos que se concentra fortemente em países como Israel e Egipto em detrimento do grupo dos países mais pobres mas de menor interesse estratégico.

Finalmente, a opção de recurso a uma votação política é de muito escassa utilização, apenas se podendo citar a técnica seguida pelas Nações Unidas de, ao definir a responsabilidade financeira dos membros nas operações de manutenção da paz, elaborar listas de países desenvolvidos, da qual resulta por exclusão, a determinação dos países em desenvolvimento.

3.4.3. *A distinção entre várias categorias de países em desenvolvimento*

Mais do que a definição de critérios para identificação dos países em vias de desenvolvimento, a tarefa que hoje aparece no centro das atenções é a da divisão desses países em categorias diversas, que permitam contemplar especialmente os mais desfavorecidos de entre eles.

Sendo este um problema fulcral das actuais políticas de desenvolvimento, importa, todavia, notar que se não chegou aqui a uma solução totalmente satisfatória e que, ainda que as Nações Unidas tenham definido um critério, que é vinculativo para os seus órgãos, tal critério não é seguido pela Associação Internacional para o Desenvolvimento, entidade especialmente interessada na identificação deste grupo de Estados.

O estabelecimento de uma categoria de países menos desenvolvidos começou a desenhar-se no âmbito das Nações Unidas e da CNUCED[520], por impulso da Comissão para o Planeamento do Desenvolvimento, que veio a definir uma regra aprovada com muitas reservas pela Assembleia Geral, em 1971[521], segundo a qual estes países deveriam obedecer à seguinte série de critérios: rendimento *per capita* inferior a 100 dólares; participação da indústria em menos de 10% para a formação do Produto Interno Bruto; e uma taxa de alfabetização inferior a 20% dos indivíduos com mais de quinze anos.

Esta regra, que serviu de base à inclusão de um grupo de países – que, embora tivesse vindo a aumentar gradualmente foi sempre considerado insatisfatório, – veio a ser revista em 1991, no sentido de introduzir dois indicadores: o do Índex do Aumento Físico da Qualidade de Vida e o Índex da Diversificação Económica, que se juntaram ao indicador quantitativo rela-

---

[520] Para um exame pormenorizado dessa evolução, Cfr. GUY FEUER, «Les Différentes Catégories de Pays en Développement. Genèse. Évolution, Statut», *Journal du Droit International*, 109 (1982), n.° 1, pp. 5 e segs..

[521] Resolução 2768 (XXVI), de 18 de Novembro de 1971.

cionado com o rendimento *per capita*[522]. Acrescentou-se, ainda, a proibição de integração na lista de países com mais de 75 milhões de habitantes.

Já foi notado que a nova regra procura aproximar-se das preocupações expressas no Indicador de Desenvolvimento Humano elaborado pelo PNUD mas que, ainda assim, os seus resultados não convergem, deixando de fora países que, de harmonia com o critério do PNUD[523], deveriam estar incluídos na lista.

Independentemente dos juízos de mérito que possam incidir sobre os critérios que lhe estão subjacentes, a regra definida pela ONU ou as listas estabelecidas em conformidade têm vindo a ganhar uma importância crescente, sendo referenciadas quer no âmbito do GATT, quer da Comunidade Europeia, quer do próprio grupo dos 77.

De qualquer forma, não constitui regra única, tendo a Associação Internacional para o Desenvolvimento optado, como já foi referido, por elaborar regras próprias para a determinação dos países menos desenvolvidos, aplicando o Acordo relativo ao Relacionamento entre as Nações Unidas e as Agências especializadas, que não a obriga a cumprir as deliberações da Assembleia Geral, mas tão só limitar-se a levá-las em consideração[524].

As regras definidas pela Associação Internacional para o Desenvolvimento partem igualmente do rendimento interno *per capita* e levam também em conta a dimensão populacional, juntando, no entanto, outros índices que se relacionam com a limitada capacidade para obtenção de empréstimos de fontes convencionais, a capacidade para fazer uso das disponibilidades e a existência de projectos.

Uma vez admitido o princípio da possibilidade de distinção de diferentes tipos de países em vias de desenvolvimento, tem-se assistido a uma tentativa, por vezes excessiva, de criação de sub-categorias diversas. O PNUD, por exemplo, em 1977, defendia a divisão em 4 categorias: os países menos avançados; outros países com rendimento baixo por habitante, em especial os que têm uma população excessiva; os países de rendimento médio e os países de rendimento relativamente elevado[525].

---

[522] Em resultado da adopção do novo critério, verificaram-se alguns ajustamentos, com um aumento dos países em condições de integrarem a lista e a exclusão de apenas um – o Botswana – que se veio a decidir submeter a um tratamento especial de transição.

[523] GUGLIELMO VERDIRAME, *ob. cit.*, p. 185.

[524] Cfr. *infra* Parte II.

[525] Sobre essa classificação, vd. GUY DE LACHARRÈRIERE, «La Catégorie Juridique des Pays en Développement», in *Pays en Voie de Développement et Transformation du Droit International*, cit., p. 45 e seg..

Por seu turno, as Nações Unidas têm vindo a proceder à classificação de diversas categorias de Estados com problemas especiais, como seriam os Estados insulares, os Estados sem acesso ao litoral, ou os Estados de pequenas dimensões.

A autonomização de diferentes categorias no seio dos países em desenvolvimento constitui um factor inegavelmente positivo para o afinamento dos mecanismos de tratamento preferencial desses países e de criação de soluções mais justas.

Porém, as vantagens dessa diferenciação não são totalmente potenciadas já que, ao facto de não existir um critério uniforme na determinação das diversas categorias – que se sobrepõe já à indeterminação do próprio conceito de país em desenvolvimento – se soma a circunstância de as ilações extraídas desta diferenciação de categorias não serem ainda decisivas.

A última sessão da Assembleia Geral das Nações Unidas referente a esta problemática trouxe para este debate um contributo não negligenciável, ao apontar especialmente para uma maior concentração do auxílio externo a estes países.

Finalmente, a excessiva proliferação de categorias de países em desenvolvimento pode conduzir a crescentes dificuldades na afirmação, já de si difícil, do direito ao desenvolvimento.

4. O desenvolvimento económico nos textos constitucionais

A proclamação do direito ao desenvolvimento, com a consequente definição de obrigações para o Estado, fez a sua entrada em alguns textos constitucionais no segundo pós-guerra, na sequência dos dolorosos problemas económicos e sociais resultantes do conflito e de uma nova avaliação dos direitos do homem, que implicou a garantia da criação de condições para o pleno desenvolvimento da personalidade[526].

Tais proclamações visaram, no entanto, apenas efeitos internos, só se destinando a produzir efeitos em determinado espaço jurídico delimitado pelas fronteiras políticas e dando origem a um feixe de direitos e obrigações entre o Estado e os seus nacionais.

---

[526] É o caso, designadamente, da Constituição italiana de 1948 (artigo 2.º, parágrafo 1.º), da Alemã de 1949 (artigo 2.º, parágrafo 1.º) e da francesa (artigo 88.º).

194 *Valores e Interesses*

Só nas constituições de alguns Estados em desenvolvimento, aprovadas bastante mais tarde, é que a problemática viria a conhecer um desenvolvimento diferente [527].

No essencial, pode dizer-se que os Estados de Bem Estar que se instalaram no segundo pós-guerra procuraram dar uma resposta ao problema do desenvolvimento, assegurando a correcção de desigualdades no plano interno e assumindo um conjunto de direitos e deveres de natureza económica e social, que criaram melhores condições de vida para os mais carecidos.

Seria, no entanto, preciso esperar pela Constituição Portuguesa de 1976 para se assistir à consagração clara de um dever de cooperação para o desenvolvimento no plano das relações internacionais, solução que não teve sequência, no direito comparado, na medida em que veio a fracassar a tentativa de incluir na constituição francesa um artigo que consagrava o dever de auxílio aos países menos desenvolvidos[528].

No texto constitucional português é, de facto, possível encontrar, quer na versão originária, quer na que resultou das sucessivas revisões, não só múltiplas referências ao desenvolvimento no plano interno[529],

---

[527] Pela influência da Carta Africana dos Direitos do Homem nalgumas constitições africanas. Cfr. LAURENT GABA, «L'État de Droit et la Démocratie: Les Obstacles à leur Implantation em Afrique Subsahariènne», in DANIEL MOCKLE (org.), *Mondialisation et État de Droit*, Bruxelles, Bruylant, 2002, pp. 254 e segs..

[528] Ainda que a Comissão Especial de Liberdades instituída pela Assembleia Nacional tivesse apresentado em 1977 uma proposta de um artigo onde se previa expressamente: "a contribuição para o progresso dos países em vias de desenvolvimento, no respeito da sua soberania, é um dever nacional e internacional", que não viria a ser retomada após a renovação da Assembleia em 1978. Para uma descrição deste processo vd. JEAN-JACQUES ISRAEL, «Le Droit au Développement», *Revue Générale de Droit International Public*, tomo 87 (1983), n.º 1, pp. 8 e segs..

[529] O que é facilmente compreensível se nos recordarmos do estádio de desenvolvimento em que Portugal se encontrava e que tinha, aliás, constituído um dos fundamentos do 25 de Abril, retomando as críticas provenientes quer de sectores liberais do antigo regime, que apostavam numa solução de progresso económico que facilitasse a abertura política, quer da Oposição Democrática.

Esse debate político tinha, por outro lado, um importante suporte teórico, podendo dizer-se que as primeiras preocupações teóricas com o desenvolvimento em Portugal provêm dos economistas de raiz keynesiana, como TEIXEIRA PINTO JACINTO NUNES e FRANCISCO PEREIRA DE MOURA, todos do ISCEF e fazem-se sentir ainda nos anos quarenta e cinquenta.

À orientação keynesiana desses autores juntar-se-ia, mais tarde, uma forte influência de CELSO FURTADO que viria, aliás, a receber o título de doutor *honoris causa* pelo ISCEF e, nalguns casos, dos principais autores neo-marxistas teorizadores das relações de dependência.

Uma outra perspectiva que não pode ser esquecida a propósito destes estudos é a sociológica, sobretudo a partir da década de sessenta, dominada pela figura tutelar de

Aspectos jurídicos do desenvolvimento

como a sua consagração como valor ao qual Portugal deve emprestar uma especial importância no plano das relações internacionais. Retenha-se, no que concerne a referências ao desenvolvimento enquanto problema interno, o artigo 9.°, que inclui entre as tarefas fundamentais do Estado a de "promover o desenvolvimento harmonioso de todo o território nacional, tendo em conta, designadamente, o carácter ultraperiférico dos Açores e a da Madeira" e o artigo 81.°, alínea a), que qualifica como incumbência prioritária do Estado, a de "promover o aumento de

---

ADÉRITO SEDAS NUNES, fortemente influenciado por PERROUX e pela Doutrina Social da Igreja e muito orientada para a apreciação das questões do desequilíbrio regional, dentro de uma preocupação de alcançar *uma dignificação progressiva da vida humana*.

Um aspecto interessante é, aliás, a especial sensibilidade dos economistas do desenvolvimento português para a problemática do estruturalismo, especialmente através da influência da CEPAL, ainda que, de alguma forma, PERROUX e o estruturalismo francês tivessem merecido também a atenção de académicos portugueses.

Uma forte influência do estruturalismo brasileiro viria a ser assumido por AVELÃS NUNES, em especial em *Industrialização e Desenvolvimento...*, cit., *Crescimento Económico e Distribuição do Rendimento (Reflexões sobres o Caso Brasileiro), Cadernos de Ciência e Técnica Fiscal*, 143, 1986, e Teoria *Económica e Desenvolvimento Económico. A Controvérsia Monetarismo/Estruturalismo na América* Latina, Lisboa, Caminho, 1988, coerentemente, aliás, com o interesse pelos temas latino- americanos manifestado noutros trabalhos do mesmo autor.

Haverá, por outro lado, que assinalar a especial ligação entre essa análise e a defesa da planificação da economia que é generalizada nos economistas portugueses das décadas que se seguiram ao segundo pós-guerra e que teve como pano de fundo uma opção política pela elaboração de planos de fomento, cujas características muito especiais permitem, no entanto, questionar se se estaria em presença de verdadeiros planos.

Paralelamente, como foi já referido, pode detectar-se uma preocupação com o desenvolvimento regional, em consonância com que o que, pela mesma época, se fazia sentir em França, identificável, por exemplo, em MANUELA SILVA, FRANCISCO PEREIRA DE MOURA e, a nível das regiões insulares, nos intervenientes nas várias Semanas de Estudo Açorianas.

Um aspecto especialmente significativo é a adesão praticamente pacífica a uma concepção de desenvolvimento que não leva em consideração apenas os aspectos quantitativos e que é por vezes de uma grande modernidade, ao apontar, por exemplo, para a necessidade de alterações institucionais ou na consideração da componente das relações económicas internacionais.

Numa segunda geração de autores a preocuparem-se com a questão do desenvolvimento económico, conjugando a análise da problemática nacional com o enquadramento teórico geral, importa salientar SOUSA FRANCO, cuja dissertação de doutoramento, centrada na questão da formação de capital e no papel do Estado para facilitar essa tarefa, revela uma grande sensibilidade para a variedade dos problemas que condicionam o desenvolvimento e que, na sua perspectiva, vão muito para além da formação do capital.

bem-estar social e económico e da qualidade de vida das pessoas, em especial das mais desfavorecidas, no quadro de uma estratégia de desenvolvimento sustentável".

Já quanto ao desenvolvimento no plano internacional, recorde-se que, logo no n.º 1 do artigo 7.º, se proclama: "Portugal rege-se nas relações internacionais pelo princípio da independência nacional, do respeito dos direitos do homem, dos direitos dos povos, da igualdade entre os Estados, da solução pacífica dos conflitos internacionais, da não ingerência nos assuntos internos dos outros Estados e da cooperação com todos os outros povos para a emancipação e o progresso da humanidade"; enquanto que no número 3 se afirma que "Portugal reconhece o direito dos povos à auto-determinação e independência e ao desenvolvimento, bem como o direito à insurreição contra todas as formas de opressão".

A especial sensibilidade para o tema revelada no texto constitucional português parece reflectir, simultaneamente, a vontade de ruptura com o passado colonial, o empenho na cooperação com as antigas colónias (objectivo autonomizado no número 4 do mesmo artigo), o vigor com que estas questões eram debatidas nas organizações internacionais ao tempo em que a Constituição foi redigida, bem assim como a importância de uma linha de pensamento que ganhara especial eco depois do 25 de Abril, associando o desenvolvimento interno do país à construção de uma ordem económica internacional mais justa.

Essa linha, que teve uma expressão política especialmente relevante numa ala do Movimento das Forças Armadas, normalmente designada por *Grupo dos Nove*, veio pôr em relevo aquilo que considerava serem as especificidades do "modelo português de subdesenvolvimento", procurando torná-lo num caso de estudo autónomo e daí retirar conclusões políticas.

Paradigmáticos dessa posição, fortemente inspirada pelas posições neo-marxistas e estruturalistas, são alguns textos de MÁRIO MURTEIRA[530], que se questiona sobre a eventual especificidade do caso português, para concluir: "cremos que poderemos resumi-la na seguinte ideia essencial: a persistência secular de uma relação de dominação-dependência numa formação social que é simultaneamente agente externo de subdesenvolvimento (pela criação de relações de exploração e dependência face à metrópole colonial portuguesa) e sujeito mais ou menos passivo de dependência face a outras formações de capitalismo "cêntrico" mais dinâmicas e agressivas".

---

[530] *Desenvolvimento e Subdesenvolvimento…*, cit., pp. 123-24.

Aspectos jurídicos do desenvolvimento   197

A essa análise teórica andava associado um projecto específico de desenvolvimento, que assentaria no reforço de formas de cooperação externa ou, como escrevia o mesmo MÁRIO MURTEIRA, em 1975[531], "isto é dizer que assumir em profundidade a problemática da cooperação económica num quadro de dependência externa, implica articular claramente um modelo de desenvolvimento interno com a inserção em conjuntos mais vastos de nações, sejam nações socialistas industrializadas ou economias do Terceiro Mundo buscando o desenvolvimento por vias socialistas específicas"[532].

Mas, deverá realçar-se que, mesmo quando essa análise teórica veio a perder actualidade e suporte político, o texto constitucional se manteve praticamente inalterado, consagrando um conjunto de valores que devem ser respeitados na condução da política externa, ou como escrevem GOMES CANOTILHO/VITAL MOREIRA: "a expressa consagração de direitos dos povos na Constituição implica a vinculação da política externa por esses direitos. Os direitos dos povos constituem assim *determinantes positivas heterónomas*, que vinculam os órgãos de soberania a quem cabe a condução das relações internacionais de Portugal" [533].

Independentemente de quaisquer reticências que se possam colocar no plano semântico, não deixa de ser de pôr em relevo que os constituintes portugueses, ao articularem a dimensão interna e externa do desenvolvimento, se colocaram numa posição de profunda modernidade, totalmente compatível com a inspiração personalista do texto constitucional de 1976.

Na ausência de outras soluções constitucionais semelhantes, não se deverá, em qualquer caso, esquecer que o Tratado de Maastricht, embora com uma perspectiva profundamente diversa, também veio, de alguma forma, "constitucionalizar" um dever de cooperação para o desenvolvimento por parte da União Europeia, como teremos ocasião de ver mais pormenorizadamente[534].

---

[531] «Cooperação Económica para o Desenvolvimento Recíproco», *Análise Social*, II Série, vol. XI, n.º 41 (1975), p. 15.

[532] Recorde-se, aliás, que Portugal abandonou o Comité de Apoio ao Desenvolvimento da OCDE, de que era fundador, em 1974, reivindicando o tratamento de país em desenvolvimento.

[533] *Constituição da República Portuguesa Comentada*, 3.ª edição, Coimbra, Coimbra Editora, p. 79.

[534] Cfr. *infra*, Parte III.

5. O Desenvolvimento nos grandes textos internacionais

Na medida em que o problema da cooperação para o desenvolvimento constitui um problema da sociedade internacional no seu conjunto, reportando-se ao equilíbrio entre nações mais e menos desenvolvidas, é lógico que a indagação se transfira para os principais textos de vocação universal, procurando determinar o tratamento dado a esta matéria.

Naturalmente que o primeiro texto a justificar atenção é a própria Carta das Nações Unidas[535] que, como assinalam ANDRÉ GONÇALVES PEREIRA e FAUSTO DE QUADROS, corresponde a um tratado-constituição, que contém um conjunto de princípios que não são exclusivos das Nações Unidas, "porque constituem princípios fundamentais de toda a Comunidade Internacional e, por isso, dão corpo a um *Direito Constitucional Internacional*"[536].

Ora, ainda que entre esses princípios não esteja expressamente afirmado o da prossecução do desenvolvimento, não se pode ignorar que entre os objectivos da Organização se encontram alguns de carácter económico que têm subjacente a ideia de desenvolvimento.

Compreende-se, assim, que a Carta constitua o texto básico de referência para as posições desenvolvimentistas, ainda quando haja que reconhecer que as disposições fundamentais se revestem de um carácter fortemente proclamatório, como sucede com o número 3 do artigo 1.º, onde se consagra, entre os objectivos da Organização, o de "resolver os problemas internacionais de carácter económico, social, cultural ou humanitário" e com o artigo 55.º, alínea a), que lhe assinala como missão, necessária para criar condições de estabilidade e bem-estar e relações pacíficas e amistosa entre as nações, a de "elevação dos níveis de vida, o pleno emprego e condições de progresso e desenvolvimento económico".

Mesmo que se não encontre na Carta das Nações Unidas uma afirmação categórica da existência do direito ao desenvolvimento, como de resto, do direito à auto-determinação, teria sido possível extrair quer do

---

[535] Sem esquecer que o Pacto da Sociedade das Nações, no artigo 23.º, alínea a), estabelecia já que os membros da sociedade "esforçar-se-ão por assegurar e manter as condições de trabalho equitativa e humanas para o homem, mulher e criança nos seus próprios territórios, assim como em todos os países aos quais se estendam as suas relações de comércio e de indústria, e, nesse intuito, deverão criar e manter as organizações internacionais necessárias".

[536] *Manual de Direito Internacional Público*, 3.ª edição, de 1995, com sucessivas reimpressões, p. 468.

preâmbulo, quer dos objectivos da organização, quer do titulo IX, os argumentos necessários à defesa da consagração desse direito, o que no entanto, esteve longe de acontecer.

Esse dado é tanto mais surpreendente quando se pensa que outros princípios, objecto de tratamento semelhante na Carta, como o da auto--determinação – apenas referenciado como instrumental do objectivo de manutenção da paz – se vieram a afirmar com relativa facilidade e a encontrar no seio das Nações Unidas um quadro bastante consensual.

Ainda que se não queira aceitar a consagração na Carta do direito ao desenvolvimento, ela vai funcionar como inspiração fundamental para os esforços do desenvolvimento nas décadas seguintes e, também, para as tentativas de consolidação da base jurídica desse direito, tentativas que seriam, naturalmente, dificultadas pelo processo de criação de normas em direito internacional.

A Declaração Universal dos Direitos do Homem viria, em qualquer caso, a explicitar, no artigo 28.°, que "todas as pessoas têm direito a que vigore, no plano social e sobre o plano internacional uma ordem que permita uma plena efectividade dos direitos e liberdades enunciados na presente declaração", afirmação que, confrontada com as modernas concepções sobre o desenvolvimento, não pode deixar de ser vista como o reconhecimento do direito ao desenvolvimento.

Também os Pactos das Nações Unidas sobre Direitos Civis e Políticos e sobre Direitos Económicos, Sociais e Culturais de 1966, viriam a incluir um artigo 1.° idêntico, com o seguinte teor: "todos os povos têm o direito de dispor deles mesmos e de determinar livremente o seu desenvolvimento económico, social e cultural; para atingir os seus fins, todos os povos podem dispor livremente das suas riquezas e dos seus recursos naturais, sem prejuízo das obrigações decorrentes da cooperação económica internacional, fundada sobre o princípio do interesse mútuo; em nenhum caso poderá um país ser privado dos seus meios de subsistência".

A inspiração desenvolvimentista, subjacente à Carta, encontra-se, por outro lado, igualmente espelhada noutros acordos de alcance universal, tais como a Declaração de Filadélfia de Maio de 1944, incorporada na Constituição da OIT, a Convenção de 16 de Novembro de 1945, que criou a UNESCO e o Acto Constitutivo da FAO[537].

---

[537] Para um levantamento exaustivo de todos os textos internacionais que, à época, fundamentavam o direito ao desenvolvimento, Cfr. ZALMAI HAQUANI, «Le Droit au Développement: Fondements et Sources», in *Le Droit au Développement sur le Plan Interna-*

Recorde-se, a título exemplificativo, que na Declaração de Filadélfia se proclamava que "todos os seres humanos, quaisquer que sejam a sua raça, crença ou sexo, têm direito a prosseguir o seu progresso material e o seu desenvolvimento espiritual em liberdade e dignidade, com segurança económica e igualdade de oportunidades".

No plano das organizações internacionais, uma afirmação inequívoca do direito ao desenvolvimento surge na Carta Africana dos Direitos do Homem e dos Povos de 28 de Junho de 1981, cujo artigo 22.º dispõe:

1. Todos os povos têm direito ao seu desenvolvimento económico, social e cultural, com devido respeito da sua liberdade e da sua identidade, e à fruição, por igual, do património comum da humanidade.

2. Os Estados têm o dever, tanto individual como colectivamente, de assegurar o direito ao desenvolvimento".

Embora esta última disposição seja apenas vinculativa para os Estados signatários, importa sublinhar que ela funcionou como um ponto de referência para quantos procuravam a consagração do direito ao desenvolvimento em instrumentos internacionais de alcance mais vasto, até pela forma como conseguiu conciliar os direitos individuais e colectivos, como fica bem patente na disposição citada[538].

---

tional, colóquio da Academia de Direito Internacional de Haia, de Outubro de 1979, editado por RENÉ-JEAN DUPUY, SITHJOFF e NOORDHOFF, ALPHEN AN DEN RIJN, The Netherlands, pp. 22 e segs..

[538] Vd., a este propósito, MAURICE LELÉ AHANHANZO, «Introduction à la Charte Africaine des Droits de l'Homme et des Peuples», in *Droits et Libertés à la Fin du XXème Siècle. Influence des Données Économiques et Technologiques. Études Offertes a Claude-Albert Colliard*, Paris, Pedone.

PARTE II

ORGANIZAÇÕES INTERNACIONAIS
E DESENVOLVIMENTO ECONÓMICO

Introdução

A economia do desenvolvimento, porventura mais do que qualquer outro ramo das ciências económicas, não tem uma dimensão meramente académica, antes correspondendo à definição de orientações que servirão de base a políticas a executar. Esta dimensão operativa é complementada pela existência de uma permeabilidade muito grande entre os agentes com responsabilidades de decisão económica e os economistas teóricos.

Não é naturalmente possível acompanhar aqui a forma como todos os agentes empenhados nas tarefas de desenvolvimento económico respondem às inquietações da política de desenvolvimento, mas parece ainda assim útil analisar, em termos gerais, as principais respostas que têm sido ensaiadas a nível das organizações internacionais[1] e que têm naturalmente evoluído com o tempo e de harmonia com as próprias revisões teóricas desta problemática.

Num mundo crescentemente interdependente torna-se especialmente importante indagar da forma como as Nações Unidas, as instituições financeiras de *Bretton Woods* e a Organização Mundial do Comércio têm procurado responder ao desafio que se lhes coloca e da contribuição que terão dado para a solução destes problemas.

Essa análise não ignora a multiplicidade das soluções ensaiadas a nível regional[2], ou das organizações especializadas das Nações Unidas

---

[1] Seria naturalmente descabido ocuparmo-nos aqui dos diferentes tipos de organizações internacionais. Para um estudo aprofundado dessa problemática e da diversidade dos seus estatutos, remete-se para RENÉ-JEAN DUPUY (org.), *Manuel sur les Organizations Internationales*, 2ª edição, 1998, Académie Internationale de Droit International de la Haye, Boston, London, Dodrecht, Martinuas Nijhoff, e, entre nós, ANDRÉ GONÇALVES PEREIRA e FAUSTO DE QUADROS, *ob. cit.* e JOÃO MOTA CAMPOS (org.), *Organizações Internacionais*, Fundação Gulbenkian, Lisboa, 1999.

[2] Sobre a actuação destas organizações, vd. RAMÓN TAMAMES e BEGOÑA G. HUERTA, *Estrutura Económica Internacional*, 5ª edição actualizada e aumentada, tradução portuguesa, Lisboa, Dom Quixote, 2000, pp. 201 e segs. e o pormenorizado levantamento, *Organisations Internationales à Vocation Régionale*, Paris, La Documentation Française, 1995.

como a FAO, a UNESCO, a OIT ou a OMPI[3], ou a importância crescente das instituições não governamentais, responsáveis, por vezes, por projectos importantes no domínio do desenvolvimento, embora tenha sido limitada pelo reconhecimento da impossibilidade de aprofundar todos esses domínios[4].

Aquilo que se pretende, no essencial, é esboçar uma tentativa para dar conta das opções de política do desenvolvimento com maior impacto no universo dos países em desenvolvimento, com o duplo objectivo de aferir da resposta que a comunidade internacional dá às questões éticas e jurídicas que o desenvolvimento coloca e de nos permitir uma melhor percepção da importância da política comunitária de cooperação para o desenvolvimento neste contexto.

---

[3] Para uma síntese da actividade dessas instituições especializdas, cfr. VELASCO VALEJO, *Les Organizations Internationales...*, cit, pp. 338 e segs..

[4] Não deixa de ser impressionante recordar com ZALMAÏ HAQUANI, «L'Action des Nations Unies dans la Promotion du Développement Économique et Social», cit., pp. 705-06, que das trezentas e oitenta organizações internacionais recenseadas em 1996, mais de trezentas estavam directa ou indirectamente relacionadas com o desenvolvimento económico.

CAPÍTULO I

A Organização das Nações Unidas

1. Considerações gerais

A Organização das Nações Unidas merece um destaque especial na avaliação da intervenção das organizações internacionais no plano do desenvolvimento económico, não só pelo facto de se tratar de uma organização de carácter tendencialmente universal, como também pela concepção desenvolvimentista subjacente à Carta e ainda por ter sido, por muitos anos, o *forum* privilegiado dos debates sobre esta matéria, a que andou, designadamente, associado o projecto de uma Nova Ordem Económica Internacional, visando uma melhor inserção dos novos Estados nas relações económicas internacionais.

Mas a relevância da ONU resulta, também, da circunstância de a Organização ter vindo a instituir um vasto conjunto de organismos que integram o seu sistema para o desenvolvimento, configurando-se quer como instâncias de reflexão, quer como entidades vocacionadas para o apoio concreto à execução de políticas.

Naturalmente que as décadas de funcionamento que a Organização já tem e os escassos resultados conseguidos não podem deixar de provocar algum cepticismo, quer quanto à eficácia dos debates, quer quanto à eficiência do sistema de apoio, criando a convicção da necessidade de uma profunda reforma institucional que corresponda, de resto, ao esforço alargado que a instituição tem desenvolvido nos últimos anos, no sentido de desenvolver políticas consensuais de desenvolvimento e auxiliar a busca do seu financiamento.

Impressiona, de uma forma especial, a proliferação dos organismos destinados a promover o desenvolvimento e a diversidade dos seus estatutos, bem como a exiguidade dos meios ao seu dispor, muitas vezes praticamente consumidos em despesas inerentes ao próprio funcionamento.

Por outro lado, as Nações Unidas, que se tinham empenhado num modelo de desenvolvimento que comportava uma acção voluntarista no sentido de provocar uma alteração na ordem mundial, tal como saída da segunda guerra mundial, conheceram algumas dificuldades quando confrontadas com o triunfo das correntes liberais[5], dificuldades que implicaram um esforço de adaptação, a fim de garantir que a Organização não fosse totalmente excluída da reflexão e execução das políticas de desenvolvimento.

Poderá dizer-se que hoje as tarefas fundamentais das Nações Unidas em matéria de desenvolvimento económico, se situam em três domínios essenciais: o da análise e reflexão, o da recomendação e o da assistência técnica[6].

No primeiro plano, as Nações Unidas poderão desempenhar um papel relevante na apreciação da evolução económica e dos problemas que ela coloca, formulando propostas e sugestões; no segundo, a Organização pode viabilizar negociações que levem a emitir recomendações aos Estados sobre as regras de jogo económico desejáveis e, finalmente, no terceiro, as Nações Unidas poderão proporcionar um importante auxílio na formação e apoio técnico, sem se substituírem aos responsáveis nacionais.

2. O papel da Assembleia-Geral

No quadro da Organização das Nações Unidas, a Assembleia Geral ocupa um lugar especialmente significativo, quer porque nela estão representados todos os Estados membros – que dispõem de idênticos poderes de voto – quer porque a sua competência é extremamente genérica, permitindo a discussão de um conjunto muito vasto de temas, já que o artigo 10.° da Carta estipula que podem ser abordados todos os assuntos ou questões que se situem no âmbito da mesma, bem como os que se relacionem com os poderes e funções de qualquer órgão.

---

[5] Nesse sentido, MOHAMMED BEDJAOUI, «Rapport General», in YVES DAUDET (org.), *Aspects du Système des Nations Unies dans le Cadre de l Idée d'un Nouvel Ordre Mondial*, Paris, Pedone, 1992, pp. 99 e segs..

[6] Segue-se aqui o esquema proposto por YVES BERTHELOT, «Les Moyens d'Action des Nations Unies pour le Développement Économique», in YVES DAUDET (org.), *Aspects du Système des Nations Unies dans le Cadre de l'Idée d'un Nouvel Ordre Mondial*, cit., pp. 131 e segs..

As amplas atribuições da Assembleia Geral em matéria de desenvolvimento acabaram por ser desenvolvidas em dois sentidos essenciais: um primeiro, que se traduziu na tentativa de criar princípios e regras favoráveis aos países em desenvolvimento e um segundo, que passou pela criação de novos órgãos subsidiários (artigo 22.º da Carta) e pela alteração das competências de órgãos já existentes.

A primeira vertente dessa actuação deu origem, ao longo de décadas, à aprovação de inúmeras instrumentos – resoluções, declarações, recomendações, programas de acção e até cartas internacionais, que vão para além da já apreciada tentativa de consagração do direito ao desenvolvimento – através dos quais se procurou formular princípios e regras de acção. A natureza jurídica das decisões adoptadas suscitou, muitas vezes, viva controvérsia.

Independentemente do seu valor jurídico, esse vasto conjunto de resoluções, declarações, recomendações e programas de acção não pode ser ignorado. Como pertinentemente realçaram GUY FEUER e HERVÉ CASSAN[7], "... através de um discurso raramente rigoroso, por vezes desajeitado, frequentemente repetitivo, mas sempre determinado, a Assembleia fez prova de uma incontestável capacidade de reflexão, seja oficializando novos conceitos mobilizadores (por exemplo, os da soberania sobre os recursos naturais ou da autonomia colectiva), seja prevendo até ao pormenor as operações a realizar (estratégias globais para o segundo e terceiros decénios, programa de acção respeitante à instalação de uma nova ordem económica internacional)".

Na verdade, mesmo que se parta do principio de que se está no domínio de normas desprovidas de valor jurídico imediato, ou destituídas de mecanismos de controlo e sanção, sempre se poderá reconhecer, com JORGE CASTAÑEDA, que elas acabam por constituir uma forma de pressão, tolerável – porque correspondente ao exercício de um poder previsto na Carta – sobre os Estados, no sentido de adoptarem determinados comportamentos de carácter social[8].

Tudo aponta, de resto, no sentido de que a intensa actividade da Assembleia Geral em torno da questão do desenvolvimento económico, especialmente visível até ao final da década de 80 do século passado, acabou por ser decisiva para colocar o tema na agenda do dia.

---

[7] *Droit International du Développement*, 2ª edição, Paris, Dalloz, 1991, p. 90.

[8] «La Charte des Droits et Devoirs Économiques des États. Note sur son Processus d'Élaboration», *Annuaire Français de Droit International*, XX (1974), pp. 31-77.

A multiplicação das resoluções e decisões nesta matéria desaconselha qualquer tentativa de levantamento exaustivo, importando, no entanto, reter algumas das mais relevantes, como as declarações que aprovaram os decénios para o desenvolvimento e o conjunto de documentos relativos à instauração de uma nova ordem económica internacional, que relevam daquilo que normalmente se designa de ideologia do desenvolvimento, passando depois para a nova perspectiva de abordagem do tema, configurada pela primeira vez na declaração sobre o quarto decénio e confirmada, posteriormente, nas grandes reuniões que marcaram a década de noventa e o início do século XXI.

2.1. *Os primeiros decénios para o desenvolvimento*

Uma breve análise dos quatro decénios para o Desenvolvimento permite-nos ter uma visão sintética, mas especialmente significativa, da forma como o tratamento desta matéria foi evoluindo, com destaque particular para a profunda inflexão consubstanciada na resolução que aprovou o quarto decénio.

O primeiro decénio[9] representa a primeira tentativa de planificação global, a nível internacional, da cooperação económica e social para o desenvolvimento, sendo a estratégia adoptada, em conformidade com o pensamento económico dominante na época, essencialmente de natureza quantitativa, bem expressa na previsão de um crescimento de 5 por cento ao ano do PIB dos países menos desenvolvidos.

Do ponto de vista da cooperação internacional, eram especialmente assinaladas a importância da assistência técnica e financeira (com a fixação do objectivo de concessão de auxílio no valor de 1% do PIB dos países desenvolvidos), assim como a necessidade de facilitar o comércio.

O segundo decénio para o desenvolvimento, destinado a cobrir o período entre 1970 e 1980[10], não trouxe alterações especialmente relevantes na estratégia, continuando a apontar-se para metas quantitativas especialmente ambiciosas, apesar de ter sido objecto de uma preparação extrema-

---

[9] Aprovada pela Resolução 1710 (XVI), de 19 de Dezembro de 1961.

[10] Aprovada pela Resolução 2626 (XXV), de 24 de Outubro de 1970. Vd., a este propósito, MICHEL VIRALLY, «La Deuxième Décennie des Nations Unies pour le Développement. Essai d'Interprétation Para-juridique», *Annuaire Français de Droit International*, vol XVI (1970), pp. 9 e segs..

mente cuidada[11] e de, entretanto, terem sido publicados documentos com a importância do Relatório *Pearson*, que veio analisar as causas da escassez de resultados no domínio do desenvolvimento económico[12].

O ambiente que rodeou o lançamento do segundo decénio pode, aliás, ser caracterizado por uma mistura de desânimo e esperança, de que nos dá conta lapidarmente JACINTO NUNES, sintetizando que as consequências que dai deveriam ser extraídas seriam, quanto aos países subdesenvolvidos, a necessidade de redobrarem os esforços e, quanto aos países desenvolvidos, a exigência de uma solidariedade reforçada[13].

É, ainda assim, de realçar que se atribui expressamente uma importância central a cada Estado na condução da sua política de desenvolvimento, dentro de um entendimento de que apenas a escassez de meios poderia tornar necessário o apoio externo.

Justifica também menção, como aspecto inovador em relação à anterior resolução, a definição de uma estratégia que implicava uma declaração preambular, onde eram afirmados os objectivos do decénio, seguida de uma especificação dos objectivos, de medidas concretas para a execução dos objectivos, de mecanismos de revisão e controlo dos objectivos e políticas e de mobilização da opinião pública.

2.2. *O terceiro decénio para o desenvolvimento e a Nova Ordem Económica Internacional*

O terceiro decénio[14] vai ficar marcado por uma tentativa de corte com a orientação até ai definida pela Assembleia Geral, traduzida na integração da ideia da Nova Ordem Económica Internacional (NOEI), sendo o decénio concebido como um instrumento para aplicação da Declaração sobre a NOEI.

Na base da estratégia então definida está a concepção da existência de uma economia mundial interdependente, o que teria como conse-

---

[11] Vd. JACINTO NUNES, *O 2.º Decénio do Desenvolvimento*, Lisboa, ISCEF, 1970.

[12] *Partners in Development*, New York, Washington, London, Preager Publishers, 1969.

[13] *O 2.º Decénio...*, cit., p. 11.

[14] Aprovada pela Resolução 35/56, de 5 de Dezembro de 1980. Vd., MAURICE FLORY, «La Troisième Décennie des Nations Unies pour le Développement», *Annuaire Français de Droit International*, vol. XXVI (1980), pp. 9 e segs..

210 *Valores e Interesses*

quência a consideração do esforço de desenvolvimento como uma tarefa comum de toda a humanidade.

Para além da diferente concepção de base e do reforço dos mecanismos de controlo, são de assinalar, como novidades importantes, a especial atenção dada aos países menos avançados ou outros com problemas especiais; a referência expressa ao respeito pelos princípios da soberania e da independência dos Estados e a relação entre desenvolvimento e desarmamento, procurando-se especialmente libertar meios financeiros para o desenvolvimento.

De qualquer forma, não é possível abordar a problemática do terceiro decénio sem fazer uma referência um pouco mais pormenorizada ao projecto de Nova Ordem Económica Internacional, que constituiu um dos momentos altos da utopia terceiro-mundista, mobilizando os mais diversos esforços[15].

Os textos fundamentais que deram expressão formal ao projecto de instauração de uma Nova Ordem Económica Internacional foram a Resolução n.° 3201 (S-VI) Declaração relativa à instauração de uma nova ordem económica internacional, de 1 de Maio de 1974, a Resolução n.° 3202 (S-VI) Programa de Acção relativo à instauração de uma nova ordem económica internacional, da mesma data; a Resolução n.° 3281 (XXIX) Carta dos Direitos Económicos e Sociais dos Estados, de 12 de Dezembro de 1974 e a Resolução n.° 3362 (S-VII) sobre o desenvolvimento e cooperação económica internacional, que surge como um texto complementar.

Trata-se de um conjunto de textos que visavam pôr em causa o quadro institucional de relacionamento entre países desenvolvidos e países menos desenvolvidos e a própria ideia de diálogo Norte-Sul, assegurando a autonomia colectiva dos países do Sul, através do desenvolvimento de formas de cooperação e integração e da garantia da plena disposição dos seus recursos.

As Resoluções de 1974 tiveram origem directa na Cimeira dos Chefes de Estado e de Governo dos países não alinhados, realizada em Argel em Setembro de 1973, que afirmou a convicção deste grupo de países no sentido de que os Estados mais desenvolvidos não tinham feito o esforço necessário para assegurar um desenvolvimento equilibrado e ainda de que

---

[15] Vd. Luís Máximo dos Santos, nota introdutória a *Textos de Relações Económicas Internacionais*, 2ª edição, Lisboa, AAFDL, 1999/2000, p. 23.

a ordem constituída num momento anterior às novas independências era inadequada para continuar a presidir às relações entre Estados[16].

Entre os princípios afirmados na Declaração figuravam o da necessidade de uma nova divisão internacional do trabalho, o da adopção de medidas contra a baixa ou a estagnação dos preços de produtos de exportação dos países em desenvolvimento, o do controlo desses países sobre os investimentos estrangeiros e o de uma participação mais activa nas decisões das instituições financeiras.

A Carta dos Deveres Económicos e Sociais dos Estados viria confirmar e desenvolver muitos destes princípios, de harmonia com a concepção, expressa no artigo 8.°, de que "os Estados deveriam cooperar para facilitar relações económicas internacionais mais racionais e mais equitativas e para encorajar as transformações estruturais, no âmbito de uma economia mundial equilibrada, de acordo com as necessidades e interesses de todos os países, em particular dos países em vias de desenvolvimento e deveriam tomar medidas apropriadas para esse fim"[17].

Pode concordar-se com GUY FEUER[18] na defesa de que esse conjunto de princípios correspondia essencialmente ao que vinha sendo defendido na CNUCED desde 1964, surgindo agora, como factores de inovação, a tentativa de reconhecimento das formas de cooperação como correspondendo à execução de um direito e não à concessão de um favor, bem como uma percepção global da problemática, em detrimento das anteriores visões e acções pontuais.

Esse conjunto de resoluções comunga do problema geral do valor e natureza jurídica das declarações da Assembleia-Geral das Nações Uni-

---

[16] Pertinentemente, MARIA MANUELA MAGALHÃES SILVA, *ob. cit.*, pp. 267, escreve que "o conceito de N.O.E.I. terceiro-mundista não é um produto de um perito ou grupo de peritos. Ela afirmou-se de uma forma pragmática. Impôs-se, progressivamente, no decurso de numerosas reuniões de trabalho, de conferências internacionais, de assembleias tidas por organizações internacionais".

[17] O sucesso retórico da Nova Ordem Económica Internacional levou, aliás, à aprovação da Declaração de Lima sobre o desenvolvimento industrial e a cooperação que previa que em 2000, vinte e cinco por cento da produção industrial deveria ter origem nos países da periferia, enquanto que, no quadro da UNESCO, se tentava lançar um nova ordem mundial da informação e da comunicação, que combatesse o imperialismo cultural dos Estados mais ricos, através de um controlo estatal da informação, projecto que levou a uma grave crise na organização com a saída dos Estados Unidos e Inglaterra em protesto contra essa ameaça à liberdade de expressão.

[18] «Les Nations Unies et le Nouvel Ordre Économique International (1974-1976)», *Journal du Droit International*, ano 104, n.° 3 (1977), pp. 606 e segs..

das, relativamente às quais se verifica uma resistência especial de alguns países ocidentais em admitir a sua natureza imperativa. Tal circunstância levou a que, durante algum tempo, se fosse travando uma batalha jurídica que passou, designadamente, pela tentativa de identificação de princípios que se teriam tornado especialmente consensuais e a que, por essa via poderia ser reconhecido o carácter vinculativo[19].

Autores como DOMINIQUE CARREAU, por seu turno, criticaram a imprecisão da redacção dos textos da Nova Ordem Internacional, sustentando que neles se misturavam aspectos políticos com jurídicos e que muitos dos princípios classificados como fundamentais não iam além de puras técnicas jurídicas instrumentais[20].

Pode, aliás, encontrar-se no mesmo DOMINIQUE CARREAU uma posição emblemática da reacção da doutrina tradicional, quando sustenta que para que a problemática do desenvolvimento pudesse conhecer evoluções, seria necessário que se verificasse uma melhoria significativa na situação económica mundial e um esforço mais nítido para chegar a posições de consenso[21].

A evolução política e ideológica das décadas subsequentes viria, no entanto, a determinar a inutilidade de tal tarefa, na medida em que a ideia de Nova Ordem Económica Internacional acabaria por nem sequer figurar na Resolução que aprovou o quarto decénio para o desenvolvimento e perderia muito do seu vigor, sendo praticamente remetida para a prateleira dos acontecimentos históricos[22].

Ainda que se não sigam os pressupostos fortemente ideológicos que estiveram na base da tentativa de criação da NOEI, não se pode deixar de pensar que alguns dos temas suscitados no seu âmbito, como o direito ao desenvolvimento, o aligeiramento da dívida ou o tratamento preferencial dos países menos desenvolvidos nas relações comerciais, monetárias e financeiras, continuam a ter importância nos nossos dias[23].

---

[19] Vd. MANUEL DIEZ DE VELASCO VALLEJO, *Les Organizations Internationales*, cit., pp. 312 e segs..

[20] «Le Nouvel Ordre Économique International», *Journal du Droit International*, ano 104, n.º 3 (1977), em especial, p. 600.

[21] *Idem.*

[22] Contra MARIA MANUELA MAGALHÃES SILVA, *ob. cit.,* pp. 267 e segs., parece continuar a emprestar uma grande importância à Nova Ordem Económica Internacional.

[23] Nesse sentido, JÓNATAS MACHADO, *Direito Internacional do Paradigma Clássico ao pós 11 de Setembro*, Coimbra, Coimbra Editora, 2003, pp. 374-375. Vd., também, SUBRATA ROY COWDHURY e PAUL J. I. M. DE WAART, «Significance of the Right to Development», in SUBRATA ROY COWDHURY, ERIK M.G. DENTERS E PAUL J. I. M. DE

Apesar de as críticas mais fortes ao projecto da Nova Ordem Económica Internacional serem provenientes de economistas de formação liberal, o pensamento crítico de esquerda também marcou distâncias, sustentando que a NOEI partilhava do mito do desenvolvimento segundo um paradigma de crescimento ocidental, não constituindo uma alternativa diferenciada nessa via, antes insistindo na via da cooperação e da existência de interesses recíprocos que caracterizava já muitas das anteriores posições sobre a matéria[24].

Um tanto ironicamente, a ideia de uma nova ordem internacional ressurgiria na cena política mundial após a derrocada do bloco soviético, embora sem traços de semelhança com a NOEI, que fora defendida pelos países não alinhados.

A Nova Ordem Internacional enunciada no início da década de 90 pelo presidente GEORGE BUSH e depois retomada e aprofundada por GEORGE W. BUSH, no início do século XXI, apresentou-se especialmente como a expressão da supremacia militar norte-americana, veiculando, do ponto de vista económico, os ideais liberais, aos quais a NOEI tentara responder.

2.3. *O quarto decénio para o desenvolvimento e a evolução posterior*

O quarto decénio para o desenvolvimento[25] teve um impacto público muito menor, mas ficou a marcar a já assinalada inflexão de posições, com o desaparecimento de todos os elementos de rigidez das anteriores proclamações e o reconhecimento, de partida, do falhanço das iniciativas precedentes.

Na base da nova estratégia está, por um lado, a afirmação de que os Estados devem assumir a sua responsabilidade individual na tarefa de desenvolvimento e, por outro, a de que o decénio se irá desenvolver sob o signo de um intercâmbio económico crescente entre as várias nações e de um reforço dos projectos de integração económica regional.

WAART (orgs.), *The Right to Development in International Law*, Dordrecht, Kluwer Academic Publishers, 1992, pp. 20 e segs., recordando os trabalhos do Seminário de Calcutá da Comissão para a NOEI da *International Law Association*, que se teriam traduzido numa adaptação e enriquecimento do tema, designadamente através da introdução da ideia de desenvolvimento sustentável.

[24] Vd. GILBERT RIST, *ob. cit.*, p. 144.

[25] *Idem.*

A inserção no texto da Resolução das preocupações com a defesa do ambiente e com a componente social do desenvolvimento, assegurando-se uma progressiva participação política das populações, constitui um dado importante, que introduz um registo de inovação.

No quadro desta estratégia apontam-se os seguintes seis objectivos para o decénio:

a) um aumento do crescimento económico dos países em desenvolvimento;

b) um processo de desenvolvimento que leve em consideração as necessidades sociais, procure uma redução considerável da pobreza extrema, promovendo o desenvolvimento e a utilização dos recursos e conhecimentos humanos e que seja racional e sustentável do ponto de vista ambiental;

c) um aperfeiçoamento dos sistemas monetários, financeiros e comerciais internacionais que permita apoiar o desenvolvimento;

d) a implantação de uma economia mundial firme e estável e uma gestão correcta, do ponto de vista macroeconómico, a nível nacional e internacional;

e) um reforço decisivo da cooperação internacional para o desenvolvimento;

f) um esforço especial em relação aos países menos desenvolvidos, os mais débeis de entre os países em desenvolvimento.

A estratégia aprovada vai reflectir, em larga medida, a alteração das concepções sobre desenvolvimento e o falhanço dos anteriores decénios, passando a assentar num conjunto de ideias que, entretanto, tinham sido particularmente trabalhadas pelo Banco Mundial e que representam, na prática, uma abdicação por parte dos países menos desenvolvidos das posições que vinham tentando forçar anteriormente, passando a admitir operar num quadro de consensos criados, sobretudo, com base em trabalhos que anteriormente vinham contestando.

A ausência de referências à Nova Ordem Económica Internacional, por um lado e, por outro, à prioridade acordada à erradicação da pobreza e da fome e ao desenvolvimento dos recursos humanos e das instituições, são omissões particularmente marcantes da nova filosofia definida na Resolução que recorta o modelo de acção da ONU para o quarto decénio.

Estabeleceu-se na Resolução uma obrigação de reexame conjunto e bienal da aplicação de estratégias, embora não tenha sido prevista a criação de mecanismos de controlo específico.

Nesta sequência, a última década do século passado iria assistir à realização de toda uma série de grandes conferências temáticas, promovidas pela Assembleia-Geral, que aprofundaram e refinaram as ideias subjacentes ao quarto decénio, contribuindo para o consenso anteriormente assinalado, em torno das questões do desenvolvimento económico.

É o caso, designadamente, da conferência do Rio de Janeiro sobre o Desenvolvimento e o Ambiente de 1992 e da Conferência Mundial sobre Direitos Humanos de Viena de 1993, que assinalam a criação de um consenso internacional sobre as relações entre o desenvolvimento, o ambiente e os direitos do homem, que vai estar na origem da orientação seguida pela ONU e por todos os restantes agentes de desenvolvimento, no sentido de privilegiar o desenvolvimento sustentável.

Do ponto de vista que agora nos interessa, ou seja, o das estratégias para o desenvolvimento económico, é especialmente de sublinhar a Cimeira de Copenhaga, a que aludimos já, da qual resultou a aprovação de uma Declaração que tem como aspecto mais significativo a assunção dos seguintes dez compromissos:

a) a criação de um meio económico, político, social, cultural e legal que permita o desenvolvimento social;

b) a erradicação da pobreza no mundo através de uma acção nacional enérgica e da cooperação internacional;

c) a prossecução do objectivo de pleno emprego como prioridade básica das políticas económicas e sociais;

d) a defesa da integração social, fomentando sociedades justas e assentes na promoção dos direitos humanos, na não discriminação, na tolerância, no respeito pela diversidade, na igualdade de oportunidades, na solidariedade, na segurança e na participação de todas as pessoas, incluindo os grupos mais vulneráveis;

e) a garantia do pleno respeito pela dignidade humana e pela igualdade e equidade entre homens e mulheres;

f) a realização dos objectivos de acesso universal e equitativo a uma educação de qualidade, ao mais alto nível possível de cuidados de saúde, de correcção das desigualdades, de fortalecimento da cultura e da preservação das bases essenciais de um desenvolvimento sustentável, centrado nas pessoas e que contribua para o pleno desenvolvimento dos recursos humanos e socais;

g) a aceleração do desenvolvimento económico, social e humano da África e dos países menos desenvolvidos;

h) a inclusão de objectivos de desenvolvimento social nos programas de ajustamento estrutural;

i) o aumento substancial e reforço da eficácia dos recursos afectos ao desenvolvimento social;

j) o reforço do quadro de cooperação internacional, regional e sub-regional[26].

Se o decálogo consensualizado na **Cimeira de Copenhaga** não pode deixar de ser considerado da maior importância e se contribuiu, como tivemos ocasião de ver, para o reforço da convicção da existência de um direito ao desenvolvimento com expressão a nível da comunidade internacional, nem por isso se pode deixar de admitir que não resultaram, nem da Resolução aprovando o quarto decénio para o desenvolvimento, nem da Cimeira de Copenhaga, efeitos concretos no plano do desenvolvimento mais satisfatórios do que os produzidos pelos anteriores decénios para o desenvolvimento.

Ainda assim, não se pode deixar de reconhecer à Cimeira o mérito de ter estendido, de modo decisivo, a reflexão sobre o desenvolvimento aos planos social e humano, fazendo a síntese de reflexões anteriormente desenvolvidas, em especial pelo PNUD, ou pelos próprios trabalhos preparatórios da sua realização[27] e de ter contribuído para o esclarecimento e reforço do papel da sociedade civil[28].

Foi seguramente essa percepção que levou a que, na **Declaração do Milénio** se voltasse a apontar para a quantificação de algumas metas a prosseguir, ainda que num prazo mais dilatado.

O pano de fundo em que a Declaração é perspectivada, no que respeita ao desenvolvimento, é o do conjunto dos seguintes sete princípios, assumidos como base das relações internacionais no século XXI: liberdade, igualdade, solidariedade, tolerância, respeito pela natureza e responsabilidades partilhadas.

---

[26] Para um desenvolvimento dessa temática, vd. HASSEN FODHA, «Les Principes Issus du Sommet Mondial pour le Développement Social», in YVES DAUDET (org.). *Les Nations Unies et le Développement Social International*, Paris, Pedone, 1996, pp. 79 e segs..

[27] YVES DAUDET, «Le Développement Social International, Nouveau Concept pour un Nouveau Droit?», in *Les Nations Unies et le Développement Social International*, cit., pp. 12 e segs..

[28] Neste sentido, MANUELA SILVA, prefácio a *Desenvolvimento. Dúvidas e Esperanças*, Plataforma Portuguesa das ONGDS, 1995.

A Declaração do Milénio representará, do ponto de vista do desenvolvimento económico, a expressão mais avançado na assunção de uma responsabilidade internacional, a par com o reconhecimento da globalização como o grande desafio a superar, implicando esforços acrescidos no sentido da criação de um futuro partilhado de vida da comunidade internacional.

Dessa percepção resulta a afirmação da necessidade de reunião de condições para o desenvolvimento, assumindo-se claramente que essas devem resultar de medidas tomadas a nível nacional e internacional e que passam, designadamente, pela boa-governação no plano interno e no das instituições financeiras internacionais e pelo reforço das possibilidades de financiamento do desenvolvimento.

Merece ainda referência o empenho posto na resolução dos problemas dos países menos desenvolvidos e dos Estados africanos, com a oficialização da necessidade de um tratamento diferenciado que os beneficie de forma especial e procure atacar as causas das dificuldades no desenvolvimento económico.

Ficou a constar da Declaração o seguinte elenco de metas quantificadas:

– redução a metade, até 2015, da proporção da população mundial que vive com menos de um dólar, da que vive em situação de fome e da que não tem acesso a água potável;
– garantia de que todas as crianças poderão obter um nível de escolaridade mínima, com igualdade de acesso entre rapazes e raparigas, na mesma data;
– redução da mortalidade maternal em três quartos e da mortalidade infantil em dois terços, sempre com referência à mesma data;
– paragem da contaminação pelo vírus HIV/AIDS e da malária e de outras doenças e início da sua regressão, ainda na mesma data;
– melhoria substancial das vidas de pelo menos 100 milhões de habitantes de bairros de lata, até 2020.

A par com essas metas quantitativas são apontadas outras, de natureza qualitativa, como a igualdade de sexos; o desenvolvimento de estratégias com vista a dar aos jovens a oportunidade de acesso a empregos produtivos; o encorajamento às empresas farmacêuticas para desenvolverem os remédios mais necessários nos países em desenvolvimento; a constituição de parcerias com o sector privado e com as organizações da sociedade civil com vista ao desenvolvimento e à erradicação da pobreza e a

218   *Valores e Interesses*

garantia de que os benefícios das novas tecnologias, em especial da informação, estão à disposição de todos.

Por outro lado, a Declaração do Milénio consagra também uma especial atenção à problemática da defesa do ambiente (ponto IV), afirmando o princípio de que não serão poupados esforços para libertar a humanidade e, sobretudo, os nosso filhos e netos da ameaça de viverem num planeta irreversivelmente danificado pelas actividades humanas e cujos recursos já não lhes permitam responder às suas necessidades.

A Declaração do Milénio não avança, no entanto, significativamente em relação à Cimeira do Rio[29], reafirmando os princípios da Agenda 21 e prometendo um esforço acrescido para a entrada em vigor das Convenções ambientais.

De resto, na Cimeira de Joanesburgo sobre o desenvolvimento sustentável, realizada dez anos depois da Reunião do Rio, foi visível a ausência de resultados significativos neste domínio, apesar de ter sido aprovado um Plano de Implementação e uma Declaração.

Numa Declaração onde são bem poucas as novidades ou as decisões concretas, não se pode, ainda assim, deixar de notar as dúvidas colocadas quanto aos efeitos da globalização e a distribuição desigual dos seus resultados e a reafirmação de uma linha que privilegia o desenvolvimento sobre a componente ecológica.

É, finalmente, de notar que, na Declaração do Milénio, se apela a um acompanhamento dos objectivos por parte do Secretariado das Nações Unidas, por forma a apurar se a evolução está a acompanhar os objectivos definidos. Essa apreciação tem vindo a ser feita não só pelo Secretariado, mas especialmente pelo PNUD que, nos últimos Relatórios sobre Desenvolvimento Humano, tem assinalado os movimentos de convergência e divergência com os objectivos da Declaração.

No Relatório de 2003, particularmente, o PNUD assumiu a tarefa não só de averiguar do grau de cumprimento, mas também de desenvolver os compromissos assumidos na Declaração, no sentido de os transformar num verdadeiro pacto para o desenvolvimento que venha a ter concretização prática, para o que convidou os países desenvolvidos a adoptarem o seguinte conjunto de medidas:

– aumentar a ajuda pública ao desenvolvimento por forma a colmatar as necessidades de financiamento;

---

[29] Cfr. supra, Parte I, capítulo I.

A Organização das Nações Unidas 219

– desenvolver medidas concretas para dar execução à Declaração de Roma sobre a harmonização das práticas dos doadores;

– suprimir os direitos alfandegários e as quotas quantitativas sobre os produtos agrícolas, os têxteis e o vestuário exportados pelos países em desenvolvimento;

– eliminar os subsídios agrícolas sobre produtos que concorrem com os dos países em desenvolvimento;

– criar e financiar, em intenção dos países pobres altamente endividados (PPAE), um fundo de compensação para o caso de choques exógenos e fundamentalmente de afundamento das cotações das matérias primas;

– chegar a acordo e financiar uma redução mais profunda da dívida dos PPAE que tenham chegado ao seu ponto de conclusão para assegurar a sustentabilidade;

– introduzir a protecção e reconhecimento dos saberes tradicionais no acordo TRIPS;

– chegar a acordo sobre o que os países sem capacidade industrial suficiente podem fazer para proteger a saúde pública ao abrigo do acordo TRIPS.

Na análise dos trabalhos que a Assembleia Geral tem desenvolvido neste domínio, não se pode ignorar a terceira conferência sobre os países menos desenvolvidos, de Maio de 2001, da qual saiu a Declaração de Bruxelas e um Plano de Acção 2001-2010, que dá sequência à tendência de um tratamento especial para os países menos desenvolvidos.

Para além da reafirmação dos valores fundamentais sobre desenvolvimento firmados em anteriores documentos, a declaração de Bruxelas aponta no sentido do estabelecimento de mecanismos preferenciais no plano aduaneiro para aumentar a quota de comércio, para um reforço da ajuda pública – com a consagração de um valor de 0,15 a 0,20 do PIB dos países mais avançados ao auxílio a estes países – e para um reforço da iniciativa para a redução da dívida.

A panorâmica do trabalho desenvolvido pelas Nações Unidas com vista a consolidar a ideia de desenvolvimento económico não ficaria completa se não se referenciasse todo um outro conjunto de conferências e cimeiras internacionais, que nos proporcionam uma visão sobre a diversidade dos tópicos relacionados com desenvolvimento que têm ocupado a Organização.

Recorde-se, por exemplo, a Conferência sobre o Desenvolvimento Sustentável das Pequenas Ilhas Estados (Barbados, 1994); a Quarta Conferência Mundial sobre as Mulheres (Pequim, 1995); a Segunda Conferência das Nações Unidas sobre o Alojamento Humano (Habitat II, Istambul, 1996); a Cimeira da Terra: 5 anos depois (1997); A Conferência Internacional sobre População e Desenvolvimento: cinco anos depois (Geneve, 1999); a Conferência Mundial contra o racismo, a discriminação racial, a xenofobia e a outras formas de intolerância (Durban, 2001) e a Cimeira Mundial sobre a Fome: cinco anos depois (Roma, 2002).

3. O Sistema das Nações Unidas para o Desenvolvimento

Para além da aprovação de inúmeros documentos sobre o desenvolvimento, a Assembleia Geral veio, ainda, a ter um papel decisivo na criação de um conjunto de órgãos destinados a apoiar as tarefas de desenvolvimento, utilizando, para tanto, os poderes conferidos pelo artigo 22.º da Carta.

Foi, assim, que surgiram órgãos e mecanismos tão diferenciados como o Programa Alargado de Assistência Técnica, o Fundo Especial, a Conferência das Nações Unidas sobre o Comércio e o Desenvolvimento (CNUCED) e o Programa das Nações Unidas para o Desenvolvimento (PNUD).

Como aspecto negativo desse intenso processo de criação de entidades destinadas a operar em matéria de desenvolvimento, haverá que assinalar a multiplicação de esforços e a contribuição que acabou por dar para a criação de um complexo sistema de apoio ao desenvolvimento muito burocratizado, repartido por uma multiplicidade de organismos funcionando de modo estanque e de harmonia com regras muito diferenciadas.

A diversidade desses organismos pode, aliás, ser facilmente compreendida pela análise da Figura I.

A Organização das Nações Unidas 221

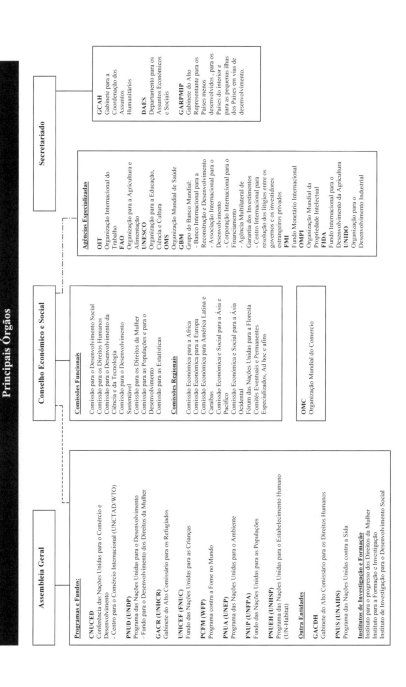

222 *Valores e Interesses*

O Sistema das Nações Unidas para o Desenvolvimeno tem sido objecto de múltiplas críticas e sugestões de reforma, sendo de assinalar que, já em 1969, o Relatório *Jackson*, elaborado a solicitação do PNUD, registava a falta de lógica do sistema e as dificuldades de condução de uma política global num ambiente em que, aos problemas já existentes entre a Organização e os Estados, se somava a defesa intransigente da respectiva autonomia, por parte de cada um dos organismos entretanto criados.

A proposta *Jackson* de criação de um único organismo dotado de competência em matéria de desenvolvimento não produziu, todavia, qualquer resultado em termos globais, tendo apenas estado na origem de uma importante reforma do PNUD[30].

Naturalmente que a eficácia do sistema é especialmente enfraquecida pela circunstância de muitas das suas organizações especiais serem dotadas de uma independência praticamente total, que as põe à margem da influência da organização-mãe.

Sem pretender passar em revista todos esses órgãos, será, ainda assim, útil uma referência sintética aos que assumem uma maior relevância, destacando-se o próprio Conselho Económico e Social, a CNUCED e o PNUD.

3.1. *O Conselho Económico e Social*

Se é verdade que a Assembleia-Geral se tornou um órgão especialmente importante em matéria de desenvolvimento económico, pelos debates que permitiu e pelo espaço que proporcionou aos países em desenvolvimento na expressão das suas reivindicações, não se pode esquecer a importância do Conselho Económico e Social que, na perspectiva da Carta, aparece como o órgão mais vocacionado para lidar com a problemática do desenvolvimento.

Nos termos do artigo 6.º da Carta o Conselho, sob a autoridade da Assembleia-Geral, tem funções executivas em relação a todos os aspectos da cooperação económica e social, o que lhe assegura uma competência especialmente vasta.

---

[30] Trata-se, aliás, de um dos muitos aspectos em que se traduz aquilo que já foi designado pelo "reformismo crónico" das Nações Unidas, processo através do qual se procura aumentar a sua eficácia. Vd., Maurice Bertrand, *L'ONU*, 4ª edição, Paris, La Découverte, 2003.

Terá sido, aliás, a vastidão das suas atribuições que levou a que a Carta previsse a possibilidade de a Assembleia Geral e o Conselho criarem comités e organismos subsidiários para o exercício das suas funções (artigos 22.° e 68.°), faculdade que foi largamente utilizada para pôr de pé o sistema das nações unidas para o desenvolvimento, tal como ele existe hoje.

Na base dos comités e comissões criados, o Conselho pôde optar por uma forma de funcionamento muito descentralizada, ainda que essa descentralização actue apenas no plano da preparação do trabalho e não no da decisão, que reside sempre no próprio Conselho.

Entre as entidades descentralizadas que se situam na órbita do Conselho, haverá que distinguir, por um lado, as Comissões Técnicas, como a Comissão para o Desenvolvimento Sustentável e, por outro, as comissões económicas de base regional, elementos por excelência de uma estratégia de coordenação geográfica das acções a empreender.

O Conselho desempenha, ainda, um papel fundamental na coordenação das agências especializadas e organizações relacionadas, nos termos dos acordos estabelecidos, sendo igualmente o veículo de associação com as organizações não governamentais cuja actividade se desenvolva nas suas áreas de competência (artigo 71.°).

O Conselho coordena actualmente o trabalho de catorze agências especializadas, dez comissões funcionais e cinco comissões regionais, para além de receber relatórios de onze fundos especializados.

Com uma composição muito alargada, em que estão presentes, em maioria, representantes dos países em vias de desenvolvimento[31], o Conselho não pode, no entanto, viver à margem da circunstância de a contribuição financeira, decisiva para a execução das suas decisões, ser proporcionada pelos países mais ricos, o que leva a que o seu processo decisional se oriente, normalmente, no sentido de um consenso alargado[32].

A partir de 1998 o Conselho passou a reunir anualmente com os principais responsáveis das instituições de *Bretton Woods*, factor que contribuiu muito para o reforço da sua influência, sendo de lhe creditar uma importância fundamental na preparação da Conferência de *Monterrey* sobre o financiamento do desenvolvimento, cujos progressos deverá acompanhar, nos termos do consenso estabelecido.

---

[31] Dos seus 54 membros, catorze são atribuídos à África, 11 aos Estados Asiáticos, seis aos Estados da Europa Central e Oriental, dez aos da América Latina e Caraíbas e treze à Europa Ocidental e outros Estados.

[32] DIEZ DE VELASCO VALLEJO, *Les Organizations Internationales*, cit., p. 303.

3.2. *A CNUCED*

A Comissão das Nações Unidas para o Comércio e o Desenvolvimento (CNUCED) foi um dos organismos que, no seio das Nações Unidas, desempenhou historicamente um dos papeis mais relevantes no apoio ao desenvolvimento económico, papel que, no entanto, viria em larga medida a perder, por força da criação da Organização Mundial do Comércio e do crescente predomínio das teorias neo-liberais sobre as de raiz keynesiana, que presidiam à sua actividade.

Criada em 1964 pela Resolução n.° 1995 (XIX), de 30 de Dezembro de 1964, como um órgão da Assembleia Geral, o seu surgimento ficou a dever-se, como assinala GEORGES MÉRLOZ[33], a três séries de razões: à reacção contra o sistema de comércio internacional, tal como se encontrava organizado na sequência da segunda guerra mundial; à estratégia seguida pelo Grupo dos 77 e, finalmente, a uma razão de natureza ideológica, ligada à ideia de que o desenvolvimento do comércio deveria servir para estimular o desenvolvimento económico em novos moldes.

A CNUCED, como o nome indica, começou por ser uma conferência realizada em 1964 e sem perspectivas de institucionalização, mas os fracos resultados da conferência, do ponto de vista dos países menos desenvolvidos, levou-os a reivindicar a sua institucionalização, entendida como um contra-poder ao FMI e ao GATT.

Para além da importância de que a CNUCED se revestiu no plano do desenvolvimento económico, as suas características organizativas próprias e a dificuldade de inserção entre os órgãos da ONU justificaram uma especial atenção dos juristas, bem patente no já citado estudo de MÉRLOZ.

A CNUCED vai representar, no essencial, uma cedência aos países em desenvolvimento, através da criação de uma instância especialmente destinada a "formular os princípios e políticas respeitantes ao comércio internacional e aos problemas conexos do desenvolvimento económico", dispondo de significativos poderes autónomos em relação à ONU, o que leva, por vezes, a admitir que se trate de um organismo distinto, conclusão que, no entanto, não encontra suficiente suporte nem no seu acto constitutivo nem na prática[34].

---

[33] *La CNUCED. Droit International et Développement*, Université René Descartes, 1980, pp. 12 e segs..

[34] Vd., GEORGES FISCHER, «L'U.N.C.T.A.D. et sa Place dans le Système des Nations Unies», *Annuaire Français de Droit International*, vol XII (1966), pp. 9 e segs..

A *Organização das Nações Unidas*   225

Frequentemente se assinala a CNUCED como sendo a única organização criada pela força dos países em desenvolvimento e destinada a procurar resultados orientados expressamente para o seu benefício[35].

A sua originalidade levou, em qualquer caso, à criação de uma estrutura institucional complexa, que comporta três níveis: o do órgão intergovernamental plenário – a Conferência – outro órgão intergovernamental mais restrito – o Conselho – e um órgão administrativo – o Secretariado.

A Conferência, que constitui a instância suprema da Organização, compreende os Estados membros da ONU e outros que sejam membros de instituições especializadas, reunindo-se de quatro em quatro anos[36].

O Conselho é um órgão intergovernamental, que contava inicialmente com 55 membros eleitos pela Conferência, mas que, actualmente, pode ser integrado por todos os Estados que assim o desejem, reforçando-se a tendência para a sua transformação num órgão universal. O Conselho assegura a continuidade dos trabalhos da Conferência e prepara as novas sessões a ter lugar, apresentando relatórios da sua actividade à Conferência e à Assembleia-Geral da ONU, através do Conselho Económico e Social.

Existe, ainda, um secretariado permanente e específico, chefiado pelo Secretário da Conferência, designado pelo Secretário-Geral da ONU e confirmado pela Assembleia-Geral.

Os balanços efectuados sobre os trabalhos da CNUCED são profundamente marcados pela pré-compreensão que se tenha do papel dos países em desenvolvimento no comércio internacional ou nas organizações internacionais, ainda que se tenda a admitir, genericamente, a escassez dos resultados, circunstância atribuída, por uns, às fraquezas técnicas da instituição aliadas ao predomínio de factores ideológicos e, por outros, à falta de empenho dos países desenvolvidos.

De qualquer forma, no início da década de 90, a CNUCED acabou por alterar substancialmente o seu posicionamento, ficando a VIII sessão, realizada em Cartagena, em 1992, a marcar um ponto significativo de viragem[37],

---

[35] Vd., MARC WILLIAMS, *International Economic Organizations and the Third World*, New York, Harvester-Wheatsheaf, 1994, p. 179, o que leva DOMINIQUE CARREAU, «Le Nouvel Ordre Économique International», cit., p. 595, a referir-se à CNUCED como "…um lugar privilegiado para a propagação das concepções dos países do terceiro mundo e como "uma máquina de guerra" de encontro aos países ricos – capitalistas ou socialistas".

[36] Para uma apreciação dos resultados das sucessivas reuniões, vd. MARIA MANUELA MAGALHÃES SILVA, *ob. cit.*, pp. 141 e segs..

[37] De resto, essa necessidade de abertura e reorientação da CNUCED já se fizera sentir na VII Sessão da Conferência. Vd. ZALMAI HAQUANI, «La CNUCED VII entre

bem patente na aprovação do documento intitulado "os Compromissos de Cartagena", que revela uma disposição não só de proceder a profundas reestruturações internas, mas também de atenuar a hostilidade em relação a outras instituições internacionais e o consequente isolamento da organização.

Na Conferência seguinte, realizada em 1996 em Midran, na África do Sul, esse movimento seria prolongado, com a inclusão na agenda da conferência dos temas da globalização e do desenvolvimento sustentável.

Seria, no entanto, a décima sessão da CNUCED, realizada em Bangkok, em 2000, que ficaria a assinalar a completa normalização da Comissão e a sua plena integração nos consensos entretanto alcançados, como resulta da Declaração Final e do Plano de Acção.

A Sessão – como primeira reunião do novo século – foi considerada o momento ideal para reflectir sobre as dificuldades passadas e os principais desafios do futuro, identificados como sendo a integração efectiva de todos os Estados no comércio internacional; a melhoria das capacidades sociais; a resolução do problema da dívida; o reforço do empenho no desenvolvimento económico; a garantia da participação das mulheres; a resposta ao declínio da ajuda ao desenvolvimento; a redução da volatilidade financeira e o desenvolvimento das capacidades tecnológicas dos países em desenvolvimento.

Trata-se, em qualquer caso, de um conjunto de objectivos vagos e consensuais, muito distantes das reivindicações que anteriormente marcavam essas reuniões.

3.3. *O PNUD*

O Programa da Nações Unidas para o Desenvolvimento, abreviadamente designado por PNUD, desempenha um papel central no sistema operacional de auxílio ao desenvolvimento da Organização, coordenando toda uma séria de acções concretas e funcionando, de igual modo, como uma importante instância para a definição de prioridades da política de desenvolvimento.

---

l'Impasse et l'Ouverture», *Revue Générale de Droit International Public*, tomo 92, 2 (1988), pp. 335 e segs..

Criação da Resolução 2029 (XX) da Assembleia Geral, de 22 de Dezembro de 1965, que determinou a fusão de dois organismos anteriormente existentes – o Fundo Especial e o Programa Alargado de Assistência Técnica –, o PNUD foi reorganizado nos termos de um consenso anexo à Resolução 2688 (XXV), de 11 de Dezembro de 1970.

A sua orgânica integra serviços centrais e exteriores, incluindo os primeiros um Conselho Executivo[38], com trinta e seis membros eleitos de acordo com critérios geográficos, um Director e um *bureau* consultivo interorganizações, enquanto que os serviços externos reúnem os representantes permanentes e os escritórios de representação.

O Conselho Executivo é o órgão principal, responsável pela gestão do Programa, competindo-lhe a apreciação e aprovação dos projectos e grandes programas de assistência.

O objectivo principal do PNUD é a concessão de assistência técnica aos sectores considerados fundamentais nos países menos desenvolvidos, inserindo-se a sua actividade numa linha de continuidade com um trabalho que se vinha realizando desde o início da actividade da Organização.

O essencial da tarefa do PNUD consiste em pôr de pé programas de ajuda multilateral a projectos destinados a aspectos infra-estruturais essenciais para atrair novos capitais, sendo a ajuda prestada após a aprovação, pelos órgãos competentes, dos pedidos apresentados pelos governos interessados[39].

Ainda que caiba ao PNUD a aprovação e supervisão dos projectos, as actividades concretas de execução são normalmente entregues a outros organismos, como o ONUDI ou o FIDA.

A par dessa actividade, em que são especialmente relevantes os serviços exteriores (representantes residentes e escritórios de representação), o PNUD tem vindo a desenvolver um importante papel de reflexão sobre as prioridades do desenvolvimento, aprofundando alguns dos mais importantes temas da actualidade, sendo de salientar a importância dos seus relatórios anuais, já por diversas vezes referenciados.

---

[38] Designação dada a partir de 1983 ao anterior Conselho de Administração.

[39] Uma excelente síntese da forma como se desenvolve a actividade do PNUD nos países assistidos, pode ser vista em MBAYA KANKWENDA, «Le PNUD et l'Action Operationnelle», in YVES DAUDET (org.), *Les Nations Unies et le Développement, Le Cas de l'Afrique*, Paris, Pedone, 1994, pp. 99 e segs..

228 *Valores e Interesses*

O PNUD foi, seguramente, um dos autores fundamentais da tomada de consciência de que o desenvolvimento económico não se identifica puramente com o crescimento económico e o equilíbrio financeiro, antes envolvendo toda uma outra série de valores e dimensões que passam pela resolução das necessidades básicas, sendo especialmente de reter a criação de um índice de desenvolvimento humano, que procura dar expressão a essa concepção alargada de desenvolvimento, tornando-a mensurável[40].

O desenvolvimento, nos últimos anos, de formas de cooperação entre o PNUD e o Banco Mundial, constituiu um aspecto da maior relevância, pelo reforço de credibilização dos seus trabalhos nos meios económicos e da própria influência do Programa na elaboração de políticas.

4. Aspectos Conclusivos

A apreciação, necessariamente sumária, que ficou feita do papel da Organização das Nações Unidas, permite-nos uma percepção clara de que a Organização nunca conseguiu uma posição que desse pleno cumprimento aos objectivos de desenvolvimento subjacentes à Carta.

Essa circunstância ficou a dever-se, essencialmente, à falta de meios jurídicos e financeiros para desempenhar as suas tarefas de uma forma mais decidida e à falta de interesse dos países mais ricos em proporcionar-lhe tal possibilidade.

De um outro ponto de vista, poderá encontrar-se na ausência de um poder legislativo efectivo da Organização uma fonte adicional de dificuldades, dado que os caminhos para o desenvolvimento que foi apontando ficaram sempre expressos em instrumentos que genericamente se reconduzem àquilo que se designa correntemente por *soft-law*.

Finalmente, as características da Organização e, em especial da Assembleia Geral, correspondendo embora a uma visão democrática da organização da sociedade internacional e à expressão da igualdade de todas as Nações, torna a tomada de decisão difícil e dotada de uma menor racionalidade económica.

---

[40] Vd., nesse sentido, PATRICE BLACQUE-BELAIR, «Les Plans de Développement Social International», in YVES DAUDET (org.), *Les Nations Unies et le Développement Social International*, cit., pp. 91 e segs..

A *Organização das Nações Unidas* 229

Pode afirmar-se que o aspecto mais positivo da acção da ONU em matéria de desenvolvimento consistiu em ter sabido manter as necessárias pontes de diálogo, facilitando, num primeiro momento, a expressão dos desejos de maior participação dos Estados recentemente chegados à independência e, num segundo momento, a reivindicação de uma Nova Ordem Internacional, para lograr, posteriormente, manter um papel importante na reflexão das questões de desenvolvimento e na promoção de um conjunto de reuniões, das quais sairiam importantes recomendações ou compromissos internacionais.

Nesse sentido, poderá até dizer-se que a cimeira de Copenhaga e a própria Declaração do Milénio constituíram acontecimentos relevantes, que foram contra a corrente de desinteresse pelos problemas de desenvolvimento que entretanto se gerara e instalara em certos países, cuja posição é determinante para a evolução mundial.

De qualquer modo, é evidente que a posição da organização no plano da gestão da economia mundial é praticamente nula, em contraste com o que foi, até há pouco tempo, a importância decisiva do Conselho de Segurança em matéria de paz e segurança.

O desempenho que poderia ter tido, em virtude das suas atribuições, acabou, na generalidade dos casos, por ser assumido pelas instituições de *Bretton Wooods* e pela Organização Mundial do Comércio, enquanto que as reuniões de países – G7 – G8 – G15 – asseguram uma posição cada vez mais importante na orientação a imprimir à economia mundial.

A relativa acomodação da Organização às novas correntes liberais tem, por outro lado, levado a que muitas formas de descontentamento tenham a sua expressão fora dessa sede institucional, tendendo a surgir agrupamentos mais ou menos informais, susceptíveis de gerar um maior interesse na opinião pública, como sucede com o Fórum Social Mundial ou o Movimento ATAC.

O futuro da ONU nessa matéria aparece, assim, ligado à necessidade de uma profunda reforma interna, destinada a dar maior coerência e eficácia ao sistema de apoio ao desenvolvimento e a um reforço da sua capacidade de diálogo com instituições como o Fundo Monetário Internacional, o Banco Mundial e a Organização Mundial do Comércio, de modo a assegurar alguma medida de influência ou de capacidade para conseguir que as posições consensuais que tem vindo a exprimir encontrem eco nos trabalhos daquelas organizações.

CAPÍTULO II
As Organizações de Bretton Woods

Introdução

As organizações de *Bretton Woods* têm uma posição insubstituível no plano das organizações internacionais relacionadas com a temática do desenvolvimento, desde logo pela circunstância de terem sido erigidas em instrumento essencial da ordem económica internacional instituída depois da Segunda Guerra Mundial, ainda que esta não se tenha revelado capaz de fornecer um quadro adequado à correcção das desigualdades internacionais.

Numa perspectiva estatutária, a consideração das suas atribuições revela-as como entidades com capacidade para desempenhar um papel extraordinariamente activo no domínio do desenvolvimento económico.

A contestação activa nas ruas, que tem marcado a realização das assembleias anuais destas organizações contribuiu, recentemente, para trazer para o debate público questões relacionadas com os métodos de funcionamento e as políticas que prosseguem, num movimento a que se tem juntado, progressivamente a voz de académicos, com especial destaque para o prémio Nobel e ex-economista principal do Banco Mundial, JOSEPH STIGLITZ, que não hesita em apontar uma série de erros de política económica (especialmente do FMI) e em defender que, na actuação deste, o "fervor ideológico" se sobrepôs à análise económica[41].

A conferência de *Bretton Woods* teve essencialmente por finalidade consagrar uma ordem económica liberal, que viesse substituir as políticas autárcicas que tinham conhecido um grande desenvolvimento no período entre as duas guerras[42].

---

[41] *Globalização. A Grande Desilusão*, cit..

[42] *Vd.*, a este propósito, PAULO DE PITTA E CUNHA, *Economia Política – 3° ano*, cit., e *Relações Económicas* Internacionais, cit., FAUSTO DE QUADROS, *Relações Económicas*

PAULO DE PITTA E CUNHA[43] observa, no entanto e com enorme acuidade, que embora a ordem económica internacional anterior à primeira guerra mundial não se baseasse em qualquer regulamentação formal, os seus princípios não eram contestados, contrariamente ao que sucede na situação actual, baseada numa modelo quiçá excessivamente regulamentado.

O Presidente ROOSEVELT, na mensagem que dirigiu aos participantes, apontou como objectivo para a conferência de *Bretton Woods* «estabelecer as bases sobre as quais os homens e mulheres de todo o mundo terão a possibilidade de trocar uns com os outros as riquezas naturais da terra e os produtos da sua indústria e engenho», explicitando, em seguida: «O comercio é o sangue que permite a vida das sociedades. Esta conferência testará a nossa capacidade para cooperar em paz tal como o fizemos na guerra. Sei que irão encarar a vossa tarefa com muito sentido de responsabilidade para com aqueles que sacrificaram tanto das suas esperanças num mundo melhor»[44].

Coerentemente, com essa lógica, saiu de *Bretton Woods* um apelo no sentido de ser convocada uma conferência destinada à criação de uma instituição internacional para regular os aspectos comerciais, apelo que esteve na origem da conferência de Havana, que se orientou no sentido da criação de uma organização internacional do comércio, então inviabilizada pela oposição do Congresso norte-americano.

Substituída a organização do comércio por um mero acordo de comércio (o GATT), o Fundo Monetário Internacional e o Banco Mundial acabaram por ser as únicas organizações com génese na Conferência de *Bretton Woods*, tendo passado a constituir o sustentáculo da ordem económica liberal – ainda quando algumas das suas mais importantes decisões tenham sido tomadas em instâncias nas quais apenas têm assento um grupo restrito de países.

A defesa da ordem económica liberal é um dos objectivos centrais dos acordos que estiveram na origem dessas instituições, não sendo sufi-

---

Internacionais, Lisboa, associação de Estudantes do ISE, 1972 e MARIA AGUIAR GALHARDO, *Relações Económicas Internacionais,* aditamento às citadas lições de PAULO PITTA E CUNHA, AAFDL, 1985; KENNETH DAM, *Le Système Monétaire International. Les Règles du Jeu,* tradução francesa, Paris, PUF, 1985, pp. 68-101.

[43] «Direito Internacional Económico» (relatório apresentado no concurso para professor catedrático), *Revista da Faculdade de Direito da Universidade de Lisboa,* vol. XXV (1984), p. 62.

[44] Citado por SUSAN GEORGE E FABRIZIO SABELLI, *Faith and Credit – The World Bank's Secular Empire,* Penguin Books, 1994, p. 27.

As Organizações de Bretton Woods   233

cientemente fundadas as análises que pretendem concluir que a orientação nesse sentido corresponderá a um desvirtuamento radical da filosofia originária ou do mandato do Fundo Monetário e do Banco Mundial[45]. Este entendimento não é incompatível com a contestação da forma como o Banco Mundial, em certa fase da sua actividade, parece ter abandonado a proibição de actividades politicamente orientadas que lhe era imposta, ou do pouco interesse que o FMI empresta à criação da liquidez, privilegiando orientações deflacionistas, em contradição com a sua inspiração keynesiana, que visava assegurar que nunca existiriam situações de carência de liquidez.

Apesar do estatuto de instituições especializadas das Nações Unidas, quer o FMI quer o Banco Mundial celebraram, logo em 1947, acordos com a ONU, que lhes asseguram uma independência praticamente total, em especial em relação à Assembleia Geral, mas também ao próprio Conselho de Segurança, na medida em que apenas estão obrigados a levar em consideração as resoluções do Conselho, não ficando a estas vinculados.

Não sendo de ignorar a relevância do FMI no plano da liquidez, o Banco Mundial assumiu, desde sempre, o papel central em matéria de desenvolvimento, pelo que será dada uma maior atenção ao Banco, numa opção que não ignora a existência de uma grande semelhança nas regras de funcionamento das duas instituições.

A aparente facilidade com que se traça, em abstracto, a linha divisória entre as duas organizações: o FMI – concentrado em operações de curto prazo e destinadas a resolver problemas da pagamentos internacionais, garantindo, assim o funcionamento do sistema internacional – e o BIRD – vocacionado para a ajuda estrutural traduzida na concessão ou canalização de empréstimos de médio e longo prazo para os países necessitados – é contrariada pela acção prática das duas instituições, que nem sempre permite que essa distinção se estabeleça com nitidez.

O desenvolvimento de formas de cooperação intensas entre as duas instituições e a emergência de áreas de sobreposição na actuação de ambas contribui decisivamente para dificultar a distinção.

Esses factores são ainda reforçados pelo acordo de cooperação interinstitucional entre elas celebrado, a que se seguiu um acordo entre os dois

---

[45] Como é, por exemplo, a que preside ao editorial e aos vários artigos inseridos em a.a.v.v. *Les Organismes Financiers Internationaux, Instrument de l'Économie Libérale*, Paris, Montréal, Centre Tricontinental Louvain-la-Neuve, L'Harmattan, 1999.

234 *Valores e Interesses*

conselhos executivos, não publicado, o qual, segundo se pode inferir da avaliação da actividade das duas instituições feita por STIGLITZ[46], terá privilegiado o papel do FMI.

Muitas das orientações actualmente prevalecentes a nível das políticas de desenvolvimento foram o resultado das elaborações teóricas destas duas organizações e da sua imposição aos países beneficiários.

O reconhecimento dessa realidade determina que uma parte substancial do debate contemporâneo sobre o desenvolvimento seja, afinal, um debate sobre estas organizações.

Embora nesse debate se vá afirmando a necessidade da sua reforma, esta muito dificilmente envolverá alterações profundas, dado o poder de bloqueio que os países mais poderosos economicamente dispõem, em virtude das regras de votação.

O desaparecimento do bloco soviético, aumentando o número de países que procuram apoio para o desenvolvimento junto das instituições de *Bretton Woods* – e que conhecem um processo de diálogo, por vezes difícil[47]. – reforçou correlativamente o seu poder externo.

Mas, ainda antes de chegarmos à apreciação de como se estruturam hoje os apoios e os processos de diálogo, passaremos em revista, individualizadamente, a forma como as duas organizações nasceram e se desenvolveram, a partir da sua origem comum na Conferência de *Bretton Woods*.

---

[46] *A Grande Desilusão*, cit..

[47] Um exemplo dessa evolução pode ser dado por Moçambique. Vd. ENEAS COMICHE, «Da Adesão ao Grupo BAD às Instituições de Bretton Woods. Consequências. A Experiência de Moçambique», *O Economista*, n.º 2, Agosto de 2002, pp. 9 e segs.. As dificuldades relatadas parecem ter evoluído de forma marcada tornando-se Moçambique um dos países exemplo destas instituições. Para a análise das transformações económicas em Moçambique sob a influência do Banco Mundial e do Fundo, vd. M. ANNE PITCHER, *Transforming Mozambique. The Politics of Privatizations, 1975-2000*, Cambridge University Press, 2002 e, anteriormente, HANS ABRAHAMSSON ANDERS NILSSON, *Moçambique em Transição. Um Estudo da História de Desenvolvimento durante o Período 1974-1992*, Maputo, CEEI-ISRI, 1994.

SECÇÃO I
O Banco Mundial

1. Génese e Acordo Constitutivo

A importância no panorama financeiro contemporâneo do Banco Internacional para Reconstrução e Desenvolvimento, vulgarmente designado por Banco Mundial, ou mais correctamente por Grupo do Banco Mundial, não nos pode levar a esquecer a dificuldade com que a instituição foi criada no contexto da conferência de *Bretton Woods*.

O êxito da proposta de criação do Banco terá ficado a dever-se ao grande empenho pessoal de KEYNES[48] nos trabalhos da conferência e à fórmula particularmente engenhosa que foi encontrada, através da ideia de um capital subscrito mas não exigível – senão em determinadas circunstâncias –, o que fez com que a instituição viesse a representar um esforço financeiro de dimensões relativamente reduzidas para os Estados membros[49].

Uma verdadeira bagatela chamou-lhe KENNETH LAY[50], ao recordar que, com um esforço financeiro de 10,7 biliões de dólares, o Banco conseguiu fazer aplicações de centenas de biliões de dólares.

A importância do Banco está, no entanto, longe, de poder medir-se apenas pelas suas aplicações financeiras, uma vez que, com o decorrer dos

---

[48] Nesse sentido, MANUEL PORTO e VICTOR CALVETE, «O Grupo Banco Mundial», in JOÃO MOTA CAMPOS (org.), *Organizações Internacionais*, cit., pp. 510-511.

[49] Segue-se, aqui, em diversas passagens, um texto da minha autoria intitulado «O Banco Mundial: Cinquenta Anos Depois de Bretton Woods», *Revista da Banca*, n.º 33, (1995), pp. 61-94.

[50] «Mobilizing Private Savings for Development. IBRD and the Capital Markets», in SARWAR LATEEF (org.), *The Evolving Role of the World Bank. Helping Meet the Challenge of Development*, Washington, The World Bank, 1995, p. 209.

236 · Valores e Interesses

tempos, as funções de consulta e de apoio técnico ganharam uma importância igualmente muito significativa[51].

Autores críticos do Banco escreveram já que dele se pode dizer que "é respeitado e admirado por alguns, receado e odiado por outros, mas para a maior parte das pessoas ele é um desconhecido, quando muito um nome ou uma sigla; no entanto, ele influenciou directa ou indirectamente mais vidas nesses países eufemisticamente chamados menos desenvolvidos do que qualquer outra instituição desde a segunda guerra mundial"[52].

Curioso será, então, passar em revista os momentos mais relevantes da história do Banco Mundial – uma história de sucesso para os seus defensores; uma história cheia de erros e de má avaliação da situação para os seus detractores – para melhor se entender como este conseguiu chegar a ocupar a posição central que lhe é reconhecida por defensores e críticos.

Nos termos do artigo I do Acordo Constitutivo[53], o Banco tem como objectivos:

i) auxiliar a reconstrução e o desenvolvimento dos territórios dos membros, facilitando o investimento de capitais para fins produtivos, inclusivamente para restaurar as economias destruídas ou desorganizadas pela guerra, readaptar os meios de produção às necessidades do tempo de paz e encorajar o desenvolvimento dos meios de produção e dos recursos nos países menos desenvolvidos;

ii) promover os investimentos privados no estrangeiro, através de garantias ou participações em empréstimos e outros investimentos realizados por capitalistas particulares e, na falta de capitais privados disponíveis em condições razoáveis, suprir o investimento privado, fornecendo, em condições apropriadas, meios de financiamento para

---

[51] A este propósito, recorde-se o que escreveu EUGENE ROTBERG, *The World Bank. A Finantial Appraisal,* Washinton, The World Bank, 1981, pp. 11-12, "penso que é justo dizer que os mutuários acreditam no Banco Mundial. Eles acreditam na sua objectividade e no seu empenho em simplesmente fazer as coisas correctas. Os mutuários querem manter um relacionamento com uma instituição que não liga laços políticos aos empréstimos e que tem um grupo de profissionais competentes, cujo papel é de tomar decisões estritamente de ordem económica e financeira. Não tenho dúvidas de que, para alguns mutuários, é essa «pool» de inteligência e a objectividade dos conselhos técnicos do Banco que contam tanto como a transferência efectiva de recursos".

[52] SUSAN GEORGE e FABRIZIO SABELLI, *Faith and Credit,* cit., p. 1.

[53] A versão portuguesa está publicada em Anexo à Resolução da Assembleia da República n.° 4/89, de 2 de Novembro, publicada no *D. R.,* 1ª Série, de 24 de Fevereiro de 1989.

fins produtivos provenientes do seu próprio capital, de fundos que reunir e dos seus outros recursos;

iii) promover o desenvolvimento equilibrado a longo prazo do comércio internacional e a manutenção do equilíbrio das balanças de pagamentos, encorajando os investimentos internacionais, com vista ao desenvolvimento dos recursos produtivos dos membros, e auxiliar, desta forma, o aumento da produtividade, a elevação do nível de vida e a melhoria das condições de trabalho nos seus territórios;

iv) ordenar os empréstimos que outorgue ou as garantias que conceda aos empréstimos internacionais provenientes de outras origens, de forma a dar prioridade aos projectos mais úteis e urgentes, qualquer que seja a sua dimensão;

v) conduzir as suas operações tendo em conta os efeitos dos investimentos internacionais sobre a situação económica dos territórios membros e, durante os primeiros anos do pós-guerra, auxiliar a transição progressiva da economia de guerra para a economia de paz.

Do vasto e ambicioso conjunto de objectivos enunciados para o Banco resulta, desde logo, com especial evidência, a sua ligação ao espírito de *Bretton Woods* e a sua concepção como um instrumento apto, também ele, a auxiliar as trocas internacionais e a institucionalizar uma ordem económica internacional, numa lógica que, rompendo os limites da função bancária, o posiciona mais como uma agência de apoio ao investimento.

Um e outro aspecto iriam não só ser determinantes para a actuação futura do Banco e para a definição das suas prioridades, como também para a constituição daquilo que hoje se designa por Grupo Banco Mundial, cuja composição teremos ocasião de estudar mais adiante.

Convirá, no entanto, analisar alguns aspectos mais salientes do Acordo Constitutivo, com relevo natural para a composição do capital social, em relação à qual foi encontrada, como referido supra, uma solução de grande originalidade, que viria depois a ser seguida por outros bancos de desenvolvimento de âmbito regional[54].

De harmonia com a Secção 3 do artigo II, todos os membros – que são necessariamente também membros do Fundo Monetário Internacional

---

[54] É, nomeadamente, o caso do Banco Asiático de Desenvolvimento, do Banco Inter-Americano de Desenvolvimento e do Banco Africano de Desenvolvimento. Ver o Tratado Constitutivo deste último, em versão portuguesa, em anexo à Resolução da Assembleia da República n.º 8/83, de 15 de Julho, publicada no *D.R.*, 1ª Série, de 15 de Julho.

238   Valores e Interesses

– subscreverão acções do capital social do Banco, fixando-se num documento anexo o número mínimo de acções dos membros originários e prevendo-se que o próprio Banco estabeleceria a quota mínima dos membros que viessem a aderir posteriormente.

As subscrições de capital são divididas em dois grandes blocos: um primeiro, correspondente a vinte por cento do valor das acções, pagos da seguinte forma: dois por cento em ouro ou dólares dos Estados Unidos, sendo o restante pagável em moeda de cada país[55] e um segundo, correspondente aos restantes oitenta por cento, cuja realização só poderá ser solicitada no caso de o Banco ser chamado a assumir obrigações resultantes do recurso ao financiamento no mercado de capitais ou à prestação de garantias (Secções V e VII do artigo II e Secção I do artigo IV, alínea *a*) ii) e iii)).

Trata-se de um esforço financeiro pouco significativo, que as regras relativas a posteriores aumentos de capital levaram a que se traduzisse em valores ainda inferiores[56].

O Acordo Constitutivo fixa, por outro lado, alguns grandes princípios relativos à utilização dos recursos, definindo a regra de que estes devem ser utilizados em benefício exclusivo dos membros; a regra de que o Banco só deverá tratar com os países membros através do Tesouro, do Banco Central ou de instituições equiparáveis e uma regra prudencial de especial relevância que é a de que a importância total das garantias, participações em empréstimos e empréstimos directos concedidos pelo Banco não poderá, em caso algum, exceder os 100 por cento do capital subscrito, acrescido das reservas e dos excedentes do Banco.

A última regra assinalada contrasta, de forma especialmente marcada, com os critérios de endividamento normalmente seguidos pelas instituições de crédito e tem um efeito que se poderia pensar, à partida, fortemente limitativo da capacidade de realização de operações financeiras por parte do Banco, mas que se viria a revelar decisivo para a sua solidez financeira e para o fácil acesso aos mercados de capitais[57], onde se consegue financiar em condições especialmente favoráveis.

---

[55] E os Estatutos admitiam, ainda, que nos casos de países com economias especialmente danificadas pela guerra, pudesse haver uma maior dilação temporal, mesmo para o pagamento da parcela em moeda nacional.

[56] Cfr. ANTÓNIO DOS SANTOS LABISA, *Organismos Internacionais,* Banco de Portugal, 1995, p. 115.

[57] Note-se que as agências de *rating* atribuíram, logo em 1959, um triplo AAA ao Banco Mundial.

No Acordo Constitutivo é ainda estipulado um conjunto de orientações quanto às condições em que o Banco pode conceder ou contrair empréstimos e quanto à utilização dos empréstimos do Banco, princípios esses que viriam, posteriormente, a ser desenvolvidos pela prática interna da instituição, que as procurou *adaptar às realidades de um mundo em transformação*[58], de forma por vezes questionável.

As condições, fixadas nos termos prefigurados pelas orientações, obedecem, normalmente ao seguinte modelo: o empréstimo deve ser concedido ao Estado membro ou então garantido pelo Estado ou pelo seu Banco Central; o empréstimo só deve ser efectivado se não pudesse ser obtido em condições razoáveis no mercado de capitais; o projecto a financiar deve ser aprovado por uma comissão; a taxa de juro e restantes encargos devem ser razoáveis e adaptados à natureza do projecto; a observância de regras prudência na concessão dos empréstimos; exigência de compensação razoável em caso de prestação de garantia; a afectação do empréstimo a projectos específicos de reconstrução ou fomento.

A secção V do artigo III atribui, por outro lado, ao Banco a possibilidade de fiscalizar o modo de utilização dos empréstimos, assegurando que estes são exclusivamente canalizados para os fins previstos no acto de concessão, tendo em atenção as considerações de ordem económica e de eficiência necessárias e ficando os levantamentos condicionados à realização efectiva das despesas.

A gestão do Banco é atribuída a um conselho de administradores, composto de um governador e um suplente, designado por cada Estado membro. Tal estrutura, muito pesada, realiza apenas uma reunião anual, estando a generalidade dos poderes delegados nos administradores, que são actualmente vinte e quatro, sendo cinco nomeados por cada um dos cinco membros com maiores quotas (EUA, Grã-Bretanha, França, Alemanha e Japão), três eleitos directamente (China, Arábia Saudita e Rússia) e os restantes eleitos por grupos de países.

Não é, todavia, permitida a delegação de poderes nas seguintes matérias: admissão de novos membros e condições da sua admissão; aumento ou redução do capital social; suspensão de um membro; decisão de recursos contra as interpretações do Acordo feitas pelos directores executivos; realização de arranjos de cooperação com outras organizações internacio-

---

[58] Para parafrasear o título do livro de SHIHATA, *The World Bank in a Changing World*.

240 *Valores e Interesses*

nais; suspensão permanente das operações do Banco e distribuição de valores e fixação da distribuição do rendimento líquido do Banco.

Com o tempo, tem vindo a ganhar um peso decisivo na orientação do Banco a figura do Presidente, eleito pelo Conselho de Administradores, mas que dele se autonomiza, sendo apoiado por cinco directores executivos.

O Banco e os seus funcionários beneficiam de um conjunto significativo de imunidades e privilégios, consagrados no artigo VII, que vão desde a imunidade de apreensão dos bens à isenção dos direitos aduaneiros.

Uma das disposições do Acordo que, porventura, tem levantado maior polémica é a Secção 10 do artigo IV, que determina «o Banco e os seus agentes não deverão intervir nos assuntos políticos de qualquer membro, nem se deixarão influenciar, nas suas decisões, pelas características políticas do membro ou membros em questão. As suas decisões só deverão ser enformadas por considerações de ordem económica, as quais deverão ser objecto de exame imparcial para que possam atingir-se os objectivos enunciados no artigo I».

O modo como o Banco tem interpretado esta norma bem como outras com o mesmo escopo, tem estado no centro de acalorados debates, cujos termos e evolução serão objecto de uma análise separada.

2. A actividade do Banco como agente financeiro do desenvolvimento

Qualquer apreciação sobre a actividade do Banco Mundial deve levar em conta que se trata de uma instituição que tem revelado um grande dinamismo, bem patente no facto de ser o maior canalizador de apoio financeiro para os países em desenvolvimento e de ter evoluído no sentido de uma grande diversificação das suas actividades, através da criação de um grupo de instituições.

Essa opção pela criação de diferentes instituições, integradas num grupo, correspondeu muito provavelmente a uma estratégia definida para evitar processos mais penosos de revisão do Acordo Constitutivo[59].

A circunstância de actuar numa área de profunda permeabilidade às mutações ideológicas e a sua forte ligação aos países com maior poderio económico, em especial os Estados Unidos, tem facilitado o desenvolvimento sucessivo de críticas à sua actuação, provenientes dos mais diversos quadrantes.

---

[59] Nesse sentido, ASIF QUERISH, *International Economic Law*, cit..

Assim, a opinião mais radical sempre considerou o Banco como um instrumento do imperialismo, ao mesmo tempo que os conservadores o incluíam na crítica à inutilidade da ajuda. No final dos anos 70 do século passado, as principais críticas vieram da administração *Reagan*, para a qual o Banco mais não representava do que uma instituição que apadrinhava soluções económicas assentes na planificação e no reforço do poder do Estado.

Uma década depois e em face das políticas entretanto desenvolvidas, seriam os sectores opostos a ver no Banco apenas um instrumento de expansão das políticas neo-liberais e a criticá-lo pela insensibilidade social, críticas que viriam antecipar, de algum modo, um novo recentramento da actividade da instituição no problema da pobreza.

Mas, mesmo quando o Banco já procurava novos caminhos que o afastassem de certos exageros de anos anteriores, não faltou quem o criticasse, na base da percepção de que se trataria de uma instituição que desenvolveu uma cultura apenas orientada para o crescimento e que, ainda quando se preocupa com outras questões, como a eliminação da fome ou da miséria, o faz sem abandonar essa convicção de base, em consequência do conservadorismo profundamente instalado no seu seio[60].

A função de apoio financeiro ao desenvolvimento, privilegiada na lógica da criação do Banco, afirmou-se antes do florescimento de outras actividades, também contempladas no Acordo Constitutivo e que serão analisadas posteriormente. Respeitando essa lógica, passaremos ao estudo da política de empréstimos do Banco.

3. Os empréstimos do Banco Mundial

A análise a que se procedeu anteriormente sobre a evolução do Banco permitiu-nos já detectar algumas das principais características da política de empréstimos por ele desenvolvida. Destacar-se-á aqui outras referências significativas.

– Os empréstimos e as garantias prestadas deverão sempre manter-se nos apertados limites constantes do Acordo Constitutivo, o

---

[60] MUHAMMAD YUNUS, «Redifining Development», in KEVIN DANAHER (org.), *50 Years is Enough. The Case Against the World Bank and the International Monetary Fund*, Boston, South End Press, 1994, p. IX.

que significa que nunca poderão exceder o montante do capital e reservas do Banco;

– Dada a escassa disponibilidade de fundos próprios, as operações de financiamento do Banco são cobertas com recurso ao mercado de capitais, onde o Banco consegue obter fundos a preços muito vantajosos, sendo considerado um devedor praticamente isento de risco;

– O recurso a empréstimos do Banco Mundial assume carácter subsidiário, só podendo ter lugar quando o Estado membro não possa razoavelmente obter outras formas de financiamento;

– Na medida em que o Banco obtém fundos em condições favoráveis e não tem objectivos de lucro semelhantes aos dos bancos comerciais, a taxa que está em condições de praticar é, em via de regra, inferior às que são praticadas nos mercados financeiros;

– O Banco Mundial não exige garantias reais para a concretização do seu financiamento, contentando-se com a defesa da sua posição através do compromisso do mutuário em não constituir garantias a favor de outros credores[61].

A maior parte dos empréstimos concedidos pelo Banco continua a dirigir-se à cobertura de projectos, embora se assista, nos últimos anos, a uma grande diversificação das suas actividades, como teremos ocasião de analisar mais em pormenor.

O Banco canaliza a sua política de financiamento para os países com menor rendimento, tendo Portugal excedido o limite para se candidatar apoios em 1989[62].

Ainda que a responsabilidade essencial pela execução do projecto seja do mutuário, o Banco conserva um direito de controlo, que se traduz quer no acompanhamento do projecto, quer no condicionamento da disponibilização das verbas em função do andamento do projecto.

---

[61] O Banco acompanha, de resto, neste particular, aquilo que é normal nos mercados financeiros internacionais. Poder-se-ia, no entanto, pensar que, sendo a generalidade dos financiamentos associados à execução de projectos, poderiam eventuais rendimentos gerados por esses projectos ser afectados ao reembolso e ao serviço da dívida.

[62] Vd. MANUEL PORTO e VITOR CALVETE, *ob. cit.*, p. 517.

3.1. *A evolução da política de empréstimos do Banco*

A operação típica do Banco correspondeu inicialmente ao financiamento isolado de projectos, tendo perdido qualquer importância a concessão de garantias a empréstimos celebrados pelos Estados-membros junto de outras entidades.

O conceito de projecto com que o Banco lida é, hoje em dia, caracterizado por uma grande elasticidade, tanto podendo integrá-lo a expansão significativa de uma fábrica ou de uma exploração agrícola, como a construção de uma obra pública ou um programa no campo da saúde pública ou na área do ensino ou de outras actividades de carácter social[63].

Particularmente nos países menos desenvolvidos, o Banco Mundial, através da AID, financia projectos de âmbito muito vasto que, de alguma forma, procuram abrir o caminho para futuros empréstimos de ajustamento estrutural e melhorar o ambiente em que se vão desenvolver as políticas económicas.

A amplitude da expressão projecto leva mesmo o Banco a dizer que é mais fácil indicar aquilo que não financia do que aquilo que financia, sendo clara a proibição de financiamento de bens de luxo, armamento militar, materiais nocivos para o ambiente ou reactores nucleares.

Para além da diversificação das finalidades prosseguidas pelos projectos, haverá ainda que assinalar a multiplicação de instrumentos de apoio a que sem vindo a assistir nos últimos anos[64] e à diversificação das respectivas características.

Constituiu sempre uma preocupação do Banco evitar que os empréstimos fossem inúteis ou que se criassem condições que não permitissem o seu reembolso, o que se tentou acautelar através dos mecanismos de deci-

---

[63] Veja-se, por exemplo, o contrato de empréstimo celebrado entre o Banco e a República Portuguesa para financiamento do projecto de desenvolvimento de Trás-os-Montes, datado de 30 de Agosto de 1989, e que envolve a cobertura de uma enorme variedade de acções, tais como o desenvolvimento do sistema de irrigação; a concessão de créditos a vinicultores para a reestruturação das explorações; a atribuição de financiamentos a cooperativas e outros investidores para financiar estruturas de «marketing» de produtos agrícolas ou agro-industriais; a construção ou reabilitação de caminhos rurais; a criação de sistemas de abastecimento de água potável; o desenvolvimento da electrificação rural; a conservação e desenvolvimento dos parques nacionais; o fomento da investigação agrária; o reforço dos organismos da Administração Pública responsáveis pelo projecto, etc.

[64] Para uma informação sintética, vd. The World Bank, *A Guide to the World Bank*, Whshington, 2003 e *Lending Instruments. Ressources for Development Impact*, 2.º edição, Washington, 2001.

são e acompanhamento. Porém, nos últimos anos tem-se assistido a uma evolução no sentido de um maior reforço das componentes que, na perspectiva do Banco, constituem as garantias de uma boa aplicação, bem como da integração da operação numa perspectiva global de desenvolvimento.

Essa evolução teve tradução prática no aumento muito acentuado do poder de controlo do Banco sobre as aplicações feitas pelos mutuários, que ficam subordinados às linhas de orientação definidas pelo mutuante.

A aprovação em 2001, na sequência da Declaração do Milénio[65], de dois documentos de estratégia – o *Strategic Framework Paper (SFP)* e o *Strategic Directions Paper (SDP)* – que envolvem uma apreciação das formas de financiamento numa perspectiva transversal, levando em conta os grandes objectivos do banco em matéria de desenvolvimento económico, tal como definidos no *Comprehensive Development Framework*, deu um suporte mais efectivo a essa orientação.

A concessão de financiamentos passou, assim, a estar condicionada por dois documentos fundamentais – o *Poverty Reduction Strategy Paper (PRSP)* e o *Country Assistance Strategies (CAS)* – que definem as perspectivas fundamentais em matéria de assistência a cada país e que vão passar a estar presentes de forma decisiva no ciclo de aprovação dos projectos.

Tradicionalmente, a aprovação de um projecto de financiamento é objecto de toda uma série de procedimentos criteriosos, que dão corpo ao que se pode designar por um ciclo de aprovação comportando diversas fases.

A primeira fase é a da identificação do projecto, através da obtenção das informações necessárias. Durante essa fase o projecto é sujeito a uma apreciação sobre a sua sustentabilidade ambiental, económica e social, que uma vez concluída permitirá entrar na fase da preparação, essencialmente a cargo do mutuário, ainda que possa haver ajuda do banco ou de outras agências das Nações Unidas e, eventualmente, recurso a consultores. No caso dos países mais pobres, a AID pode conceder um empréstimo, vulgarmente designado facilidade para a preparação do projecto, o que tem sucedido com frequência.

Uma equipa do Banco acompanha o processo de identificação do projecto e procede, designadamente, à apreciação de projectos alternativos, ao mesmo tempo que controla o seu impacto ambiental.

Definidos os contornos do projecto este é apresentado ao Banco, iniciando-se, depois, a fase de avaliação, que implica a revisão de todas as tarefas executadas durante a identificação e preparação e a elaboração de um

---

[65] Cfr. *supra*, Capítulo I.

Documento de Apreciação do Projecto –*Project Appraisal Document (PAD)* – ou de um documento programa – *Program Document (PGD)* – no caso de empréstimos estruturais.

Posteriormente, toda essa documentação é sujeita a aprovação do Conselho de Administradores e, no caso de o empréstimo ser concedido, procede-se à assinatura do contrato entre o Banco e o mutuário.

Há, depois, lugar ao desenvolvimento de toda uma série de formalidades, designadamente de natureza jurídica, como a verificação da existência dos necessários poderes para a assinatura, que ocorrerá uma vez concluídas essas formalidades e realizado o seu controlo, ficando então o crédito pronto para desembolso e dando-se publicidade ao acordo.

A execução do projecto é da responsabilidade do mutuário, que conta com assistência do Banco nos termos que forem fixados, revestindo-se de especial importância as missões de supervisão, que se preocupam, essencialmente, com a fiscalização do respeito pelos procedimentos previstos no acordo e, designadamente, pelos processos de contratação.

O Banco atribui uma importância cada vez maior à última fase – que corresponde à avaliação dos resultados do projecto – para dela extrair ilações para a sua actividade futura. Esta missão é da responsabilidade de um Departamento de Avaliação das Operações, que reporta ao Conselho de Administradores, apresentando-lhe as suas conclusões.

Um dos aspectos mais relevantes das negociações e que é incorporado no contrato, respeita à procura e contratação de serviços, matéria em que o Banco se orienta por três princípios essenciais, consistentes em:

1.º – assegurar que os fundos só são usados para a aquisição dos bens e serviços necessários para o desenvolvimento do projecto;

2.º – garantir a igualdade de oportunidades para todos os possíveis concorrentes de qualquer Estado membro do Banco;

3.º – encorajar o desenvolvimento de contratantes locais.

Em regra, há lugar a um processo de concurso internacional competitivo, *International Competitive Bidding Process* (ICB) que pode, no entanto, comportar uma certa preferência para contratantes domésticos.

No caso de produtos que tenham uma incorporação nacional mínima de 20 por cento, há uma preferência correspondente aos direitos alfandegários, ou a 15 por cento.

No caso de contratantes locais, aceita-se que lhes seja atribuída uma preferência, que pode atingir valores na ordem dos 7,5 acima do melhor preço internacional, no caso dos países mais pobres.

246 *Valores e Interesses*

O critério de selecção das propostas não tem como vector determinante o custo. Assim, a proposta seleccionada não é necessariamente a mais baixa de entre as apresentadas, mas antes aquela que, ponderados todos os aspectos – nomeadamente os técnicos e os financeiros –, deva ser considerada como a mais favorável para a realização do projecto, o que, todavia não significa que o preço seja um factor irrelevante na apreciação global.

São obrigatoriamente excluídas da apreciação das propostas quaisquer considerações de cariz político, apenas podendo haver lugar a uma avaliação técnica e financeira.

A regra de concurso internacional universal, aberto a todos os interessados, conhece excepções em situações de urgência na aquisição de bens e serviços, em contextos em que o montante em causa seja muito baixo e também quando consabidamente só exista no mercado um número reduzido de fornecedores que reúnam as condições de habilitação ao concurso.

Nestas hipóteses, são admitidos concursos internacionais limitados, feitos com recurso ao convite, concursos locais, quando o tipo de material não seja susceptível de atrair concorrentes estrangeiros, compra directa em loja com pedido de três orçamentos, ou compra a um único fornecedor, quando apenas este esteja em condições de fornecer os bens em questão.

Note-se que o financiamento de projectos acabou, em certa fase, por substituir quase totalmente a concessão de garantias – outra modalidade de apoio ao desenvolvimento prevista inicialmente[66].

As condições financeiras dos empréstimos do Banco Mundial são boas, embora não possam ser consideradas excepcionais, na medida em que envolvem o recurso a capitais obtidos nos mercados, que têm de ser remunerados, devendo ainda o Banco assegurar um diferencial que permita a cobertura do seu financiamento e a obtenção de lucros.

O período de vida dos empréstimos oscila entre os quinze e vinte anos, no caso do Banco, sendo mais longo do que os empréstimos típicos de sindicatos bancários, o mesmo sucedendo com o período de graça outorgado aos mutuários – durante o qual não há lugar a amortizações – que varia entre os três e os cinco anos.

---

[66] Sobre esta matéria ver o conjunto de publicações do Banco Mundial destinadas a divulgar os moldes do seu funcionamento e as formas de contratação, designadamente, *Guide Lines – Procurement under IBRD Loans and IDA Credits,* Janeiro de 1995, *Bidding for Contracts in World Bank Financed Projects. Questions and Answers,* Maio de 1993 e *Guide to* International Business Opportunities, Maio de 1994.

As Organizações de Bretton Woods 247

Os empréstimos têm taxas que variam, em função do próprio projecto ou da moeda utilizada, estando sujeitos a uma comissão de 1.0% e, eventualmente, a um *commitment fee* de 0.75 por cento sobre a parte não desembolsada.

3.2. *As novas modalidades de empréstimos*

Partindo de uma forma típica de financiamento tendo por base os projectos, o Banco evoluiu no sentido da diversificação da tipologia dos empréstimos, movimento esse que é, muitas vezes, acompanhado pela interpenetração das diferentes modalidades existentes.

Paralelamente aos empréstimos para projectos, o Banco desenvolveu uma categoria que se pode designar por empréstimos institucionais, que tem subjacente uma filosofia de intervenção tendente a melhorar as estruturas de decisão política ou económica, e que são utilizados, por exemplo, para a criação de novas entidades no sector público, como sucedeu, em 1993, com um empréstimo às Filipinas, que se destinou à criação de um Departamento de Energia.

Mais interessantes são, no entanto, as formas de empréstimos mais ambiciosas desenvolvidas pelo Banco e que visam, quer a reestruturação de um sector da economia, quer o ajustamento estrutural da economia, no seu conjunto.

No primeiro caso pretende-se abranger com o empréstimo, normalmente designado por SECAL, todo um sector da vida económica do país previamente identificado como essencial e a carecer de reformulações. A intervenção proporcionada pelo empréstimo visará, designadamente, facilitar a instalação de um mercado concorrencial ou voltar determinadas áreas para a exportação. Exemplos típicos desta modalidade de empréstimos podem ser encontrados em várias operações realizadas com o México.

A par com aquela categoria de empréstimos encontramos os empréstimos destinados a ajustamento estrutural da economia – os *Structural Adjustment Loan (SAL)* – que representam já uma percentagem na ordem dos 20 e os 25 por cento do total dos financiamentos, e que correspondem a formas rápidas de desembolso, com vista a apoiar políticas transversais, abrangendo aspectos tão diversos como a política comercial, a reforma do sector público, o reforço do sector privado e a gestão do sector público.

Na sequência da evolução a que nos vimos referindo foram surgindo novas modalidades de empréstimos, como o *Programatic Structural Ajustement Loan (PSAL)* e os *Special Structural Ajustement Loans*.

O *PSAL* é uma forma de apoio a programas governamentais, consistente na concessão de empréstimos concretizados num período entre três e cinco anos, para financiar reformas sociais e alterações estruturais prolongadas, tendo como objectivo último garantir uma efectiva alteração das estruturas. Os *Special Structural Ajustement Loans* constituem formas de apoio com características financeiras especialmente vantajosas, permitidas pela conjugação do auxílio de diversos países. Subjacente à concepção dos *Special Structural Ajustement Loans* está uma tentativa de assegurar ajuda a países que enfrentem, ou possam vir a enfrentar crises financeiras com dimensões estruturais e sociais significativas.

Nesta linha evolutiva deverão, ainda, ser referenciados dois tipos de operação – os *Rehabilitation Loan (RIL)* e o *Debt Reduction Loan (DRL)* – destinando-se o primeiro a facilitar a criação de uma ambiente favorável ao investimento privado e o segundo a racionalizar a dívida comercial externa, reduzindo taxas de juro ou antecipando pagamentos.

Finalmente, é de assinalar que, entre os produtos financeiros do Banco, voltaram a ganhar alguma importância as garantias que o Banco concede para permitir aos mutuários obter financiamentos em condições mais favoráveis e os novos instrumentos financeiros, como os futuros e as operações sobre divisas.

4. O Grupo Banco Mundial

Independentemente da apreciação de como foi evoluindo a actividade do Banco convém, ainda, dar conta da criação de um grupo integrado por instituições com finalidades muito diversas.

O primeiro passo no sentido da criação de um conjunto de instituições destinadas a apoiar a acção do Banco foi a constituição, com a ajuda das fundações *Ford* e *Rockfeller*, do *Instituto de Desenvolvimento Económico,* uma escola para treinar funcionários dos países em vias de desenvolvimento.

O segundo e mais significativo passo para a criação do grupo foi a constituição, em 1956, da Sociedade Financeira Internacional, *International Finance Corporation,* virada para o apoio ao sector privado e orientada no sentido de facilitar a instalação de novas empresas e fomentar o desenvolvimento dos mercados de capitais.

Em 1960, viria a ser criada a Associação Internacional para o Desenvolvimento, *International Development Association,* destinada a facilitar a ajuda aos países mais pobres em condições mais favoráveis do que as do Banco, a qual funciona basicamente na base das doações, colocando-se periodicamente a questão da reconstituição de fundos.

O Centro Internacional para a Resolução de Diferendos Relativos a Investimentos (ICSID) – *International Center for Setllement of Investment Disputes* – foi criado em 1966, com o objectivo de permitir a arbitragem e conciliação entre os investidores estrangeiros e os países de acolhimento[67].

Finalmente, em 1988, foi criada a Agência Multilateral para a Garantia de Investimentos MIGA – *Multilateral Investment Guarantee Agency* – destinada a segurar riscos não comerciais e a prestar serviços técnicos, disseminando informação sobre oportunidades de negócio[68].

A) *A Associação Internacional para o Desenvolvimento*

Dentro do Grupo Banco Mundial tem uma especial importância a *AID* – Associação Internacional para o Desenvolvimento[69] – que, por vezes, aparece confundida com o próprio Banco, na medida em que as operações que realizam se assemelham, embora as condições concretas de cada financiamento divirjam profundamente, circunstância que tem expressão logo na própria designação das operações de financiamento: créditos ao desenvolvimento no caso da AID e contratos de empréstimo no do Banco Mundial.

A AID foi criada em 1960 tendo como objectivos, nos termos do artigo I do Convénio Constitutivo, "promover o desenvolvimento económico, aumentar a produtividade, melhorando dessa forma, o nível de vida em regiões menos desenvolvidas do mundo cujos países sejam membros da Associação e em particular prestando-lhes auxílio financeiro de modo

---

[67] Portugal aprovou para ratificação, pelo Decreto n.° 15/84, de 3 de Abril, a Convenção relativa à Resolução dos Diferendos Relativos a Investimentos entre Estados e Nacionais de Outros Estados, que criou o Centro.

[68] Para uma visão sintética do Grupo Banco Mundial, vd., M. A. G. VAN MEERHAEGHE, *International Economic Institutions*, 5ª edição, Kluwer Academic Publishers, 1987.

[69] Ver uma descrição sintética das operações da Associação e dos principais problemas com que se defronta em *AIF. Invertir en el Futuro* (versão espanhola), Washington, Banco Mundial, 1994.

250 *Valores e Interesses*

a satisfazerem as suas necessidades básicas de desenvolvimento, em termos mais flexíveis e com reflexos menos gravosos na balança de pagamentos do que os originados por empréstimos convencionais, favorecendo desse modo a prossecução dos objectivos de desenvolvimento do BIRD e complementando as suas actividades"[70].

No momento da constituição da AID foi feita uma opção no sentido de não criar uma estrutura diferente da do Banco, assim se poupando maiores gastos e assegurando-se o mesmo rigor na apreciação dos projectos. Outra vantagem desta solução é a que se prende com o facto de permitir, também, uma mais fácil distribuição dos financiamentos entre o Banco e a Associação.

A ajuda proporcionada pela AID não se reveste das características de um contrato remunerado através do pagamento de uma taxa de juro, como sucede com as operações do Banco, antes se tratando de créditos a longo prazo, que apenas originam o pagamento de uma comissão de 0,75 por cento.

A AID vai proporcionar financiamentos a países com rendimentos *per capita* inferiores aos 875US$, que não teriam acesso às operações do Banco, cessando a sua colaboração com esses países logo que seja ultrapassado este limite.

O prazo de vida desses financiamentos é muito longo, tendo começado por ser de cinquenta anos. Actualmente oscila entre os trinta e cinco ou quarenta anos, conforme o estádio de desenvolvimento, estando sempre assegurado um período de graça de dez anos.

Naturalmente que financiamentos nessas condições não permitem o recurso aos mercados de capitais, apenas podendo ser efectuados através de capitais próprios e, designadamente, das quotas dos Estados membros, que se esgotaram já há muito, sendo o problema fundamental da Associação o da reconstituição dos recursos, que ciclicamente se renova.

B) *A Sociedade Financeira Internacional*

Das instituições integrantes do Grupo Banco Mundial é a *SFI* – Sociedade Financeira Internacional – *International Finance Corporation* – a que apresenta características distintivas mais evidentes, dispondo, aliás, de uma estrutura própria.

---

[70] Ver o texto português em anexo à Resolução da Assembleia da República n.º 33/92, de 3 de Novembro, publicada no *D. R.*, de 17 de Dezembro.

Nos termos do Acordo Constitutivo, a Sociedade tem por objectivo promover o desenvolvimento económico, estimulando a expansão de empresas produtivas no sector privado dos países membros, especialmente nas regiões menos desenvolvidas e ampliando, desse modo, as actividades do Banco.

Na prossecução desse objectivo e de harmonia com o Acordo Constitutivo, a Sociedade:

a) auxiliará, em associação com o capital privado, o financiamento da criação, melhoria e expansão de empresas produtivas do sector privado de modo a contribuir para o desenvolvimento dos países membros. Esses investimentos serão efectuados sem garantia de reembolso pelo governo membro interessado e apenas nos casos em que se não encontre capital privado disponível suficiente em condições razoáveis;

b) procurará reunir oportunidades de investimento, capital privado nacional e estrangeiro e experiência de direcção;

c) procurará estimular e ajudar a criar as condições que orientem o fluxo do capital privado nacional e estrangeiro para investimentos produtivos nos países membros.

A Sociedade pode investir fundos em empresas produtivas do sector privado, não constituindo impedimento a circunstância de existir uma participação do governo, desde que se trate de uma unidade produtiva que actue de harmonia com as regras de direito privado e que se submeta normalmente à concorrência.

Uma regra de base que norteia os investimentos da Sociedade é a de que esta nunca assume responsabilidades directas na gestão, devendo procurar que as participações sejam transitórias e os seus investimentos permanentemente objecto de diversificação.

A SFI desenvolve também uma actividade intensa no campo dos estudos conducentes à criação de mercados de capitais e seu aperfeiçoamento, bem como ao desenvolvimento de instituições financeiras.

As acções são totalmente subscritas e representam um capital que é o único a responder pelas obrigações da Sociedade, não sendo em caso algum possível pedir aos membros que respondam por tais obrigações.

Para o financiamento das actividades que desenvolve, a Sociedade conta não só com os próprios capitais, mas também com rendimentos das

252 *Valores e Interesses*

aplicações, empréstimos do Banco Mundial[71] ou obtidos com recurso ao mercado de capitais e ainda com reembolsos de financiamentos e alienações.

Na própria descrição da instituição[72], são os seguintes os princípios gerais que presidem à sua actuação: o princípio do catalisador; o princípio do negócio; o princípio da contribuição especial.

Em consonância com o primeiro destes princípios a SFI deve procurar juntar investidores privados, usando uma posição minoritária que facilite uma maior obtenção de fundos através de capitais nacionais, ou estrangeiros, que sentirão a presença da instituição como uma garantia especial da solidez do projecto.

Pelo princípio do negócio a SFI assume os mesmos riscos do sector privado, ao qual está ligado em perfeita associação, não dispondo de garantias especiais.

Finalmente, a SFI só participa no investimento quando faz uma contribuição especial: atracção de investimento para um país considerado de risco demasiado elevado ou para um novo sector de negócios anteriormente inexistente, como por exemplo, o das sociedades que se dedicam a novos produtos financeiros.

A presença da SFI num determinado empreendimento reveste-se de grande importância para os associados, que através desse mecanismo conseguem, simultaneamente: um teste de viabilidade financeira, na medida em que os negócios que não sejam considerados sólidos não são apoiados; apoio técnico e financeiro; a aplicação de regras firmes em matéria de ambiente; testes sobre a viabilidade económica, incluindo a possibilidade de competir em mercados globais sem subsídios e conselhos em áreas como a de mercado de capitais.

C) *A AMGI*

O membro mais recente do Grupo Banco Mundial é a AMGI – Agência Multilateral para a Garantia dos Investimentos – criada em 1988 e que conta já com 163 membros.

---

[71] O Acordo Constitutivo do Banco foi alterado por forma a permitir a realização deste tipo de operação.

[72] Cfr. International Finance Corporation, *Annual Report 1995*.

A AMGI tem desenvolvido uma intensa actividade de promoção no sentido de favorecer o investimento em países e actividades que normalmente não são objecto de interesse pelos investidores institucionais. O aparecimento da Agência está ligado à importância da cobertura do chamado risco político.

O seguro do risco político corresponde a uma específica imperfeição no funcionamento dos mercados internacionais. Os investidores privados normalmente conseguem fazer os seus próprios seguros, mas a incerteza acerca da continuidade e do curso futuro de certas políticas e regimes governamentais constitui, por vezes, uma dificuldade intransponível para os investidores.

Por seu turno, também os governos que vão beneficiar dos investimentos precisam de mostrar a sua credibilidade e, sem uma qualquer espécie de intervenção para resolver os problemas de credibilidade e continuidade, os mercados funcionariam a um nível inadequado e os fluxos de investimento seriam inferiores ao seu potencial.

Os pedidos de garantia contra esse tipo de risco cresceram muito rapidamente e a vantagem da AMGI é a sua neutralidade, assegurada pela circunstância de pertencer a toda uma série de países.

A AMGI orienta a sua actividade por quatro princípios fundamentais:

– enfoque nos clientes, servindo quer os investidores quer os países de acolhimento;

– empenho nas parcerias, trabalhando com outras instituições internacionais ou agências para assegurar a complementaridade da sua actividade;

– impacto na promoção do desenvolvimento, procurando contribuir para uma melhoria de vida das populações;

– garantia de solidez financeira, equilibrando as finalidades do desenvolvimento com os objectivos financeiros.

A AMGI dispõe de um quadro de funcionários próprio, ainda que os governadores e directores sejam os mesmos do Banco.

D) *O CIRDI*

O Centro Internacional para a Resolução de Diferendos relativos a Investimentos foi criado pela Convenção relativa à resolução de Diferendos Relativos a Investimentos entre Estados e Nacionais de Outros Estados[73] e tem por objectivo promover a arbitragem e a conciliação entre os investidores estrangeiros e os países de acolhimento.

Trata-se de uma instância de recurso facultativo, ainda que as suas decisões tenham carácter vinculativo para as partes que a ele recorram, sendo cada vez mais numeroso o conjunto de casos sujeitos à sua jurisdição, ao mesmo tempo que não para de crescer o número dos seus membros[74].

À instituição do Centro corresponde uma preocupação de "despolitização" desses conflitos e de criação de um ambiente de confiança mútua, que facilite e desenvolva o fluxo dos investimentos estrangeiros para os países em desenvolvimento.

O Centro tem um Conselho de Administração, presidido pelo presidente do Banco Mundial e integra um representante de cada país aderente. As funções executivas são exercidas por um secretariado, chefiado por um vice-presidente do Banco, sendo o apoio jurídico também assegurado pelo departamento competente do Banco.

5. Outros sentidos da evolução do Banco

5.1. *O Painel de Avaliação*

Em 1993, por Resolução dos Directores Executivos foi criado o Painel de Inspecção do Banco Mundial.

Trata-se de uma evolução organizativa que tem vindo a merecer grande atenção da doutrina[75], especialmente por corresponder à criação de uma figura que dificilmente encontrará lugar paralelo noutras organizações internacionais e que visa aprofundar a dimensão participativa das políticas do Banco, através de um mecanismo atípico, semelhante ao modelo de acção das autoridades administrativas independentes existentes em diversos Estados.

---

[73] Aprovada em Portugal para ratificação pelo Decreto-Lei n.º 15/84, de 3 de Abril.

[74] 139 no final de 2003.

[75] Vd, UMAÑA QUESADA (org.), *The World Bank Inspection Panel*, Washington, The World Bank, 1998. SHIHATA, *The World Bank Inspection Panel in Pratice*, 2ª edição, Oxford University Press, 2000, e, numa versão especialmente interessante, LAURENCE BOISSON DE CHAZOURNES, «Le Panel d'Inspection de la Banque Mondiale: à Propos de la Complexification de l'Espace Public International», *Revue Générale de Droit International Public*, tomo 105, n.º 1 (2001), pp. 145 e segs..

O Painel é um órgão subsidiário do Conselho de Administração, integrado por três personalidades de especial competência na matéria e que gozam de um estatuto de independência, não podendo ser demitidos senão por razões fundamentadas.

O conteúdo essencial do mandato do Painel circunscreve-se ao recebimento de queixas de grupos de pessoas que se considerem afectadas por projectos financiados pelo Banco Mundial e que, por isso, pretendam sua reponderação e reorientação, não lhe sendo reconhecidos poderes, nem vocação, para efectuar averiguações por determinação do Banco ou para a resolução de conflitos entre o prestamista e o Estados beneficiários.

Ainda que não dispondo de competência em relação a todo o grupo do Banco Mundial[76], o Painel representa uma forma extremamente interessante de assegurar a participação nas políticas do Banco e a sua responsabilização ("accountability") em termos inovadores[77].

5.2. *A Relação com as ONGs*

Uma outra evolução muito significativa no modelo de intervenção do Banco relaciona-se com a sua ligação com as ONGs, que o Banco entendeu que se poderia concretizar ao abrigo de uma disposição do Acordo – o artigo V, Secção 8 – que lhe permite cooperar com organizações económicas internacionais relevantes.

O Banco tem mantido uma cooperação estreita com as ONGs, patenteada na criação de um Comité ONGs-Banco Mundial e na garantia de acesso das ONGs ao Painel de Inspecção. A cooperação traduz-se quer no apoio à execução de programas quer na concessão directa de empréstimos, tendo-se entendido que tal possibilidade se incluía entre os poderes implícitos e estava coberta por uma interpretação do Conselho de Directores de 1964.

Na política de relacionamento com as ONGs, o Banco tem seguido uma orientação consistente em apreciar o relacionamento dos países destinatários finais com as ONGs beneficiárias e em dar conhecimento aos governos das operações realizadas.

---

[76] A SFI e a MIGA optaram pela criação de um provedor/ombudsman.

[77] Nesse sentido, LAURENCE BOISSON DE CHAZOURNES, «Le Panel d'Inspection de la Banque Mondiale...», cit., pp. 151 e segs..

5.3. Questão Ambiental

Finalmente, há que levar em consideração a dimensão crescentemente importante da noção de desenvolvimento sustentável na orientação das políticas do Banco.

A importância da actuação do Banco em matérias ambientais tem vindo a crescer ao longo dos anos, quer pela reflexão teórica que tem desenvolvido e que se encontra expressa em múltiplas publicações, quer pela forma como tem incorporado os valores ambientais nas suas estratégias de desenvolvimento.

O interesse do Banco pelos temas ambientais começou a fazer-se sentir ainda antes da Conferência de Estocolmo[78], embora o primeiro documento estruturado sobre esta matéria seja o Manual publicado em 1984, onde se incluíam diversas declarações, bem como linhas de acção anteriormente aprovadas[79].

De facto, a partir da década de oitenta do século XX, o Banco passou a empenhar-se de uma forma mais activa nas questões ambientais, procurando uma melhor ligação entre desenvolvimento e ambiente que passa pela identificação das principais dificuldades e prioridades ambientais e por um esforço para reforçar a capacidade institucional dos países no controlo das actividades danosas para o ambiente.

Na base dessa nova aproximação, encontra-se o recurso a dois tipos de documentos: os planos de acção ambiental nacional, cuja elaboração é assessorada pelo Banco e as Estratégias de Assistência ao País, que acompanham normalmente as discussões.

Com a aprovação da Declaração do Rio e da Agenda 21 e a consequente clarificação da ligação entre o ambiente e os problemas de desenvolvimento que daí resultou, o Banco empenhou-se de uma forma mais decisiva nessa via, desenvolvendo um programa assente em quatro eixos fundamentais: compatibilização entre os projectos financiados e a qualidade do ambiente, assegurando que estes não tivessem impactos ambientais negativos; ajuda aos países membros na articulação das relações entre redução da pobreza, eficiência económica e protecção do ambiente; ajuda aos países membros na criação de instituições e na implementação de pro-

---

[78] Nesse sentido, SHIHATA, *The World Bank in a Changing World*, Vol. I, cit., pp. 135 e segs..

[79] *Operational Manual Statement (OMS) 2.36 on Environment Aspects of Bank Work*, Maio de 1984.

gramas ambientais; combate às mudanças ambientais globais, através da participação no *Global Environment Facility*[80].

Esta actuação do Banco foi, por outro lado, acompanhada de um significativo reforço dos meios humanos. O Banco dispõe de cerca de trezentos técnicos no domínio ambiental, a maior parte dos quais recrutados depois de 1992, o que lhe permite reivindicar um papel central nesta área, sublinhando que a instituição fornece mais recursos humanos e financeiros para o ambiente que qualquer outra organização internacional[81].

O cuidado posto pelo Banco na apreciação dos projectos a financiar, com o condicionamento da aprovação à observância das dez políticas de prevenção definidas, constitui um ponto alto desta linha de actuação.

As políticas de prevenção reflectem os princípios consagrados em tratados multilaterais e regionais e procuram complementar as acções desenvolvidas a nível nacional, servindo actualmente de quadro de referência para a actuação de outras instituições de desenvolvimento[82].

Pode-se dizer que o Banco desenvolveu, nas operações de financiamento e com recurso a diversas técnicas, uma forma de "condicionalidade ecológica", que se pode fazer sentir em diferentes momentos (negociação, assinatura dos acordos, desembolso, acompanhamento da execução) e cujos termos incorporam normalmente o texto do acordo de empréstimo firmado.

A intervenção do Banco neste domínio conheceu uma evolução especialmente significativa com o financiamento de projectos directamente na área da protecção ambiental, designadamente projectos destinados a combater a poluição ou a assegurar uma maior capacidade institucional para a gestão dos problemas do ambiente.

Porventura mais ambiciosa será a resposta do Banco aos problemas de mudança regional e global do ambiente, em que se empenhou inicialmente através da concepção e execução de dois mecanismos de financiamento globais – o Fundo Multilateral para o Protocolo de Montreal (*Multilateral Fund for the Montreal Protocol – MFMP –*) e a Facilidade Global para o Ambiente (*Global Environment Facility – GEF –*) – e em que posteriormente passou a desenvolver um conjunto de parcerias e formas diversificadas de apoio a acções multilaterais.

---

[80] Shihata, *The World Bank in a Changing World*, Vol. III, cit., p. 489.

[81] *Idem.*

[82] Sobre esta matéria, vd. *Making Sustainable Commitments. An Environment Strategy for the World Bank*, Washington, The World Bank, s.d..

No conjunto de instrumentos criados pelo Banco para responder às múltiplas necessidades de resposta no campo ambiental, continua a ocupar um papel à parte a *Global Environment Policy*, gerida conjuntamente pelo Banco e pelos Programas das Nações Unidas para o Desenvolvimento e para o Ambiente, assumindo o Banco o papel de administrador e responsável pelos projectos de investimento, o que lhe dá um papel de muito maior importância na gestão da *GEF*.

Estabelecida segundo a técnica anglo-saxónica do *trust*, ao Banco cabem as funções de *trustee*, incumbindo-lhe, em especial, a responsabilidade pela mobilização de recursos, pela sua gestão financeira, pela manutenção de registos e contas das operações e pela aplicação e controlo dos projectos e do orçamento.

Nascida em 1991 de um acordo que envolveu diversos governos, a *GEF* viria a ser confirmada pela Agenda 21 e pelas Convenções para as Modificações Climatéricas e para a biodiversidade, como o instrumento financeiro por excelência nesta área.

Através da *GEF* são atribuídas subvenções para projectos que visem intervenções ambientais globais em três segmentos: a biodiversidade; o aquecimento global; as águas internacionais e a camada do ozono, podendo deles beneficiar países e territórios em desenvolvimento, de acordo com programas do PNUD[83].

Em 1990 seria, por outro lado, estabelecido um Fundo Multilateral, ligado ao Protocolo de Montreal, com o objectivo de apoiar os países em desenvolvimento no cumprimento das obrigações resultantes do Protocolo, tendo-se, uma vez mais, recorrido à técnica do *trust* e assegurado uma posição decisiva do Banco na administração e gestão do Fundo[84].

Pode afirmar-se, em síntese, que com recurso a sucessivos instrumentos o Banco vem desempenhando um papel marcante na protecção do ambiente, trazendo-a para o centro das questões do desenvolvimento e enquadrando-as na perspectiva do desenvolvimento sustentável, tema a que, sintomaticamente, consagrou o Relatório sobre o Desenvolvimento Humano de 2003[85].

---

[83] Vd. para uma síntese do GEF e de outros fundos que actuam nesta área, JIAN LIU, «Trust Funds as Mechanisms for Sustainable Development», in MICHEL BOTHE e PETER SAND (orgs.), *La Politique de l'Environnement...*, cit., pp. 269-295.

[84] O Banco intervém ainda em outros fundos nesta área. Para uma descrição sintética, vd. JIAN LIU, «Trust Funds as Mechanisms for Sustainable Development», cit..

[85] *Sustainable Development in a Dynamic World. Transforming Institutions, Growth and Quality of Life*, Washington, The World Bank, New York, Oxford University Press, 2003.

5.4. *A participação*

Um dos aspectos que mais atenção tem merecido nos últimos tempos na definição das políticas do Banco Mundial é o que se reporta á participação, entendida numa dupla perspectiva de colaboração entre o Banco e os governos dos países membros e de associação de entidades como as ONGs e o sector privado, mas na do fomento da participação política.

A participação aparece, nessa lógica, como uma condição essencial para um processo de desenvolvimento integral.

6. Os Ciclos de Vida do Banco

Os quase sessenta anos de existência do Banco Mundial são marcados por períodos com características muito diversas, impulsionados ora por evoluções endógenas ora por influência do ambiente externo, sendo possível recortar, com alguma clareza, quatro fases: os primeiros anos de funcionamento do Banco, a presidência de MCNAMARA, os anos 80 e os anos 90.

6.1. *Os primeiros anos de funcionamento do Banco*

Como o próprio nome indica, uma das preocupações essenciais do Banco era auxiliar a reconstrução das economias devastadas pela guerra e foi, consequentemente, natural que as suas atenções se virassem, em primeiro lugar, para os Estados membros cujos territórios tinham sido teatro de conflitos militares.

Foi assim que a França se tornou o Estado beneficiário da primeira operação realizada pelo Banco, no maior empréstimo até hoje concedido pelo Banco a um só país.

No empréstimo à França estiveram, aliás, presentes algumas das características mais marcantes da política de crédito posteriormente desenvolvida pelo Banco, como o acompanhamento dos projectos, que esteve na origem da abertura do escritório do Banco Mundial em França.

Apesar de a orientação do Banco privilegiar os países europeus – que até 1954 representaram cinquenta por cento das operações realizadas – a sua importância, enquanto instrumento de recuperação da economia europeia, foi rapidamente ultrapassada pelo Plano *Marshall*, que canalizou para a Europa verbas muito superiores às permitidas pela política financeira conservadora do Banco e em condições bem mais favoráveis.

Entre os países beligerantes ganharia, então, uma especial importância o Japão, que manteve ligações estreitas com o Banco Mundial, mesmo quando deixou de ser um beneficiário significativo dos financiamentos e se transformou num importante mercado de abastecimento de fundos[86].

Nos anos 60 ir-se-ia, em qualquer caso, assistir a uma inflexão da orientação do Banco, que se iria progressivamente ligar mais aos objectivos de desenvolvimento que aos de reconstrução, acentuando as ligações com países da América Latina[87], onde foram financiados diversos projectos, designadamente na área da energia e das infra-estruturas de transportes, contribuindo esses dois sectores com cerca de três quartos dos projectos aprovados[88].

Ainda que este período da vida do Banco seja marcado por uma grande descrição e por uma gestão pouco imaginativa, que não suscita o interesse ou a controvérsia registados nos períodos subsequentes, não se pode ignorar que foi nesse período fundador que surgiram algumas das ideias que marcarão, no futuro, os critérios de gestão do Banco, delas se destacando a utilização de uma taxa de juro idêntica para todos os devedores, sem levar em consideração os seus diferentes graus de risco, o desenvolvimento de mecanismos de supervisão e de acompanhamento *in loco* dos projectos e, finalmente, a renúncia à exigência de garantias reais, substituída pelo recurso a uma cláusula do tipo *negative pledge*.

6.2. *A Presidência MacNamara*

A eleição, em 1968, para Presidente do Banco do antigo Secretário de Estado norte-americano, ROBERT MACNAMARA, veio introduzir profundas alterações na instituição, havendo mesmo quem fale de uma refundação[89].

---

[86] Ver, a este propósito, CAROLINE DOGGART, «From Reconstruction to Development in Europe and Japan», *in The Evolving Role,* cit., pp. 37 e segs..

[87] O primeiro mutuário da América Latina foi o Chile que, face a incumprimentos da dívida externa nos anos 20, era um país excluído dos mercados internacionais de capitais.

[88] Nos anos 60 cerca de um terço dos empréstimos do Banco destinar-se-iam a países da América Latina. Vd., SARWAR LATEEF, «The First Half Century: an Overview», *in The Evolving Role…,* cit., pp. 21 e segs..

[89] Cfr. SUSAN GEORGE e FABRIZIO SABELLI, *Faitb and Credit.* cit., pp. 37 e segs..

Com efeito e ainda que os documentos oficiais posteriores o não acentuem da mesma forma, a substituição de banqueiros profissionais por um político à frente do Banco iria modificar profundamente o rosto da instituição. A isso acresce que MACNAMARA tinha sido profundamente marcado pela experiência do envolvimento militar norte-americano no Vietname, que o convencera da necessidade de combater activamente as situações de subdesenvolvimento.

Entre os aspectos mais relevantes das mudanças promovidas por MACNAMARA está um recurso muito mais acentuado aos mercados financeiros, multiplicando-se por cinco o valor das operações de endividamento realizadas pelo Banco, que se manteve, no entanto, dentro das balizas que lhe eram assinaladas pelo Acordo Constitutivo e conservou a sua imagem de devedor sólido.

Tal acréscimo na procura de fundos ficou a dever-se, essencialmente, à decisão do Banco de não só aprovar um número muito maior de projectos que lhe fossem submetidos, como de tomar, ele próprio, a iniciativa de identificar projectos a realizar nos Estados membros.

A alteração de procedimentos não é, assim, de natureza meramente quantitativa, já que passa pela adopção de uma perspectiva do Banco como agente motor do desenvolvimento, dotado de uma grande visibilidade na sua actuação e apetrechado com quadros técnicos e especialistas que passam a ocupar-se seriamente do estudo dos problemas do desenvolvimento, o que se reflecte nos relatórios anuais sobre o desenvolvimento mundial.

O traço mais característico da presidência de MACNAMARA é, porventura, a prioridade absoluta dada ao combate à pobreza, afirmado sobretudo a partir do discurso de Nairobi[90], e que irá levar a privilegiar projectos ligados ao desenvolvimento rural, à educação e à alimentação.

A presidência MACNAMARA acabaria nos inícios dos anos 80, com o triunfo do *Reaganismo*, sendo objecto de duras críticas, à esquerda e à direita. As primeiras acentuando a falta de resultados positivos das políticas desenvolvidas e aquilo que tinham sido, por vezes, as suas consequências negativas em termos ambientais ou de modos de vida, bem como a contribuição dada para o endividamento dos países em desenvolvimento; as se-

---

[90] No discurso de Nairobi, na reunião de Governadores de 1973, MACNAMARA lançou o conceito de «pobreza absoluta» em que viveria quarenta por cento da população mundial, considerando tal situação um insulto à dignidade humana. Cfr. SUSAN GEORGE e FABRIZIO SABELLI, *ob. cit.*, p. 38.

262   *Valores e Interesses*

gundas apontando, sobretudo, para a incapacidade do Banco Mundial em resolver os problemas de dívida externa que, entretanto, tinham ganho uma dimensão explosiva[91].

6.3. *Os Anos 80*

Os anos oitenta que, como sabemos já, são marcados por uma profunda alteração de sentido nas concepções económicas dominantes e também nas políticas de desenvolvimento com uma viva contestação aos termos em que a mesma se vinha concretizando, vão ser palco de uma profunda alteração nas políticas do Banco.

Essa evolução vai traduzir-se, em primeiro lugar, num muito maior envolvimento do banco nas políticas económicas dos Estados a que presta auxílio financeiro, na base da convicção de que o apoio isolado a projectos, que anteriormente caracterizava a sua actuação, não produzira quaisquer resultados concretos no domínio do desenvolvimento económico.

Tal convicção fundou-se, em larga medida, no estudo intitulado *Acelerated Development in Subsaharan Africa*[92], normalmente designado por *Relatório Berg*, que concluíra que as distorções políticas eram de tal forma graves na generalidade dos países, que não permitiam o sucesso de qualquer projecto, por melhor desenhado que fosse[93].

O novo padrão de envolvimento do Banco implicou uma muito maior atenção às políticas macro-económicas levadas a cabo pelos Estados e à criação de condições consideradas favoráveis ás políticas de desenvolvimento. Essas condições, de harmonia com a lógica então prevalecente no Banco, passaram designadamente por uma redução do peso do sector público e pelo favorecimento do sector privado.

Ao passar em revista as orientações assumidas nesse período, os estudos elaborados no Banco costumam, aliás, apontar como decisiva para a actuação então seguida e para a subordinação ao Fundo Monetário Internacional, a grave situação de dívida externa com que esses países estavam

---

[91] Para uma descrição destas críticas, vd., MELISSA BIRCH e THOMAS BIERSTEKER, «The World Bank», *in* THOMAS BIERSTEKER (org.), *Dealing with Debt. International Negotiations and Adjustment Bargaining*, Westview Press, 1993, pp. 42 e segs..

[92] Washington, The World Bank, 1981.

[93] Para uma apreciação das consequências do Relatório *Berg* vd., ISHRAT HUSAIN, «The Challenge of Africa», in SARWAR LATEEF (org.), *The Evolving Role of the World Bank*, cit., p.177 e segs..

confrontados e que permitiam pensar – não só pelos seus reflexos internos como também pela influência nos próprios prestamistas – na possibilidade de uma crise semelhante à grande depressão, o que exigiu uma opção virada para o equilíbrio da componente externa, com a concessão de financiamentos pelo FMI e a obtenção de reescalonamentos por parte dos prestamistas[94].

Para além da assinalada interacção com o Fundo Monetário Internacional que, em regra, se parece ter traduzido na prevalência das orientações do primeiro, vai assistir-se a uma evolução marcada pela crescente importância do Banco como agência de desenvolvimento e como teorizador de modelos de crescimento.

As alterações políticas registadas nesse período e a imergência de problemas relacionados com a transição dos países de economia planificada para países de economia do mercado vieram reforçar a tendência para a adopção de um modelo fortemente assente no sector privado e em programas de privatização acelerada e de abertura ao exterior – instrumento privilegiado para o seu reforço.

Essa orientação do Banco é profundamente questionável por pressupor a existência de receitas válidas universalmente e não admitir a possibilidade de modelos alternativos, mesmo quando o sucesso de algumas economias parecia resultar da assunção de opções diferentes pelos respectivos governos.

A rigidez de pensamento que lhe está subjacente ficou especialmente espelhada no Consenso de Washington para a América Latina, assente nos seguintes dez pontos[95]:

– disciplina financeira, para assegurar o controlo da inflação com uma situação de excedente primário e de um défice que não ultrapasse os dois por cento;

– concentração da despesa pública na saúde, educação primária e infra-estruturas, em substituição dos subsídios, investimentos em "elefantes brancos" e despesas militares;

– reforma fiscal, com um aumento da base tributável e limitação da progressividade como forma de estímulo ao investimento;

---

[94] Vd., por exemplo, SARWAR LATEEF, «The First Half Century: an Overview», in *The Evolving Role of the World Bank*, cit., p. 24.

[95] Vd. JOHN WILLIAMSON, *Latin American Adjustment: How Much Has Happened?*, Washington, Institute for International Economics, 1990.

– liberalização financeira, fazendo funcionar os mecanismos de mercado, em vez da regulação administrativa, embora admitindo que, numa primeira fase, fossem apenas abolidas taxas preferenciais;
– taxas de cambio unificadas, de forma a garantir a competitividade;
– liberalização do comércio, com substituição das restrições quantitativas, por aplicação de tarifas a nível muito baixo;
– abolição das barreiras ao investimento directo estrangeiro;
– privatização das empresas públicas;
– desregulação, destinada a abolir critérios limitativos da entrada no mercado de novas firmas;
– garantia dos direitos de propriedade.

Contrariamente ao que se poderia pensar, o Consenso de Washington não se traduziu num acordo estabelecido entre as instituições financeiras internacionais e os governos latino-americanos, simbolizando tão só a consensualização, pelo Banco Mundial, pelo Fundo Monetário e pela Secretaria de Estado do Tesouro norte-americana, de uma política para a América Latina, a estender tendencialmente a outras regiões do globo.

Se o consenso de Washington inclui uma série de pontos que parecem incontroversos ainda hoje, à face da experiência de quase duas décadas[96], não se pode deixar de criticar a sua excessiva orientação monetarista e, sobretudo, a rigidez de pensamento que lhe está subjacente e que determinou a multiplicação das avaliações desfavoráveis[97].

De resto, independentemente da avaliação dos seus méritos e deméritos, não pode deixar de se pensar que a imposição aos Estados de políticas económicas desenhadas no exterior representa um modelo de intervenção intolerável e de duvidosa compatibilidade com os estatutos do Banco.

---

[96] Nesse sentido a defesa de WILLIAMSON, acompanhada de uma reformulação da proposta inicial em «The Whashington Consensus Revisited», in LOIS EMERIJ (org.), *Economic and Social Development...*, cit., pp. 48 e segs..

[97] Por todos, vd., STIGLITZ, *A Globalização...*, cit., pp. 93 e segs.. Note-se como ponto especialmente interessante que STIGLITZ não se limita a elencar as políticas que considera erradas, mas formula, ele próprio, propostas de diversos aspectos, como na reforma agrária, que deveriam figurar em qualquer proposta de política para a América Latina.

6.4. *Os Anos 90*

A política do Banco nos anos 90 vai continuar a desenvolver-se no sentido de um apoio estrutural aos Estados membros, mas vão reaparecer, nos últimos anos, preocupações de ordem social que tinham estado menos presentes ao longo da década anterior, ressuscitando-se, designadamente, a ideia de MacNamara do combate à pobreza absoluta.

Na reflexão que o Banco vai levar a cabo, uma especial atenção continuará a ser dada ao papel das infra-estruturas no desenvolvimento económico, procurando-se determinar as razões que conduziram a que, no passado, nem sempre estas tivessem tido o impacto desejado.

Num documento de 1994[98], o Banco vai revelar as conclusões a que chegou, na reflexão a este propósito, acentuando as seguintes quatro considerações fundamentais:

1.ª As infra-estruturas podem ter um papel decisivo no desenvolvimento económico e no combate à pobreza, mas só quando correspondem à existência clara de procura e lhe correspondem de forma adequada;

2.ª Os maus resultados verificados em experiências passadas levam a que devam ser procuradas novas formas de gestão das infra-estruturas, privilegiando a sua organização sob forma empresarial, associando à mesma, sempre que possível, os próprios utentes e fazendo funcionar os mecanismos de concorrência;

3.ª A associação entre o sector público e o privado apresenta-se como uma forma especialmente frutuosa de colaboração que é necessário desenvolver;

4.ª O Estado continua a ter um papel permanente no desenvolvimento de um quadro legislativo adequado, na coordenação das acções sectoriais e na protecção do ambiente.

Seria, no entanto, a passagem dos cinquenta anos sobre a Conferência de *Bretton Woods* e sobre a constituição do Banco a proporcionar uma reflexão aprofundada sobre o futuro da sua acção, da qual resultaria a formulação de novos objectivos, com destaque para o prosseguimento das reformas económicas; o investimento nas pessoas; a protecção do ambiente;

---

[98] *Rapport sur le Développement dans le Monde – Une Infrastructure pour le Développement.*

266 *Valores e Interesses*

o estímulo ao sector privado e a reorientação dos governos no sentido de assumirem uma função complementar do sector privado, ocupando uma posição essencial no domínio dos recursos humanos e ambientais.

Em relação ao primeiro objectivo, o Banco recorda a acção desenvolvida na década de oitenta e os resultados desiguais conseguidos, admitindo que será, porventura, necessário contar com horizontes temporais mais alargados, prestar uma maior atenção aos constrangimentos estruturais de cada país e diversificar mais as políticas, voltando ao financiamento de projectos nos casos em que se verificou maior desenvolvimento e continuando a privilegiar as políticas de ajustamento estrutural nos restantes casos.

O investimento nas pessoas deverá, na lógica do Banco, ter um papel central, obedecendo, de alguma forma, a uma lógica dupla: a de assegurar que as limitações do «capital humano» não criem dificuldades ao processo de desenvolvimento e a de criar condições para que os mais pobres possam beneficiar realmente com o desenvolvimento económico, o que implicará melhor educação, saúde e alimentação, um planeamento familiar adequado e uma especial atenção aos problemas das mulheres e do acesso feminino à escolaridade.

O Banco acentua a importância do estímulo ao sector privado enquanto factor de criação de postos de trabalho e impulsionador do crescimento, propondo-se continuar a utilizar a Sociedade Financeira Internacional para empréstimos directos ao sector, para apoio do desenvolvimento de bancos, fundos de capital, empresas de *leasing* e outros instrumentos financeiros, assim como para auxiliar no acesso às tecnologias mais avançadas.

O apoio à reestruturação do sector público orientar-se-á por uma preocupação geral de conseguir uma nova combinação entre público e privado, procurando, sobretudo, que o sector público esteja em condições de assegurar a eficácia dos órgãos de decisão, uma melhoria geral dos quadros legais e uma maior transparência das contas[99].

Como resulta claramente desse enunciado de objectivos de acção futura, o Banco tende a assumir cada vez mais o papel de consultor e de agência de desenvolvimento, em conjugação com as suas funções bancárias o que, de alguma forma, corresponderia já à lógica do Acordo Constitutivo, mas resultou, sobretudo, da linha de orientação imprimida ao Banco e que esteve, designadamente, na base da criação do conjunto diversificado de instituições que constituem o chamado Grupo Banco Mundial.

---

[99] *Learning from the Past, Embracing the Future,* cit..

7. Aspectos de controvérsia

As políticas que o Banco Mundial levou a cabo foram, com frequência, alvo de importantes críticas dirigidas quer ao que parecia ser a sua excessiva ligação a uma determinada opção económica, quer pela eventual violação da regra da apoliticidade dos estatutos. Paralelamente, existem diversos aspectos que se prendem com a própria organização e funcionamento do Banco que não podem deixar de ser ponderados negativamente, tanto mais quanto representam flagrantes contradições com orientações dele emanadas nos domínios da boa-governação e da transparência[100].

Um primeiro aspecto a justificar essa apreciação é a escassa informação disponível sobre a componente jurídica da actividade do Banco, matéria em que apenas nos anos 90 se verificou alguma inflexão, devida sobretudo ao trabalho de divulgação proveniente do vice-presidente e Conselheiro Jurídico Geral IBRAHIM SHIHATA[101] e de outros altos funcionários.

De facto, se é certo que os estatutos do Banco assim como das restantes instituições do Grupo se encontram devidamente publicados, bem como a generalidade dos acordos com as outras organizações e que existe um Manual Operacional disponível no *site* do Banco, não é menos certo que as decisões do Conselho Executivo são confidenciais e normalmente assumem uma forma muito sintética, remetendo para estudos elaborados pelos serviços de apoio.

Este comentário não inviabiliza o reconhecimento do grande esforço de transparência que o Banco tem levado a cabo, com a proliferação da informação disponível *on-line* no *site* da instituição.

Outra questão que levanta especiais problemas – que se colocam igualmente, em relação ao FMI –, relaciona-se com o facto de existir uma ponderação do poder de voto correspondente ao peso das acções de que o associado dispõe, o que assegura que, dos vinte e quatro directores executivos do banco, oito sejam automaticamente designados pelos países com maior número de acções ou força política, sendo os restantes eleitos através da associação de grupos de países.

Esse grupo de oito países, especialmente representado na direcção do Banco tem, por outro lado, um poder de voto que é sensivelmente igual ao

---

[100] AIF QURESHI, *International Economic Law*, cit., p. 347.

[101] Ver, designadamente, *The World Bank in a Changing World*, 3 volumes, respectivamente de 1991, 1995 e 2000, Dordrecht, Boston, London, Martinus Nijhhoff, 1991 e *The World Bank Legal Papers*, The Hague, Boston, London, Kluwer Law International, 2000.

de todos os restantes Estados membros, o que mostra claramente o peso sua influência, à semelhança do que ocorre, aliás, com o Fundo Monetário Internacional, a propósito do qual será reapreciado este ponto.

Daqui resulta que, embora quase todas as actividades destas instituições se concentrem no mundo em desenvolvimento, a sua direcção é assegurada por representantes de países desenvolvidos, aos quais nem sequer é exigida experiência nos países onde actuam. Como afirma STIGLITZ[102], "a verdade é que as instituições não são representativas dos países que servem".

Na acesa polémica levantada em torno da obra de STIGLITZ não faltou, no entanto, quem como BARRY EINCHENGREEN viesse argumentar que permitir que as decisões nesta matéria fossem tomadas pelos represenses dos países interessados corresponderia a transferir a responsabilidade pela política de crédito de um Banco para os seus devedores[103], num paralelismo que, ao ignorar a especial natureza destas instituições e da tarefa do desenvolvimento, envolve pelo menos um simplismo tão grande como aquele de que o autor acusa STIGLITZ.

Também a proposta de EICHENGREEN de transformar essas instituições, de harmonia com um modelo semelhante ao dos Bancos Centrais, assegurando que os seus directores teriam um estatuto de independência e não receberiam indicações políticas dos governos de origem não parece apta a resolver o problema, na medida em que, por um lado, reforça as críticas relacionadas com a ausência de controlo e responsabilização democrática, e, por outro, não resolve o problema crucial de determinar quem procede à escolha dos administradores.

O Banco tentou, designadamente nos finais da década de setenta, quando se encontrava especialmente exposto às críticas dos países do terceiro mundo, atenuar o peso dos países mais desenvolvidos na administração, através da admissão nos seus quadros de técnicos originários de países menos desenvolvidos. Mas, com razão MARC WILLIAMS pôde comentar que isso não alterava a situação, na medida em que se tratava de pessoas com uma formação feita, na generalidade dos casos, em universidades ocidentais e muito divorciadas da realidade dos países de origem[104].

---

[102] *A Globalização...*, cit..

[103] «The Globalization Wars: an Economist Reports from the Front Lines», *Foreign Affairs*, Julho-Agosto de 2002.

[104] *International Organizations*, cit., p. 117.

As *Organizações de Bretton Woods* — 269

Finalmente, importa ainda referir a questão da apoliticidade, consagrada com grande rigor no Acordo Constitutivo do Banco, que a contempla em pelo menos três disposições – as do artigo III, Secção 5 (b), artigo IV Secção 10 e artigo V, Secção 5 (c).

Todas as actuações do banco estão cobertas pelas disposições antes citadas, em resultado de uma emenda introduzida durante a Conferência, uma vez que o projecto inicial apenas previa a proibição de considerações políticas na concessão de empréstimos[105].

Entre as várias implicações que dai resultam e que SHIHATA estuda com grande pormenor[106], ressaltam a proibição de interferência nos assuntos políticos internos de cada país e a obrigação de os dirigentes e quadros do Banco apenas levarem em conta, nas suas decisões, considerações de carácter económico.

A dificuldade real de separar os aspectos políticos dos económicos, dados os reflexos que muitas escolhas políticas têm sobre a situação económica e que as opções económicas podem ter sobre as escolhas políticas, não permite esquecer que, em muitos casos, o Banco parece ter imposto opções ideológicas, sem contemplar ou apresentar alternativas de política económica, atitude que pareceria mais em linha com as disposições citadas.

É certo que o envolvimento crescente do Banco nas tarefas de desenvolvimento e a percepção de que elas são muito mais vastas, exige um conjunto de actuações no domínio da criação de condições, expressas normalmente pela designação de boa-governação, que aparecem como requisitos para o sucesso de qualquer programa de ajuda liderado pelo Banco.

Parece claro que tem sido difícil conseguir encontrar um ponto de equilíbrio, uma vez que entre esses requisitos se encontram exigências como a reforma do sistema jurídico, o bom funcionamento do sistema judiciário, o controlo das finanças públicas, a eficiência da máquina administrativa e o combate à corrupção, que se situam pelo menos numa zona de fronteira, em que a actuação do Banco tem de ser ponderada cuidadosamente.

Na apreciação desta problemática, os serviços jurídicos do Banco e, designadamente, o conselheiro jurídico SHIHATA, têm revelado alguma capacidade de separação de situações, que comporta, todavia, o recurso à interpretação extensiva das normas em questão, à luz das finalidades do Banco.

---

[105] Vd. SHIHATA, «Exclusion of Political Considerations in the Bank's Articles – Its Meaning and Scope in the Context of the Institutions Evolution», in *The World Bank in a Changing World*, volume I, cit., p. 66.

[106] *Idem.*

270 *Valores e Interesses*

Consideram designadamente que o Banco, sendo uma instituição financeira, não pode desinteressar-se das condições do mercado e da estabilidade financeira, o que implica cuidados na concessão de fundos que só poderão ser destinados a usos seguros e eficientes, ainda que essa apreciação deva ser conduzida à luz de considerações de economia e de eficiência e não de preferências e factores ideológicos.

Este tipo de consideração daria cobertura à generalidade das situações normalmente abarcadas pela ideia de boa-governação, tanto mais quando a assistência do Banco seja suscitada pelos países interessados e não se revista de carácter partidário.

Diversamente, o envolvimento do Banco em matérias como a democratização e a reforma política só poderia expressamente ser admitido através de uma revisão do Acordo, ainda que se reconheça que as opções do Banco em matéria de fomento da participação da sociedade civil possa contribuir para esses objectivos.

Um aspecto particularmente delicado dessa problemática relaciona-se com a protecção dos direitos humanos, que o Banco é, por vezes, acusado de ignorar ou minimizar. Também aí se poderá admitir que a solução ideal passaria por uma revisão do Acordo. Em face da impossibilidade prática de o conseguir, a instituição pode sempre recorrer a duas vias: uma primeira, consistente em considerar que este problema político, pela sua gravidade, tem consequências no plano económico; e uma segunda, que se traduz em respeitar as decisões do Conselho de Segurança na matéria, em conformidade com o princípio da supremacia da Carta das Nações Unidas[107].

8. Os novos desafios do Banco

A evolução da actividade do Banco Mundial e a sua aproximação ao Fundo Monetário Internacional teve como consequência clara o desenvolvimento muito acentuado de formas de condicionalidade ligadas à sua actuação. Essa condicionalidade tem expressão em diversos graus.

Ficou já analisado como, a partir dos anos 80, o Banco influenciou o modelo económico dos países beneficiários da ajuda, através da exigência

---

[107] Nesse sentido, SHIHATA, «La Banque Mondiale et les Droits de l'Homme», *Revue Belge de Droit International*, vol. XXXIII, n.º 1 (1999), p. 93.

de uma orientação política caracterizada, no essencial, pela privatização, liberalização dos mercados e das trocas externas.

A implementação desse modelo, feita por vezes com pesados custos humanos, resultou da percepção da necessidade de reformas estruturais para a viabilização dos projectos levados a cabo com o apoio do Banco e teve uma tradução prática já referenciada no aparecimento de novas modalidades de empréstimo.

Mas, a par dessa evidente forma de condicionalidade política, não se pode ignorar que o Banco tem vindo a desenvolver um conjunto de ideias força do que deverão ser as políticas de desenvolvimento, que fazem com que hoje a sua componente de conselheiro técnico seja especialmente relevante. Naturalmente que a variedade dos temas que têm vindo a ser desenvolvidos nessa sede, impede uma apreciação global, mas parece adequado considerar algumas das principais prioridades que o Banco tem desenvolvido.

Nesse sentido, isolamos como aspectos especialmente relevantes, os que se relacionam com a boa-governação, com o combate à miséria e com a garantia da participação da sociedade civil no processo de desenvolvimento, aspectos que serão objecto de uma discussão aprofundada a propósito da política de cooperação para o desenvolvimento da Comunidade Europeia, igualmente com eles confrontada.

8.1. *A Boa Governação*

A ideia de boa-governação foi, provavelmente, o primeiro objectivo de conjunto a ser prosseguido pelo Banco, o que não significa que se não mantenha em plena actualização, com a integração de um crescente número de exigências com ele relacionadas.

Na base da formulação desse objectivo pelo Banco Mundial estão os estudos promovidos sobre a África Susahariana, na década de oitenta do século vinte e, em especial, de *Sub-Saharan Africa – From Crisis to Sustainable Growth. A Long Term Perspective Study*[108], que veio definir um quadro compreensivo de temas considerados essenciais para o sucesso das políticas de desenvolvimento.

---

[108] Washington, The World Bank, 1989. Anteriormente, ver *Accelerated Development in Sub-Saharan Africa* (1981) e *Toward Sustained Development in Sub-Saharan Africa* (1984).

272 Valores e Interesses

Entre os muitos aspectos equacionados figuravam, designadamente, a responsabilização política dos dirigentes, a transparência das transacções públicas, a adequada administração dos fundos, a reforma da administração pública, o estabelecimento de leis claras e o aperfeiçoamento do aparelho judiciário e das garantias da sua independência.

A ideia de boa governação receberia, por outro lado, uma contribuição dos estatutos do Banco Europeu para a Reconstrução e Desenvolvimento, criado em 1990 para auxiliar a transição nos países de economia socialista planificada, em cujo preâmbulo expressamente se referenciavam objectivos políticos, como "o respeito pela democracia partidária, o Estado de Direito, o respeito pelos Direitos Humanos e pela economia de mercado".

Daqui veio a resultar uma nebulosa de ideias que continuaria a engrossar e que suscita importantes interrogações, analisadas a propósito da forma como a Comunidade Europeia tenta aplicar o conceito e das dificuldades com que se depara.

Assinala-se, aqui, apenas entre os aspectos com que o Banco mais se tem envolvido os que se relacionam com a corrupção, com o processo de reforma legal, com a reforma do aparelho judiciário, com a modificação da administração pública e dos procedimentos das finanças públicas, assim como com o reforço dos instrumentos financeiros.

Concomitantemente, há que assinalar a emergência de um conjunto de novos temas, como a política de concorrência e regulação, objecto de especial atenção no Relatório sobre o Desenvolvimento Mundial de 2002[109].

8.2. *O Combate à Miséria*

O Banco retomou, nos últimos anos, com especial ênfase o objectivo de combate à pobreza que MACNAMARA definira trinta anos atrás, procurando harmonizar procedimentos em relação a cerca de setenta países de baixo nível de rendimento, para os quais concebeu uma mesma estratégia, definida conjuntamente com o FMI e que privilegia os países abrangidos pela Iniciativa Reforçada para os Países Pobres Muito Endividados[110].

Instrumentos indispensáveis à elaboração dessa estratégia são os documentos nacionais de redução da pobreza ("Poverty Reduction

---

[109] *Building Institutions for Markets*, The World Bank, Oxford University, 2002.
[110] Cfr. *infra*.

Strategy Paper" PRSP), que orientarão o esforço de cooperação das duas instituições com aqueles países.

Os documentos nacionais de redução da pobreza deverão, na óptica do Banco Mundial, ser preparados pelo próprio país, apontar para medidas que assegurem a estabilidade económica, garante de um crescimento económico mais rápido e vasto, reflectir uma compreensão alargada da pobreza, escolher as acções públicas com maior impacto na pobreza e estabelecer indicadores de resultados e processos de controlo.

Ainda que o Banco insista em que se trata de documentos elaborados pelos próprios países e considere até especialmente útil o aprofundamento de mecanismos já existentes, o certo é que elaborou um livro de consulta, que constitui um verdadeiro manual, tratando de forma muito pormenorizada as diversas etapas do documento de estratégia e incluindo um conjunto de definições, que acabarão por determinar um certo grau de uniformização destes processos.

Ressalta desses documentos, como aspecto de sinal positivo, uma concepção alargada da pobreza, que considera as seguintes dimensões:

– falta de oportunidades, relacionada com o baixo nível de rendimento resultante da ausência de activos físicos, como a terra ou sociais, como as oportunidades de mercado;

– baixas capacidades, resultantes de níveis inadequados de saúde e educação;

– baixo nível de segurança, traduzido numa grande vulnerabilidade às flutuações de rendimento a nível nacional, regional, local ou individual;

– capacitação, derivada da fraca possibilidade de influenciar as políticas económicas.

SECÇÃO II
O Fundo Monetário Internacional

1. Questões gerais

A actuação do Fundo Monetário Internacional em relação aos países do terceiro mundo e, mais especificamente, a sua contribuição para o desenvolvimento económico tem sido objecto de vivas controvérsias, entre os que o apontam como um mero instrumento de imposição do modelo económico capitalista aos países menos desenvolvidos, sob a capa de apoio financeiro e técnico[111] e os que consideram que ao Fundo são atribuíveis significativos sucessos na prevenção de situações de caos económico e instabilidade política[112].

Convirá recordar que, à semelhança do Banco Mundial, o Fundo tem as suas origens na cooperação britânico-americana estabelecida na Conferência de *Bretton Woods*, sendo de assinalar que os termos da criação do Fundo corresponderam basicamente à opção pelo plano *Withe*, em detrimento do apresentado por KEYNES[113].

Se é certo que essa opção fundadora teve como consequência um papel menos importante e uma estrutura menos ambiciosa do FMI, nem

---

[111] Por exemplo, CHARLES VORBE, «Le FMI, Instrument International de l'Hégémonie Économique des États Unis», in *Les Organismes Financiers Internationaux, Instruments de l'Économie Politique Libérale*, cit., pp. 65-87.

[112] Como é o caso de BAHAM NOWZAD, «The IFM and its Critics», *Princeton Essays in International* Finance, n.° 146 (1981).

[113] Sem esquecer naturalmente que o plano *Keynes* se preocupava muito mais com a expansão da actividade económica internacional e com a garantia da liquidez internacional. Sobre estes aspectos, vd. PAULO PITTA E CUNHA, «Fundo Monetário Internacional», *Enciclopédia Verbo*, tomo 8, p. 1804 e segs., VIRGÍLIO RAPAZ, «Fundo Monetário Internacional», *Enciclopédia Verbo*, edição Século XXI, tomo 12, pp. 1162-1165, ROSA MARIA LASTRA, «The International Monetary Fund in Historical Perspective», *Journal of International Economic Law* (2000), pp. 507-523 e DOMINIQUE CARREAU, *Le Fonds Monétaire International*, Paris, Armand Collin, 1970, pp. 8 e segs..

por isso se poderá deixar de reconhecer que, independentemente das vicissitudes posteriores, a que teremos ocasião de aludir, o Acordo que está na sua origem estabeleceu um significativo conjunto de regras jurídicas e atribuiu ao Fundo importantes poderes, que levaram já a que fosse afirmado que "… a existência e a actividade do Fundo são factores importantes de desenvolvimento e aplicação do direito económico internacional"[114].

Ainda assim, importa admitir que a solução encontrada quanto à orgânica e missões do Fundo terá contribuído para a instalação de alguma confusão na opinião pública sobre os seus objectivos, aspecto a que a instituição se mostra muito sensível, promovendo a publicação de diversos estudos destinados a clarificar a sua posição[115].

Pode, de facto, concordar-se com quem sustenta que o FMI tem três facetas distintas: a de um corpo de regras de boa conduta, de força jurídica variável, propostas ou impostas aos Estados; a de uma instituição financeira que dispõe de certos recursos para usar em fins de solidariedade internacional e a de uma organização internacional apta a tomar decisões e praticar actos de gestão[116].

Ao contrário do que sucede com o Banco Mundial, não se encontram no Acordo do FMI ligações directas com a problemática do desenvolvimento[117], à qual o Fundo só viria a surgir associado já numa fase adiantada da sua vida. O FMI foi concebido, desde o início, como uma organização preocupada com os problemas de curto prazo da balança de pagamentos e não com os de natureza estrutural, como o desenvolvimento económico.

Como bem nota MARC WILLIAMS[118] arranca daqui a acusação de que o FMI é contrário ao desenvolvimento económico, sacrificado aos objec-

---

[114] GEORGES NICOLETOPOLOUS, «Le Fonds Monetaire International et le Droit International Économique», in Societè Française pour le Droit International, *Les Nations Unies et le Droit International Économique*, Colloque de Nice, Paris, Pedone, 1986, p. 295.

[115] Como, por exemplo, o de DAVID D. DRISCOLL, *What is the International Monetary Fund?*, Washington D. C., IMF, 1997.

[116] JEAN-JACQUES RAY e JULIE DUTRY, *Institutions Économiques Internationales*, 3ª edição, 2001, Bruxelles, Bruylant, p. 134.

[117] Recorde-se que foram recusadas durante a conferência de *Bretton Woods* propostas apresentadas pela Índia e pelo Equador no sentido de serem incluídas referências a formas especiais de assistência aos países economicamente mais atrasados, tendo os países desenvolvidos argumentado precisamente com a vocação do Banco Mundial para esse tipo de tarefas.

[118] *International Economic Organizations and the Third World…*, cit., p. 55.

tivos da estabilidade, acusação a que o Fundo responde com a afirmação de que a estabilidade é um pré-requisito para o sucesso de qualquer processo de desenvolvimento económico[119].

De qualquer modo, não se poderá esquecer que, como nota BAHRAM NOWZAD[120] – um autor especialmente defensor do FMI – o Fundo não é uma "instituição de desenvolvimento", ainda que apoie os esforços de desenvolvimento dos seus membros[121].

2. Os objectivos e formas de intervenção do Fundo

Coerentemente com os pressupostos da conferência de *Bretton Woods*, o FMI surge como uma instituição fundamental para a garantia de uma ordem económica liberal, assente num esquema de câmbios fixos que evitasse o regresso a soluções de nacionalismo económico, assegurando liquidez aos países que enfrentassem situações de dificuldade em decorrência de problemas na respectiva balança de pagamentos[122].

O artigo IV, secção I, do Acordo espelha bem essa função do Fundo, ao estabelecer um conjunto de obrigações dos países membros, na base do reconhecimento de que "... a finalidade essencial do sistema monetário internacional é proporcionar uma estrutura que facilite a troca de bens, serviços e capitais entre os países que seja favorável a um sólido crescimento económico e que um dos principais objectivos é o continuo desenvolvimento das condições de base ordenadas que são necessárias à estabilidade financeira e económica".

De harmonia com o artigo I, os objectivos do Fundo são:

i) Promover a cooperação monetária internacional por meio de uma instituição permanente que forneça um mecanismo de consulta e colaboração no que respeita a problemas monetários internacionais;

---

[119] Veja-se, aliás, o vigor com que o Fundo responde àquilo que considera serem erros comuns sobre a sua actividade em International Monetary Fund, *Ten Common Misconceptions about the IMF*, Washington, IMF, 1993.

[120] *Promoting Development. The IMF'S Contribution*, Washington, IFM, 1992, p. 1.

[121] Ainda que autores como MICHEL LELART, *Le Fonds Monétaire International*, Colecção *Que-Sais-je?*, Paris, PUF, 1991, sustentem que se teria verificado uma verdadeira alteração da natureza do Fundo que se teria desviado dos objectivos iniciais para concentrar-se no apoio ao desenvolvimento.

[122] Para uma descrição sintética do FMI e da sua actividade, vd. IMF, *What is the International Monetary Fund? A Guide to the IMF*, Whashington, IMPF, 2001.

278 *Valores e Interesses*

ii) Facilitar a expansão e o crescimento equilibrado do comércio internacional e contribuir, assim, para o estabelecimento e manutenção de níveis elevados de emprego e de rendimento real e para o desenvolvimento dos recursos produtivos de todos os membros, como objectivos primordiais da política económica;

iii) Promover a estabilidade dos câmbios, manter regulares arranjos cambiais entre os membros e evitar desvalorizações cambiais competitivas;

iv) Auxiliar a instituição de um sistema multilateral de pagamentos respeitantes às transacções correntes entre os membros e a eliminação das restrições cambiais que dificultam o desenvolvimento do comércio mundial;

v) Proporcionar confiança aos membros, pondo à sua disposição os recursos do Fundo sob garantias adequadas, dando-lhes assim possibilidade de corrigirem desequilíbrios das suas balanças de pagamentos, sem recorrerem a medidas destrutivas da prosperidade nacional ou internacional;

vi) De acordo com o que precede, abreviar a duração e diminuir o grau de desequilíbrio das balanças internacionais de pagamentos dos membros.

Dos objectivos enunciados resultam três funções fundamentais para o FMI: a de regulação das relações financeiras entre os Estados membros; a da assistência financeira aos Estados em dificuldade e a de órgão consultivo[123].

No que respeita à função de regulação financeira, há que reconhecer que, com o termo do sistema de paridades fixas e em face da não reformulação das funções do Fundo em matéria de controlo da liquidez internacional, se falará hoje com maior rigor em vigilância, como o faz, de resto, a própria instituição.

---

[123] A amplitude das funções do FMI aconselha a que apenas se proceda a uma análise sumária dos aspectos gerais do seu funcionamento, tanto mais quanto o tema foi entre nós objecto de importantes reflexões de PAULO PITTA E CUNHA, desde as Lições de Moeda de 1969-70, publicadas na *Revista da Faculdade de Direito da Universidade de Lisboa*, vol. XXIII (1970-71), pp. 27 e segs., com o título «A Moeda e a Política Monetária nos Domínios Interno e Internacional. Esquema de um Curso de Economia Monetária», e existe, mais recentemente, uma excelente síntese de MANUEL PORTO e VITOR CALVETE, «O Fundo Monetário Internacional», in JOÃO MOTA CAMPOS (org.), *As Organizações Internacionais*, cit., pp. 454-503.

Essa função de vigilância está expressamente consagrada no artigo IV, Secção 3, que comete ao Fundo a tarefa de "fiscalizar o sistema monetário internacional a fim de assegurar o seu bom funcionamento", prevendo-se, na alínea b): "cada membro compromete-se, através de medidas apropriadas, conformes com o presente Acordo, a autorizar nos seus territórios operações cambiais entre a sua moeda e as moedas de outros membros somente nos limites prescritos na secção 3 do presente artigo".

Daqui resulta a organização de consultas anuais com os países membros – as missões ou visitas do Fundo – e o exame periódico da evolução das taxas de câmbio.

A função de vigilância é naturalmente muito mais apertada quando se trata de um país que esteja a beneficiar de ajuda do FMI, caso em que toda a política macroeconómica e mesmo aspectos microeconómicos são objecto de discussão aprofundada.

De facto, a função de vigilância tende a tornar-se numa verdadeira função de controlo das políticas económicas dos Estados membros quando estes recorrem aos mecanismos de crédito, cuja concessão é sujeita a claras regras de condicionalidade[124].

O Fundo tem procurado, no entanto, afastar a ideia de que tem poderes para condicionar a política dos Estados, defendendo que a sua eventual autoridade se cinge a requerer informações económicas e a evitar, tanto quanto possível, restrições às trocas cambiais internacionais[125].

Ainda dentro da função de vigilância, podem incluir-se três outras formas de colaboração com os países membros[126]: as medidas de precaução adoptadas com o objectivo de obter a caução do Fundo para as políticas económicas; a vigilância acrescida, com vista a facilitar o reescalonamento da dívida externa e, finalmente, o acompanhamento informal, que permite sobretudo o acesso à consultadoria do Fundo.

---

[124] Para um desenvolvimento deste ponto, vd. PAULO DE PITTA E CUNHA, Comunicação apresentada à Classe de Letras da Academia de Ciências de Lisboa, na sessão de 18 de Janeiro de 1979 e reproduzida em *Memórias da Academia das Ciências de Lisboa. Classe de Letras*, tomo XXI (1980), sob o título «o Fundo Monetário Internacional e a Intervenção nas Políticas Económicas Internas», pp. 169-178.

[125] DONALD DRISCOLL, *ob. cit.*, p. 2, escreve, por exemplo "contrariamente à percepção amplamente divulgada, o FMI não tem autoridade efectiva sobre as políticas económicas dos seus membros. Ele não está por exemplo em posição de poder forçar um membro a gastar mais em escolas e hospitais e menos na compra de aviões militares ou na construção de grandiosos palácios presidenciais".

[126] MANUEL PORTO e VITOR CALVETE, *ob. cit.*, p. 495.

280   *Valores e Interesses*

Para além da consagração de um princípio de condicionalidade em associação com a função de fiscalização financeira, o Fundo tem vindo a atribuir a essa tarefa uma grande centralidade, no contexto da sua actividade, como é claramente patenteado pelas Recomendações emitidas em Abril de 1995, pelo Comité Intercalar, no sentido de:

– o Fundo estabelecer uma política de diálogo mais próxima e continuada com os Estados membros;

– os Estados membros fornecerem regular e atempadamente ao Fundo dados de informação económica;

– os Estados membros publicarem com regularidade os seus dados estatísticos, para permitir uma maior transparência das respectivas políticas;

– o Fundo prestar maior atenção às políticas financeiras dos Estados membros e à solidez dos seus sectores financeiros;

– o Fundo utilizar melhor os poderes de vigilância, por forma a identificar potenciais problemas sistémicos[127].

A função de assistência financeira exerce-se em plena conformidade com os objectivos que levaram à criação do Fundo Monetário Internacional, tendo-se tornado especialmente significativa a partir do momento em que o Fundo passou a dispor da possibilidade de criar liquidez própria, através da emissão de direitos de saque especiais.

Deixando por agora de parte os mecanismos financeiros mais directamente relacionados com as questões do desenvolvimento económico, importa assinalar a grande diversidade de formas de intervenção de que o Fundo pode lançar mão[128] e que tradicionalmente se dividiam em formas de financiamento gerais ou comuns e formas de financiamento especial, numa dicotomia que a evolução do funcionamento da instituição viria a fazer perder importância, exigindo uma maior diferenciação de categorias, como por exemplo, a que fazem MICHEL AGLIETTA e SANDRA MOATTI[129] e que aqui se segue.

---

[127] Citadas em PAUL R. MASSON e MICHAEL MUSSA, *The Role of the IMF. Financing and its Interactions with Adjustment and Surveillance*, Washigton, IMF, 1997, pp. 38-39.

[128] Para uma síntese da generalidade desses mecanismos, vd., na doutrina portuguesa, EDUARDO RAPOSO DE MEDEIROS, *Economia Internacional*, Lisboa, ISCSP, 2003, 7ª edição (revista e ampliada), pp. 805 e segs.. Uma boa síntese dos mecanismos então existentes pode ser vista em ROLAND SÉROUSSI, *GATT, FMI et Banque Mondiale. Les Nouveaux Gendarmes du Monde*, Paris, Dunod, 1994, pp. 119 e segs..

[129] MICHEL AGLIETTA e SANDRA MOATTI, *Le FMI. De L'Ordre Monétaire aux Désordres Financiers*, Paris, Economica, 2000, pp. 227 e segs..

As formas de financiamento de vocação geral traduziam-se tradicionalmente nas tranches-reserva (correspondentes a 1/4 da quota do país) de acesso incondicional, nas tranches de crédito, rodeadas de crescente condicionalidade e nos acordos de *stand-by*, que visaram alargar o período de financiamento, às quais se juntou, a partir de 1974, o mecanismo alargado de crédito, permitindo um maior período de utilização de recursos e de reembolso.

Os mecanismos com finalidades especiais, nas suas modalidades mais típicas, foram criados na década de sessenta para responder a situações particularmente críticas resultantes dos efeitos negativos das flutuações económicas em países dependentes de receitas sujeitas a variações cíclicas[130], como sucede com a facilidade de financiamento compensatória e de financiamento de imprevistos e o mecanismo de financiamento de *stocks* de regulação.

Este tipo de mecanismos viria, depois, a ser adaptado e estendido à prevenção e preparação da economia de certos países para estas variações, como sucedeu com o apoio para o fundo de estabilização monetária, a ajuda de emergência em casos de calamidade natural ou conflitos armados, a facilidade para transformação sistémica ou as operações de redução da divida.

Ligados mais directamente ao apoio ao desenvolvimento surgiram, por outro lado, mecanismos a que voltaremos mais tarde, como a Facilidade de Ajustamento Estrutural e a Facilidade para o Crescimento e a Redução da Pobreza.

Finalmente, correspondendo à necessidade de combater situações de instabilidade dos mercados financeiros, viriam a surgir, já no final da década de noventa, facilidades extraordinárias, como a facilidade de reserva suplementar e a linha de crédito contingente.

As funções de consulta exercem-se particularmente no quadro da necessária preparação dos acordos a celebrar com os países membros e desenvolveram-se especialmente, como teremos ocasião de ver, nos casos de financiamentos para ajustamento estrutural.

Essas funções podem igualmente ser exercidas no quadro de solicitações dos países para apoio a medidas concretas de reforma no domínio financeiro ou fiscal.

---

[130] Crescentemente, o FMI tem vindo a criar mecanismos deste tipo, por vezes com escassa utilização. Vd. MANUEL PORTO e VÍTOR CALVETE, *ob. cit.*, pp. 490 e segs..

282   *Valores e Interesses*

Ainda ligadas à função de consultoria, há que referenciar a reflexão teórica que o FMI vem levando a cabo sobre diversos problemas económicos e financeiros.

O exercício dessas funções de consultadoria levanta, à semelhança do que vimos já suceder com o Banco Mundial, complexos problemas relacionados com a necessidade de abstenção de intervenção política, ainda que a exigência de apoliticidade não tenha uma consagração explícita no texto do Acordo – à semelhança do que acontece com o Banco Mundial –, resultando, antes, da leitura sistemática do conjunto de regras que presidem à actividade das organizações internacionais, articulada com os objectivos específicos da organização e com a necessidade de salvaguarda da sua credibilidade.

Mesmo sem entrar nos aspectos mais controversos, que irão ser analisados a propósito da forma como o Fundo lida com os países em desenvolvimento e com os países da transição, poderá concordar-se com MARC WILLIAMS, quando sustenta que, à semelhança de todas as organizações económicas internacionais, o FMI tem uma ideologia que domina a sua actividade[131].

No caso do FMI poderão isolar-se três aspectos fundamentais dessa ideologia da organização:

1.ª afirmação da igualdade de tratamento entre todos os Estados membros, princípio que tem, no entanto, conhecido algumas alterações nos últimos tempos;

2.ª definição de uma prioridade absoluta para o objectivo de estabilidade financeira e monetária;

3.ª apego ao paradigma da economia liberal.

A consolidação dessa ideologia da organização teve efeitos claros na homogeneidade e coesão da sua actuação, patente numa grande confiança mútua entre a Administração e os serviços, mas teve também como consequência um monolitismo absoluto nas reflexões económicas internas, bem traduzido na exigência de que qualquer publicação receba previamente o *nihil obstat* da hierarquia[132].

---

[131] *Ob. cit.,* pp. 70 e segs..

[132] O que torna as publicações muito menos diversificadas e interessantes do que as do Banco Mundial que têm vindo a expressar pontos de vista mais diversificados, ainda que dentro de uma compreensível ortodoxia institucional.

Mais grave ainda é, no entanto, o facto de esse monolitismo se transmitir às exigências feitas aos países assistidos, sempre de acordo com um mesmo modelo monetarista e caracterizado pela indiferença quanto às consequências económicas e sociais do processo de ajustamento.

Depois de analisar a importância destes aspectos ideológicos, PAULO DE PITTA E CUNHA, escrevendo em finais da década de setenta[133], alertava: "a receita do Fundo Monetário Internacional padece, pois, de sérias inadequações, sobretudo quando destinada a economias cujo desequilíbrio externo mergulha as suas raízes em factores estruturais de atraso e estrangulamento, e para as quais é aconselhável uma estratégia de recuperação mais frontalmente "desenvolvimentista".

Naturalmente que o Fundo se preocupa especialmente em refutar essa críticas, sustentando que os seus conselhos aos países apenas reflectem um *conceito* similar quanto às melhores soluções, mas comporta distintas aplicações quanto à forma de concretização em cada país, intervenção que tem suporte nos artigos do acordo[134].

O "espírito de família", de que falam certos autores, é ainda reforçado pela circunstância de existir um modelo de recrutamento uniforme, assente em economistas de formação anglo-saxónica, tudo isto contribuindo para fazer do FMI um "missionário do liberalismo", como sustentam MICHEL AGLIETTA e SANDRA MOATTI[135], numa opção que é especialmente relevante no diálogo com os países em desenvolvimento.

Se uma parcela significativa das críticas dirigidas ao FMI se concentram no aspecto excessivamente ideológico do funcionamento da organização, também não se podem ignorar outras que apontam para a circunstância de o Fundo estar excessivamente ligado à comunidade financeira internacional, o que leva, por vezes, a que se pretenda que, mais do que os interesses económicos internacionais, são os interesses financeiros internacionais que dominam a sua actividade[136].

---

[133] «O Fundo Monetário Internacional e a Intervenção nas Políticas Económicas Internas», cit., p. 178.

[134] Vd. *Ten Misconceptions About the IMF…*, cit., pp. 2-3.

[135] MICHEL AGLIETTA e SANDRA MOATTI, *Le FMI. De L'Ordre Monétaire aux Désordres Financiers*, cit., p. 73.

[136] Vd., por exemplo, STIGLITZ, *A Globalização…*, cit., pp. 244 e segs..

3. Membros e orgânica

Os estatutos do FMI prevêem a existência de membros originários – todos os países representados na Conferência de *Bretton Woods*, cujos governos tenham aceitado ser membros antes de 31 de Dezembro de 1945 – e de outros membros cuja admissão é autorizada nas datas e condições estabelecidas pela Assembleia de Governadores, numa base de compatibilidade com os princípios já aplicados a outros Estados membros[137].

Todos os membros têm uma quota, que no caso dos originários está determinada no Anexo A e nos restantes é fixada pela Assembleia dos Governadores que, de cinco em cinco anos, deve proceder à sua revisão.

O complexo processo de fixação do valor das quotas dos Estados membros deveria, em princípio, estar relacionado com a importância económica relativa de cada membro mas, na realidade, têm sido levados em consideração outros factores, tais como a potencial contribuição para os recursos do Fundo, as potenciais necessidades de financiamento e o impacto das políticas económicas e financeiras nacionais no resto do Mundo, num processo que tem favorecido a manutenção do peso dos Estados Unidos e não tem atribuído um papel adequado ao bloco do euro ou a novas forças económicas emergentes[138].

A quota de cada Estado deve ser subscrita em 25% em direitos de saque especiais ou moedas normalmente utilizadas como reserva, sendo o restante satisfeito em moeda nacional.

O montante da quotização é fixado em relação com o poder económico dos Estados membros, mas reveste-se de uma importância fundamental, na medida em que o poder de voto do Estado é por ele largamente determinado, assim como a atribuição de direitos de saque especiais.

Qualquer membro tem a faculdade de se retirar, cessando essa qualidade no momento da comunicação da retirada ao Fundo[139]. Está igualmente prevista a possibilidade de uma retirada compulsória, no caso de um

---

[137] No final de 2003, com a admissão de Timor, o número de Estados membros era de 184.

[138] Sobre o processo de atribuição das quotas, vd. HOSSEIN ASKARI e SAMIR CHEBIL, «Reforming the IMF: Some Organizational and Operational Issues», *Banca Nazionale del Lavoro Quarterly Review*, n.º 211, pp. 336 e segs..

[139] Faculdade exercida designadamente por alguns países do bloco socialista em protesto contra o que consideravam ser o total domínio norte-americano no FMI, como sucedeu com a Polónia em 1950 e Cuba em 1964.

As Organizações de Bretton Woods

Estado deixar de cumprir as obrigações impostas pelo acordo, de harmonia com um processo regulado no artigo XXVI, Secção II.

O processo de expulsão de um Estado membro é, no entanto, bastante complexo e o Fundo tem dado mostras de não estar muito interessado na sua utilização[140], preferindo, em muitos casos, conviver com situações de incumprimento das obrigações dos Estados, considerando-as temporárias, a optar por soluções radicais[141].

A administração do Fundo é assegurada por uma Assembleia de Governadores, um Directório Executivo e um Director Geral, sendo estatutariamente admitida ainda a possibilidade de criação de um Conselho, a ser instituído por uma maioria qualificada de 85%.

A Assembleia dos Governadores é constituída pelos ministros das finanças ou governadores dos bancos centrais, reunindo-se anualmente e tendo, designadamente, competência para deliberar sobre as alterações aos estatutos, a aprovação a alteração de regulamentos, a admissão de novos membros, os aumentos de quotas, a atribuição de direitos de saque especiais, a aprovação das contas do exercício e a eleição dos directores executivos.

O Directório Executivo, que é presidido pelo Director Geral e composto por directores executivos, é responsável pela gestão das operações do Fundo e exerce todos os poderes delegados pela Assembleia de Governadores.

O Directório Executivo tem oito directores nomeados – cinco correspondentes aos membros com as quotas mais altas – EUA, Japão, Alemanha, França e Reino Unido – aos quais se juntam o representante da Arábia Saudita – sexta quota em importância – da Rússia – nona – e da China – décima primeira[142] e dezasseis eleitos.

O Director Geral – que é por tradição um europeu[143], enquanto que o do Banco Mundial é um norte-americano – é responsável, sob o controlo

---

[140] A excepção foi a Checoslováquia. Vd. DOMINIQUE CARREAU, *Le Fonds Monétaire International*, cit., p. 49.

[141] Vd., nesse sentido, DOMINIQUE CARREAU, *Le Fonds Monétaire International*, cit., pp. 51 e segs..

[142] Solução que resultou claramente da ponderação de aspectos políticos em detrimento dos económicos que deveriam presidir ao funcionamento da organização.

[143] Essa tradição, que reflecte a situação mundial no momento da celebração da conferência de *Bretton Woods* resultaria de um *gentlement agreement* sem expressão escrita e que vem sendo crescentemente contestado mesmo por países desenvolvidos não pertencentes ao continente europeu com relevo para o Japão.

286   *Valores e Interesses*

geral do Directório Executivo, das operações correntes do Fundo e da organização dos serviços, assim como chefe de pessoal executivo. É ao director geral, assessorado por três vice-directores gerais, que cabe a condução diária do Fundo.

Embora não tenha sido criado o Conselho previsto no Anexo D do Acordo, têm sido estabelecidos diversos comités com funções específicas e um comité intercalar, correspondente à institucionalização do comité dos vinte, com um peso crescente na orientação do Fundo.

Ainda assim, os Estados Unidos, aquando da revisão de 1999, que lhe alterou a designação para Comité Monetário e Financeiro Internacional, mantiveram a sua oposição a uma evolução no sentido de legitimar esse órgão como instância de decisão e mantendo-o apenas com poderes consultivos, recusando a proposta apresentada pelo Director Geral MICHEL CAMDESSUS[144].

Em 1974 foi criado o Comité de Desenvolvimento, com a finalidade de apoiar as tarefas de desenvolvimento, servindo como um *forum* ao mais alto nível político. Concebido como um órgão consultivo, quer do FMI quer do Banco Mundial, acabou por ter uma muito escassa influência no Fundo, não sendo referenciado na sua orgânica.

Na estrutura do Fundo têm uma especial importância os serviços, sendo especialmente relevantes os departamentos geográficos, repartidos pelas várias regiões do mundo e que têm a seu cargo os contactos com os Estados membros, veiculando a informação sobre a situação económica e política dos países ao Conselho de Administração. É, no entanto, de notar que contrariamente ao Banco Mundial, o FMI actua numa base fortemente centralizada, não existindo represents nos diversos países assistidos.

No conjunto dos serviços, justificam uma menção especial, pela sua importância para a manutenção da ortodoxia da instituição, o Departamento de Estudos, no domínio da produção teórica e o Instituto do FMI, que dá formação a funcionários dos Estados membros[145].

---

[144] MICHEL AGLIETTA e SANDRA MOATI, *ob. cit.,* p. 72. Ver, também, OLIVIER DAVANNE, *Instabilité du Système Financier International*, relatório apresentado ao Conseil d'Analyse Économique, Paris, La Documentation Française, 1998, p. 28.

[145] Para uma descrição completa, vd. MICHEL AGLIETTA e SANDRA MOATI, *ob. cit.,* p. 76.

4. A evolução do Fundo Monetário Internacional

À semelhança do que sucede com o Banco Mundial é possível distinguir várias fases na actividade do Fundo Monetário Internacional, podendo falar-se de uma primeira, que vai da constituição até 1960; uma segunda, que se prolonga até 1971, uma terceira que se estende até 1982, uma quarta vivida até ao início dos anos noventa e uma quinta que corresponde aos últimos anos.

A primeira das fases assinaladas caracteriza-se por uma grande discrição na actuação do FMI que, pensado para presidir a um sistema assente em trocas livres não encontrou, durante uma larga parcela desse período, correspondência entre o modelo para que fora criado e a realidade, acabando por funcionar praticamente apenas como um *forum* para discussões e troca de impressões.

Por outro lado, enquanto se não verificou a reconstrução da Europa e do Japão, os Estados Unidos marcaram uma posição de hegemonia total, posição que, apesar de ter caracterizado sempre a vida da instituição, atingiu, então, uma expressão especialmente significativa.

Aos poucos, foram-se abrindo novas perspectivas para a futura actuação do Fundo, designadamente através da criação, em 1952, da figura dos acordos de *stand-by*, que viriam a revestir-se de significativa importância para os Estados membros e para o próprio FMI[146].

O segundo período, que se situa no essencial aos anos sessenta do século passado, corresponde à época de prosperidade económica assente num desenvolvimento intenso do comércio internacional, durante o qual o sistema instituído por *Bretton Woods* conheceu a sua maior pujança, ainda que confrontado com múltiplas dificuldades, resultantes de faltas de liquidez.

A criação dos Direitos de Saque Especiais foi uma marca importante desse período, concitando o aumento do interesse dos países europeus e até do terceiro mundo, enquanto que o aparecimento de mecanismos como

---

[146] Portugal celebrou dois acordos de *stand-by* com o FMI. O primeiro em Maio de 1978 e o segundo em Junho de 1984, podendo as cartas de intenções que os consubstanciam ser consultadas respectivamente em anexo a Paulo de Pitta e Cunha, «A Influência do FMI na Orientação das Políticas Cambiais e na Formulação de Programas de Estabilização», *Estudos em Homenagem ao Prof. Doutor Teixeira Ribeiro*, IV, Vária, Coimbra, 1980 e a segunda em Walter Marques, *Moeda e Instituições Financeiras*, 2.ª edição, 1998, Lisboa, D. Quixote, pp. 626-633.

288 *Valores e Interesses*

o da facilidade de financiamento compensatória, parecia anunciar um movimento importante no sentido do apoio ao desenvolvimento[147].

O final dessa fase é caracterizado por um ambiente de acentuado optimismo quanto às potencialidades do Fundo – assente também no crescente número de países membros – bem patente na enfática apreciação de DOMINIQUE CARREAU que, em 1970, caracterizou o Fundo Monetário Internacional como" uma instituição que logrou sucesso"[148].

Essa situação ir-se-ia, no entanto, alterar rapidamente logo no início da década de 70, com a declaração de não convertibilidade do dólar por parte dos Estados Unidos, em 15 de Agosto de 1971 e o consequente colapso do sistema de *Bretton Woods*[149].

Tratou-se de um dos períodos mais difíceis da vida do Fundo, crescentemente marginalizado a favor do G-7, situação a que a instituição procurou responder com um grande activismo, traduzido na criação de toda uma série de novas facilidades de financiamento e com uma maior aproximação aos países em desenvolvimento[150].

O envolvimento do Fundo em operações de reescalonamento da dívida, na sequência do segundo choque petrolífero e da subsequente recessão económica, viria a abrir o caminho para um quarto período na vida da instituição. Neste período assistir-se-á a uma recuperação sensível do peso do FMI, ao qual vai ser atribuído um papel decisivo na problemática da dívida internacional e, mais tarde, na assistência ao colapso do bloco soviético. Simultaneamente, iniciava-se a colaboração com o Banco Mundial, que o levaria a aproximar-se cada vez mais de tarefas estruturais.

Esta fase da vida do Fundo é marcada por um acentuado crescimento de tarefas em ligação com o processo de globalização, com a transição das economias socialistas e com o crescimento do número dos membros, o que determinou um incremento acentuado de meios humanos e financeiros, de tal modo que sobre o Fundo se escreveu já: "… seria errado apresentar o Fundo como o omnipotente governante da economia mundial contempo-

---

[147] Para uma análise dessa primeira fase do funcionamento do Fundo cfr., PAULO DE PITTA E CUNHA, *A Moeda e a Política Monetária…*, cit., pp. 141 e segs..

[148] *Le Fonds Monétaire International…*, cit., p. 21.

[149] Sobre esta matéria, vd. PAULO DE PITTA E CUNHA, *Economia*, cit..

[150] Sobre essa fase da vida do Fundo e especialmente sobre as alterações no plano do financiamento, vd. MARIA AGUIAR GALHARDO, *Relações Económicas Internacionais*, cit., 1985, pp. 154 e segs.. Em defesa de uma maior ligação à problemática do desenvolvimento, vd. GRAHAM BIRD, «A Role for the International Monetary Fund in Economic Development», *Banca Nazionale del Lavoro Quarterly Review*, Dezembro de 1982, pp. 427-451.

rânea, mas a sua voz chega longe nos mercados globais, nas políticas económicas nacionais e – eventualmente – nos orçamentos locais e familiares"[151].

É também um período em que se regista um crescente afastamento entre o Fundo e os países em desenvolvimento e em que sobem as críticas dos movimentos sociais, empenhados em alterar as políticas e formas de actuação do FMI. A contestação acabou por produzir alguns frutos, com a posterior introdução na agenda do Fundo de temas mais sensíveis aos aspectos sociais, ainda que haja que reconhecer que os aspectos mais questionados conheceram bem poucas evoluções.

A evocação dos cinquenta anos de vida do Fundo serviu, por outro lado, de pretexto para o início de uma reflexão profunda sobre as perspectivas de reforma, incentivada pelo Comité Intercalar, que convidou o Comité Executivo:

– a continuar a revisão da adequação de recursos em conjugação com a sua avaliação do papel do Fundo;
– a examinar as questões levantadas pelas formas de financiamento;
– a iniciar uma revisão profunda dos direitos de saque especiais;
– a examinar as opções para a continuidade do financiamento da facilidade alargada de ajustamento estrutural;
– a considerar as melhores formas para auxiliar os membros a lidarem com perturbações do mercado[152].

5. O debate sobre a nova arquitectura do sistema financeiro internacional e o papel do FMI

A última fase da vida do Fundo, que corresponde à actualidade, é marcada por um profundo debate sobre a nova arquitectura financeira internacional[153] e a reforma da instituição, no desenvolvimento, aliás, de uma orientação que se vinha esboçando desde a década de oitenta.

---

[151] ROBERT O'BRIEN, ANNE MARIE GOETZ, JAN AART SCHOLTE e MARC WILLIAMS, *Contesting Global Governance. Multilateral Economic Institutions and Global Social Movements*, Cambridge, Cambridge University Press, 2000, p. 159.

[152] Citado em PAUL R. MASSON e MICHAEL MUSSA, *The Role of the IMF. Financing and its Interactions with Adjustment and Surveillance*, cit., p. 2.

[153] Apesar do sarcasmo de PAUL VOLCKER, que considera mais adquado falar-se em arquitectura de interiores, citado por STANLEY FISCHER, *Finantial Crisis and Reforms of the International Finantial System*, NBER Working Paper 9297, Cambride, 2002, p. 42.

290 *Valores e Interesses*

O crescente envolvimento do Fundo em crises cambiais não determinadas pelos tradicionais problemas de balança de pagamentos, mas fruto da acção de capitais especulativos determinou a necessidade de mobilização de recursos importantíssimos, opção que, todavia, não pode reivindicar resultados proporcionais ao esforço financeiro envolvido.

Esta última fase tem como ponto de partida a crise mexicana de 1994-95 em que o FMI aceitou financiar o défice da balança de pagamentos – induzido por uma saída maciça de capitais – conceder crédito num valor muito superior ao da quota do país em questão e acelerar sensivelmente os mecanismos de atribuição de crédito.

A decisão suscitou avaliações controversas porquanto, ao aceitar transformar-se em prestamista de ultima instância, o FMI estaria, por um lado, a estimular o laxismo de alguns governos que confiarão na certeza da sua protecção e, por outro, a beneficiar objectivamente os bancos e especuladores financeiros internacionais – que vêm a margem de risco das suas aplicações substancialmente reduzida – sem que seja possível encontrar uma justificação moral para o auxílio público desse modo concedido a capitais privados.

A controvérsia então gerada acabou por contribuir para tornar mais premente a reforma do Fundo Monetário Internacional e das regras de funcionamento do sistema financeiro, no sentido de atribuir ao sistema financeiro privado uma responsabilidade acrescida, envolvendo a sua contribuição activa para o aligeiramento das crises, de reforçar a condicionalidade na concessão dessas formas de apoio e de insistir na definição de códigos e regras de conduta destinadas a garantir uma maior estabilidade financeira.

Mais grave parece, no entanto, ter sido a circunstância de diversas intervenções do Fundo Monetário Internacional, como as ocorridas com as crises financeiras do México em 1984-85, da Ásia e da Rússia em 1997 e no Brasil em 1998, não se terem revelado aptas a inverter as situações que as justificaram, apesar da amplitude sem precedentes dos meios utilizados, em contraste com intervenções com menor dispêndio de recursos mas mais eficazes, das autoridades monetárias norte-americanas.

As dificuldades sentidas por uma organização pensada para lidar com um modelo de ordem monetária internacional que já não existe e para fazer face aos problemas financeiros derivados do processo de liberalização que ela própria estimulou[154] levaram a colocar, de novo, na ordem do dia o debate sobre as funções do FMI e sobre o seu papel na cena internacional.

---

[154] Excelentemente analisadas por MICHEL AGLIETTA e SANDRA MOATTI, *Le FMI. De L'Ordre Monétaire aux Désordres Financiers...*, cit..

As Organizações de Bretton Woods

Esse debate insere-se, aliás, numa discussão mais vasta sobre a necessidade de criação de uma nova arquitectura financeira[155], tema que tem dominado os últimos anos, sem que tenha sido possível forjar os consensos necessários à viabilização de alterações.

Nesse contexto não deixaram de surgir propostas de reforma do Fundo, que vão em sentidos muito diversos. Assim, um primeiro grupo preconiza a extinção do Fundo ou a redução das suas atribuições, desviando o centro de gravidade da sua actuação para a regulação mundial dos mercados financeiros, sobretudo no domínio da prevenção das crises – função que coexistiria com as actuais de apoio de emergência –, enquanto que um segundo aponta para o reforço do envolvimento do Fundo nos problemas do desenvolvimento.

Paradoxalmente, o movimento no sentido da redução dos poderes do Fundo Monetário Internacional tem uma expressão especialmente acentuada nos meios oficiais norte-americanos, apesar de os Estados Unidos terem sido, desde sempre, o país que mais influenciou a acção da instituição.

A orientação no sentido da redução da actividade do FMI ou do seu regresso ao núcleo fundamental das suas funções – actuando apenas no domínio da vigilância financeira (recolha e tratamento de informação) e como prestamista a curto prazo para fazer face a situações de dificuldade da balança de pagamentos, deixando um maior espaço para os privados – terá sido expressa pela primeira vez em Dezembro de 1999 por LAURENCE SUMMERS, então secretário de estado do tesouro norte-americano[156].

Seria, no entanto, o Relatório *Metzler*, apresentado ao Congresso norte-americano em Março de 2000[157], a aprofundar e teorizar essa linha de pensamento, sustentado que o FMI tinha descurado o reforço das instituições financeiras nos países em desenvolvimento, ao mesmo tempo que se envolvia em operações de salvamento demasiado onerosas. Defendeu-se, por outro lado, no Relatório que os conselhos dados tinham sido muitas vezes incorrectos e as políticas sugeridas excessivamente intrusivas.

---

[155] Nesse sentido, vd. ROSA MARIA LASTRA (org.), *The Reform of International Finance Architecture*, The Hague/London/Boston, Kluwer Law International, 2001; EVA RIESENHUBER, *The International Monetary Fund under Constraint. Legitimacy of its Crisis Management*, The Hague/London/Boston, Kluwer Law International, 2001, pp. 353 e segs..

[156] Citado em PAUL MOSLEY, «El FMI Después de la Crise Asiatica: Méritos y Limitaciones del Papel de "Compañero en el Desarollo a Largo Plazo"» (tradução espanhola), in J. A ALONSO e. CH. FRERES, *Los Organismos Multilaterales y la Ayuda al Desarrollo*, Madrid, Civitas, 2000, p. 127.

[157] METZLER e outros, *International Financial Institution Advisory Comission Report*, Washington D.C., US Congress, Março de 2000.

292 *Valores e Interesses*

De harmonia com essa avaliação, o FMI deveria passar a agir apenas como uma espécie de prestamista de última instância, que apenas concederia ajuda a governos solventes, ao mesmo tempo que procedia à recolha e divulgação de informação e à prestação de consultadoria não vinculativa.

Para poderem beneficiar da ajuda do FMI, os países deveriam reunir quatro pré-condições: permitir a liberdade de entrada e de actuação das instituições financeiras estrangeiras; divulgar regularmente a estrutura da sua dívida externa; garantir a adequada capitalização dos seus bancos e acompanhar orientações do Fundo no sentido de impedir políticas financeiras irresponsáveis.

Finalmente, o Fundo deveria cingir-se a objectivos de curto prazo, pondo termo a todas as facilidades relacionadas com o desenvolvimento e a redução da pobreza.

O Relatório, do qual constam várias declarações dissidentes, apresenta pontos claramente vulneráveis, como a dificuldade em determinar quem avaliaria a verificação das pré-condições para a candidatura ao apoio e a discriminação que estabelece entre os vários Estados membros.

Particularmente grave é a circunstância de as exigências de pré-qualificação deixarem de fora os países que mais necessitariam de auxílio os quais, uma vez excluídos do círculo do FMI, teriam dificuldades acrescidas para encontrar outras fontes de financiamento. Tal solução, para além de todas as dificuldades que gera no plano ético, revela-se incompatível com um mercado globalizado, induzindo muito provavelmente a um retorno a soluções de autarcia económica e de encerramento de fronteiras.

Do ponto de vista dos resultados para o futuro da instituição, é pertinente introduzir aqui a ironia com que GARY HUFBAUER sustenta que as propostas radicais para o Fundo, assim como para o Banco Mundial, têm dois modelos: a "proposta de assassínio", oriunda da esquerda radical e a "proposta de eutanásia", espelhada no Relatório *Metzler*, já que, em qualquer das hipóteses, as recomendações uma vez aprovadas conduziriam à irrelevância das instituições de *Bretton Woods* e, ao fim de uns anos, ao seu desaparecimento[158].

Mesmo sem acompanhar propostas tão radicais, diversas análises têm vindo a alinhar pela necessidade de desviar o Fundo Monetário Internacional dos objectivos de longo prazo, que ficariam entregues ao Banco Mundial, preconizando a abolição dos mecanismos entretanto criados para esse efeito.

---

[158] «International Economic Law in Times that are Stressful», *Journal of International Economic Law*, vol. V, n.º 1, Março de 2002, p. 14.

A solução passaria, então, por um aumento dos poderes de vigilância e supervisão do FMI, por uma concentração no reforço da capacidade financeira dos países mais débeis economicamente e pela manutenção de funções de apoio financeiro[159].

Tem sido crescentemente posto em relevo o facto de muitas das actuações do Fundo terem sido desenvolvidas à revelia de disposições dos estatutos e, sobretudo, com desrespeito pela Decisão n.º 71-2 de 1946, que limita o apoio do Fundo às crises da balança de pagamentos correntes. Com razão, EVA RIESENHUBER sustenta que a acção no apoio a crises resultantes de movimentos de capitais ou no financiamento de reformas estruturais relacionadas com o desenvolvimento económico ou a boa-governação, assim como formas de condicionalidade do tipo das impostas à Indonésia se traduziram numa actuação *ultra vires*[160].

Por seu turno, o FMI na reflexão que ele próprio vem promovendo sobre a revisão da arquitectura financeira internacional parece encaminhar-se no sentido da moderação quanto à alteração das suas funções. Assim, num relatório apresentado pelo Conselho de Directores ao Comité Intercalar, em 26 de Abril de 1996, apontavam-se os seguintes cinco objectivos fundamentais, a serem prosseguidos pelas diversas estruturas envolvidas:

– promover uma maior transparência e responsabilização e disseminar e controlar a implementação de melhores práticas;
– reforçar os sistemas financeiros, através de melhor supervisão e de adaptação de mecanismos adequados para lidar com as falências bancárias;
– prestar maior atenção a uma liberalização ordenada dos mercados de capitais;
– envolver mais completamente o sector privado na previsão e resolução das crises;
– assegurar uma resposta adequada às grandes questões sistémicas, tais com o regime das taxas de câmbio e a adequação das receitas do fundo[161].

---

[159] Nesse sentido, vd., por exemplo, EVA RIESENHUBER, *The International Monetary Fund under Constraint. Legitimacy of its Crisis Management...*, cit..

[160] *Ob. cit.*, p. 402.

[161] Vd. FRANÇOIS CIANVITI, «the Reform of the International Monetary Fund (Conditionality and Surveillance), in ROSA LASTRA (org.), *The Reform of International Financial Architecture*, cit., pp. 93-106.

294 *Valores e Interesses*

Muito mais radicais e ambiciosas são as propostas de reforma que vêm sendo apresentadas pelos movimentos sociais de contestação[162], que passam por segmentos tão diversificados quanto a protecção dos trabalhadores nos programas condicionais e apontam para a concentração da instituição em objectivos como a erradicação da pobreza, o reforço da igualdade dos géneros, da sustentabilidade ecológica, da melhor governação ou o alívio da dívida.

Mas, as propostas mais interessantes são, porventura, aquelas que sustentam a necessidade de o Fundo continuar a actuar no domínio do desenvolvimento económico – tanto mais necessário quanto os grandes países deixaram de estar sujeitos ao seu poder tutório – ao mesmo tempo que preconizam um reforço sensível dos poderes da organização, nomeadamente no domínio da regulação prudencial, que tem uma vertente preventiva (regulamentação e supervisão) e uma reparadora (de gestão de crises)[163].

Independentemente das formas concretas que essa actividade possa assumir e da opção por um modelo mais ou menos centralizado, a concretização dessa reforma apareceria como a melhor resposta à necessidade de o FMI manter um papel de coordenação de um "sistema financeiro internacional multipolar e potencialmente instável que vai marcar a nova fase da globalização financeira", na caracterização de MICHEL AGLIETTTA e SANDRA MOATTI[164].

Naturalmente que o ambiente intelectual dominante nos meios económicos no início deste século, fortemente inspirado pelas correntes neoliberais, está longe de favorecer a adopção de medidas susceptíveis de permitir um avanço decisivo nesse sentido, que envolveria a rearrumação dos poderes de decisão no quadro do FMI, passo especialmente delicado.

De facto, no debate sobre a reforma destaca-se como decisiva a necessidade de dotar o Fundo de um Executivo politicamente forte[165] e que ponha termo a uma situação em que, por um lado, as decisões mais importantes são tomadas pelo Grupo do G-7 e, quando muito, executadas pelo Fundo e, por outro, o peso da burocracia interna é determinante.

---

[162] Ver a excelente síntese de ROBERT O'BRIEN e outros, *Contesting Global Governance...*, cit., pp. 164 e segs..

[163] Nesse sentido MICHEL AGLIETTTA e SANDRA MOATTI, *ob. cit.* e ROSA LASTRA, «The Bretton Woods Institutions in the XXI Century»..., cit..

[164] *Ob. cit.*, p. 6.

[165] Proposta que vem sendo recusada pelos Estados Unidos desde a criação do Fundo.

As Organizações de Bretton Woods 295

A necessidade de reequilíbrio dos poderes no interior do Fundo é claramente posta em evidência pelo quadro I, onde se compara o peso do voto dos oitos Estados representados necessariamente no Directório Executivo com o da totalidade dos restantes Estados.

QUADRO I
Quota e Votos dos Membros do FMI em Percentagem do Total

	Quota	Votos
EUA	17,46	17,14
Reino Unido	5,05	4,96
Japão	6,26	6,15
França	5,05	4,96
Alemanha	6,11	6,01
Arábia Saudita	3,28	3,23
Rússia	2,79	2,75
China	2,99	2,95
Resto do Mundo	51,01	51,85

A criação desse Executivo politicamente forte e legitimado implicaria, necessariamente, uma revisão profunda das quotas dos países membros e das maiorias necessárias em cada votação, aspecto que constitui uma questão absolutamente central para o futuro do FMI e relativamente à qual os Estados Unidos têm manifestado a sua oposição declarada.

Com efeito, ainda que muitas decisões do FMI sejam tomadas por maioria simples, o certo é que as mais importantes, incluindo a revisão global das quotas exige uma maioria de 85% (oitenta e cinco por cento), factor que, na prática, confere aos Estados Unidos um verdadeiro poder de veto, resultante do facto de, pela a sua quota, dispor de mais de 17% (dezassete por cento) dos votos.

Se esse poder dos Estados Unidos já aparece como desmedido e inadequado ao funcionamento de uma organização internacional, não se pode ignorar que nos últimos anos se tem acentuado a sua influência directa em muitas decisões tomadas pelo Fundo, sendo porventura paradigmático o caso da intervenção na Coreia do Sul, em que os Estados Unidos exigiram que fosse garantido que o apoio económico do Fundo não beneficiasse indústrias concorrentes das norte-americanas[166].

Por outro lado, tem vindo a ser crescentemente acentuado e demonstrado através de analises empíricas que o FMI tende a assistir preferencialmente um conjunto de países que estão próximos dos maiores accionistas, proximidade revelada quer pelas votações nas Nações Unidas quer pelos laços económicos[167].

As propostas de reforma assentes na revisão do peso de cada país no processo decisional passam, por vezes, pela verificação de que as quotas não correspondem realmente aos valores que deveriam ter[168] mas, na maior parte dos casos, assentam na necessidade de atribuir um maior peso aos países menos desenvolvidos, posição que foi especialmente reforçada pela publicação do livro de STIGLITZ.

Não está, no entanto, naturalmente, dentro dos nosso objectivos o aprofundamento dos diversos problemas associados à reforma do FMI, mas não se pode ignorar a importância de que a mesma se reveste para o futuro das ligações entre a instituição e as políticas de desenvolvimento económico.

Com felicidade STANLEY FISHER afirmou, a este propósito, que às propostas em debate "... falta a grandeza da visão da economia global que a geração dos tempos de guerra pôs de pé, e as questões são menos importantes para o comportamento do sistema global do que as que estiveram na agenda da reforma monetária internacional dos anos 70, mas elas são criticas para os mercados emergentes e isto é quanto basta para que as tratemos como assuntos da mais alta prioridade"[169].

---

[166] HOSSEIN ASKARI e SAMIR CHEBIL, «Reforming the IMF»..., cit., p. 351.

[167] Vd., por exemplo, o estudo de ROBERT BARRO E JONG-WHA LEE, *IMF Programs: Who is Chosen and What are the Effects?*, NBR Working Paper 8951, Cambridge, 2002.

[168] Vd., por exemplo, DENNYS LEECH, «Voting Power in the Governance of the International Monetary Fund», *Annals of Operational Research*, 109 (2002), pp. 375-397.

[169] *Ob. e loc.*, cit..

6. O FMI e os países em desenvolvimento

6.1. *Aspectos institucionais*

A problemática da reforma do Fundo Monetário Internacional encontra-se profundamente ligada com a posição dos países em desenvolvimento e com as críticas que, desde há muito, estes vêm fazendo à organização, à sua forma de funcionamento e ao poder de que dispõem no seio da estrutura.

Na concepção que prevaleceu no Acordo constitutivo do FMI não cabia a consideração autónoma dos problemas de um conjunto de países caracterizados pelo seu baixo nível de desenvolvimento, ao mesmo tempo que a concentração do Fundo em objectivos de natureza conjuntural não facilitava a sua associação às tarefas de carácter estrutural.

O processo de tomada de decisões no seio do FMI foi sempre considerado por estes países como potenciador da sua marginalização e redutor da sua capacidade de influenciar as decisões.

Não admira, pois, que aquando dos debates sobre a Nova Ordem Económica Internacional, um dos pontos mais permanentemente reivindicados pelos países do Sul fosse a revisão dessa estrutura de decisão, no sentido de lhes serem atribuídos maiores poderes.

Uma apreciação histórica das posições assumidas pelos países em desenvolvimento em relação ao FMI mostra, no entanto, uma evolução significativa, partindo de um primeiro momento em que esses países aparecem a reivindicar um papel de maior importância para o Fundo e a contestar a tomada de decisões em grupos mais restritos, até à fase de luta por um reforço do seu poder dentro da organização.

Esta reivindicação não tem conhecido resultados significativos, uma vez que, a nível do poder de decisão, apenas se pode apontar como evolução positiva a criação do Comité Intercalar (depois Comité Económico e Financeiro), no qual podem ser expressas opiniões que, de alguma forma, serão tidas em consideração.

6.2. *As operações do Fundo com os países em desenvolvimento*

Os países em desenvolvimento estão naturalmente em condições de, poder beneficiar de assistência financeira nos termos gerais, à semelhança de quaisquer outros Estados membros.

Significa isto que, quando estes países enfrentem dificuldades com as respectivas balanças de pagamento, podem recorrer aos financiamentos do Fundo através da utilização das tranches, sujeitas aos mecanismos de condicionalidade que ficaram analisados.

Dessa utilização dos recursos do Fundo podem resultar benefícios indirectos, na medida em que, ao credibilizar as orientações económicas desses Estados, se lhes facilita o acesso ao crédito junto dos mercados financeiros.

Na lógica do Fundo, tal como expressa por BAHRAM NOWZAD[170], o apoio ao desenvolvimento resulta igualmente da qualidade das políticas económicas de estabilidade, única forma de garantir o êxito das medidas indispensáveis ao desenvolvimento.

Nessa acepção, a consultoria económica e a assistência técnica, designadamente através da formação permanente de quadros de países em desenvolvimento, corresponderiam a outras contribuições igualmente importantes.

Ainda que se não possa afirmar que o FMI tenha alterado substancialmente as regras de jogo no sentido de favorecer esses países, não podem ser esquecidas algumas iniciativas tomadas neste domínio e de que, de seguida, daremos conta.

Como sustenta GRAHAM BIRD – tendo em atenção a ligação profunda do FMI aos problemas de balança de pagamentos – a lógica que conduziu a essa actuação do Fundo não teve a ver com a equidade internacional, mas com a mera verificação de que os problemas de pagamentos destes países são diversos dos de outros grupos de países[171].

A primeira iniciativa favorável aos países em desenvolvimento correspondeu à criação, em 1963, da **Facilidade Compensatória de Financiamento** transformada, em 1988, na **Facilidade Compensatória e Contingente de Financiamento.**

Este mecanismo veio permitir a assistência financeira a países especialmente atingidos por baixas temporárias de receitas de exportação ou altas dos custos de importação de cereais e, na sua versão revista, também a dificuldades resultantes de factores aleatórios externos.

Trata-se de um mecanismo que não está sujeito à emissão de cartas de intenção, resultando directamente de relatórios de serviços do Fundo e que, muitas vezes, aparece associado a outros acordos celebrados.

---

[170] *Promoting the Development...*, cit., pp. 2 e segs..

[171] *IFM Lending to Developing Countries. Issues and Evidence*, London e New York, Routledge, 1995, pp. 12-13.

Em 1969 foi criado o **Mecanismo de Financiamento dos *Stocks* Reguladores**, destinado a financiar as contribuições dos Estados membros para um sistema, aprovado pelo FMI, tendente à regulação internacional dos *stocks* de produtos de base.

Também as **Facilidades de Petróleo**, implementadas em 1974 e 1975, em resposta ao choque petrolífero, ainda que não se destinando especificamente aos países em desenvolvimento, permitiu-lhes beneficiar de uma forma de auxílio outorgado aos países não exportadores de petróleo em especiais dificuldades.

Já em 1982 foi estabelecido um **Mecanismo de Apoio às Catástrofes Naturais** – alargado em 1995 às situações de conflito militar – susceptível de ser accionado contra a indicação das grandes linhas de política económica a executar pelo beneficiário, normalmente seguida da celebração de um acordo.

Na década de noventa pode, ainda, referenciar-se a **Facilidade para a Transformação Sistémica,** destinada a ajudar os países em transição para um sistema de mercado aberto.

A inovação de maior impacto nesta matéria foi, no entanto, a decisão tomada pelo FMI de, em certas circunstâncias, prestar apoio a acções no plano estrutural.

O caminho para esta decisão foi aberto pela criação, em 1974, da **Facilidade Alargada**, mecanismo através do qual é estabelecido um acordo, que enquadra programas a médio prazo, em casos de deficiências estruturais da balança de pagamentos que exijam um período mais longo de ajustamento.

A activação do mecanismo – aberto a todos os países – pressupõe a apresentação de uma carta de intenções e de um programa anual, pormenorizando as medidas previstas. O programa pode estender-se por três ou quatro anos.

De um mecanismo de apoio estrutural, aberto a todos os países, ir-se-ia evoluir no sentido da criação de um mecanismo específico para os países em desenvolvimento, a **Facilidade de Ajustamento Estrutural**, que se viria a confundir com a **Facilidade de Ajustamento Estrutural Reforçada**, de 1987, substituída, em 1999, pela **Facilidade para o Crescimento e a Redução da Pobreza.**

A definição deste novo modelo de facilidade resultou da verificação de que alguns países reuniam um conjunto complexo de problemas, associando um rendimento *per capita* muito baixo com uma queda dos preços das exportações, uma crescente dificuldade de obtenção de financiamentos e um peso cada vez maior das respectivas dívidas, justificando, por isso, uma assistência excepcional[172].

No essencial, esta facilidade é constituída por empréstimos condicionais, concedidos aos países com rendimentos mais fracos e confrontados com problemas persistentes da balança de pagamentos ou de endividamento. A concessão destes empréstimos destina-se a apoiar programas de ajustamento macroeconómico e estrutural a médio prazo, visando reforçar a balança de pagamentos e encorajar o crescimento. A taxa de juro é de 0,5 por cento e o prazo de reembolso pode ir de cinco anos e meio, após a primeira utilização, até dez.

A facilidade representa já uma expressão da assinalada cooperação com o Banco Mundial, na medida em que envolve as duas instituições, ficando os países beneficiários obrigados a elaborar, com o apoio de ambas, um documento quadro de politica económica para um prazo de três a quatro anos, no qual são descritos os objectivos e as políticas, bem como as necessidades e origens do financiamento externo.

Também nasce da colaboração entre o FMI e o Banco Mundial a iniciativa **Países Pobres Altamente Endividados** (PPAE), lançada em 1996, tendo como objectivo aliviar certos países de rendimento baixo de níveis de endividamento insustentáveis e, ao mesmo tempo, promover a reforma de políticas para facilitar o desenvolvimento humano e a redução da pobreza[173].

Essa nova modalidade de apoio deu sequência ao envolvimento anterior do FMI nos planos *Baker* e *Bradley* para a redução da dívida externa[174], bem como a certas formas de cooperação com o Clube de Paris, especialmente viradas para os problemas da África Austral[175].

A iniciativa seria aperfeiçoada, em 1999, com a agilização dos critérios que permitem a escolha dos países beneficiários e com o aumento do alívio da dívida.

---

[172] Cfr. JOSLIN LANDELL-MILLS, *Helping the Poor. The IFM's New Facilities for Structural Adjustment*, Washington, IFM, reimpressão de 1992.

[173] Ver uma descrição sintética dessa iniciativa e dos problemas por ela levantados em ANTHONY BOOTE e KAMAU THUGGE, *Debt Relief for Low-Income Countries. The HIPC Initiative*, Washington, IMF, 1997.

[174] Sobre este ponto, vd. HASSANE CISSÉ, «Le Role du FMI», in DOMINIQUE CARREAU e MALCOM SHAW (orgs.), *La Dette Extérieure*, Académie de Droit International de la Haye, Martinus Nijjhoff Publishers, 1995, pp. 275-313.

[175] MUSTAFA ABDALLA ABULGASEM ABOKSHEM, «The Role of the IMF in the International Debt Management. The Case of Sub-Sharan Africa», in DOMINIQUE CARREAU e MALCOM SHAW (orgs.), *La Dette Extérieure...*, cit., pp. 315-342.

São condições de acesso, a elegibilidade dos países para a ajuda da Associação Internacional de Desenvolvimento ou da Facilidade para a Redução da Pobreza e o Crescimento do FMI, a persistência de níveis de endividamento insustentáveis apesar da aplicação dos mecanismos tradicionais de alívio, pressupondo-se também uma história comprovada de execução de políticas no sentido da redução da pobreza.

O alívio da dívida ocorre em dois momentos.

No primeiro – **o ponto de decisão** – o país recebe alívio do serviço de dívida, depois de ter demonstrado a adesão a um programa do FMI e progressos na luta contra a pobreza.

No segundo – **o ponto de conclusão** – o país recebe alívio do *stock* de dívida mediante a aprovação pelo Banco Mundial e pelo FMI, do seu Documento de Estratégia da Redução da Pobreza, atingindo o alívio pelo menos 90% da dívida.

Participam nesta iniciativa 42 países, dos quais 34 da África Subsariana, com rendimento per capita abaixo dos 1500 dólares e baixa classificação no indíce do desenvolvimento humano do PNUD. Até finais de 2003, 16 países atingiram o ponto de decisão e apenas 8 o ponto de conclusão.

A promoção do conjunto de iniciativas antes descritas, que o FMI assume como uma orientação a desenvolver em conjunto com o Banco Mundial[176], constitui uma clara tentativa de resposta da instituição às críticas que lhe são dirigidas por insensibilidade aos problemas sociais dos países em desenvolvimento.

7. Apreciação crítica

A actuação do Fundo Monetário Internacional em relação aos países menos desenvolvidos é seguramente um dos mais controversos temas das relações económicas internacionais, dividindo-se claramente os campos entre aqueles que pensam que o Fundo deveria regressar à sua posição original e ignorar totalmente os problemas estruturais e os que entendem que o Fundo deveria assumir uma posição de maior empenho nas políticas de desenvolvimento.

Tentando proceder a uma análise serena desta problemática não se poderá deixar de concordar que o FMI não é uma agência de desenvolvi-

---

[176] Vd., Fiscal Affairs Department, *The IMF and the Poor*, Washington, IMF, reimpressão de 2000.

302   *Valores e Interesses*

mento conclusão que, todavia, não exime o Fundo de responsabilidades nesta matéria, tanto mais quanto, recaindo sobre a comunidade internacional a obrigação de agir em prol do desenvolvimento, entender-se-ia mal que o FMI pudesse alhear-se dessa tarefa, considerando a sua centralidade no sistema financeiro internacional.

A isso acresce que o desenvolvimento do processo de globalização exigirá um esforço no sentido do reforço da posição económica dos países menos desenvolvidos, por forma a integrá-los como agentes activos nas relações económicas internacionais e a evitar que constituam obstáculos ao crescimento do comércio internacional.

Finalmente, uma instituição com as funções de vigilância do sistema financeiro e de promoção do seu regular funcionamento, não pode ser indiferente às questões colocadas pelo financiamento do desenvolvimento e pelo resultado do recurso a empréstimos externos por parte dos países menos desenvolvidos.

Da associação deste conjunto de factores resultam diversas consequências, que passamos a sintetizar.

Em primeiro lugar, parece adequado que o FMI continue a preocupar-se com aspectos estruturais, ainda que se torne necessário que o faça em articulação com o Banco Mundial, articulação que não pode ficar por aspectos meramente formais, mas antes deverá resultar de uma aproximação das respectivas culturas, o que, *prima facie*, implicará um papel mais decisivo do Banco Mundial que, apesar de todas as reservas, tem revelado um pensamento menos monolítico e uma maior abertura às posições diversas.

Necessário será, também, que se consigam soluções que assegurem um voz mais forte ao conjunto dos países em desenvolvimento, para se poderem desenhar linhas de actuação mais consensuais e menos impostas.

Em segundo lugar, justificar-se-á que o FMI continue a preocupar-se com o problema do alívio da dívida dos países mais pobres, objectivo que deve ser privilegiado em relação a formas de assistência que resultam em benefício dos grandes especuladores internacionais.

Não se pode ignorar que as avaliações relativas à iniciativa dos Países Pobres Altamente Endividados estão longe de ser entusiásticas, sendo antes genericamente sublinhada a necessidade de uma equação para o problema da divida, estendida a um maior grupo de países, de uma maior rapidez na resolução dos problemas e de uma maior profundidade no alívio[177].

---

[177] Vd., por ultimo, *Relatório sobre o Desenvolvimento Humano de 2003*, cit., pp. 152 e segs..

Trata-se de objectivos que, porventura, não poderão ser prosseguidos apenas pelo Fundo Monetário Internacional e que, como vem sustentando o Movimento *Jubileu*[178], implicarão o envolvimento de devedores, credores e outras instâncias internacionais, como as Nações Unidas.

Por outro lado, para ser plenamente eficaz, a iniciativa deveria ser acompanhada de toda uma outra série de medidas relacionadas com o apoio ao desenvolvimento e, designadamente, com a reapreciação de todos os mecanismos de ajuda pública[179], sem esquecer a necessidade de revisão das regras comerciais, de que adiante nos ocuparemos e que poderão proporcionar uma menor utilização da ajuda.

Finalmente e esta é, sem dúvida, a mais importante e controversa das questões que o tema suscita, importa determinar em que medida as formas de condicionalidade que o Fundo tem vindo a aplicar são, ou não, conformes ao objectivo de facilitar o desenvolvimento.

Ficou já assinalado como existe uma excessiva uniformidade nas receitas aplicadas pelo Fundo aos diferentes países, uniformidade consagrada e reforçada pelo consenso de Washington[180].

Tais medidas correspondem, na óptica do FMI, à concretização do ideário liberal que presidiu à sua criação, opinião que está, no entanto, longe de ser consensual.

JOSEPH STIGLITZ, por exemplo, sustenta a existência de uma contradição entre os fundamentos da institucionalização do Fundo e o seu modelo de actuação prática. Gerado no pressuposto de que os mercados necessitavam de ser assistidos por funcionarem mal, o Fundo acabaria, na sua prática, a assumir a total supremacia daqueles, glorificando-os. Para STIGLITZ é especialmente chocante que o FMI tivesse sido criado para favorecer a adopção de políticas expansionistas e hoje apenas financie países cujos dirigentes se comprometam com programas de contracção da economia, concluindo, enfaticamente: "Keynes daria uma volta no túmulo se visse o que aconteceu ao seu rebento"[181].

Para além das interrogações que se podem colocar quanto à concepção de base que inspira a actuação do FMI, mais relevante será, porven-

---

[178] Citado no *Relatório sobre o Desenvolvimento Humano de 2003*.

[179] Nesse sentido, NANCY BIRDSALL e JOHN WILLIAMSON (com a colaboração de BRIAN DEESE), *Delivering on Debt Relief. From IMF Gold to a New Aid Architecture*, Whasington, D. C., Center for Global Development, 2002.

[180] Cfr. *supra*, Secção I.

[181] *A Globalização...*, cit., p. 49.

304 *Valores e Interesses*

tura, a avaliação da adequação das suas receitas à resolução dos problemas e a análise das experiências concretas de apoio levadas a cabo.

No primeiro aspecto, há que sublinhar que se tem desenvolvido um significativo conjunto de críticas teóricas à aplicação do modo típico de agir do FMI aos países menos desenvolvidos, as mais significativas das quais se inserem, ainda, numa linha de continuidade com a escola estruturalista latino-americana[182], sustentando que os desequilíbrios da balança de pagamentos nestes países têm a ver com as suas características próprias e, designadamente, com a excessiva dependência das exportações e da importação de produtos alimentares[183].

A política de agravamento dos juros tem também sido contestada, na base da sua potencialidade para induzir situações de estagnação –, dada a importância dos juros nos custos de produção – não se mostrando igualmente demonstrados os seus efeitos em termos de aumento das poupanças.

Tem-se, ainda, argumentado com a especial repercussão da indiferença das soluções do Fundo aos aspectos de distribuição e com a prevalência que as mesmas dariam ao capital externo, em detrimento do investimento nacional[184].

Vimos oportunamente que o Fundo tem procurado responder a algumas destas acusações através de programas virados para o ajustamento estrutural e da concentração no combate à pobreza, mas persistem muitas dúvidas quanto ao resultado desses programas[185], não faltando quem chame a atenção para a eventualidade de o quadro justificativo dessas acções ser já resultante da adopção de políticas erradas.

Desse ponto de vista, a obra de STIGLITZ, ao apontar uma série de exemplos de condução errada de políticas por parte do FMI em países em desenvolvimento e ao referenciar as contradições muitas vezes surgidas com as orientações do Banco Mundial, constitui um amplo terreno de reflexão.

Num contexto de revisão geral dos mecanismos de apoio ao desenvolvimento económico é fácil concluir-se que a intervenção do FMI acaba por provocar excessivas sobreposição e contradições, o que deverá justificar, pelo menos, alguma contenção neste domínio.

---

[182] Cfr. *supra*.

[183] Vd., por exemplo, MANUEL PASTOR, JR., *The International Monetary Fund and Latin America*, Boulder e London, Westview, 1987.

[184] Para um resumo destas críticas, MARC WILLIAMS, *ob.cit.*, p. 86 e segs..

[185] Vd., no entanto, SANJEEV GUPTA e outros, *Is the PRGF Living Up to Expectations? An Assessment of Program Design*, International Monetary Fund Occasional Paper (216), Whashington, 2002.

8. Outros agentes do sistema financeiro internacional

Apesar da amplitude dos poderes acordados ao Fundo Monetário Internacional no controlo do funcionamento do sistema financeiro internacional, não de pode ignorar o papel de relevo que desempenham outras instituições ou agrupamentos informais.

É esse o caso, designadamente da **Organização de Cooperação e Desenvolvimento Económico (OCDE)**, que constitui um dos principais locais de análise e confronto das políticas económicas, desenvolvendo uma acção muito semelhante à do Fundo, na sua vertente de vigilância.

Também o **Banco Internacional de Pagamentos**, que sobreviveu a uma recomendação feita na Conferência de *Bretton Woods* no sentido da sua extinção, tem vindo a alargar a sua actuação nesse domínio. Com sede em Basileia e um estatuto de banco de direito privado, garante a cooperação monetária e financeira entre os bancos centrais, "monitorizando" a evolução do mercado internacional de capitais.

Porventura ainda mais relevante é a posição dos grupos de interesses informais representando, por um lado, os países mais desenvolvidos e, por outro, os países em desenvolvimento.

O Grupo dos Dez tem a sua origem nos acordos gerais de empréstimos celebrados em 1962, que estabeleceram as condições em que o Fundo poderia obter recursos adicionais junto de grupos de países em caso de insuficiência dos recursos próprios. Originariamente era formado pelos Estados Unidos, Canadá, Japão, Alemanha, Reino Unido, França, Itália, Holanda, Bélgica, tendo a ele posteriormente aderido a Suiça.

O Grupo dos Dez assumiu uma importância fundamental na tomada de decisões relativas ao sistema monetário internacional, tendo sido, nos anos sessenta do século passado, o responsável pela definição dos traços essenciais dos direitos de saque especiais.

O Grupo dos Dez tem vindo entretanto a perder significativas parcelas de competência a favor do **Grupo dos Sete**, que reúne as nações mais industrializadas do Mundo e funciona num ambiente de acentuado secretismo, sendo objecto de múltiplas críticas.

Criado em 1972 como uma antena do Grupo dos 77[186], o **Grupo dos Vinte e Quatro**, destina-se a preparar uma posição comum dos países em desenvolvimento no Comité Monetário e Financeiro, ocupando-se ainda de temas relacionados com o desenvolvimento económico.

---

[186] Cfr. *supra*.

CAPITULO III

A Organização Mundial do Comércio

1. Questões Introdutórias

Ficou anteriormente analisado o papel das principais instituições económicas internacionais com ligação directa à matéria de desenvolvimento económico, tendo-se procurado estabelecer um balanço dos aspectos mais importantes da sua actuação e assinalado as principais zonas de luz e penumbra na sua estrutura e políticas.

Naturalmente que o desenvolvimento económico não é o objecto da Organização Mundial do Comércio (OMC). Porém, as questões tratadas no seu âmbito e as regras jurídicas definidas para o comércio internacional são decisivas para a evolução dos países em desenvolvimento. Ao mesmo tempo, a colaboração da OMC com as outras organizações económicas internacionais pode em, muitos casos, ser determinante para uma boa inserção desses países no comércio internacional ou para garantir que eventuais benefícios daí decorrentes sejam totalmente potenciados.

A matéria do comércio internacional conheceu inovações muito importantes na última década, com a criação da Organização Mundial de Comércio e a consequente reformulação e alargamento de regras anteriores, numa evolução que constitui, porventura, o ponto mais controverso do actual debate sobre a ordem económica internacional.

Não seria possível, nem coerente com o objecto do presente trabalho, proceder a uma análise das teorias do comércio e desenvolvimento ou estudar pormenorizadamente as regras existentes em matéria de trocas comerciais internacionais e a forma como foram evoluindo, ou sequer avaliar os resultados da liberalização comercial nos diferentes países.

Entende-se, ainda assim, que uma apreciação genérica desta matéria – que mais não pretende ser – se justificaria, para completar o panorama institucional do desenvolvimento nos nossos dias. Tal apreciação é tanto

308 *Valores e Interesses*

mais importante quanto muitas são as vozes que sustentam que o desenvolvimento deve resultar do comércio e não da ajuda, pelo que se impõe também avaliar se nas transformações já registadas se distinguem sinais que confirmem essa convicção.

Iremos, pois, descrever, de forma sumária, a evolução que se registou desde o GATT de 1947, até à criação da Organização Mundial do Comércio e às subsequentes reuniões ministeriais, analisar os principais aspectos da sua orgânica e atribuições, dar conta de como o GATT e a OMC têm lidado com a problemática do desenvolvimento, bem como das grandes divergências actuais, que tiveram a sua expressão bem evidente no impasse surgido em Cancun, após as esperanças geradas pela Declaração de Doha.

2. Do GATT à OMC

A liberdade do comércio internacional constitui um princípio central da ordem económica internacional que se procurou criar no segundo pósguerra – como resultava claramente da mensagem dirigida pelo presidente ROOSEVELT aos participantes na conferência de *Bretton Woods*[187] – por essa via se tentando pôr cobro a décadas marcadas por políticas de isolamento comercial.

Depois de várias iniciativas norte-americanas, o Conselho Económico e Social das Nações Unidas viria a convocar a Conferência de Havana, em 1947, que elaborou um projecto de convenção, designado por Carta de Havana, que procurava criar uma estrutura equilibrada de comércio mundial, controlada por uma organização internacional[188].

Essa solução não se viria, no entanto, a concretizar, dada a oposição do Congresso norte-americano, onde prevaleceu a opinião de que a Carta não reflectia uma posição suficientemente livre-cambista, não defendia os investimentos estrangeiros dos Estados Unidos e não assegurava ao país um papel decisivo nas votações.

Apesar do falhanço da aprovação da Carta de Havana, a qualidade do seu texto e as soluções equilibradas que preconizava são hoje evocadas como modelares, havendo mesmo quem se interrogue sobre se não se estaria neste momento numa situação muito mais justa no plano internacio-

---

[187] Vd. *supra.*, Cap. II.

[188] Para uma descrição dos principais aspectos da Carta de *Havana*, vd. RAPOSO DE MEDEIROS, *Economia Internacional...*, cit., pp. 163 e segs..

nal, caso esse instrumento tivesse regulado as trocas comerciais nas últimas décadas, antecipando a solução de muitos dos problemas com que hoje nos confrontamos[189].

Não se tendo chegado a concretizar a criação de uma organização internacional para regular as trocas comerciais, viria a ser o Acordo Geral sobre as Tarifas e o Comércio, o GATT, que fora elaborado no âmbito dos trabalhos preparatórios da Conferência, a regular as trocas comerciais durante cerca de cinquenta anos.

É, aliás, insistentemente registado como um fenómeno atípico da ordem económica internacional do pós-guerra a forma como um simples acordo de comércio, que não assentava em qualquer estrutura organizativa relevante[190], veio a assumir um papel decisivo para a evolução do comércio internacional, passando de uma fase em que funcionava exclusivamente com base em conferências ministeriais para a criação de um corpo semelhante ao de uma organização internacional, ainda que com uma dimensão muito mais reduzida, num salto organizacional de inquestionável vulto.

Formalmente, o Acordo, na sua origem, encontrava-se estruturado em três partes, sendo a primeira consagrada à matéria da redução das tarifas, a segunda à definição de regras relativas à política comercial e a terceira a um conjunto de disposições sobre aplicação territorial e arranjos regionais. Em 1965 viria a ser aprovada a inclusão de uma Parte IV sobre, comércio e desenvolvimento, destinada a permitir a atribuição de um sistema de preferências comerciais a favor dos países em desenvolvimento.

O GATT, tal como celebrado em 1947, norteava-se por um princípio fundamental de não discriminação, que implicava três regras essenciais: a regra da nação mais favorecida, a regra da aplicação não discriminatória das restrições quantitativas quando autorizadas e a regra do tratamento nacional em matéria de tributação e regulamentação interna.

A cláusula da nação mais favorecida impunha que os Estados alargassem a todos os seus parceiros comerciais o regime tarifário de privilégio praticado em relação a qualquer país, encontrando-se consagrada logo no artigo 1 do Acordo Geral, com o seguinte teor:

---

[189] Nesse sentido, RAPOSO DE MEDEIROS, *Economia Internacional...*, cit., p. 167.

[190] É, no entanto, de notar que, em 1960, foi criado por uma resolução das partes contratantes, o Conselho do GATT, integrado por representantes de todas as partes, ao qual vieram a ser cometidas funções de análise das políticas comerciais. Para além do Conselho, é de referir a existência, inicialmente, de um secretário-geral que passou, depois, a director geral e de um secretariado.

"Qualquer vantagem, favor, privilégio, ou imunidade concedidos por uma parte contratante a um produto originário de outro país ou a ele destinado será, imediata e incondicionalmente, extensiva a todo o produto similar originário dos territórios de todas as outras partes contratantes ou a eles destinado. Esta disposição refere-se aos direitos aduaneiros e às imposições de qualquer espécie que incidam sobre as importações ou exportações ou que sejam aplicados por ocasião das importações ou exportações, assim como aos que incidam sobre as transferências internacionais de fundos destinados ao pagamento de importações ou exportações, ao modo de percepção destes direitos e imposições, a todas as regulamentações e formalidades relativas às importações e às exportações e a todas as questões a que se referem os parágrafos 2 e 4 do artigo III".

A cláusula foi concebida de modo a acomodar diversas excepções, com relevo para as soluções de integração económica regional[191] e, mais tarde, para a possibilidade de concessão de preferências a favor dos países menos desenvolvidos.

É ainda de notar que, em determinadas circunstâncias, é permitido tratar certos Estados de forma mais desfavorável do que outros, como pode ocorrer com o recurso à cláusula da não aplicabilidade, inicialmente prevista no artigo XXXV e em certas etapas do processo de regulação de diferendos.

A aplicação não discriminatória das restrições quantitativas pode ser entendida como uma extensão da cláusula da nação mais favorecida, na medida em que visa garantir os mesmos objectivos de igualdade de tratamento em relação às matérias em que se não tenha registado a abertura das fronteiras.

A regra está consagrada no artigo XII, parágrafo 1 do Acordo, que dispõe:

"Nenhuma parte contratante imporá qualquer proibição ou restrição à importação de um produto originário do território de outra parte contratante ou à exportação de um produto destinado ao território de outra parte contratante, a menos que imponha uma proibição ou restrição semelhante à importação de produto similar originário de qualquer país terceiro ou à exportação de produto similar com destino a qualquer país terceiro".

---

[191] Ainda que se não possa afirmar que a tensão regionalismo versus universalismo esteja integralmente resolvida no GATT 1947.

Finalmente, a regra do tratamento nacional implica que, uma vez que uma mercadoria tenha entrado no mercado interno de um Estado parte e sido alvo de eventuais cargas aduaneiras, não possa ser objecto de um tratamento menos favorável do que o dado a idênticos produtos nacionais.

É quanto se dispõe no artigo III, parágrafo 1, cujo conteúdo se passa a trancrever: "as partes contratantes reconhecem que os impostos e outras imposições internas, assim como as leis, regulamentos e prescrições que afectam a venda, a colocação à venda, a compra, o transporte, a distribuição ou a utilização de produtos no mercado interno e as regulamentações quantitativas internas que prescrevam a mistura, a transformação ou a utilização de certos produtos em quantidades ou proporções determinadas, não deverão ser aplicados aos produtos importados ou nacionais de maneira a proteger a produção nacional".

Por seu turno, o parágrafo 2 precisa que "os produtos do território de qualquer parte contratante, importados no território de qualquer outra parte contratante, não estarão sujeitos, directa ou indirectamente, a impostos ou outras imposições internas, qualquer que seja a sua espécie, superiores aos aplicados, directa ou indirectamente, aos produtos nacionais similares. Para além disso, nenhuma parte contratante aplicará, por qualquer outra forma, impostos ou outras imposições internas aos produtos importados ou nacionais de maneira contrária aos princípios enunciados no parágrafo 1".

Intimamente ligada à regra da não discriminação está o princípio da reciprocidade que, não sendo objecto de disposição expressa do Acordo, constitui uma das suas peças angulares, estimulando o desenvolvimento do multilateralismo.

Uma das características mais marcantes do GATT era a admissão de um conjunto muito alargado de soluções derrogatórias dos grandes princípios de liberalização afirmados, factor que viria a estar na origem de múltiplos diferendos e escaladas no proteccionismo comercial dos diferentes blocos.

Inspirado numa filosofia liberal tradicional do comércio, o Acordo acaba por representar um compromisso entre livre-cambismo e proteccionismo, podendo dizer-se que, mais do que um instrumento de livre cambismo, o GATT criou um quadro para um desenvolvimento controlado do comércio internacional[192].

---

[192] Nesse sentido, HARRY SHUTT, *The Mith of Free Trade*, London, Blackwell, 1985, pp. 16 e segs..

312 *Valores e Interesses*

É, no entanto, muito impressiva a verificação de que as formas de proteccionismo admitidas foram o resultado da pressão dos países mais desenvolvidos, resultando objectivamente em seu benefício e em desfavor dos países em desenvolvimento, aos quais foi basicamente imposto um sistema de abertura dos respectivos mercados, sem que lhes fosse assegurada, em contrapartida, a correspondente abertura dos mercados dos países desenvolvidos em relação às suas exportações mais significativas.

Embora seja impossível seguir aqui todo o complexo sistema instituído pelo GATT, importa sublinhar a multiplicidade de fundamentos da adopção de medidas restritivas pelos Estados, de que se destacam o desequilíbrio da balança de pagamentos, as dificuldades em determinados sectores industriais e a aplicação de medidas anti-*dumping* para combater práticas menos correctas de outros países.

Por outro lado, não se poderá esquecer que a França e a Grã-Bretanha foram autorizadas a manter os seus sistemas preferenciais, expressamente excluídos da aplicação das regras de não discriminação do GATT.

Mais significativa, ainda, é a circunstância de a agricultura (primeiro por imposição do Congresso norte americano e, posteriormente, da Comunidade Europeia) e os têxteis terem ficado de fora das medidas de liberalização.

Mas, apesar de todos os limites à efectiva liberalização comercial, o GATT criou um quadro institucional que permitiu, através de sucessivas rondas negociais, ir reduzindo a importância das protecções.

Das oito rondas negociais[193], as primeiras quatro foram marcadas por uma discussão, produto a produto, de reduções pautais, sem grande impacto global, num caminho que se começaria a inverter com o *Dillon Round* (1960-61), que procurou adaptar o Acordo à criação da Comunidade Económica Europeia, reconhecendo a pauta aduaneira comum, em substituição dos direitos aduaneiros nacionais.

A grande viragem na dinâmica das negociações seria introduzida pelo *Kennedy Round* (1964-67), marcado por um acordo entre os Estados Unidos e a Europa no sentido da constituição de uma parceria entre os dois blocos mais importantes no plano comercial, com os seguintes resultados fundamentais: a decisão de redução dos direitos aduaneiros em 50% num período de cinco anos; a criação de um Fundo de Ajuda Alimentar a favor

---

[193] Genève, 1947, Anecy, 1949, Torquay 1950-51, Genève, 1956, Genève, 1960-61 (Dillon Round), Genéve, 1964-67 (Kennedy Round), Tokio 1973-1979 (Tokyo Round) e Uruguay, 1986-1994 (Uruguay Round).

A *Organização Mundial do Comércio*   313

dos países em desenvolvimento e a proclamação da intenção de facilitar a penetração dos produtos oriundos destes países nos mercados dos países mais desenvolvidos.

Nas negociações seguintes – *Tokyo Round* (1973-1979) – foram profundamente reformuladas muitas das regras e procedimentos anteriores e aprovados diversos códigos, entre os quais, o do valor aduaneiro, o anti-subvenção e o relativo aos mercados públicos.

A oitava ronda (*Uruguay Round*) prolongar-se-ia por um período muito longo (1986-1994) e envolveria aspectos que até ai dificilmente tinham encontrado espaço nas sucessivas rondas, como as questões da agricultura e dos têxteis, a par com novas áreas, como as dos serviços, investimentos e propriedade intelectual, reformando profundamente o quadro regulador das relações económicas internacionais e culminado com a criação da Organização Internacional do Comércio[194].

Aquando da ronda negocial do Uruguay que decorreu, aliás, em condições económicas especialmente desfavoráveis e num contexto político de grande controvérsia entre os países desenvolvidos e os países em desenvolvimento, assim como entre a Europa e os Estados Unidos[195], com a economia mundial mergulhada em recessão, tinha-se tornado clara a erosão do sistema criado pelo GATT, justificando a multiplicação de sugestões, provenientes quer dos países desenvolvidos, quer dos países em desenvolvimento[196].

Nesse contexto, surgiu o Relatório *Lewtwiller*, elaborado por um conjunto de personalidades, a pedido do Director Geral do GATT e no qual se defendiam, entre outras, as seguintes medidas:

– Maior transparência na elaboração das políticas comerciais nacionais;
– Definição de regras justas e claras em matéria agrícola, que não privilegiem injustificadamente determinados países ou produtos;
– Sujeição às normas do acordo geral do comércio de têxteis e vestuário;

---

[194] Para uma versão sintética das diferentes rondas negociais, vd. EDUARDO PAZ FERREIRA e JOÃO ATANÁSIO, «Nota Introdutória», *Textos de Direito do Comércio Internacional e do Desenvolvimento Económico*, vol. I, *Comércio Internacional*, Coimbra, Almedina, 2004.

[195] Ver a análise do ambiente que rodeou as negociações e dos vários passos pelos principais intervenientes em HUGO PEMEN e ALEXANDRA BENSCH, *Du GATT à l'OMC. La Communauté Europeénne dans le Uruguay Round*, Leuven University Press, 1995.

[196] Para uma descrição deste conjunto de propostas, Cfr. RAMON TAMAMES e BEGOÑA HUERTA, *ob. cit.*, pp. 166 e seg..

314   *Valores e Interesses*

– Controlo mais completo e pormenorizado das subvenções;
– Maior firmeza na aplicação dos Códigos GATT sobre as distorções causadas por instrumentos não tributários;
– Maior precisão nas regras relativas às uniões aduaneiras e zonas de comércio livre;
– Limitação das medidas de salvaguarda industrial, com restrições temporárias e sujeição a uma vigilância apertada;
– Alargamento da disciplina ao comércio dos serviços;
– Melhoria do procedimento relativo à resolução dos diferendos;
– Integração plena dos países em desenvolvimento no comércio internacional com os direitos e obrigações daí decorrentes;
– Criação no GATT de um órgão permanente a nível ministerial;
– Resolução satisfatória do problema da dívida externa[197].

O rasto de muitas dessas propostas vai poder encontrar-se nos resultados da Ronda do Uruguay ainda que se não tenha ido muito longe em relação a alguns dos pontos mais delicados.

A grande inovação – tanto mais quanto não constava da agenda das negociações – foi a decisão de criar a Organização Mundial de Comércio, embora o acordo instituidor da Organização expressamente mantivesse em vigor o Acordo GATT de 1947, sob a forma de GATT 1994, que integrou muito do acervo das sucessivas rondas negociais.

O preâmbulo do Acordo que instituiu a Organização Mundial do Comércio exprime claramente a ideia de que se trata de instituir um sistema comercial multilateral mais viável e duradouro, englobando o GATT e os resultados dos esforços de liberalização efectuados no seu quadro, assim como os resultados das negociações do Ciclo do Uruguay.

Entre as muitas opções criticáveis do GATT, para além daquelas que têm a ver com o tratamento dado aos países em desenvolvimento – objecto de uma análise separada –figuram a omissão da formulação de uma política comercial global[198] e a permissão de uma excessiva utilização das cláusulas de salvaguarda.

---

[197] *Idem.*

[198] EDUARDO RAPOSO DE MEDEIROS, «A Organização Mundial do Comércio», in JOÃO MOTA CAMPOS (org.), *Organizações Internacionais*, cit., p. 329, comenta, a esse propósito, que "não se soube difundir o afastamento da concepção mercantilista que toma essencialmente as exportações como objectivo, e as importações como custo. A própria amplitude da política de reciprocidade enferma de uma concepção mercantilista".

A Organização Mundial do Comércio   315

Da mesma forma, poderá pensar-se que o objectivo de desenvolvimento do comércio internacional foi assumido em termos excessivamente absolutos, sem ponderação da necessidade de salvaguardar aspectos de natureza social ou ambiental, orientação que só muito mitigadamente a OMC tem tentado corrigir[199].

Passível de críticas de outra natureza[200] é, também, a pouca divulgação pública dos trabalhos do GATT, bem como o seu carácter confuso e excessivamente técnico, que não permitiria que a opinião pública se apercebesse de todas as implicações do que estava a ser decidido.

Mesmo assim, é amplamente positivo o balanço da actuação do GATT feito pelos economistas liberais. Com felicidade, ANNE KRUEGER fala de um "sucesso acidental", uma vez que a liberalização conseguida no âmbito do GATT – solução alternativa e transitória – foi, em sua opinião, superior à que alguma vez se poderia esperar de uma organização internacional devotada a essa tarefa[201].

Nessa apreciação está naturalmente pressuposto que a liberalização constituiu um factor positivo do ponto de vista da economia mundial, asserção que está longe de ser consensual, uma vez que o acompanhamento da evolução verificada nas últimas décadas mostra que, se em termos globais se assistiu a um crescimento acentuado, esse crescimento foi acompanhado por igual aumento das diferenças entre os vários grupos de países[202].

Essa verificação, conduzindo-nos a relativizar a correlação existente entre abertura e desenvolvimento económico e a pensar que para obter ganhos reais da abertura é necessário ter atingido um certo grau de desenvolvimento económico[203], deve levar-nos a imprimir urgência e a intensificar os esforços de desenvolvimento.

Quanto ao resto, apenas há que admitir, com MANUEL PORTO, que "sem se desconhecerem os riscos da abertura das economias, há que

---

[199] Vd., a este propósito, o conjunto de estudos incluídos em LUCIA SERENA ROSSI (org.), *Commercio Internazionale Sostenibile? WTO e Unione Europea*, Bologna, Il Mulino, 2003.

[200] Assumidas de forma especialmente vigorosa por AGNÈS BERTRAND e LAURENCE KALAFATIDES, *OMC, le Pouvoir Invisible*, Paris, Fayard, 2002.

[201] «Introduction», in ANNE KRUEGER, com a colaboração de CHONIRA ATURUPANE, (org.), *The WTO as an International Organization*, Chicago e London, Chicago University Press, 1966, p. 4.

[202] Cfr. *supra*.

[203] Nesse sentido, vd. a clara e sintética apreciação de ISABELLE BENSIDOUN, AGNÈS CHEVALIER e GUILLAUME GAULIER, «Pour le Sud, Y-a-t-il eu un gain à l'Ouverture?», *Problèmes Économiques*, n.º 2743, Janeiro de 2002, pp. 1-4.

316   *Valores e Interesses*

reconhecer a sua inevitabilidade; mais do que isso as oportunidades novas que são abertas"[204].

3. A Organização Mundial do Comércio

3.1. *Generalidades*

Como ficou assinalado, a criação da OMC representou um salto qualitativo da maior importância, traduzido não só na expansão do conjunto das matérias reguladas mas, sobretudo, no aparecimento de uma nova entidade, dotada de personalidade jurídica internacional, com capacidade para celebrar acordos e poderes para cooperar com as instituições de *Bretton Woods* com vista ao estabelecimento de políticas económicas globais.

A criação da Organização Mundial de Comércio resultou fundamentalmente da dinâmica gerada durante os debates, com o reconhecimento da necessidade de uma maior coerência na formulação das políticas económicas à escala mundial e de um diálogo com as organizações internacionais económicas internacionais (FMI e BIRD), o que pressuponha a existência de uma organização similar na área comercial.

Como escrevemos, noutro lugar, "... o alargamento das disciplinas comerciais a campos não tradicionais (serviços e propriedade intelectual) tornava indispensável a existência de uma organização que pudesse cobrir estas realidades, supervisionando de forma integrada e global todos os acordos, garantindo a sua gestão uniforme, estabelecendo um sistema comum e visando a coerência na resolução dos litígios surgidos no âmbito das diferentes áreas comerciais"[205].

A OMC veio, assim, introduzir uma maior solidez no sistema internacional de comércio, uma maior eficácia nas disposições que o disciplinam e uma garantia acrescida da observância das suas regras, estabelecendo um quadro de relacionamento comercial entre as diferentes nações muito mais estável, seguro e previsível.

As diferenças entre a OMC e o GATT resultam não só do diferente substracto institucional, como ainda do facto de a competência da nova organização se estender também ao comércio dos serviços e a aspectos rela-

---

[204] Nota de Abertura em «A Globalização, a OMC e o Milénium Round», número temático de *Temas de Integração*, n.° 14, 2.° semestre de 2002, p. 8.

[205] EDUARDO PAZ FERREIRA e JOÃO ATANÁSIO, *ob. cit.*.

A Organização Mundial do Comércio 317

cionados com o direito da propriedade intelectual e se traduzir em poderes de superintender todos os acordos multilaterais subscritos pelos membros, sendo também de assinalar uma muito mais eficaz solução para a regulação dos diferendos[206].

A ideia da vastidão dos poderes da Organização Mundial do Comércio está espelhada no Acordo de Marraquexe e nos seguintes quatro anexos que fazem parte integrante da Acta Final do Uruguay Round:

Anexo I, subdivido em três anexos: anexo 1A, que inclui treze acordos multilaterais sobre comércio de mercadorias, envolvendo, designadamente, o GATT na versão de 1994, o acordo sobre a agricultura, o acordo sobre os têxteis e vestuários e o acordo sobre os obstáculos técnicos ao comércio; Anexo IB, o Acordo Geral sobre Comércio de Serviços (GATS) e Anexo IC, o Acordo sobre os aspectos dos Direitos de Propriedade Intelectual relacionados com o Comércio (TRIPS).

Anexo II – Memorandum sobre as Regras e processos relativos à resolução de Diferendos.

Anexo III – Mecanismo de Exame das Políticas Comerciais.

Anexo IV – Acordos comerciais plurilaterais, aos quais um Estado membro da OIMC poderá não aderir.

Compreende-se, assim, e acompanha-se Paulo Pitta e Cunha quando afirma: "na evolução das organizações económicas internacionais de vocação mundial ao longo do último quarto de século observa-se o declínio da influência das instituições de *Bretton Woods* – em particular do Fundo Monetário Internacional – em contraste com a ampliação e a consolidação do sistema GATT"[207].

3.2. *Membros e Orgânica*

São membros originários da Organização Mundial do Comércio todos os Estados parte do GATT de 1947 que aceitaram o novo quadro institucional, podendo aceder todos os restantes Estados ou territórios aduaneiros, sendo o processo de adesão à Organização separado do processo de

---

[206] Para uma comparação sintética, Eduardo Raposo de Medeiros, «A Organização ...», cit..

[207] «A Organização Mundial do Comércio na Estrutura da Ordem Económica Internacional», in Faculdade de Direito de Lisboa, Georgetown University Law Center, *A Organização Mundial do Comércio e a Resolução de Litígios*, Lisboa, FLAD, 1998, p. 25.

adesão aos acordos plurilaterais do Anexo IV. A Comunidade Europeia é igualmente membro da OMC, a par dos Estados membros.

O processo de tomada de decisões assenta fundamentalmente, tal como sucedia com o GATT, na obtenção de consensos que, no caso de se revelarem impossíveis, cedem lugar a votações, feitas em regra por maioria simples, mas com a exigência de maiorias reforçadas, variáveis em diversos casos.

O órgão mais importante da OMC é a Conferência Ministerial, que deve reunir pelo menos uma vez de dois em dois anos e integra todos os membros que dispõem de um voto nominal. A Conferência tem uma competência geral sobre todas as questões da organização e dos acordos multilaterais, dela dependendo uma série de comités, como o do comércio e desenvolvimento, o das balanças de pagamentos, o do orçamento e o dos serviços.

A Conferência pode decidir dispensar algum membro do cumprimento das respectivas obrigações, em circunstâncias excepcionais e com uma maioria de três quartos dos membros. Incumbe-lhe, igualmente, a adopção de interpretações quanto aos acordos abrangidos, exigindo-se idêntica maioria. É exigida uma maioria de apenas dois terços para a modificação dos acordos do anexo IV. A admissão de um novo membro é decidida igualmente por maioria de dois terços.

O Conselho Geral – igualmente integrado por todos os membros – assume as funções da conferência nos períodos de intervalo, podendo reunir-se sob a forma de Órgão de Resolução de Diferendos e de Órgão de Exame das Políticas Comerciais.

A actuação como órgão de vigilância das políticas comerciais destina-se a aumentar o seu nível de transparência e a permitir uma avaliação multilateral, que aprecie os seus efeitos sobre o comércio em geral.

A avaliação deve ser feita de dois em dois anos, no caso dos Estados Unidos, da Comunidade Europeia, do Japão e do Canadá e de quatro em quatro anos, em relação aos dezasseis países que se seguem em ordem de importância. A técnica seguida é a do confronto entre dois relatórios: um elaborado pelo próprio país e outro pelo secretariado da Organização.

O funcionamento do Conselho Geral como órgão de resolução de diferendos assume igualmente uma importância particular, sendo de assinalar, por referência ao modelo de funcionamento do GATT, um notável reforço da segurança jurídica.

A resolução de diferendos obedece a um processo complexo, que se inicia por uma fase de consultas bilaterais, em que as partes podem recor-

A Organização Mundial do Comércio 319

rer aos bons ofícios, conselhos ou mediação, a qual, não tendo resultados positivos, poderá envolver, por iniciativa da parte queixosa, a passagem à constituição de um Painel, integrado por personalidades independentes e altamente qualificadas. O Painel apresentará uma conclusão que ajuda o Órgão de Resolução de Diferendos a adoptar decisões ou recomendações. As decisões são susceptíveis de recurso, caso em que será constituído um órgão de recurso, cujos relatórios, uma vez adoptados pelo Órgão de Regulação, são obrigatórios para as partes.

Há, ainda, que referenciar a existência de um secretariado, dirigido por um Director Geral nomeado pela Conferência Ministerial e dos conselhos sectoriais, aos quais podem pertencer todos os países, O Conselho do Comércio de Mercadorias, o Conselho do Comércio dos Serviços e o Conselho do TRIPS supervisionam os acordos figurando nos três primeiros subanexos do anexo 1.

3.3. *O Alargamento de competências*

Foi já referido que a Organização Mundial de Comércio dispõe, em relação ao GATT, de um acervo muito alargado de competências, resultantes dos acordos alcançados durante o *Uruguay Round*[208], que introduziram como alteração mais significativa a extensão da esfera de acção da Organização à área dos serviços e da propriedade intelectual.

No que se refere a serviços, o alargamento veio a ser consagrado com a celebração do GATS, Acordo Geral sobre o Comércio e Serviços, que transpôs para o domínio dos serviços os princípios instituídos pelo GATT e, em especial, a cláusula da nação mais favorecida, o princípio da transparência e a regra do tratamento nacional.

O conceito de serviço adoptado pelo GATS é muito alargado e passa, designadamente, pela admissão de serviços transfronteiriços e da prestação de serviços destinados a um consumidor de outro Estado membro, envolvendo, ainda, a transferência física do prestador de serviços para outro Estado.

Apesar da grande amplitude com que foi concebido o acordo GATS importa recordar que, à semelhança do GATT, este comporta soluções excepcionais destinadas a proteger os países menos desenvolvidos ou as ex-

---

[208] Sem esquecer a importância dos acordos obtidos em outras áreas como a da agricultura e dos têxteis e vestuário, praticamente excluídos da disciplina do GATT de 1947.

periências de integração económica, ao mesmo tempo que se admite a possibilidade de introdução de derrogações, através de medidas destinadas a proteger a moral pública, a ordem pública, a saúde pública e o respeito pelas leis e regulamentos.

Os mercados públicos foram objecto de um acordo autónomo, enquanto que diversos outros sectores, como o dos transportes ou financeiro, conhecem múltiplas dificuldades na concretização de acordos, sem esquecer as questões que têm oposto especialmente a Europa aos Estados Unidos em matéria de audiovisual, com a exigência da supressão das quotas nacionais por parte deste último país.

Estando naturalmente fora de causa uma apreciação pormenorizada do acordo GATS, será de sublinhar que ele não consubstancia um avanço tão grande no sentido da liberalização como aquele entretanto verificado a nível do comércio, representando fundamentalmente um quadro de trabalho para o futuro[209].

Em matéria de propriedade intelectual rege o Acordo TRIPS que tem como objectivo fundamental é garantir uma protecção mínima harmonizada dos direitos de propriedade intelectual nos mercados em desenvolvimento, visando, sobretudo, evitar a contrafacção.

A propriedade intelectual abrange, no âmbito do Acordo: os direitos de autor e direitos conexos, as marcas, as indicações geográficas, os desenhos e modelos industriais, as patentes, as configurações de circuitos integrados, a protecção de informações não divulgadas e o controlo das práticas não concorrenciais em licenças contratuais, objecto de regulações diversas, que seria aqui descabido tentar discriminar.

Como técnica geral, uma vez mais, o acordo TRIPS tenta utilizar o sistema do GATT, com recurso à cláusula da nação mais favorecida e ao princípio do tratamento nacional.

A metodologia utilizada no Acordo e prevista logo no artigo 1.º, parágrafo 1, é a das normas mínimas, a partir das quais os Estados membros poderão fixar legislação nacional mais rigorosa.

É, de igual modo, de referenciar o Acordo TRIMS, sobre as medidas de investimento relacionadas com o comércio, que surge na sequência da verificação, num período anterior, de distorções nas trocas em consequência da adopção de medidas relacionadas com o investimento.

---

[209] Nesse sentido, EDUARDO RAPOSO DE MEDEIROS, «A Organização Mundial de Comércio», cit., p. 371.

A Organização Mundial do Comércio 321

O Acordo, que tem um âmbito muito restritivo, prevê a notificação das medidas existentes por parte de todos os membros ao Conselho de Comércio e Mercadorias, dispondo os países industrializados de um prazo de dois anos para o seu desmantelamento, prazo alargado para cinco anos no caso dos países em desenvolvimento e para sete no dos países menos avançados.

Deverá igualmente ter-se presente que o *Uruguay Round* abrangeu a conclusão de acordos sobre a agricultura, sobre os têxteis e vestuário, para além de acordos multilaterais sobre o comércio de mercadorias e de acordos plurilaterais de adesão facultativa.

O acordo sobre agricultura traduz-se, no essencial, na definição de um princípio geral de que os Estados membros devem tratar os produtos agrícolas nos termos gerais do GATT. A modéstia dos resultados alcançados e os efeitos da aplicação dos acordos sobre as economias dos países menos desenvolvidos, associados ao claro favorecimento dos interesses económicos americanos e europeus, justificam que dele se faça uma avaliação negativa.

O acordo sobre os têxteis e vestuário, representando embora um compromisso mais favorável aos países em desenvolvimento, tem um período longo para entrada em execução – dez anos – ao mesmo tempo que admite múltiplas cláusulas de salvaguarda.

Os acordos multilaterais sobre comércio de mercadorias vieram permitir novas reduções aduaneiras, assim como o aperfeiçoamento de anteriores decisões relativas às medidas não tarifárias.

A componente mais significativa dos acordos plurilaterais foi o aperfeiçoamento dos acordos sobre os mercados públicos e o comércio de aeronaves civis, sobre os quais existiam já instrumentos de base cujo conteúdo foi, por esta via, aperfeiçoado.

3.4. *As conferências ministeriais*

Como já ficou referido, a conferência ministerial assume um papel fundamental na dinâmica da Organização Mundial do Comércio. Até ao momento e após a institucionalização da OMC, realizaram-se cinco conferências, respectivamente em Singapura (1996), Genebra (1998), Seatle (1999), Doha (2001) e Cancun (2003)[210].

---

[210] As respectivas declarações finais podem ser consultadas em EDUARDO PAZ FERREIRA e JOÃO ATANÁSIO, *ob. cit.*.

Entre os temas em destaque nessas conferências esteve sempre o desenvolvimento económico, reflectindo não só a importância da matéria, como também o tratamento inadequado dado aos países em desenvolvimento pelo GATT e restantes acordos.

Outros temas estiveram, todavia, em evidência nas diferentes conferências, em que se logrou alcançar consensos amplos.

Da Conferência de Singapura emergiram importantes resoluções, das quais se destaca a criação de um Comité para os Acordos Comerciais Regionais e a decisão de encetar novas negociações com vista a alcançar uma maior liberalização dos serviços financeiros. Especialmente significativa foi a primeira referência às normas da Organização Internacional do Trabalho e a introdução de um conjunto de temas que deveriam merecer desenvolvimentos futuros.

Da conferência de Genebra ressalta fundamentalmente a decisão de estudar as medidas relacionadas com o comércio electrónico e as declarações relativas à cooperação com outras organizações internacionais.

Da conferência de Seatle sairiam, sobretudo, imagens de contestação e de desacordo total entre os membros da OMC, com as propostas apresentadas pelos países desenvolvidos e pelos países em desenvolvimento a não lograrem consenso. O desacordo verificado veio, no entanto, a dar origem a uma inflexão de orientação, que se espelharia no êxito da conferência seguinte.

Quanto à conferência de Doha é de assinalar – para além da aprovação da Agenda de Doha – a instrução dada ao Conselho para os TRIPS no sentido de rever a implementação do acordo e a importância acordada aos problemas de concorrência.

A conferência de Cancun viria a concluir-se sem consenso, aspecto que, de alguma forma, se procurou minimizar com a Declaração Final, em cujo ponto 4, os ministros afirmam ter dado "… instruções aos nossos representantes para que continuem a trabalhar nas questões que ficaram em suspenso com uma determinação e um sentido de urgência renovados e tendo plenamente em conta todas as opiniões expressas durante esta Conferência", ao mesmo tempo que instam o Presidente para, em estreita cooperação com o Director da OMC, coordenar esses trabalhos e convocar uma reunião do Conselho Geral ao nível de altos funcionários o mais tardar a 15 de Dezembro de 2003, a fim de, nesse momento, serem adoptadas as medidas necessárias para uma conclusão rápida e bem sucedida das negociações. Os Ministros terminam assegurando que continuarão "a exercer uma estreita supervisão pessoal deste processo".

A Organização Mundial do Comércio 323

O falhanço desta conferência e a manutenção do impasse a nível dos grupos de trabalho constitui um factor de apreensão quanto ao futuro da Organização, na medida em que parece revelar alguma incapacidade de passar do plano das declarações de intenção para o de acções concretas susceptíveis de contribuir para um aprofundamento do comércio mundial assente em regras mais justas.

4. A OMC e os países em desenvolvimento

4.1. *Aspectos Introdutórios*

A Organização Mundial do Comércio conta hoje, entre os seus membros, com um conjunto significativo de países em vias de desenvolvimento, incluindo alguns dos Países Menos Avançados, o que representa uma evolução muito importante por comparação com os primeiros tempos do GATT, marcados por uma clara hostilidade desses países, que procuraram encontrar na CNUCED um *forum* mais favorável ao acolhimento das suas pretensões.

Essa posição inicial dos países menos desenvolvidos era fundada numa dupla ordem de razões:

Em primeiro lugar, o desenvolvimento não mereceu qualquer atenção por parte dos redactores do GATT de 1947, que apenas incluíram um artigo XVIII, onde admitiam a utilização de restrições quantitativas para efeitos de desenvolvimento económico, subordinadas, no entanto, a um conjunto apertado de condições, contrariamente ao que sucedia com o projecto da Carta de Havana[211].

Por outro lado, o Acordo do GATT, inspirado numa filosofia neo--liberal, visava eliminar todas as barreiras ao comércio internacional, objectivo diametralmente oposto ao da generalidade dos países menos desenvolvidos que, a partir da década de cinquenta, tinham desenhado modelos de desenvolvimento assentes na substituição das importações, o que passava por um forte proteccionismo aduaneiro.

A crescente adesão de países em desenvolvimento ao GATT e, posteriormente, à Organização Mundial do Comércio, deu-se em virtude de

---

[211] Com razão, ROBERT HUDEC, *Developing Countries in the GATT Legal System*, London, Trade Policy Research Center, 1987, p. 5, pôde afirmar a sua convicção, assente num pormenorizado estudo, de que "... as políticas do GATT em relação aos países em desenvolvimento foram enganadas e perniciosas".

324   *Valores e Interesses*

uma série de fenómenos conjugados, que passaram pela percepção da crescente importância do Acordo, pelo reconhecimento do fracasso generalizado das políticas de isolamento económico e do sucesso de economias em desenvolvimento que tinham apostado fortemente na exportação, bem assim como pela reconversão ideológica que se fez sentir em muitos desses Estados, em particular a partir dos anos oitenta e do colapso do bloco soviético.

A isso poderá, ainda, acrescentar-se a circunstância de as reivindicações apresentadas por este grupo de países terem logrado alcançar, ainda que tardiamente, algum eco, com o aditamento do Título IV e com a declaração relativa aos países menos desenvolvidos, saída do *Tokyo Round*.

Importa todavia referir que, contrariamente ao que aconteceu com o Banco Mundial e o Fundo Monetário Internacional foi, em certos momentos, muito difícil a este grupo de países manter uma posição uniforme no GATT, dada a diversidade de interesses entre os que se encontravam num estádio de acelerada industrialização e aqueles que se mantinham em posições de atraso relativo, tanto mais quanto se tornou patente que os resultados da participação no GATT foram muito distintos dentro do grupo de países menos desenvolvidos.

As dificuldades de conjugação de posições parecem ter-se atenuado nos últimos tempos, assistindo-se a uma actuação mais coesa, como aquela que foi expressa no Uruguay Round e, em especial, nas últimas cimeiras da Organização Mundial do Comércio, quando a intransigência dos países desenvolvidos teve como resposta uma recusa total de consenso por parte da generalidade dos países em desenvolvimento.

4.2. *As disposições especiais a favor dos países em desenvolvimento*

Apesar da escassa atenção dada à problemática do desenvolvimento no quadro do GATT, foram sendo progressivamente adoptadas algumas medidas que criaram um princípio de tratamento diferenciado a favor dos países menos desenvolvidos.

A primeira dessas medidas foi a revisão do artigo XVIII, no sentido de reconhecer o carácter estrutural dos problemas relativos à balança de pagamentos dos países menos desenvolvidos, assegurando uma maior margem de manobra a estes países, permitindo-lhes, designadamente, desconsolidar, modificar ou retirar concessões anteriormente negociadas.

Mais significativa foi, porém, a introdução no artigo XXVIII, bis, n.° 3, alínea b), do princípio de que "as negociações deverão ser conduzidas

A Organização Mundial do Comércio 325

numa base que permita suficientemente ter em conta as necessidades dos países menos desenvolvidos utilizarem com mais flexibilidade a protecção pautal, com o intuito de facilitar o seu desenvolvimento económico e as necessidades especiais destes países quanto à manutenção de direitos com fins fiscais" que, de alguma forma, dava cobertura às estratégias desenvolvimentistas assentes no mercado interno.

Importa também reter o aditamento da Parte IV do Acordo, em 1964 e a aprovação, em 1971, de uma derrogação por dez anos da obrigação de reciprocidade dos países menos desenvolvidos, a qual viria a ser substituída, em 1979, pela decisão sobre "Tratamento diferenciado e mais favorável, reciprocidade e participação mais completa dos países em desenvolvimento", que constitui a base jurídica do Sistema de Preferências Generalizado.

Se é certo que a Decisão de 1979 deu uma maior segurança à existência de um sistema de preferências generalizadas constituindo, desse ponto de vista, uma cláusula de habilitação, não se pode esquecer que ela foi conjugada com uma cláusula evolutiva, introduzida sob pressão dos Estados Unidos, que implica que o regime preferencial deixe de vigorar, à medida que se verifique o desenvolvimento económico dos países beneficiários.

Paralelamente, não pode ser desvalorizada a circunstância de, apesar da redacção da nova parte IV parecer apontar no sentido do carácter vinculativo das respectivas normas, a leitura prevalecente por parte dos países desenvolvidos e do GATT[212] ter sido sempre a de que se tratava de meras declarações de boa vontade.

Tal leitura permitiu, por exemplo, que o Painel que apreciou e recusou a queixa apresenta pelo Chile contra a Comunidade Económica Europeia – por esta ter adoptado uma decisão que proibia a importação de maçãs de países em desenvolvimento – considerasse que não tinha ficado provado que esta antes de adoptar a medida não tivesse feito todos os esforços para evitá-la[213].

Ao atribuir ao país em desenvolvimento o ónus da prova, praticamente impossível, de que o país desenvolvido não fizera todos os esforços possíveis – orientação que seria confirmada pelo painel *Norway – Restrictions on Imports of Certain Textile Products*, que sustentou que a Parte IV não introduzia derrogações à parte II – abriu-se o caminho à formação de

---

[212] PEDRO INFANTE DA MOTA, *Dos Aspectos Institucionais do Sistema Comercial Multilateral: do GATT de 1947 à OMC*, capítulo "O Acordo que cria a Organização Mundial do Comércio" (inédito).

[213] In GATT, *Analytical Índex*, p. 984.

uma corrente doutrinária em que autores, como Pretty Kuruvill, defenderam que se tratava mais de uma declaração de princípios e intenções do que de mudanças nas regras comerciais existentes[214].

A OMC e o conjunto dos países mais desenvolvidos recordam amiúde o grande número de disposições que, disseminadas pelos vários acordos, atribuirão um tratamento diferenciado ao conjunto dos países menos desenvolvidos ou apenas aos que se encontram em estado de maior atraso[215].

A concessão de um tratamento diferenciado está, designadamente, relacionada com os seguintes aspectos:

– períodos transitórios para a implementação dos acordos e compromissos;

– medidas específicas para melhorar as oportunidades comerciais, com uma maior flexibilidade no recurso a instrumentos da política comercial e económica;

– orientação genérica a todos os membros da OMC no sentido da salvaguarda dos interesses dos países em desenvolvimento;

– apoio à criação de infra-estruturas que permitam a esses países desenvolver o seu trabalho na OMC e participar no Mecanismo de Resolução de Litígios;

– assistência técnica na implementação dos compromissos;

– medidas específicas para os Países Menos Avançados.

A maior parte dessas medidas especiais e diferenciadas foram adoptadas no âmbito do *Uruguay Round*, que representou o grande passo de avanço em matéria de liberalização das trocas económicas, abrangendo toda uma série de áreas especialmente delicadas para esses países[216].

---

[214] «Developing Countries and the GATT/WTO Dispute Settlement Mechanism», *Journal of World Trade*, 1997, p. 191.

[215] Veja-se, a este propósito, GATT, *The Role of GATT in Relationh to Trade and Development*, Genève, 1964, OMC, *Implementation of Special and Diferential Treatment Provisons in WTO Agreeements and Decisions (WT/COMTD/W/77)*, 2000, que recenseia 145 disposições excepcionais e o estudo da Direcção Geral das Relações Económicas do Ministério da Economia Português, *A Organização Mundial do Comércio e a Dimensão do Desenvolvimento. Breve Enquadramento*, Lisboa, 2002.

[216] Nesse sentido, Pedro Infante da Mota, *ob. cit.*, pôde escrever: "embora muitas dessas disposições já existissem anteriormente, é importante realçar que os acordos da OMC introduziram uma alteração fundamental no que respeita ao chamado universo do tratamento especial e diferenciado".

A Organização Mundial do Comércio   327

Às disposições jurídicas que permitem esse tratamento de excepção – e que seria impossível seguir aqui em pormenor – junta-se, ainda, a cooperação técnica da OMC com estes países, que visa o reforço das suas capacidades humanas e institucionais[217], área em que a Organização actua em estreita cooperação com as organizações de *Bretton Woods* e as diferentes agências das Nações Unidas, dispondo de verbas resultantes da implementação da iniciativa *Pledging Conference for the Doha Development Agenda Global Trust Fund.*

Entre as diferentes formas que essa assistência técnica pode assumir é de reter especialmente a organização de cursos pelo **Departamento de Formação**, destinados aos países em desenvolvimento e às economias em transição, e o apoio jurídico concretizado através do **Centro Consultivo Legal**, organização intergovernamental independente que tem por objectivo prestar apoio jurídico aos países em desenvolvimento, quando desejem apresentar uma queixa ou quando sejam eles próprios visados por uma.

Mais significativas são, no entanto, as formas de assistência técnica que envolvem cooperação entre a OMC e a CNUCED, como sucede com o **Centro do Comércio Internacional**, que promove as exportações dos países em desenvolvimento, e o **Quadro Integrado para os PMA**, que resulta da acção conjugada com outras organizações internacionais para assegurar assistência técnica específica aos países menos avançados.

4.3. *As Conferências Ministeriais e o Desenvolvimento*

O tema do desenvolvimento económico tem vindo a ganhar uma importância crescente nas sucessivas reuniões ministeriais, o que está, no entanto, longe de significar que se estejam a alcançar consensos, como ficou patente dos escassos resultados saídos de muitas delas e do fracasso da de Cancun, depois das esperanças nascidas em Doha.

Na conferência de Singapura – a primeira depois da constituição da OMC – foi decidido promover a avaliação da assistência técnica aos países menos desenvolvidos, salientada a necessidade de diversificar as exportações do conjunto desses países e exaltada a urgência de cooperação neste domínio entre várias organizações internacionais.

---

[217] Vd. *The WTO, Capacity Building and Development. A Proposal*, Genève, OMC, 2002.

Já na conferência de Genève os países em desenvolvimento insistiram na necessidade de proceder à avaliação económica e política da aplicação dos acordos, ao mesmo tempo que introduziam o tema da dívida externa.

A Conferência de *Seatle* é marcada pelo profundo desacordo entre os dois grupos de países, recusando-se os menos desenvolvidos a apoiar os pontos introduzidos na agenda pelo bloco desenvolvido e não aceitando este as reivindicações daqueles em matéria da acordo TRIPs, produtos farmacêuticos, restrições às políticas *antidumping*, tratamento mais flexível dos produtos alimentares e criação de um grupo para avaliação dos resultados da Conferência de 1994.

No fundo, o fracasso de Seattle, que conduziria, aliás, a uma inversão de rumo na conferência seguinte, ficou essencialmente a dever-se, como notou LUÍS MÁXIMO DOS SANTOS, ao facto de os países em desenvolvimento se terem sentido marginalizados na preparação da conferência e não se reconhecerem numa proposta que apontasse para novas negociações, ainda antes de uma análise profunda dos resultados do *Uruguay Round* [218].

Diverso e bastante mais optimista seria o resultado da conferência de Doha, marcada especialmente pela aprovação da **Agenda do Desenvolvimento de Doha**, da qual saíram, também, uma série de compromissos relativos aos países menos avançados e uma declaração sobre o Acordo TRIPs e saúde pública que, ainda que se não traduza numa alteração profunda do Acordo, permitiu aos países em desenvolvimento utilizar licenças obrigatórias para a produção de medicamentos, em casos considerados como de emergência nacional, facilitando a luta contra o SIDA e a tuberculose.

A **agenda de desenvolvimento de Doha** fixa um programa extremamente ambicioso, a ser desenvolvido até 2005, através de negociações multilaterais, em que a dimensão do desenvolvimento atravessa transversalmente todos os temas[219].

Os dois objectivos fundamentais da Agenda de Doha são a integração plena dos países em desenvolvimento no comércio mundial e o reforço da dimensão regulamentar da Organização.

---

[218] «OMC: O Fracasso de Seattle ou as Dificuldades da Regulação Global», *Forum Justitiae*, n.º 15, Setembro de 2000, pp. 36-42.

[219] Ver, na bibliografia portuguesa, a completa síntese e apreciação dos trabalhos posteriores de TERESA MOREIRA, «Organização Mundial do Comércio: o Novo Ciclo de Negociações Multilaterais», *Temas de Integração*, n.º 14, 2.º semestre de 2002, pp. 87-117. Uma apreciação, sob múltiplos ângulos, pode ser vista no conjunto de artigos incluídos no *Journal of International Economic Law*, vol. V, n.º 1, 2002, pp. 101-220.

A *Organização Mundial do Comércio*

No modelo definido na Agenda, o objectivo de plena integração dos países em desenvolvimento no comércio mundial deverá concretizar-se através de um reforço das capacidades técnicas e da melhoria e plena implementação das disposições do sistema.

Integra-se no segundo objectivo – o reforço da dimensão regulamentar da Organização – a passagem de uma técnica de pura liberalização das trocas para a criação de regras activas que as disciplinem.

Especial importância assume, também, no contexto do desenvolvimento económico, o debate em torno dos novos temas do comércio internacional (a Agenda de Singapura) – investimento, concorrência, facilitação do comércio e transparência nos mercados públicos – e dos acordos sobre agricultura e têxteis vestuário.

De todo o modo, as esperanças nascidas em Doha e ligadas à Declaração do Milénio conheceram um rude golpe com os impasses surgidos nos mais importantes dossiers e o fracasso da conferência de Cancun, que nem sequer conseguiu aprovar uma declaração final.

5. Apreciação crítica

Se é incontroverso o sucesso da Organização Mundial do Comércio como instrumento fundamental do processo de globalização, é também certo que a organização ainda não conseguiu encontrar a forma adequada para lidar com a questão do desenvolvimento, matéria em que a sua génese parece continuar a pesar excessivamente.

De facto, não só a dimensão desenvolvimento não foi levada em consideração no Acordo de 1947, como muitas das medidas que foram sendo adoptadas são essencialmente de natureza formal, não enfrentando substancialmente os problemas que se colocam à inserção dos países em desenvolvimento no comércio internacional.

Embora o Acordo que instituiu a Organização Mundial de Comércio pareça revelar uma maior sensibilidade ao tema do desenvolvimento, expressa logo no preâmbulo[220], essa sensibilidade não se traduz numa concepção global coerente.

---

[220] Onde se pode ler que as partes "reconhecendo que as suas relações no domínio comercial e económico deveriam ser orientadas tendo em vista a melhoria dos níveis de vida, a realização do pleno emprego e um aumento acentuado e constante dos rendimentos reais e da procura efectiva, bem como o desenvolvimento da produção e do comércio de mercadorias e serviços, permitindo, simultaneamente, optimizar a utilização dos recursos

330 Valores e Interesses

É, aliás, significativa a circunstância de, apesar de nos diversos acordos estarem consagradas múltiplas referências aos países em desenvolvimento, não existir no GATT um conceito claro do que se deve entender por país em desenvolvimento[221], ainda que o artigo XVIII faça referência a dois grupos desses países, numa alusão de que o GATT e a OMC não parecem tirar grande utilidade.

Como nota PEDRO INFANTE DA MOTA, a prática no âmbito do GATT de 1947 "foi sempre algo arbitrária e política", recorrendo-se a diversos critérios[222].

O reconhecimento da diversidade da situação dos membros da OMC tem sido ensaiado em disposições excepcionais, como fica especialmente patenteado no artigo 29.° do Acordo sobre as subvenções e medidas de compensação que individualiza as seguintes categorias de membros:

a) membros desenvolvidos;

b) membros menos avançados, como tal designados pelas Nações Unidas;

c) vinte países em desenvolvimento com um PNB *per capita* inferior a 1000 dólares por ano;

d) todos os outros países em desenvolvimento;

e) membros que se encontrem num processo de transição de um regime de economia planificada para uma economia de mercado[223].

As dificuldades de enquadramento dos países menos desenvolvidos no ordenamento jurídico do GATT estão, no entanto, longe de resultar ape-

---

mundiais em consonância com o objectivo de um desenvolvimento sustentável que procure proteger e preservar o ambiente e aperfeiçoar os meios para atingir esses objectivos, de um modo compatível com as respectivas necessidades e preocupações a diferentes níveis de desenvolvimento económico.

Reconhecendo, ainda, que é necessário envidar esforços positivos no sentido de assegurar que os países em desenvolvimento e, em especial, os países menos desenvolvidos beneficiem de uma parte do crescimento do comércio internacional que corresponda às suas necessidades de desenvolvimento económico".

[221] Problema que é, aliás, comum a outras organizações internacionais. Cfr. *supra*.

[222] No mais completo estudo sobre a OMC elaborado em Portugal e apresentado como dissertação de mestrado na Faculdade de Direito de Lisboa.

[223] Com razão, PEDRO INFANTE DA MOTA critica o critério adoptado para a separação, sobretudo no que toca aos países em desenvolvimento com um rendimento superior a 1.000 dólares *per capita*, na medida em que concede um tratamento igual a países em situação tão diversa como a Suazilândia e Singapura.

nas da dificuldade na concretização das medidas especiais, antes decorrendo em grande medida das regras de liberalização que foram estabelecidas.

De facto, a adesão dos países menos desenvolvidos ao ideário liberal do GATT e da OMC e à proposta de substituição da ajuda por comércio, que levou à abertura das respectivas economias, num ambiente caracterizado por sucessivos cortes na ajuda pública, conduziu-os, como escreveu JOSEPH STIGLITZ "… a confrontarem-se com significativas barreiras ao comércio (medidas *antidumping*, tarifas altas nos sectores em que dispõem de vantagens comparativas naturais, como a agricultura e o vestuário) deixando-os, com efeito sem ajuda nem comércio…"[224].

Mas antes da análise dos obstáculos ao desenvolvimento do comércio, resultantes das regras estabelecidas ou das práticas permitidas, importa recordar brevemente alguns aspectos que tornam a abertura comercial e a concretização dos compromissos assumidos especialmente difíceis para esses países, por comparação com os países desenvolvidos.

A opção da abertura dos mercados implica profundas reformas internas que passam não só pela alteração da legislação existente, como também por revisões de procedimentos no campo sanitário ou do controlo de qualidade e pelo treino de pessoal qualificado, tudo isso envolvendo enormes custos e o sacrifício de aplicações alternativas, nomeadamente, daquelas que directamente se relacionam com o desenvolvimento económico[225].

Não podem também ser esquecidas as dificuldades de natureza técnica muitas vezes sentidas, quer a nível de acompanhamento das negociações, quer de utilização dos mecanismos de resolução de diferendos[226] em resultado da carência de técnicos, sendo certo que existem Estados que não dispõem de representações junto da OMC.

No campo das regras estabelecidas e das práticas permitidas, o aspecto mais problemático para os países em desenvolvimento prende-se com o diferente tratamento dado aos produtos que podem exportar, em relação àqueles que exportam os países desenvolvidos.

---

[224] «Two Principles for the Next Round or, How to Bring Developing Countries in from the Cold», *The World Economy*, vol. XXIII, n.° 4, 2000, p. 438.

[225] Para uma ilustração deste ponto de vista, com recurso a múltiplos exemplos, vd. J. MICHAEL FINGER e PHILIP SCHULER. «Implementation of the Uruguay Round Commitments: The Development Challenge», *The World Economy*, vol XXIII, n.° 4, 2000, pp. 511-525.

[226] Vd. XIAODING TANG, *The Implementation of the WTO Multilateral Trade Agreements, the "Build-In" Agenda, New Issues and Developing Countries*, Penang, Third World Net Work, 1998.

Não se estendendo a liberalização ao comércio da agricultura em termos significativos e ao de têxteis, vestuários ou indústrias de construção, criou-se uma diferença de tratamento relevante, que anula grande parte da utilidade que poderia resultar para esses países da abertura comercial.

No domínio agrícola a situação é agravada pela circunstância de estes países se verem confrontados com Estados desenvolvidos que implementam políticas assentes na concessão de subsídios muito elevados à agricultura e de subvenção das exportações, o que torna os seus produtos menos competitivos, sem que as medidas que têm vindo a ser tomadas para alterar essa situação se revelem especialmente significativas[227].

Para além da decisão de deixar de fora dos acordos a agricultura, que tem efeitos extremamente negativo para os países menos desenvolvidos, as excepções ao livre-cambismo permitidas pelo sistema GATT e, designadamente, a possibilidade de aplicação de medidas *antidumping*, deixadas bastante na disponibilidade dos governos nacionais, fazem com que novas barreiras se ergam à possibilidade de acesso aos mercados desenvolvidos[228].

Por outro lado, se é certo que as disposições de protecção da propriedade intelectual se apresentam como necessárias para garantir a possibilidade de inovação e progresso, a forma excessiva como foi considerada a matéria no acordo TRIPs colocará fortes dificuldades à industrialização desses países, que ficarão em situação de desigualdade em relação a muitos países desenvolvidos, cuja industrialização se processou num momento anterior ao da protecção das patentes.

Finalmente não se pode deixar de admitir que muitas das disposições que estabelecem tratamentos especiais diferenciados não são suficientemente adequadas às necessidades dos países em desenvolvimento.

Estão aqui especialmente em causa os sistemas de preferências generalizadas, que abrangem um conjunto vasto de produtos, mas que normalmente não incluem aqueles em que os países menos desenvolvidos têm vantagens naturais comparadas, ficando designadamente de fora os produtos primários, com a concentração das preferências em produtos em que os direitos já são reduzidos.

---

[227] Vd. THOMAS HERTEL E WILL MARTIN. «Liberalising Agriculture and Manufactures in a Millenium Round: Implications for Developing Countries», *The World Economy*, vol. XXIII, n.° 4, 2000, pp. 455-469.

[228] Para uma documentada defesa deste ponto de vista, vd. STIGLITZ, «Two Principles»…, cit..

A Organização Mundial do Comércio

Mais importante é, no entanto, a ausência de consolidação dos sistemas e a sua permeabilidade à alteração, com base, por exemplo, na cláusula evolutiva, que permite uma grande margem de discricionariedade na sua aplicação[229].

Mais relevantes do que as questões do tratamento especial e diferenciado será a definição de uma via que permita uma integração plena desses países no comércio internacional. Por isso, com razão, STIGLITZ[230] apelou a negociações orientadas por um princípio de justiça e de abrangência total.

Uma vez iniciado o processo de abertura dos mercados nos países em desenvolvimento, assentes em transformações democráticas e na tentativa de fazer funcionar os mercados, nada poderia ser pior do que ignorar esses esforços e fazer os países retrocederem nesse caminho.

Naturalmente que essa tarefa implica que sejam dadas oportunidades sérias nas áreas em que dispõem de vantagens comparativas e que haja uma orientação geral das políticas comerciais que não ignore a necessidade de apoio técnico[231]. A recusa dos países desenvolvidos em encetarem essa via só pode levar a que surjam, de novo, tentações de encerramento de países ou grupos de países, o que seguramente representará para eles uma armadilha, mas uma armadilha para que foram empurrados pelos arautos do livre-cambismo[232].

---

[229] Sobre esta problemática, vd. JOHN WHALLEY, «Special and Diferential Treatment in the Millenium Round», *The World Economy*, vol. XXII, n.º 8, 1999, pp. 1065-1093.

[230] *Idem.*

[231] Vd. BHAGIRATH LAL DAS, *Strengthening Developing Countries in the WTO*, Penang, Third World Network, 1999 e United Nations, *The Future WTO Agenda and Developing Countries*, New York, 2000.

[232] Sobre esse risco, T. N. SRINIVASAN, *Developing Countries and the Multilateral Trading System. From the GATT to the Uruguay Round and the Future*, Westview, Boulder, 2002, p. 130.

CAPÍTULO IV

A ajuda pública como instrumento das políticas de desenvolvimento

1. Considerações preliminares

A análise da evolução do pensamento económico em matéria de desenvolvimento e a apreciação das políticas concretas mostra-nos, com clareza, que a ajuda financeira perdeu o papel central anteriormente ocupado, quando era praticamente concebida como o único instrumento das transformações económicas que se pretendia induzir[233].

Essa alteração não significa o desaparecimento dessa forma de auxílio, que continua a assumir uma importância capital, considerando a escassez de meios postos ao serviço do desenvolvimento nos Estados mais pobres e as dificuldades na criação de formas alternativas[234].

LOUIS EMERIJ[235] sublinha o paradoxo consistente em, num momento em que os países menos desenvolvidos dão sinais de realização de um maior esforço com vista à criação das condições necessárias ao desenvolvimento, se assistir à renovação dos sinais de cansaço quanto à ajuda pública.

---

[233] PAOLO PICONE, «Assistenza Finanziaria Allo Sviluppo», in PAOLO PICONE e GIORGIO SACERDOTI, *Diritto Internazionale Dell'Economia*, Bari, Franco Angeli, 1982, pp. 983 e segs., recorda: "A ajuda ao desenvolvimento constituía, definitivamente, a forma principal e típica de assistência (quase uma espécie de liberalidade generosa) dada pelos países industrializados àqueles em vias de desenvolvimento. Na fase sucessiva, pelo contrário (…) o pedido de ajuda constitui só um capítulo autónomo na estratégia complexiva dos países em vias de desenvolvimento e é avançado por estes últimos na qualidade de um "direito" verdadeiro e próprio".

[234] Para uma apreciação da evolução registada nesta matéria, vd. PETER BURNELL, *Foreign Aid in a Changing World*, cit..

[235] *Norte-Sul. A Granada Descavilhada*, tradução portuguesa, Lisboa, Bertand Editora, 1993, p. 164.

336 *Valores e Interesses*

A Conferência de *Monterrey* viria, aliás, a apelar a um esforço no sentido do reforço da ajuda aos países em desenvolvimento e, nesse âmbito, alguns dos países mais ricos acabaram por se comprometer com ligeiros aumentos da percentagem do PIB afecta à ajuda ao desenvolvimento.

A evolução que se registou nesta matéria projectou-se, com nitidez, em dois sentidos principais: o da selectividade da ajuda pública ao desenvolvimento e o da integração crescente da ajuda com outras formas de obtenção de recursos, designadamente, através do envolvimento do sector privado e do alargamento do comércio internacional[236].

A ajuda apresenta-se como o instrumento por excelência da redistribuição, no quadro de uma concepção que configura a questão do desenvolvimento, primordialmente, como o resultado de uma situação de desigualdade entre Estados.

É, hoje, no entanto, consensual que a mera transferência de recursos financeiros não é suficiente para induzir um processo de desenvolvimento, podendo mesmo considerar-se que, em larga medida, o recurso a essa forma de apoio levou à execução de projectos de utilidade mais do que questionável, tendo correspondido a um verdadeiro desperdício de oportunidades[237].

Dai que crescentemente se venha a privilegiar formas de ajuda que possam contribuir efectivamente para uma maximização do bem-estar das sociedades economicamente menos favorecidas, o que exige um esforço articulado em vários domínios.

Simultaneamente, a percepção de que a escassez de recursos financeiros não constitui o único constrangimento significativo ao desenvolvimento vai atraindo cada vez mais a atenção para a importância do papel das transferências de tecnologia e de *know how*, que tem suscitado um debate de enorme riqueza, insusceptível de ser seguido aqui, de forma pormenorizada[238].

---

[236] Ver GEORGE CHO, *Trade, Aid and Global Interdependence*, London e New York, Routledge, 1995 e SYLVIE BRUNEL, *La Coopération Nord-Sud*, colecção *Que sais-je?*, Paris, PUF, 1997.

[237] Nesse sentido LOUIS EMERIJ, *ob. e loc. cit.*.

[238] Apesar da data da publicação, remeta-se para uma primeira aproximação para ANTÓNIO MARQUES DOS SANTOS, *Transferência Internacional de Tecnologia, Economia e Direito: Alguns Problemas Gerais*, Lisboa, Cadernos de Ciência e Técnica Fiscal, 1984, aproveitando-se para lhe prestar a homenagem de amizade e respeito que o seu saber e dedicação universitária justificam e que não se apagaram com a sua morte prematura.

A grande dicotomia em matéria de transferências financeiras estabelece-se, essencialmente, entre as de origem pública e privada, englobando-se no primeiro grupo quer as que são proporcionadas por Estados, quer as que provêm de organizações internacionais, enquanto que, no segundo, se incluem donativos privados, designadamente aqueles que são canalizados através das Organizações Não Governamentais, bem assim como fluxos de capitais e investimento estrangeiro.

Embora todas essas transferências proporcionem meios para o desenvolvimento económico, são de natureza diversa os problemas jurídicos que envolvem, pelo que nos iremos concentrar, por agora, apenas nas transferências públicas, que se reconduzem à ideia de ajuda pública.

2. A Ajuda Pública. Problemas e Evolução

A ajuda pública conheceu um desenvolvimento muito especial nos primórdios da economia do desenvolvimento e teve como primeiros destinatários os países da Europa, no imediato pós-guerra, de harmonia com as orientações do Plano *Marshall*. Só mais tarde a ajuda pública se viria a orientar para os países menos desenvolvidos.

A utilização desse instrumento e a sua generalização foram marcadas por uma viva controvérsia, envolvendo as opções políticas que lhes estavam na origem, não faltando até quem pensasse que a sua análise não caberia aos economistas, mas antes dos cientistas políticos. "A ajuda externa é demasiado importante para ser deixada a economistas", proclamou, mesmo, HANS MORGENTHAU[239].

A forma e os contextos em que a ajuda pública norte americana se estruturou, desde o início, facilitou o desenvolvimento de uma abordagem cínica, como a de MORGENTHAU, que a identifica no essencial com formas de suborno de determinados Estados, distinguindo seis tipos de ajuda: a humanitária (destinada a fazer face a catástrofes), a de subsistência (com vista a auxiliar países especialmente empobrecidos), a militar, a de suborno (concedida para apoio a regimes ditatoriais como o Vietnam e a Coreia do Sul), a de prestígio (para permitir a construção de obras faraónicas) e a destinada ao desenvolvimento económico[240].

---

[239] «A Political Theory of Foreign Aid», *Political Science Review*, Junho de 1962, p. 301.

[240] *Idem.*

338 *Valores e Interesses*

Também a forma como outros países – antigas potências coloniais – orientaram a sua política de ajuda, privilegiando as ex-colónias e, amiúde, consolidando regimes que lhes eram especialmente favoráveis – como forma de manutenção de zonas de influência –, não favoreceu a imagem da ajuda pública internacional, que veio a ser sucessiva e fortemente atacada[241].

A queda do muro de Berlim e o desabamento do bloco soviético acabaram por fragilizar, ainda mais, o apoio que em certos círculos políticos era dado à ajuda, instrumentalizada como forma de impedir o avanço da expansão comunista.

Na perspectiva dos princípios, a necessidade de ajuda foi sempre solidamente defendida e fundamentada na redistribuição de riqueza à escala mundial. A intervenção das organizações económicas internacionais, independentemente dos erros práticos de gestão que possam ter cometido, caracterizou-se, essencialmente, pela preocupação de a racionalizar e disciplinar.

O esforço disciplinador orientou-se, muito cedo, para uma tentativa de definição do conceito, em que se empenhou especialmente o Comité de Ajuda ao Desenvolvimento da OCDE, que fixou uma noção de ajuda pública correntemente aceite e utilizada, correspondendo ao conjunto de recursos fornecidos aos países em desenvolvimento ou às sua organizações, que respeitem os seguintes critérios:

a) serem aplicados com o objectivo de favorecer o desenvolvimento económico e a melhoria do nível de vida dos países em desenvolvimento, e

b) revestirem o carácter de subvenções ou donativos – não reembolsáveis, portanto – ou de empréstimos com um elemento subvenção de, pelo menos, 25% do total.

A designação ajuda pública não é totalmente satisfatória, já que parece pressupor uma forma de caridade não compatível com a afirmação do direito ao desenvolvimento, para além de indiciar um carácter desinteressado por parte de quem a proporciona, aproximação que se encontra muito distante da realidade. Não surgiu ainda, no entanto, outra noção suficientemente satisfatória, que tenha condições para tomar o seu lugar.

---

[241] Ficou já recordada a posição de BAUER e não podem igualmente ser esquecidas outras tomadas de posição mais politizadas como a de HUNTINGTON, «Foreign Aid for What and for Whom?», *Foreign Policy*, n.° 1, 1970, pp. 161 e segs..

A *ajuda pública como instrumento das políticas de desenvolvimento*   339

Provavelmente por causa das debilidades a que antes se aludiu, tende-se actualmente a falar mais em cooperação para o desenvolvimento. A ideia de cooperação é, todavia, muito mais vasta, abrangendo um arsenal de opções de que a ajuda é mera componente. Da mesma forma, o recurso à ideia de transferência também tem vindo a ser privilegiado[242], embora não consiga alcançar um lugar central na terminologia das instituições e dos estudos sobre o desenvolvimento.

Referiu-se já que a ajuda pode ter a sua origem em Estados isolados, caso em que se falará de ajuda bilateral; mas ela pode, igualmente, ser canalizada através de organismos internacionais, como os que se integram no sistema de apoio ao desenvolvimento das Nações Unidas, o Banco Africano para o Desenvolvimento (BAD) ou o Fundo Europeu de Desenvolvimento (FED) – no caso da política de cooperação da Comunidade Europeia – situações em que estaremos perante formas de ajuda multilateral[243].

O enquadramento jurídico das situações de ajuda bilateral é feito por normas de carácter interno – eventualmente mesmo de nível constitucional, embora a maior parte se situe no domínio do direito organizatório do Estado – e pelo direito convencional vigente entre as Partes envolvidas[244].

---

[242] Vd., por exemplo, GUY FEUER e HERVÉ CASSAN, *Droit International du Développement*, cit., p. 294.

[243] Importará, no entanto, ter presente que nem todas as formas de canalização de recursos por via multilateral podem ser consideradas como correspondendo ao conceito de ajuda pública, nos termos em que ficou definido.

[244] Uma referência à forma como está organizada a cooperação portuguesa pode, eventualmente, revestir-se de interesse. Registe-se, preliminarmente, que no estudo ALESSINA e DOLLAR, (*Who Gives Foreign Aid to Whom and Why*, NBER Researching Papers, Junho de 1998), Portugal é apontado como o país que faz a maior concentração da sua ajuda nas antigas colónias, situando-se o valor então apurado e que se terá, entretanto, alterado por força da ajuda no quadro da política comunitária, nos 99, 9%.

Essa opção tem, aliás, respaldo no próprio texto constitucional que consagra que "Portugal mantém laços privilegiados de amizade e cooperação com os países de língua portuguesa", comando que tem sido interpretado não só no sentido do reforço dos laços bilaterais, como também na contribuição dada para a criação da CPLP, que reúne o conjunto de países de expressão portuguesa.

Paralelamente, os recursos envolvidos não são especialmente vultuosos, mantendo-se Portugal bastante distante dos 0,7 % de meta para o auxílio, num valor de 0, 26% e a promessa de crescimento para 0, 36%, o que o coloca numa das piores posições entre os Estados membros do CAD.

A política de cooperação para o desenvolvimento tem conhecido algumas dificuldades, assumidas, de resto, no do Documento de Reflexão Estratégica, aprovado pela Resolução do Conselho de Ministros, n.º 43/99, de 18 de Maio, in D.R., I Série B, onde se pode ler: "...entende-se que a política de cooperação portuguesa deve ser desenvolvida de

340 *Valores e Interesses*

De um ponto de vista teórico, a ajuda multilateral constitui a modalidade preferível, na medida em que assegura uma maior racionalidade, evitando a duplicação de esforços, para além de permitir uma maior imunidade às motivações políticas. No entanto, a realidade é que a maior parte dos países continua a canalizar a parcela mais significativa de ajuda através dos seus próprios organismos.

A defesa extremada da canalização da ajuda através de uma organização multilateral foi assumida de forma especialmente veemente pelo Relatório *Brandt*[245], que apontava para a criação de um novo Fundo Mundial para o Desenvolvimento, que canalizaria toda a ajuda. Esse projecto nunca chegou a ter concretização, tendo antes acompanhado a escassa fortuna que conheceram as restantes recomendações do Relatório, surgido já num período de crise económica e de declínio das políticas keynesianas que o inspiravam.

Importa, ainda, referenciar a existência de determinadas formas de ajuda em espécie, que têm efeitos equiparáveis à ajuda financeira, como a ajuda de emergência ou a ajuda alimentar, que sendo uma forma importante de apoio ao desenvolvimento é, por vezes, bastante mais interessante para os doadores, já que lhes permite o aproveitamento de excedentes que não encontrariam colocação de outro modo.

A própria noção de ajuda financeira referenciada é muito ampla, abrangendo realidades diversas, num processo de acentuado paralelismo

---

acordo com uma estratégia mais rigorosa, definida e assumida pelo Governo, com a directa participação das Assembleia da República e o necessário envolvimento dos sectores mais directamente empenhados na política de cooperação, designadamente os municípios, as Organizações não Governamentais para o desenvolvimento, as associações representativas do sector empresarial, as universidades, as fundações representantes das igrejas, enfim, todos os que constituem a vasta comunidade de instituições mobilizadas, hoje, na sociedade portuguesa, para a política de cooperação e ajuda ao desenvolvimento".

A nível do direito organizatório, a cooperação tem estado por regra a cargo de uma Secretaria de Estado, integrada no Ministério dos Negócios Estrangeiros, depois de ter sido extinto o Ministério para a Cooperação, que apenas existiu durante o período de transição para as independências.

Já quanto aos organismos encarregues da cooperação e para alem da já assinalada multiplicação de entidades envolvidas, haverá que registar uma relativa indefinição nos últimos anos, com a criação, pelo XIII Governo, da Agência Portuguesa para o Desenvolvimento, que sucedeu ao Fundo para a Cooperação Económica e que se viria a fundir com o Instituto para a Cooperação Económica por força do Decreto-Lei n.° 5/2003, de 13 de Janeiro, alterado pelo Decreto-Lei n.° 13/2004, de 13 de Janeiro, que criou o Instituto Português de Apoio ao Desenvolvimento (IPAD).

[245] *Ob. cit..*

A ajuda pública como instrumento das políticas de desenvolvimento 341

com o conceito de ajuda pública para efeitos internos ou comunitários, embora se tenha vindo a assistir a uma acentuado esforço de precisão conceptual do CAD, no sentido de a delimitar de conceitos afins.

Poderá, também, falar-se de uma ajuda para projectos, a par com uma ajuda para programas, consistindo a primeira no financiamento de uma iniciativa concreta com resultados visíveis, como a construção de uma estrada, enquanto que a segunda se traduz num apoio ao funcionamento geral da economia ou a programas de ajustamento estrutural.

Costuma, ainda, distinguir-se a ajuda em função da sua origem, consoante ela provém do próprio Estado ou de qualquer outro organismo público, sendo nítido que essa segunda modalidade tem ganho importância crescente[246].

Iniciativas mais recentes, como a concessão de moratórias ou o aligeiramento da dívida pública dos países menos desenvolvidos, não podem deixar de ser entendidas como formas de ajuda, considerando os seus efeitos sobre o desenvolvimento e a possibilidade de afectar as verbas libertas a despesas na área económica e social.

Embora todas essas modalidades de ajuda proporcionem inequivocamente meios para o desenvolvimento, importa realçar que os empréstimos, ainda que bonificados, vieram a contribuir, muitas vezes, para a criação de situações de dificuldade da balança de pagamentos, com consequências especialmente nefastas para o desenvolvimento desses países.

Quanto ficou escrito, permite compreender que se está num domínio em que o direito não avançou no sentido de definir regras claras quer quanto às modalidades de ajuda, quer quanto aos montantes, quer quanto aos Estados obrigados e os Estados beneficiários, situação que se afigura extremamente negativa para a eficácia da ajuda.

Tem-se assistido, ainda assim, a um esforço no sentido da criação de uma disciplina da ajuda pública, que anda, muitas vezes, ligada à ideia de condicionalidade, através da qual se submeteria a concretização do auxílio à verificação de determinadas condições por parte dos países beneficiários.

Esse esforço de regulamentação internacional traduziu-se, designadamente, na fixação de um valor para a ajuda global (pública e privada) a conceder pelos países mais desenvolvidos, objectivo definido logo aquando da primeira reunião da CNUCED, em 1964, que se pronunciou

---

[246] Para uma tipificação de modalidades de ajuda vd. ANTÓNIO SILVA e outros, *A Cooperação Portuguesa: Balanço e Perspectivas à luz da Adesão à C.E.E. e do Alargamento da Convenção de Lomé III*, Instituto de Estudos para o Desenvolvimento, 1986, pp. 26 e segs..

pela afectação de 1% do PIB dos países industrializados à ajuda ao desenvolvimento, valor que viria a ser adoptado igualmente pelo CAD.

A referência ao valor de 1% do PIB veio a ser acolhida pela Resolução das Nações Unidas que aprovou a estratégia do segundo decénio para o desenvolvimento, (parágrafo 42 da Resolução AG 2626(XXV) de 1970, prevendo-se, no texto da Resolução, o aumento progressivo da ajuda de cada país avançado, com o objectivo de "... conseguir, no máximo, a meio da década, um montante mínimo em valor liquido de 0,70% do Produto Nacional a Preços de Mercado" (parágrafo 43).

A dupla circunstância de este valor – definido num período anterior ao refluxo da ideia de ajuda ao desenvolvimento – nunca ter sido oficialmente contestado ou objecto de tentativas de redução e de, apesar de terem decorrido mais de trinta anos sobre a aprovação da Resolução, a generalidade dos Estados desenvolvidos se encontrar muito distante de o atingir, é significativa do interesse destes Estados pelas questões de desenvolvimento.

As tentativas de regulamentação internacional recaíram ainda sobre as modalidades da ajuda e sua disciplina. Objecto de inúmero estudos e relatórios[247], a matéria acabaria por ficar especialmente a cargo do CAD[248] que, periodicamente, realiza um exame dos sistemas de ajuda postos em execução pelos Estados membros[249] e tem vindo a publicar numerosas recomendações, destinadas quer aos Estados desenvolvidos quer aos Estados em desenvolvimento, com vista a uma melhor gestão da ajuda.

Um dos aspectos mais importantes da actividade do CAD tem sido a insistência em que a ajuda bilateral não esteja ligada à obtenção de benefícios especiais por parte do país doador no país recipiente, ideia que, embora recolhendo, em teoria, o apoio dos Estados membros, continua a ser muito escassamente posta em prática.

Nos últimos tempos, o CAD tem vindo a aumentar a sua influência na área do desenvolvimento, em que é crescentemente ouvido, sendo no-

---

[247] Vd. FLORY, *Droit International du Développement...*, cit., pp. 176 e segs..

[248] O CAD foi criado na sequência de uma discurso proferido pelo presidente KENNEDY no Parlamento canadiano, em 17 de Maio de 1961, em que formulou a proposta de criação, na OCDE, de um Centro de Desenvolvimento "... em que cidadãos, funcionários, estudantes e profissionais das áreas atlânticas e dos países menos desenvolvidos se pudessem encontrar para estudar os problemas do desenvolvimento económico". Uma apreciação pormenorizada da actividade do centro pode ser vista em JORGE BRAGA DE MACEDO, COLM FOY e CHARLES OMAN, *Development Is Back*, Paris, OCDE, 2002.

[249] A política de cooperação portuguesa foi objecto de apreciação em 1993, 1997 e, por último, em 2001. Vd. o texto desta última apreciação in *Development Co-operation Review*, volume 2, n.º 2, 2001.

A *ajuda pública como instrumento das políticas de desenvolvimento* 343

meadamente chamado a avaliar a eficácia das políticas de desenvolvimento da União Europeia.

A importância crescente do CAD tem sido, aliás, um elemento determinante para a progressiva harmonização das políticas de desenvolvimento[250], processo que comporta aspectos positivos e negativos.

Um dos aspectos em que é especialmente patente a indefinição quanto à ajuda prende-se com a distribuição entre as componentes bilateral e multilateral, sendo evidente que não foi ainda possível encontrar um ponto de equilíbrio.

Ainda assim, é de salientar que, apesar de todos os esforços, a componente multilateral continua a não ter o peso que seria desejável e que, mesmo no quadro da União Europeia, se tem avançado muito pouco para além da coordenação da ajuda bilateral.

Não se pense, no entanto, que a ajuda bilateral não é afectada pelas decisões que, no plano internacional, vão sendo tomadas nesta matéria, como sublinhava, já em 1977, DANIEL PÉPY[251], num movimento que não tem parado de aumentar.

Com efeito, embora não existam regras jurídicas vinculativas de origem internacional que se apliquem à ajuda bilateral, esta é necessariamente condicionada pela definição de quadros gerais (como por exemplo, o resultante da adopção de um valor indicativo para o montante da ajuda a acordar), da mesma forma que, crescentemente, a fixação de quadros de execução das políticas de desenvolvimento pelas instituições financeiras internacionais vai obrigar os diversos Estados a adaptarem a sua própria ajuda àqueles quadros.

Paralelamente, nos últimos tempos vem-se assistindo a uma tentativa importante no sentido de um maior harmonização entre as políticas de desenvolvimento, na sequência do Consenso de Monterrey, que teve uma expressão especialmente significativa na Declaração de Roma sobre Harmonização, saída de uma reunião que juntou representantes de 28 países beneficiários de ajuda e mais de quarenta instituições bilaterais ou multilaterais relacionadas com o desenvolvimento[252].

---

[250] Cfr., por último, o relatório «Harmonizer l'Aide pour Renforcer son Efficacité», Paris, OCDE, 2003.

[251] «De l'Influence des Décisions Internationales sur l'Aide Bilatérale», in *Pays en Voie de Développement et Transformation du Droit International*, Colloque de Aix-en--Provence, Paris, Pedone, 1977, pp. 146 e segs..

[252] Vd. o texto em OCDE, «Harmoniser l'Aide pour Renforcer son Efficacité...», cit..

Nessa reunião foi proclamado o princípio de que se podem registar claras melhorias no processo de desenvolvimento, através de uma maior harmonização das políticas levadas a cabo pelos doadores bilaterais e pelas instituições multilaterais, proclamação que deu origem a um importante trabalho encetado pelo CAD, com vista à identificação dos principais constrangimentos existentes nos actuais sistemas de ajuda.

A circunstância, já anteriormente assinalada, de se não dispor de uma definição clara e juridicamente vinculativa do que se deve entender por um país em desenvolvimento introduz uma das componentes mais negativas do processo de ajuda ao desenvolvimento, já que pode conduzir a situações em que os beneficiários da ajuda económica não preencham os pressupostos que justificam a sua concessão[253].

3. A condicionalidade da ajuda e a Conferência de Monterrey

A característica mais inovadora da evolução da ajuda ao desenvolvimento é a crescente tentativa de imposição de formas de condicionalidade que, ao limite, podem implicar que apenas os países que cumpram determinadas condições prévias possam beneficiar da ajuda internacional.

Vimos já como a actuação do Fundo Monetário Internacional e a imposição de Programas de Ajustamento Estrutural correspondem a formas muito efectivas de condicionalidade na ajuda, num modelo que, no entanto, continua a motivar muitas críticas, quer pelo efeito de redução da margem de autonomia dos países menos desenvolvidos, quer pelas consequências económicas e sociais da suspensão ou supressão da ajuda pública.

Num contexto em que os consensos políticos sobre esta matéria têm crescido de forma acentuada, tem sido possível desenhar quadros de referência universalmente aceites e nos quais se enquadra a concessão de ajuda pública.

A viragem decisiva no sentido de associar a concessão da ajuda à prossecução pelos beneficiários de determinadas políticas económicas e ao respeito pelos direitos humanos e pela necessidade de boa-governação vai-se sentir de forma especial a partir do início da década de 90 do século XX, aproveitando o ambiente criado pelo fim da guerra fria.

---

[253] Naturalmente que o caso mais espectacular e já recordado é o que se prende com ajuda dos Estados Unidos a Israel e ao Egipto que, reflectindo os interesses estratégicos, daquele país, concentra a quase totalidade da ajuda externa, sendo no entanto contabilizado como ajuda ao desenvolvimento.

Decisiva nessa viragem foi a reunião dos Ministros Nórdicos do desenvolvimento em Molde, na Noruega, onde foi acentuada a necessidade de apoio moral e económico aos processos de democratização e expressamente reconhecido que "a relação entre democracia, direitos humanos e desenvolvimento sustentável tornou-se cada vez mais evidente.... e que é agora reconhecido que sistemas democráticos abertos e o respeito pelos direitos dos homens dão ímpeto aos esforços de desenvolvimento económico e de distribuição eficiente e equitativa"[254].

Essa convergência ficou patente na Conferência de *Monterrey* sobre o financiamento do desenvolvimento que, pela primeira vez, reuniu não apenas os representantes dos Estados membros, como também das principais organizações financeiras internacionais, das organizações não governamentais ligadas ao desenvolvimento e dos meios empresariais, tendo resultado dos seus trabalhos o Consenso de *Monterrey*, que procura dar resposta às necessidades de financiamento, por forma a atingir os objectivos do Milénio.

O aspecto central da conferência de *Monterrey* será, porventura, a tentativa de enquadramento sistemático das diferentes fontes de financiamento que se abrem aos Estados, não se pondo em causa a necessidade de ajuda pública ao desenvolvimento e antes se defendendo o seu reforço.

Como inovação, surge o apelo à mobilização das poupanças internas – a conseguir através de uma crescente atenção aos aspectos relacionados com a boa-governação e com o combate à corrupção e a definição de políticas macro-económicas adequadas – num contexto do reforço do sistema financeiro, sujeito a uma adequada regulação e com o desenvolvimento de formas de micro-finanças e de crédito facilitado às pequenas e médias empresas.

O reconhecimento do papel decisivo dos movimentos privados de capitais e, especialmente, dos investimentos estrangeiros para o desenvolvimento económico constitui, também, uma das originalidades de *Monterrey*.

O investimento estrangeiro é considerado de especial importância, pela sua capacidade de transferência de tecnologia e de conhecimentos, de criação de empregos e de promoção de um espírito empresarial e concorrencial, sendo aconselhado um especial esforço na criação de condições da atractividade para esses fluxos, designadamente através da formação de parcerias público-privadas.

---

[254] Citado em GORDON CROWFORD, *Foreign Aid and Political Reform. A Comparativ Analysis of Democracy Assistance and Political Conditionality*, Palgrave, MacMillan, 2001, p. 57.

346   *Valores e Interesses*

Da mesma forma, é posta em relevo a possibilidade de recurso a instrumentos financeiros de dívida, estimulando-se o afluxo de capitais, ainda que sejam expressas preocupações quanto à volatilidade desses capitais e sublinhada a existência de medidas susceptíveis de a atenuar.

O desenvolvimento das trocas comerciais justificou, também, uma atenção particular, defendendo-se a necessidade de aproveitamento do quadro de abertura, assim como a exploração das possibilidades de alteração de regras da Organização Mundial de Comércio em benefício dos países menos desenvolvidos, envolvendo a concessão de apoio bilateral e multilateral alargado para fazer face a dificuldades resultantes de novas orientações, ambiente em que se atribuiu uma especial importância à recente revisão pelo FMI do mecanismo de *Compensatory Financing Facility*.

É neste contexto que é sublinhada a necessidade de um reforço dos meios financeiros para o desenvolvimento de origem pública e feito um apelo ao cumprimento da meta dos 0,7 por cento do PIB em ajuda pública, ao mesmo tempo que se confirma o objectivo de afectação de uma parcela de 0,15 a 0,20% no apoio aos países menos desenvolvidos.

A questão da dívida externa é encarada na perspectiva do seu significado como importante forma de mobilização de recursos, sublinhando-se a necessidade de ser gerida, por devedores e credores, sob um prisma de sustentabilidade, envolvendo o desenvolvimento das acções de redução da dívida em curso.

A ajuda pública ao desenvolvimento é considerada essencial na perspectiva de criação das condições necessárias ao desenvolvimento do sector privado e como um instrumento crucial nas áreas da educação, saúde e desenvolvimento de infra-estruturas.

Na Conferência de *Monterrey* acentuou-se, por outro lado, a necessidade de um papel mais activo do Banco Mundial e do Fundo Monetário Internacional e a reformulação das regras decisionais dessas instituições, ao mesmo tempo que se procurou salvaguardar um papel central para as Nações Unidas[255].

---

[255] Essa intenção parece ter sido, de algum modo, reforçada pela primeira iniciativa subsequente a Monterrey, o Diálogo de Alto Nível sobre o Financiamento do Desenvolvimento, que teve lugar no quadro da Assembleia Geral em 29 e 30 de Outubro e no decurso do qual, pela primeira vez, o Presidente do Banco Mundial e o Director Geral do Fundo Monetário Internacional se dirigiram à sessão plenária da Assembleia. Sobre os trabalhos então realizados. Cfr. o sumário do presidente da Assembleia-Geral (United Nations/General Assembly A/58/55).

A ajuda pública como instrumento das políticas de desenvolvimento   347

Ainda que não seja fácil traçar um quadro conclusivo sobre o Consenso de *Monterrey*, que vale, sobretudo, pelo acordo obtido em torno da definição de um conjunto de objectivos ao serviço do financiamento do desenvolvimento, é de sublinhar o optimismo a que parece ter dado lugar, permitindo ao presidente do CAD afirmar que "no decurso dos últimos meses, a comunidade internacional do desenvolvimento empenhou-se de forma rápida[256] e determinada na execução dos compromissos assumidos em *Monterrey*, quer pelos dadores como pelos seus parceiros, no sentido de melhorar as suas políticas, práticas e resultados".

A nova orientação dada à matéria da ajuda pública ao desenvolvimento e o seu enquadramento num âmbito mais vasto, que implica, designadamente, a consideração do seu contributo para a criação de um ambiente mais favorável ao desenvolvimento, tornam especialmente importante a verificação dos efeitos que uma boa utilização da ajuda tem sobre ao países dadores.

A este propósito, revela-se particularmente interessante o controverso estudo de ALBERTO ALESSINA e DAVID DOLLAR[257] que demonstra claramente como a ajuda é influenciada por um conjunto de factores que pouco tem a ver com a racionalidade económica e que vão desde a já assinalada influência de valores estratégicos até ao alinhamento de voto nas Nações Unidas[258], passando pelo peso do passado colonial.

Um aspecto especialmente preocupante das conclusões de ALESSINA e DOLLAR prende-se com a escassa relação que conseguem estabelecer entre a efectividade na utilização da ajuda e a sua continuação ou reforço, sendo igualmente dignas de reflexão as relações entre a evolução da ajuda e a democratização ou a adesão do país a um sistema de mercado e de abertura ao exterior.

Assim, aparentemente, a evolução do investimento privado não apresentará qualquer correlação com a democratização do país, sendo certo que esse tipo de investimento responderá, de forma extremamente sensível, a alterações como a institucionalização das liberdades económicas, a possibilidade de execução coerciva dos contratos e o reconhecimento do direito de propriedade.

Os mesmos valores, que andam associados ao discurso oficial sobre a ajuda bilateral na generalidade dos países, produzem, todavia, escasso

---

[256] *Les Dossiers du CAD. Coopération pour le Développement. Rapport 2002*, OCDE, Paris, 2003.

[257] *Who Gives Foreign Aid to Whom and Why*, cit..

[258] Seria o caso do Japão de harmonia com os dados recolhidos pelos autores.

efeito no nível do auxílio público, especialmente no direccionado para as antigas colónias, pelo menos por parte de alguns Estados.

A escassa correlação entre a aplicação de boas políticas de desenvolvimento e evoluções políticas desejáveis constitui, em qualquer caso, o aspecto mais chocante deste estudo, que nos permite reforçar a ideia de que a adopção de regras jurídicas vinculativas neste domínio e a atribuição da gestão do auxílio a uma entidade multilateral independente se apresentaria como um factor extremamente positivo para o desenvolvimento económico.

A inversão deste quadro será, pois, seguramente, um dos desafios mais arrojados com que está confrontada a comunidade internacional que, no entanto, parece avançar noutro sentido.

Para além da imergência de novas formas de canalização da ajuda a se tem vindo a assistir, está prevista a realização, em 2005, de uma Sessão Especial das Nações Unidas para avaliar dos progressos da Declaração do Milénio, acontecimento que seguramente proporcionará um amplo espaço de reflexão, que já tem vindo a ser esboçada em reuniões preparatórias.

No intenso debate que tem tido lugar nos últimos anos sobre as melhores formas de tornar a ajuda efectiva, ressalta, com particular significado, o enfoque na diversificação dos instrumentos utilizados.

Na impossibilidade de seguir todos os instrumentos e as respectivas vicissitudes, seleccionamos o *US Millennium Changing Account* (MCA), os fundos globais para lutar contra doenças, a proposta de uma Facilidade Internacional de Financiamento e a tentativa de aprofundamento das iniciativas para a redução da dívida.

O MCA, *US Millennium Changing Account,* foi anunciado na sequência da Conferência de *Monterrey,* como uma forma de aumentar a ajuda norte-americana ao desenvolvimento, não tendo ainda iniciado a operação nem obtido a necessária dotação orçamental.

Concebido como uma agência, tem como característica marcante o carácter extremamente restritivo do acesso, uma vez que os países beneficiários devem preencher um conjunto apertado de requisitos em matéria de "boa-governação", definidos pelos Estados Unidos e pelo Banco Mundial, o que deixará seguramente de fora a quase totalidade da África Subsahariana.

O Fundo Global para a Luta contra o SIDA, a tuberculose e a Malária (GFATM) vem-se afirmando como uma instituição vocacionada para privilegiar a execução directa de programas nessas áreas, conjugando apoios do Banco Mundial, da Organização Mundial de Saúde e instituições privadas, num processo que tem vindo a obter resultados financeiros significativos.

Nascido fora do plano institucional clássico, aparece como reacção ao desencanto com os mecanismos tradicionais de apoio ao desenvolvimento económico, num movimento que parece atestar a vitalidade da sociedade civil.

A Facilidade Internacional de Financiamento é apresentada como uma das ideias mais inovadoras saídas de *Monterrey,* numa lógica de dinamização de novas formas de canalização de recursos sob a forma de empréstimos. A sua operacionalização tem sido, contudo, confrontada com múltiplos problemas, relacionados não só com o financiamento como com a sua gestão, com resultados paralisantes.

Finalmente, são ainda de registar as tentativas de aprofundamento da redução da dívida, que partem da verificação dos escassos resultados agora conseguidos e da convicção de que o alargamento do número de países e dos mecanismos utilizados poderia libertar importantes recursos.

De uma forma muito embrionária, assiste-se à tentativa de criar uma "nova arquitectura da ajuda", traduzida numa maior diversificação e simplificação de instrumentos.

Esse factor não exclui o reconhecimento de que o montante dos recursos empenhados continua a ser insuficiente, até para atingir os fins da Declaração do Milénio e que algumas dessa soluções poderão implicar o reforço da ligação da ajuda às orientações políticas dos países doadores, num momento de tantas incertezas quanto ao futuro.

4. O Financiamento da Ajuda Pública

Uma última questão que importa analisar, no que respeita à ajuda financeira pública, é a respectiva fonte de financiamento, que na generalidade dos Estados é o Orçamento Geral. A inexistência de receitas consignadas reforça a debilidade do sistema, num momento de crise económica.

Esta terá sido uma das razões determinantes do aparecimento, desde cedo, da ideia de um financiamento da ajuda através de um imposto especial criado para o efeito, que pusesse termo às incertezas da decisão política, ideia especialmente apoiada no Relatório *Brandt.*

A ideia de um imposto destinado a financiar o desenvolvimento raras vezes recolheu, junto dos governos dos países desenvolvidos, o apoio mínimo para originar um estudo sério sobre as alternativas e os modos de concretização, tendo sido sobretudo desenvolvida por organismos da sociedade civil empenhados na tarefa de desenvolvimento.

350 *Valores e Interesses*

Entre esses grupos, pode referir-se a Comissão francesa, *Justiça e Paz* que, em 1972, elaborou um projecto de tributo, que se caracterizaria pelos seguintes traços:

– Tratar-se-ia de um verdadeiro imposto criado nos termos constitucionalmente sugeridos e seguindo os processos normais de arrecadação;
– Deveria ser justo e simples;
– Deveria ser susceptível de ser instituído por todos os países, por forma a aparecer como uma manifestação comum das nações mais ricas;
– Deveria ser canalizado em termos de que não permitisse dúvidas quanto aos seus objectivos, com eventual recurso a organismos internacionais[259].

A Igreja Católica manter-se-ia, aliás, especialmente atenta a essa questão, que mereceu uma referência concreta na *Populorum Progressio*.

Ao longo dos tempos foram surgindo outras propostas, como a de tributação de rendimentos provenientes da exploração de certos domínios, como o fundo dos oceanos, ou sobre o consumo de certos produtos de luxo, bem como sobre a venda de armamento, ideia que seria retomada pelo Presidente Brasileiro LULA DA SILVA, na Cimeira de Davos, em 2003.

De todas estas experiências foi, todavia, a chamada *taxa Tobin*, que veio a concitar maior atenção, quer pelo grande apoio político que granjeou, quer pelo facto de poder contribuir para combater movimentos especulativos de capitais.

A proposta, apresentada pela primeira vez em 1972, na sequência do fim da convertibilidade do dólar[260], viria a ser aprofundada e desenvolvida em 1978[261] e tratada pelo autor uma última vez em 1996[262].

A *taxa Tobin* foi pensada, no seu essencial, como uma forma de pôr cobro à especulação financeira resultante da liberdade de circulação de capitais e de assegurar que as autoridades monetárias internacionais conservariam algum controlo da sua política monetária num contexto de globalização.

---

[259] Vd. FLORY, *Droit International du Développement...*, cit., p. 184.

[260] «The New Economics one Decade Older», The Elliot Janeway Lectures on Historical Economics in Honor of Joseph Schumpeter, Princeton University Press, 1972.

[261] «A Proposal for International Monetary Reform», *Eastern Economic Journal*, n.º 4, 1978, pp. 153 e segs..

[262] Prologue a MAHBUB UL HAQ, INGE KAUL e ISABELLE GRUNBER, *The Tobin Tax. Coping wuth Finantial Volatility*, Oxford University Press, 1996.

Como TOBIN teve ocasião de explicitar, por várias vezes, trata-se de uma proposta apresentada por um economista que acredita profundamente nas virtualidades do comércio livre e que apenas visava evitar alguns aspectos especialmente perniciosos da volatilidade dos capitais, embora admita a possibilidade de os rendimentos proporcionados poderem ser afectos a finalidades internacionais.

Recolhida inicialmente com frieza ou desinteresse, como o próprio autor recorda, a proposta viria a ser retomada em anos mais recentes, quer em resultado de uma melhor percepção dos problemas causados pela volatilidade dos capitais, quer do apoio conferido à proposta pelos movimentos anti-globalização, que estiveram na base de toda uma série de iniciáticas políticas, expressamente desautorizadas pelo próprio TOBIN[263].

No essencial, a *taxa Tobin* consistiria num tributo a ser aplicado sobre todas as transacções cambiais com um taxa muito baixa, mas que poderia, ainda assim, na opinião do seu proponente, criar algum travão aos movimentos especulativos – colocar um pouco de areia nas rodas da especulação, na sua própria expressão.

A sua utilidade, assim como a possibilidade da sua efectiva implementação e as condições para o seu sucesso, têm dado origem a uma viva controvérsia – em que participaram alguns dos mais importantes economistas contemporâneos[264] – a qual, no entanto, se tem orientado bastante menos no sentido da definição das fontes de financiamento do desenvolvimento económico, que é o tema que agora nos ocupa.

Na medida em que o tributo assim estabelecido seria susceptível de gerar rendimentos públicos – aspecto bastante secundarizado pelo próprio TOBIN – a afectação desses rendimentos a países real ou potencialmente prejudicados pela globalização financeira constituiu um passo lógico, para que avançaram diversas organizações.

---

[263] Veja-se, por exemplo, a entrevista dada ao *Der Spiegel*, de 3 de Setembro de 2001. PAUL KRUGMAN, em artigo publicado no *New York Times* de 3 de Dezembro de 2002 sublinharia que duas ideias básicas de TOBIN tinham acabado por ser adoptadas por extremistas de campos profundamente diversos e desvirtuadas nos seus objectivos. Assim, a proposta de taxa, instrumento de apoio a uma globalização com menos sobressaltos acabara nas mãos dos movimentos anti-globalização, enquanto que a proposta de cortes fiscais formulada no tempo em que era conselheiro de KENNEDY e que visava as classes com menores rendimentos seria evocada pelos defensores dos cortes fiscais sobre as grandes fortunas.

[264] Uma extensa lista de bibliografia sobre o tema, envolvendo posições favoráveis e contrárias (http://www.ceedweb.org/iirp/biblio.htm.).

352   *Valores e Interesses*

A necessidade de encontrar uma entidade responsável pela gestão da totalidade desses rendimentos – ou de uma parte, no caso de se permitir que os Estados mantivessem outra – teve uma primeira resposta na ideia de concentração nas organizações financeiras internacionais, como o Banco Mundial ou o Fundo Monetário Internacional mas, a escassa simpatia que os apoiantes da *taxa Tobin* nutrem por essas organizações, levou-os a evoluir no sentido da criação de fundos administrados democraticamente, que seriam afectos a um conjunto de objectivos, no plano sanitário, alimentar ou de apoio a catástrofes ecológicas[265].

---

[265] Vd. a proposta aprovada em Junho de 1998 pelo Comité Regional de São Francisco da Iniciativa para a Taxa Tobin (htpp://www.ceedweb.org/iirp/princ.htm). Para um debate aprofundado das alternativas que se colocam, INGE KAUL e JOHN LANGMORE, «Potential Uses of the Revenue from a Tobin Tax», in MAHBUB UL HAQ e outros, *The Tobin Tax...*, cit., pp. 255 e segs..

PARTE III

A POLÍTICA COMUNITÁRIA
DE COOPERAÇÃO
PARA O DESENVOLVIMENTO

Introdução

Acompanhamos na primeira parte as vicissitudes da ideia de desenvolvimento económico, procurando explicitar as razões que nos levam a considerar o desenvolvimento uma tarefa fundamental para a nossa geração, ao mesmo tempo que tentamos traçar uma panorâmica tão vasta quanto possível dos debates que motiva nos planos económico, ético e jurídico.

Tendo respondido afirmativamente à questão de saber se existe um direito ao desenvolvimento, procuramos indagar por que forma esse direito tem tido resposta, especialmente por parte das organizações internacionais.

O balanço que ficou feito comporta elementos de cepticismo e preocupação a par com outros de optimismo e esperança. Na profunda viragem que sacudiu as políticas de desenvolvimento, foram apontados aspectos francamente positivos, a par com outros capazes de suscitar as maiores perplexidades.

Nesta última parte, consagrada à política comunitária de cooperação para o desenvolvimento, procuramos identificar os traços mais significativos de uma política de importância ímpar ao longo de décadas e aferir do modo como as novas orientações que adquiriram um estatuto dominante se projectaram sobre as opções da União Europeia.

O relevo dado à União Europeia como agente de desenvolvimento e às suas políticas explica-se por muitas razões, das quais optamos por destacar duas: uma primeira, que corresponde à enorme importância prática dessa política ao longo de décadas e, uma, segunda que releva da especialidade das regras jurídicas tecidas a partir dessa experiência.

Na viragem do século, a Comunidade Europeia e os seus Estados membros forneciam cerca de 55 por cento da ajuda pública total e mais de dois terços da ajuda representada por doações. A parte dessa ajuda que é gerida directamente pela Comunidade passou, em trinta anos, de 7 para 17

356   *Valores e Interesses*

por cento, implicando hoje em dia a responsabilidade directa de 10 por cento da ajuda pública total e, ao mesmo tempo, constituindo a Comunidade no maior fornecedor de auxílio humanitário[1].

A importância quantitativa da Comunidade no domínio da ajuda pública torna o estudo dessa política especialmente ilustrativo da problemática geral do apoio ao desenvolvimento. A isso acresce que a Comunidade elaborou, igualmente, regras jurídicas precisas no que respeita às formas de auxílio ao desenvolvimento, que importa conhecer para se adquirir uma visão global do modelo de intervenção comunitária em matéria de desenvolvimento.

Numa matéria em que o direito internacional não deu passos que permitam sustentar solidamente a existência de um direito internacional do desenvolvimento económico, é credor de registo o carácter absolutamente percursor do tratamento dado às questões de desenvolvimento no quadro da Comunidade Europeia, que criou diversas formas de apoio unilateral aos países menos desenvolvidos, ao mesmo tempo que aceitou vincular-se, no âmbito de tratados celebrados com um conjunto alargado de países, à realização de um elenco de prestações concretas em matéria de ajuda ao desenvolvimento.

A Comunidade Europeia teve uma acção inequivocamente pioneira no domínio da cooperação para o desenvolvimento ou, se assim se preferir, na tentativa de criação de regras de jogo económicas mais favoráveis aos países em desenvolvimento. Tal papel é tanto mais de salientar quanto a Comunidade é, desde sempre, simultaneamente, o maior mercado exportador para os países em vias de desenvolvimento e a principal fonte de assistência técnica e financeira.

Durante todo o período da guerra fria, a Comunidade Europeia desempenhou um papel especialmente activo no diálogo entre as exigências dos países menos desenvolvidos e as reticências dos mais desenvolvidos, constituindo o único pólo que os países em desenvolvimento podiam procurar sem âncoras de natureza ideológica.

Ainda que as vinculações unilaterais da Comunidade constituam um aspecto relevante da sua política de cooperação para o desenvolvimento, será no domínio convencional que se encontra o aspecto mais inovador dessa política, uma vez que, por essa via, a Comunidade negociou e fixou muitas das obrigações que lhe deram corpo.

---

[1] Números extraídos da Comunicação da Comissão ao Conselho e ao Parlamento Europeu sobre a política de desenvolvimento da Comunidade Europeia, COM (2000) 212 final.

Essa opção é tanto mais relevante quanto historicamente o apoio ao desenvolvimento se caracterizou pela recusa de aceitação de um direito ao desenvolvimento por parte dos países mais desenvolvidos e pela consequente não assunção formal de compromissos com efeitos vinculativos, ficando-se sistematicamente numa área de juridicidade duvidosa[2].

Apesar de a Comunidade ter desenvolvido, a partir da década de setenta, formas de cooperação negociadas com outras áreas geográficas, a que teremos ocasião de fazer referência, o mais completo instrumento de cooperação para o desenvolvimento foi, tradicionalmente, aquele que a une a um conjunto de países menos desenvolvidos da África, Caraíbas e Pacífico, normalmente designados por Estados ACP, associação actualmente enquadrada pelo Acordo de Parceria de Cotonou.

As convenções de Lomé, que procederam ao enquadramento dessas relações foram, na realidade, sempre encaradas como o topo de uma pirâmide que envolvia outros acordos, menos completos ou abrangentes do que aqueles[3].

A associação entre a Comunidade e os Estados ACP encontra as suas raízes logo no Tratado de Roma e importa reconhecer que, quaisquer que tenham sido as razões que levaram a que a Comunidade encetasse desde tão cedo este caminho, é inquestionável o grande avanço que as convenções de Lomé (e antes delas as de Yaoundé) representaram, num domínio em que os países economicamente mais desenvolvidos raras vezes foram para além da aceitação mais ou menos passiva (ou mais ou menos cínica) de resoluções proclamatórias, destituídas de efeitos jurídicos.

Mesmo que se pense que a política comunitária de cooperação para o desenvolvimento perdeu muitos dos seus traços de originalidade e é, neste momento, excessivamente influenciada pelas orientações definidas pelas instituições de *Bretton Woods*, existem, ainda, suficientes traços distintivos que justificam um exame autónomo e o reconhecimento do papel único que desempenha, quer pela intensidade com que se exerce, quer pela variedade e amplitude do instrumental jurídico e dos métodos utilizados.

Particularmente significativa é a tentativa da Comunidade de manter autonomia de procedimentos, definindo os seus próprios regulamentos para a cooperação e mantendo áreas distintas de actuação, genericamente marcadas por uma maior sensibilidade aos aspectos sociais.

---

[2] Cfr. supra, Parte I, capítulo III.

[3] WILLIAM BROWN, *The European Union and Africa. The Restructuring of North-South Relations*, London/New York, I.B. Tauris, 2002, p. 2.

358   *Valores e Interesses*

Nada disso exclui a admissão de que a política comunitária de cooperação perdeu em generosidade, ou ganhou em realismo e busca de eficácia, ou ainda a percepção de que a Comunidade tem vindo a aceitar uma certa banalização do seu estatuto – em resultado do alinhamento por orientações definidas por instituições terceiras – atitude dificilmente coadunável com o seu papel histórico e com o esforço financeiro que desenvolveu e continua a desenvolver.

Num período de revisão geral de procedimentos e de profundo questionamento da utilidade global da ajuda pública é patente que também a Comunidade perdeu muito do seu entusiasmo inicial e que algumas das vias trilhadas podem levar a que desapareçam, a prazo, os traços mais originais dessa política.

É, aliás, patente que, na fase conturbada que a União Europeia atravessa, em resultado quer do processo de alargamento e das incertezas institucionais quanto ao futuro, quer das profundas divisões políticas que vieram pôr a claro a dificuldade em definir e prosseguir uma política externa comum, diminuiu o interesse em torno dos temas da cooperação para o desenvolvimento que, no entanto, corresponde a uma componente estruturante da União, a qual encontra já uma primeira base na versão originária do Tratado de Roma, depois reformulada e aprofundada.

A admissão de que a política comunitária de cooperação para o desenvolvimento constitui o modelo mais avançado deste tipo de políticas tem implícita a consideração de que a reflexão sobre o seu estado actual e perspectivas futuras é particularmente ilustrativo dos problemas e caminhos do direito do desenvolvimento, na sua globalidade.

A compreensão dos problemas actuais da política de cooperação não pode, porém, ser empreendida sem que se proceda a uma breve análise histórica que, naturalmente, não tem a pretensão de envolver uma avaliação dos impactos económicos dos diversos instrumentos comunitários, mas tão só de proporcionar uma panorâmica da evolução vivida e das principais realizações e dificuldades, por forma a identificar, volvidos mais de quarenta anos sobre o desenvolvimento das primeiras acções de cooperação, que lições podem ser delas extraídas.

A experiência dessas décadas de cooperação constitui seguramente um dos vectores condicionantes das actuais políticas, sendo outro a permeabilidade às novas ideias em matéria de desenvolvimento. Muito do debate que, expressa ou silenciosamente, hoje se trava, gira em torno de saber se a linha condutora da política de cooperação nos anos futuros será a da tradição ou a da inovação.

Emblemático deste confronto entre tradição e inovação é o Acordo de Parceria de Cotonou – quadro base da política de cooperação para o desenvolvimento nos próximos anos – no qual iremos concentrar especialmente as nossas atenções, procurando determinar se este opera um corte com a tradição das convenções de Lomé ou se, pelo contrário, se tratou de um mero aperfeiçoamento da anterior linha de orientação, através de uma reformulação de alguns aspectos mais criticáveis e da opção por dar novo ênfase a outros, que tinham sido negligenciados anteriormente.

Muito provavelmente, mais importante do que a determinação dos resultados de quatro décadas de cooperação – frequentemente identificados como pura perda de meios financeiros, sem se curar de saber o que se teria passado na ausência dessa política – é analisar as perspectivas que se abrem em resultado das novas opções de Cotonou e de outros acordos e iniciativas unilaterais da Comunidade, tentando descortinar em que medida elas podem influenciar positiva, ou negativamente, o futuro dos países em desenvolvimento.

Embora a cooperação para o desenvolvimento não passe apenas pelas acções resultantes da execução dos acordos celebrados com os Estados ACP, havendo que levar em consideração quer as acções desencadeadas pela União numa base unilateral, quer as que resultaram de acordos bilaterais no âmbito da política externa, não sofre contestação o entendimento de que Cotonou constitui o grande quadro de referência, que influencia decisivamente as outras acções.

A evolução das relações entre a Comunidade e os Estados ACP é, assim, um dos objectos centrais do nosso estudo, sem prejuízo de uma apreciação de outras formas de cooperação, numa antevisão dos caminhos do futuro da política de cooperação e das perspectivas que se abrem ao desenvolvimento dos países mais pobres.

Não deixaremos de levar em consideração que a Comunidade desenvolve a sua actividade em relação a um conjunto muito diversificado de problemas, que exigem respostas distintas, que vão desde a abertura dos mercados até à ajuda técnica e financeira, passando pela política de segurança alimentar[4] e que, crescentemente, atingem uma área geográfica mais ampla do que a abrangida pelos países ACP, onde sobressaem natural-

---

[4] No sentido dessa acepção ampla de cooperação, vd. BRUNO SIMMA, JO BEATRIX ASCHENBRENNER e CONSTANZE SCHULTZ, «Human Rights Considerations in the Development Co-operation Activities of the EEC», in PHILIP ALSTON (org.), *The EU and Human Rights*, Oxford University Press, pp. 571 e segs..

mente os Estados da África subsahariana, a braços com uma constante degradação no seu nível de vida.

Trata-se, no fundo, de tentar compreender em que medida é que a política comunitária de cooperação para o desenvolvimento pode ajudar a construir um mundo mais justo e pôr cobro à situação inaceitável em que vive uma parcela significativa da humanidade.

CAPÍTULO I

A política comunitária de cooperação para o desenvolvimento numa perspectiva histórica

1. Os primórdios da Política Comunitária de Cooperação

A importância atribuída à política de cooperação logo no texto do Tratado de Roma é um aspecto que, por inesperado, não pode deixar de merecer uma atenção destacada. Na verdade, o Tratado consubstancia um modelo de integração[5] que não pareceria pressupor uma opção por formas tão ambiciosas de acção externa, mais em linha com soluções de integração política.

Sucedeu, no entanto, que entre os Estados fundadores se encontravam países que, à data, mantinham ainda situações coloniais, com natural destaque para a França – que aspirava a manter uma política de influência em África – o que levou à busca de soluções que compatibilizassem a estrutura de relacionamento económico colonial com o novo projecto de integração europeia[6].

A política de cooperação tem, assim, na sua génese, uma forte inspiração colonial e traduz-se, num primeiro momento, essencialmente na tentativa de manter zonas de influência e áreas de complementaridade entre a economia das metrópoles e dos territórios colonizados, tendo-se, por isso,

---

[5] Seria naturalmente descabida uma reflexão aprofundada sobre a natureza da integração europeia. De entre a vastíssima bibliografia existente, remete-se para PAULO DE PITTA E CUNHA, *Integração Europeia. Estudos de Economia, Política e Direito Comunitário* Lisboa, INCM, 1993, e *A Integração Europeia no Dobrar do Século*, Coimbra, Almedina, 2003 e para MANUEL LOPES PORTO, *Teoria da Integração e Políticas Comunitárias*, 2.ª edição, Coimbra, Almedina, 2000, FAUSTO DE QUADROS, *Direito das Comunidades Europeias, Sumários*, Lisboa, AAFOL, 1983 e FAUSTO DE QUADROS/LOUREIRO DE BASTOS, "União Europeia" in *Dicionário Jurídico da Administração Pública*, vol. II, 1996, pp. 543-569.

[6] Para uma descrição do complexo processo de negociações e da firmeza da posição francesa, vd. SOBRINO HEREDIA, *Las Relaciones de Cooperación para el Desarrollo CEE – Estados ACP*, Universidade de Santiago de Compostela, 1985, pp. 26 e segs..

362 *Valores e Interesses*

optado por uma solução de base regional, contrária a uma política de ajuda ao desenvolvimento de carácter universal, preconizada por alguns dos Estados fundadores que, não tendo colónias, não eram confrontados com esse tipo de problemática.

No segundo pós-guerra generalizara-se, por outro lado, a ideia de que a África representava uma área natural de expansão da Europa, que necessitaria para o seu desenvolvimento de assegurar a disponibilidade de matérias primas resultante desse relacionamento, tendo o Conselho da Europa preconizado especialmente a criação de uma comunidade euro-africana[7].

Emblemática desse clima é a inspiração percursora de um dos pais fundadores da Comunidade Europeia, ROBERT SCHUMAN que, no célebre discurso de 9 de Maio de 1950, afirmava que a "Europa, seria capaz, com recursos acrescidos de prosseguir uma das suas tarefas fundamentais: o desenvolvimento do continente africano".

Vivia-se, então, um tempo em que aquilo que hoje é visto com grande hostilidade pela generalidade dos Estados comunitários, a possibilidade de utilização de mão de obra africana na Europa, era apresentado, a par com o fornecimento de matérias primas, como um dos fundamentos dessa comunidade, o que implicaria, por parte da Europa, o apoio ao desenvolvimento e o fornecimento de ajuda técnica e financeira[8].

Foi, assim, natural que o Tratado de Roma viesse a incluir uma parte IV – (artigos 131.° a 136.°) – que previa a forma da associação de territórios que tivessem especiais ligações com Estados membros, enquanto que uma convenção anexa regulava as modalidades de auxílio a estes territórios, consubstanciadas no primeiro Fundo Europeu de Desenvolvimento, de que vieram a ser os maiores beneficiários os territórios ultramarinos franceses.

No essencial, a disciplina criada visava assegurar um regime de liberdade de trocas com esses espaços, semelhante ao existente no seio da própria Comunidade, combinando-o com a concessão de formas de apoio financeiro para o desenvolvimento económico.

Não faltou até quem considerasse que, na prática, a França[9] se limitou a transpor a sua política colonial ou neo-colonial – assente numa zona

---

[7] Paradigmático desse tipo de ambiente é o *Plan de Strasbourg*, Secretariado-geral do Conselho da Europa, 1952.

[8] Vd., por exemplo, ANTON ZISCHKA, *Afrique, Complément de l'Europe*, Paris, Laffont, 1952.

[9] Para uma descrição das diferentes sensibilidades e interesses que, então, se confrontaram no seio da CEE, vd. AYMERIC BAILLEUX, «La Comunnautée Économique Euro-

de comércio livre, na zona franco e em relações políticas privilegiadas – para a Comunidade Económica Europeia, fazendo-a suportar parte dos custos[10].

De qualquer modo, a fórmula da associação encontrada, para além de ter permitido a entrada da França na Comunidade, a qual, de outro modo, poderia estar em causa, veio abrir novos mercados aos restantes Estados membros e criar uma forma de diálogo privilegiado entre a Comunidade e os países de África, que se manteria mesmo no período da divisão mundial em dois blocos[11].

Em substância, os mecanismos resultantes quer do texto do próprio Tratado, quer da Convenção de Aplicação, prevista no artigo 136.°, assentavam na abertura comercial, com a aplicação aos produtos oriundos destes territórios do regime aplicável entre os Estados membros e a obrigação daqueles territórios concederem a todos os membros da Comunidade o mesmo tratamento que conferiam ao país com o qual mantinham relações especiais, bem como na concessão de apoio financeiro aos processos de desenvolvimento económico.

Quaisquer que sejam as dúvidas quanto às motivações que originaram as preocupações com o desenvolvimento, certo é que no preâmbulo do Trado de Roma veio a ser inscrito, entre os princípios fundamentais da Comunidade, o da solidariedade com os países do Ultramar e o desejo de promover o seu desenvolvimento[12], lançando-se, assim, as bases de uma solução que não encontra paralelo na comunidade internacional.

Recorde-se que no artigo 131.°, depois de se anunciar o acordo dos Estados membros em associarem os países constantes da lista anexa, se explicitava, no parágrafo segundo: "o fim da associação será a promoção do desenvolvimento económico e social dos países e territórios e o estabele-

---

péenne et les Pays en voie de Développement», *Revue Juridique et Politique Indépendance et Coopération*, 1981 (n.° 4), pp. 900 e segs..

[10] Nesse sentido, C. CLAPHAM, *Africa and the International System: The Politics of State Survival*, Cambridge University Press, 1966, pp. 88 e segs..

[11] Sendo certo que autores críticos dessa opção, como WILLIAM BROWN, *The European Union and Africa. The Restructuring of North-South Relations*, cit., p. 41, atribuem a essa opção um efeito perverso consistente em ter orientado as antigas colónias no sentido de reclamar das ex potências coloniais formas de apoio traduzidas em regimes preferenciais, em detrimento da procura de abertura ao comércio mundial.

[12] No parágrafo oitavo do preâmbulo ficou expressamente consignado: "pretendendo confirmar a solidariedade que liga a Europa e os países ultramarinos e desejando assegurar o desenvolvimento e a prosperidade destes, em conformidade com os princípios da Carta das Nações Unidas".

cimento de relações económicas estreitas entre eles e a Comunidade no seu conjunto", precisando-se, ainda, no parágrafo terceiro: "em conformidade com os princípios enunciados no Preâmbulo do presente Tratado, a associação deverá em primeiro lugar permitir o favorecimento dos interesses dos habitantes desses países e territórios e a sua prosperidade, de modo a conduzi-los ao desenvolvimento económico, social e cultural por eles esperado".

É importante registar que as disposições que então regularam as relações da Comunidade com os territórios ultramarinos continuam a figurar no Tratado (actuais artigos 182.° a 188.°) apesar de muitos deles, após a independência, terem passado a integrar o grupo ACP e de se ter verificado, consequentemente, uma alteração substancial da lista de países e territórios anexa ao Tratado.

As alterações, não só quantitativas mas, sobretudo, qualitativas desses territórios, ficaram devidamente sublinhadas na Declaração Anexa n.° 36 à Acta Final do Tratado de Amesterdão, em que se reconhece que o regime inicial foi pensado para territórios com grande extensão geográfica e muita população, enquanto que actualmente se aplica basicamente a territórios insulares com uma população muito dispersa e que não ultrapassa as 900 000 pessoas[13].

Estes territórios, que nunca foram integrados nos acordos celebrados com ao países ACP, beneficiam, no entanto, de mecanismos de apoio idênticos, estando-lhes, designadamente, reservada uma parcela do Fundo Europeu de Desenvolvimento que, como teremos ocasião de ver, é o instrumento financeiro fundamental daqueles acordos[14].

---

[13] Sobre esta problemática, Cfr., Comissão Europeia, *Elementos para a Reflexão sobre o Estatuto dos PTU Associados à CE e Orientações sobre "PTU 2000"*, de 23 de Abril de 1999, que esteve na Base da Decisão 2001/822/CE do Conselho, de 27 de Novembro de 2001, relativa à associação dos Países e Territórios Ultramarinos à Comunidade Europeia, J.O.. L. 314, de 30 de Novembro de 2001, e 324, de 7 de Dezembro de 2001. A Decisão reafirma que a política comunitária em relação a estes territórios – exclusivamente os constantes da Declaração Anexa n.° 36 ao Tratado de Amsterdão – se inspira nos mesmos princípios da cooperação com os Estados ACP e utiliza os mesmos instrumentos de financiamento, – FED e BEI – identificando seis domínios principais de cooperação: regime comercial; desenvolvimento do comércio e dos serviços; domínios relacionados com o comércio; desenvolvimento humano e social; cooperação e integração regionais e cooperação cultural e social.

[14] 175 milhões de euros do nono Fundo, nos termos do Acordo Interno entre os representantes dos Estados membros relativo ao financiamento e à gestão da ajuda no âmbito do acordo da parceria de *Cotonou* e da assistência financeira aos países e territórios ultramarinos, in *J.O.* L 317, de 15 de Dezembro de 2000.

2. As Convenções de Yaoundé

A associação prevista na versão originária do Tratado de Roma não tinha uma base negociada constituindo, antes, uma concessão unilateral, que iria ser posta em causa com o acesso à independência da generalidade das colónias francesas, evolução que, naturalmente, alterava os pressupostos de aplicação das normas do Tratado.

A Comunidade manifestou, no entanto, uma posição de grande pragmatismo, expressa na Decisão *ad hoc* do Conselho de 19 de Outubro de 1960, na qual esse órgão se manifestava partidário de manter a associação, desde que essa fosse a vontade dos novos Estados.

Vieram, assim, a abrir-se negociações entre a Comunidade e esses Estados, com vista a alcançar uma solução de comum acordo, que se traduziria na Convenção de Yaoundé, assinada em 20 de Julho de 1963, entre a Comunidade e 18 Estados africanos e malgaches (países EAMA), para entrar em vigor em 1964, por um período de cinco anos.

A Convenção – primeira deste tipo a ser celebrada – não foi apenas assinada pela Comunidade mas também por cada um dos Estados membros, na medida em que o seu suporte financeiro era assegurado por contribuições dos Estados membros e não pelo próprio orçamento comunitário.

No essencial, mantinha-se a anterior fórmula de criação de uma zona de comércio livre, com acesso ao mercado comunitário de praticamente todas as exportações dos países africanos que não se situassem na área da política agrícola comum, e de concessão de ajuda financeira e técnica baseada no Fundo Europeu de Desenvolvimento, reforçado pelo eventual apoio do Banco Europeu de Investimento, existindo um reverso dessa política que se traduzia, na prática, na manutenção da preferência colonial dos países membros da Comunidade Europeia.

Não se pode, no entanto, esquecer que, no artigo 58.°, alínea c) da Convenção, se abria a possibilidade de alargamento a outros países[15] e que, por outro lado, se criavam, pela primeira vez, órgãos paritários, como a Conferência Parlamentar, o Conselho da Associação e um Tribunal Arbitral[16].

---

[15] Possibilidade que se colocava especialmente em relação aos países anglófonos, confrontados com o falhanço da negociação com a Inglaterra, que poderia frustrar as suas expectativas quanto a um apoio ao desenvolvimento por parte da Comunidade.

[16] Para uma caracterização do modelo das convenções de Yaoundé, vd. H-B. KRHOHN, «La Communauté Élargie et les Pays en voie de Développement», in A.A.V.V. *La Politique Économique Extérieure de la Communauté Européenne Élargie*, Bruges, De Tempel, 1973, pp. 155 e segs..

366 *Valores e Interesses*

O modelo estabelecido na Convenção de Yaoundé – e que inspiraria alguns outros acordos que a Comunidade celebrou com outros Estados menos desenvolvidos[17] – contém já os princípios de base da política comunitária que viria, naturalmente, a ser adequada e aprofundada com a passagem dos tempos e, sobretudo, com a necessidade de harmonização entre estes sistemas de apoio e os esforços para o estabelecimento de uma ordem comercial baseada na liberdade de trocas e contrária aos regimes preferenciais, bem como pela tentativa de estender o seu âmbito à cooperação política.

Como foi notado por alguns autores[18], o êxito da Convenção ficou largamente a dever-se ao facto de ser mais fácil aos países EAMA integrarem-se num sistema de cooperação multilateral do que num sistema que os envolvesse directamente com a antiga potência colonizadora, solução que se revestiria de um muito maior melindre político interno.

Por outro lado, o reforço da integração económica e o desenvolvimento crescente de políticas comuns tornou, também, mais lógico o recurso a formas de cooperação comunitária que, sem excluir a iniciativa nacional, se lhe vai progressivamente sobrepor.

A segunda convenção de Yaoundé, celebrada em 1969, limitou-se praticamente a reproduzir os termos da anterior, podendo referir-se, como aspectos inovadores, a maior programação do desenvolvimento, o estimulo à cooperação regional e um conjunto de acções de promoção comercial, visando a inserção dos países EAMA no comércio internacional.

A segunda convenção atesta, em qualquer caso, alguma insensibilidade ao desenvolvimento de fluxos comerciais com outros Estados da mesma área não membros da Convenção que, entretanto, se tinha verificado, podendo dizer-se que ficou a marcar o fim de uma era de relacionamento ainda muito próxima, pelo menos do ponto de vista económico, do período da colonização[19].

O sistema das convenções de Yaoundé assenta, basicamente, na definição de um espaço comercial preferencial, apoiado em ajudas económicas canalizadas através do Fundo Europeu de Desenvolvimento e do Banco Europeu de Investimento.

---

[17] Caso das convenções de Arusha de 1968 e 1969 e da Convenção de Lagos que não entrou em vigor por causa da guerra do Biafra.

[18] Vd., por exemplo, ROBERT LEMAIGNEN, «La Communauté Européenne et les Problèmes du Sous-développement», *Chronique de Politique Étrangère*, vol. XVII, n.° 1, 1964, pp. 687 e seg..

[19] Talvez por isso o ambiente em redor da assinatura não tenha sido muito entusiasta, falando um observador num "...clima um pouco frio de lucidez e realismo".

A política comunitária de cooperação para o desenvolvimento...   367

Esse modelo recolheu reacções muito contraditórias, oscilando entre os que viram apenas a perpetuação de laços coloniais e, em especial, a transposição da antiga política colonial francesa e os que o saudaram como um exemplo paradigmático no quadro das relações económicas internacionais.

É, no entanto, difícil não reconhecer a importância de se ter iniciado tão cedo uma política comunitária de cooperação que, ao longo das últimas décadas, canalizou um volume de auxílio sem paralelo, o que subalterniza o debate sobre as motivações porventura egoístas que estiveram na sua génese.

Também não se poderá ignorar que, de um ponto de vista jurídico, nos encontramos em presença de um quadro contratual em que as partes estão em posição de paridade e em que não há lugar para a discussão da natureza jurídica ou moral da ajuda ao desenvolvimento, assumida inicialmente como obrigação contratual[20] e, mais tarde, como o desenvolvimento de uma política comum.

A afirmação da natureza jurídica da vinculação da Comunidade foi sustentada pelo Tribunal de Justiça que, pronunciando-se em 5 de Fevereiro de 1976[21] no caso *Bresciani*, relativamente à Convenção de Yaoundé, considerou que a disposição que obrigava a Comunidade a suprimir as medidas de efeito equivalente sobre as importações provenientes de Estados parte tinha um efeito directo, uma vez que " sendo esta obrigação precisa e não tendo sido acompanha de qualquer reserva explícita ou implícita por parte da Comunidade, está apta a produzir para os interessados o direito de dele se prevalecerem perante os tribunais"[22].

Porém no Acórdão *Razanatsimba* de 24 de Novembro de 1977[23], o Tribunal recusou-se a aceitar que, em matéria de liberdade de estabelecimento, resultassem para os originários de países ACP os mesmos direitos que para os nacionais de Estados Comunitários.

O primeiro período da política de cooperação para o desenvolvimento, que cobre os anos que vão desde o Tratado de Roma até 1971, é marcado por um profundo pragmatismo, traduzido no avanço para reali-

---

[20] A esse propósito, cfr. E. CEREXHE, «La Communauté Européenne et les Pays en Voie de Développement», *Journal des Tribunaux*, ano 101.º, n.º 52000, 13 de Fevereiro de 1982, pp. 239-243.

[21] *Colectânea de Jurisprudência,* 1976, p. 129.

[22] Interpretação depois confirmada no Acórdão Chiquita de 12 de Dezembro de 1995, in *Colectânea de Jurisprudência 1995*, p. 4533.

[23] *Colectânea de Jurisprudência,* 1977, pp. 2229 e segs..

zações concretas que foram, porventura, para além daquilo que uma estrita leitura do texto do Tratado poderia permitir julgar adequado[24].

Com razão, DANIEL VIGNES pôde sustentar, a esse respeito, que a questão da ajuda aos países em desenvolvimento pela CEE foi uma daquelas em que a Comunidade agiu, desde o início, com grande eficácia e originalidade e onde a sua contribuição para o direito internacional foi mais sensível[25].

E se é verdade que, com o mesmo autor, se reconhece o carácter interdisciplinar desta matéria, não se pode menorizar a sua vertente de direito internacional que viria, aliás, a ser determinante nos anos seguintes, quando as discussões em torno de uma nova ordem económica internacional e o reforço do GATT vieram a ter profundas influências no desenvolvimento de uma política que, até então, fora marcada essencialmente pelo confronto de interesses e de perspectivas entre Estados membros da Comunidade.

À data da celebração da II Convenção de Yaoundé, encontrava-se esgotado o modelo a que a mesma correspondia, assente numa perspectiva de base regional e alheio ao debate que, entretanto, se travara nas instâncias internacionais em torno da questão do desenvolvimento, bem como às questões criadas pela multiplicação das independências, que tinham trazido o problema dos diferentes níveis de desenvolvimento e bem-estar das populações para uma posição central nos debates mundiais.

A Comissão e o Conselho tiveram, de resto, uma clara percepção dessa circunstância e pode dizer-se que o início da década de 70 corresponde a uma fase de produção de inúmeros relatórios, documentos de reflexão e decisões políticas, que acompanham a evolução que se vai registando, designadamente a nível das Nações Unidas[26].

O essencial desses documentos aponta no sentido, expresso logo na Conferência de Chefes de Estado e de Governo de Paris de 19 e 20 de Outubro de 1972, da necessidade de passagem de uma cooperação regional para uma cooperação global à escala mundial que, no entanto, não pusesse em causa os antigos laços de base regional.

---

[24] Nesse sentido, SOBRINO HEREDIA, *Las Relaciones de Cooperación para el Desarrollo* ... cit., p. 43.

[25] «Communautées Européennes et Pays en Voie de Développement», in *Reccueil des Cours de L'Académie de Droit International*, 1988, III, tomo 210, 1989, p. 237.

[26] Para um acompanhamento pormenorizado desse ambiente, vd. SOBRINO HEREDIA, *ob. cit.*, pp. 46 e segs..

A Comunidade assume uma ideia – que, posteriormente, será explicitada em pormenor no Documento da Comissão "L'Aide au Développement. Fresque de l'Action Communautaire Demain" – de estabelecimento de uma ligação com todos os países em vias de desenvolvimento, procurando responder à crise económica que se fazia sentir generalizadamente, através da potenciação de recursos e da conjugação de esforços com outras entidades.

Consequentemente, o Conselho adoptou, em 1974, nove resoluções e uma recomendação sobre as seguintes matérias: melhoria do sistema de preferências generalizadas; acordos sobre produtos básicos; volume da ajuda pública; endividamento dos países menos desenvolvidos; distribuição geográfica da ajuda; harmonização e coordenação das políticas nacionais de apoio e ajudas financeiras e técnicas para os países não associados.

Estavam, pois, lançadas as bases para a passagem do modelo das convenções de Yaoundé para as de Lomé, que viriam a enquadrar a cooperação comunitária nos vinte e cinco anos seguintes e a ser antecedidas de negociações que se prolongaram entre 1973 e 1975.

3. As Convenções de Lomé

3.1. *A Nova Perspectiva de Cooperação*

Diferentemente das convenções de Yaoundé, as convenções de Lomé vão tentar apagar a imagem paternalista ou neo-colonialista que poderia ressaltar das anteriores soluções, tornando claro que as bases para o desenvolvimento da cooperação se encontram na interdependência das economias mundiais, opção patente na determinação de abranger o maior número de Estados interessados.

As relações entre a Comunidade Europeia e os países ACP vão ser vistas como um modelo de relacionamento Norte-Sul especialmente inovador, importante e dotado de características peculiares. Sobre esse relacionamento se assentiu, com particular acerto: "a relação EU-ACP é especialmente notável, porque não corresponde à criação de um mercado comum; de uma área de comércio livre ou a uma aliança política, ainda que estejam presentes elementos de todos eles"[27].

---

[27] WILLIAM BROWN, *ob. cit.*, p. 3.

A relativa prevalência das concepções mundializantes sobre as regionalistas, que tinham estado na base das primeiras soluções e que tem uma tradução especialmente evidente no alargamento da cooperação a países não signatários da Convenção Yaoundé foi, em larga medida, determinada pelo primeiro alargamento comunitário, que envolveu a entrada da Grã-Bretanha, ligada a um conjunto de Estados membros da *Commonwealth* que, em muitos casos, apresentavam características económicas semelhantes às dos países membros daquela Convenção.

Esse alargamento do âmbito subjectivo da Convenção não foi pacífico, contra ele jogando quer as difíceis condições económicas em que os Estados membros da Comunidade se encontravam, quer o receio das reacções das super-potências à tentativa de criação de laços especiais entre a CEE e um grupo muito alargado de Estados de vários continentes.

Para as dificuldades no consenso contribuíram ainda as próprias divisões entre os Estados já associados e aqueles que eram considerados "associáveis", na medida em que os primeiros receavam que o alargamento pudesse determinar a perda de benefícios já existentes, para corresponder às necessidades de um número muito mais elevado de Estados.

O longo período de negociações permitiu, no entanto, esbater as diferenças entre os Estados membros e reforçar a convicção da importância da prossecução da senda da cooperação, ao mesmo tempo que facilitou a harmonização entre os países que depois viriam a ser designados por ACP e que actuavam já em sintonia em diversos *fora* internacionais, defendendo as mesmas posições em relação ao diálogo Norte-Sul.

Foi, assim, que se tornou possível a celebração da convenção de *Georgetown* que, em 1975, juntou 70 (setenta) Estados da África, Caraíbas e Pacifico interessados no diálogo com a Comunidade Europeia, constituindo uma plataforma comum de entendimento.

3.2. *A Convenção de Lomé I*

O articulado da Convenção de Lomé 1, celebrada entre a Comunidade, os seus Estados membros e 44 países ACP[28], viria a revestir-se de grande complexidade, dado que comportaria não só disposições de carácter institucional, como outras relativas aos vários tipos de ajuda, com re-

---

[28] In *Recueil d'Accords Conclus par les Comunnautées Européennes*, volume 6, Luxembourg, 1979, pp. 999 e segs..

levo para os sistemas de auxílio comercial – destinados a dotar as relações de estabilidade e previsibilidade para os países ACP – e outras que procuravam dar corpo a um novo modelo de relação entre os países desenvolvidos e em vias de desenvolvimento, assente em princípios de solidariedade e igualdade.

Desse ponto de vista a celebração da convenção foi um gesto do maior significado, tanto mais quanto ocorreu num período de recessão económica grave, em que se poderia esperar que a posição da Comunidade fosse bem mais restritiva[29].

No essencial, pode dizer-se que a Convenção é fundamentalmente um acordo de cooperação económica internacional que se orienta pelo princípio, desde sempre caro à Comunidade, de não privilegiar a ajuda financeira directa, optando pela criação de quadros favoráveis ao incremento do comércio desses países, considerada como a via adequada para assegurar o desenvolvimento económico.

Nessa perspectiva, a adopção de um princípio de não reciprocidade constitui um passo de enorme significado, ao criar uma situação voluntária de desequilíbrio entre as partes, que não assumem obrigações idênticas, passando os países menos desenvolvidos a beneficiar de um tratamento aduaneiro favorável sem serem obrigados a adoptar um comportamento simétrico, deste modo se transformando em regra jurídica uma das reivindicações que os Estados menos desenvolvidos vinham assumindo na cena internacional.

O princípio da não reciprocidade, configurando-se como uma regra contrária aos princípios tradicionais do livre comércio, encontrava a sua justificação no reconhecimento da inadequação destes princípios para lidar com o problema do atraso económico.

A sua extensão resulta bem clara da circunstância de os artigos 2.° e 3.° da Convenção assegurarem o livre acesso ao mercado comunitário dos produtos oriundos dos países ACP – sem possibilidade de aplicação de quaisquer direitos aduaneiros ou medidas similares ou restrições quantitativas – apenas com excepção de produtos abrangidos pela Política Agrícola Comum, que criariam dificuldades insuperáveis no interior dos Estados membros, abrindo-se, no artigo 10.°, a possibilidade de recurso a uma clausula de salvaguarda, caso esse acesso viesse a provocar uma deterioração significativa de sectores de actividade ou regiões comunitárias.

---

[29] Nesse sentido, vd. K. R. SIMMONDS, «The Lomé Convention: Implementation and Renegotiation», *Common Market Law Review*, vol. 16 (1979), p. 448.

372   *Valores e Interesses*

Como ficou referido, os países ACP não eram obrigados a introduzir mecanismos de desarmamento aduaneiro a favor dos Estados membros da Comunidade, mas tão só a conceder às exportações comunitárias o tratamento mais favorável dado a outros parceiros comerciais que se não situassem na área ACP, ou fossem considerados como países em desenvolvimento.

A Comunidade assumiu, aliás, uma posição de grande abertura em relação aos produtos manufacturados e ainda aos produtos agrícolas não abrangidos pela PAC, em termos mais favoráveis do que aqueles que viriam a ser consagrados no quadro do Sistema Comunitário de Preferências Generalizadas[30].

Haverá, também, que reter a tentativa de promover uma integração regional entre os Estados ACP, assegurando que um produto manufacturado que tivesse sido elaborado em mais do que um Estado beneficiaria da totalidade das vantagens comerciais, criando-se um regime relativo à origem mais flexível do que o resultante do Sistema de Preferências Generalizadas[31].

Na vertente comercial da Convenção previa-se, no artigo 13.º, a cooperação técnica, com vista a melhorar as condições de exportação e de visibilidade de produtos e à criação de mercados adequados, em consequência de uma análise de que as dificuldades de mercado não eram apenas imputáveis a problemas de direitos alfandegários, mas também a dificuldades técnicas ou à escassa visibilidade dos bens exportados.

Todo este quadro era, por outro lado, completado pela consagração do mecanismo STABEX, que visava garantir aos países ACP cuja economia dependesse em larga medida da exportação de produtos básicos, estabilidade de receitas, independentemente da variação das cotações desses produtos e dos seus reflexos sobre as quantidades exportadas (artigo 16.º).

Esse mecanismo, complexo, parte da apreciação da importância das receitas provenientes da exportação de determinado produto e da análise do grau de deterioração dessas receitas tendo, para o efeito, sido identificados, logo à partida, 29 produtos considerados como sensíveis.

Fundamentais para o funcionamento do mecanismo são o "patamar de dependência" e "o patamar de activação", o primeiro definindo o mo-

---

[30] Vd. Infra, capítulo III.

[31] Vd. JÚLIO GARCIA LÓPEZ e ISABEL GARCIA CATALÀN, «La Expansión del Derecho Comunitario Europeo. Los Acuerdos Preferenciales y las Reglas de Origen en las Relaciones Comerciales Exteriores de la Union Europeia», *Revista de la Facultad de Derecho Universidad Complutense*, 1998, pp. 87 e segs..

A *política comunitária de cooperação para o desenvolvimento...*   373

mento em que um produto pode ser considerado como fundamental, por via de regra quando representa mais de 7,5% do total das exportações, enquanto que o segundo assegura o tempo de entrada em vigor do apoio, por regra um desvio de 7,5% ao patamar de referência, estabelecido em função da receita média dos ingressos provenientes da exportação para a Comunidade num período de quatro anos.

Ultrapassado o patamar da activação, cada país deveria pedir à Comissão a transferência de verbas compensatórias, sendo os pedidos objecto de análise e apreciação no quadro dos recursos disponíveis.

Outro aspecto inovador reportava-se ao mecanismo do açúcar, que retomava uma antiga prática da Grã-Bretanha em relação a países associados na *Commonwealth*, assegurando a aquisição a um preço fixo de uma parcela da produção destes países, o que implicava, simultaneamente, uma garantia de colocação e uma garantia de preço.

O estabelecimento destes mecanismos reguladores de preços assume uma importância particular, já que consubstancia uma resposta mínima às reivindicações que os países do Terceiro Mundo vinham fazendo em relação com a necessidade de estabilizar os mercados de matérias-primas, embora ficando ainda longe daquelas pretensões. Com SOBRINO HEREDIA pode falar-se de uma "inovação jurídica" que, no entanto, não constituiu uma "revolução jurídica"[32].

A instituição de um mecanismo de cooperação industrial com os países ACP – matéria tratada em grande pormenor na Convenção e que levou à criação do Centro para o Desenvolvimento Industrial – não poderá ser minimizada, ainda que haja que reconhecer que os objectivos e os meios de acção eram substancialmente mais vagos do que os anteriormente descritos para a estabilização de matérias primas exportadas.

No que respeita à cooperação financeira e técnica, é de assinalar, especialmente, a linha de continuidade com a convenção de Yaoundé, embora os montantes envolvidos tenham sido corrigidos para corresponder ao maior número de Estados beneficiários, mantendo-se, designadamente, a técnica do Fundo Europeu de Desenvolvimento[33], resultante do esforço individual dos Estados membros e não de verbas orçamentadas.

---

[32] *Ob. cit.*, p. 149.

[33] Sobre a evolução do Fundo Europeu de Desenvolvimento, vd. JEAN PIERRE NDOUNG, *L'Évolution du Fonds Européen de Développement Prévu par les Conventions de Yaoundé et de Lomé*, Bruxelles, Bruylant, 1994 e, enquadrando-a num âmbito mais vasto, JOEL MOLINIER, «La Traduction Financière des Interventions Externes des Communautés Européennes», *Revue Française de Finances Publiques*, n.º 45, 1994, pp. 165 e segs..

374 *Valores e Interesses*

Como aspectos inovadores são ainda de referir a preocupação com a integração regional e a promoção dos micro-projectos e, em especial, a criação de mecanismos de co-responsabilização na gestão da ajuda, assentes numa estreita cooperação.

Um último ponto a reter, ainda que também ele encontre as suas raízes em Yaoundé, refere-se à estrutura institucional, que se desenvolve em três níveis: Conselho de Ministros, Conselho de Embaixadores e Assembleia Parlamentar, acentuando-se, por essa via, o carácter paritário da cooperação e a sua componente política.

Uma análise fria dos mecanismos estabelecidos em Lomé permite concluir que, se não se tratou da concretização da Nova Ordem Económica Internacional que vinha sendo exigida pelos países do Sul, nem por isso deixou de se assistir a um esforço sério e pragmático para fazer face a alguns dos aspectos mais gravosos da Ordem Económica Internacional em relação aos países em desenvolvimento.

Recorde-se, aliás, que no preâmbulo da Convenção se afirmava que as partes tinham resolvido "... estabelecer um novo modelo para as relações entre os países desenvolvidos e os países em desenvolvimento, compatíveis com as aspirações da comunidade internacional no sentido de uma ordem económica mais justa e equilibrada".

3.3. *A Convenção de Lomé II*

A Convenção de Lomé incluía, no seu normativo, uma disposição referente ao período de vigência, na qual se previa que expiraria em 1 de Março de 1980, ao mesmo tempo que determinava que as partes contratantes deveriam iniciar negociações com vista à sua renovação com 18 meses de antecedência.

Esse prazo, que tinha em conta as dificuldades sentidas na negociação de Lomé I, veio a revelar-se excessivo, em face da experiência entretanto adquirida na execução da convenção e da circunstância de se tratar apenas de uma revisão e não da celebração "ex novo" de uma convenção.

Nas negociações para a renovação verificar-se-ia, no entanto, uma grande oposição entre as posições defendidas pela Comunidade, aliás com divergências no seu interior[34], e as dos países ACP. A controvérsia principal viria a girar em torno do montante do Fundo Europeu de Desenvolvi-

---

[34] Sobrino Heredia, *ob. cit.*, pp. 212 e segs..

A política comunitária de cooperação para o desenvolvimento... 375

mento, que os países ACP pretendiam ver duplicado e do desejo da Comunidade de ver incluídas cláusulas de salvaguarda dos direitos do homem e de padrões mínimos relativos às condições laborais e à garantia dos investimentos com origem comunitária.

No que respeita ao pacote financeiro acabou por prevalecer a posição europeia, mantendo-se o FED praticamente inalterado, enquanto que, em relação aos restantes pontos de fricção, os Estados ACP defenderam posições totalmente intransigentes, considerando que as pretensões europeias constituíam ingerências inaceitáveis e deslocadas no âmbito de um acordo económico.

Se Lomé I representou, como já ficou assinalado, um sucesso significativo e constituiu a mais importante tentativa do Bloco Ocidental para contribuir para a reformulação da Ordem Económica Internacional[35], Lomé II não introduziu qualquer alteração significativa em relação à anterior convenção, constituindo tão só um aprofundamento da experiência, a justificar uma rápida referência.

É de notar que foi ampliado o acesso livre aos mercados comunitários, que passou a abranger 99,5% dos produtos exportados pelos Estados ACP, ao mesmo tempo que foram redesenhadas as cláusulas de salvaguarda, de forma a tornar mais restrita a possibilidade da sua utilização.

Uma das novidades mais importantes da Convenção situou-se no domínio dos mecanismos de estabilização, uma vez que, a par da manutenção do Protocolo do Açúcar e da introdução de aperfeiçoamentos no mecanismo do STABEX, foi criado um novo sistema – o SYSMIN – dirigido exclusivamente aos produtos mineiros.

Partilhando muitas das características do STABEX e, designadamente, a técnica dos patamares de dependência e de activação, o SYSMIN não está directamente ligado à garantia da exportação, mas sim da continuidade da exploração dos principais produtos minerais, sendo definido um conjunto de produtos, em relação aos quais, sempre que verificada a sua especial importância para as receitas destes países – 15%, por regra e dificuldades excepcionais em manter o ritmo de produção, patenteadas por uma quebra de 10% da produção – haveria lugar à intervenção financeira de apoio, a ser solicitada à Comissão pelo país atingido.

Se a introdução do mecanismo SYSMIN fica a assinalar um esforço da Comunidade para resolver um problema económico dos países ACP e,

---

[35] K. R. SIMMONDS, «The Lomé Convention: Implementation and Renegotiation», cit., p. 449.

376 *Valores e Interesses*

como tal, pode ser considerada um dos aspectos mais importantes da nova convenção, não nos podemos esquecer que as opiniões se dividiram muito a propósito da sua valoração.

Assim, enquanto SIMMONDS vê neste mecanismo "por si só a mais importante contribuição original para a evolução da relação CEE-ACP"[36], SOBRINO HEREDIA[37] nota a coincidência entre os minerais abrangidos e as necessidades de abastecimento da Comunidade, para deduzir que, através desta solução, os Estados membros da CEE se protegiam de dificuldades imprevistas, assegurando um abastecimento regular desses produtos.

Por outro lado, é de assinalar que, pela primeira vez, a cooperação na área dos produtos agrícolas é autonomizada, encontrando um tratamento destacado, ainda que se mantenha igualmente a referência à cooperação industrial, fundamental no anterior protocolo.

3.4. *A Convenção de Lomé III*

Se a convenção de Lomé II representou essencialmente um processo de continuidade nas linhas de condução da política comunitária de apoio ao desenvolvimento, Lomé III vai alterar essa orientação, preparando a revisão que seria aprofundada em Lomé IV e, sobretudo, em Cotonou.

Ainda assim, importa notar que, por força da pressão dos países ACP[38], acabaram por ser incluídas as matérias consideradas como "herança comum" ou "acervo" de Lomé, na parte introdutória, em que, pela primeira vez, são enunciados os objectivos genéricos do acordo, o que funcionou como um factor de tranquilidade e garantia para aqueles Estados.

A inclusão desta matéria, na parte I teve, entre outras consequências, a de permitir que se passasse a dispor de uma definição clara e assumida por ambas as partes, dos objectivos da cooperação, que ficou a constar do artigo 10.º, assim redigido: " a cooperação será orientada para garantir o desenvolvimento dos Estados ACP, processo baseado no próprio ser humano e assente na cultura de cada povo. Serão, assim, apoiadas as políticas e medidas adaptadas por aqueles Estados para reforçar os seus recursos humanos e promover as respectivas identidades culturais. A coopera-

---

[36] «The Second Convention: the Innovative Features» *Common Market Law Review*, vol. 17 (1980), p 421.

[37] *Ob. cit.*, p. 195.

[38] Sobre este processo vd., K. R. SIMMONDS, «The Third Lomé Convention», *Common Market Law Review*, vol. 22, n.º 3 (1985), pp. 389 e segs..

ção deve, também, encorajar a participação das populações na concepção e execução das operações de desenvolvimento".

Assinada em Dezembro de 1984 e envolvendo 65 países ACP, a convenção de Lomé III vai reflectir, por um lado, a continua degradação das condições de vida particularmente em África e, por outro, o início da permeabilidade da Comunidade à revisão geral das concepções sobre desenvolvimento económico então em curso no Banco Mundial e no Fundo Monetário Internacional.

As alterações mais significativas resultaram de um abrandamento do princípio da não ingerência que, até então, fora um dos pilares fundamentais da política comunitária de cooperação.

Esse abrandamento foi patente quer na perspectiva da escolha dos projectos a apoiar, quer na abertura ao princípio da condicionalidade, regista pela primeira vez.

As referências aos direitos do homem na Convenção, ainda que tímidas, constituem também uma inovação de vulto que, embora conduzam a alegações de ingerência, não podem deixar de ser compreendidas, uma vez que se tornara patente que se não poderia atingir o desenvolvimento económico – o objectivo central das diversas convenções – sem que estivesse garantida a salvaguarda dos direitos humanos[39].

A ausência de referências à problemática dos direitos humanos nas Convenções de Yaoundé e nas primeiras Convenções de Lomé pode encontrar um conjunto de explicações que vão desde um eventual receio de melindrar os novos Estados, muito ciosos da sua independência, até à ideia de que a reabilitação da situação económica e o desenvolvimento da cooperação implicariam a melhoria da situação daqueles que se encontravam em pior condição e, por isso, acabaria por contribuir decisivamente para a resolução do problema dos direitos humanos[40].

Determinante para essa evolução foi o *Memorandum Pisani*[41], que antecedeu as negociações e que, inserindo-se nas reflexões globais que a Comissão tem vindo a fazer sobre esta matéria, constitui um documento da maior relevância, ao procurar uma inversão cuidadosa de algumas linhas da política de cooperação, levando em conta críticas entretanto formuladas.

---

[39] Vd. JERZY KRANZ, «Lomé, le Dialogue et l'Homme», *Revue Trimestrielle de Droit Européen*, n.° 3, ano 24 (1988), pp. 451 e segs..

[40] Vd., a este propósito, BRUNO SIMMA, JO BEATRIX ASCHENBRENNER e CONSTANZE SCHULTE, «Human Rights Considerations in the Development Co-Operation Activities of EC», in PHILIP ALSTON (org.), *The EU and the Human Rights*, cit., p. 574.

[41] Reproduzido in *The Courrier*, n.° 76, pp. 58-74.

Entre outros aspectos de grande importância, o *Memorandum* orienta-se em dois sentido fundamentais: o do abandono dos projectos de grande envergadura – as "catedrais no deserto" – e o de beneficiar os projectos orientados sobretudo para o combate à fome, através do desenvolvimento rural.

A Convenção de Lomé III, embora tenha conseguido integrar muitos pontos de vista expressos no *Memorandum*, ficou igualmente marcada pela recusa de muitas das revindicações de maior apoio financeiro, acesso aos mercados e outras formuladas pelos Estados ACP.

Deve, ainda assim, notar-se que foi substancialmente simplificado o sistema das regras de origem, foram melhorados os procedimentos com vista à obtenção de acesso preferencial para produtos agrícolas, alargada a cooperação comercial na área da promoção e, igualmente, aumentado o número de produtos cobertos pelo STABEX.

Não se poderá, por outro lado, esquecer que entre a celebração de Lomé I e a de Lomé III se verificaram profundas alterações que levaram a que, na altura, FRANÇA VAN DUNEM falasse na passagem de um clima de euforia a um clima de pessimismo[42]. Apesar desse clima, os Estados ACP não se desinteressaram da Convenção que, na sua perspectiva, continuou a ser considerada, embora limitadamente, como um instrumento para o desenvolvimento[43].

As negociações em torno de Lomé III tornaram, no entanto, patentes não só os profundos desacordos entre a Comunidade e os Estados ACP, como também a diferente capacidade negocial de ambas as partes, aparecendo a posição deste grupo de Estados muito fragilizada pela existência de interesses contraditórios e pela ausência de um mandato negocial previamente estabelecido[44].

Emblemático da Convenção de Lomé III vai ser o respectivo artigo 215.°, que consagra o princípio do diálogo político entre os representantes

---

[42] Cfr. «Algumas Reflexões sobre a Problemática do Relacionamento entre a CEE e os ACP na véspera da adesão de Portugal e Espanha ao Tratado de Roma», in EDUARDO SOUSA FERREIRA e PAULA FERNANDES DOS SANTOS (orgs.), *Portugal, Países Africanos, CEE. Cooperação e Integração*, Lisboa, Gradiva, 1985, p. 38.

[43] Vd. ANTÓNIO SILVA e outros, *A Cooperação Portuguesa: Balanço e Perspectivas à Luz da Adesão à CEE e do Alargamento da Convenção de Lomé III*, Lisboa, Instituto de Estudos para o Desenvolvimento, 1986, pp. 93 e segs..

[44] Para a descrição deste processo, vd. CHRISTOPHER STEVENS, «Perspectivas da Próxima Convenção de Lomé enquanto Quadro para as Relações entre uma CEE Alargada e a África», in EDUARDO SOUSA FERREIRA e PAULA FERNANDES DOS SANTOS (orgs.), *Portugal, Países Africanos, CEE. Cooperação e Integração*, cit., pp. 19 e segs..

A política comunitária de cooperação para o desenvolvimento...   379

dos Estados ACP e representantes comunitários, para assegurar a máxima eficácia à cooperação e permitir à Comunidade conhecer os objectivos e prioridades de política económica daqueles Estados, identificando os sectores em que o apoio pode ser prestado e as estratégias desenvolvidas de modo harmonioso.

O estabelecimento do princípio do diálogo político suscitou muitas reservas entre os Estados ACP que o consideraram como uma forma de ingerência e condicionalidade semelhante às praticadas pelas instituições financeiras, enquanto que alguns Estados membros pretendiam que ficasse consagrado um princípio de condicionalidade efectiva.

A sua introdução ficou a dever-se, então, essencialmente a PISANI, que assumiu decididamente a necessidade de mecanismos de mediação explicitando: "é absolutamente essencial que, entre a condicionalidade rígida imposta pelas instituições de financiamento e a irresponsabilidade da não condicionalidade se encontrem formas de alcançar um diálogo político entre os fornecedores externos de fundos e aqueles que tomam as decisões a nível local e que esse diálogo vá para além do processo de mera discussão de aspectos técnicos de esquemas que requerem financiamento"[45].

Na opinião do então comissário para o desenvolvimento, tratava-se de conseguir uma "condicionalidade invertida", na medida em que se trataria de um compromisso aceite pelos Estados ACP no sentido de prosseguirem políticas livremente escolhidas.

A vitória do princípio do diálogo foi, todavia, obtida à custa de concessões terminológicas da Comunidade que, embora tenha logrado realizar o seu objectivo, praticamente nunca incluiu as palavras no texto da convenção.

A convenção regista, também, algumas inovações a nível institucional, com o reforço dos poderes do Conselho de Ministros ACP-CEE e com a substituição da Assembleia Consultiva por uma Assembleia Conjunta – instituição quase parlamentar – que tem por missão, entre outras, organizar contactos regulares e consultas entre os representantes dos sectores económico e social nos países ACP e a Comunidade, por forma a conhecer os seus pontos de vista sobre as políticas levadas a cabo.

Em confronto com as anteriores convenções, que apontavam para a necessidade de programação da ajuda em termos muito genéricos e pouco técnicos, *Lomé* III vai estabelecer um processo minucioso, prevendo a apresentação pelos Estados ACP de programas indicativos nacionais, nos

---

[45] *The Courrier*, n.º 76, p. 64.

380   *Valores e Interesses*

quais são incluídos os objectivos prioritários de desenvolvimento e o esperado apoio da Comunidade.

O Programa Indicativo, uma vez elaborado, é sujeito a um exame visando assegurar a utilização óptima dos recursos disponíveis e, posteriormente, transformado num programa adoptado por comum acordo, que vincula a Comunidade e o Estado, sendo formalizado em termos suficientemente flexíveis para fazer face a modificações económicas que, entretanto, ocorram.

Apesar dos grandes esforços dos negociadores comunitários não ficou consagrado um capítulo dedicado à protecção do investimento, limitando-se a Convenção a um apelo à celebração de acordos bilaterais entre os Estados membros e os Estados ACP que foi inserido num anexo.

A Convenção introduz uma definição de áreas de intervenção prioritária, que privilegia claramente o desenvolvimento rural e a auto-suficiência alimentar.

Poderá, em síntese, dizer-se que, ainda que timidamente, Lomé III marca o início da condicionalidade na política de auxílio comunitário e a transformação destes acordos em algo mais do que simples acordos económicos, assim contrariando o que vinha sido uma posição constante dos países ACP.

Alguns autores, como DANIEL VIGNES[46], puderam ver nesta convenção o ponto de partida para uma estratégia mais favorável aos países em vias de desenvolvimento. Do seu ponto de vista, a orientação definida em *Lomé* III corresponderia à estratégia global reivindicada pelo Secretário-Geral da CNUCED, RAUL PREBISCH[47], integrando uma acção concertada de países desenvolvidos e em vias de desenvolvimento, um conjunto global de medidas coerentes e uma planificação articulada entre o nível nacional e internacional.

Mas, importará reconhecer que, para além de semelhanças formais ou processuais, aquilo que Prebisch efectivamente reivindicava era algo de muito mais ousado, que alterasse profundamente a Ordem Económica Internacional e, nessa perspectiva a Comunidade, apesar dos esforços de aproximação, ficou bastante aquém daquele objectivo.

---

[46] *Ob. cit.*, pp. 323 e segs..
[47] Vd. *Supra* Parte I, Capítulo I.

A política comunitária de cooperação para o desenvolvimento... 381

3.5. *A Convenção de Lomé IV*

3.5.1. *O Texto Originário*

A negociação da Convenção de Lomé IV viria a constituir uma ocasião mais favorável para a Comunidade conseguir êxito na inclusão de muitas matérias que anteriormente não lograra consagrar nos textos finais. De facto, a celebração da nova Convenção foi condicionada por uma série de factores da maior importância, de entre os quais se podem referenciar, por um lado, a degradação constante da situação económica nos países ACP – designadamente no que respeita ao peso da dívida externa e as consequências que dai resultaram para o reforço da actuação das instituições de *Bretton Woods*, através dos acordos de ajustamento estrutural – e, por outro, a difusão de novas orientações económicas, privilegiando o funcionamento do mercado e o reforço dos mecanismos da sociedade civil, bem como as ideias de boa governação e a crescente importância das concepções que ligam o desenvolvimento económico ao respeito pelos direitos humanos[48].

Pela primeira vez, a Convenção foi celebrada para vigorar durante um período de dez anos, ainda que o pacote financeiro subjacente devesse ser revisto ao fim de cinco anos, o que permitia um horizonte mais amplo de aplicação e a possibilidade de extrair orientações mais claras para o futuro[49].

A matéria dos direitos humanos, que não conseguira ver a sua consagração em Lomé III, a não ser de forma indirecta, foi expressamente incluída na Convenção de Lomé IV, cujo artigo 5.º estabelece que a cooperação para o desenvolvimento envolve o respeito e a promoção de todos os direitos humanos, entendidos estes como envolvendo um princípio de não descriminação, os direitos civis e políticos fundamentais e os direitos económicos, sociais e culturais[50].

Embora a matéria dos direitos humanos só viesse a conhecer plena expressão na revisão intercalar da Convenção, não se pode esquecer que

---

[48] Vd. Infra, capítulo V.

[49] Vd., a este propósito, acentuando, sobretudo, os longos processos negociais que rodearam cada nova convenção, FRANCO NICORA, «Lomé IV: Processus, Phases et Structures de la Negotiation», *Revue du Marché Commun*, n.º 337, Maio de 1990, pp. 395 e segs..

[50] Sobre o desenvolvimento deste processo, G. WHITE, «Structural Adjustment with a Human Face and Human Rights in Development: New Aproaches in the Fourth Lomé Convention», in R.S. PATHAK e R.P. DHOKALIA (orgs.), *International Law in Transition: Essays in Memory of Judge Nagendra Singh*, Dordrecht, Nijhoff, 1992, pp. 33-63.

382   *Valores e Interesses*

essa problemática havia já sido integrada de forma expressa no texto originário de Lomé IV, em cujo preâmbulo foram recordados os principais instrumentos de protecção dos direitos do homem e reafirmado o empenho de todas as partes no seu cumprimento, em termos que autorizaram KARIN ARTS[51] a afirmar que os direito humanos se tinham tornado um elemento fundamental ou mesmo essencial da cooperação desenvolvida ao abrigo da Convenção[52].

Aliás, a forma como o objectivo de reforço da protecção dos direitos do homem e de desenvolvimento dos processos democráticos fez o seu aparecimento e integração, permitiu a alguns autores sustentar que aquilo que estava em causa era, verdadeiramente, a investidura nos Estados do Sul de dirigentes políticos mais decididos a aceitar as políticas de ajustamento estrutural impostas pelos países desenvolvidos[53].

Refira-se, todavia, que os Estados membros não conseguiram definir uma estratégia uniforme quanto à reacção da Comunidade em caso de violação desses direitos, tanto na fase das negociações como na da execução da convenção, uma vez que certos governos prefeririam recorrer a critérios e indicadores objectivos que levassem à aplicação automática de sanções, enquanto que outros privilegiavam uma aproximação que permitisse ponderar mais adequadamente a situação em cada país e o grau de evolução, posição que veio a triunfar, graças ao impulso decisivo da Comissão.

Entre outras matérias inovadoras em Lomé IV, figura igualmente a inclusão de um título sobre ambiente, implicando a consideração dos aspectos ecológicos no desenho concreto dos projectos a auxiliar, bem como a proibição de transportes de produtos tóxicos e outras operações equivalentes – única medida concreta consagrada num conjunto de proclamações de princípio.

Nos termos do artigo 35.º da Convenção, as partes obrigam-se a dar prioridade, nas suas actividades,

    – a uma abordagem preventiva orientada para evitar efeitos prejudiciais no ambiente em resultado de qualquer programa ou operação;

---

[51] *Integrating Human Rights into Development Cooperation: The Case of the Lomé Convention*, The Hague, London, Boston, Kluwer Law International, 2000, p. 186.

[52] Para uma versão sintética da prática da Comunidade em relação a esta problemática, cfr. CATHERINE GOYBET, «Aide au Développement, Démocratie et Droits de l'Homme: Premier Bilan», *Revue du Marche Commun et de l'Union Européenne*, n.º 372, Novembro de 1993, pp. 775 e segs..

[53] Nesse sentido, T. O. MOSS, «La Conditionnalité Démocratique dans lés Relations entre l'Europe et l'Afrique», *L'Événement Européen*, n.º 19, 1992, pp. 225 e segs..

A política comunitária de cooperação para o desenvolvimento... 383

– a uma abordagem sistemática que assegure a viabilidade ecológica em todos os estágios desde a identificação até à implementação; – a uma abordagem multisectorial que leve em conta as consequências directas e indirectas das operações executadas.

A continuidade com as anteriores convenções teve expressão na manutenção e aperfeiçoamento dos mecanismos STABEX e SYSMIN, tornados mais transparentes, sendo ainda digna de nota a transformação de muitas soluções de empréstimos em dádivas, o alargamento dos produtos cobertos pela isenção de direitos alfandegários e a clarificação das condições de funcionamento das cláusulas de salvaguarda[54].

O pacote financeiro passou a ser encarado numa perspectiva de dez anos, ainda que sujeito a uma revisão no meio desse período, tendo conhecido algum reforço, mesmo que muito distante do reclamado pelos países ACP, que viram bem poucas das suas reivindicações satisfeitas. Paralelamente, o princípio da paridade, definido logo na primeira convenção, conhecia uma crise crescente, através da intervenção da ideia de condicionalidade, que saiu substancialmente reforçada na revisão da convenção.

Merece também destaque o tratamento dado à problemática da integração regional, que pode ter influenciado o caminho para os novos desenvolvimentos que a cooperação interestadual africana veio a conhecer.

Sobre esta matéria foi inserida na IV Convenção de Lomé a seguinte declaração: "a Comunidade e os Estados ACP conferem uma importância particular e uma elevada prioridade aos esforços de cooperação e integração regionais. Neste quadro, a convenção apoia eficazmente os esforços dos países ACP para se organizarem regionalmente e intensificarem a sua cooperação a nível regional e inter-regional, com vista a promover uma ordem económica internacional mais justa e equilibrada".

A alteração fundamental que vai marcar Lomé IV é, no entanto, a adesão à necessidade de programas de estabilização estrutural, opção que condicionará os restantes mecanismos de apoio previstos no articulado e que fica assinalada, de um ponto de vista formal, pela inserção de um título III (artigos 243.° a 245.°) expressamente consagrado à matéria.

A questão foi objecto de uma longa discussão interna e a opção final resultou, por um lado, do envolvimento anterior da Comunidade em pro-

---

[54] Vd., JEAN CLAUDE MULLER, «Le Système de Stabilisation de Recettes d'Exportations (STABEX) dans la Quatrième Convention de Lomé», *Revue du Marche Commun et de l'Union Européenne*, n.° 347, Maio de 1991, pp. 383 e segs..

384 *Valores e Interesses*

gramas de redução da dívida, que implicaram a sujeição dos países ACP a essas formas de acordo e, por outro lado, da verificação de que um conjunto importante desses Estados estava já sujeito a programas de ajustamento estrutural que, inevitavelmente, se reflectiriam na forma como se iria desenrolar a relação com a Comunidade.

A nível dos textos e das declarações então veiculadas[55], o aspecto porventura mais significativo é, todavia, a tentativa encetada pela Comunidade de manutenção de uma linha autónoma em relação aos programas levados a cabo pelas instituições de *Bretton Woods*, modificando alguns dos seus mecanismos e minimizando certos impactos[56] funcionando como um "amortecedor social"[57].

Assim, no artigo 244.°, alínea f) da Convenção, ficou consignado: "tanto as reformas como os programas de apoio prevêem a execução de medidas que visam ser paliativos aos efeitos negativos no plano social que podem resultar dos processos de ajustamento no quadro da realização de objectivos de crescimento económico e justiça social, sendo concedida uma atenção muito particular às categorias sociais mais vulneráveis, designadamente os pobres, os desempregados, as mulheres e as crianças".

Para esse efeito, previa-se uma especial atenção aos programas de segurança alimentar e à rapidez na concessão dos meios financeiros, procurando-se, paralelamente, que os processos de ajustamento fossem "internalizados", ou seja, objecto de definição e programação pelos próprios Estados envolvidos e não objecto de imposição ou gestão externa.

Com JOÃO PARENTE[58], poderá dizer-se que o "… apoio ao ajustamento estrutural previsto na Convenção de Lomé poderia contribuir para um esforço de optimização na aplicação de vultuosos recursos empregues ao nível mundial na cooperação para o desenvolvimento".

Deverá, aliás, notar-se que Lomé IV prevê a possibilidade de apoio a planos estruturais em países que não estejam a ser acompanhados pelas

---

[55] Vd. *Le Courrier ACP*, n.° 120, 1990.

[56] Objectivo expresso, por exemplo, numa Resolução do Conselho de Ministros de 31 de Maio de 1988. Vd., a defesa deste ponto de vista em DICTER FRISCH, «Le Processus d'Ajustement Structurel en Afrique Subsaharienne. Ajustement, Développement et Equité», *Le Courrier ACP-CEE*, n.° 11, 1988.

[57] Vd., CHRISTIAN HEN, «Les Accords de Lomé IV et la Politique d'Ajustement Structurel», *Annales de l'Université des Sciences Sociales de Toulouse*, tomo XL, 1992, p. 53 e segs..

[58] JOÃO PARENTE, *Condicionalidade e Apoio ao Ajustamento Estrutural: a Perspectiva da Convenção de Lomé*, tese de mestrado inédita, Lisboa, ISEG, 1998, p. 11.

instituições de *Bretton Woods*, da mesma forma que preconiza uma especial atenção aos países mais pobres.

Como característica especifica da política de ajustamento sectorial da Comunidade Europeia, permitindo a sua distinção das preconizadas pelas instituições financeiras internacionais, poderemos encontrar não só o esforço de redução da unilateralidade dos programas, nos termos que já foram referidos, como também o facto de as preocupações de ordem social e política pesarem aparentemente tanto quanto as de ordem económica[59].

Ainda que seja patente a preocupação da Comunidade em manter uma posição autónoma, não se poderá deixar de pensar que a crescente influência prática e intelectual das instituições de *Bretton Woods*, a par com as dificuldades de financiamento, reforçadas pelo desvio das atenções para o Leste Europeu, levaram a que, na prática, a actuação da Comunidade estivesse bem próxima da daquelas instituições.

Esse desenvolvimento conduziu a que o enfoque comunitário se desviasse da tradicional perspectiva de ajuda para uma outra mais claramente determinada pela de ajustamento estrutural, o que representa uma conversão da Comunidade às novas orientações económicas em matéria de desenvolvimento[60].

Contudo, algumas avaliações das políticas de ajustamento estrutural da Comunidade apontam no sentido de que os seus resultados não podem ser desprezados, apesar das dificuldades que se fizeram sentir, imputáveis quer ao fraco nível de organização administrativa dos países apoiados e aos constrangimentos das suas finanças públicas, quer ao nível limitado dos recursos utilizados, aliados à circunstância de os dispositivos comunitários da cooperação estarem mais virados para a gestão de projectos do que para esse tipo de acção[61].

É, aliás, significativo o facto de a Comunidade se ter igualmente envolvido na ajuda à crise de endividamento desse países, apesar de não se

---

[59] MARIE FRANCE JARRET, «Éthique et Développement dans le Système de Lomé", in MARIE-FRANÇOISE LABOUZ (org.), *Le Partenariat de l'Union Européenne avec les Pays Tiers. Conflits et Convergences*, Bruxelles, Bruylant, 2000, p. 64.

[60] WILLIAM BROWN, *The European Union*, cit., p. 109.

[61] Vd., a este propósito, entre outros, os estudos de JEAN COUSSY, «L'Appui de l'Union Européenne aux Ajustements Structurels» e de GILES DURUFLÉ, «Évaluation de l'Appui à l'Ajustement Structurel de l'Union Européenne au Cameroun», in A.A. V.V., *La Convention de Lomé en Question. Les Relations entre les Pays d'Afrique, des Caraïbes et du Pacifique (ACP) et l'Union Européenne après l'An 2000*, Paris, Karthla, 1998, pp. 309-331 e 33-351.

incluir no grupo dos seus principais credores, passando a privilegiar a concessão de subvenções em relação aos empréstimos e oferecendo ajuda técnica para a gestão e negociação da dívida.

A Comunidade recusou, no entanto, o cancelamento total da dívida desses países para com os seus Estados membros, tendo apenas admitido que ficasse consignado, numa declaração anexa à Convenção, um apelo dos países ACP no sentido da adopção dessa medida.

Mais tarde, a Decisão n.° 1/1999 do Conselho de Ministros ACP de 8 de Dezembro de 1999[62] veio a permitir a utilização de recursos programáveis não afectados, do 8.° FED e de anteriores FED, sob a forma de subvenções destinadas a cobrir obrigações relacionadas com o serviço de dívida ou o seu reembolso para com a Comunidade (320 milhões de euros) e a contribuir para o financiamento global da iniciativa PPAE, gerida pelo Banco Mundial, até ao montante de 680 (seiscentos e oitenta) milhões de euros.

O afastamento da Convenção de Lomé IV do espírito original das convenções ACP e a redução do princípio da paridade foram fortemente reforçados pela revisão de meio-termo, que veio tornar claro que a Comunidade começava a encarar a cooperação em termos novos, que viriam mais tarde a ser concretizados no Acordo de Cotonou.

Ainda assim, pode concordar-se com SIMMONDS quando sustenta que no balanceamento entre continuidade e inovação, na Convenção de *Lomé* IV, prevaleceu o primeiro aspecto, sendo marcantes a consolidação e o aperfeiçoamento dos sistemas anteriores[63].

Nesse sentido é sugestiva a fórmula utilizada por DANIEL DORMOUY, ao falar em "Lomé Mieux" e "Lomé Plus", incluindo no primeiro termo as medidas comerciais e sobre os produtos de base e, no segundo, o ajustamento estrutural e o apoio ao endividamento[64].

3.5.2. *A Revisão Intercalar*

A Comunidade veio a aproveitar o momento da revisão intercalar que, na previsão original, apenas se deveria reportar ao pacote financeiro,

---

[62] *J.O.* L 103, de 28 de Abril de 2000.

[63] SIMMONDS, «The Fourth Lomé Convention», *Common Market Law Review*, vol. 28, n.° 3 (1991), pp. 521 e segs..

[64] «Lomé IV. Les Négocations et l'Accord», *Revue Générale de Droit International Public*, tomo 94, n.° 3 (1990), pp. 635 e segs..

A política comunitária de cooperação para o desenvolvimento...   387

para introduzir no texto do articulado um conjunto novo de temas, reflectindo importantes alterações entretanto ocorridas, quer a nível mundial, quer a nível da Comunidade, bem como a reflexão que daí resultara, sob a designação de *Horizonte 2000*[65].

Entre as alterações ocorridas a nível da Comunidade merece especial menção a celebração do Tratado de *Maastricht* e o consequente reforço da integração económica e política; quanto às mudanças a nível mundial, destaca-se com nitidez o fim da guerra-fria e o debate sobre o papel da Europa no novo sistema de relações internacionais e, finalmente, o crescente interesse da Comunidade pelos países do Leste Europeu[66].

A revisão da convenção em 1994-95, a meio caminho do processo de execução viria, por outro lado, reflectir outras alterações fundamentais entretanto ocorridas, como o processo de democratização de alguns Estados africanos.

Nesse contexto, a questão do respeito dos direitos do homem assumiu um estatuto de centralidade, admitindo-se que se pudesse condicionar a cooperação da União Europeia ao respeito pelos direitos humanos. É igualmente de assinalar um reforço da orientação no sentido do aprofundamento do diálogo com a sociedade civil destes Estados.

A afirmação de um princípio de condicionalidade na cooperação apresenta-se, mais uma vez, como um reflexo da aproximação da política comunitária de cooperação às políticas levadas a cabo pelas instituições financeiras internacionais e como uma extensão do apoio aos programas de ajustamento estrutural.

A introdução da condicionalidade na ajuda visará, na perspectiva dos doadores, criar condições para a estabilização dos resultados financeiros, podendo a condição projectar-se em domínios como a boa governação, os direitos humanos e a democratização[67].

A evolução assinalada teve como elemento chave a aprovação pelo Conselho de Ministros para o Desenvolvimento, de 28 de Novembro de

---

[65] SEC (92) 915, de 15 de Maio de 1992, «La politique de coopération au développement à l'horizon 2000».

[66] Vd. MBONKO B-LULA, «Les Implications du Rapprochement de l'Europe des Douze et de l'Europe de l'Est pour les Pays d'Afrique, des Caraibes et du Pacific (ACP)», *Revue du Marché Commun et de l'Union Européenne*, n.° 353, Dezembro de 1991, pp. 852 e segs..

[67] Para o desenvolvimento desta problemática, vd. WILLIAM BROWN, *ob. cit.*, pp. 116 e segs..

1991, de uma Resolução sobre *Direitos Humanos, Democracia e Desenvolvimento*[68], definindo medidas positivas e negativas para lidar com a questão.

Entre as medidas positivas figura o apoio aos países envolvidos em processos de democratização e no reforço da protecção dos direitos humanos, assim como a promoção das ONGs e outras entidades da sociedade civil, enquanto que, entre as medidas negativas, figurava a suspensão da ajuda a países que violassem os direitos humanos ou interrompessem processos de democratização.

Ainda que não fosse muito clara a base jurídica para essa nova orientação, o artigo 5.° da Convenção seria invocado persistentemente, ao mesmo tempo que a Comunidade insistia na reformulação do articulado, indo muito para além dos aspectos relacionados com o pacote financeiro.

Em resultado da revisão, o artigo 5.° viria a ser profundamente alterado, passando a prever expressamente que "o respeito pelos direitos humanos, os princípios democráticos e o Estado de Direito constituirão um elemento essencial da convenção", o que assinala, de forma inequívoca, a introdução do princípio da condicionalidade política[69], apenas mitigado pelo facto de se prever, no artigo 336.°, um sistema de negociação conducente à suspensão da ajuda, que só não ocorreria em casos de urgência, que justificariam uma decisão unilateral.

A consideração do respeito pelos direitos humanos como um elemento essencial da convenção é particularmente relevante em termos de direito internacional, por consentir o recurso ao artigo 60.° da Convenção de Viena, que permite a suspensão dos tratados quando for violado um elemento essencial.

Paralelamente, foi explicitada a rejeição de uma cooperação unidireccional, tendo como único parceiro o Estado, com a afirmação do carácter descentralizado da cooperação, que resultava já do texto inicial da Convenção, reforçando-se o diálogo com as ONGs e outras entidades da sociedade civil, enquanto que, no artigo 6.°, se reconhecia a importância de promover um ambiente favorável ao desenvolvimento dos mercados e do investimento privado.

Dos termos da revisão resultou, também, um reforço da necessidade de programação e discussão conjunta dos projectos a serem apoiados nacionalmente, mas a debilidade técnica dos Estados ACP acabou por levar a uma preponderância da Comissão no desenho desses projectos.

---

[68] (http://europa.eu.int/comm/external_relations/human_rights/doc/cr28_11_91_en.htm)
[69] Vd. WILLIAM BROWN, *ob. cit.*, p. 137.

A política comunitária de cooperação para o desenvolvimento...   389

Convirá, em qualquer caso, ter presente que, neste período, o cepticismo sobre os benefícios das convenções de Lomé tinha ganho ascendente em certos sectores do pensamento comunitário, podendo detectar-se uma intenção subjacente de não prosseguir com este tipo de relacionamento, o que levou mesmo MARJORIE LISTER a formular a interrogação: *Horizonte 2000 ou Horizonte 0?*[70].

3.6. *Balanço Sumário das Convenções de Lomé*

O sistema das convenções de Lomé que representou, durante décadas, o mecanismo mais avançado de apoio ao desenvolvimento a nível internacional, veio a ser fortemente criticado, quer pelos resultados insatisfatórios a que conduziu, quer pelos pressupostos em que se baseou.

O desencanto com o sistema das convenções de Lomé foi ganhando terreno entre a convicção de que os dirigentes dos países ACP não tinham sido capazes de potenciar os seus efeitos e de que a Europa crescentemente adoptava uma perspectiva puramente economicista.

Do ponto de vista dos pressupostos, tem sido especialmente posto em evidência como a política de cooperação foi, sobretudo, desenhada em função dos interesses das antigas potências coloniais que procuravam salvaguardar as suas zonas de influência.

No que toca aos resultados alcançados, tem sido acentuado o decepcionante impacto do sistema de preferências alfandegárias que, apesar de algumas excepções, não permitiu o desenvolvimento e a necessária alteração de estruturas produtivas na generalidades destes países, ao mesmo tempo que se questiona, também, a eficácia da política de ajuda técnica e financeira.

Não falta, assim, quem procure reduzir as convenções de Lomé a um sistema que consubstancia uma perspectiva destinada a manter a divisão internacional do trabalho tradicional, herdada pelos novos Estados independentes e a assegurar o controlo das relações económicas externas desses Estados, evitando designadamente o desenvolvimento significativo das relações entre eles.

Não ignorando que as críticas podem por vezes alertar para realidades a ter em conta, não julgo que se deva ser excessivamente severo na

---

[70] *The European Union and the South. Relations with Developing Countries*, London and New York, Routledge, 1997, p. 136.

390 Valores e Interesses

apreciação, como o foi, aliás, a própria Comissão, ainda que acabando por admitir, no *Livro Verde* sobre as relações entre a União Europeia e os países ACP[71], que o balanço era medianamente positivo.

Por muitas críticas que possam ser dirigidas ao sistema, a cooperação europeia, com todas as suas imperfeições, foi importante para a melhoria das condições de vida das populações destes países, conclusão a que chega, de resto, o referido *Livro Verde*.

Porventura têm razão autores como MCMAHON quando sustentam que o balanço não pode ser feito por comparação dos resultados obtidos com os ambiciosos objectivos apontados em cada convenção, mas antes com objectivos mais limitados, ainda quando mesmo ai se não considerem os resultados satisfatórios[72].

Qualquer tentativa de estabelecer um balanço nesta matéria, deve ter presente que o maior sucesso do Sistema de Lomé foi ter estabelecido o Diálogo Norte-Sul em tempos difíceis na agenda política internacional e não os seus resultados concretos que, aliás, deveriam sempre ser pesados em face da relativa escassez de meios utilizados, como bem sustentou MARJORIE LISTER[73].

Independentemente das análises críticas que foram surgindo, facto é que o mercado comunitário continua a ter uma grande importância para os países ACP, e que, a par com as previsões das convenções de Lomé, foram desenvolvidos outros mecanismos de cooperação com os países em desenvolvimento, no domínio da política científica, do combate ao SIDA e de programas de investigação e desenvolvimento. O número de países aderentes ao sistema foi sempre aumentando e, para uma África praticamente esquecida após o termo da política de blocos, a Europa apareceu como a única esperança sólida de cooperação externa sustentada[74].

---

[71] COM (96) 570 – Novembro de 1996.

[72] MCMAHON, «The Renegotiaton of Lomé: Inventing the Future?», *European Law Review*, vol. 14, (1989), n.º 3, p. 140 e segs..

[73] *The European Union and the South*, cit., p. 108.

[74] Sintomaticamente num mesmo número da Revista *L'Événement Européen – Dialogues Euroafricains –*, 1992, EDGAR PISANI, «L'Europe et le Nouvel Orde International», p. 11, sustentava a necessidade de criação de uma nova ordem económica mundial, afirmando que só a Europa, de entre os países ricos, poderia defender esta posição porque "...ela se preocupa com os desequilíbrios mundiais que é preciso atenuar. A sua tradição incita-a e ela pode, sem entrar num keynesianismo mundial, encontrar na sua tradição e cultura os fundamentos e técnicas de uma regulação que permita elaborar uma nova ordem internacional que favoreça em definitivo a dinâmica do mercado", enquanto que OUMAR

A essa expectativa da África nem sempre correspondeu uma actuação decidida da parte da Europa, influenciada pelo cepticismo que entretanto se desenvolveu de forma generalizada quantos aos efeitos da ajuda ao desenvolvimento, bem como pela tendência para criar uma Europa fortaleza apenas virada para os seus problemas internos, ou pela defesa da atribuição de prioridade a outros espaços geográficos, como o Leste Europeu, a bacia mediterrânica e a América Latina.

Nesse aspecto, a cimeira África-Europa, realizada no Cairo de 3 a 4 de Abril de 2000, constituiu um importante ponto de viragem, representando um compromisso comum em torno de um conjunto de princípios globais relativos ao desenvolvimento económico que teriam, depois, tradução em larga medida no Acordo de Cotonou, que veio criar um novo quadro relacional, ainda quando um sinal contrário parece resultar do adiamento *sine die* da nova cimeira.

Naturalmente que não pode ser ignorado o quadro muito genérico do compromisso alcançado em diversos planos, assim como a decepção provocada em África com os fracos resultados no domínio da dívida externa, em que praticamente se ficou por um apelo à boa vontade dos credores bilaterais da maior parte destes Estados.

De resto, outras reuniões internacionais e, designadamente, cimeiras dos países mais ricos, confirmaram as razões dessa decepção, em face dos escassos resultados concretos alcançados.

No quadro dos objectivos traçados importa, contudo, realçar a adesão comum a um conjunto de princípios, de entre os quais destacaria a conformação dos termos da integração da economia africana na economia mundial com a necessidade de assegurar que a globalização não terá consequências ainda mais negativas para o continente africano, o apoio às formas de integração económica regional, a garantia do respeito pelos direitos do homem e a defesa de instituições democráticas e da criação de formas de resolução de conflitos, bem como a opção por modelos de desenvolvimento sustentável, com respeito pelas questões ambientais e pela concepção alargada de desenvolvimento.

São frequentemente acentuados em detrimento do Sistema de Lomé, a complexidade e falta de transparência, a falta de rigor, a opacidade

---

KONARÉ, presidente do Mali, "Europe-Afrique: un Mariage de Raison et d'Intérèt" pp. 27 e segs., falava num casamento de razão e interesse a propósito das relações entre a África e a Europa.

392   *Valores e Interesses*

e a lentidão das respostas, factores que seguramente não facilitaram um balanço mais positivo.

Porém, aquilo que porventura consubstanciará o aspecto mais negativo ou controverso no sistema das convenções Lomé é a incapacidade evidenciada pela Comunidade de consolidar um pensamento autónomo nessa matéria, acabando por se tornar especialmente flagrante a dificuldade na concretização de programas de ajustamento estrutural com um desenho diferente dos concebidos pelas instituições de *Bretton Woods.*

A política comunitária de apoio ao desenvolvimento acabou, assim, ainda no quadro das Convenções de Lomé, por enfileirar na corrente monetarista e conservadora que tem orientado, no fundamental, as experiências de desenvolvimento nas últimas décadas[75].

Poderá sustentar-se, na perspectiva da filosofia do modelo, que a maior falha da convenções de Lomé foi não terem logrado fundamentar uma aproximação alternativa do problema do desenvolvimento nestes países, que partisse de uma análise cuidada das suas realidades e não constituísse uma tentativa de exportação de um modelo proveniente dos países mais desenvolvidos[76].

Ou para usar, mais uma vez, palavras de RENATO CARDOSO a propósito das convenções de Lomé, "muitas vezes a cooperação contribui para perpetuar os bloqueios estruturais ao desenvolvimento, quando reforça poderes ilegítimos, quando encoraja monoculturas, quando prejudica a reforma de mentalidades, quando dificulta a integração regional, quando engrossa os laços de dependência bilateral"[77].

Quaisquer que fossem as falhas na concepção das convenções de Lomé ou a falta de generosidade ou eficácia na sua execução, não se pode esquecer que as condições de arranque por parte da generalidade dos Estados ACP eram especialmente desfavoráveis e que estes pouco fizeram para potenciar os efeitos dos acordos.

De facto, as situações económicas e sociais herdadas da colonização pesaram acentuadamente, sobretudo em relação aos níveis de educação,

---

[75] Nesse sentido, MARIE FRANCE JARRET, «Éthique et Developpement dans le Système de Lomé", cit..

[76] Vd. As violentas críticas de SANDRO SIDERI, «I Limiti della Cooperazione Comunitária e la Strategia Self-Centered: l'Esperienza dei paesi ACP», in OSCAR GARAVELLO e DARIO VELO (orgs.), *CEE-Africa fra Processi di Integrazione e Rischi di Frammentazione*, Padova, CEDAM, 1994, pp. 36-105.

[77] «Desenvolvimento e Cooperação», cit., p. 78.

saúde e formação profissional, enquanto que a multiplicação de casos de instabilidade climatérica dificultou ainda mais o investimento produtivo.

A evolução dos mercados internacionais que levou a uma queda drástica das cotações dos principais produtos de exportação tornaram esses países especialmente vulneráveis, tanto mais quanto tal facto não foi acompanhado de políticas correctas e implicou, em muitos casos, situações de sobreendividamento externo.

Impõe-se, porém, reconhecer que os dirigentes de um grande número desses países se acomodaram de mais à orientação da política de desenvolvimento vinda do exterior e ao alinhamento pelas posições ideológicas dos principais fornecedores de auxílio externo, ao mesmo tempo que se mantinham fechados em relação aos novos rumos do desenvolvimento.

A incapacidade de regenerar as máquinas administrativas e a progressiva instauração de mecanismos de corrupção e nepotismo, vieram dificultar o funcionamento de economias onde os mercados jogavam um papel totalmente secundário, ou apenas floresciam à margem da regulamentação oficial.

A ausência de um investimento significativo na educação e na formação profissional, a par com uma fé excessiva nos mecanismos de protecção aduaneira, estiveram longe de criar condições ideais para maximizar os resultados das convenções de Lomé.

Foi, no entanto, muito provavelmente na manutenção de regimes ditatoriais, que não permitiam a expressão de opiniões alternativas nem o desenvolvimento de forças importantes da sociedade civil, que residiu o maior constrangimento ao desenvolvimento.

Essa análise, que acabou por se impor e que corresponde largamente à que é feita no *Livro Verde*, viria a ser decisiva no sentido da revisão do sistema instaurado com as convenções de Lomé, ao qual era possível assacar algumas responsabilidades pela situação a que se chegara.

O reconhecimento de todos esses efeitos, constrangimentos e dificuldades não autoriza que se faça tábua rasa das convenções de Lomé, nem que se apresente o Acordo de Cotonou como uma solução milagrosa totalmente inovadora, como por vezes, parecem fazer os negociadores europeus, e é patenteado na declaração proferida pelo comissário PAUL NIELSON, a propósito da cerimónia da assinatura, "... a data constitui o início de uma nova era de relações baseada numa profunda reforma do espírito, dos objectivos e da prática da nossa cooperação"[78].

---

[78] «The New Agreement will Benefit the Poorest», número especial do *The Courrier*, Setembro de 2000.

CAPÍTULO II
O Acordo de Cotonou

1. Os antecedentes

A celebração do Acordo de Parceria de Cotonou, que constitui o quadro no qual se irá desenrolar a política de cooperação entre a Comunidade Europeia e os países ACP nos próximos vinte anos, ocorreu num contexto, já analisado, de profundas alterações geo-estratégicas que tiveram evidentes reflexos sobre os diferentes parceiros e criaram a convicção da necessidade de encontrar novas soluções.

Do ponto de vista da Comunidade, não se pode esquecer que a realidade é profundamente diversa daquela que se vivia ao tempo em que se iniciou o Sistema das Convenções de Lomé. A Comunidade não só cresceu e, aparentemente, continuará acrescer em número de Estados, integrando problemáticas económicas progressivamente diversificadas, como iniciou o caminho para formas de integração política, consubstanciadas na criação da União Europeia.

Do lado dos países ACP, tornou-se nítida a crescente dificuldade em manter posições concertadas e a emergência de problemáticas muito diversas entre os Estados participantes, tudo isso num contexto de fragmentação da unidade dos países outrora conhecidos por países do sul e de um refluxo da sua influência internacional.

Por outro lado e em comparação com as anteriores convenções, este Acordo foi objecto de uma preparação muito mais cuidada, tendo sido antecedido pela elaboração, em diferentes sedes, de uma série de documentos de reflexão sobre o desenvolvimento, bem como por diversas tentativas de reforçar o diálogo político, com natural relevo para a Conferência do Cairo.

No quadro da OCDE, revestiu-se de uma especial importância o relatório do Comité de Auxílio ao Desenvolvimento (CAD) aprovado em

1996[79] e que apontava para um modelo de desenvolvimento sustentável e de erradicação da fome e da pobreza, através da conjugação de responsabilidades dos países menos desenvolvidos, dos países ricos e dos parceiros financeiros internacionais.

No relatório do CAD é especialmente acentuada a importância da criação de condições de boa governação, de combate à corrupção e de implementação de soluções pacíficas para os conflitos militares, para além da obtenção dos meios financeiros necessários. Porém, o aspecto fundamental é o reconhecimento da necessidade de fazer com que os países mais pobres se sintam responsáveis pelo seu próprio desenvolvimento.

Dessa concepção resulta a necessidade de associar esforços internos e externos em parcerias destinadas a criar as condições para o desenvolvimento, envolvendo aspectos como o reforço das capacidades institucionais e humanas, o desenvolvimento da sociedade civil e a criação de mecanismos de transparência e controlo.

Também não é muito diversa a perspectiva do Banco Mundial que acentua, de modo especial, a importância da criação de requisitos prévios estruturais e humanos para a concretização de uma política de desenvolvimento[80].

Essa teorização por parte dos meios comunitários ou, mais genericamente, das instituições dominadas pelos países mais desenvolvidos, não foi acompanhada pelos Estados ACP que, por diversos modos, manifestaram o seu desagrado com algumas das evoluções que se desenhavam e deram claros sinais de preocupação, o mais evidente dos quais foi, porventura, o encontro em *Libreville*, em Novembro de 1997, de Chefes de Estado e Governo desses países, reunião sem precedentes na história da Convenção de *Georgetwon*[81].

A preparação do novo quadro relacional entre a Comunidade e os Estados ACP decorreu, em larga medida, em simultâneo com a revisão da Convenção de Lomé IV, que foi marcando algumas das novas vias que iriam depois ser aprofundadas.

---

[79] *Shaping the 21st Century: the Contribution of Development Co-operation*, OCDE, Paris, 1996.

[80] Vd. *Supra,* Parte II, Capítulo II, Secção I.

[81] Sobre este processo, vd. JOSEPH MCMAHON "Negotiating in a Time of Turbulent Transition: the Future of Lomé", *Common Market Law* Review, vol. 36 (1999), pp. 612 e segs..

A perspectiva que andou associada à celebração do novo Acordo foi a de que era preferível antecipar os problemas que se colocariam num mundo em mudança, do que tentar depois ajustar os textos de tratados internacionais a essas mudanças, perspectiva especialmente cara ao então comissário para o desenvolvimento JOÃO DE DEUS PINHEIRO[82].

A análise do mandato dos negociadores de Cotonou e da forma como foi preparada a celebração desse novo Acordo com os Estados ACP evidencia que, mesmo no seio da Comunidade, as posições estiveram longe de ser unânimes, verificando-se uma profunda divisão entre os tradicionalistas – com especial relevo para a França – e os revisionistas que prefeririam uma alteração total de procedimentos[83].

1.1. *O Livro Verde sobre Política de Cooperação*

A União Europeia promoveu a sua própria reflexão sobre a matéria a partir de 1992, quando o Conselho Europeu de Lisboa[84] deu o primeiro passo para uma reflexão de fundo que levaria a Comissão a elaborar o Documento "Horizonte 2000", iniciando um método de interacção entre as várias instâncias comunitárias, que viria a culminar no já referido *Livro Verde*.

O *Livro Verde* foi largamente determinante do que viria ser o novo Acordo, preparado com um cuidado muito superior ao de anteriores convenções e que, por isso mesmo, justificou negociações especialmente

---

[82] Citado por GÉRARD VERNIER, «La Convention de Lomé entre une Escale à Maurice et la Recherche de Nouveaux Horizons (*flutuact nec mergitur)*», in *La Convention de Lomé en Questions*, cit., pp. 29 e segs..

[83] Tal como se pode assinalar ainda outras divisões, como as que separam, de um lado, os entusiastas do mercado, apenas preocupados com o crescimento económico e os defensores do desenvolvimento social e os defensores do comércio livre dos cépticos em relação a essa prática; Cfr. OLÉ EGSTROM, *ob. cit.*, p. 187.

[84] O Conselho considerou, então, existirem condições especialmente favoráveis para a revitalização do tema do desenvolvimento baseado na solidariedade, no interesse mútuo e na partilha de responsabilidades e definiu ele próprio prioridades, identificando entre os problemas dos países menos desenvolvidos a pobreza absoluta, a fome, as doenças e a ausência de ensino, resultantes de uma má evolução da situação económica, de uma distribuição incorrecta e de um aumento da população. O Conselho recordou, ainda, os problemas ambientais e os resultantes da desigualdade do tratamento dos sexos como aspectos especialmente negativos. Vd. texto in *Compilation of Texts adopted by the Council (Ministers for Development Co-operation 1 January 1992-31 December 1994)*.

complexas, que vieram a permitir um ponto de compromisso, traduzido no texto assinado em Cotonou.

O *Livro Verde* parte de uma análise que já foi considerada como excessivamente crítica do passado da cooperação[85], procurando, consequentemente alterá-la num contexto de profunda modificação de concepções geo-estratégicas e de afirmação crescente das orientações neo-liberais em matéria económica, bem como de uma renovada preocupação com as políticas de defesa do ambiente, dos direitos humanos e sociais e da boa governação.

Diferentemente, os Estados ACP tinham apresentado um balanço bem mais positivo do sistema de *Lomé*, no documento resultante da cimeira de *Libreville*, reconhecendo a cooperação ACP-EU como "... um dos efectivos e coerentes quadros para facilitar a realização dos objectivos de desenvolvimento económico e social dos ACPs"[86].

Uma parte significativa do livro é consagrada às relações comerciais, sendo especialmente de notar a forma particularmente crítica como é tratado o sistema de preferências alfandegárias.

É certo que, no *Livro Verde*, a Comissão não deixa de reconhecer um valor importante ao sistema, admitindo que o mesmo aumentou a rentabilidade das vendas dos exportadores ACP no mercado da Comunidade. Na perspectiva da Comissão, as receitas asseguradas por esta via constituiriam uma parte significativa das receitas totais dos países abrangidos, embora os resultados obtidos só pudessem ser considerados medianamente positivos, para além de que a importância das preferências comerciais diminuiu e continuará a sofrer uma erosão, devido à liberalização multilateral derivada da aplicação dos acordos do *Uruguay Round* e das regras da OMC.

Simultaneamente, defende-se que as preferências alfandegárias não foram suficientes para promover o crescimento e a diversificação das exportações, não tendo os países ACP conseguido aumentar, ou sequer manter, a sua quota de mercado comunitário, enquanto exportadores que não beneficiavam dessas preferências aumentaram a sua quota de mercado.

Conclui-se, assim, que as vantagens pautais não são suficientes nem constituem uma condição necessária para a obtenção de bons resultados em matéria de exportações e de crescimento.

---

[85] RAMIRO LADEIRO MONTEIRO, *A África na Política de Cooperação Europeia*, 2ª edição, ISCP, Universidade Técnica de Lisboa, 2001, p. 209, apoiando-se em documentos oficiais portugueses.

[86] Cfr., (http://www.acpsec.org/fiji/gabon/final_fr.htm).

O *Livro Verde* representa vários cenários susceptíveis de revitalizar as relações UE-ACP, considerando que, na ausência de medidas para reforçar as ligações comerciais da União e dos países ACP, o sistema de *Lomé* estava condenado a desaparecer, por força da incompatibilidade com as regras da Organização Mundial do Comércio.

Paralelamente, aponta para a necessidade do reforço da dimensão política do acordo, com crescente empenho na defesa dos valores democráticos e do respeito dos direitos do homem, bem como para uma nova dimensão social.

Também a dimensão ambiental, está presente no *Livro Verde*, onde se preconiza uma nova política nesse domínio, assente no reconhecimento da ligação entre as situações de pobreza e a degradação ambiental, a "internalização" dos custos ambientais, o desenvolvimento das capacidades e uma abordagem participativa.

No aspecto fundamental do financiamento, o *Livro Verde* propõe a manutenção das verbas, mas a concentração dos diversos instrumentos anteriormente usados para o apoio, ao mesmo tempo que preconiza uma crescente responsabilização do país destinatário da ajuda em detrimento da co-gestão.

De entre os muitos outros aspectos focados, retenha-se apenas a preferência dada à ajuda orçamental directa e ao termo dos apoios à quebra de receitas, por um lado, e ao reforço do investimento privado e do papel da sociedade civil, por outro.

Na sequência do *Livro Verde* e do debate a que deu origem, a Comissão elaborou orientações gerais para as negociações[87], que identificavam os seguintes cinco pontos fundamentais:

– reforço da dimensão política da parceria;
– concentração na redução da pobreza como objectivo central para a política de cooperação para o desenvolvimento;
– abertura da cooperação à noção de parceria económica, em particular através da celebração de Acordos de Parceria Económica, caracterizados por uma maior reciprocidade;
– revisão e simplificação dos processos de cooperação financeira;
– maior diversificação regional entre os países ACP, a conseguir sobretudo através da conclusão de acordos de parceria económica de base regional.

---

[87] *Guidelines for the Negotiation of New Cooperation Agreements with the African, Carribean and Pacific (ACP) Countries*, COM (97) 537 Final.

2. A Influência do Tratado de Maastricht

A negociação de Cotonou foi, sobretudo, marcada pelas alterações resultantes do Tratado de Maastricht e da emergência da União Europeia, traduzindo uma ambição muito reforçada no domínio da política externa.

É importante, a este propósito, reter que, entre as alterações ao Tratado de Roma, figura a introdução de um novo título – o actual título XX – intitulado precisamente Cooperação para o Desenvolvimento, que define, no artigo 177.°, n.° 1, as linhas orientadoras dessa política, nos seguintes termos:

> "A política da Comunidade em matéria de cooperação para o desenvolvimento, que é complementar das políticas dos Estados membros, deve fomentar:
>
> – O desenvolvimento económico e social sustentável dos países em vias de desenvolvimento em especial dos mais desfavorecidos;
> – a inserção harmoniosa dos países em vias de desenvolvimento no comércio mundial;
> – a luta contra a pobreza nos países em vias de desenvolvimento".

Por seu turno, o n.° 2 do mesmo artigo precisa que a política da Comunidade neste domínio deve contribuir para o objectivo geral de desenvolvimento e de consolidação da democracia e do Estado de Direito, bem como para o respeito dos direitos do homem e das liberdades fundamentais.

A política de apoio ao desenvolvimento deixa, assim, de ser uma política assente na ajuda incondicional, passando a ser considerada instrumental de determinados valores, devendo ser assegurada de acordo com as prioridades definidas no Tratado[88].

O novo acordo reflecte, em grande medida, o quadro orientador definido no Tratado, afastando-se decisivamente daquilo que poderia ser visto como uma mera convenção económica, para apontar para um conjunto de objectivos muito mais ambiciosos, que concretizam muitas das reflexões que ficaram referenciadas.

---

[88] Nesse sentido, PAUL HOEBINK, «Cohérence des Politiques de Développement de L'Union Européenne», *Revue Tiers Monde*, n.° 164, 2000, p. 886.

Mas, se a introdução no Tratado da Comunidade Europeia de novas orientações para a política de cooperação para o desenvolvimento se reveste de aspectos claramente positivos, nem por isso se pode ignorar que essa circunstância faz com que se tenha perdido muita da originalidade que marcava as convenções que o antecederam.

A esse propósito, não pode deixar de se considerar especialmente significativo que tenham desaparecido as declarações, constantes do artigo primeiro da convenção de Lomé IV, em que as partes reafirmavam o seu empenho em prosseguir e tornar mais eficaz o sistema de cooperação anteriormente estabelecido e reconheciam o carácter privilegiado das suas relações recíprocas, enquanto que o correspondente artigo do Acordo de Cotonou se limita a basear a convenção no desejo de apoiar a "… integração progressiva dos países ACP na economia mundial".

3. Aspectos fundamentais do Acordo

3.1. *Questões de ordem geral*

Um primeiro aspecto a realçar no Acordo de Cotonou é a tentativa de definição de um modelo de desenvolvimento, na linha das evoluções que vimos terem-se registado na matéria. Assim, logo no artigo 1.° apontam-se como objectivos do Acordo de parceria a redução e, a prazo, erradicação da pobreza, o desenvolvimento sustentável e a integração dos países ACP na economia mundial.

Significativamente, no número 2 do artigo 19.°, referencia-se a existência de um conjunto de "princípios de base do desenvolvimento", que resultariam das conferências das Nações Unidas e dos programas seguidos a nível internacional.

Um segundo ponto a merecer atenção é que o apoio financeiro, embora não tenha crescido, como seria a expectativa dos parceiros ACP, se manteve sensivelmente nos níveis anteriores, o que representa, apesar de tudo, uma sinal de empenho da Comunidade Europeia na continuação do diálogo com os países em desenvolvimento de outros continentes e na manutenção de um estatuto de parceiro de referência desses países.

Em termos muito gerais, pode dizer-se que o acordo procura adaptar o quadro de relacionamento às novas realidades da ordem económica internacional, resultantes do processo de mundialização, garantir a continuidade da cooperação para o desenvolvimento, ainda que alterando alguns

402   *Valores e Interesses*

dos seus pressupostos e procedimentos, e reforçar os mecanismos de diálogo político.

Naturalmente que é impossível seguir aqui em pormenor todos os passos do acordo e os mecanismos por este instituídos[89] podendo-se, em traços gerais, acentuar os seguintes aspectos principais, divididos em cinco grandes pilares: dimensão política; erradicação da pobreza; estabelecimento de um novo quadro de relacionamento económico e comercial; desenvolvimento participativo e reforma da cooperação financeira.

3.2. *A cooperação política*

A dimensão política do novo Acordo foi objecto de uma especial atenção por parte da Comunidade, que partiu de uma dupla consideração: a de que a política de desenvolvimento deve contribuir para os objectivos da política exterior e, em especial, para a estabilidade e a segurança internacional e a de que a ajuda exterior não tem impacto significativo fora de um ambiente político estável e respeitador dos valores democráticos e dos direitos do homem[90].

É, pois, natural que seja no domínio cooperação política que surjam as novidades mais significativas, que reflectem uma evolução para um acordo que vai muito para além da área comercial, como fica patente logo no artigo 1.º, onde se pode ler que "a Comunidade e os seus Estados Membros, por um lado, e os Estados ACP, por outro, a seguir denominados "Partes", celebram o presente Acordo para promover e acelerar o desenvolvimento económico, cultural e social dos Estados ACP, a fim de contribuírem para a paz e a segurança e promoverem um contexto político estável e democrático".

A dimensão política do Acordo é claramente prolongada no artigo 8.º, n.º 1, sob a epígrafe "diálogo político", que prevê que "as Partes devem manter um diálogo político regular, abrangente, equilibrado e aprofundado, que conduza a compromissos de ambos os lados". Tal diálogo visa, nos termos do n.º 2, "… permitir o intercâmbio de informações, pro-

---

[89] Para uma descrição destes mecanismos, vd. ANA PAZ FERREIRA PERESTRELO DE OLIVEIRA, *O Acordo de Cotonou e a Política de Cooperação para o Desenvolvimento*, trabalho inédito, apresentado na disciplina de Relações Internacionais na Faculdade de Direito de Lisboa, 2001.

[90] Vd., BERNARD PETIT, «Le Nouvel Accord de Partenariat ACP-EU», *Revue du Marché Commun et de l'Union Européenne*, n.º 437, Abril de 2000, p. 216.

O Acordo de Cotonou 403

mover a compreensão recíproca, facilitar a definição de prioridades e agendas comuns, nomeadamente reconhecendo os laços existentes entre os diferentes aspectos das relações entre as Partes e as diversas áreas de cooperação previstas no presente Acordo...".

Mas é, porventura, o n.° 4 do mesmo artigo que densifica a componente política, ao dispor: "o diálogo centra-se, designadamente, em questões políticas específicas de interesse comum ou de importância geral para a realização dos objectivos enunciados no Acordo, nomeadamente o comércio de armas, as despesas militares excessivas, a droga e o crime organizado, ou a discriminação étnica, religiosa ou racial. O diálogo inclui igualmente uma avaliação periódica da evolução em matéria de respeito pelos direitos humanos, de princípios democráticos, do Estado de Direito e da boa governação".

Fica, assim, claramente afirmada a importância de temas como os direitos humanos, as regras do Estado democrático e da boa governação, que a Comunidade vinha tentando de há muito incluir nas convenções, sendo sempre confrontada com a reacção dos Estados ACP que consideravam tais referências como formas de ingerência em assuntos internos.

O tratamento dado a estes temas valoriza, no entanto, especialmente, os direitos humanos e os valores democráticos, na medida em que o artigo 9.° n.° 2 os identifica como elementos essenciais do Acordo, o que significa que a verificação de que uma das partes não está a cumprir as suas obrigações permitirá recorrer ao mecanismo previsto no artigo 96.°, com vista à adopção das medidas adequadas, que podem, em última análise, passar pela suspensão do Acordo[91].

A mesma consequência não se encontra prevista para as questões da boa governação – considerada apenas como um elemento fundamental (artigo 9.°, n.° 3) – ainda que os casos graves de corrupção activa e passiva possam dar origem a um procedimento semelhante ao da violação de um elemento essencial, mas de harmonia com um processo autónomo, regulado no artigo 97.°.

Em matéria de direitos humanos, não poderá passar sem uma referência o artigo 13.°, n.° 1, que regula a matéria da migração e no qual "as Partes reafirmam as suas obrigações e os seus compromissos no âmbito do

---

[91] Um bom exemplo da aplicação destas provisões do Tratado é dado pela Decisão do Conselho sobre a Libéria, in *J.O.* L 96 de 13 de Abril 2002, pp. 23 e segs., em que se dá conta das consultas realizadas e se anuncia um conjunto de medidas, quase todas de estímulo ao restabelecimento de uma situação de normalidade.

404 *Valores e Interesses*

direito internacional para assegurar o respeito pelos direitos humanos e eliminar todas as formas de discriminação baseadas, nomeadamente, na origem, no sexo, na raça, na língua ou na religião".

Tal disposição tem na sua origem o desejo europeu de condicionar a celebração do Acordo ao combate à imigração ilegal, na linha da decisão do Conselho de Justiça e Administração Interna de 2 de Dezembro de 1999[92], garantindo a cooperação dos Estados ACP para os repatriamentos de imigrantes clandestinos.

Ora, se esse objectivo não foi expressamente consagrado, não se pode deixar de reconhecer que veio a ter alguma expressão, designadamente com a inserção, no artigo 13.º, n.º 5, de uma cláusula de readmissão de imigrantes ilegais, que terá sido integrada num compromisso de negociar acordos específicos, bem como de promessas de apoio financeiro. Note-se, no entanto, que só ficou prevista a readmissão de cidadãos nacionais dos Estados ACP e não de apátridas ou nacionais de outros Estados que tivessem entrado por intermédio desses países, como pretendia a Comunidade.

Trata-se, todavia, de uma questão a que não se pode deixar de prestar uma atenção particular, porque sintomática daquilo que já foi considerada a menor generosidade europeia na negociação deste acordo constituindo, aliás, de um dos aspectos que desencadeou maior reacção nos países ACP.

No que se refere à boa governação, o Acordo parte de uma definição plasmada no artigo 9.º, n.º 3, onde se proclama: "num contexto político e institucional que respeite os direitos humanos, os princípios democráticos e o Estado de Direito, a boa governação consiste na gestão transparente e responsável dos recursos humanos, naturais, económicos e financeiros, tendo em vista um desenvolvimento sustentável e equitativo. A boa governação implica processos de decisão claros a nível das autoridades públicas, instituições transparentes e responsabilizáveis, o primado do direito na gestão e na distribuição dos recursos e o reforço das capacidades no que respeita à elaboração e aplicação de medidas especificamente destinadas a prevenir e a combater a corrupção".

Esta ideia ressurge em diversos outros pontos do Acordo, podendo-se considerar que ganha uma posição central, afirmando-se como um dos traços decisivos para a compreensão dos novos compromissos assumidos.

---

[92] 2229.ª Sessão do Conselho – Comunicado à Imprensa 13461/99 (Presse 386). Disponível em (http://ue.eu.int/pt/summ.htm).

O Acordo de Cotonou 405

Ainda no domínio do diálogo político, é relevante o artigo 10.º, que atesta que a Comunidade, não tendo conseguido fazer com que fossem elevados à categoria de elementos essenciais ou, pelo menos, fundamentais, um outro conjunto de valores logrou, ainda assim, associá-los ao diálogo e comprometer as partes na sua defesa. São eles o desenvolvimento sustentável e equitativo, a maior participação da sociedade civil e a defesa dos princípios da economia do mercado.

De todos esses temas é, porventura, o último que vai ser especialmente decisivo na concepção global do Acordo, marcando todo o título referente às estratégias de desenvolvimento e o capítulo VII do título III, sob a epígrafe Apoio aos Investimentos e ao Desenvolvimento do sector privado, que inclui os artigos 74.º, 75.º (promoção do investimento), 76.º (apoio e financiamento dos investimentos), 77.º (garantias de investimento) e 78.º (protecção do investimento).

Outro aspecto especialmente relevante na concepção de base do Acordo de Cotonou é o empenho colocado na participação, valor assumido logo no artigo 1.º, que aponta para "o desenvolvimento das capacidades dos diversos intervenientes no desenvolvimento e a melhoria do enquadramento institucional necessário à coesão social, ao funcionamento de uma sociedade democrática e de uma economia de mercado, bem como à emergência de uma sociedade civil activa e organizada", enquanto que o artigo 2.º considera, entre os objectivos fundamentais da convenção, o da participação, assegurando que "para além do poder central, enquanto principal parceiro, a parceria está aberta a outros tipos de intervenientes, de modo a incentivar a participação de todos os estratos da sociedade, incluindo o sector privado e as organizações da sociedade civil, na vida política, económica e social".

Em ligação com o objectivo do desenvolvimento sustentável, foi incluído um artigo – o 32.º – que, sob a epígrafe "ambiente e recursos naturais", regula a cooperação nesse domínio, definindo uma regra geral de "integrar o princípio da gestão sustentável do ambiente em todos os aspectos da cooperação para o desenvolvimento e apoiar os programas e os projectos desenvolvidos pelos diversos intervenientes nessa área".

Um último aspecto a assinalar respeita às políticas de consolidação da paz, prevenção e resolução de conflitos, previstas no artigo 11.º, que enumera um conjunto de medidas destinadas a assegurar a estabilidade, em coerência com a ligação feita com o desenvolvimento noutras passagens do acordo.

406 Valores e Interesses

Embora representando uma inovação importante que facilitará a aplicação de fundos destinados a este apoio, não pode deixar de se admitir que teria sido possível ir mais longe, prevendo-se soluções para os países em que guerras civis inviabilizam o apoio comunitário ou a possibilidade de sanções contra os países envolvidos em conflitos armados[93].

3.3. *A Redução da Pobreza*

Vector fundamental da estratégia de desenvolvimento, o objectivo de redução da pobreza é enunciado logo no capítulo I, do Título I, do Acordo de *Cotonou* consagrado às Estratégias de Desenvolvimento, tendo-se feito constar do artigo 19.°, n.° 1 que "o objectivo central da cooperação ACP-CEE é a redução da pobreza e a prazo, a sua erradicação, o desenvolvimento sustentável e a integração progressiva dos países ACP na economia mundial".

A centralidade atribuída a este objectivo tem paralelo em igual orientação definida a nível das Nações Unidas[94] e do Banco Mundial[95], apresentando-se, também, como uma forma de a Comunidade concretizar, na sua dimensão externa, um dos princípios fundadores da União – o progresso social – repetidas vezes referido no Tratado e no seu Protocolo relativo à política social.

Essa opção tem implícita uma forte dose de pragmatismo político expresso, aliás no *Livro Verde*, onde a Comissão fala em "... atribuir prioridade a um problema que tem vindo a assumir proporções especialmente preocupantes em grande número dos países ACP, e que está na origem de uma série de interdependências negativas com que a Europa está confrontada, em termos de pressões migratórias e de outras questões relacionadas com a segurança...".

A importância da erradicação da pobreza é reassumida na Declaração do Conselho e da Comissão sobre a política de desenvolvimento da Co-

---

[93] Nesse sentido, BERND MARTENCZUK, «From Lomé to Cotonou: The ACP-EC Partnership Agreement in a Legal Perspective», *European Foreign Affairs Review*, vol. V, (2000), n.° 4, p. 469.

[94] O próprio acordo de Cotonou afirma que "a cooperação deve nortear-se pelas conclusões das conferências das Nações Unidas e pelos objectivos e programas de acção acordados a nível internacional, bem como pelo seguimento que lhes foi dado, enquanto princípios base do desenvolvimento".

[95] Cfr. *supra* Parte II.

munidade de 10 de Novembro de 2000[96], na qual se afirma a necessidade de concentrar o apoio num número limitado de áreas seleccionadas, em que a Comunidade tem uma vantagem comparativa, que seriam a ligação do comércio ao desenvolvimento, o apoio à integração e cooperação regionais, a ajuda a políticas macroeconómicas, transportes, segurança alimentar e desenvolvimento rural sustentável e o reforço da capacidade institucional, particularmente na área da boa governação e do primado da lei.

Não se encontrando no Acordo de Cotonou uma definição autónoma de pobreza, o conceito terá de ser preenchido por recurso a outros textos comunitários, nomeadamente a Declaração sobre a política de desenvolvimento da Comunidade, onde se afirma que "a pobreza é definida não simplesmente como a falta de rendimento e recursos financeiros, mas também envolve a noção de vulnerabilidade e factores como o não acesso a provisões alimentares adequadas, à educação e à saúde, recursos naturais e água potável, terra, emprego e facilidades de crédito, informação e envolvimento político, serviços e infra-estruturas".

Dos termos do Acordo pode concluir-se que a redução ou erradicação da pobreza constituem objectivos que orientam toda a política de desenvolvimento para que se aponta e de que se procurará aqui reter os principais aspectos.

A concepção geral, tal como reafirmada na Declaração sobre Desenvolvimento, é a de que a redução da pobreza resultará de um desenvolvimento sustentado e da integração na economia mundial beneficiando, designadamente das vantagens da sociedade de informação.

3.4. *O Relacionamento económico e comercial*

No que respeita à cooperação económica são introduzidas diversas medidas destinadas a simplificar os mecanismos existentes, a descentralizar a decisão, a aumentar a eficácia e a permitir um acompanhamento mais constante dos resultados, estimulando-se um crescente recurso às formas de parceria e ao desenvolvimento do sector privado.

O Acordo de Cotonou não traça estratégias ou programas específicos com vista à promoção do desenvolvimento. Limita-se a registar os campos em que a cooperação deve processar-se e a estabelecer algumas formas de

---

[96] 2304.ª Sessão do Conselho – Comunicado à Imprensa 12929/00 (Presse 421). Disponível em (http://ue.eu.int/pt/summ.htm).

apoio estruturadas em torno de três áreas fundamentais: o desenvolvimento económico; o desenvolvimento social e humano e a cooperação e integração regionais. Não obstante, o Acordo prevê que os textos que contemplam de forma pormenorizada os objectivos e estratégias de cooperação sejam incorporados num compêndio contendo as orientações operacionais para domínios ou sectores específicos de cooperação[97].

Em relação ao desenvolvimento económico, o compêndio prevê a cooperação em oito áreas: desenvolvimento agrícola; desenvolvimento rural; desenvolvimento dos transportes; desenvolvimento industrial; desenvolvimento dos recursos minerais; desenvolvimento do comércio e negócios, desenvolvimento dos serviços.

Entre essas áreas sobressaem o desenvolvimento rural e a componente da segurança alimentar, que representam as inflexões maiores em relação a anteriores convenções, muito dominadas pela preocupação de industrialização e sem prestarem a necessária atenção a aspectos mais próximos do quotidiano e que proporcionam respostas mais imediatas às principais necessidades das famílias.

O desenvolvimento rural é um conceito abrangente, que envolve a maior parte dos sectores da actividade política, económica e social, constituindo o núcleo do desenvolvimento sustentável e da redução da pobreza.

A segurança alimentar corresponde a um conceito centrado na disponibilidade e acesso a comida suficiente e de qualidade nutricional adequada por parte das famílias e dos indivíduos, em todas as ocasiões, nos termos do acordo. A cooperação deve ter em vista apoiar as reformas das políticas e instituições e o investimento necessário para promover a segurança alimentar a nível nacional e regional, prevendo-se, designadamente:

> – o aumento da capacidade dos países ACP para fazerem face a emergências e preverem as suas reservas de alimentos, através do apoio à formulação e implementação de estratégias nacionais e regionais relacionadas com a disponibilidade, acesso e qualidade dos alimentos;
> – a melhoria dos serviços económicos e sociais, com vista a reduzir a vulnerabilidade dos pobres;
> – o apoio à segurança ao nível da água, procurando melhorar o acesso a água segura para efeitos sanitários, nutricionais e produtivos.

---

[97] *Compendium des Stratégies de Coopération, assinado em Cotonou, em Junho de 2000.*

– A agilização dos fluxos nacionais, regionais e inter-regionais de produtos alimentares.

As operações de ajuda alimentar serão decididas pela Comunidade, de acordo com as regras e critérios adoptados em geral para este tipo de ajuda e, excepto em casos urgentes, devem constituir medidas transitórias, integrar-se nas políticas de desenvolvimento dos países ACP e ser conformes às estratégias nacionais de segurança alimentar.

Relativamente ao desenvolvimento social e humano, consignou-se no Acordo de Cotonou que a cooperação deve apoiar os esforços dos países ACP destinados a melhorar a cobertura, a qualidade e o acesso às infra-estruturas e serviços sociais de base e ter em conta as necessidades locais e as carências específicas dos grupos mais vulneráveis e desfavorecidos, reduzindo, assim, as desigualdades no que se refere ao acesso a esses serviços. Neste contexto, afirma-se que a cooperação tem por objectivo:

– A melhoria da educação e da formação, bem como o desenvolvimento das capacidades e das competência técnicas; expandir os estabelecimentos de educação e formação; reestruturar os estabelecimentos existentes, actualizar os currícula; promover programas de literacia; promover a integração das mulheres e dar aos grupos mais desfavorecidos acesso à educação e formação;

– A melhoria dos sistemas de saúde e nutrição, a erradicação da fome e da subnutrição, assegurando um abastecimento alimentar adequado, bem como a segurança alimentar;

– O desenvolvimento da saúde reprodutiva, os cuidados básicos de saúde, o planeamento familiar e a prevenção da mutilação genital das mulheres;

– A promoção da luta contra o HIV/SIDA;

– O aumento dos níveis de segurança da água para uso doméstico, o abastecimento de água potável e o saneamento;

– Uma maior disponibilidade de alojamento adequado e acessível para toda a população, mediante o financiamento de programas de construção de habitação social e de desenvolvimento urbano;

– Uma melhor integração dos jovens na sociedade, nomeadamente do sexo feminino;

– O reconhecimento, a conservação e a valorização do património cultural.

410   *Valores e Interesses*

A importância dada à erradicação da pobreza foi corporizada, de forma particularmente intensa, na criação dos "Poverty Reduction Strategy Papers" (PRSP), desenvolvidos inicialmente para assegurar que a redução da dívida ao abrigo da Iniciativa de Alívio da Dívida dos Países Pobres Muito Endividados fosse utilizada para a diminuição da pobreza, mas que vieram a tornar-se fundamentais em todas as formas de cooperação para o desenvolvimento.

Essencial na lógica dos PRSP é que sejam os países interessados a desenvolver, eles próprios, uma estratégia nacional, através de um processo participativo, destinado a assegurar a apropriação nacional. Em resposta, os doadores devem fornecer apoio coerente para as prioridades identificadas, evitando a duplicação de esforços registada no passado. Por outro lado, os PRSP devem constituir estratégias compreensivas, que cubram tanto políticas macroeconómicas como outras políticas, mais frequentemente associadas ao combate à pobreza.

3.5. *O Corte com Lomé e a Integração Económica Regional*

Em matéria de relacionamento económico e comercial, o Acordo de Cotonou optou por soluções que se afastam profundamente da tradição das convenções de Lomé, caminhando num sentido que se pode considerar mesmo contrário ao daquelas.

No que respeita às relações comerciais, surge como aspecto radicalmente inovador a supressão gradual do actual sistema de preferências – considerado incompatível com as regras da Organização Mundial do Comércio – ao mesmo tempo que se tenta facilitar o acesso dos produtos dos países menos desenvolvidos aos mercados comunitários e apoiar experiências de integração regional, que possam facilitar os acordos com a Comunidade Europeia sem violação daquelas regras.

De facto, o sistema de preferências comerciais, que constituía um pilar fundamental da cooperação comunitária, apenas se irá manter até 2008, altura em que será substituído pelos chamados Acordos de Parceria Económica (APE), que são acordos de comércio livre.

Trata-se de uma inovação de enorme relevância se tivermos em conta que, durante vinte e cinco anos, no quadro das sucessivas convenções de Lomé, os produtos originários dos países ACP, à excepção de uma pequena percentagem abrangida pela Política Agrícola Comum, tiveram livre acesso à Comunidade, com isenção de direitos aduaneiros e taxas equivalentes, sem que lhes fossem aplicadas restrições quantitativas ou medidas de efeito equivalente.

Aquele sistema, assente em três princípios – estabilidade, carácter contratual e não reciprocidade – garantia às exportações dos países ACP para os mercados da União um grau de segurança de acesso ímpar, reduzindo os riscos inerentes aos investimentos em actividades centradas na exportação, sendo de realçar a maior generosidade das preferências assim concedidas relativamente àquelas aquelas de que gozam outros países menos desenvolvidos no relacionamento com a Comunidade.

Com o Acordo de Cotonou, e após o período transitório de oito anos em que se mantêm as preferências de Lomé, o actual regime preferencial deverá ser substituído por um conjunto de Acordos de Parceria Económica ou por acordos comerciais alternativos, a negociar, pelo que se pode dizer que, nesta matéria, mais do que um acordo comercial, Cotonou é antes um "compromisso de acordo" para o futuro.

Deverá, porém, notar-se que a Comissão é extremamente relutante quanto à realização de acordos alternativos de comércio estipulando-se, aliás, que será a Comunidade a estudar estas alternativas sem que se preveja explicitamente qualquer negociação, o que parece conferir-lhe total liberdade na decisão de celebração dos acordos.

A característica essencial dos futuros acordos de parceria económica será a da reciprocidade dos países ACP, que devem abrir progressivamente os seus mercados aos produtos europeus, sendo os custos decorrentes da liberalização comercial e da reestruturação económica suportados com recurso a mecanismos de assistência financeira.

A consequência da não celebração destes acordos de parceria económica por parte dos países ACP será a perda das actuais preferências, excepcionando-se os países menos avançados, expressamente identificados, que poderão continuar a beneficiar de um sistema de preferências.

Tendo em conta a especial fragilidade das suas economias, os 39 países ACP menos desenvolvidos, identificados no Protocolo VI, não são obrigados a assinar um acordo para manterem o actual acesso preferencial, podendo conservar a actual situação, sendo-lhes garantida a continuação do acesso livre ao mercado europeu para praticamente todos os produtos, incluindo os agrícolas, de acordo com o projecto da Comissão "Tudo Menos Armas"[98].

---

[98] Regulamento (CE) 2501/2001 do Conselho, de 10 de Dezembro de 2001, relativo à aplicação de um sistema de preferências pautais generalizadas durante o período com-

Por outro lado, a União Europeia incentiva os países ACP a assinarem colectivamente acordos de comércio livre, enquanto grupos regionais e não acordos bilaterais, não só com o objectivo de limitar o número de acordos a celebrar, como também o de contribuir para estimular os projectos de integração regional.

A integração económica regional ocupa, aliás, um lugar central no Acordo, sendo considerada como uma chave para promover a integração progressiva dos países ACP na economia mundial – apresentada juntamente com a redução da pobreza e o desenvolvimento sustentável como razão de ser da cooperação entre a União Europeia e os países ACP e como meio para alcançar esses dois outros objectivos.

De harmonia com a concepção que triunfou no Acordo, a cooperação regional deve abranger um amplo leque de áreas que abordem especificamente problemas comuns e permitam tirar partido de economias de escala, designadamente nos seguintes sectores: infra-estruturas, em particular as de transporte e comunicação e os problemas de segurança com elas relacionados, bem como serviços, incluindo a criação de oportunidades regionais no domínio das tecnologias da informação e da comunicação; ambiente, gestão dos recursos hídricos e energia; saúde, educação e formação; investigação e desenvolvimento tecnológico; prevenção de catástrofes e atenuação dos seus efeitos.

Recorde-se, aliás que, a partir do Tratado de *Maastricht*, a política de cooperação para o desenvolvimento é vista como tendo por objectivo promover a integração progressiva dos países ACP na economia mundial, o que, na lógica do *Livro Verde*, passaria pelo reforço das soluções regionais, como forma de evitar a marginalização dos países em desenvolvimento.

Ora, tal como se afirma na Comunicação da Comissão sobre o apoio da Comunidade aos esforços de integração económica regional dos países em desenvolvimento de 1995[99], "a União Europeia é uma defensora natural das iniciativas regionais", já que "pela concorrência nos mercados regionais, os Países em Desenvolvimento podem aumentar a sua competitividade e integrar-se na economia mundial de forma harmoniosa e progressiva".

Neste âmbito, o apoio concedido pela União à integração económica regional concentra-se, essencialmente, em três aspectos:

---

preendido entre 1 de Janeiro de 2002 e 31 de Dezembro de 2004. In *J.O.* L 346, de 31 de Dezembro de 2001, pp. 1-60.

[99] COM (95) 219.

– o desenvolvimento das capacidades de integração regional a nível das instituições regionais e dos governos nacionais, nomeadamente através de assistência técnica, formação e investigação interna;

– a assistência ao sector privado para aumentar a competitividade, através da compensação, pela ajuda externa, dos custos gerados pela liberalização das trocas;

– o apoio aos governos que desejem efectivamente realizar a integração regional, através de ajudas aos orçamentos e às balanças de pagamentos, para lhes permitir suportar os custos da integração regional, em particular, a redução das receitas tarifárias.

A defesa das soluções de integração regional parte da verificação da existência de uma série de experiências[100] que, apesar das muitas dificuldades, registaram um relativo sucesso.

Entre as dificuldades detectadas, registe-se as grandes diferenças de desenvolvimento entre os países, herdadas da era colonial; a competitividade e não complementaridade das economias, devido à duplicação de bens produzidos; a existência de fraquezas institucionais, tais como problemas com os transportes, redes de mercado fracas e sistemas financeiros ineficientes; o medo dos países mais pequenos de serem dominados pelos maiores; a instabilidade política e a duplicação de esforços através da criação de demasiados grupos sem qualquer justificação lógica.

É, pois, natural que o Acordo de Cotonou tenha procurado reforçar os instrumentos ao serviço deste processo, através da figura dos Acordos de Parceria Económica, mediante os quais se procurará aprofundar os mecanismos de integração, criando mercados maiores e mais atractivos para os investidores estrangeiros, num um ambiente económico mais transparente e estável.

---

[100] Recorde-se que nas Caraíbas e Pacífico se situam organizações regionais importantes como a CARICOM (Caribbean Common Market) e que a África teve, desde o período colonial, várias experiências regionais, como a "East Africa Community" (EAC), a "Central African Federation" (CAF), a "Southern African Customs Union" (SACU). Depois da independência, surgiram mais grupos regionais, com destaque para a "Economic Community of West African States" (ECOWAS – 1975), a "West African Economic Community" (WAEC – 1966) que se transformou na "West African Economic and Monetary Union" (WAEMU – 1994), a "Southern African Development Coordination Conference" (SADCC – 1980) que é hoje a "Southern African Development Community" (SADC – 1992) e o "Common Market for Eastern and Southern African States" (COMESA).

Na lógica da Comunidade, os acordos de parceria económica serão construídos sobre iniciativas de integração regional já existentes, conduzindo ao seu aprofundamento e, consequentemente, ao aumento dos mercados ACP, o que permitirá a obtenção de economias de escala, favorecerá a especialização, reduzirá os custos de produção e de transacção e ajudará a aumentar a competitividade destes países.

Face ao declínio das quotas de mercado dos países pobres nos mercados dos países desenvolvidos, o Acordo de Cotonou sugere-lhes que olhem cada vez mais para os mercados dos seus vizinhos, ideia que estava já presente na Convenção de Lomé IV revista.

Aponta-se para um modelo de blocos regionais abertos ao mercado internacional, para o que deverão manter as taxas aduaneiras a um nível que não leve a um desvio de comércio. O projecto é, consequentemente, o de um regionalismo aberto que complementa a liberalização unilateral, recusando formas de autarcia regional, numa opção compatível com o Tratado GATT, que faz das zonas de comércio livre e uniões aduaneiras a excepção mais notável à cláusula da nação mais favorecida.

3.6. *O Desenvolvimento Participativo*

No centro das preocupações do Acordo está também o desenvolvimento participativo, considerado como um pressuposto da política de desenvolvimento, tal como resulta do artigo 20.°, em que se afirma que "os objectivos de cooperação para o desenvolvimento ACP-CE são prosseguidos através de estratégias integradas, que combinem elementos económicos, sociais, culturais, ambientais e institucionais, que devem ser objecto de uma apropriação a nível local".

Trata-se de uma concepção que realça a importância da adaptação do enquadramento e das directrizes da cooperação às circunstâncias específicas de cada país e à promoção da apropriação local – "ownership" – das reformas económicas e sociais.

A ideia da apropriação surgiu no refluxo das grandes esperanças, quando à concentração de recursos substanciais de ajuda nos anos 70 e 80, não corresponderam resultados visíveis, o que levou à procura de soluções mais eficientes, sublinhando-se a necessidade de não impor reformas do exterior. A apropriação nacional tornou-se, então, uma das mensagens-chave de todas as políticas de desenvolvimento.

Para além da importância da apropriação, é muito relevante na política de desenvolvimento da Comunidade – tal como assumida na Declaração da Comissão e do Conselho – a ideia da coordenação e da complementaridade, claramente tida em consideração no acordo de Cotonou. Por isso, a Comissão e o Conselho apostam no estreitamento do diálogo com outros dadores, em particular com as instituições de *Bretton Woods* e com as agências das Nações Unidas, numa lógica de que a Comunidade não age sozinha na assistência aos países em desenvolvimento, fazendo antes parte de uma colectividade de dadores que têm em vista, todos eles, o objectivo central do crescimento e da redução da pobreza.

Ainda dentro dessa lógica, os dadores devem concentrar-se nas áreas em que têm uma vantagem comparativa, não ficando todos envolvidos num sector específico, o que criaria dificuldade aos Estados apoiados, confrontados com a necessidade de observar diferentes procedimentos, coordenar todas as intervenções e envolvê-las nas suas estratégias nacionais.

Daí que o processo de programação, que se traduz na consulta entre a Comunidade e cada um dos governos ACP para o planeamento da utilização da ajuda, tenha em conta as actividades dos outros doadores. No anexo IV do Acordo de Cotonou, atribui-se o seguinte conteúdo ao conceito de programação:

a) a preparação e desenvolvimento de "Estratégias Nacionais de Apoio" ("country support strategies" – CSS) baseadas nos objectivos e estratégias de desenvolvimento do próprio país;

b) a indicação clara por parte da Comunidade da afectação financeira indicativa de que o país poderá beneficiar durante o período de cinco anos, assim como outra informação relevante;

c) a preparação de um Programa Indicativo para a implementação da Estratégia Nacional de Apoio;

d) o processo de revisão cobrindo o CSS, o Programa Indicativo e o volume de recursos a ele afectados.

Cada país ACP deve enviar à Comunidade uma versão prévia do Programa Indicativo Nacional, o qual deve assentar e ser conforme aos objectivos contidos na Estratégia Nacional de Apoio, incluindo:

a) o sector ou sectores nucleares em que a ajuda deve ser concentrada;

b) as medidas e operações mais adequadas à obtenção dos objectivos nesses sectores;

416   *Valores e Interesses*

  c) os recursos reservados para projectos e programas fora dos sectores nucleares e o delineamento genérico de tais actividades, assim como uma indicação dos recursos a atribuir a cada um destes elementos.

  Esta versão preliminar é objecto de troca de pontos de vista entre o país ACP e a Comunidade, sendo depois adoptado, por comum acordo, o Programa Indicativo Nacional, do qual deverão constar operações específicas claramente identificadas, um calendário para a implementação e revisão e respectivos parâmetros e critérios.

3.7. *A Reforma Financeira*

  Independentemente da amplitude das alterações à política de cooperação resultantes do Acordo de Cotonou, mantém-se a ajuda financeira, que sempre esteve ligada a este tipo de acordo, ainda que com reformulações profundas.

  No âmbito das convenções de Lomé, os fundos postos ao dispor dos países ACP pela Comunidade eram canalizados através de um amplo leque de instrumentos financeiros, correspondentes a objectivos específicos e sujeitos a diferentes e complexos processos de gestão.

  Esses instrumentos financeiros podiam ser agrupados em duas categorias principais: a ajuda programável, constituída por recursos atribuídos a um país com base em determinados critérios, abrangendo, por exemplo, instrumentos de apoio a projectos ou facilidades variadas; e a ajuda não-programável, integrando recursos para fins específicos, nomeadamente, a ajuda de emergência, o Stabex, o Sysmin e o apoio ao ajustamento estrutural.

  Ora, esta multiplicidade dos instrumentos, progressivamente introduzidos, constituía um dos aspectos mais criticados da Convenção de Lomé, tendo a Comissão defendido que o excesso de instrumentos não favorecia a transparência e gerava dificuldades em termos de articulação e de coerência de utilização, tanto mais quanto cada um deles tinha uma lógica própria e obedecia a procedimentos e métodos de programação distintos, o que, por vezes, inviabilizava uma estratégia coerente em relação a cada país.

  Surgiu, assim, a ideia de racionalização dos instrumentos financeiros, espelhada na sua drástica redução no Acordo de Cotonou, que prevê apenas dois instrumentos de cooperação: a subvenção e a facilidade de investimento.

Consequentemente, perdeu sentido a distinção entre ajuda programável e ajuda não programável, assim como desapareceram as figuras emblemáticas do STABEX e do SYSMIN, enquanto instrumentos autónomos com orçamentos próprios, ainda que continue a ser possível ajudar países vulneráveis a compensar as flutuações nas suas receitas de exportação no quadro do processo geral de programação (artigo 68.°).

A subvenção consiste numa única dotação ou envelope financeiro, que pode ser utilizada no financiamento de um vasto leque de operações, como o apoio macro-económico, as políticas sectoriais, a assistência adicional em caso de perda nas receitas de exportações, o alívio da dívida, bem como em programas e projectos tradicionais de desenvolvimento.

A facilidade de investimento visa apoiar o desenvolvimento do sector privado, com vista a estimular o investimento regional e internacional, reforçar as capacidades das instituições financeiras locais, fortalecer os mercados locais financeiros e de capitais, e ajudar o desenvolvimento do sector privado, através do financiamento de projectos e de empresas comercialmente viáveis.

Para a prossecução destes objectivos, a facilidade de investimento pode consistir na atribuição de capitais de risco, sob a forma de participação no capital de empresas ACP, ou contribuições assimiláveis ou garantias e outros mecanismos de reforço da acessibilidade ao crédito. Da mesma forma, poderão ser concedidos empréstimos bonificados, em certas condições.

Os beneficiários da facilidade poderão ser pequenas empresas, instituições financeiras locais e empresas em processo de privatização. A facilidade é gerida pelo BEI e funcionará como um fundo renovável, para que reverterão todos os retornos.

De qualquer forma, no âmbito do 9.° FED e de harmonia com o acordo interno celebrado, a parcela mais significativa de fundos – 11, 3 mil milhões de euros – é reservada para a ajuda não reembolsável, ficando 2,2 mil milhões de euros para a facilidade de investimento, que pode ainda ser reforçada pelo Banco Europeu de Investimento.

Ligada à redução dos instrumentos financeiros está a alteração dos termos da ajuda concedida, uma vez que se deixa de financiar projectos específicos, para se passar à ajuda directa aos orçamentos dos países ACP, na sequência da verificação de que, muitas vezes, tais projectos não se inseriram numa política de desenvolvimento bem definida, subestimando-se a importância do quadro macroeconómico.

O ajustamento estrutural continua a ter uma grande relevância no quadro do Acordo de Cotonou. No *Livro Verde*, a Comissão salienta que a Comunidade é hoje um protagonista importante neste domínio, fornecendo aos países ACP 10% a 30% dos montantes totais de ajuda ao ajustamento, concedida exclusivamente a título de subvenção.

As avaliações entretanto feitas pela Comissão foram no sentido de realçar a pertinência deste instrumento, sendo consideradas especialmente importantes as ajudas concedidas para efeitos de estabilização macroeconómica e das condições de desenvolvimento do sector privado e de sectores importantes como os da saúde e da educação.

Outra questão ligada com o financiamento e que constitui inovação digna de registo em Cotonou é a da condicionalidade e selectividade da ajuda.

Na fase inicial das relações entre a Comunidade Europeia e os países ACP os recursos programáveis eram afectados automaticamente, embora o carácter automático da afectação tivesse sido sensivelmente reduzido aquando da revisão intercalar de Lomé IV, que adoptou um sistema de afectação em duas parcelas, representando a primeira 70% dos recursos programáveis.

Esta metodologia permitia rever a atribuição dos recursos em função de uma apreciação da forma como tinham sido respeitados os compromissos assumidos pelos países beneficiários e a coerência geral da política de desenvolvimento empreendida pelo governo, e assegurava, ainda, a possibilidade de ter em conta acontecimentos externos não previstos inicialmente.

Avançou-se, assim, para um novo critério qualitativo na afectação dos recursos, que permite adaptar os montantes de ajuda afectados, deste modo se introduzindo a condicionalidade nos programas de ajuda e a sua selectividade, reforçando o peso do critério da "performance" na afectação dos recursos, o que corresponde à exigência crescente de eficácia por parte da Comunidade Europeia.

Na sequência das sugestões formuladas neste sentido no *Livro Verde*, criou-se um sistema de programação deslizante, o que representa um corte profundo com a cultura de Lomé (só alterada na revisão de Lomé IV), assente no "direito a um montante fixo de ajuda" – por cinco anos, independentemente do desempenho do país. A cooperação passa a basear-se, em simultâneo, nas necessidades e no desempenho, avaliados segundo critérios negociados entre os Estados ACP e a Comunidade.

A programação das ajudas tem como instrumento fundamental o documento de estratégia do país, que é reexaminado anualmente de forma a ajustar os fluxos envolvidos, podendo ser levadas em conta as dificuldades resultantes da supressão dos instrumentos STABEX e SYSMIN.

O *Acordo de Cotonou* 419

Retenha-se, ainda, a título final, que os financiamentos podem ser atribuídos aos Estados, às organizações regionais de Estados ACP, aos organismos mistos ACP/Comunidade, aos organismos públicos ou semi-públicos, às sociedades e outros agentes económicos privados dos Estados ACP, às empresas de Estados membros para realizarem projectos nos Estados ACP, aos intermediários financeiros que realizem, promovam e financiem investimentos privados nos Estados ACP e aos agentes de cooperação descentralizada.

3.8. *Aspectos Institucionais*

As instituições criadas pelas convenções de Lomé – o Conselho de Ministros, o Comité de Embaixadores e a Assembleia Parlamentar Paritária – mantiveram-se mo âmbito do acordo de Cotonou.

O Conselho é composto por membros do Conselho Europeu e da Comissão Europeia e por um membro do governo de cada Estado ACP, sendo a presidência assegurada rotativamente entre os dois grupos (artigo 15.°, n.° 1).

As competências fundamentais do Conselho, elencadas no número 2 do mesmo artigo, traduzem-se na condução do diálogo político, na definição das directrizes e aprovação das decisões necessárias à aplicação das disposições do Acordo, na análise de quaisquer questões prejudiciais e na garantia do funcionamento dos mecanismos de consulta.

O Comité de Embaixadores, que assiste o Conselho de Ministros, podendo dele receber delegações de competência (artigos 16.°, n.° 2 e 15.°, n.° 4) é integrado pelo representante permanente de cada Estado membro junto da União Europeia, por um representante da Comissão e por um chefe de missão de cada Estado ACP junto da União Europeia.

A Assembleia Parlamentar Paritária é composta por um número idêntico de parlamentares da União e dos Estados ACP, devendo a designação ser aprovada pela Assembleia no caso serem indicados representantes não deputados (artigo 17.°, n.° 1).

A Assembleia exerce funções essencialmente consultivas e de divulgação de informação junto dos agentes intervenientes no processo de desenvolvimento.

3.9. *A natureza jurídica do Acordo*

O Acordo de Cotonou tem a natureza de acordo misto, concluído quer com a Comunidade quer com os seus Estados membros, à semelhança do que sucedeu com as convenções de Lomé. Mas, enquanto que em relação a estas terá sido determinante o facto de ser exigida uma participação financeira de cada Estado no FED, agora terá prevalecido a opinião de que o acordo abrange áreas que se situam na esfera de competência dos Estados ou que recaem no pilar da Política Externa e de Defesa Comum.

O caminho seguido apresenta-se como o mais adequado, na medida em que as novas disposições do Tratado confirmam expressamente a complementaridade das políticas comunitária e nacionais, mas não deixa de criar dificuldades internas na exacta da divisão de obrigações[101].

Para minimizar tais dificuldades, os Estados membros têm recorrido à figura de acordos internos, destinados a regular procedimentos, solução que se tem repetido igualmente quanto ao FED, mas que está longe de aumentar a facilidade e transparência na execução dos acordos.

4. **Considerações finais**

É naturalmente prematuro o julgamento do Acordo de *Cotonou*, tanto mais quanto não foi ainda ultrapassada a fase transitória, o que implica a manutenção das anteriores soluções comerciais, que só serão substituídas em 2008.

Algumas linhas de força podem, no entanto, ser adiantadas sem prejuízo de, mais adiante, se procurar analisar, com outro pormenor, os problemas que se colocam hoje à política de cooperação para o desenvolvimento e que nos levam a considerá-la numa encruzilhada.

Referiu-se já que a celebração do Acordo correspondeu a uma tentativa de preservação de um papel importante na cooperação para o desenvolvimento por parte da Comunidade, mantendo-se linhas de continuidade com as anteriores convenções.

O reconhecimento de traços de continuidade não pode, no entanto, levar a esquecer que foram suprimidas algumas das mais significativas soluções das anteriores convenções, como a não reciprocidade e os sistemas

---

[101] Vd. *Infra,* capítulo V.

STABEX e SYSMIN, eliminando-se, por esta via, algumas das características de estabilidade e de previsibilidade de receitas dos Estados ACP e potenciando-se o acréscimo de dificuldades nos próprios mercados internos, sujeitos a um processo de desarmamento aduaneiro.

O abandono da técnica de identificação concreta de áreas de cooperação, a favor de uma abordagem genérica do desenvolvimento poderá, por outro lado, ter consequências negativas sobre os Estados ACP, ao deixar a definição das prioridades e a escolha dos domínios muito mais na livre disponibilidade da Comunidade Europeia.

Apesar das proclamações relativas à apropriação nacional das políticas de desenvolvimento, o Acordo de Cotonou envolve uma clara opção por um determinado modelo de desenvolvimento que é, na realidade, imposto aos Estados parte, aos quais resta uma margem de manobra muito reduzida.

A excessiva politização da matéria, com a sujeição dos Estados ACP a toda uma agenda de transformações não resultantes de acordos negociados, mas de posições definidas unilateralmente pela Comunidade, pode tornar muito menos efectiva a prossecução de objectivos realmente importantes, como o respeito pelos direitos humanos[102].

Com razão já foi notado que a concepção de desenvolvimento para a África, que se encontra espelhada no Acordo, corresponde a uma tentativa de a fazer seguir exactamente os mesmos passos que a Europa, através de um programa em quatro etapas: o fim das preferências unilaterais; a regionalização das relações, a abertura do mercado africano aos produtos e serviços europeus e a inserção na economia mundial, com alinhamento pelas regras da OMC[103].

A circunstância de a cooperação para o desenvolvimento ser tida como complementar da política de cooperação levada a cabo pelos Estados membros numa base bilateral, embora compreensível em face dos interesses dos Estados, não se apresenta como solução mais favorável aos interesses do desenvolvimento.

Na verdade, sendo certo que da cooperação entre os vários agentes para o desenvolvimento podem resultar sinergias positivas, não se pode

---

[102] Nesse sentido, KARIN ARTS, *Integrating Human Rights into Development Cooperation. The Case of Lomé Convention*, The Hague, London, Boston, Kluwer, 2000, pp. 134 e segs..

[103] RAPHAEL TSHIMBULU, «L'Union Européenne sous le Feu de la Critique», *Le Monde Diplomatique*, Juin 2002, p. 18.

422 *Valores e Interesses*

deixar de pensar que teria sido possível à Comunidade manter uma maior autonomia de pensamento e acção.

Da mesma forma, num balanço geral da cooperação, não se pode esquecer que o simples facto de diversas Direcções Gerais desenvolverem acções que se reconduzem à ideia de cooperação também não auxilia a coerência das políticas.

A já assinalada estrutura de mera promessa em relação às alterações no sistema das trocas comerciais não augura um futuro estável, podendo levar a que surjam tensões em face das dificuldades dos Estados ACP em cumprirem com as novas obrigações a que ficarão vinculados[104].

Finalmente, haverá que registar que a tentativa de subordinar a cooperação com os países ACP a uma orientação geral da política internacional de cooperação corresponde a uma opção que subalterniza os mais significativos laços históricos e culturais em que assentava a política de cooperação da Comunidade.

A partir da institucionalização de todas as alterações resultantes do Acordo de Cotonou ficará fragmentada a unidade do grupo e os países que tradicionalmente beneficiavam de um tratamento mais favorável verão a sua posição praticamente nivelada pela dos restantes estados não membros do Acordo de *Georgetown*.

A visão universalista da cooperação comunitária terá, então, suplantado a visão regionalista que esteve na sua génese e que permitiu a manutenção de formas estreitas de relacionamento entre esses dois grupos de países, consideradas exemplares do relacionamento Norte-Sul.

Como aspectos positivos do Acordo ressaltam, imediatamente, o reforço do diálogo político e a importância atribuída à questão dos direitos humanos, fulcral para qualquer processo de desenvolvimento.

De facto, com a criação da União Europeia, que incorpora toda uma série de valores fundamentais, a Comunidade deu um passo de grande ambição e audácia, sendo coerente que procure que esses valores sejam comungados pelos Estados ou grupos de Estados com os quais celebra acordos, tal como determinado, aliás, pelo próprio Tratado.

Também corresponde a uma evolução positiva da cooperação a tentativa de fomentar uma maior participação da sociedade civil e de envolver movimentos sociais na tarefa do desenvolvimento, ainda

---

[104] Vd. BERND MARTENCZUK, «From Lomé to Cotonou: The ACP-EC Partnership Agreement in a Legal Perspective», cit., pp. 461 e segs..

O *Acordo de Cotonou* 423

que persistam dúvidas quanto à definição dos critérios de escolha e à eleição dos decisores[105].

Merecem, ainda, menção positiva no Acordo, a tentativa de estimular os países ACP a encetarem processos de integração no quadro da liberalização mundial das trocas, a distinção entre Estados em termos de favorecer aqueles que se encontram em pior situação e a concentração no combate às situações de pobreza.

---

[105] A este propósito, vd. ANA MARIA NETO, «Depois de Lomé o Acordo de Cotonou», *Cadernos de Economia*, Julho-Setembro de 2000, p. 75.

CAPÍTULO III

Outras vertentes da política comunitária de cooperação e apoio aos países em desenvolvimento

1. Aspectos gerais

Apesar de o modelo das Convenções de Lomé ter marcado a política comunitária de cooperação para o desenvolvimento durante aproximadamente vinte anos, importa ter presente que a Comunidade desenvolveu outras formas de cooperação de base geográfica limitada, tais como aquelas que foram concebidas para os países do Mediterrâneo ou para os próprios países europeus candidatos ao alargamento.

A extensão do âmbito das políticas comunitárias teve como consequência um considerável reforço das estruturas organizativas – que viria, aliás, a suscitar questões de repartição de competências internas – um aumento substancial das verbas afectas e algum acréscimo de criatividade na interpretação das normas do Tratado.

Na verdade, a base jurídica para o desenvolvimento dessas formas de cooperação só viria a surgir com o Tratado de Maastricht pelo que, até esse momento e face à inexistência de disposição habilitante, a Comissão foi fundamentando as suas decisões com recurso ao artigo 113.º, que lhe atribuía competência no âmbito tarifário e comercial, ao artigo 235.º, que a habilitava a agir quando as acções fossem necessárias para realizar o mercado comum e ao artigo 238.º, referente aos acordos de associação.

Essas formas de apoio de base regional aproximaram-se muito, na sua estrutura, das convenções de Lomé, embora se possa dizer que, em certo sentido, a ajuda financeira tendeu a ser menos importante e menos sofisticada, enquanto que a vertente de associação comercial, desenhada de acordo com as regras do GATT, tendia a tornar-se predominante.

Entre as formas de cooperação assentes numa base regional, assume particular importância a política mediterrânica da Comunidade, cabendo ainda uma menção especial as aproximações à América Latina e à Ásia.

426 *Valores e Interesses*

Naturalmente que está fora de questão a análise pormenorizada do modo como se organizou e evoluiu essa cooperação, muito menos estruturada do que aquela que une a União Europeia aos países ACP e implicando muitas vezes complexas considerações geo-estratégicas. Será, ainda assim, útil dar uma vista de olhos pelas principais opções feitas neste contexto.

2. Outras Soluções de Base Regional

2.1. *A Política Mediterrânica*

A política de cooperação com o Mediterrâneo consubstancia uma solução de base regional a que a Comunidade desde sempre prestou uma especial atenção, o que é compreensível não só pela proximidade geográfica, como também pela circunstância de diversos países ligados à zona franco estarem situados nessa Região, facto que levou, aliás a que, num anexo ao Tratado de *Roma*, os Estados membros se declarassem prontos a abrir negociações com estes países com vista a concluir acordos de associação.

Mais do que os laços históricos existentes entre a Comunidade e a maior parte dos Estados desta Região, são as questões geo-estratégicas[106] que levam a que a Comunidade se tenha vindo a empenhar progressivamente na tentativa de criação de uma zona de estabilidade e paz, objectivo confrontado com múltiplas dificuldades, quer no plano político – como é exuberantemente patenteado pela emergência de conflitos militares –, quer no plano económico, uma vez que se trata de países que, na sua generalidade, se vêem confrontados com situações de degradação das condições de vida, com forte pressão demográfica, com um sector privado incipiente, com máquinas estatais pouco eficientes, com um elevado endividamento externo e, em alguns casos, com graves problemas naturais como o de abastecimento de água.

A aproximação pretendida pela comunidade revelou-se especialmente difícil, dada a especificidade de cada país e a circunstância de al-

---

[106] Sobre estas questões, vd., o número da revista *Nação e Defesa*, consagrado ao tema Europa e o Mediterrâneo (n.º 101), 2002 e, em especial, as contribuições de GEORGE JOFFÉ, «European Multilateralism and Soft Power Projection in the Mediterranean», MOHAMED KADRY SAID, «Security Cooperation in the Mediterranean: Vision from the South» e DAMIAN R. SANGES D'ABADIE, «The New Security, the Environment and the Mediterranean: Links and Challenges».

guns deles poderem aparecer como candidatos à adesão num quadro de alargamento. Acresceu, ainda, o facto de o estreitamento de laços com estes países ser olhado com desconfiança pelos Estados Unidos, que viram nesse movimento um excessivo reforço de poder da Comunidade, factor que terá sido determinante para a aproximação gradualista levada a cabo.

Assim, começou-se por uma política assente em acordos bilaterais celebrados com diversos países e que tinham um conteúdo muito variado, já que alguns se limitavam praticamente a regular aspectos comerciais (Marrocos, Israel), enquanto que noutros se poderia ver o desejo de criar uma área de comércio livre e estabilidade no Mediterrâneo (Grécia, Turquia, Malta).

No início dos anos 70, a Comunidade iria, no entanto, passar a uma abordagem de outro tipo, visando estabelecer uma política mediterrânica obedecendo a uma só lógica, tendo-se chegado a uma Política Mediterrânica Global, na sequência de criticas formuladas no próprio seio da Comunidade, como as do então comissário DARHENDORF que, logo em 71, apontava a impossibilidade de alcançar, com os instrumentos existentes, os ambiciosos projectos que se propunham concretizar.

A política mediterrânica global seria limitada aos países com fronteira directa no Mediterrâneo que a tivessem solicitado e à Jordânia, opção resultante da necessidade de apaziguar os receios externos de que a Comunidade tivesse por objectivo estabelecer uma área reservada de extensão, criando um mercado do qual seriam excluídos outros países[107].

A política mediterrânica da Comunidade ganhou uma maior visibilidade e clareza com a celebração de acordos com países do Magreb (Argélia, Marrocos e Tunísia) e do Marraquexe (Egipto, Jordânia, Líbano e Síria), acordos profundamente diversos dos celebrados com os países da orla norte, em relação aos quais se perspectivava uma relação mais próxima.

O modelo daqueles acordos recordava o da convenção de Lomé, apelando-se, nos respectivos preâmbulos, para a necessidade de construir uma nova ordem económica mais justa e estabelecendo-se uma técnica de reduções pautais, quer para os produtos industriais quer, mais mitigadamente, para os produtos agrícolas – muito concorrenciais com os abrangidos pela política agrícola comum.

---

[107] Vd. J. BRODIN, YVES CRÉTIEN, G. MOLINIER e A PITRONE, *L'Aide au Développement*, vol. 14 do *Commentaire* Megret, Bruxelles, Université Libre de Bruxellles, 1986, p. 207.

428   *Valores e Interesses*

Foram igualmente previstas formas de cooperação técnica e de auxílio financeiro, embora este último, contrariamente ao modelo de Lomé, fosse praticamente concentrado na forma de empréstimos do BEI.

Depois do impacto das primeiras acções na década de setenta, a política mediterrânica da Comunidade não sofreu grandes impulsos, nem sequer em resultado dos alargamentos ao Sul e tem sido pertinentemente notado[108] que, após um período em que se pensou que a politica mediterrânica global teria uma importância equiparável à da política de cooperação desenvolvida no quadro da convenção de *Lomé*, a frustração das expectativas cedeu o lugar ao desencanto.

A menor importância da política mediterrânica fica-se provavelmente a dever quer às dificuldades políticas que sempre enfrentou, quer à circunstância de não existir uma convenção que abrangesse todos os intervenientes e permitisse outra eficácia na sua aplicação.

Após a queda do Muro de Berlim seria, no entanto, retomado com vigor o projecto de estabelecer uma área de cooperação e estabilidade Europa-Mediterrâneo que beneficiou, então, de um contexto especialmente favorável. Ao reavivar do interesse da Comunidade, ligado a uma nova percepção dos riscos para a Europa que resultariam da proliferação das armas de destruição maciça, das pressões migratórias, do terrorismo e do islamismo, correspondeu, da parte dos países árabes, enfraquecidos na sequência da primeira guerra do Golfo, um bom acolhimento da iniciativa[109].

Coerentemente com essa perspectiva, a Comissão elaborou, em 1994, orientações no sentido do estabelecimento de parcerias que envolvessem uma cooperação económica e política mais estreita com a Região.

Estas orientações, aprovadas no Conselho Europeu de Cannes de Julho de 1995, permitiram a realização da Conferência de Barcelona em Novembro do mesmo ano, da qual sairia uma declaração ambiciosa, apontando para o desenvolvimento do diálogo político e o aprofundamento das relações económicas[110].

De um ponto de vista político, é importante registar a ênfase colocada nos problemas dos direitos do homem, da democratização e da boa

---

[108] *Idem*, p. 297.

[109] Vd., a este propósito, ABDELWAHAB BIAD, «La Dimension Humaine de la Sécurité dans le Partenariat Euro-Mediterranéen», in MARIE-FRANCOISE LABOUZ (org.), *Le Partenariat de l'Union Européenne avec les Pays Tiers. Conflits et Convergences*, Bruxelles, Bruylant, 2000, pp. 73 e segs..

[110] Cfr. o texto em (http://europa.eu.int/comm/external_relations/euromed/bd.htm)

Outras vertentes da política comunitária de cooperação e apoio aos países... 429

governação, assim como o consenso gerado em torno do combate ao terrorismo e à xenofobia.

Quanto aos objectivos económicos e financeiros, estes estendem-se por três metas de longo prazo:

– A aceleração do processo de desenvolvimento económico sustentável;
– A melhoria das condições de vida das populações, redução do emprego e diminuição das diferenças económicas;
– O reforço dos mecanismos de cooperação regional.

Uma terceira vertente dessa política é densificada com a parceria social e humana, destinada a reforçar os organismos representativos da sociedade civil, a fomentar a participação cívica e a controlar, de forma especial, as migrações.

Pode dizer-se que a Declaração de Barcelona concluiu pela criação de uma nova parceria global euro-mediterrânica articulada em torno de três componentes essenciais:

– a componente política e de segurança, com o objectivo de definição de uma zona de paz e estabilidade;
– a componente económica e financeira, que habilitará à construção de uma zona de prosperidade partilhada;
– a componente social, cultural e humana, que visa desenvolver os recursos humanos, favorecer a compreensão entre culturas e os intercâmbios entre as sociedades civis.

Nessa sequência foi aprovado o Programa MEDA[111], que regula a cooperação económica e financeira, constituindo a base de apoio a programas regionais.

O programa está estruturado em termos que respeitam as orientações definidas pelo Conselho em matéria de direitos humanos e envolve todo um conjunto de acções. Os financiamentos a atribuir no seu âmbito poderão assumir a forma de ajudas a fundo perdido geridas pela Comissão Europeia, capitais de risco concedidos e geridos pelo BEI e bonificação de juros para os empréstimos BEI. Os beneficiários podem ser agentes públicos ou privados.

---

[111] Regulamento (CE) n.º 1488/96 do Conselho, de 23 de Julho de 1996, relativo às medidas financeiras e técnicas de apoio à reforma das estruturas económicas e sociais no âmbito da parceria euro-mediterrânica (MEDA) *J. O.* L 189, de 30 de Julho de 1996 pp. 0001-0009.

430 *Valores e Interesses*

À Comissão está reservado um importante papel na coordenação efectiva do esforço financeiro e na selecção de medidas, prevendo-se a elaboração de documentos de estratégia a nível nacional e regional.

No âmbito da parceria euro-mediterrânica estão, neste momento, em execução o *Documento de Estratégia Regional 2002-2006*[112] e o *Programa Indicativo Regional 2002-2004*[113].

2.2. *A Política de Cooperação com a América Latina*

A América Latina tem vindo também a ganhar importância na política de cooperação da União Europeia, particularmente a partir da atribuição do pelouro do desenvolvimento ao comissário espanhol MANUEL MARIN. Presentemente, a Comunidade é já o maior dador daquele subcontinente, que absorve igualmente uma parte significativa dos investimentos externos dos Estados membros, apesar da distância geográfica.

Entre as razões que determinam essa política de cooperação podem citar-se os fortes laços culturais, substancialmente aumentados com a adesão de Portugal e da Espanha e a existência de muitos emigrantes provenientes da União.

A isto poderá, ainda, juntar-se o desejo da América Latina de não ficar exclusivamente na órbita política e económica dos Estados Unidos, que terá levado países da área à busca de novas alianças, busca essa particularmente acentuada com o declínio dos Estados Unidos, nos anos sessenta do século passado[114].

Contrariamente ao que sucede no caso dos países africanos ou da própria região mediterrânica, não é possível encontrar fundamentação expressa para a cooperação com os países da América Latina no Tratado de Roma, o que leva a Comissão a basear as suas iniciativas no artigo 177.°[115].

De qualquer forma, a política de cooperação entre a Comunidade e a América Latina remonta a 1971, quando o Conselho decidiu responder favoravelmente à declaração da CECLA (Comité Especial de Coordenação da América Latina), que manifestara o desejo de instituir uma colaboração

---

[112] (http://europa.eu.int/comm/external_relations/euromed/rsp/index.htm)

[113] (http://europa.eu.int/comm/external_relations/euromed/rsp/index.htm)

[114] Vd. PARASKEVI BESSA-RODRIGUES, «European Union-MERCOSUL: «In Search of a New Relationship», *European Foreign Affairs Review*, vol. 4 (1999), pp. 81 e segs..

[115] Vd. Comissão Europeia, Documento de Estratégia Regional – América Latina. Programação 2002-2006, Abril de 2002.

Outras vertentes da política comunitária de cooperação e apoio aos países... 431

permanente entre os dois blocos, fundamento que tinha já motivado, no ano anterior, uma conferência em Bruxelas.

Logo em 1971 seria assinado o primeiro acordo com um Estado Latino Americano – a Argentina[116] – no sentido de facilitar o comércio, com a concessão de algumas isenções ou reduções de taxas a importações de produtos daquele país.

A esse primeiro acordo seguir-se-iam outros – com o Pacto Andino e um novo com o Brasil – que representam já formas de cooperação mais desenvolvidas[117].

Nessa sequência, pode dizer-se que actualmente o relacionamento da União Europeia com a América Latina se processa quer a nível de acordos bilaterais, quer de contactos com grupos subregionais, como a América Central, o Pacto Andino, ou o Mercosul, talvez a forma de integração mais próxima da Comunidade Europeia.

Os tratados bilaterais apresentam uma estrutura mais ligeira do que aquela que caracterizava a convenção de *Lomé* sendo, no entanto, patente a preocupação de introduzir nesses acordos o mesmo tipo de considerações políticas, nomeadamente na área dos direitos humanos e das regras democráticas.

Também os apoios de natureza económica são estruturados numa base substancialmente mais simples do que a da convenção de *Lomé*, exigindo-se uma muito menor programação económica.

Ainda que a América Latina continue a ser uma prioridade menor na política de cooperação para o desenvolvimento da União Europeia, não se pode deixar de assinalar que se têm vindo a desenvolver iniciativas significativas, mesmo no plano político, que privilegiam o contacto com o Grupo do Rio, criado em 1986 e que inicialmente abrangia apenas seis países, mas que junta actualmente todos os países da América Latina, para além de diversos das Caraíbas.

O aprofundamento do diálogo entre a União Europeia e a América Latina foi, por outro lado, facilitado pelo processo de democratização que atingiu a generalidade dos países do sub-continente e que veio tornar a criar melhores condições de aproximação.

---

[116] A que se seguiriam acordos com o Uruguai, Brasil e México.

[117] Para uma descrição destes primeiros tempos e das várias realizações, cfr. MAC-MAHON, *ob. cit.*, pp. 138 e segs..

A primeira iniciativa de grande relevo foi a Cimeira União Europeia--América Latina, realizada no Rio de Janeiro em 1999, a que se seguiu, em 2002, a Cimeira de Madrid, estando em preparação uma nova Cimeira para 2004.

Na perspectiva da Comissão, definida em 1995, as grandes questões com que o sub-continente se encontra confrontado são a consolidação do Estado de Direito, a luta contra a pobreza e as desigualdades sociais, a conclusão das reformas e o aumento da produtividade, devendo a cooperação concentrar-se nesses objectivos, utilizando como instrumentos o apoio à cooperação e integração regional, à educação e formação e à gestão das interdependências Norte-Sul, nomeadamente através de acções nos sectores do ambiente, energia e combate à droga.

A Comissão tem, por outro lado, enquadrado as acções a realizar em documentos de estratégia que cobriram inicialmente o período 1996--2000[118] e, posteriormente, o período 2002-2006[119].

No documento de estratégia para 2002-2006 são identificados os seguintes quatro domínios de intervenção:

– apoio às relações entre as duas regiões através do reforço da parceria entre redes de organizações da sociedade civil;
– contribuição para a redução das desigualdades através de acções orientadas para as populações desfavorecidas;
– preparação e prevenção de catástrofes naturais e reconstrução;
– seguimento da parceria estratégica.

A Comissão tem evidenciado especial empenho em assegurar a coesão social na América Latina, tendo consagrado ao tema um seminário realizado no Rio de Janeiro em Março de 2003, no decurso do qual o Comissário Chris Patten, considerou que a coesão social é central para a ideia de uma sociedade decente, devendo, por isso, constituir a grande prioridade da União, assim como dos acordos que ela celebra[120].

Algumas das acções concretas de cooperação levadas a cabo neste âmbito, com destaque para o apoio à reconstrução da América Central, na sequência da passagem do furacão Mitch em 1998, assumiram uma dimensão particularmente importante.

---

[118] COM (95), 495.

[119] *Documento de Estratégia Regional. Programação 2002-2006.* Comissão Europeia Abril de 2002, disponível em (http://europa.eu.int/comm/external_relations/sp/index.htm)

[120] (http://europa.eu.int/comm/external_relations/news/patten/sp03_160.htm)

O enquadramento financeiro das acções de cooperação é dado pelo Regulamento CEE n.° 443/92 do Conselho, de 25 de Fevereiro de 1992, relativo à ajuda financeira e técnica e à cooperação económica com os países em desenvolvimento da América Latina e da Ásia[121], estando actualmente em curso a preparação de nova legislação[122].

Aquele Regulamento representa a primeira aplicação concreta da Resolução do Conselho sobre Direitos Humanos, Democracia e Desenvolvimento, de 28 de Novembro de 1991[123] e, como tal, envolve as previsões da Resolução em matéria de direitos do homem[124].

Nos termos do regulamento, todos os países em vias de desenvolvimento da área podem beneficiar de ajuda financeira e técnica e de cooperação económica. Os Estados e Regiões e outros entes públicos, assim como os operadores privados, incluindo organizações não governamentais e cooperativas são os potenciais utilizadores dessa ajuda.

A ajuda concretiza-se através subvenções financiadas pelo Orçamento Geral da Comunidade e destina-se prioritariamente às populações mais pobres, visando especialmente a criação de um ambiente que possa facilitar o desenvolvimento.

O regulamento enfatiza, como condições prévias para o desenvolvimento, o respeito e o exercício efectivo dos direitos do homem, admitindo que a Comunidade possa alterar ou suspender a cooperação nos casos de violações graves e persistentes desses direitos.

A circunstância de as experiências de integração regional do Continente, com relevo para o Mercosul, poderem facilitar o diálogo comercial é um factor que poderá condicionar positivamente o futuro das relações da Comunidade com estes países.

O patente desejo dos Estados Unidos de alargar a sua influência poderá, contudo, vir a dificultar essa evolução e o aprofundamento do diálogo nos termos desejados pela Comunidade.

---

[121] *J. O.* L 52, de 27 de Fevereiro de 1992.

[122] Proposta de Regulamento do Parlamento Europeu e do Conselho relativo à cooperação entre a Comunidade e os países da Ásia e da América Latina e que altera o Regulamento (CE) n° 2258/96, *J. O.* C 331 E, de 31 de Dezembro de 2002, pp. 0012-0019.

[123] (http://europa.eu.int/comm/external_relations/human_rights/intro/index.htm)

[124] Vd., a este propósito, ALESSANDRA LUCCHINI, *Cooperazione e Diritto allo Sviluppo nella Politica Esterna dell'Unione Europea*, Milano, Giuffrè, 199, pp. 181 e segs..

2.3. *A Política de Cooperação com a Ásia*

A política de cooperação com a Ásia é, porventura, o domínio em que a Comunidade até há pouco revelou menor empenho, ainda que exista um acordo com o ASEAN, que data já de 1980 e diversos acordos bilaterais, com relevo para os celebrados com a República da Índia, que permitiram àquele país acesso livre ao mercado comunitário de diversos produtos.

O acordo entre a Comunidade Europeia e a ASEAN é um instrumento de cooperação em que as partes manifestam o desejo de intensificar as relações económicas e comerciais, ao mesmo tempo que afirmam o seu empenho comum em apoiar mutuamente os esforços da ASEAN e da Comunidade para criar organizações regionais orientadas para o desenvolvimento económico, o progresso social e o desenvolvimento cultural, assim constituindo um factor de equilíbrio das relações internacionais.

Pelo artigo 1.° do acordo e em conformidade com as regras do GATT, as partes acordaram em conceder-se reciprocamente o tratamento da nação mais favorecida, enquanto que noutros artigos foram estabelecidas formas de cooperação em diversas áreas económicas.

O relacionamento da Europa comunitária com o continente asiático é marcado pela circunstância de muitos destes países reunirem as condições para integração no grupo ACP, apenas não se tendo concretizado a adesão em resultado das divergências no seio da Comunidade, ligadas sobretudo ao receio de reforço das posições inglesas.

De facto, aquando do alargamento de 1973, os países asiáticos membros da *Commonwealth* foram excluídos da oferta constante do Protocolo 22, limitando-se a Comunidade a declarar-se disposta a examinar com esses países soluções adequadas à sua situação e às políticas por ela desenvolvidas.

Com base nessa previsão vieram a ser celebrados diversos acordos com países como a Índia, o Sri Lanka, o Paquistão e o Bangladesh, recurso que, no entanto, não foi utilizado para o acordo celebrado com a ASEAN.

Em qualquer caso, as relações mantiveram-se a um nível relativamente incipiente, como foi expressamente reconhecido, em 1994, no documento da Comissão intitulado *Towards a New Ásia Strategy*[125] em que se apontava no sentido de uma maior prioridade a conceder a este continente na política externa da Comunidade.

---

[125] COM (94) 314 Final.

Por outro lado, tinha já sido aprovado o Regulamento CEE n.° 443/ /92, do Conselho, de 25 de Fevereiro de 1992, aplicável aos países asiáticos, que viria a permitir a celebração de toda uma série de novos acordos, prevendo formas de cooperação mais intensa e que evidenciam a mesma preocupação com a salvaguarda dos direitos do homem, comum a todos os acordos que a União tem vindo a celebrar.

A política comunitária em relação à Ásia aparece condicionada por diversos factores, entre os quais ressaltam a vastidão do Continente e a enorme diversificação das situações económicas, políticas, sociais e culturais dos países e povos que o integram, associada ao facto de ser uma das zonas do mundo com maior potencialidade de conflitos.

No último documento de reflexão consagrado às relações com a Ásia[126], a Comissão reafirma anteriores posições e assenta em quatro pontos fundamentais a formulação da sua estratégia relativamente a esse continente: a percepção de que existem diversas Ásias; a defesa de que tal circunstância não deve impedir o objectivo de reforçar a presença comunitária na região; a afirmação de que é preciso abandonar a lógica de ajuda e comércio para passar para uma estratégia que equilibre melhor os aspectos económicos, políticos, sociais e culturais e o reconhecimento de que se deve caminhar para uma parceria na igualdade.

A estratégia definida aponta para seis objectivos fundamentais:

– contribuir para a paz e segurança na Região e, por essa via, também para a paz e segurança a nível global;

– Intensificar o comércio e os fluxos de investimento;

– Promover o desenvolvimento dos países menos prósperos;

– Contribuir para a protecção dos direitos humanos e para o desenvolvimento da democracia, da boa-governação e do Estado de Direito;

– Construir parcerias e alianças globais com os países asiáticos de forma a permitir-lhes beneficiar totalmente do processo de globalização;

– Ajudar o conhecimento recíproco dos dois continentes.

Nesse quadro, tem-se colocado por vezes a possibilidade de revisão do acordo com a ASEAN de 1980, mas problemas relacionados quer com

---

[126] *Europe and Asia: A Strategic Framework for Enanced Partnerships,* Documento COM (2001) 469 final de 4 de Setembro de 2001.

436 *Valores e Interesses*

a incipiente integração alcançada na organização asiática, quer com o respeito pelos direitos humanos, a tanto têm obstado[127].

3. As Soluções Universalistas

A Comunidade esteve, no entanto, longe de ficar fechada sobre essas formas de aproximação regionalista e, à semelhança de outros Estados ou blocos, mas sempre numa posição mais decidida, lançou um conjunto de medidas tendencialmente de carácter universal, que permitiram reforçar a sua imagem como actor decisivo no campo das relações económicas internacionais.

As alterações introduzidas nas últimas revisões do Tratado da Comunidade parecem, aliás, confirmar uma tendência para subalternizar as soluções de base regional, em benefício de uma política de cooperação para o desenvolvimento de que são destinatários todos os países, desde que necessitados de integração nesse esquema de cooperação.

Entre as medidas que se podem considerar expressão da "dimensão mundialista" da política comunitária de cooperação para o desenvolvimento[128], apresentam-se como especialmente significativas as que se reportam ao Sistema Comunitário de Preferências Generalizadas, as ajudas técnicas e financeiras aos países em desenvolvimento não associados, a ajuda alimentar, a ajuda humanitária e a ajuda no combate a doenças, com particular relevo para o SIDA.

Trata-se aqui já não de soluções estabelecidas no quadro de instrumentos bilaterais ou multilaterais, mas antes de vinculações unilaterais da Comunidade que, por um lado, procuram acompanhar o desenvolvimento desta problemática no plano das Nações Unidas e, por outro, corresponder a certos aspectos das políticas comunitárias internas.

A variedade dos sistemas de cooperação justifica-se quer pela grande heterogeneidade dos países envolvidos, quer pela diversidade das preocupações a que a Comunidade procura dar resposta, passando por questões tão diversas como os acordos comerciais, a ajuda financeira ou alimentar ou a promoção dos direitos humanos e da boa governação.

---

[127] Para uma descrição desta problemática, JOSEPH MCCMAHON, *The Development Cooperation Policy*, cit., pp. 200 e segs..

[128] Para usar uma expressão cara a SOBRINO HEREDIA, «Consideraciones en Torno a la Dimensión "Mundialista" de la Politica Comunitária de Cooperación para el Desarrollo», *Revista de Instituciones Europeas*, volume 12 (1985), n.° 3, pp. 757 e segs..

3.1. *O Sistema Comunitário de Preferências Generalizadas*

O Sistema Comunitário de Preferência Generalizadas, que constitui o ponto mais emblemático de todo este conjunto de medidas, correspondeu a uma resposta da Comunidade à reivindicação dos países em vias de desenvolvimento formulada especialmente em sede dos trabalhos da CNUCED, e traduz-se num sistema tarifário particularmente favorável de que são beneficiários aqueles países.

Esta solução da Comunidade não é totalmente original, tendo sido igualmente adoptada por diversos Estados, ainda que seja justo sublinhar que, uma vez mais, se tratou da opção que mais se aproximou das pretensões apresentadas pelos países em desenvolvimento.

A ideia de base que presidiu à criação dos sistemas de preferências generalizadas foi a de que, dada a disparidade dos graus de desenvolvimento, as regras normais do comércio internacional não permitiriam aos países menos desenvolvidos o acesso à generalidade dos mercados, situação que se agravou, ainda mais, pela circunstância de as medidas de liberalização adoptadas no quadro do GATT respeitarem, no essencial, a produtos sem interesse para aquele grupo de países.

Ora, diversos autores, com relevo para PREBISCH, vieram sustentar que essas regras de jogo conduziam a um declínio dos termos de troca, que tem como consequência a criação de défices estruturais das balanças comerciais, dai derivando uma falta permanente de recursos financeiros[129].

Com pertinência, LUÍS PEDRO CUNHA[130] sublinha que, independentemente da discussão sobre os méritos das conclusões económicas de PREBISCH, a sua análise teve a indiscutível relevância de não separar a problemática do desenvolvimento da do comércio internacional.

Daí resultou um amplo debate económico, jurídico e político que teve a sua sede essencial na CNUCED, onde muitos países expressaram a sua oposição a uma solução deste tipo, como sucedeu com a França, que apenas pretendia a concessão de preferências selectivas no modelo de Lomé, ou com os Estados Unidos, que reivindicavam a simples aplicação da cláusula da nação mais favorecida[131]. Assim, a aprovação em 1964 de uma re-

---

[129] Cfr. *supra*, Parte II, capítulo III.

[130] *O Sistema Comunitário de Preferências Generalizadas. Efeitos e Limites*, separata do *Boletim de Ciências Económicas*, Coimbra, 1995, p. 12.

[131] Sobre esta cláusula, vd., entre nós, JOSÉ MANUEL PUREZA, «A Cláusula da Nação Mais Favorecida», *Documentação e Direito Comparado*, 1987, pp. 479 e segs..

comendação aos países mais desenvolvidos para que pusessem de pé sistemas de preferências generalizadas, contou com um significativo número de abstenções e votos contra destes Estados[132].

Só em 1969 se conseguiu chegar a um acordo, as "conclusões concertadas", – que viria a ser ratificado pelo Conselho da CNUCED no ano seguinte – o qual, embora acompanhasse em muito a retórica argumentativa da Carta de Argel, aprovada em 1967 pelo Grupo de 77, dela divergia profundamente no que respeita ao elenco dos produtos abrangidos (com exclusão da maior parte dos produtos agrícolas), à possibilidade de os produtos abrangidos variarem de país para país, ao carácter unilateral, temporário e precário do sistema e ao acesso através de um processo de auto-escolha, o que permitiria a entrada para o núcleo de beneficiários de países que não podiam ser considerados em vias de desenvolvimento.

Em síntese, as conclusões apontavam para uma estrutura típica dos sistemas de preferências generalizadas, prevendo que as mesmas deveriam:

– ser atribuídas unilateralmente;
– não implicar qualquer forma de reciprocidade;
– abranger a generalidade dos produtos manufacturados e semimanufacturados;
– assentar num princípio de liberdade de acesso, através da auto-escolha dos países que se considerassem em condições de delas poderem beneficiar;
– admitir limitações, quer ao nível das reduções aduaneiras, quer por inclusão de cláusulas iniciais de limitação ou de salvaguarda;
– obedecer a certas regras de origem;
– ter uma vigência temporal limitada[133].

Apesar do carácter moderado desse modelo foi, ainda assim, preciso assegurar a sua compatibilização com o sistema GATT, na medida em que para além de outros aspectos potencialmente contrários ao sistema de comércio internacional instituído, ele comportava o afastamento da "cláusula da nação mais favorecida", consagrada logo no artigo 1.º do Acordo GATT, segundo a qual "qualquer vantagem, favor, privilégio ou imuni-

---

[132] Para a descrição deste processo, vd. JACQUES BRODIN e outros, vol. 14 do Comentário Mégret, *L'Aide au Développement*, cit., pp. 3.

[133] Para uma descrição mais pormenorizada, vd. LUÍS PEDRO CUNHA, *ob. cit.*, pp. 21 e segs..

Outras vertentes da política comunitária de cooperação e apoio aos países... 439

dade conferida por uma parte contratante a um produto com origem ou destino em algum outro país será conferido de imediato e incondicionalmente a qualquer produto com origem ou destino nos territórios de todas as outras partes contratantes".

A solução alcançada, num primeiro momento, consistiu no recurso ao artigo XXV, parágrafo 5, assimilando-se o subdesenvolvimento económico a uma circunstância derrogatória excepcional, solução de carácter precário, na medida em que apenas poderia vigorar por um período de dez anos. Por outro lado e com vista a facilitar a aceitação desta solução, foi consagrado o princípio da impossibilidade de agravamento das barreiras comerciais em relação aos países desenvolvidos não abrangidos pelo sistema.

O problema viria a ser resolvido, mais tarde, através da adopção, aquando do *Tokyo Round*, de um acordo intitulado "Tratamento diferenciado e mais favorável, reciprocidade e participação mais completa dos países em vias de desenvolvimento"[134].

Logo em 1971 fora, por outro lado, aprovada a possibilidade de os países em desenvolvimento se conferirem reciprocamente um sistema de preferências, sem que houvesse lugar à aplicação da cláusula da nação mais favorecida nas relações comerciais com os restantes Estados, o que implicaria uma abertura do mercado considerada inadequada ao estádio de desenvolvimento daqueles países e à lógica das medidas tomadas para o seu apoio.

A Comunidade transmitiu à CNUCED a sua oferta de um Sistema de Preferências Generalizadas, que começou a aplicar logo em 1971 e que assentava na concessão de isenções de direitos alfandegários para um conjunto de produtos manufacturados e semi-manufacturados até um valor anual máximo e na aplicação de taxas preferenciais para um conjunto de produtos agrícolas. A definição de um valor máximo de importação para produtos manufacturados funcionava, nesse domínio, como uma cláusula de salvaguarda pré-definida, enquanto que, em relação aos produtos agrícolas, se previa a possibilidade de aplicação de uma cláusula de salvaguarda em função da evolução do mercado.

Na sua versão inicial, o Sistema obedecia a um figurino que era, no essencial, o seguinte:

– Auto-escolha dos países beneficiários, resultante designadamente da pertença ao Grupo do 77 da CNUCED, ainda que com a re-

---

[134] Vd. *supra*, Parte II, capítulo III.

serva comunitária da possibilidade de exclusão de países por motivos de ordem económica ou política;

– Concessão de preferência a praticamente todos ao produtos manufacturados acabados e semi-acabados e a um certo número de produtos agrícolas, traduzindo-se aqui a preferência apenas em redução de impostos;

– Fixação de limites técnicos resultantes da existência, à partida, de valores máximos para a utilização do sistema de cláusulas de salvaguarda;

– Estabelecimento de regras de origem, implicando que o bem deve ser exportado directamente do país beneficiário, ser acompanhado de documentação apropriada para permitir o controlo de origem de produção no país beneficiário ou, pelo menos, de transformação substancial ai sofrida.

O sistema viria a evidenciar dificuldades na sua aplicação prática – talvez em resultado dos seus objectivos, excessivamente ambiciosos e contraditórios que procuravam agradar a todos – acabando por ser objecto de profundas alterações, especialmente no sentido de permitir graduações de harmonia com o nível de desenvolvimento dos beneficiários[135].

A Comunidade contornou as dificuldades em excluir países, alcançando resultados algo semelhantes com o recurso à prática de obrigar determinados países a assinarem acordos de auto-limitação, para poderem ter acesso ao sistema de preferências generalizadas.

É o caso, designadamente, do acordo multi-fibras – que sucedeu ao acordo relativo ao comércio de têxteis de algodão – que procurou responder simultaneamente à especial importância dos têxteis para alguns destes países e à pressão que estas exportações exerciam sobre certos Estados comunitários, prevendo uma limitação quantitativa, consentida pelos Estados exportadores.

De qualquer modo, não se pode ignorar que, apesar da alguns aspectos de maior opacidade ou de peso burocrático na sua administração[136], o sistema comunitário de preferências generalizadas tem a grande vantagem de não condicionar o acesso a quaisquer contrapartidas – contrariamente

---

[135] Vd. AXEL BORMAN e outros, *The Significance of the EEC'S Generalized System of Preferences*, Verlag Weltarchiv GMBH, Hamburg,1985, p. 26.

[136] Nesse sentido, AXEL BORMAN e outros, *The Significance of the EEC'S Generalized System of Preferences*, cit, em especial, pp. 319 e segs..

Outras vertentes da política comunitária de cooperação e apoio aos países... 441

ao que sucede, por exemplo, no caso dos Estados Unidos –, mas antes permitir que dele beneficiem, por automatismo, um conjunto significativo de Estados[137].

Seria descabido tentar empreender aqui uma apreciação dos resultados reais da aplicação deste sistema, sobre o qual existe um consenso no sentido de que os mais importantes beneficiários foram os países asiáticos e fortes dúvidas quanto a saber se, no seu conjunto, os resultados foram totalmente positivos[138]. Desse misto de certezas e dúvidas resultaram sugestões no sentido da supressão do sistema que reconhecem, todavia, as dificuldades políticas que uma solução deste tipo geraria[139].

Do nosso ponto de vista, importa sobretudo salientar que se tratou de mais um instrumento – para além das convenções com os países ACP, da política mediterrânica global, das políticas para a América Latina e para a Ásia e de toda uma série de acordos bilaterais, – que veio permitir a criação de relações preferenciais entre a Comunidade e um vastíssimo conjunto de países das mais variadas áreas geográficas.

Na medida em que se trata de um instrumento de cooperação para o desenvolvimento, o sistema de preferências generalizadas sofreu naturalmente um grande impacto das alterações nas concepções sobre a política de cooperação, podendo dizer-se que, tal como sucedeu com outros instrumentos, se tornou menos generoso, mais selectivo e mais determinado por uma política de condicionalidade.

Dois aspectos especialmente importantes dessa evolução foram os relativos à substituição dos limites quantitativos por uma técnica de modulação tarifária e o referente ao horizonte dos países beneficiários[140].

De facto, de harmonia com a orientação adoptada em 1995, todos os produtos passaram a ser classificados em muito sensíveis, sensíveis, semi-sensíveis ou não sensíveis, determinando tal classificação diferenças ao

---

[137] Para uma avaliação de vários sistemas de preferências generalizadas, vd. World Trade Organization (Committee on Trade and Development), *The Generalized System of Preferences. A Preliminary Analysis of the GSP Schemes in the Quad*, Outubro de 2001.

[138] Para uma crítica feroz do sistema, vd. ÇAGLAR OZDEN e ERIC REIINHARDT, «The Preversity of Preferences GSP and Developing Country Trade Policies, 1976-2000», January 13, 2003, (http://www.worldbank.org), "Works Online".

[139] Nesse sentido, ROBERT HUDEC, *Developing Countries in the GATT Legal System*, cit..

[140] Sobre a primeira fase dessa evolução, vd. JOEL LEBULLENGER, «La Politique Communautaire de Coopération au Développement», *Revue Trimestrielle de Droit Européen*, ano 24 (1988), n.° 1, pp. 123 e segs..

442   *Valores e Interesses*

nível dos benefícios atribuídos, que iam desde a isenção total para os últimos até à redução de 15 por cento para os primeiros.

Passou-se, por outro lado, a admitir a exclusão do universo de beneficiários de países que tivessem ultrapassado determinados indicadores económicos.

O conjunto de alterações que o sistema sofreu, que contemplaram diversos aspectos que é impossível seguir aqui em pormenor, encontra-se claramente expresso no Regulamento (CE) do Conselho de 10 de Dezembro de 2001[141], que disciplina esta matéria até finais do ano de 2004 e que prevê a existência de um regime geral e de diversos regimes especiais.

O Regime Geral aplica-se ao conjunto de países constantes do anexo I, sendo de sublinhar que dele serão retirados os que, entretanto, forem considerados de rendimento elevado pelo Banco Mundial ou que tenham atingido um determinado nível de desenvolvimento industrial, calculado nos termos do Anexo II. Esses países podem, no entanto, voltar a ser incluídos entre os beneficiários, caso se não mantenha a situação que levou à sua retirada.

O nível de benefício resulta da qualificação do bem entre os produtos sensíveis, enumerados no anexo IV e os produtos não sensíveis. No primeiro caso, a isenção é total, enquanto no segundo há lugar a uma redução de 3,5 pontos percentuais da tabela aduaneira comum. Relativamente aos têxteis existe apenas uma redução de 20% dos direitos.

Os regimes especiais de incentivo permitem aos beneficiários obter uma redução de cinco pontos percentuais e referem-se à defesa dos direitos dos trabalhadores, à protecção do ambiente, aos países menos avançados e à luta contra a produção e o tráfico de droga.

No primeiro caso, encontram-se os países que aplicam as convenções da OIT sobre trabalho escravo e trabalho infantil, sobre a não discriminação no trabalho e sobre a liberdade de associação e contratação. Do segundo beneficiam os países que pratiquem políticas concretas de defesa do ambiente. O terceiro integrou a iniciativa da Comissão "Tudo menos armas" e traduz-se numa isenção praticamente sem limites que conhece todavia excepções no caso das bananas e do açúcar. Quanto ao último aplica-se países que abandonem as práticas assinaladas e visa contribuir para a paz e o desenvolvimento.

Quer o sistema geral quer os sistemas especiais estão sujeitos a cláusulas de salvaguarda em caso de problemas especiais sentidos no território

---

[141] *J.O.*, L 346, de 31 de Dezembro de 2001.

Outras vertentes da política comunitária de cooperação e apoio aos países... 443

da Comunidade, podendo ainda os benefícios ser suspensos nas hipóteses enumeradas no artigo 26.°, que contemplam a ocorrência de práticas de escravatura ou de trabalho forçado, a violação das liberdades sindicais ou utilização do trabalho infantil, a exportação de produtos fabricados em prisões, as deficiências de controlos aduaneiros em matéria de exportação de droga, as fraudes ou a incapacidade de fazer respeitar a regra da origem, a prática de actos comerciais desleais e infracção aos objectivos de certas convenções internacionais.

A criação de sistemas especiais não foi pacífica, na medida em que constitui uma opção que se afasta nitidamente das origens dos sistemas de preferências generalizadas, concebidos como não recíprocos e não discriminatórios, levantando-se dúvidas relativamente à sua compatibilização com a decisão do GATT sobre a matéria.

Em reforço das dúvidas que se poderiam colocar quanto à compatibilidade dos sistemas especiais com a "cláusula de habilitação", tem sido igualmente invocada uma passagem da Declaração de *Doha*[142] que reafirma que as preferências cobertas pela cláusula deveriam ser generalizadas, não recíprocas e não discriminatórias.

Essas dúvidas deram, aliás, origem à constituição de um painel na OMC, a solicitação da Índia, questionando a possibilidade de exclusão de países por motivos relacionados com a produção de droga, por a considerarem incompatível com as regras do GATT, tendo diversos países em desenvolvimento e os Estados Unidos[143] solicitado a sua consideração como partes terceiras nesta disputa.

O Painel, ainda que com uma opinião dissidente, deu razão à Índia[144], recomendando ao Órgão de Resolução dos Conflitos que solicitasse à Comunidade Europeia que adequasse as suas medidas às obrigações resultantes do GATT[145].

---

[142] Ver *supra* Parte II, Capítulo III.

[143] País especialmente interessado em virtude de ter aprovado, na sequência dos ataques de 11 de Setembro, uma lei negando preferências aos países que "não tivessem adoptado medidas para apoiar os esforços dos Estados Unidos para combater o terrorismo".

[144] O texto do Relatório do Painel, com data de 1 de Dezembro de 2003, foi já publicado (WT/DS246/R).

[145] Com base nas informações que circulavam quanto ao possível resultado do painel, houve quem, como ROBERT HOWSE, «India's WTO Challenge to Drug Enforcement Conditions in the European Community Generalized System of Preferences. A Little Known Case with Major Repercussions for "Political" Conditionality in US Trade Policy», *Chicago Journal of International Law*, Vol. 4, n.° 2 (2003), o atribuisse à debilidade da defesa apresentada pela Comunidade.

444 *Valores e Interesses*

Tais dúvidas parecem partilhadas, ainda que de forma prudente, pelo Comité sobre Comércio e Desenvolvimento, que se interroga sobre se não seria preferível substituir as preferências comerciais por outros instrumentos, destinados a atingir os mesmos objectivos, como a ajuda orientada, os programas de ajustamento ou a assistência técnica[146].

Esse debate desenvolve-se, aliás, tendo como pano de fundo uma profunda contestação da utilidade do Sistema de Preferências Generalizadas, em que é particularmente importante a posição daqueles que, como ROBERT HUDEC[147], sustentam que a disponibilidade unilateral que os países desenvolvidos mantêm em relação a estes sistemas os torna inúteis e aconselham a sua ultrapassagem por sistemas de cobertura multilateral.

3.2. *A Ajuda Técnica e Financeira aos Países em Desenvolvimento não Associados*

A orientação mundialista da cooperação comunitária para o desenvolvimento seria reforçada, nos anos setenta, com a previsão de formas de auxílio a países menos desenvolvidos, não abrangidos por acordos celebrados pela Comunidade, que passaram a ser beneficiários de ajuda técnica e financeira.

Essa nova vertente da política de cooperação para o desenvolvimento vai desenvolver-se a partir da cimeira de Chefes de Estado e de Governo de Paris de Outubro de 1972 que, embora reconhecendo a existência de deveres especiais para com países ligados por particulares laços à Comunidade, afirmou a existência de um dever de criação de uma política global em relação aos países em desenvolvimento.

Na sequência dessa decisão, a Comunidade participou amplamente, em 1974, numa iniciativa das Nações Unidas em favor dos países em desenvolvimento mais atingidos pelos movimentos dos preços internacionais e veio a elaborar um estudo sobre as necessidades destes países e as possibilidades de apoio, que apontava no sentido da definição de prioridades, entre as quais a cobertura das necessidades alimentares, a ajuda para o desenvolvimento agrícola e o apoio nos esforços de integração regional.

---

[146] *The Generalized System of Preferences. A Preliminary Analysis of the GSP Schemes in the Quad*, cit., ponto 89.

[147] *Ob. cit..*

Outras vertentes da política comunitária de cooperação e apoio aos países... 445

As acções referentes aos países não associados começaram a desenvolver-se de forma mais sistemática a partir de 1976, sendo financiadas pelo orçamento geral das comunidades e dispondo de verbas bastante limitadas. Só em 1981 viria, no entanto, a ser adoptado um Regulamento próprio para essas acções – o Regulamento n.° 442/81, de 17 de Fevereiro de 1981[148] – que forneceu o quadro jurídico dessa nova modalidade de apoio ao desenvolvimento.

O Regulamento veio confirmar no essencial aquilo que era já a prática comunitária nesta matéria, determinando que a ajuda se deveria orientar especialmente para os países mais desfavorecidos; visar sobretudo o desenvolvimento rural e a subsistência alimentar e assumir a forma de ajuda não reembolsável.

Com o progressivo recurso da Comunidade a estratégias de aproximação global às diferentes áreas geográficas pode, no entanto, considerar-se que esse tipo de auxílio perdeu a sua autonomia, sendo absorvido pelas novas modalidades de cooperação entretanto desenvolvidas.

3.3. *A Segurança Alimentar*

A ajuda alimentar traduz uma outra forma original de apoio aos países em desenvolvimento, resultante em parte da Política Agrícola Comum e da utilização dos excedentes por ela gerados. Trata-se, no entanto, de uma vertente da ajuda ao desenvolvimento que, no seu início, não era aceite como tal, na medida em que visava apenas a solução pontual de situações dramáticas, sem estar associada a um processo conducente a assegurar, para o futuro, mecanismos de auto-suficiência alimentar[149].

Está aqui naturalmente fora de causa a apreciação da forma como a Comunidade foi pondo em prática esta modalidade de auxílio ao longo dos anos, mas importa sublinhar que ela sofreu um forte impacto do desenvolvimento das políticas humanitárias, que passaram, muitas vezes, a envolver a ajuda alimentar.

Paulatinamente e até como forma de resposta às críticas que consideravam que este tipo de ajuda poderia ser nocivo para o processo de desenvolvimento económico, a Comunidade caminhou no sentido da integração

---

[148] *J.O.* L 48, de 21 de Fevereiro de 1981.
[149] Vd. O Comentário Megret ao Tratado, volume XIV, JACQUES BRODIN e outros, cit., p. 129.

446 Valores e Interesses

entre as acções de ajuda alimentar e as acções de apoio à segurança alimentar, como é patente no Regulamento (CE) n.° 129/96 do Conselho de 27 de Junho de 1966[150].

As acções de ajuda alimentar contempladas neste Regulamento são entendidas como respostas adequadas face a situações de insegurança alimentar causadas por défices alimentares graves ou por crises alimentares (artigo 1.°).

No mesmo Regulamento estabelece-se uma relação estreita entre a ajuda alimentar e as políticas de desenvolvimento, fixando-se no artigo 4.° a seguinte orientação, de carácter geral: "a ajuda comunitária deve ser integrada tanto quanto possível nas políticas de desenvolvimento, em especial no sector agrícola e agro-alimentar, assim como nas estratégias alimentares dos países beneficiários. A ajuda comunitária deverá apoiar as políticas desenvolvidas pelo país beneficiário em matéria de luta contra a pobreza, de nutrição, de cuidados de saúde reprodutiva, de protecção do ambiente e de recuperação, sendo dada especial atenção à continuidade dos programas, nomeadamente nos casos em que o país esteja a sair de uma situação de emergência. A ajuda quer seja vendida, quer seja distribuída gratuitamente, não deve ser de molde a perturbar o mercado local".

É ainda de salientar a preocupação manifestada no artigo 2.° com a adequação aos hábitos alimentares e com o respeito pelas tradições e pela necessidade de salvaguardar o papel das mulheres neste domínio.

As acções de apoio à segurança alimentar, também previstas no Regulamento, poderão ser realizadas sob a forma de ajuda financeira e técnica e têm por objectivo "apoiar, através dos meios disponíveis, a elaboração e a aplicação de uma estratégia alimentar da população em causa" (artigo 3.°).

3.4. *Acções de Carácter Humanitário*

Outra intervenção de carácter universal que importa salientar neste levantamento é o apoio a situações de catástrofe humanitária, em que a Comunidade actua, muitas vezes, em colaboração com outras organizações, com relevo para agências especializadas das Nações Unidas. Trata-se de uma modalidade excepcional de apoio que também pode ocorrer nos Estados ACP se, para tanto, estiverem reunidas as condições.

A ajuda humanitária é uma das áreas em que mais se tem sentido a evolução da política comunitária, confrontada com um conjunto diversificado de solicitações a carecer de resposta, o que a torna um domínio em que é muito difícil traçar fronteiras, tanto mais quanto as situações de emergência a que visa dar resposta podem resultar quer de fenómenos da natureza quer da acção de grupos humanos.

As interpelações resultantes de fenómenos da natureza podem decorrer tanto das consequências de tremores de terra, como de inundações, secas, furacões e outras intempéries, enquanto que, no que se refere à acção de grupos humanos há que considerar, designadamente, a violência com origem em conflitos étnicos ou religiosos.

Para fazer face a problemas tão diversificados as acções exigidas podem passar por realidades tão diferentes como o auxílio médico, o fornecimento de transportes, o abrigo ou alimentação, as operações de desminagem[151], ou até mesmo o apoio psicológico.

Por outro lado, é preciso ter presente que a necessidade deste tipo de ajuda tanto se pode fazer sentir no domínio preventivo, como no da assistência às vítimas ou ainda no da reconstrução.

O artigo 1.º do Regulamento n.º 1257/96 do Conselho, de 20 de Junho[152], expressamente dá cobertura a essa visão ampla da ajuda humanitária, prevendo que "a ajuda humanitária da Comunidade compreende acções não discriminatórias de assistência, socorro e protecção das populações de países terceiros, nomeadamente as mais vulneráveis e, prioritariamente, as de países em desenvolvimento, vítimas de catástrofes naturais, de acontecimentos provocados pelo homem, como guerras e conflitos, ou de situações e circunstâncias excepcionais semelhantes a calamidades naturais ou provocadas pelo homem, durante o tempo necessário para fazer face às necessidades humanitárias resultantes destas diferentes situações. Esta ajuda inclui também acções de prevenção de catástrofes ou de circunstâncias excepcionais semelhantes".

A acção humanitária normalmente exige uma forte coordenação com outras instituições internacionais e o recurso a um conjunto de parceiros operacionais, geralmente de natureza não estatal, prevendo o artigo 7.º as condições que devem ser preenchidas pelas organizações não governamentais que pretendam colaborar nestas intervenções.

---

[150] *J.O.* L 166, de 5/7/1996.

[151] Vd. Regulamento (CE) do Parlamento Europeu e do Conselho, de 23 de Julho de 2001, relativo à acção na luta contra as minas terrestres antipessoal nos países em desenvolvimento, *J.O.* L 234, de 1 de Setembro de 2001.

[152] *J.O.* L 163, de 2 de Julho de 1996, pp. 1-6.

448   *Valores e Interesses*

Sublinhe-se que se trata de uma ajuda totalmente isenta de qualquer consideração política ou forma de condicionalidade.

Numa outra perspectiva, importa reter que esta modalidade de apoio Comunitário, que se tem desenvolvido de um modo muito intenso a partir da década de oitenta, carece de uma base jurídica clara aparecendo, na opinião da Comissão, como um desenvolvimento da política de cooperação.

As razões que levaram a Comunidade a empenhar-se neste tipo de actividade são muito variadas, podendo avançar-se com hipóteses explicativas que vão desde a influência de valores éticos e morais, até à necessidade de afirmação da União Europeia como actor internacional, passando pela consideração de que, num mundo interdependente, se trata de uma consequência lógica do envolvimento na política de cooperação para o desenvolvimento[153].

Atenta a variedade das acções aqui abrangidas e a multiplicidade das interligações, não é de surpreender que seja uma das áreas em que se podem detectar falhas organizativas mais evidentes. Para responder a essa falhas foi criado, em 1992, o Serviço Humanitário da Comunidade Europeia, que coordena as actividades a executar e, em 2001, a Direcção do Serviço Europe Aid.

Nos termos da legislação comunitária actualmente nem vigor, a ajuda traduz-se em auxílio não reembolsável e exercita-se através de três instrumentos fundamentais: a ajuda de emergência, a ajuda alimentar e a ajuda aos refugiados.

Quanto à ajuda de urgência, inicialmente designada por ajuda excepcional, tem como finalidade responder a dificuldades imediatas através do fornecimento de medicamentos, alimentação, abrigo ou combustível. A ajuda alimentar surge como um prolongamento dos programas gerais de distribuição de alimentos a populações com fome, utilizando-se mecanismos de distribuição mais rápidos para fazer face à situação de emergência. Por seu turno, a ajuda aos refugiados, que tende a tornar-se predominante, visa a prestação de socorro a populações expulsas ou forçadas a abandonar os países de origem, procurando responder às necessidades do êxodo e às de integração num novo país ou reintegração no de origem.

---

[153] Vd., a este propósito, ANNE HAGLUND, «The European Union and Humanitarian Assistance: Definition, International Context and Developments», in CAROL COSGROVE-SACKS, *Europe, Diplomacy and Development*, cit, pp. 153 e segs..

Outras vertentes da política comunitária de cooperação e apoio aos países... 449

O apoio da ajuda humanitária tem vindo a desenvolver-se de forma significativa, abrangendo no ano de 2003 vitimas de situações de desastre humanitário em cinquenta países[154].

Tratando-se de acções de emergência e de curta duração, não se pode considerar que se esteja em presença de formas de cooperação para o desenvolvimento, mas tem-se vindo a desenhar uma tendência para interligar os dois temas, eliminando aquilo que a Comissão considera ser uma "zona cinzenta" entre ajuda de emergência, reabilitação e desenvolvimento[155].

De facto, tal como a Comissão sustenta, tanto na Comunicação de 1996, como na de 2001[156], se existisse uma maior ligação entre essas actividades, seria possível prevenir a ocorrência de situações com enormes custos humanos.

É assim que se considera que acções de preparação poderiam criar uma maior capacidade de resposta das populações às catástrofes naturais, enquanto que os conflitos violentos poderiam ser evitados no contexto de acções no domínio económico, social e político e que o auxílio às crises estruturais deveria conhecer uma fase de transição mais acentuada.

Este parece ser, na verdade, o caminho mais adequado a prosseguir nesta estratégia de auxílio, que manifestamente não pode ignorar o pano de fundo em que ocorrem estas situações e que poderia ser significativamente alterado por um processo de desenvolvimento económico.

Na estratégia desenvolvida pelos serviços de apoio humanitário, é de sublinhar particularmente a preocupação de intervir nas áreas com maiores necessidades humanitárias, a par com a de prestar uma especial atenção às "crises esquecidas" e às "necessidades esquecidas", num contexto de insistência na ligação do alívio da crise com o desenvolvimento, a prevenção dos desastres e o cuidado particular com os alvos mais vulneráveis[157].

3.5. *A Ajuda na Luta Contra o SIDA*

No conjunto de apoios disponibilizados pela Comunidade Europeia aos países em desenvolvimento vem ganhando especial significado o que se relaciona com o auxílio ao combate ao vírus HIV, que faz sentir os seus efeitos de forma dramática em muitos desses países, em especial nos do continente africano.

Esta intervenção cuja coordenação está a cargo da Direcção Geral do Desenvolvimento, teve início em 1987 e envolve um conjunto variado de medidas, implicando diferentes formas e níveis de actuação, que vão desde modalidades de cooperação com os governos, organizações internacionais e ONGs, passando pelo auxílio financeiro, tendo sido objecto de diversos documentos de reflexão e resoluções políticas, que não seria adequado seguir em pormenor.

CAPÍTULO IV
Os fundamentos jurídicos da política de cooperação

1. Aspectos gerais

O desenvolvimento e expansão da política de cooperação nos termos que foram analisados colocaram naturalmente problemas de índole jurídica relacionados com a legitimidade da Comunidade para a prossecução de acções de cooperação e com a base jurídica que lhe servia de apoio.

Demos já conta do modo como uma referência do preâmbulo do Tratado de Roma à solidariedade que liga a Europa aos territórios ultramarinos, que visava ainda uma situação colonial, serviu de inspiração e fundamento para o desenvolvimento da política de cooperação, em associação com os então artigos 131.° a 136.° do Tratado, que estabeleceram um princípio de cooperação com certos territórios dependentes dos Estados membros.

Porém, neste plano, impõe-se distinguir claramente duas fases: uma primeira que vai até ao Tratado de Maastricht e que se caracteriza por alguma indeterminação quanto à existência de competência comunitária própria em matéria de cooperação – problema que seria, no entanto, clarificado por via jurisprudencial – e uma segunda, em que o legislador expressamente consagrou a política comunitária de cooperação no Tratado, definindo a competência da Comunidade para o seu desenvolvimento, os princípios a que ficava sujeita e as regras a seguir no processo decisório.

A partir do Tratado de Maastricht a política de cooperação para o desenvolvimento passa a ser claramente assumida como uma política comum, norteada pelos mesmos valores que prosseguem as políticas internas da Comunidade, circunstância que não invalida as referidas dificuldades de interpretação com que se confrontam as disposições do actual Título XX, nem o facto de muitas acções no âmbito da cooperação para o desenvolvimento continuarem a ser desenvolvidas com evocação de outras disposições do Tratado.

452   *Valores e Interesses*

2. A Ajuda ao Desenvolvimento Antes do Tratado de Maastricht

As convenções de Lomé foram adoptadas como acordos mistos, assinados pela Comunidade e pelos Estados membros, não tendo, por isso suscitado especiais dificuldades no plano jurídico. Essa circunstância, porém, não afasta a o reconhecimento de que não existia uma disposição expressa fundando a competência comunitária em matéria de cooperação para o desenvolvimento.

A adopção dessa fórmula constituiu uma saída hábil para o problema, que tinha já sido identificado e que estava no centro de uma profunda controvérsia entre a Comunidade e os Estados membros quanto à competência internacional da primeira, uma vez que a versão originária do Tratado de Roma parecia atribuir-lhe poderes muito reduzidos nesta esfera[158].

Com efeito, as únicas referências expressas à possibilidade de a Comunidade celebrar tratados internacionais inseriam-se no artigo 113.°, atinente à política comercial e aduaneira, no artigo 138.°, relativo a acordos de associação e, noutra dimensão – a admissão de estabelecimento de relações com outras organizações internacionais – nos artigos 229.° a 231.°.

Esse circunstancialismo levou a que, durante algum tempo, fosse sustentado que a Comunidade apenas dispunha de competência internacional nestes casos[159], reservando-se a competência para quaisquer outras acções no domínio internacional exclusivamente aos Estados membros.

PAUL REUTER[160] foi, no entanto, o primeiro autor a assinalar a inaceitabilidade de uma situação em que se admitia no plano interno a expansão das competências comunitárias, enquanto que, no externo, se procurava fixar um estatuto de imobilidade.

Nessa linha, REUTER defendeu que a competência externa tinha de acompanhar a competência interna, posição que viria rapidamente a triunfar e ficaria conhecida pelo aforismo latino *in foro interno, in foro externo*.

Esta posição acabaria por ser sufragada pela jurisprudência comunitária, a propósito do sector dos transportes, no Acórdão AETR, de 31 de

---

[158] PIERRE PESCATORE, *Les Relations Extérieures des Communautés Européennes, Reccueil des Cours* (103), 1961 e «External Relations in the Case-Law of the Court of Justice of the European Communities», *Common Market Law Review*, vol. 16 (1979), pp. 615 e segs..

[159] Sem esquecer que, como assinala LUÍS PEDRO CUNHA, *Lições de Relações Económicas Externas*, Coimbra, Almedina, 1997, p. 7, o aparecimento da Comunidade como actor internacional representasse um fenómeno novo na cena internacional.

[160] *La Communauté Européenne du Charbon et de l'Acier*, Paris, 1953.

Março de 1971[161], onde se afirmou expressamente que "o sistema de medidas internas da Comunidade não pode ser separado do das suas relações externas", daí se concluindo que, sempre que a Comunidade adoptasse as medidas necessárias ao desenvolvimento de uma política comum, ficaria habilitada a assumir obrigações contratuais com Estados terceiros[162].

Aceitou, assim, o Tribunal de Justiça a teoria dos poderes implícitos da Comunidade, admitindo o paralelismo entre as acções internas já desenvolvidas e as correspondentes acções no plano externo[163].

No entanto, o Acórdão AETR não dissipou as dúvidas quanto à existência de competência comunitária para a celebração de tratados nos casos em que a Comunidade, embora dispusesse de poderes virtuais para o desenvolvimento de políticas internas, não os tivesse ainda exercitado.

Estas dúvidas viriam a ser dissipadas pelo Tribunal que, no Parecer n.º 1/76[164], afirmou categoricamente a competência comunitária para a celebração de acordos também nesse contexto, o que representou uma sensível evolução da orientação desta instância comunitária[165].

No parecer 1/94[166], o Tribunal iria ainda mais longe, afirmando claramente a possibilidade de a Comunidade celebrar acordos internacionais, ainda antes de ter desenvolvido qualquer competência no plano interno, na medida em que tais acordos fossem condição prévia para o exercício das competências internas[167].

---

[161] *Colectânea de Jurisprudência*, 1971, pp. 263 e segs..

[162] Sobre este acórdão existe uma extensa bibliografia, da qual se recorda, por todos, R. KOVAR, «L'Affaire da la AETR devant la Cour de Justice des Communautés Européennes et la Compétence Internationale de la CEE», *Annuaire Français de Droit International*, 1971, pp. 386-418.

[163] Sobre a aplicação dos poderes implícitos em matérias de relações externas, vd. ANA GUERRA MARTINS, *O Art.º 235.º do Tratado da Comunidade Europeia, Cláusula de Alargamento das Competências dos Órgãos Comunitários*, Lisboa, Lex, 1995, p. 95 e segs..

[164] *Colectânea de Jurisprudência*, 1997, pp. 741 e segs..

[165] Sobre o parecer vd., por exemplo, J. RAUX, «Les Accords Externes de la CEE. L'Avis de la Cour de Justice des Communautées Européennes au Titre de de l'Article 228, Paragraph 1, 2ème Alinéa du Traité CEE», *Revue Trimestrielle de Droit Européen*, 1976, pp. 482-495.

[166] *Colectânea de Jurisprudência*, 1994, p. 5267.

[167] Vd. OLIVIER DE SCHUTTER – YVES LEJEUNE, «L'Adhésion de la Communauté à la Convention Européenne des Droits de L'Homme. À Propos de l'Avis 2/94 de la Cour de Justice des Communautés», *Cahiers de Droit Européen*, ano 32 (1996), n.ºs 5-6, pp. 568 e segs..

454   *Valores e Interesses*

Numa jurisprudência muito rica e que sofreu, por vezes, algumas inflexões[168], o Tribunal clarificou a sua posição quanto à eventualidade de a competência comunitária excluir a competência concorrente dos Estados, firmando nos pareceres 1/94 e 2/92 a orientação de que a exclusão da competência nacional apenas poderia ocorrer nos casos em que a competência exercida pela Comunidade visasse uma harmonização completa da matéria ou do instituto em causa, subsistindo, em todos os restantes casos, uma competência partilhada[169].

Nesse contexto foi possível à Comunidade desenvolver uma série de acções de cooperação para o desenvolvimento, apesar da inexistência de uma base jurídica unitária que as fundamentasse.

Num período em que as concepções sobre desenvolvimento económico eram muito diversas das actuais e em que, no essencial, os acordos de desenvolvimento eram vistos como modalidades de acordos comerciais, foi possível à Comunidade celebrar diversos acordos de desenvolvimento com países terceiros ou adoptar outras medidas de cooperação, baseando-se no artigo 113.°, como sucedeu com a criação de um instrumento de importância decisiva para a Política de Cooperação: o Sistema de Preferências Generalizadas.

A decisão de fundamentar a criação do Sistema de Preferências Generalizadas no artigo 113.° foi expressamente sufragada pelo Tribunal no Acórdão sobre as "preferências generalizadas"[170], considerando os juízes que os actos relativos à instituição de um sistema de preferências se incluíam no âmbito da política comercial e, como tal, deveriam ser adoptados com recurso ao artigo 113.°, sem necessidade de invocação do artigo 235.°[171].

---

[168] Para uma descrição pormenorizada, CHRISTINE KADDOUS, *Le Droit des Relations Extérieures dans la Jurisprudence de la Cour de Justice des Communautés Européennes*, Bâle, Genève, Munich, Helbing &Lichtenhahn, 1998; o conjunto de artigos incluídos em ALAN DASHWOOD-CHRISTOPHE HILLION, *The General Law of External Relations*, London, Sweet & Maxwell, 2000 e DAVID O'KEEFFE, «Community and Member States Competence in External Relations Agreements of the EU», *European Foreign Affairs Review*, vol. IV (1999), n.° 1, pp. 7-36.

[169] Vd. a análise de MARIA LUÍSA DUARTE, *A Teoria dos Poderes Implícitos e a Delimitação de Competências entre a União Europeia e os Estados Membros*, Lisboa, Lex, 1997, pp. 586 e segs..

[170] Acórdão de 26 de Março de 1987, *Colectânea*, 1987, pp. 1493 e segs..

[171] No mesmo sentido podem ainda citar-se os acórdãos de 17 de Março de 1993, (C-155/91), *Colectânea de Jurisprudência*, 1993, p. 939 e de 26 de Março de 1987, cit..

Os fundamentos jurídicos da política de cooperação   455

A interpretação do Tribunal terá, ainda, sido facilitada pela circunstância de não existir no direito comunitário uma definição do que se deve entender por "acordo de desenvolvimento"[172], o que permitiu a aproximação dos acordos de desenvolvimento e dos acordos comerciais, no entendimento – expresso no citado Acórdão de 26 de Março de 1987 – de que um acto de política comercial poderia ter igualmente como objectivo o desenvolvimento de uma país terceiro, tanto mais quanto a ligação entre o aumento do comércio e o desenvolvimento económico encontra uma sólida tradição no pensamento económico[173].

Outros acordos, nomeadamente no domínio das pescas, que constituíam verdadeiros acordos de desenvolvimento, foram celebrados com base nas disposições do artigo 43.º[174].

Na ausência de outra possibilidade de fundamentação expressa, recorreu, ainda, a Comunidade ao artigo 235.º do Tratado, que lhe permitia realizar as acções consideradas necessárias para o funcionamento do mercado comum, desenvolvendo a teoria dos poderes implícitos.

Por seu turno, o artigo 238.º, que previa a possibilidade de celebração de acordos de associação com um ou mais Estados ou organizações internacionais, caracterizados por direitos e obrigações recíprocos, serviu de base aos acordos com os países ACP, devendo, todavia, reconhecer-se que foi feita uma interpretação flexível da ideia de direitos recíprocos, na medida em que, como sabemos já, estes acordos se caracterizam precisamente pela aceitação de formas de não reciprocidade a favor das nações menos desenvolvidas.

De resto, o próprio Tribunal de Justiça veio admitir essa desigualdade, ao assentir: "essa convenções caracterizam-se por um desequilíbrio muito sensível dos compromissos assumidos pelas partes contratantes. Com efeito, têm por objectivo geral promover o desenvolvimento económico e social dos Estados terceiros que nelas tomam parte através, designadamente, de uma melhoria das condições de acesso dos seus produtos ao mercado comunitário"[175],

---

[172] Como, aliás, sucede com o direito internacional em geral. Cfr. *supra*, Parte I, Capítulo I.

[173] Nesse sentido, vd. FRANCESCA MARTINEZ, «La Politica di Cooperazione allo Sviluppo della CEE. Rassegna dei Attività Principali», *Rivista Italiana di Diritto Pubblico Comunitário*, 1991, p. 405.

[174] I MacLEOD, I. D. HENDRY e STEPHEN HYETT, *The External Relations of the European Communities*, Oxford University Press, 1996, p.338.

[175] Acórdão *Chiquita* de 12 de Dezembro de 1995, *cit.*.

456 *Valores e Interesses*

Finalmente, os actuais artigos 182.º e seguintes forneceram e continuam a fornecer a base para as acções de cooperação desenvolvidas a favor de territórios em situação de descontinuidade territorial e com problemas específicos de desenvolvimento.

Note-se, todavia, que a já assinalada orientação do Tribunal, admitindo a existência de competências simultâneas da Comunidade e dos Estados, teve uma especial expressão em matéria de desenvolvimento, como resulta claramente de dois acórdãos.

No Acórdão de 2 de Maio de 1994 (Caso Parlamento contra Comissão), a propósito do Fundo Europeu de Desenvolvimento[176], o Tribunal, ao mesmo tempo que confirmou a competência comunitária, expressamente rejeitou a hipótese de perda de competência dos Estados membros, explicitando que estes tinham "o direito de subscrever, eles próprios, compromissos em relação a Estados terceiros, colectiva ou individualmente ou no caso, conjuntamente com a Comunidade".

Este acórdão veio, aliás, na mesma linha de um anterior aresto, proferido em relação a decisões do Conselho no caso da ajuda ao Bangladesh – numa área afim, a da ajuda humanitária – que criaram uma zona cinzenta, pela forma como se encontravam redigidos, dificultando a percepção sobre se tratava de uma acção comunitária ou dos Estados membros, ainda que decidida aquando de uma reunião comunitária.

Com efeito, no caso do auxílio ao Bangladesh, o Conselho de 13 e 14 de Maio de 1991 anunciou uma ajuda de emergência àquele país num montante de 60 (sessenta) milhões de ecus, integrada na ajuda da Comunidade, mas prevendo quer a possibilidade de gestão directa por cada Estado membro da parcela do auxílio da sua responsabilidade, quer a de gestão pela Comissão, decisão cuja legalidade gerou as maiores dúvidas[177].

Instado pelo Parlamento a pronunciar-se sobre a legalidade, o Tribunal de Justiça[178] viria a considerar-se incompetente, sustentando que se não estava em presença de um acto comunitário, precisando, ainda assim que, situando-se a ajuda humanitária numa área partilhada entre a Comunidade e os Estados, estes seriam livres de recorrer aos mecanismos comunitários ou de actuarem por si próprios, no domínio da intergovernamentalidade.

---

[176] *Colectânea de Jurisprudência*, 1994, p. 625.

[177] Sobre estes acórdãos, vd. ANGELA WARD, «Community Development Aid and the Evolution of the Inter-institutional Law of the European Union», in ALAN DASHWOOD-CHRISTOPHE HILLION, *The General Law of External Relations*, cit., pp. 42-47.

[178] Acórdão de 30 de Junho de 1993 in Colectânea de Jurisprudência, 1993, p. 289.

A orientação do Tribunal evidencia total coerência, na medida em que nem pelo recurso à teoria dos poderes virtuais da Comunidade seria possível sustentar, no caso, o esgotamento das competências nacionais.

A característica mais marcante deste período será, porventura, o modo como a Comunidade conseguiu pôr de pé uma verdadeira política comum de desenvolvimento recorrendo, sobretudo, aos seus poderes implícitos, já que não existia no Tratado uma disposição que claramente o consentisse[179].

Esse feito levou mesmo a que se questionasse a necessidade de inclusão no Tratado de normas expressas sobre esta matéria, como ficou patente na recusa de aprovação da proposta holandesa, aquando do Acto Único Europeu e está, também, implícito em posições como a do advogado-geral La Pergola que, nas conclusões gerais do processo Portugal/Conselho, a propósito do Acordo da Índia, afirmou que a inclusão correspondeu "... à exigência de dar uma sistematização jurídica adequada a uma acção relevante em si e que, pela sua importância e conteúdo, se autonomizou da política comercial ..."[180].

3. A Política de cooperação para o desenvolvimento no Tratado de Maastricht

3.1. *Aspectos gerais*

O que antes ficou expresso permite suportar a afirmação de que, por ocasião da entrada em vigor do Tratado de Maastricht, já existia um importante acervo de iniciativas e textos comunitários que davam coerência à política global levada a cabo na área da cooperação para o desenvolvimento.

É, no entanto, inequívoco que a introdução pelo Tratado de Maastricht dos actuais artigos 177.º a 181.º – Título XX – veio criar uma base muito mais clara para as acções em prol do desenvolvimento, acompanhada, aliás, a partir do Tratado de Nice, de um novo título XXI, com a epígrafe "cooperação económica, financeira e técnica com países terceiros".

---

[179] Por todos, vd. J RAUX, «Politique de Coopération au Développement et Politique Commerciale Commune», in M. MARESCEAU (ed.), *The European Community Commercial Policy After 1992: The Legal Dimension*, Kluwer, Dodrecht, 1003, p. 184.

[180] *Colectânea*, 1996, p. 6187.

458 — *Valores e Interesses*

A importância da consagração expressa de uma política comum para o desenvolvimento que, na realidade, existia há mais de trinta anos é, em primeiro lugar, simbólica, na medida em que se pode entender que, num momento de viragem das atenções para o Leste, se tratou de um sinal enviado aos países do Sul sobre a importância atribuída àquela política[181].

Seria redutor considerar que a inclusão no Tratado desta nova política comum representou unicamente uma oficialização e codificação de praxes já existentes o que, como notou FRANCESCA MARTINEZ, implicaria uma desvalorização das alterações introduzidas na política de cooperação pelas novas disposições[182]. Contudo é preciso reconhecer que, pelo menos em parte, as novas disposições apenas vieram dar cobertura a orientações que já vinham sendo seguidas em alguns acordos e outras acções levadas a cabo pela Comunidade.

3.2. *O Novo Título XX*

O título XX não só constitui uma base jurídica mais clara para as acções de cooperação para o desenvolvimento como também permite inequivocamente falar da política de cooperação como política comum, tal como expressamente reconheceu o Tribunal de Justiça[183].

Recorde-se, em síntese[184], que as novas disposições introduzidas pelo Tratado de Maastricht confirmam a existência de uma política comunitária de cooperação para o desenvolvimento que é complementar da política dos Estados membros, definindo um conjunto de objectivos para essa política e introduzindo o respeito pelos direitos humanos e pelos valores democráticos como valor central (artigo 177.°, n.° s 1e 2).

As disposições em causa prevêem a cooperação da Comunidade e dos Estados membros com as organizações internacionais (artigos 177.°, n.° 3 e 181.°), subordinam as políticas comunitárias aos objectivos definidos para as políticas de desenvolvimento (artigo 178.°), fixam a distribui-

---

[181] Nesse sentido, LEBULLANGER, «La Rénovation de la Politique Communautaire du Développement», *Revue Trimestrielle du Droit Européen*, ano 30, (1994), n.° 4, p. 642.

[182] «Alcuni Problemi Relativi alla Politica di Cooperazione allo Sviluppo della Comunità Europea», *Il Diritto dell'Unione Europea*, 1998, n.° 4. p. 884.

[183] O primeiro e fundamental Acórdão sobre esta matéria é o de 3 de Dezembro de 1996, República Portuguesa contra Conselho da União Europeia, *Colectânea de Jurisprudência*, 1996, p. I-06177.

[184] Cfr. *supra*.

ção interna de poderes, ressalvando o processo específico do relacionamento com os países ACP (artigo 179.°) e prevêem formas de coordenação entre a Comunidade e os Estados membros (artigo 181.°).

A consagração no Tratado de normas relativas à política comunitária para a cooperação constituiu um passo de grande significado, sobretudo por comparação com os textos constitucionais da generalidade dos Estados membros.

Mais significativa é, talvez ainda, a assunção de um conjunto de objectivos para a política de cooperação, centrados em torno da necessidade de protecção especial dos países mais vulneráveis, da luta contra a pobreza, da integração destes países no comércio mundial, assim como do respeito pelos direitos do homem e pelos valores democráticos e do Estado de Direito.

No quadro legal que lhe foi definido pelo Tratado, a política de cooperação para o desenvolvimento ficou condicionada por grandes objectivos económico-sociais, podendo-se considerar, que o fundamento democrático da cooperação entre a Europa e o Sul e o desenvolvimento humano sustentável são os desenvolvimentos mais significativos introduzidos pelas novas disposições.

Dessa definição resulta inequivocamente a intenção da Comunidade de abraçar um conceito amplo de desenvolvimento económico, como foi expressamente reconhecido pelo Tribunal de Justiça[186].

Poder-se-á, todavia, pensar que, ao inserir no Tratado disposições em matéria de cooperação para o desenvolvimento, o legislador comunitário deveria, por razões de segurança jurídica, ter avançado mais na precisão de alguns conceitos, por forma evitar ao máximo as áreas de indefinição.

É este o caso, desde logo, do próprio conceito de países em desenvolvimento, que não tem qualquer tratamento no Tratado e que, como vimos já, não tem uma leitura unívoca no direito internacional público ou na prática das organizações internacionais, o que permite que a determinação dos países a assistir continue a assentar largamente em critérios políticos ou de oportunidade. Até agora, parece apenas segura a existência de uma orientação da Comunidade no sentido de não serem integrados nessa categoria os países da Europa de Leste e do Centro – países da transição[187].

---

[186] Acordão Portugal v Comissão.
[187] I MacLeod, I. D. Hendry e Stephen Hyett, *The External Relations of the European Communities*, cit., p. 341.

460   *Valores e Interesses*

Depois, persiste a indeterminação sobre o que se deve entender por acordo de cooperação para o desenvolvimento, bem como sobre as suas características essenciais, indeterminação que nem o Tribunal tentou resolver, como poderia eventualmente ter ensaiado, por recurso a instrumentos de outras organizações internacionais[188].

É, designadamente, natural que possam subsistir dúvidas na distinção entre um acordo de desenvolvimento económico e um acordo comercial, o que tem consequências práticas, designadamente quanto ao correspondente processo de aprovação.

Importa, todavia, ter presente que essa indefinição será, de algum modo, imputável à evolução que as políticas de desenvolvimento conheceram nas últimas décadas, afastando-se decisivamente do mero domínio da ajuda financeira ou das trocas comerciais, para passarem a incluir toda uma série de domínios essenciais para a alteração global das realidades que se pretende influenciar.

Crescentemente surgem, pois, inseridas nas acções e acordos para o desenvolvimento, disposições que cobrem as mais variadas áreas da actividade económica, tornando problemática a qualificação desses acordos e inculcando um dever de balanceamento casuístico entre a necessidade de inclusão deste tipo de previsões e a impossibilidade de admitir a qualificação automática como acordos de desenvolvimento de instrumentos que não tenham o desenvolvimento como escopo essencial.

3.3. *O Acórdão Portugal/Conselho*

Foi precisamente o alargamento do âmbito dos acordos comerciais que fundamentou a contestação de Portugal à legalidade do acordo celebrado entre a Comunidade e a Índia, o qual forneceu até agora a única ocasião ao Tribunal de Justiça para se pronunciar sobre as novas normas do Tratado, num Acórdão que, por isso mesmo, se reveste de grande importância.

A abrangência das matérias incluídas no Acordo em questão deveria, na interpretação do governo português, ter levado a que o mesmo fosse celebrado ao abrigo das disposições conjugadas dos actuais artigos 181.º e 308.º e não apenas do primeiro, como sucedeu.

---

[188] Não tendo, também, optado pelo recurso outras vezes praticado, de lançar mão do que seria a interpretação dada ao conceito no país que esteve na origem da inserção da norma no Tratado.

Contestou, ainda, Portugal a inclusão de um artigo referente à salvaguarda dos direitos humanos e de artigos contendo normas relacionadas com o comércio, a propriedade intelectual, o investimento e o combate à droga, considerando que tais artigos só poderiam ser incluídos com a invocação do então artigo 235.° e com a intervenção no Acordo de todos os Estados membros.

A alegação essencial de Portugal, no que respeita à salvaguarda dos direitos do homem, prendia-se com o facto de esta matéria constituir um elemento essencial do Acordo e não uma referência genérica, de carácter acessório, à necessidade da sua salvaguarda.

O Tribunal pôde facilmente afastar a questão colocada por Portugal quanto ao artigo referente aos direitos humanos, recordando a previsão do n.° 2 do artigo 177.°, que expressamente liga a política de cooperação para o desenvolvimento ao objectivo de contribuir para o respeito pelos direitos do homem, legitimando totalmente o tratamento dessas matérias num acordo para o desenvolvimento.

Tal previsão, como sustentou o Tribunal, corresponde, aliás a uma prática que a Comunidade vinha já seguindo em acordos anteriores ao Tratado de Maastricht, com expressão, por exemplo, no novo desenho da política comunitária firmado na Declaração sobre Direitos Humanos e Desenvolvimento de 1991.

Importa, de qualquer forma, realçar a interpretação que o Tribunal fez da norma do n.° 2 do artigo 177.°, considerando-a uma verdadeira obrigação para a Comunidade e não uma simples recomendação[189].

O Tribunal recusou tirar qualquer conclusão da circunstância, alegada por Portugal, de que o respeito pelos direitos humanos era considerado um elemento essencial do acordo, o que envolveria a sua descaracterização como acordo de desenvolvimento. Correctamente, o Tribunal ligou tal qualificação ao artigo 60.° do Tratado de Viena, confirmando a interpretação de que ela se destinava apenas a permitir a suspensão ou denúncia do acordo, em caso de violação dos direitos humano.

Quanto às demais matérias questionadas pelo Governo Português, o Tribunal viria a decidir no sentido da legalidade da sua inclusão, frisando que as acções previstas eram meramente instrumentais do objectivo da Co-

---

[189] STEVE PEERS, «Fragmentation or Evasion in the Community's Development Policy? The Impact of Portugal v. Council», in ALAN DASHWOOD e CHRISTOPHE HILLION (orgs.) *The General Law of E.C. External* Relations, Sweet and Maxwell, London, 2000, p. 103.

462 Valores e Interesses

munidade e só no caso de assumirem uma importância desproporcionada ou de falta de ligação com o objectivo central se poderia sustentar a necessidade de recurso a outra fundamentação[190].

A decisão é, nessa parte, coerente com a concepção ampla de desenvolvimento, hoje em dia consensual, mas parece não afastar a necessidade de se sindicar sempre a importância de disposições deste tipo no contexto dos acordos em que sejam incluídas, bem como as obrigações que delas resultam para a Comunidade.

O Tribunal trilhou uma via ajustada, ao considerar que as amplas finalidades definidas para a política de cooperação justificam o recurso a instrumentos mais diversificados e sofisticados do que ocorria na primeira geração destes acordos.

No entanto, não levou esse raciocínio às últimas consequências, com a inerente legitimação da inclusão de artigos como os contestados por Portugal, antes condicionando a apreciação da sua validade à análise concreta da importância que lhes seja atribuída em cada acordo, numa posição que já foi criticada, por não fornecer um critério orientador seguro quanto à qualificação dos contratos, que fica, assim, remetida para a fase de execução do acordo[191].

Implicitamente, o Tribunal parece criar uma barreira de contornos mal definidos, que não poderá ser ultrapassada pela Comunidade, dando a entender que a inclusão de obrigações concretas de natureza comercial ou técnica, que não sejam claramente instrumentais dos objectivos do desenvolvimento, implicará a descaracterização do acordo como acordo de cooperação para o desenvolvimento e determinará, consequentemente, a necessidade de busca de outra base jurídica para a sua celebração.

O Acórdão permite suscitar a questão – sobre a qual o Tribunal não foi instado a pronunciar-se, nem o fez por iniciativa própria – de saber se é possível a um acordo celebrado com base no artigo 177.° ter apenas por objecto questões de direitos humanos, hipótese que não pode deixar de gerar dúvidas, ainda que o Tribunal pareça fazer uma ligação tão intensa entre direitos humanos e desenvolvimento que se pode admitir que daria uma resposta positiva[192].

---

[190] Parece, assim, ter sido decisiva para a decisão do Tribunal a circunstância de os artigos questionados por Portugal se apresentarem redigidos em termos muito genéricos, criando praticamente apenas um quadro de referência. Nesse sentido, vd. NOREEN BORROWS, «Development Cooperation Defined», *European Law Review*, vol. 22, n.° 6, 1997, p. 597.

[191] FRANCESCA MARTINEZ, «Alcuni Problemi...», cit., pp. 886 e segs..

[192] Recorde-se, no entanto, a posição assumida pelo governo dinamarquês e recor-

Embora não tenha sido abordada no Acórdão, foi longamente discutida nas conclusões do Advogado Geral LA PERGOLA a questão do relacionamento entre a competência da Comunidade e a dos Estados membros. Recorde-se que o n.º 1 do artigo 177.º estabelece uma regra de complementaridade da política de cooperação da Comunidade em relação à dos Estados membros, o que permitiu a Portugal sustentar que se estaria num domínio em que prevaleceria o princípio da subsidiariedade como critério de interpretação.

Essa leitura foi afastada pelo advogado LA PERGOLA, com a evocação da disposição do artigo 180.º, n.º 1, que prevê que a Comunidade e os Estados membros coordenarão as políticas de desenvolvimento, o que, na sua opinião, "vem demonstrar que as políticas respectivas (...) são autónomas entre si e não permite estabelecer entre elas qualquer hierarquia, nem mesmo de natureza funcional". No desenvolvimento do seu raciocínio La Pergola invoca, por outro lado, o número 2 que, ao atribuir poderes à Comissão para tomar as iniciativas à coordenação"... parece apontar para um predomínio das instâncias comunitárias".

A este argumento PEERS veio ainda acrescentar outro, o de que o princípio da subsidiariedade nunca pode ser aplicado à aferição da existência de poderes, mas tão só ao seu exercício em concreto, como resulta das Conclusões do Conselho Europeu de Edinburgh de 1992 e do Protocolo sobre subsidiariedade e proporcionalidade anexo ao Tratado de Amsterdão[193].

Parece, no entanto, razoável, concluir que, na primeira decisão de fundo tomada a propósito das novas normas referentes à cooperação para o desenvolvimento, o Tribunal adoptou uma posição muito aberta, reconhecendo um grande campo de manobra à Comunidade, o que lhe permitirá concentrar-se mais nas questões de mérito da política do que nas de legalidade[194].

---

dada no Acórdão, no sentido de que se o acordo tivesse a finalidade específica de proteger os direitos humanos, então a base jurídica deveria ser a do artigo 235.º. De qualquer forma, a Comunidade deu já sinais de que a protecção dos direitos humanos será, sobretudo, objecto de acções a desenvolver fora do quadro destes acordos, como parece resultar do Regulamento (CE) do Conselho de 29 de Abril de 1999, que estabelece os requisitos para as acções de cooperação para o desenvolvimento que contribuem para o objectivo geral de desenvolvimento e consolidação da democracia, do Estado de Direito, bem como para o objectivo do respeito dos direitos do Homem e das liberdades fundamentais.

[193] «Case C-268/94, Portugal v Council», *Common Market Law Review*, vol. 35, n.º 2, Abril de 1998, p. 548.

[194] STEVE PEERS, «Fragmentation...», cit., p. 112.

3.4. *A Política de Cooperação como Política Comum*

Convirá, no entanto, que se prossiga na análise das consequências a extrair das novas disposições comunitárias em matéria de cooperação para o desenvolvimento.

O novo título XX tornou inequívoco que se trata de uma política comum, o que envolve consequências relevantes, como a que teve expressão no despacho do Tribunal no caso COTECNA[195], aplicando a uma acção de cooperação para o desenvolvimento a jurisprudência que vinha firmando, no sentido de que as medidas que colocassem entraves às políticas comuns deviam ser entendidas como perturbando o funcionamento da Comunidade.

No caso concreto, estava em causa a possibilidade de penhora de fundos comunitários destinados ao Djibouti e atribuídos no quadro da Convenção de Lomé, hipótese que o Tribunal rejeitou, sustentando que se tratava de fundos que a Comissão iria retirar do FED para afectar, no quadro da política comunitária de desenvolvimento, à realização de programas de desenvolvimento naquele país. No entendimento do Tribunal, a consequência da autorização da penhora seria a de "… afectar a interesses particulares que, embora legítimos, são estranhos à política de cooperação, fundos expressamente destinados pela Comunidade àquela política".

Da consagração da política de cooperação para o desenvolvimento como política comum resultam outras importantes consequências que se fazem sentir, desde logo, na sua diferenciação da política externa e de segurança comum.

Recorde-se, aliás, que alguns Estados pretenderam que esta matéria viesse tratada a propósito da Política Externa e de Segurança Comum, hipótese que foi rejeitada em nome da tradição comunitária entretanto desenvolvida, concluindo-se que a consagração da política de desenvolvimento no segundo pilar representaria uma regressão em relação à situação anterior[196].

De facto, a matéria de cooperação regista uma diferença essencial em relação à PESC já que, como bem se sublinhou em Parecer da Comissão para o Desenvolvimento e Cooperação do Parlamento Europeu[197], não se

---

[195] *Colectânea de Jurisprudência*, 2001, pp. 4219 e segs..

[196] Vd. J. Cloos, G Reinesc, D. Vignes e J. Weyland, *Le Traité de Maastricht. Genèse, Analyse, Commentaires*, Bruxelles, Bruylant, 1998.

[197] *Rivista di Diritto Europeo*, 1995, pp. 1008 e segs..

Os *fundamentos jurídicos da política de cooperação* 465

trata de uma matéria que se situe no domínio da mera intergovernamentalidade, tendo antes as suas bases jurídicas em artigos do Tratado da Comunidade Europeia.

O facto de a Comunidade passar a dispor de uma norma que expressamente lhe permite desenvolver acções de cooperação, sem necessidade de recorrer a outros fundamentos, constitui uma aquisição especialmente relevante.

A apreciação do Tribunal feita no caso Portugal *versus* Conselho veio, de resto, confirmar inequivocamente a possibilidade de a Comunidade desenvolver uma política autónoma da dos Estados membros, podendo para o efeito celebrar os acordos internacionais necessários, ainda que subordinados aos objectivos definidos no artigo 177.°.

Mas, apesar de todos estes avanços, a Comunidade não terá extraído todas as ilações do novo título XX, aceitando por exemplo a forma dos acordos mistos para a celebração de acordos de cooperação, receosa de que se pudesse considerar que os mesmos iam para além do âmbito definido naquele título[198].

Certa parece ser a desnecessidade de, daqui por diante, se recorrer ao artigo 305.°, apenas utilizável em casos de ausência de outra base de fundamentação, enquanto que o artigo 133.° continuará, porventura, a ser utilizado, em situações mais controversas.

No recurso a fundamentos jurídicos distintos, poderá também ver-se o empenho da Comunidade em manter relações diferenciadas com categorias diversificadas de países, oferecendo a alguns o estatuto de associados que, por pressupor uma maior intensidade do relacionamento, justificará o recurso a outra base jurídica.

Importa, todavia, reter que os princípios consagrados no título XX são claramente aplicáveis a acordos celebrados com base noutros artigos e designadamente, aos acordos de associação previstos no artigo 310.°, desde que celebrados com o objectivo de promover o desenvolvimento económico, ao mesmo tempo que condicionam a própria adopção pela Comunidade de políticas susceptíveis de afectar os países em vias de desenvolvimento.

---

[198] Neste sentido, F. MARTINES, «Alcuni Problemi Relativi alla Politica di Cooperazione allo Sviluppo della Comunità Europea», *Il Diritto dell'Unione Europea*, 1998, n.° 4, pp. 894 e segs.. Existe, aliás, ampla jurisprudência comunitária no sentido de que só se justifica o recurso ao artigo 235.° quando não existir nenhuma disposição do Tratado que confira às instituições comunitárias a competência necessária para a prática do acto.

3.5. *Outros aspectos*

O artigo 178.° posiciona a politica de cooperação para o desenvolvimento como uma acção prioritária da Comunidade, determinando que aquele objectivo deve ser levado em conta nas políticas que vierem a ser postas em prática e que sejam susceptíveis de afectar países em desenvolvimento. Desta obrigação resulta, designadamente, que a política comercial não pode ignorar o objectivo de desenvolvimento[199].

A prática comunitária tem correspondido a uma leitura aligeirada da injunção contida naquela norma, inviabilizando a possibilidade de terceiros Estados conseguirem a anulação de políticas que produzam efeitos contrários àquele objectivo e reservando a decisão para a Comissão.

No âmbito do Acordo de Cotonou, por exemplo, embora se tenha instituído, no artigo 12.°, um processo de consulta entre a Comissão e os Estados ACP e se admita a hipótese de estes suscitarem o problema, atribui-se competência para a decisão final à Comissão, que se limita a comunicar aos Estados ACP a não aceitação, acompanhada da respectiva justificação, excluindo a intervenção das instituições previstas no Acordo e, designadamente, do Conselho de Ministros que, nos termos da alínea c) do n.° 2 do artigo 15.°, tem competência para "analisar e resolver quaisquer questões susceptíveis de impedir a aplicação eficaz e efectiva do (...) Acordo ou de obstar à concretização dos seus objectivos".

No que respeita às inovações introduzidas por Maastricht, há que realçar, ainda, as relacionadas com o processo decisional da Comunidade em matéria de política de desenvolvimento, resolvidas no artigo 179.°, n.° 1, por remissão para o artigo 251.°, pondo termo à polémica sobre a necessidade de se seguir os procedimentos diferentes previstos pelos anteriores artigos 113.° e 235.°.

Assim, a Comissão deve apresentar uma proposta ao Parlamento Europeu e ao Conselho. O Conselho delibera por maioria qualificada após o Parecer do Parlamento, apenas podendo aprovar a proposta de imediato no caso de o Parlamento não ter apresentado emendas ou se aprovar as emendas propostas. Registando-se a hipótese contrária, abre-se um processo complexo que se inicia com a transmissão ao Parlamento da posição comum do Conselho e da posição da Comissão, devendo considerar-se o acto aprovado se, no prazo de três meses, o mesmo Parlamento não se pronunciar ou se tiver aprovado a posição comum. A recusa pela maioria ab-

---

[199] J. Raux, «Politique de Coopération...», cit., p. 182.

Os fundamentos jurídicos da política de cooperação 467

soluta dos membros tem como efeito a não aprovação do acto. Finalmente, no caso de o Parlamento propor emendas à posição comum, inicia-se um processo que envolve igualmente a Comissão e que poderá passar pela actuação de um Comité de Conciliação.

O procedimento antes descrito não se aplica à cooperação com os países da África Caraíbas e Pacífico no âmbito da Convenção ACP-CE, que o número 3 do artigo 179.° expressamente ressalva, o que favorece, também, a manutenção da forma do Acordo Misto, que viabiliza um sistema de financiamento assente em contribuições dos Estados e não no recurso ao orçamento comunitário.

Importa, ainda, destacar a inclusão no Tratado de toda uma série de normas referentes à cooperação com as Nações Unidas e demais organizações internacionais competentes e à coordenação entre a Comunidade e os Estados membros nessa matéria (artigos 177.°, n.° 3 e 180.°).

A cooperação com instituições internacionais ou com outras partes terceiras interessadas, coberta pelo primeiro segmento, pode ser concretizada com base em acordos celebrados nos termos do artigo 300.°, sendo igualmente possível aos Estados membros celebrar, por si mesmos, acordos deste tipo.

Já no que respeita à coordenação entre a Comunidade e os Estados membros, matéria que será oportunamente desenvolvida, o Tratado não vai muito longe, atribuindo, no entanto, competência à Comissão para tomar as iniciativas necessárias (artigo 18.°, n.° 2).

4. O Título XXI

Reflectindo a ampliação das acções de cooperação que a Comunidade leva a cabo e que, de alguma, forma se podem reconduzir à ideia de cooperação para o desenvolvimento, o Tratado de Nice viria a aditar um novo Título XXI, com a epígrafe Cooperação Económica, Financeira e Técnica com os Países Terceiros.

O novo título aparece com um formato muito moldado sobre o relativo à cooperação para o desenvolvimento, sendo evidente a possibilidade de sobreposição entre os dois, mas parece justificar-se pela preocupação da Comunidade em não confundir as formas de apoio a países menos desenvolvidos com apoios a outros que, embora com problemas de desenvolvimento, se encontram já num estádio superior, continuando a marcar a especificidade das políticas clássicas de cooperação para o desenvolvimento.

De qualquer forma, pode dizer-se que não se está aqui em face de uma nova política comum, mas apenas de acções que, nos termos do n.° 1 do artigo 181.°-A, "serão complementares das efectuadas pelos Estados membros e coerentes com a política de desenvolvimento da Comunidade".

À semelhança da política de desenvolvimento, essas acções são marcadas por uma forte ideia de condicionalidade, devendo contribuir para o sucesso da política de desenvolvimento e para o respeito dos direitos humanos e dos valores democráticos.

O seu processo de aprovação é, todavia, mais expedito, na medida em que apenas existe um dever de consulta do Parlamento Europeu, podendo a deliberação ser tomada por maioria qualificada do Conselho, só se exigindo a unanimidade no que respeita aos acordos de associação ou aos acordos celebrados com países candidatos (artigo 181.°-A, n.° 3).

Dada a sua novidade, não se sabe ainda para que actos a Comunidade invocará o novo Título, mas a forma ampla como o mesmo se encontra redigido leva a crer que poderá, no futuro, ser utilizado com grande frequência, poupando a Comunidade à invocação de fundamentos jurídicos que por vezes favorecem a dúvida e fomentam a contestação.

É o caso, designadamente, do artigo 310.° relativo a acordos de associação, que continua a servir de base para a celebração de determinados acordos bilaterais e multilaterais e do artigo 308.°, que permitiu à Comunidade prestar ajuda financeira e técnica a países da América Latina e da Ásia e lançar acções no domínio da ajuda alimentar.

CAPÍTULO V
Balanço final: uma política na encruzilhada

1. Aspectos gerais

O percurso que seguimos permitiu-nos apreender como a política de cooperação para o desenvolvimento da União Europeia conheceu, na sua experiência de mais de quatro décadas, profundos desenvolvimentos, com a expansão sensível do conjunto dos países abrangidos, a diversificação dos instrumentos e, sobretudo, a integração, na sua concepção e execução, das novas orientações sobre desenvolvimento tornadas dominantes nas organizações internacionais.

O mais significativo desses desenvolvimentos é, claramente, a mudança radical da posição Comunidade em relação às reivindicações formuladas pelos países menos desenvolvidos, com o abandono de uma atitude de aproximação às posições dos países do Terceiro Mundo – no sentido da criação de uma nova ordem económica internacional – e a correlativa aproximação à ideologia dominante nas organizações financeiras internacionais.

Essa alteração tem uma influência determinante no futuro do relacionamento entre a comunidade e os Estados ACP designadamente porque, como avisadamente alerta OLÉ ELGSTROM[200], ainda que o poder negocial e os próprios meios de preparação das conversações entre a Comunidade e os Estados ACP tivessem sido sempre profundamente diferentes, essas diferenças agravaram-se com as alterações geo-estratégicas das últimas décadas e com a degradação das situações económicas daqueles países, que os colocaram em posição de maior fragilidade, tanto mais quanto passaram a ser confrontados com negociadores orientados por uma ideologia

---

[200] «Lomé and Post-Lomé: Asymmetric Negotiations and the Impact of Norms», *European Foreign Affairs Review*, vol. V (2000), p. 175 e segs..

470 *Valores e Interesses*

profundamente diferente da que dominava quando foi celebrada a primeira Convenção de Lomé[201].

A inspiração ideológica do novo modelo de intervenção da Comunidade é, como já foi assinalado, largamente tributária da que entretanto passou a dominar o Fundo Monetário Internacional, o Banco Mundial e a OCDE, o que conduziu a que muitos dos anteriores traços de originalidade da política comunitária se perdessem, num processo que, de alguma forma, se iniciou com a adesão da Comunidade à ideia de ajustamento estrutural – correspondente a uma forma de condicionalidade económica – presente em Lomé IV, para culminar na condicionalidade política, consagrada em Cotonou em termos que irão ser mais pormenorizadamente apreciados[202].

Nesse processo evolutivo tem naturalmente um significado muito especial, quer no plano simbólico, quer no das condições concretas de apoio, o fim anunciado do princípio da não reciprocidade e a fragmentação do actual quadro em múltiplos acordos comerciais, alteração que surge como resultado directo da influência da Organização Mundial do Comércio ou, como não pode deixar de ser reconhecido, da adesão da Comunidade aos princípios do liberalismo económico em matéria de trocas comerciais.

É particularmente impressiva a forma como a Comunidade, num momento em que se tenta afirmar como actor com peso e autonomia na comunidade internacional abre, por essa via, as portas à banalização do seu estatuto, assumindo o papel de coadjuvante das organizações internacionais, num movimento em que se não poderá deixar de ver mais um sinal da falta de perspectiva e de coragem de uma Comunidade que, por outro lado, estará seguramente cada vez mais dividida quanto a este tema.

Do lado dos países menos desenvolvidos é, por outro lado, patente a dificuldade em encontrar projectos alternativos, depois da desilusão provocada quer pelo falhanço das experiências de desenvolvimento postas em execução após as independências, quer pelos escassos resultados conse-

---

[201] É certo que, ainda assim, alguns Estados membros da Comunidade, com relevo para a França, assumiram uma posição bastante mais favorável ao espírito e tradição de Lomé e travaram os ímpetos revisionistas da Comissão, que pretendia ir muito mais longe nas alterações em relação às convenções precedentes. Cfr. ELGSTROM, «Lomé and Post-Lomé», cit..

[202] JAN OLSON e LENNART WOLGEMUTH, «Dialogue in Pursuit of Development – an Introduction», *Dialogue in Pursuit of Development*, cit., notam que se pode falar em quatro categorias de condicionalidade: uma primeira seria a referente a obrigações legais, resultantes de condições impostas pelo doador; uma segunda de uma adesão comum a valores e obrigações; uma terceira de natureza técnica sobre a forma de concepção e execução de projectos e programas e uma última relativa a alterações comportamentais.

Balanço final: uma política na encruzilhada   471

guidos pelas suas reivindicações no plano externo e, designadamente, a da instauração de uma Nova Ordem Económica Internacional.

Porém, o ambiente de uniformização de políticas e procedimentos que vimos assinalando não nos pode levar a esquecer que a Comunidade Europeia continua a ser a instituição com uma política mais estruturada e mais favorável aos países em desenvolvimento, não só pelo volume dos recursos canalizados como, especialmente, pelo facto de a canalização desses recursos ter, maioritariamente, na sua base, acordos negociados e livremente celebrados com os países que deles são beneficiários, ainda que se reconheça a assimetria do poder negocial das Partes contratantes.

No diálogo Norte – Sul – expressão, de resto, cada vez menos utilizada – a Comunidade continua a jogar, assim, um papel essencial, mesmo que cada vez menos comprometido com uma alteração de fundo das regras de jogo.

Apesar de a profunda evolução das políticas comunitárias constituir uma evidência, certo é que nelas continuam a coexistir instrumentos clássicos com os que resultam de novas orientações que vão sendo postas em prática, o que lhes transmite um traço de alguma falta de coerência intrínseca. A ausência de uma opção clara tem levado a que crescentemente se considere que a política comunitária se encontra num impasse.

Aparentemente, não foi ainda possível encontrar, no seio da Comunidade, o consenso no sentido do abandono das orientações originais da política de desenvolvimento, mas vai-se impondo uma linha que, aos poucos, avança no sentido da sua subalternização, privilegiando acordos de livre comércio que corporizem um pensamento único, imposto aos países beneficiários[203].

Sintomática desse equilíbrio é a circunstância de, numa altura em que a Comunidade parece ter renunciado a procurar um modelo que contribua para a correcção da ordem económica internacional, o chefe das negociações com vista ao Acordo de Cotonou o apresentar como uma demonstração de que "... num mundo globalizado há ainda lugar para uma verdadeira relação Norte-Sul"[204].

---

[203] Nesse sentido, vd. ANTÓNIO PAPISCA, «L'Evoluzione delle Relazioni Internazionali e i Rapporti CEE-Africa», in ÓSCAR GARAVELLO e DÁRIO VELO (orgs), *CEE-Africa fra Processi di Integrazione e Rischi di Frammentazione*, Padova, CEDAM, 1994, p. 13.

[204] BERNARD PETIT, «Le Nouveau Accord de Partenariat ACP-UE», *Revue du Marché Commun et de l'Union Européenne*, n.º 437, 2000, pp. 215.

472 *Valores e Interesses*

A isso acresce que, embora o tom que caracterizava vários documentos de reflexão[205], – excessivamente crítico e pouco promissor quanto ao futuro da cooperação com os países ACP – não tenha sido levado às ultimas consequências, pormenores que vão desde as dificuldades na negociação de Cotonou[206], até ao grande atraso na entrada em vigor do acordo, por falta de ratificação de Estados Europeus[207], geram um clima de dúvida quanto ao real empenhamento da Europa no prosseguimento da sua política.

Também a decisão de suprimir o Conselho para o Desenvolvimento, que se dissolve, sem qualquer autonomia, num Conselho de Assuntos Gerais e Relações Externas[208], não pode deixar de ser lida como um sintoma da crescente perda de importância do tema, tanto mais quando foi tomada num Conselho especialmente preocupado com a imigração e as fronteiras europeias e que, em relação ao auxílio ao desenvolvimento, praticamente se limitou a remeter para o trabalho das organizações mundiais.

A progressiva banalização das relações com os Estados ACP, crescentemente sujeitos ao mesmo tipo de tratamento que outros Estados, dentro de um movimento que tende a fazer prevalecer o universalismo sobre o regionalismo, traduz-se na prática em privilegiar Estados que, na sua generalidade, se encontram em melhores condições de desenvolvimento, mas que a Comunidade identifica como objectivos prioritários de relacionamento.

Essa tendência é claramente assumida por autores como CHRISTOPHER STEVENS[209] que, depois de recordar que durante muito tempo era comum apreciar-se a política de cooperação da Comunidade através da análise das

---

[205] Recorde-se, por exemplo, o pouco apreço que alguns aspectos do *Livro Verde* e, designadamente, a possibilidade de alargar o acordo a um mais amplo conjunto de países da Ásia e da América Latina, suscitou em meios africanos. Vd. «Quelle Avenir pour la Convention de Lomé? Quelles Préoccupations pour l'Afrique?», *La Convention de Lomé en Question*, cit., pp. 519 e segs..

[206] Vd., a este propósito, J. A MCMAHON, «Negotiating in a Time of Turbulent Transition: The Future of Lomé», *Common Market Law Review*, vol. 36 (1999), pp. 599 e segs..

[207] Assinado em Junho de 2000, o Acordo só viria a entrar em vigor em 1 de Abril de 2003, por força do atraso na ratificação pela própria Comunidade e por muitos dos seus Estados membros. Sobre este processo, vd., KAREN ARTS, «ACP-EU Relations in a New Era: The Cotonou Agreement», *Common Market Law Review*, vol. 40 (2003), n.° 1, pp. 95 e segs..

[208] Conclusões da Presidência aprovadas no Conselho Europeu de Sevilha de 21 e 22 de Junho de 2002.

[209] «The EU-ACP Relationship After Lomé», in PITOU VAN DIJCK e GERRIT FABER (orgs.), *The External Economic Dimension of the European Union*, The Hague, London, Boston, Klwer Law International, 2000, pp. 223 e segs..

Convenções de Lomé, conclui que essa perspectiva deixou de ser adequada e poderá, em breve, tornar-se redundante[210].

Se já se podia duvidar da generosidade das razões que levaram a Comunidade a pôr de pé uma política de cooperação orientada sobretudo para as suas antigas colónias, pode agora igualmente questionar-se os reais fundamentos que a levam a secundarizar os seus antigos territórios coloniais em benefício de países que atingiram já estádios de desenvolvimento superiores, num momento em que aqueles, mais do que nunca, necessitariam de auxílio.

Paralelamente, esse processo de banalização das relações com os países ACP terá, sempre, uma expressão particularmente significativa na celebração dos futuros acordos de parceria económica entre organizações regionais de Estados ACP e a Comunidade, facto que, embora compreensível à luz das regras da Organização Mundial de Comércio, não deixará de enfraquecer, ainda mais, a posição negocial daqueles Estados e de fragmentar a sua já precária unidade.

É, aliás, legítimo pensar que, sendo a Comunidade um dos fundadores e principais impulsionadores da Organização Mundial de Comércio, teria tido força para impor escolhas que permitissem acomodar melhor as suas soluções comerciais – existentes desde há décadas – se, entretanto, não se tivesse, ela própria, convertido à agenda de comércio livre[211]. A lógica desta ilação é reforçada quando confrontada com os vários dossiers em que a Comunidade tem, mais ou menos abertamente, afrontado as regras da OMC para protecção dos seus interesses internos[212].

Sendo inegável que a tendência a que se assiste, no sentido do alargamento dos horizontes geográficos da cooperação comunitária, tem aspectos extremamente positivos, não se pode deixar de reconhecer que esta evolução não tem sido acompanhada por um empenhamento mais decisivo na cooperação, mas antes por uma unificação das ajudas no seu nível mínimo.

Os acordos de desenvolvimento económico celebrados pela Comunidade são progressivamente acordos-tipo, com inclusão de um conjunto de cláusulas idênticas, reflectindo os objectivos que, entretanto, a Comuni-

---

[210] Para a crítica dessa opção, vd. ANNA DICKSON, «The Demise of the Lomé Protocols: Revising European Development Policy», *European Foreign Affairs Review*, volume 5, n.° 2, (2000), pp. 197-214.

[211] Neste sentido, ANNA DICKSON, «The Demise of the Lomé Protocols: Revising European Development Policy», cit..

[212] Vd., a propósito, RICHARD SENTI, «The Role of the EU as an Economic Actor within the WTO", *European Foreign Affairs Review*, vol. 7 (2002), pp. 11 e segs..

dade Europeia definiu para a política de desenvolvimento e diminuindo ainda mais a margem de negociação dos países terceiros, confrontados com um mandato indiscutível dos negociadores comunitários.

Este modelo de actuação permite avaliações de certa forma contraditórias já que, embora não se possa deixar de pensar que, por esta via, crescentemente se impõe um modelo único de desenvolvimento a estes países e se induz um fenómeno de mimetismo em relação aos padrões dos países mais desenvolvidos, há que reconhecer que esta prática tem permitido abrir espaço para questões extraordinariamente importantes como a defesa dos direitos humanos ou a melhor utilização dos recursos disponíveis.

A política de cooperação para o desenvolvimento atravessa, assim, um tempo de encruzilhada, que se traduz num clima de incógnitas em torno de novos temas introduzidos ou de outros antigos, entretanto reabilitados e inseridos no centro do debate.

De entre esses temas, seleccionámos, pela sua especial relevância, a apropriação nacional das políticas de desenvolvimento; a defesa dos direito do homem; a condicionalidade na ajuda; a coordenação das políticas comunitárias; a complementaridade entre as políticas comunitária e internacional; a descentralização das políticas de cooperação e o estabelecimento dos novos acordos de parceria económico.

São temas ricos de consequências, envolvendo muitas vezes larga controvérsia e cuja evolução se afigura decisiva para o futuro da cooperação e do relacionamento entre a Comunidade e os países em desenvolvimento.

2. Perspectivas de futuro

Antes de nos concentrarmos na apreciação de algumas das principais questões levantadas pela linhas fundamentais do novo modelo de cooperação para o desenvolvimento importará sublinhar que, embora não se mostrem totalmente assimiladas as profundas alterações verificadas nos últimos, tudo indica que se continuará a assistir novas e profundas alterações, ainda que persista a incógnita quanto ao sentido para que se caminhará.

As alterações esperadas serão condicionadas tanto por factores externos, como por factores intrínsecos da própria Comunidade, ambos influenciados pela circunstância de o calendário dos próximos anos envolver a ponderação de uma série de acontecimentos, que obrigarão a definições no domínio específico da cooperação para o desenvolvimento.

Nessa perspectiva, não pode ser ignorado o debate, que ganhou especial dramatismo após a guerra do Iraque, sobre o modelo que irá prevalecer nas relações internacionais e as suas consequências sobre o próprio papel da Comunidade que, ou sobreviverá crescentemente subordinada num mundo unipolar, ou ganhará um espaço próprio, num quadro de multilateralismo, em que as Nações Unidas voltem a encontrar uma posição de relevo.

Mas, os acontecimentos do Iraque e evolução subsequente serão também determinantes da forma como a ajuda ao desenvolvimento irá ser encarada no futuro, uma vez que, embora a comunidade internacional pareça continuar congregada em torno dos objectivos definidos na Declaração do Milénio, não é de excluir que se possa verificar um movimento no sentido do abandono da preocupação com a erradicação da pobreza, em benefício de uma concentração de esforços em países aliados ou alvos estratégicos.

Tal movimento, a ocorrer, não deixará de se reflectir nas opções comunitárias, reforçando as posições dos que pretendem privilegiar os territórios vizinhos que, na sua maior parte, não corresponderiam a países prioritários, de harmonia com os critérios definidos nas várias organizações internacionais.

Por outro lado, do ponto de vista da Comunidade, é igualmente difícil prever quais serão as consequências do alargamento, um processo que terá já o seu primeiro desenvolvimento em Maio de 2004, com a entrada de mais dez Estados e irá prosseguir nos próximos anos.

O alargamento da Comunidade poderá ter projecções diversas, no capítulo da coesão, podendo antever-se ou um reforço da lógica comunitária, com um empenhamento dos Estados na criação de uma entidade politicamente forte e com um conjunto de políticas comuns importantes ou, pelo contrário, uma tendência para o reforço da margem de autonomia dos Estados, com a consequente redução da importância das políticas comuns e da coerência entre as suas acções e as comunitárias.

Essa opção de fundo terá necessariamente consequências em matéria de cooperação para o desenvolvimento, consequências que poderão envolver um aumento do bilateralismo ou um reforço da concentração de poderes na Comunidade, não sendo fácil prever qual das alternativas será mais favorável aos países menos desenvolvidos, dado que é igualmente impossível antecipar a importância que a Comunidade alargada irá dar à cooperação.

A definição da importância da cooperação no seio da Comunidade dependerá, desde logo, dos arranjos institucionais que serão feitos a nível da própria Comissão e da repartição dos pelouros, não sendo de minorar a influência que poderá ter, no curto prazo, o resultado das eleições europeias de 2004.

O facto de a maioria dos novos Estados membros não ter tradição significativa de apoio ao desenvolvimento, contrariamente aos actuais membros que, em resultado de antigos laços coloniais ou de políticas definidas há largas décadas, se tinham empenhado na política de cooperação é um aspecto que não pode deixar de estar presente nesta análise.

É, pois, num ambiente de reorganização interna e de absorção dos novos Estados membros que se irão desenrolar alguns acontecimentos decisivos para o futuro, como a discussão das Perspectivas Financeiras, envolvendo as verbas para a cooperação, a renegociação das verbas atribuídas ao Fundo Europeu de Desenvolvimento e as negociações quanto aos futuros acordos de parceria económica.

3. O Projecto de Constituição Europeia

No contexto dos acontecimentos que irão condicionar a evolução da política de cooperação para o desenvolvimento um lugar de destaque é, naturalmente, ocupado pelo projecto de Tratado que estabelece uma Constituição para a Europa.

O projecto, tal como se mostra estruturado, não só envolve algumas alterações às actuais disposições do Título XX do Tratado da Comunidade, como estabelece um novo equilíbrio entre as relações externas e a política de cooperação para o desenvolvimento, ao mesmo tempo que assume como objectivo da União a cooperação para o desenvolvimento.

As disposições do actual Título XXI são mantidas no projecto de Constituição (artigos III-221.° e 222.°), ainda que se explicite que se trata de cooperação com países que não são qualificáveis como em vias de desenvolvimento e se sujeite essa cooperação aos mesmos princípios da política de cooperação para o desenvolvimento.

O modo como a cooperação para o desenvolvimento surge integrada como objectivo da União, a par com a afirmação da responsabilidade em relação à Terra e às gerações futuras, assegura a este compromisso comunitário um valor que ultrapassa o campo do simbolismo.

Assim, o artigo 3.° do Tratado que fixa os objectivos da União estabelece, no seu n.° 4, em coerência com as proclamações preambulares: "nas suas relações com o resto do mundo, a União afirma e promove os

Balanço final: uma política na encruzilhada 477

seus valores e interesses. Contribui para a paz, a segurança, o desenvolvimento sustentável do planeta, a solidariedade e o respeito mútuo entre os povos, o comércio livre e equitativo, a erradicação da pobreza e a protecção dos direitos humanos, em especial os das crianças, bem como para a rigorosa observância e o desenvolvimento do direito internacional, incluindo o respeito pelos princípios da Carta das Nações Unidas".

À primeira vista, estar-se-á em presença de um texto que eleva o compromisso da União Europeia com valores como o desenvolvimento sustentável, a erradicação da pobreza e a protecção dos direitos humanos a um nível superior, assumindo-os em paridade com os objectivos internos da União.

Contudo, na leitura daquele texto, a declaração de que a "União afirma e promove os seus valores e interesses", a anteceder a enunciação dos compromissos, pode sugerir que, na aplicação prática da política de cooperação, haja um balanceamento que possa sacrificar a pura afirmação daqueles valores.

Confrontamo-nos aqui, mais uma vez, com o que parece ser o constante dilema da ajuda ao desenvolvimento – valores *versus* interesses – problemática que, pela sua centralidade, trouxemos ao título deste trabalho.

O risco da prevalência dos interesses sobre os valores é tanto maior quanto o projecto de Tratado aprofunda e institucionaliza uma linha que se tem vindo a desenvolver, no sentido da subalternização das estruturas de cooperação, aproximando-a da política externa, como mais adiante teremos ocasião de ver.

Do projecto de Tratado resulta, com efeito, a clara afirmação de que a "política da União em matéria de cooperação para o desenvolvimento é conduzida de acordo com os princípios e objectivos da acção externa da União" (artigo III-218.º). Por outro lado, a circunstância de estar prevista a criação da figura do Ministro dos Negócios Estrangeiros (artigo 27.º) tem que ser lida como um sinal claro da intenção de dotar a política externa da União de uma maior efectividade[213].

Na formulação da disciplina concreta da cooperação para o desenvolvimento regista-se o desaparecimento das anteriores referências específicas à democracia e aos direitos humanos – que, no entanto, estão afirmadas no artigo 3.º, n.º 4 – sendo em contrapartida apontado como "principal objectivo da União "a erradicação da pobreza" (artigo III-218.º).

---

[213] Para uma descrição mais pormenorizada e relato dos debates na Convenção, vd. *Relatório Final do Grupo de Trabalho sobre a Acção Externa (Grupo VII)*, CONV. 409/02.

478   *Valores e Interesses*

No que respeita à repartição de competências entre a Comunidade e os Estados Membros, não se verificam alterações significativas, sendo de assinalar que, na sequência do reforço do poder legislativo da União, o artigo III-219.°, n.° 1 prevê que "a lei ou lei-quadro europeia estabelece as medidas necessárias à execução da política de cooperação para o desenvolvimento, que podem dizer respeito a programas plurianuais de cooperação com países em vias de desenvolvimento ou a programas com uma única abordagem temática".

A competência da União para celebrar acordos no domínio da cooperação para o desenvolvimento é consagrada no artigo III-219.°, n.° 2, devendo exercer-se nos termos do artigo III-227.°, que regula não só a competência para a celebração, como também diversos aspectos da negociação.

Em regra, a aprovação pelo Conselho de Ministros é feita por maioria qualificada (artigo III-227.°, n.° 9). A aprovação do Parlamento Europeu, não sendo sempre necessária, pode ser exigida no caso de "acordos que criem um quadro institucional específico mediante a organização de processos de cooperação" e de "acordos com consequências orçamentais significativas para a União" alíneas c) e d) do artigo III-227.°, n.° 7.

Uma última e significativa menção deve ser feita à autonomização da ajuda humanitária, que figura no artigo III-221.° e que deverá ser conduzida, também ela, "de acordo com os princípios e objectivos da acção externa da União". Ainda nesse âmbito o Tratado define uma regra da complementaridade entre as acções dos Estados e as da União.

4. Os grandes temas em debate na política de cooperação

4.1. *A "apropriação" das políticas de desenvolvimento*

Uma das questões centrais da política de cooperação para o desenvolvimento é a denominada "apropriação nacional", conceito a que, como ficou visto a propósito do Acordo de Cotonou, a Comunidade passou a atribuir uma grande importância, na sequência de análises que puseram em evidência a dificuldade em fazer implementar, nos países em desenvolvimento, políticas definidas e impostas do exterior.

Em termos comunitários, a ideia de "apropriação é expressa, de forma pioneira, por EDGARD PISANI, ao afirmar: "cada país deve decidir o seu destino. E a Comunidade Económica Europeia pode estar lá para um conselho discreto e não para afirmar uma vontade política. Que sejam esses países a determinar a sua política e que a Comunidade lhes diga: na execução da vossa política encontrarão obstáculos e é precisamente na luta que devem conduzir para ultrapassar estes obstáculos que a Comunidade vos ajudará. Definam uma política e a Comunidade ajudar-vos-á a executá-la e a prossegui-la"[214].

A "apropriação", no sentido que lhe é dado sobretudo nos estudos de sociologia do desenvolvimento comporta, todavia, uma dimensão muito mais relevante e pressupõe a possibilidade de os grupos sociais e, particularmente aqueles que se encontram em situação de exclusão, serem capazes de desenvolver as suas capacidades e aptidões para melhorarem as condições de vida e puderam influenciar as decisões políticas.

Um processo de apropriação das políticas comunitárias de desenvolvimento passaria, assim, não só pelo reforço da participação da classe política – com vista à articulação das estratégias comunitárias com os interesses regionais –, como também pela sua aceitação pelas diferentes comunidades, aspecto que a política comunitária tenta resolver através do aprofundamento do diálogo com a sociedade civil.

No entanto, a Comunidade não conseguiu registar progressos especialmente significativos nesse domínio, na medida em que a intermediação através das ONGs continua a constituir um processo de desenvolvimento induzido de cima[215].

---

[214] Entrevista a *Le Courrier*, n.º 76 (1982), p. 50.

[215] JOÃO MILANO, *O Desenvolvimento Participativo em Contextos Internacionais "Adversos": Aspectos Africanos*, dissertação de doutoramento inédita apresentada no ISCTE, 2003, conclui, a este propósito, que "na sua configuração e funcionamento actuais, o quadro estratégico, organizacional e operacional dos projectos de desenvolvimento não é susceptível de induzir um processo de desenvolvimento cujos resultados possam estar em consonância com as especialidades das sociedades linhageiras e as necessidades do seu *empowerment*. Isto explica-se, como se viu, por quatro razões essenciais, a saber: (i) o horizonte temporal de curta duração dos projectos que não permite apreender adequadamente as especificidades sócio-antropológicas das sociedades-alvo; (ii) a complexidade dos processos de devir social que não permite estabelecer relações fiáveis de causalidade recorrente entre os múltiplos factores que intervêm nas dinâmicas que lhe são próprias; (iii) a prevalência dos interesses estratégicos dos mais poderosos, em detrimento dos das sociedades linhageiras e de outros segmentos sociais relativamente menos poderosos; (iv) as dificuldades ou a impossibilidade de articular o quadro lógico de estruturação e de execução dos projectos de desenvolvimento com as racionalidades que estruturam e transformam as paisagens organizacionais das "sociedades tradicionais" africanas…".

480   *Valores e Interesses*

A operacionalização do conceito de "apropriação" implica a promoção de um intenso diálogo com esses países, aprofundado pelo recurso a formas de descentralização da execução das políticas, sobretudo através do reforço dos elementos da sociedade civil, com destaque para as ONGs e para o sector privado, visando a assunção dessas políticas por parte dos países destinatários, mediante um processo de interiorização e assunção por importantes sectores da população local.

São, no entanto, por demais evidentes os limites dessa "apropriação", que constituindo, em si mesma, um objectivo absolutamente consensual, raras vezes terá a aplicação desejável, uma vez que, como se afirma num recente relatório da OCDE a propósito das políticas comunitárias de cooperação para o desenvolvimento[216], "a logística da ajuda da Comunidade Europeia combinada com a tensão entre as políticas decididas no topo por Bruxelas tem significado historicamente que a "apropriação" tende a permanecer como uma declaração de princípio mais do que uma função de liderança do país de acolhimento".

Dir-se-á ainda que, de alguma forma, as tentativas de promoção da "apropriação" correspondem à verificação de que, apesar do importante trabalho já realizado por economistas dos países menos desenvolvidos, a elaboração teórica em matéria de desenvolvimento continua a ter maioritariamente origem nos países mais avançados e nas organizações internacionais por eles decisivamente influenciadas, traço que aproxima muito a actual situação da que se vivia no período de arranque da economia do desenvolvimento.

Contudo e paradoxalmente, a ausência de um pensamento autónomo e dominante dos países em desenvolvimento, a par com a uniformidade da política de desenvolvimento desenhada em Bruxelas, tornam evidentes os limites da "apropriação".

Exemplos recentes, com relevo para a NEPAD (Nova Parceria para o Desenvolvimento Africano)[217], que tem vindo a desenvolver um conjunto de iniciativas e documentos de reflexão permitem, ainda assim, pensar que a situação começa a dar sinais de inflexão.

A reflexão produzida pela NEPAD alerta para a necessidade de uma resposta global do Continente africano às questões de desenvolvimento e o seu Plano de Acção Inicial, em três pontos, prevê, para além do "esta-

---

[216] *Review of the Development Co-Operations Policies and Programs of the European Community*, Paris, 2002, pp. 67 e segs..

[217] Vd. os principais documentos em (http://www.nepad,org/)

Balanço final: uma política na encruzilhada 481

belecimento de condições para um desenvolvimento sustentável", a "identificação dos sectores prioritários que possam reverter a marginalização da África e constituir as bases de um desenvolvimento sustentável de longo prazo" e ainda a "mobilização de recursos de dentro e de fora do Continente com vista à efectiva implementação de políticas, programas e projectos".

A NEPAD tenta conjugar continuidade e inovação, aproveitando as ideias que foram surgindo em África a propósito da necessidade de ajuda ao desenvolvimento, da redução da dívida, do aumento da produção e do reforço dos recursos humanos e outras mais recentes, resultantes do contributo de uma nova geração de líderes e de movimentos cívicos e intelectuais empenhados na defesa dos quadros democráticos e na abertura a novas formas de cooperação com os países mais desenvolvidos que permitam um aproveitamento melhor da globalização.

Na Declaração sobre Democracia Política e Governação Económica e Empresarial, de Julho de 2001, os Estados que a integram reafirmaram o seu apego ao processo democrático, à boa-governação e à defesa dos direitos humanos, declaração que foi acompanhada da criação de mecanismos regionais de controlo e implementação.

O projecto NEPAD, que parte de iniciativas internas e se alimentou de contribuições igualmente internas, aproxima-se em muitos aspectos daquilo que a Comunidade considera serem os pontos centrais da política de desenvolvimento, pelo que se poderá pensar que está criado um amplo terreno para o consenso.

Tal entendimento é, aliás, confortado pelo tom da intervenção de Romano Prodi, presidente da Comissão Europeia, na Cimeira da União Africana, no Maputo, em 11 de Julho de 2003, em que declarou: "nós também apoiamos a vossa agenda social para a África. O diálogo em articulação com o G8 em particular mostrou que a NEPAD deve ser uma parceria. Por isso, a implementação da NEPAD não é só um assunto da África. Implica um compromisso sólido da comunidade internacional, mudanças nas nossas próprias políticas, uma nova atitude nas relações internacionais".

Restará esperar que a Comunidade mantenha este nível de empenhamento e que o apoio a conceder disponha da agilidade necessária para acomodar algumas das especificidades africanas evidenciadas no projecto.

Por muito grande que seja a ênfase dada ao objectivo de "apropriação", a Comunidade, à semelhança das instituições de *Bretton Woods*, pretende progressivamente conjugá-la com uma prática de condicionalidade económica e política. Ora parece existir uma contradição entre a ideia de apropriação das políticas e a de condicionalidade, entendendo-se mal que se pretenda que sejam os países beneficiários a promover as políticas e se possa impor-lhes uma solução de condicionalidade, porquanto os objectivos por esta visados deveriam ter sido já objecto de apropriação pelas políticas nacionais.

Não se poderá, finalmente, deixar de reconhecer os apertados limites em que se processa o tão desejado diálogo entre a Comunidade e os países beneficiários de ajuda, dada a profunda assimetria de poder e de informação entre as Partes e a forma unilateral[218] como são definidos os factores de condicionalidade.

4.2. *A defesa dos Direitos do Homem*

A introdução da temática dos direitos do homem assume uma relevância particular se pensarmos que, durante muito tempo, a Comunidade manteve relações com regimes responsáveis por crimes hediondos, ou aceitou o desperdício e o desvio das verbas destinadas ao desenvolvimento para o uso exclusivo de oligarquias corruptas, num movimento que objectivamente poderia ser lido como constituindo uma ajuda à manutenção desses regimes.

A questão da defesa dos direitos humanos – que se apresenta hoje como uma das chaves essenciais da política de cooperação – é exemplar das dificuldades com que se confronta a nova concepção de política de desenvolvimento da Comunidade e justifica, por isso, que sobre ela nos debrucemos com especial cuidado.

Preliminarmente, assentir-se-á que a inclusão da preocupação com o respeito pelos direitos do homem na agenda do relacionamento entre a Comunidade e Estados terceiros se fazia antes sentir de forma bastante mitigada[219]. A actual situação culmina, assim, numa evolução muito signifi-

---

[218] Vd., por exemplo, CARLOS LOPES, «Does the New Development Agenda Encapsulate Real Policy Dialogue", in *Dialogue in Pursuit of Development*, cit., pp. 39 e segs..

[219] Recorde-se a opção por manter relações económicas com os países socialistas do Leste Europeu, ou a própria celebração de acordos com países como Portugal ou Espanha, sujeitos a regime ditatoriais, bem como a total inexistência de qualquer referência à matéria nas primeiras convenções que ligaram a Comunidade ao grupo de países ACP. Ainda assim, autores como DI FRANCO, «Il Rispetto dei Diritti dell'Uomo e le "Condizionalità" Democratiche nella Cooperazione Comunitária allo Sviluppo», *Rivista di Diritto Europeo*, 1995, pp. 543 e segs., situam a origem da condicionalidade política no tratamento dado a Portugal, Espanha e Grécia nos anos sessenta.

Balanço final: uma política na encruzilhada 483

cativa do pensamento das instâncias comunitárias quanto ao seu relacionamento exterior, que deixa de passar por considerações puramente económicas, para se empenhar mais decisivamente no campo dos valores políticos.

Essa evolução foi naturalmente facilitada com a queda do muro de Berlim e com o desaparecimento de um mundo bipolar, que obrigava, muitas vezes, a considerações estratégicas, em detrimento das considerações morais, que encontram sempre o seu lugar com dificuldade nas relações internacionais.

Certo é que, nos últimos anos, e com reflexo no texto do próprio Tratado, a defesa dos direitos humanos, da democracia e dos respectivos mecanismos de efectivação passou a projectar-se nos mais variados domínios, desde os processos de adesão, até ao sistema de preferências comerciais, passando pelos acordos de associação e pelas diversas formas de ajuda.

A centralidade atribuída aos direitos humanos na política de cooperação justifica a apreciação dessa matéria a partir dos diversos ângulos em que ela pode ser equacionada, sistematizáveis da seguinte forma: a universalidade dos direitos humanos; a legitimidade da intervenção externa para a garantia dos direitos humanos; a adequação dos acordos internacionais à tarefa de defesa dos direitos humanos e a coerência interna e externa da Comunidade na matéria.

4.2.1. *O Carácter Universal dos Direitos Humanos*

A problemática da universalidade dos direitos humanos dominou, durante muito tempo, as discussões sobre a validade e susceptibilidade de afirmação exterior de um desenho de direitos do homem com origens marcadas pela história do Continente Europeu.

Esse debate surge hoje relativamente enfraquecido pela verificação de que a insistência no particularismo de certas tradições nacionais ou regionais como fundamento de recusa da aplicação das regras de salvaguarda dos direitos do homem em certos pontos do globo refreou, durante muito tempo, o avanço da criação de sistemas institucionalizados de protecção fora do âmbito das democracias ocidentais e legitimou comportamentos absolutamente desconformes a qualquer padrão de humanidade.

Paralelamente, foi-se sedimentando o reconhecimento, hoje maioritário, de que a efectivação dos direitos do homem não pode estar condi-

484 *Valores e Interesses*

cionada à condição social ou económica, raça credo, nacionalidade, convicções políticas ou ideológicas ou pertença a uma estrutura, grupo ou continente[220].

Numa outra perspectiva, tornou-se também claro que só partindo de uma concepção radicalmente universalista dos direitos humanos se poderá alertar para alguns excessos de interpretação prática, que utilizam o pretexto dos direitos humanos para destruir valores integrantes das culturas tradicionais de países em desenvolvimento e que com ele são perfeitamente conjugáveis[221].

A Comunidade acompanhou as orientações de outras instâncias internacionais e, muito especialmente, das Nações Unidas, no sentido de um crescente reconhecimento de que os direitos humanos correspondem a um valor que se sobrepõe ao da soberania nacional, como foi reconhecido, pelo menos implicitamente, na Conferência Mundial dos Direitos Humanos de Viena de 1993.

Pode dizer-se que, ao optar por essa aproximação, a Comunidade toma uma posição decisiva na protecção internacional dos direitos do homem, cujo reforço constitui, como assinalam de forma especialmente impressiva ANDRÉ GONÇALVES PEREIRA e FAUSTO DE QUADROS "... um dos traços mais marcantes não só do Direito Internacional convencional moderno como também, num plano mais vasto, da evolução do Direito Internacional contemporâneo"[222].

A importância dessa posição da Comunidade é tanto mais relevante quanto é notório que, para muitos dos Estados que aderiram aos principais instrumentos de âmbito universal ou regional de defesa dos direitos do Homem, a protecção desses direitos assume um carácter meramente formal já que, no plano interno, não existem mecanismos adequados à sua efectiva protecção ou, existindo, os próprios Estados actuam em aberta violação dos instrumentos que subscreveram.

---

[220] Para mais desenvolvimentos, vd., KEBA M'BAYE, «Droits de l'Homme et Pays en Développement», in *Humanité et Droit International. Mélanges René-Jean Dupuy*, Pedone, Paris, 1991, pp. 211 e segs.. Para uma apreciação dos mecanismos tendentes a tornar efectivos os direitos do homem, vd. JEAN DHOMMEAUX, «De l'Universalité du Droit International des Droits de l'Homme: Du Pactum Ferendum au Pactum Latum», *Annuaire Français de Droit International*, vol. XXXV (1989), pp. 399 e segs. e, mais pormenorizadamente, EVA BREMS, *Human Rights: Universality and Diversity*, Martinus Nijhoff, the Hague, Boston, London, 2001.

[221] Vd., F. GÓMEZ, «Derechos Humanos, Democracia y Desarrollo en la Cooperación CEE-ACP», *Cuadernos Europeos de Deusto*, n.° 12, 1995, pp. 51 e segs..

[222] *Manual de Direito Internacional Público*, cit., 993, p. 392.

Balanço final: uma política na encruzilhada

Embora a vinculação de um Estado ao respeito pelos direitos do homem não esteja condicionada à sua adesão aos instrumentos internacionais atinentes a essa matéria – como assinalou já o Tribunal Internacional de Justiça[223], – a via convencional continua a ser especialmente importante como forma de efectivar a responsabilização dos poderes políticos pela sua violação[224], pese embora o facto de a multiplicação dos instrumentos de protecção internacional dos direitos do homem[225] poder transmitir uma imagem de desagregação dos mecanismos de protecção.

Tratando-se de direitos que se ligam à própria pessoa humana e que não resultam de atribuição feita por uma ordem jurídica concreta, o direito positivo será apenas necessário, como nota SOUDRE[226], para assegurar que esses direitos sejam acompanhados de uma acção destinada a fazê-los valer.

4.2.2. A Legitimidade da intervenção externa e a adequação dos acordos internacionais à defesa dos direitos humanos

O entendimento de que a Comunidade, pelos princípios que a norteiam e pelos objectivos que prossegue deve envolver, de um modo determinante, a protecção dos direitos humanos nos acordos que celebra com os países em desenvolvimento, implica a admissão um poder de sindicância relativamente ao modo como esses países se organizam internamente, agora também no plano da protecção desses direitos.

O direito de ingerência, que se vem afirmando em tantas áreas, encontrará, provavelmente, na defesa dos direitos humanos, um terreno por excelência para a sua concretização.

Desta construção resultam duas consequências importantes do ponto de vista que nos ocupa e que são, por um lado, a superação da tensão entre

---

[223] Para uma síntese desta problemática, vd. DOMINIQUE DELAPLACE, «L 'Union Européenne et la Conditionnalité de l'Aide au Développement», *Revue Trimestrielle de Droit Européen*, n.º 3 (2001), pp. 609 e segs..

[224] Sobre este tema, é interessante a consulta da Documentação do Seminário de Formação sobre a Aplicação Interna das Normas Internacionais dos Direitos Humanos nos PALOP, promovido pela Comissão Internacional de Justiça e pelo Supremo Tribunal de Moçambique em Maputo, Outubro de 1996 e publicado pela Procuradoria Geral da República (Gabinete de Documentação e Direito Comparado), Lisboa, 1999.

[225] Vd. a completa descrição de JORGE MIRANDA, *Curso de Direito Internacional Público*, 2.ª Edição Principia, Cascais, 2004, pp. 275 e a extensa bibliografia ai citada.

[226] *Droit International et Européen des Droits de l'Homme*, PUF, Paris, 1997, p. 49.

486 *Valores e Interesses*

soberania nacional e direito de ingerência e, por outro, a plena legitimidade da União Europeia para se empenhar na defesa dos direitos humanos, entendidos pelo menos no núcleo essencial que resulta da Carta das Nações Unidas e dos Pactos sobre Direitos Civis e Políticos e Económicos e Sociais[227].

Mas, se a problemática dos direitos humanos está profundamente ligada à dos valores democráticos, é forçoso reconhecer que aqui se entra num terreno de mais difícil determinação, uma vez que, para além da ideia genérica da liberdade de escolha dos represents populares que está na essência da democracia representativa, se podem suscitar interrogações sobre outros valores que, reconduzindo-se ao núcleo essencial da democracia, não integrem já a garantia dos direitos humanos[228].

A Comunidade tem vindo a desenhar uma saída para esta dificuldade pela construção de uma forma de condicionalidade política – tema a que voltaremos mais adiante – segundo a qual o seu relacionamento só se pode processar com países que convivam com determinados valores na área dos direitos humanos e do respeito pelas regras democráticas e do Estado de Direito e pela boa-governação, conceitos por vezes difíceis de precisar e separar, mas cuja interligação parece evidente[229].

As normas relativas à condicionalidade em matéria de direitos humanos aparecem, então, como uma verdadeira "cláusula de habilitação" para países terceiros que pretendam beneficiar de cooperação comunitária, assumindo quer a forma de condicionalidade positiva, quando se traduzam na atribuição de novos benefícios a Estados que cumpram os requisitos considerados desejáveis, quer a de condicionalidade negativa, quando determinem a suspensão ou revogação de benefícios anteriormente outorgados.

Ainda que se possa reconhecer que existe, por vezes, alguma mistura de conceitos e que o respeito pelos direitos humanos não é susceptível de ser colocado no mesmo plano que a boa-governação, não se pode deixar

---

[227] No *Relatório sobre os Direitos Humanos de 2002*, a Comunidade precisa a interpretação que faz desta matéria, p. 12, depois reafirmada no *Relatório* de 2003.

[228] Importa, ainda assim, reconhecer o significativo esforço feito na convenção de Cotonou (artigo 9. n.º2 parágrafo 2.º).

[229] KAREN E. SMITH, «The Use of Political Conditionality in the EU's Relations with Third Countries: How Effective?», *European Foreign Affairs Review*, 1998, 3, p. 255, caracteriza a condicionalidade politica pelo facto de implicar a ligação por um Estado ou uma organização internacional dos benefícios a receber por outro Estado (tais como ajuda) ao cumprimento de condições relativas à protecção dos direitos humanos e ao progresso dos princípios democráticos".

Balanço final: uma política na encruzilhada 487

de reafirmar que se trata de um passo da maior importância no sentido da afirmação de valores assumidos pelos principais documentos internacionais referentes à matéria dos direitos humanos.

4.2.3. *A Coerência Interna e Externa da Comunidade em Matéria de Direitos Humanos*

A questão da legitimidade da Comunidade para introduzir a problemática dos direitos humanos na sua política de apoio ao desenvolvimento envolve um juízo sobre a coerência interna e externa desta atitude, o que implica que se analise, de um ponto de vista dos princípios rectores da acção da Comunidade e dos Estados membros individualmente considerados, se o respeito pelos direitos humanos constitui valor incontroverso e se a política externa que desenvolvem está igualmente em consonância com essa concepção.

Não sofre contestação que os Estados fundadores das Comunidades Europeias são dotados de mecanismos constitucionais de salvaguarda dos direitos do homem.

Tem sido notado que a atenção particular que a Comunidade dedica à problemática da defesa dos direitos do homem surge como consequência natural da segunda guerra mundial e se integra, ainda, no processo de reacção aos seus horrores, factor que a transformaria num *forum* natural e com uma legitimidade acrescida para pugnar pelo respeito dos direitos humanos à escala do planeta[230].

É, no entanto, verdade que a versão originária dos Tratados era omissa quanto a esta questão, porventura pelo facto de o falhanço na criação de uma Comunidade Política Europeia ter tornado os Estados particularmente cuidadosos em assuntos de algum modo relacionados com valores políticos.

Coube, então, ao Tribunal de Justiça das Comunidades, no silêncio dos Tratados, o papel decisivo, com a afirmação de que os direitos humanos eram um princípio geral do direito comunitário com garantia de protecção jurisdicional, pelo que seriam passíveis de anulação os actos dos Estados membros que contra eles atentassem[231].

---

[230] Nesse sentido, JEAN-MICHEL RACHET, «De la Compétence de l'Union Européenne en Matière de Défense et de Promotion des Droits de l'Homme», *Revue du Marché Commun et de l'Union Européenne*, n.º 387, 1995, pp. 256 e segs..

[231] Vd., entre a vasta bibliografia a este propósito, CHRISTINE KADDOUS, *Le Droit des*

488   *Valores e Interesses*

A jurisprudência fixada pelo Tribunal de Justiça veio, mais tarde, a ser acompanhada nas alterações dos Tratados – iniciadas com o Acto Único Europeu – e tem hoje uma clara expressão no n.° 1 do artigo sexto do Tratado da União, que proclama que "a União assenta no princípio da liberdade, da democracia, do respeito pelos direitos do Homem e pelas liberdades fundamentais, bem como do Estado de Direito, princípios que são comuns aos Estados membros"[232], enquanto que o artigo 7.° vai mesmo ao ponto de prever a aplicação de sanções em caso de violação persistente por parte de algum dos Estados membros[233].

Trata-se de um conjunto de disposições que, na opinião da Comissão, marca uma etapa decisiva na evolução de uma comunidade essencialmente económica para uma entidade política[234] e que, do ponto de vista que agora nos interessa, teve como efeito permitir a afirmação de que a União Europeia se encontra hoje numa posição mais favorável para transpor para o plano da sua acção externa o respeito pelos direitos humanos[235], como prevêem os próprios Tratados.

No primeiro pilar, essa orientação é identificável no artigo 11.° do Tratado da União, enquanto que no Tratado da Comunidade Europeia a matéria é expressamente referida nas disposições relativas à política de cooperação, como tivemos já oportunidade de analisar.

Relations Extérieures dans la Jurisprudence de la Cour de Justice des Communautés Européennes, Bruylant, Bruxelles, 1998, pp. 227 e segs..

[232] Explicitando-se, no n.° 2 do mesmo artigo, que "a União respeitará os direitos fundamentais tal como os garante a convenção Europeia da Salvaguarda dos Direitos do Homem e das Liberdades Fundamentais, assinada em Roma em 4 de Novembro de 1950, e tal como resultam das tradições constitucionais dos Estados membros, enquanto princípios gerais do direito comunitário".

[233] Deverá notar-se que, enquanto na redacção dada pelo Tratado de Amsterdão apenas se contemplava a previsão de uma situação de violação já verificada, o Tratado de Nice veio prever a possibilidade de a Comunidade reagir contra um "risco manifesto de violação grave", admitindo que em tal caso, o Conselho, deliberando por maioria qualificada de quatro quintos dos seus membros e após parecer favorável do Parlamento Europeu, pode verificar a existência de tal risco e dirigir recomendações ao Estado em questão e pedir a personalidades independentes um relatório sobre o assunto".

[234] «L'Union Européenne et les Aspects Exterieurs de la Politique des Droits de l'Homme: de Rome à Maastricht et au delà», comunicação ao Conselho e ao Parlamento Europeu, de 22 de Novembro de 1995, COM (95), 567 final.

[235] Recorde-se, ainda, a aprovação da Carta dos Direitos Fundamentais da União Europeia, documento que é, no entanto, desprovido de valor jurídico e que tem merecido amplas críticas. Por todos, vd. Jorge Miranda, parecer «Sobre a Carta dos Direitos Fundamentais da União Europeia», *Revista da Faculdade de Direito de Lisboa*, 2000, n.° 1, pp. 17 e segs..

A readaptação do quadro institucional comunitário em matéria de direitos humanos não foi, no entanto, levada às últimas consequências, já que os Tratados continuam a não incluir a promoção dos direitos humanos entre os seus objectivos, o que levou o Tribunal a pronunciar-se[236] negativamente quanto à possibilidade de adesão da Comunidade à Convenção Europeia dos Direitos do Homem, por ausência de norma que expressamente a tanto a habilite e, mais tarde[237], a considerar que a Comissão não podia usar livremente verbas orçamentais para acções no domínio dos direitos do homem, decisão que viria a estar na origem dos regulamentos de 1999 que, adiante, serão analisados.

Esta situação tem como consequência que, às criticas dirigidas à aplicação prática das cláusulas relativas aos direitos do homem, se juntem críticas de natureza jurídica, que vêm pôr em evidência a inadequação do quadro legal comunitário para servir de base a uma política coerente e global de defesa dos direitos humanos[238].

A recusa da Comunidade em aderir à Convenção Europeia dos Direitos do Homem e a cobertura jurídica dada a essa posição pelo Tribunal

---

[236] Parecer n.º 2/94, de 28 de Março de 1996. A opinião do Tribunal seguiu-se a uma longa polémica sobre as vantagens e inconvenientes de tal adesão, que durou varas décadas e à sua própria jurisprudência que tinha permitido a PIERRE PESCATORE, «La Cour de Justice dês Communautées Européennes et La Convention Européenne dês Droits de l'Homme», in MATSCHER e PATZOLD (orgs.), *Proteting Human Rights and Freedoms: The European Dimension*, Heymmans, Koln, 1988, pp. 441 e segs., considerar que existia uma aplicação directa pelo Tribunal da Convenção, enquanto outros autores defendiam que tal aplicação era feita enquanto parte integrante do direito comunitário. O argumento essencial do Tribunal foi o de que o artigo 235 não poderia servir de base para a adesão, na medida em que esta comportaria uma alteração substancial do regime comunitário de defesa dos direitos humanos, revestindo-se de uma envergadura constitucional que ultrapassaria os limites do artigo. Na decisão do Tribunal foi vista uma preocupação política, na medida em que vários Estados membros se tinham manifestado contra essa possibilidade, assim como a defesa da própria posição, uma vez que envolveria a sujeição desta problemática ao Tribunal de Estrasburgo. O parecer tem sido vivamente criticado em vários dos seus aspectos e implicações. Vd., por exemplo, J. H.H. WEILER e SYBILLA C. FRIES «A Human Rights Policy for the European Community and Union: the Question of Competences» in PHILIP ALSTON (ed.), *The EU and Human* Rights, cit., e OLIVIER DE SCHUTTER e YVES LEJEUNE, "L'Adhésion de la Communauté à la Convention Européenne des Droits de l'Homme à propos de l'Avis 2/94 de la Cour de Justice des Communautés", *Cahiers de Droit Européen*, ano 32 (1996), n.ºs 5-6, pp. 555 e segs..

[237] P. 74.

[238] Vd., por exemplo, IRENE SACRISTIAN SANCHEZ, «The European Union's Human Rights Policy Towards Developing Countries: a Constitutional and Legal Analysis», in CAROL COSGROVE-SACKS (org.) *Europe, Diplomacy and Development*, cit., pp. 67 e segs..

490 *Valores e Interesses*

de Justiça não podem deixar de ter influências negativas para o exterior[239], uma vez que parecem apontar para uma Comunidade fechada sobre si mesma, apenas querendo considerar a sua própria formulação e inviabilizando qualquer controlo exterior, numa matéria controversa.

A impressão crítica ganha uma maior consistência por ser discutível a necessidade de uma alteração do Tratado para a efectivação da adesão, quando a mesma exigência não foi formulada pelo Tribunal, por exemplo, a propósito da adesão à Organização Mundial do Comércio, opção também plena de consequências para o futuro da Comunidade[240].

As dúvidas que pairam sobre o bem fundado da decisão e respectiva motivação adensam-se, ainda, pela consideração de que, como sublinharam J. H.H. WEILER e SYBILLA C. FRIES[241], a opinião jurídica contrária à adesão foi pronunciada por um Tribunal que lança mão de recursos criativos inesgotáveis para desenvolver e concretizar a ordem jurídica sobre a qual tem poderes e que, neste caso, descobriu as virtudes da prudência hermenêutica.

Um passo decisivo no sentido de uma maior coerência é, porém, dado no projecto de Constituição Europeia que, como se viu já, proclama no artigo 2.°, a propósito dos princípios fundamentais da União, que esta se funda "nos valores do respeito pela dignidade humana, da liberdade, da democracia, da igualdade, do Estado de Direito, e do respeito pelos direitos humanos", enquanto que no artigo 3.°, n.° 1 se aponta, como objectivos internos da União, "promover a paz, os seus valores e o bem estar dos seus povos".

Sinal prático de sentido contrário é, todavia, dado pelo desenvolvimento, em alguns dos Estados membros, de movimentos xenófobos e racistas, assim como pelo atraso na transposição das directivas comunitárias

---

[239] KRIS POLLET, «Human Rights Clause in Agreements between the European Union and Central and Eastern Countries», *Revue des Affaires Européenes*, ano 7 (1997), n.° 3, p. 29, pôde, sustentar a incongruência entre essa posição e a exigência de que os Estados da Europa Central e do Leste fossem membros do Conselho da Europa e da Carta Europeia como condição prévia para a admissibilidade à adesão.

[240] Vd. Parecer n.° 1/94 de 15 de Novembro, in *Colectânea de Jurisprudência* 1994, p. I-5267. Deverá, alias, notar-se que o Tribunal adoptou uma concepção muito ampla de política comercial para deferir a competência da Comunidade. Vd., a propósito e por todos, GIULIO TOGNAZI, «Il Parere n.° 1/94: Nuovi Sviluppi in Tema di Relazioni Esterne della Comunità Europea», *Diritto Comunitário e degli Scambi Internazionali*, n.° 1, 1996, pp. 75 e segs..

[241] "A Human Rights Policy for the European Community and Union: the Question of Competences" in PHILIP ALSTON (org.), *The EU and Human* Rights, cit., 1999, p. 150.

em matéria de igualdade, o que poderá permitir uma leitura de algum modo preocupante quanto à coerência e ao efectivo empenhamento desses Estados na defesa dos direitos humanos.

Apesar das restrições que ficam enunciadas, a União Europeia constitui um espaço exemplar de salvaguarda dos direitos humanos, sendo notável a acção que tem vindo a desenvolver e de que se passa a recordar alguns momentos fundamentais.

Ao longo de toda a década de noventa do século XX e nos primeiros anos deste século, assistiu-se a um aprofundamento da orientação no sentido do reforço da protecção dos direitos do homem e à multiplicação de iniciativas comunitárias, sendo de realçar o empenho do Parlamento Europeu que tentou, sem sucesso, que fossem igualmente considerados os direitos sociais.

Em 1994, por impulso do Parlamento, foi criada a Iniciativa Europeia para a Democracia e os Direitos do Homem (IEDDH) que agrupa as rubricas orçamentais relativas à promoção dos direitos humanos, democratização e prevenção de conflitos, distribuindo-se as verbas por dois eixos principais, abrangendo o primeiro o desenvolvimento e consolidação da democracia e do Estado de Direito e o segundo o apoio à actividade de tribunais penais internacionais.

A iniciativa viria a conhecer algumas dificuldades, que estiveram na base dos regulamentos aprovados em 1999, criando uma base jurídica para a acção da Comunidade neste domínio[242].

De harmonia com esses regulamentos, foi criado um Comité para os Direitos Humanos e a Democracia, com poderes para apreciar as políticas desenvolvidas e a respectiva coerência e tem vindo a ser trabalhada, crescentemente, uma estratégia relativa aos direitos do homem que se orienta, actualmente, por três vectores fundamentais:

– promoção de políticas coerentes e consistentes de apoio aos direitos humanos e à democratização;

– concessão de prioridade acrescida aos direitos humanos e à democracia através do diálogo político, do comércio e da ajuda externa;

– concepção de uma aproximação mais estratégica à Iniciativa Europeia para a Democracia e os Direitos Humanos, com a identificação das seguintes prioridades: democratização, boa governação e

---

[242] Cfr. Regulamentos (CE) do Conselho n.° 975/1999 e 976/1999, *J.O.* L 120 de 8 de Maio de 1999, pp. 1-14.

492   *Valores e Interesses*

Estado de Direito, abolição da pena de morte; luta contra a impunidade e a tortura, apoio aos tribunais internacionais e combate contra o racismo e a xenofobia.

Já em 2001, a Comissão viria a reflectir, de novo, sobre o papel da União Europeia na promoção dos direitos humanos e na democratização nos países terceiros[243], reflexão que estará na origem das Conclusões do Conselho do Luxemburgo de 25 de Junho de 2001 que não apresentam, contudo, inovações fundamentais, constituindo antes uma confirmação e desenvolvimento das perspectivas anteriores.

A ideia fundamental que ressalta das Conclusões é a da necessidade de coerência e consistência na política de democratização em relação a países terceiros, objectivo que passa pela coordenação entre a Política de Cooperação e a Política Externa e de Defesa Comum e por uma mais efectiva colaboração com os Estados membros e as organizações não governamentais; pela atribuição de uma maior prioridade à problemática; por maior transparência da política comunitária na matéria e pelo acompanhamento e revisão das acções prioritárias.

Como aspecto mais saliente das últimas Conclusões ressalta, no entanto, o seu carácter fortemente proclamatório e a ausência de medidas novas, assim como a recusa de criação de novas estruturas ou encargos orçamentais.

Nada disto impede que se considere da maior importância a iniciativa da Comissão e o facto da Comunidade colocar à cabeça das suas preocupações a promoção dos direitos humanos no exterior das suas fronteiras é um dado positivo, que não pode ser condicionado por juízos de intenção.

Pese embora os factores negativos, a armadura jurídica de que a Comunidade se dotou para lidar com este problema é sólida, sendo correcta a distinção entre medidas positivas e negativas, assim como a sua hierarquização.

Já foi notado, pertinentemente, aliás, que as cláusulas incluídas nos acordos com os países ACP e as normas existentes parecem ser suficien-

---

[243] *The European Union's Role in Promoting Human Rights and Democratization in Third Countries*, comunicação da Comissão ao Conselho e ao Parlamento Europeu de 8 de Maio de 2001. COM (2001) 252 Final. Recorde-se, ainda, a comunicação de Março de 1998, *Democratization, the Rule of Law, Respect for Human Rights and Good Governance: the Challenges of the Partnership between the European Union and the ACP States* COM (98) 146.

tes para que ambas as partes se possam nelas concentrar a fim de as tornar operacionais e evitar que se pense nelas apenas como "tigres de papel" [244].

4.2.4. Das Proposições Teóricas à Acção Prática

Mas, se a coerência, quer interna, quer externa da Comunidade Europeia em relação ao respeito dos direitos humanos surge como um inquestionável pré-requisito para a aceitação das suas orientações nessa matéria, não se podem ignorar as dificuldades com que se confronta a delimitação prática dos valores envolvidos.

O conceito de direitos humanos não é totalmente pacífico, designadamente em consequência das construções expansivas que vieram aditar aos direitos de origem liberal um conjunto de direitos económicos e sociais, que seriam, posteriormente, completados pelos direitos de terceira geração.

Porém, é ainda possível considerar a existência de um núcleo de direitos que se vem afirmando repetidamente em toda uma série de instrumentos internacionais, podendo sustentar-se que constituem, hoje em dia, um costume geral para efeitos de direito internacional.

Estando a problemática dos direitos humanos profundamente ligada à dos valores democráticos, é forçoso reconhecer que se entra num terreno de contornos difíceis uma vez que, para além da ideia genérica de liberdade de escolha dos representantes populares, que está na essência da democracia representativa, nos podemos sempre interrogar sobre outros valores recondutíveis ao núcleo essencial do ideal democrático que não se integrem já na garantia dos direitos humanos[245].

Por muito importante que se considere a defesa dos direitos do homem, qualquer balanço das orientações mais recentes da Comunidade não pode esquecer que, por detrás do aparente consenso quanto a esta matéria, em relação à qual se dissiparam muitas das anteriores dúvidas dos países ACP, existe uma diferente percepção de prioridades entre estes – que vêem o desenvolvimento como o direito humano por excelência – e a Comunidade, que exige a criação de condições prévias para um desenvolvimento integral.

---

[244] KARIN ARTS, *Integrating Human Rights..*, cit. p. 374.

[245] Importa, ainda assim, reconhecer o significativo esforço feito no Acordo de Cotonou (artigo 9.º, n.º 2, parágrafo 2.º).

494 *Valores e Interesses*

Apesar de quanto ficou dito e num ambiente em que é crescente o empenho das organizações internacionais na defesa dos direitos do homem e em que as Nações Unidas tentam reforçar o diálogo entre as várias organizações que podem, de alguma forma, influenciar esta matéria, foi já possível a ERNEST-ULRICH PETERSMANN[246], considerar a política da Comunidade Europeia como a mais avançada, sublinhando particularmente a sua ligação às liberdades económicas e sociais, dimensão que seria ignorada pelas outras organizações[247].

A questão essencial está, então, numa prática que nem sempre parece a mais adequada à compreensão das opções políticas de fundo da Comunidade no referente a direitos humanos, já que a análise de acções concretas evidencia uma atitude de grande tolerância para com países importantes de um ponto de vista comercial, como a China, a Indonésia ou a Austrália e uma postura de muito maior rigor para com os pequenos países[248].

Com efeito, deve reconhecer-se que a ponderação de factores políticos induz diferenças na resposta prática não justificáveis à luz dos princípios, o que necessariamente mina a credibilidade das políticas, não faltando quem, em face da tolerância revelada em relação a países de grande importância económica, afirme que a Europa reserva a firmeza para os fracos, a começar pelos de África[249].

Tem sido, por outro lado, assinalado como nalguns casos é patente que o empenho da Comunidade no respeito pelos direitos do Homem e pelos valores da democracia não resulta em primeira linha de qualquer preocupação humanista, mas sim do interesse em assegurar outros valores, como a estabilidade política.

O exemplo porventura mais flagrante é dado pela política europeia em relação ao Mediterrâneo[250], que levou já F. HAKURA a sustentar que a

---

[246] *Time for Integrating Human Rights into the Law of Worldwide Organizations. Lessons from European Integration Law forGlobal Integration Law*, Jean Monnet Working Paper 7/01.

[247] Não se poderá, no entanto, esquecer a importância que a Comunidade vem dando à colaboração com a Comissão para os Direitos Humanos das Nações Unidas. A este propósito, vd. JAMES BOURKE, «The European Union's Human Rights Activity within the United Nations Commission for Human Rights», in CAROL COSGROVE-SACKS (org.) *Europe, Diplomacy and Development*, cit., pp. 96 e segs..

[248] KAREN SMITH, «The Use of Political Conditionality», cit..

[249] CATHERINE GOYBET, «Aide au Développement, Démocratie et Droits de l'Homme: Premier Bilan», *Revue du Marché Commun*, n.º 372 (1993), p. 777.

[250] Vd., a este propósito, FRANCIS BELAICH, «La Conditionnalité Politique dans le

Balanço final: uma política na encruzilhada 495

parceria euro-mediterrânica "foi parcialmente concebida como um dispositivo de reforço da segurança e de resolução das crises, permitindo garantir os mercados para que a Europa exporta e controlar os fluxos migratórios e parcialmente como uma parceria real baseada em princípios comuns"[251].

Estão, por outro lado, longe de resolução os problemas de compatibilização entre a política externa comum e a política de cooperação para o desenvolvimento.

Mas mesmo que se admita o total empenhamento da Comunidade na defesa dos direitos humanos por razões humanitárias, não se poderá iludir o risco que pode representar a tendência para posições que permitam a identificação dos europeus com os "ayatollah" dos direitos humanos, gerando-se anti-corpos junto dos países destinatários[252].

Algumas reacções africanas tendem a mostrar que condicionalidade política pode ser vista como instrumento de uma nova tentativa de imperialismo ideológico, substituindo o socialismo pela fé na liberdade de empresa e como uma justificação para a diminuição dos fluxos financeiros para aquele Continente[253].

Essas leituras dão corpo a uma actualização de posições que associavam a defesa dos direitos do homem – nos termos em que era feita pelos países ocidentais – a um instrumento de luta contra os países socialistas, valorizando, em seu lugar, a promoção do direito dos povos[254].

Também não se podem ignorar as evocações – ainda que totalmente inaceitáveis – de que o conceito de direitos humanos seria parte integrante dos padrões de uma civilização ocidental, que se estaria a tentar impor a civilizações que não assentam nas mesmas realidades.

Já aparece como mais séria a queixa de muitos países menos desenvolvidos no sentido de que os países ricos optaram por uma concepção res-

---

Partenariat Euro-Mediterranéen», in MARIE FRANÇOISE LABOUZ (org.), *Le Partenariat de l'Union Européenne avec les Pays Tiers*, cit., pp. 73 e segs..

[251] «The Euro-Mediterranean Policy The Implications of Barcelona Declaration», *Common Market Law Review*, 1979, p. 354.

[252] Vd. O alerta de MICHEL ROCARD, «Menaces sur la Convention de Lomé», *Le Monde Diplomatique*, Junho de 1998.

[253] JOHN-JEAN B. BARYA, «The New Political Conditionalities of Aid. An Independent View from Africa», IDS Bulletin, 1993.

[254] Emblemático desta posição é o texto de FRANCINE BATAILLER-DEMICHEL, «Droits de l'Homme et Droits des Peuples dans l'Ordre International», in *Mélanges Offerts à Charles Chaumont. Le Droit des Peuples à Disposer d'Eux-Mêmes. Méthodes d'Analyse du Droit International*, Pedone, Paris, 1984, pp. 23 e segs..

496 *Valores e Interesses*

trita dos direitos humanos, sem considerar os direitos económicos e sociais, apesar de uma ou outra referência, quase sempre feita em tom acidental[255].

A resposta a dar a essas dificuldades, dúvidas e críticas não pode, então, deixar de passar por uma atitude totalmente determinada e coerente por parte da Comunidade, não permitindo a invocação de duplicidade de critérios na avaliação da situação dos direitos humanos nos países em desenvolvimento e nos países desenvolvidos, prática que está longe de facilitar o diálogo numa área reconhecidamente sensível[256].

Da mesma forma, aparece como inequívoco que uma maior atenção aos direitos económicos e sociais, a par com um mais evidente reconhecimento do direito ao desenvolvimento, constituiria um factor decisivo para o sucesso desta política.

4.3. *A condicionalidade política*

Intimamente ligada à ideia de defesa dos direitos do homem, surge-nos a ideia de condicionalidade política, reverso da apropriação nacional das políticas de desenvolvimento, muitas vezes de difícil compatibilização.

Interessa-nos, então, ver em que medida a emergência da condicionalidade política – que constitui um dos aspectos mais inovadores das recentes evoluções em matéria de ajuda aos países mais pobres –, se projectou sobre a política de cooperação para o desenvolvimento, conhecer os seus principais reflexos e identificar os problemas que suscita.

A condicionalidade política insere-se numa longa linha de utilização de elementos económicos para alcançar resultados políticos que teve, porventura, a primeira formulação jurídica na Sociedade das Nações e, posteriormente, nas Nações Unidas, sob a forma de sanções económicas.

Também no âmbito da Comunidade Europeia e antes de se chegar à formulação das medidas positivas de condicionalidade, foram as sanções económicas que iniciaram esta prática, podendo-se recordar exemplos que vão desde a reacção contra a Argentina, após a invasão das Falkland, até

---

[255] Aquilo que GIANLUCA BRUSCO, qualifica de "liberalismo eurocêntrico", «Eurocentricism and Political Conditionality: the Case of Lomé Convention», in CAROL COSGROVE-SACKS (org.) *Europe, Diplomacy and Development*, cit., p. 104.

[256] Vd., a este propósito, a análise de THOMAS HAMMARBERG, «Is a Dialogue on Human Rights Possible?», in JAN OLSON e LENNART WOHLGEMUTH, *Dialogue in Pursuit of Development*, cit., pp. 217 e segs..

Balanço final: uma política na encruzilhada 497

à Africa do Sul do Apartheid, passando por outros mais recentes, como o da ex-Jugoslávia e o do Iraque[257].

É de sublinhar que a condicionalidade política começou por se desenvolver de modo informal, sem apoio em qualquer disposição dos Tratados ou precedência de cláusula contratual, como atestam a suspensão do auxílio ao Uganda ou a recusa de aprovação, pelo Parlamento Europeu, dos protocolos financeiros com Israel e com a Turquia em 1987 e 1988.

Seria então na Convenção de Lomé IV que, pela primeira vez, surgiria uma referência aos direitos humanos no próprio articulado de um acordo e não meramente nos seus considerandos, ainda que dessa referência não fosse possível extrair consequências relevantes, porquanto as partes pareciam situar essa cláusula no domínio da *soft law*[258], factor que abriu caminho ao conceito de "condicionalidade fraca".

Quaisquer que sejam as dúvidas quanto à força jurídica das proclamações respeitantes aos direitos humanos que, de alguma forma, vinham já de Lomé III[259], não se pode deixar de reconhecer que, como escrevia na época DANIEL VIGNES, é raro encontrar num tratado comercial um enunciado de um conjunto tão vasto de princípios e uma tão grande importância dada à matéria dos direitos humanos[260].

A viragem no sentido de tornar a condicionalidade política um elemento determinante no relacionamento com países terceiros deu-se, no entanto, sobretudo por força das modificações ocorridas na Europa Central e Oriental e do desejo de assegurar a instauração de regimes democráticos nesses países, que levou a que a Comunidade apenas concedesse ajuda aos Estados que encetassem os procedimentos adequados à institucionalização da democracia e à efectivação do pleno respeito pelos direitos do homem.

Vem também dessa experiência a tendência para ligar o estabelecimento da democracia à criação de regimes de economia de mercado, por

---

[257] Para uma apreciação pormenorizada, vd. TANGUY DE WILDE D'ESTMAEL, *La Dimension Politique des Relations Économiques Extérieures de la Communauté Européenne. Sanctions et Incitations Économiques comme Moyens de Politique Étrangère*, Bruylant, Bruxelles, 1998.

[258] Nesse sentido, MARCO GIORELLO, «The Clauses of Democratic Conditionality in the European Union's External Relations» in CAROL COSGROVE-SACKS (ed.) *Europe, Diplomacy and Development*, cit., pp. 80-81.

[259] Cfr. *supra*, capítulo I.

[260] «L'Homme ACP, Acteur et Bénéficiaire Principal du Développement dans Lomé III et IV», in *Humanité et Droit International. Mélanges René-Jean Dupuy*, Paris, Pedone, 1991, pp. 363 e segs..

498 *Valores e Interesses*

esta via se alargando a condicionalidade a opções no domínio do desenvolvimento económico, numa linha que correspondia à prática de organizações como o FMI.

Em 1991 foram adoptadas importantes Resoluções do Conselho Europeu e do Conselho de Ministros, no sentido de promover os direitos humanos e a democracia, considerados como elementos essenciais das relações internacionais e como valores a prosseguir primordialmente pela Comunidade, na sua política de cooperação[261].

Pode, pois, afirmar-se que a partir da aprovação destas resoluções está criado um quadro em que a Comunidade considera não poder haver desenvolvimento sem um certo grau de democracia, nem democracia sem respeito dos direitos humanos nem, finalmente, desenvolvimento sem democracia[262].

A ligação entre a concessão de auxílio e a adopção de reformas políticas e administrativas e a garantia do respeito pelos direitos humanos foi alvo de um conjunto de decisões tomadas entre 1989 e 1991 pelos principais dadores internacionais e pelo próprio Banco Mundial[263] e a sua generalização assume o significado de um sinal claro de que essas organizações passavam a rejeitar firmemente as concepções que defendiam a existência de um direito não condicionado à ajuda por parte dos países menos desenvolvidos[264].

Por outro lado, esse conjunto de deliberações afastou-se da retórica do discurso anti-comunista que anteriormente lhe andara associado[265], ga-

---

[261] Recorde-se que data também de 1991 o Relatório do Centro para os Direitos do Homem das Nações Unidas que conclui pela importância dos direitos do homem no processo de desenvolvimento. Vd. *La Réalisation du Droit au Développement*, Nações Unidas, New York, 1991.

[262] BRUNO SIMMA, JO BEATRIX ASCHENBRENNER, CONSTANZE SCHULTZ, «Human Rights Considerations in the Development Co-operation Activities of the EEC», cit., p. 576.

[263] Vejam-se, no entanto, as dúvidas expressa pelo vice-presidente do Banco IBRAHIM SHIHATA, «La Banque Mondiale et les Droits de l'Homme», *Revue Belge de Droit International*, vol. XXXII, n.° 1 (1999), pp. 86 e segs., sustentando que "em última análise o desenvolvimento sócio-económico é talvez a melhor garantia de progressos no plano político. Pelo contrário, uma maior politização do Banco, ainda que com uma finalidade moral, poderia afastá-la mais das missões que são a sua razão de ser e que lhe respeitam mais do que as outras".

[264] WILLIAM BROWN, *The European Union and Africa*, cit., p.. 151.

[265] Sobre essa evolução, vd. KARIN ARTIS, *Integrating Human Rights into Development Cooperation: the Case of the Lomé Convention*; cit., pp. 21 e segs..

nhando um tom muito mais consensual e positivo, apesar da ênfase dada aos direitos de raiz liberal, em detrimento dos direitos económicos e sociais[266].

Nas resoluções de 1991 criou-se, também, uma distinção essencial entre as medidas positivas e as medidas negativas, traduzindo-se as primeiras em formas de estímulo e apoio aos países que encetassem reformas tendentes ao reforço das instituições democráticas e da protecção dos direitos humanos e as segundas no uso de sanções contra países que se afastassem dessa via. Paralelamente, admitia-se a possibilidade de reforço da assistência económica a países com alterações substancialmente positivas na sua política de defesa dos direitos do homem e de reforço da democracia.

No discurso oficial a Comunidade manifesta uma clara preferência pelas medidas positivas, consistentes na prestação de apoio directo a acções concretas, como a realização de eleições, o reforço do aparelho judiciário, a promoção da actividade das ONGs e de outras instituições próprias de sociedades pluralistas, assim como a iniciativas tendentes a realizar a igualdade de oportunidades.

Essa preferência foi reforçada em 1993 pela Comissão, ao concretizar que a aproximação a esta temática seria orientada pela ideia de que a cooperação internacional se deve focar especialmente nas medidas positivas, apenas havendo lugar à aplicação de sanções quando tiverem falhado todos os outros meios[267].

Na base dessa opção está não só a percepção de que as medidas negativas acabam por castigar a população, no seu conjunto e não apenas as classes dirigentes como, sobretudo, a verificação de que as medidas negativas podem ser entendidas como formas de ingerência nos assuntos internos, contrariamente às medidas positivas, que se apresentam como formas de encorajamento à prossecução e aprofundamento do diálogo entre partes iguais.

Na sequência da ênfase dada às medidas positivas, a Comunidade empenhou-se particularmente no favorecimento de transições democráticas, financiando os processos eleitorais, o controlo do seu desenvolvimento e re-

---

[266] Para uma crítica particularmente viva da cisão entre direitos económicos e sociais e direitos individuais, vd. SHEDRCK AGBAKJWA, «Reclaiming Humanity: Economic, Social, and Cultural Rights as the Cornerstone of African Human Rights», *Yale Human Rights and Development Journal*, 2002.

[267] *On the Implementation in 1993 of the Resolution of the Council and of Member States meeting in the Council on Human Rights, Democracy and* Development, adopted on 28 November 1991, COM(94) 42 final.

500 *Valores e Interesses*

sultados, bem assim como a concretização de acções destinadas a assegurar a igualdade de oportunidades e a protecção de grupos vulneráveis.

As medidas negativas admitidas traduzem-se, no essencial, na redução ou suspensão da ajuda em casos de violação grave dos direitos do homem, entendendo-se consensualmente que, nesses casos, a respectiva execução deve ser rodeada de especial prudência, por forma a penalizar o menos possível as populações atingidas[268].

O Tratado de Maastricht veio confirmar uma política de cooperação para o desenvolvimento condicionada pela preocupação de contribuir para a "consolidação da democracia e do Estado de direito, bem como para o respeito dos direitos do homem e das liberdades fundamentais" (artigo 177.°, n.° 2 do Tratado).

Na sequência do Tratado, a revisão da convenção de Lomé IV viria a assumir o respeito pelos direitos humanos como um elemento essencial[269], num caminho que seria posteriormente aprofundado e desenvolvido pelo Acordo de Cotonou[270].

Por outro lado, a Comunidade incluiu, numa série de acordos celebrados com países da Ásia e da América Latina, no princípio dos anos noventa, um conjunto de cláusulas apelando ao respeito pela democracia e pelos direitos humanos, ou considerando esse factor um elemento essencial ao acordo[271], ainda que sem prever expressamente a suspensão ou de-

---

[268] Para uma apreciação da forma como a Comunidade aplicou a condicionalidade política, vd. TANGUY DE WILDE D'ESTMAEL, *La Dimension Politique des Relations Économiques Extérieures de la Communauté Européene*, cit..

[269] Para uma apreciação dessa evolução e a sua ligação ao colapso do bloco soviético, vd., GIANLUCA BRUSCO, «Eurocentricism and Political Conditionality: the Case of Lomé Convention», cit..

[270] Cfr. *supra*, capitulo II. É de notar que, mesmo antes da revisão e ainda que evitando falar em suspensão do acordo, a Comunidade suspendeu por diversas vezes o auxílio a Estados ACP, por motivos relacionados com a violação de direitos humanos. A nova via aberta pelo artigo 366A da Convenção revista seria utilizada pela primeira vez em relação ao Togo, tendo a Comunidade suspendido efectivamente o acordo, depois de aberto um processo de consulta.

[271] Tais clausulas eram essencialmente a *democratic basis clause* e a *essential component clause*, que estabeleciam respectivamente que "as relações de cooperação entre a Comunidade e o país X e todas as disposições do presente acordo baseiam-se no respeito pelos princípios democráticos e pelos direitos do homem em que se inspiram as políticas interna e externa da Comunidade e do país X" e que "as relações de cooperação entre a Comunidade e o país X, assim como as disposições do presente acordo baseiam-se no respeito pelos princípios democráticos e pelos direitos do homem em que se inspiram as políticas interna e externa da Comunidade e do país X, que constituem um elemento essencial do presente acordo".

núncia dos acordos como consequência do incumprimento desse dever de respeito. Essa previsão só surgiu mais tarde, em Maio de 1995, com uma decisão do Conselho no sentido de que todos os acordos celebrados com países terceiros deveriam prever expressamente a suspensão da vigência, em caso de violação dos direitos humanos.

É certo que, independentemente da existência de uma tal previsão, na técnica do direito dos Tratados, a consideração deste aspecto como essencial permitiria, nos termos do artigo 60.º da Convenção de Viena, a suspensão do acordo. Porém, essa solução seria sempre passível de contestação e exigiria a demonstração de que a violação era de tal modo relevante que punha em causa os objectivos do Tratado.

Com os chamados *acordos de terceira geração* vieram a ser conjugadas cláusulas que elevavam o respeito pelos direitos humanos e pelas regras democráticas a elemento essencial, com outras que expressamente previam a possibilidade de suspensão do acordo[272], modelo que rapidamente se estendeu a todas as acções de cooperação da Comunidade.

A imposição da condicionalidade foi sendo sempre acompanhada por uma reflexão sobre a respectiva prática, que permitiu, por exemplo, pôr em relevo que a imposição da condição não se deveria reportar apenas ao momento da celebração do acordo, mas antes acompanhar a sua evolução futura (clausula evolutiva)[273].

A avaliação das consequências da aplicação da regra da condicionalidade não se revela fácil, como sublinha KAREN SMITH[274], até porque implicaria uma comparação e o isolamento dos efeitos das acções empreendidas pela Comunidade dos de eventuais acções no mesmo sentido desencadeadas por outros parceiros internacionais.

A percepção de que a condicionalidade nem sempre tem conduzido a resultados efectivos leva, no entanto, a uma interrogação séria sobre o que poderia ter sido feito para tornar mais efectiva a protecção dos direitos do homem, protecção essa a efectivar, por vezes, em contextos em que os potenciais beneficiários nela não acreditam ou dela não têm consciência.

---

[272] Estão, neste caso, em causa as cláusulas ditas "báltica" e "búlgara", por terem sido incluídas pela primeira vez nos acordos celebrados com as repúblicas bálticas e com a Bulgária e de harmonia com as quais as partes podem suspender o acordo em caso de grave violação dos elementos essenciais ou tomar medidas adequadas que deverão, no entanto, ser objecto de consultas, apenas havendo lugar à suspensão como última solução.

[273] Vd., MARISE CREMONA, «The European Union as an International Actor: the Issues of Flexibility and Linkage», *European Foreign Affairs Review*, volume 3, n.º 1 (1998), p. 85.

[274] "The Use of Political Constitional the …", cit..

502 *Valores e Interesses*

A preocupação de tornar efectiva a protecção dos direitos do homem tem tido ainda um outro desenvolvimento que se prende com a sua ligação à garantia de funcionamento da economia de mercado, tema que começou a ser desenvolvido com especial relação aos países do antigo bloco soviético.

Neste contexto, RAUX, por exemplo, estabeleceu a ligação entre a condicionalidade e a economia de mercado afirmando que "a adesão à economia de mercado parece relevar da exigência democrática" e acrescenta: "Não parece que possa existir democracia duradoura e verdadeira sem mercado, isto é sem uma conciliação da oferta e da procura, ou mais concretamente dos operadores económicos e dos consumidores"[275].

Embora seja patente, em toda a orientação da política de cooperação para o desenvolvimento e em especial no Acordo de Cotonou, a importância acordada ao mercado[276], parece claro que este não integra as componentes da noção de condicionalidade, limitando-se o Acordo a enunciar meras proclamações de princípio, sem carácter vinculativo. A título meramente exemplificativo, pode citar-se a disposição do n.° 2 do artigo 10.°, em que "as partes reconhecem que os princípios da economia de mercado assentes em regras de concorrência transparentes e em políticas sólidas nos domínios económico e social, contribuem para a realização dos objectivos da parceria".

A defesa da economia de mercado constitui um aspecto central do Acordo de Cotonou e é provável que dos diversos mecanismos instituídos resultem, em concreto, benefícios acrescidos para os países onde o reforço e abertura dos mercados sejam mais patentes.

As tentativas de expansão das componentes da condicionalidade envolvem temas tão diversos como o combate ao tráfego de droga, o respeito pela defesa do ambiente e as acções de prevenção dos conflitos armados.

No que respeita aos dois primeiros, não se pode esquecer que o sistema comunitário de preferências generalizadas actualmente em vigor já inclui preferências selectivas, que resultam de algum modo numa forma de condicionalidade política, que se estende, de resto, também ao respeito pelos padrões internacionais relativos às condições de trabalho.

Também a ideia de prevenção dos conflitos armados, abordada no artigo 11.° do Acordo de Cotonou, virá provavelmente a ganhar uma impor-

---

[275] «Les Instruments Juridiques des Relations Communauté Européenne/Europe de l'Est», in J-C GAUTRON, *Les Relations Communauté Européenne – Europe de l'Est*, Paris, Economia, 1991, p. 41.

[276] Cfr. *supra*, Capítulo II.

Balanço final: uma política na encruzilhada 503

tância crescente no condicionamento da ajuda, quer pela sua íntima ligação ao problema dos direitos humanos, quer pelo facto de a própria União Africana considerar este tema prioritário, como patenteado na reunião de Maputo de Julho de 2003.

Dito isto, parece claro que um aumento exponencial dos factores de condicionalidade da ajuda não pode deixar de produzir efeitos negativos.

Não se contesta a importância das temáticas envolvidas, mas entende-se que a prossecução dos objectivos visados passa pela adesão comum a um conjunto de valores, facilitada por um processo de diálogo, sem o que todas as medidas serão sentidas como meras imposições exteriores.

O primeiro dilema da condicionalidade aparece, então, associado à sua extensão. Reduzida à expressão mínima de defesa dos direitos humanos, a condicionalidade política está legitimada pelo carácter universal do direito, mas se acompanhada de maiores exigências torna-se apreensível como uma forma inaceitável de ingerência.

Assim, muito mais do que um julgamento abstracto sobre a bondade da condicionalidade política, haverá provavelmente que verificar se a condicionalidade é estabelecida em torno de valores suficientemente importantes e adequados à geração de benefícios em termos de desenvolvimento económico.

Algumas experiências negativas em matéria de condicionalidade imposta pelo FMI e pertinentemente questionadas por STIGLITZ[277] constituem matéria de reflexão que não pode ser ignorada.

Provavelmente, a condicionalidade poderá operar, se devidamente adoptada e executada, como um instrumento importante de prestação de contas dos decisores políticos dos países doadores aos seus eleitores, permitindo-lhes aferir das exigências impostas como condição da libertação de fundos públicos para prestação do auxílio, mas deixa por resolver muitas das questões do desenvolvimento.

Só a aceleração dos processos de reforço das sociedades civis nos países beneficiários de ajuda poderá, eventualmente, permitir que se criem os mecanismos que asseguram os objectivos visados pela condicionalidade política.

Porém, essa verificação significa que, muito mais do que a aposta na condicionalidade, a aposta na apropriação das políticas de desenvolvimento, em sentido amplo, será o melhor caminho para o triunfo certos valores, não impostos unilateralmente, mas transformados em objectivo comum.

---

[277] *A Globalização*, cit..

504 *Valores e Interesses*

As dificuldades elencadas forjaram a ideia que a condicionalidade política só poderia ter resultados positivos se complementada com formas de acompanhamento da actividade dos governos no domínio da boa-governação e da economia do mercado, entendidas como pressuposto necessário de uma efectiva salvaguarda dos direitos humanos.

É neste contexto que alguns autores tendem a representar a boa-governação como um instrumento fundamental ao objectivo de promoção do desenvolvimento económico, num quadro de preservação de regras democráticas e de respeito pelos direitos humanos que, consequentemente, deveria ser objecto do mesmo tipo de condicionalidade política[278].

4.4. *A Boa Governação*

A possibilidade de utilização da noção de boa-governação com esse objectivo tem vindo a ganhar crescente importância no seio da Comunidade Europeia, como resulta da Comunicação da Comissão ao Conselho e ao Parlamento Europeu de 1998[279], que aponta para uma concepção particularmente ampla do conceito, ao precisar que "ela acompanha todos os aspecto de relacionamento do Estado com a sociedade civil, o seu papel no estabelecimento de um clima conducente ao desenvolvimento económico e social e a sua responsabilidade por uma divisão equitativa dos recursos".

A noção de boa-governação parece encontrar as suas origens no Relatório do Banco Mundial de 1989, onde aparece associada quer à dimensão económica, quer à dimensão política da governação. A primeira dimensão respeita às questões de liberalização dos mercados, de política de preços e de câmbios, de subsídios e de proteccionismos e, em geral, do papel do Estado como actor económico, englobando a segunda o sistema político, a estrutura de governo, o sistema eleitoral, as disposições constitucionais e as relações com a sociedade civil.

Tal acepção, que não se afigura errada em si mesma, é afectada pela imprecisão dos seus contornos, que a torna inoperacional para fundamentar opções de política de cooperação.

Tem-se vindo a assistir, nos últimos anos, a um intenso labor das instâncias internacionais em torno da noção de boa-governação, que aos pou-

---

[278] Por exemplo, PETER HILPOLD, «EU Development Cooperation at a Crossroads: The Cotonou Agreement of 23 June 200 and the Principle of Good Governance», *European Foreign Affairs Review*, volume 7, Primavera de 2002, pp.53 e segs..

[279] COM (1998) 146 Final.

cos vai permitindo precisar melhor os componentes que a integram. Está-se, porém, longe de um consenso com amplitude suficiente para dar suporte a escolhas a nível regional, o que a torna um valor pouco exportável, na actual fase das relações internacionais.

Significativa da indefinição dos contornos do conceito de boa-governação é a forma como a Comissão Europeia[280] procurou associar-lhe, no plano político, as seguintes componentes:

– a equidade e primado da lei na gestão e afectação dos recursos, o que implica a existência de um sistema judiciário independente e acessível a todos os cidadãos;

– a capacidade institucional para controlar os recursos do país no interesse do desenvolvimento, o que pressupõe a competência para elaborar, implementar e supervisionar políticas que correspondam às necessidades das populações;

– a transparência, que implica a responsabilização e a organização de processos efectivos para controlar os recursos, processos abertos à apreciação pública;

– a participação pública no processo de tomada de decisões, o que exige a participação da sociedade civil.

Ora, estes termos muito amplos, apesar de envolverem aspectos consensuais na política de desenvolvimento contemporânea, não permitem uma delimitação concreta, susceptível de fundamentar qualquer obrigação e de permitir a verificação do seu não cumprimento.

Ainda assim, foi incluída no Acordo de Cotonou (artigo 9.º, n.º 3) a seguinte definição que, apesar de vaga, importa reter: "num contexto político e institucional que respeite os direitos humanos, os princípios democráticos e o Estado de Direito, a boa governação consiste na gestão transparente e responsável dos recursos humanos, naturais, económicos e financeiros, tendo em vista um desenvolvimento sustentável e equitativo. A boa governação implica processos de decisão claros a nível das autoridades públicas, instituições transparentes e responsáveis, o primado do direito na gestão e na distribuição dos recursos e o reforço das capacidades no que respeita à elaboração e aplicação de medidas especificamente destinadas a prevenir e a combater a corrupção".

Numa opção que não poderá deixar de se considerar sensata, o Acordo de Cotonou só associa consequências especialmente graves – a suspen-

---

[280] *Idem.*

são do acordo[281] –, à violação de componentes da boa governação que se traduzam em actos de corrupção.

Essa escolha correspondeu, de resto, às orientações da já citada Comunicação da Comissão, que considerava a corrupção – definida como qualquer abuso de poder ou irregularidade no processo de decisão que se fique a dever à percepção indevida de benefícios – como o principal obstáculo à boa-governação, pela sua natureza horizontal, que a torna susceptível de minar todos os aspectos da administração.

A possibilidade de atribuição de uma importância mais decisiva à boa-governação passa, assim, no imediato, por aquilo que se pode considerar como a vertente positiva da condicionalidade política, posta de pé pela Comunidade Europeia.

O relatório sobre os Direitos do Homem em 2002 sintomaticamente, aliás, não se ocupa genericamente da questão da boa-governação, concentrando-se apenas nos temas da transparência e do diálogo com a sociedade civil, correctamente associados a uma melhor defesa dos direitos humanos.

Paralelamente, vem-se registando uma actividade significativa no sentido de reforçar as capacidades técnicas do aparelho político e administrativo destes Estados, em linha com as ideias de boa-governação[282].

4.5. *A coerência das políticas, a complementaridade e a cooperação*

Para além da passagem para o plano da cooperação de um conjunto de objectivos de ordem política, passagem que veio a ser especialmente legitimada pelo Tratado de Maastricht, ganha uma especial importância a procura da racionalidade e da eficácia das políticas.

E, neste aspecto, uma das vertentes que tem vindo a assumir maior relevo na discussão sobre os caminhos futuros da política de desenvolvimento é a sua articulação com as restantes políticas comunitárias, por um lado e com as políticas levadas a cabo pelos Estados membros, por outro, em termos que assegurem um quadro de coerência.

---

[281] Cfr. *supra*, capítulo II.

[282] Vd., por exemplo. MICHEL. A DESSART, ROLAND E. UBOGU, *Renforcement des Capacités, Gouvernance et Réformes Économiques en Afrique*, Institut Multilatéral de l'Afrique, FMI, 2001.

5. Políticas Comunitárias

A questão da coerência das várias políticas comunitárias não sendo nova, veio a ganhar uma especial importância em virtude da disposição do novo artigo 178.°, que expressamente vincula a Comunidade a ter em conta os efeitos das suas políticas sobre os países em vias de desenvolvimento[283].

O Tratado da União Europeia, prevê igualmente que "a União assegurará, em especial, a coerência do conjunto da sua acção externa no âmbito das políticas que adoptar em matéria de relações externas, de segurança, de economia e de desenvolvimento", atribuindo ao Conselho e à Comissão a responsabilidade de assegurarem essa coerência.

Embora esta disposição tenha um carácter meramente programático, não se pode deixar de ser ver nela uma intenção de resposta a críticas que, desde sempre, foram formuladas à Comunidade, designadamente em relação aos efeitos da Política Agrícola Comum.

Sendo a coerência das políticas um ponto central na agenda da União Europeia, ela adquire uma relevância particular em matéria de apoio aos países em desenvolvimento, em consonância com as concepções alargadas, que demonstraram que o desenvolvimento económico e social é um processo horizontal, que se não reduz ao mero auxílio económico, atravessando antes as mais variadas áreas da actividade económica e da vida social.

A problemática da coerência das políticas projecta-se hoje em duas direcções fundamentais: uma primeira, que se relaciona com as políticas externas e, designadamente, com a de relações externas e a do comércio; e uma segunda, que tem a ver com políticas internas, como a política agrícola comum, a política comum de pescas e a política industrial comum.

No que tange à coerência com a política externa comum, foi já notado como muitas opções em matéria de direitos humanos foram condicionadas por considerações geo-estratégicas. Pode, no entanto, ver-se em iniciativas recentes, como a "Tudo menos Armas", um exercício de coordenação e coerência entre vários serviços internos da Comunidade, acompanhado, aliás, por uma concertação com os países ACP.

Bastante mais complexa é a questão da coerência com as políticas internas e, em especial, com a Política Agrícola Comum, que se traduziu na

---

[283] É, no entanto, certo que a Comissão reconhecia já no *memorandum* sobre política de desenvolvimento de 1982 que" a Comunidade conduz políticas que afectam o Terceiro Mundo numa muito maior escala do que seguramente poderia ser conseguido só pela política de desenvolvimento".

508 *Valores e Interesses*

criação de um mercado fortemente proteccionista, numa área da maior importância para muitos países menos desenvolvidos, que assim ficaram privados do acesso a esse mercado.

É certo que os países ACP beneficiaram de uma situação mais favorável do que a dos restantes Estados. Porém, é patente a insuficiência das soluções encontradas que, no essencial, se mantiveram inalteradas a partir da Convenção de Yaoundé II, celebrada num momento em que a PAC já estava consolidada e em que, consequentemente, a Comunidade se revelou menos generosa do que em Yaoundé I.

O proteccionismo induzido pela PAC teve, também, efeitos directos sobre o protocolo relativo ao açúcar, determinando o congelamento, por muitos anos, do preço de garantia e até a sua efectiva diminuição, em face do excesso de produção de origem comunitária.

Paralelamente, a política de concessão de fortes subsídios à exportação a produtores comunitários teve consequências por vezes desastrosas nos mercados internos dos países menos desenvolvidos, uma vez que os produtos comunitários eram lá colocados a preços mais baixos do que os praticáveis pelos produtores nacionais[284].

A Comunidade está em fase de reformulação da sua política agrícola, numa lógica mais orientada para a liberalização e para o funcionamento dos mercados, não sendo ainda claro até onde irá nesse processo. No entanto, do ponto de vista dos países em vias de desenvolvimento – ou pelo menos daqueles que não são incluídos entre os menos desenvolvidos – não é seguro que os benefícios decorrentes dessa reformulação de políticas possam compensar a perda do tratamento preferencial, ainda que limitado, de que usufruíam anteriormente[285].

A política comum de pescas pode também ser apontada como exemplo de um modelo de acção que tem provocado grandes dificuldades aos países em desenvolvimento, no imediato, e que no futuro compromete a viabilização de um programa de desenvolvimento sustentável.

De facto, confrontada com o esgotamento de muitas espécies em águas comunitárias e com a impossibilidade de rentabilizar a frota pes-

---

[284] O exemplo mais conhecido é o da concessão de subsídios a exportadores de carne de vaca para a África Ocidental, prática que determinou uma profunda crise no Burkina Fasso. Vd, OCDE, *Review of the Development Co-Operation Policies*, cit. p. 48. e PAUL HOEBINK, «Cohérence des Politiques de Développement de l'Union Européenne», *Revue Tiers Monde*, n.° 164, 2000, pp. 891 e segs..

[285] Nesse sentido, JOSEPH MCMAHON, *The Development Co-Operation Policy of the EC*, cit., pp. 207 e segs..

Balanço final: uma política na encruzilhada 509

queira dos diversos Estados membros, a Comunidade tem vindo a celebrar, com um conjunto de países, acordos de acesso para pesca, em troca de compensações financeiras.

Tais acordos têm efeitos negativos imediatos sobre a actividade de pesca artesanal, de grande importância para as economias de grupos especialmente desfavorecidos[286] e a sua execução poderá levar a um esgotamento das espécies nestas águas, resultados que parecem estar em clara contradição com uma política de desenvolvimento e que, por esse facto, têm justificado iniciativas visando o alinhamento da política da Direcção Geral das Pescas com a estratégia geral de desenvolvimento da Comunidade.

É, todavia, possível sustentar que a política industrial se tem desenvolvido sem prejuízo da política de desenvolvimento, na medida em que as preferências alfandegárias previstas nas convenções de Lomé, nos acordos mediterrânicos ou no próprio Sistema de Preferências Generalizadas, sempre cobriram uma gama muito vasta de produtos, ainda que de menor importância para os países menos desenvolvidos.

A análise das incoerências existentes entre algumas das políticas internas e a política de cooperação para o desenvolvimento põem em clara evidência que a coerência das políticas nem sempre é fácil, especialmente porque envolve o sacrifício de objectivos internos, o que levou já a que se colocasse a questão de saber se se trata de um objectivo susceptível de ser atingido[287].

Não se poderá, por outro lado, ignorar que o processo de formação de decisões na Comunidade, com a intervenção de vários agentes – Comissão, Conselho e Parlamento – é mais um factor a tornar complexa a desejada harmonização de políticas, uma vez que se tendem a desenvolver diferentes culturas em cada um destes órgãos.

O mesmo problema se coloca, de resto, a nível dos próprios serviços, já que as matérias envolvidas respeitam a diferentes Direcções Gerais, que a transparência da informação não tem sido uma característica do funcionamento da Comissão e que a proliferação de serviços levou a que o número de Direcções Gerais com atribuições em matéria de cooperação para o desenvolvimento aumentasse de duas, em 1984 para seis, em 1997, o

---

[286] Como sucedeu, designadamente com o Senegal. Vd. PAUL HOEBINK, «Cohérence des Politiques de Développement de l'Union Européenne», cit., p. 893.

[287] ANDREW BELL, «The Quest for Coherence between EU Policies: an Unattainable Goal», in CAROL COSGROVE-SACKS (org..) *Europe, Diplomacy and Development*, cit., pp. 206 e segs..

510   *Valores e Interesses*

que, na opinião da própria Comissão conduziu a "... uma dispersão de recursos humanos, à compartimentação de métodos e a um enfraquecimento das capacidades de gestão, bem como a uma falha na definição clara das responsabilidades de cada serviço"[288].

Este tem sido, no entanto, um aspecto em relação ao qual várias medidas têm sido adoptadas, com relevo para a criação, em 1998, de um Serviço Comum para as Relações Externas, numa primeira tentativa de unificação dos serviços responsáveis pela implementação de projectos de ajuda, a que se seguiu, em 2000, a constituição de um "ponto focal", na Direcção Geral de Desenvolvimento, para apreciar da coerência das políticas.

As orientações das competentes instâncias comunitárias, apontando para a definição de documentos de estratégia por país e por Região, permitem um reforço dos níveis de coerência, competindo ao Interservice Quality Support Group zelar pela realização desse objectivo.

Simultaneamente, a profunda reforma iniciada em 1999 na área das relações externas – que reflecte a filosofia geral de Reforma da Comissão vazada no *Livro Branco*[289] –, permite um maior ajustamento entre as diferentes acções desenvolvidas pelas várias direcções gerais com poderes na área do desenvolvimento. Subsiste, porém, a dificuldade em assegurar a coerência das acções externas com as internas, objectivo que implica, seguramente, um maior esforço de coordenação.

As avaliações que têm vindo a ser feitas coincidem na apreciação dos ganhos resultantes da criação da "família RELEX", como é, por vezes, designada, que permitiu uma maior concentração nos documentos de estratégia nacional e uma redução sensível nos prazos de execução e desbloqueamento dos fundos, mas são também concordantes na necessidade de procurar soluções mais radicais no plano administrativo.

Apesar de tudo quanto ficou dito, a coerência das políticas internas comunitárias com a política de cooperação para o desenvolvimento é, ainda, seguramente, um daqueles temas em que o consenso das declarações terá dificuldade em fazer-se repercutir em acções.

---

[288] Comunicação da Comissão sobre a Reforma da Gestão da Assistência Externa de 16 de Maio de 2000.

[289] COM (2000) 200 Final, de 5 de Abril de 2000, Parte I.

5.1. *Articulação das Políticas Comunitárias com as Políticas dos Estados Membros*

As relações entre as acções levadas a cabo pela Comunidade e a sua articulação com as empreendidas pelos diversos Estados-membros constituem igualmente um aspecto central em todas as reflexões sobre o futuro da política de cooperação para o desenvolvimento. No cerne dessa reflexão está a necessidade de evitar que nessa matéria coexista, no espaço comunitário, uma amálgama constituída pela política definida pela Comunidade, aliada ao somatório de tantas políticas quantos os Estados membros.

A importância dessa coordenação, que se fazia sentir desde o início, foi reforçada pela circunstância de o segundo alargamento ter envolvido a entrada de Espanha e de Portugal, países que apresentavam prioridades na cooperação para o desenvolvimento diferentes das dos Estados fundadores os quais, no delinear das políticas comunitárias de cooperação, tinham tido especialmente em conta o seu relacionamento com as antigas colónias.

A Comissão vem suscitando a questão da importância da articulação desde o início da década de setenta, sobretudo através da exigência de uma maior informação recíproca e de cooperação nas discussões em *fora* internacionais tal como a CNUCED[290].

Apesar da ausência de normas de enquadramento, a coordenação foi-se fazendo, em parte como resultado da acção do Conselho para o Desenvolvimento e da concertação no terreno, o que permitiu ao Conselho sublinhar, nas conclusões de Maio de 1993, que se tinha avançado já em diversas áreas, com relevo para os direitos humanos, o planeamento familiar e o apoio aos projectos de ajustamento estrutural.

Porém, a necessidade de ir mais longe levou o Conselho, em Novembro de 1992, a encarregar a Comissão de proceder a um levantamento das formas de cooperação e a apresentar sugestões para o futuro, no quadro da Reflexão *Horizonte 2000*, daqui tendo surgido a Comunicação da Comissão ao Conselho e ao Parlamento Europeu sobre a identificação dos domínios prioritários para a coordenação das políticas de cooperação para o desenvolvimento entre a Comunidade e os Estados membros.

Nessa comunicação a Comissão identifica os seguintes critérios básicos, que deveriam ser definidos como fundamentais pelo Conselho e que acabaram por ser acolhidos na Resolução de Maio:

---

[290] Sobre este processo JOSEPH MCMAHON, *The Development Co-Operation Policy of the EC*, cit., pp. 218 e segs..

512   *Valores e Interesses*

– a natureza prioritária da actividade ou empreendimento para o desenvolvimento futuro da política de cooperação;
– a possibilidade de a coordenação poder traduzir-se em significativos ganhos de eficácia em relação às acções dispersas ou escassamente coordenadas;
– a necessidade de tornar uma política operacional a partir da base política já existente.

Simultaneamente, o Conselho decidiu que a coordenação de políticas deveria iniciar-se imediatamente nas áreas da saúde, segurança alimentar, educação e formação profissional, sem excluir a necessidade de reformulações em áreas como o ambiente, o papel das mulheres ou a ajuda de emergência e admitindo a hipótese de virem a ser definidas novas prioridades.

O Conselho marcou ainda prazos apertados para que a Comissão apresentasse propostas para tornar as resoluções operacionais, o que veio efectivamente a ser feito.

Independentemente desses avanços não faltou sempre quem, como EDGARD PISANI[291], defendesse uma versão muito mais ambiciosa, sublinhando os custos de ineficácia e de excesso burocrático da duplicação entre as políticas nacionais e a política comunitária, sustentando que seria altamente desejável que a Comissão gerisse a totalidade dos fundos empenhados pelos Estados membros e que existisse uma autêntica política europeia de cooperação para o desenvolvimento, objecto de uma definição global.

Com a "constitucionalização" da matéria da cooperação para o desenvolvimento, o Tratado passou a incluir uma norma que expressamente encara esse problema – a do artigo 180.° – que aponta no sentido da exigência de coordenação das políticas comunitária e nacionais.

É inequívoco que a partir da aprovação do Tratado de Maastricht se formaliza o reconhecimento da existência de uma política comunitária de cooperação. Contudo, a assunção dessa política não foi ao ponto de excluir as competências nacionais, que se mantêm intocadas.

A impossibilidade de impedir o desenvolvimento de políticas nacionais autónomas é bem posta em evidência quando se tem notícia de que, por ocasião da celebração do Tratado de Maastricht, a ajuda pública ao

---

[291] «L'Europe et le Nouvel Ordre International», cit., pp. 14-15.

Balanço final: uma política na encruzilhada 513

desenvolvimento gerida pela Comunidade representava apenas 15% da dos Estados membros[292].

De facto, para além das considerações humanitárias ligadas à política de ajuda ao desenvolvimento, é inequívoco que cada Estado membro tem interesse em que a sua intervenção sirva interesses estratégicos próprios, ao mesmo tempo que procura assegurar, em muitas das acções de cooperação, específicas necessidades de utilização de recursos humanos ou empresariais, efeito que se perderia no contexto de uma cooperação totalmente multilateralizada.

Já foi, de resto, realçado que os problemas suscitados em torno da ligação política comunitária-políticas nacionais assumem uma natureza mais política do que jurídica[293].

Do texto do artigo 180.° do Tratado resulta não só a necessidade de coordenação das políticas e de concertação nas acções a desenvolver no quadro de organizações internacionais, mas ainda a possibilidade de os Estados colaborarem para a execução dos programas comunitários, quando necessário.

A mesma disposição, no seu n.° 2, atribui à Comissão poderes para tomar as iniciativas necessárias à coordenação, factor que tem contribuído para o reforço da posição desta, sobretudo na área geográfica dos países beneficiários, mas que não exclui, por vezes, a ocorrência de dificuldades no diálogo, ou a subavaliação da importância da coordenação com Estados não membros, que sejam dadores importantes a operar no país em causa.

A Comunicação do Conselho de 9 de Março de 1998 incide também sobre esta matéria, contendo directrizes para o reforço da coordenação operacional entre a Comunidade e os Estados membros no domínio da cooperação para o desenvolvimento[294] numa linha que, reafirmando embora a necessidade de reforço da cooperação, aponta para soluções dúcteis, bem patentes logo no texto da primeira directriz, em que se proclama: "estas directrizes deverão ser implementadas de forma pragmática, tendo em conta a capacidade no terreno e a conjuntura local".

As orientações fundamentais que resultam das directrizes prendem-se com objectivos de adequação das actividades de coordenação às necessidades dos países ou domínios de actividade, de estreitamento da coope-

---

[292] J. CLOOS e outros, *Le Traité de Maastricht...*, cit., pp. 347.

[293] GENDEVRA FORWOOD, «Complementarity in the European Union's Development Policy: Fifteen plus one», in *Europe, Diplomacy and Development...*, cit. pp. 217.

[294] J.O. C 7/1, de 31 de Março de 1998.

ração com o país receptor, de extensão da coordenação a outros dadores e de contribuição para a maximização do valor acrescentado das acções de cooperação relativamente aos países beneficiários.

A coordenação deverá desenvolver-se a partir de um inventário das necessidades feito em cooperação com o país beneficiário (directriz 2), devendo em princípio a delegação da Comissão, em estreita articulação com a Presidência, iniciar e monitorar o esforço de cooperação (directriz 4) e prevendo-se que no procedimento se integrem reuniões regulares e formas de intercâmbio de informação (directriz 5).

Apesar de todas as dificuldades, parece estar criado um quadro em que são privilegiadas as formas que permitam uma articulação mais estreita da cooperação. A este propósito se escreveu, aliás, no documento intitulado *A Cooperação Portuguesa no limiar do Século XXI – Documento de Orientação Estratégica*, produzido pelo Governo Português, em 1999[295]: "uma melhor coordenação entre as políticas da EU e dos seus Estados membros é absolutamente decisiva para se conseguir um novo resultado das intervenções que vão sendo feitas junto dos países beneficiários e, assim, contribuir para a erradicação da pobreza e para o desenvolvimento sustentado, de acordo com os principais compromissos internacionalmente assumidos".

Em 2000, representantes dos Estados e da Comissão elaboraram um relatório de avaliação da eficácia das formas e níveis de coordenação o qual, embora apresentasse um balanço relativamente satisfatório, concluía pela necessidade de reforço.

Nessa sequência, o Conselho de Assuntos Gerais viria a aprovar, em 21 de Janeiro de 2001, novas directivas sobre a matéria, com incidência em seis aspectos principais: o papel dos países parceiros; o papel da coordenação operacional da União Europeia no contexto mais amplo da coordenação internacional; a coordenação da União Europeia nas diversas etapas do ciclo da cooperação; a gestão do processo de coordenação e as modalidade de coordenação, difusão, execução e sequência.

A coordenação, na lógica das directrizes, deve organizar-se em torno da ideia de que o país beneficiário é o principal actor do processo de desenvolvimento e de que, ao nível internacional, os Estados membros e a Comunidade devem maximizar a articulação, tomando sempre como ponto de partida a estratégia nacional, em torno da qual se procurarão conjugar projectos e meios.

---

[295] Aprovado pela Resolução do Conselho de Ministros n.º 43/99, in D. R., 1ª Série B, de 18 de Maio de 1999.

Note-se, aliás, que se a coordenação das actividades da Comunidade e dos Estados membros tende a aparecer como o conceito-chave neste domínio, não se deve ignorar o conceito de complementaridade, que envolve especialmente a ideia de que cada agente deve orientar os seus esforços e intervenções para os aspectos em que possa conseguir um maior valor acrescentado, tendo em conta o que é realizado pelos outros agentes e as sinergias que daí resultam.

No exercício dos poderes que o Tratado lhe confere, a Comissão organiza crescentemente reuniões com os responsáveis pelos organismos de cooperação dos diferentes Estados membros, a fim de permitir trocas de opiniões sobre os problemas existentes e de dar a conhecer, como modelo de boas práticas, as vias de trabalho mais profícuas.

A coordenação tem, por outro lado, uma expressão especialmente significativa no domínio da cooperação com outras organizações internacionais, sendo disso exemplar o mandato conferido pelos Estados membros à Comissão, para preparar um documento prévio para a conferência de Monterrey.

6. A Cooperação Descentralizada

Em coerência com as novas tendências da política de desenvolvimento vertidas no Acordo de Cotonou e anteriormente em Lomé III, a Comunidade tem vindo a orientar a sua prática em matéria de cooperação de acordo com um modelo de aplicação descentralizada, visando associar e envolver no processo um maior número de pessoas e instituições.

6.1. *Os Agentes não Estatais*

A concretização dessa orientação traduz-se no apoio tanto a entidades públicas locais, não integradas na máquina governativa, como a corpos da sociedade civil, designadamente ONGs, agrupamentos profissionais, cooperativas, sindicatos, estabelecimentos de ensino e investigação ou confissões religiosas.

Aos poucos, a Comissão foi trabalhando o conceito de *Actores não Estatais*, para referenciar um conjunto de entes que têm em comum a circunstância de emergirem da sociedade, situando-se fora do âmbito do Governo ou da Administração Pública, podendo ser instituições lucrativas ou

516 *Valores e Interesses*

não lucrativas. Na elaboração desse conceito a Comissão tem, contudo, evitado ir além de uma mera enumeração exemplificativa, aliás, já muito ampla[296].

A ideia de reforço do papel dos Actores não Estatais surge na sequência e em coerência com o Livro Branco sobre a Governação Europeia[297], que expressamente aludia à importância desses entes e apontava o caminho do diálogo para a definição e execução das políticas de desenvolvimento[298].

Paralelamente, vem sendo crescentemente notado pelos meios comunitários que as ideias de participação e de apropriação das políticas de desenvolvimento implicam uma presença activa dos *actores não estatais* e um diálogo permanente da Comissão, de tal forma que, na Declaração Conjunta do Conselho e da Comissão sobre a Política de Desenvolvimento da Comunidade, estas componentes são consideradas a chave para o sucesso das políticas postas em execução.

As mesmas ideias haviam, de resto, encontrado já vasto campo de expressão no Acordo de Cotonou e em outros acordos e programas regionais de desenvolvimento, tendo conduzido a uma situação em que se estima que as verbas geridas pelos actores não estatais se cifrem na ordem dos 1,4 biliões de euros, o que corresponde aproximadamente 20 por cento do total da ajuda para o desenvolvimento.

As formas do apoio que lhes pode ser patrocinado estão previstas no Regulamento (CE) n.° 1659/98 do Conselho de 17 de Julho de 1998, relativo à cooperação descentralizada[299] – inicialmente destinado a vigorar por um prazo de três anos, mas cuja vigência foi prorrogada até finais de 2003 pelo Regulamento n.° 955/2002 do Parlamento e do Conselho de 13 de Maio de 2002[300] – e traduzem-se em ajudas não reembolsáveis.

Tais ajudas contemplam, prioritariamente, nos termos do artigo 2.° do Regulamento, acções nas seguintes áreas:

---

[296] Comunicação da Comissão ao Conselho, Parlamento Europeu e Comité Económico-Social sobre a Participação de Actores não estatais na política de desenvolvimento da Comunidade Europeia, COM (2002) 598 final, Novembro de 2002.

[297] *Governança Europeia. Um Livro Branco*, COM (2001) 428 Final.

[298] Vd., também, a comunicação apresentada por PRODI e KINNOCK, «The Commission and non Governmental Organizations: Building a Stronger Partnership», Comission Discussion Paper, s.d..

[299] *J.O.* L n.° 213 de 30/7.

[300] *J.O.* L n.° 148 de 6/6.

Balanço final: uma política na encruzilhada

– melhoria da qualificação dos recursos humanos e técnicos e desenvolvimento local, rural ou urbano, nos sectores social e económico;

– informação e mobilização de agentes da cooperação descentralizada;

– apoio ao reforço institucional e ao reforço da capacidade de acção destes agentes;

– apoio e acompanhamento metodológico da actividade por eles desenvolvida.

As acções deverão assegurar um desenvolvimento mais participativo, uma democratização de base do país e a mobilização em torno do objectivo do desenvolvimento (artigo 1.°).

É nessa lógica que se compreende a especial atenção dada pela Comissão às ONGs[301], que recebem uma importante colaboração financeira da Comunidade e são crescentemente escutadas no processo de preparação de decisões.

O Regulamento (CE) n.° 1658/98 do Conselho, também de 17 de Julho de 1998[302], fixara as normas relativas ao co-financiamento de projectos a desenvolver com as ONGs na luta conta a pobreza e a favor da melhoria da qualidade de vida, privilegiando as ONGs dos países beneficiários e induzindo as europeias a estabelecerem parcerias com aquelas.

Apesar do entusiasmo dos vários documentos de reflexão em relação aos actores não estatais, existe uma percepção de que estes ainda não dispõem da necessária força e capacidade institucional, pelo que tem vindo a ser dada uma especial ênfase à colaboração entre as ONGs dos países do Norte e as dos países do Sul, visando melhorar a capacidade de desempenho das últimas.

Reconhecendo a importância do papel das ONGs dos países desenvolvidos, a Comissão definiu-lhes um modelo de intervenção que passa pela formação de parcerias, estruturadas em moldes que permitam gradualmente aos seus parceiros dos países beneficiários assumirem a totalidade das responsabilidades.

Na lógica da Comissão, o envolvimento dos actores não estatais no processo de desenvolvimento pode ainda perspectivar-se em iniciativas

---

[301] Vd, a este propósito, Comission Discussion Paper: *The Comission and Non Governmental Organisations: Building a Stronger Partnership*, 2000.

[302] *J.O.* L 213 de 30 de Julho de 1998.

em domínios como a preparação dos documentos de Estratégia Nacional de Desenvolvimento e de Estratégia de Redução da Pobreza, assim como na sua execução, a transmissão de informação adequada e atempada e a implementação de parcerias.

A tentativa de reforço da sociedade civil não pode deixar de ser assinalada como positiva, ainda que uma apreciação de muitas das experiências empreendidas permita a suspeição de que, mais do que de movimentos espontâneos da sociedade civil, se assiste ao aparecimento de organizações criadas exclusivamente para a captura de fundos comunitários, com uma acção totalmente destituída de vantagens sociais, apoiadas em *lobbies* com grande capacidade de actuação junto dos círculos comunitários, o que dificulta grandemente a distinção entre as instituições genuinamente empenhadas no desenvolvimento económico e aquelas para quem este objectivo está longe de ser fundamental.

6.2. *A Desconcentração dos Poderes da Comissão*

A descentralização tem também sido abordada, no plano comunitário, sob uma outra perspectiva: a do reforço dos poderes das delegações para tomarem decisões no terreno.

De facto, a reforma que a Comissão tem empreendido no domínio da ajuda exterior envolve uma desconcentração de funções nas delegações, segundo o princípio de que tudo o que pode ser melhor decidido e gerido localmente não deve sê-lo em Bruxelas.

Essa opção tem sido objecto de um importante conjunto de estudos e decisões de natureza interna, que apontam para o reforço da capacidade técnica e financeira das delegações e para a definição de uma estratégia de desconcentração que se estenda a todos os projectos e respeite a todas as suas fases, deslocando o papel dos serviços centrais da Comissão para funções de supervisão, controlo de qualidade, apoio técnico e melhoria de métodos de trabalho.

A existência de programas regionais ou multi-países poderá, no entanto, introduzir dificuldades no processo de desconcentração, o mesmo acontecendo com os programas de maior complexidade, como os de ajustamento estrutural, que poderão continuar a determinar uma acção a nível central.

7. A Preparação dos Novos Acordos Económicos

O estabelecimento dos acordos de parceria económica previstos no Acordo de Cotonou, que deverão estar concluídos até 2008, constitui uma das mais sérias dificuldades com que se debaterá a política de cooperação nos próximos anos.

A celebração destes acordos porá fim ao emblemático princípio da não reciprocidade, que apenas vigorará relativamente aos países menos avançados os quais constituem, ainda assim, mais de metade dos Estados signatários de Cotonou. Porém, esse facto não afasta o reconhecimento da grande fragilidade que marca a generalidade dos restantes Estados e da perda de recursos que resultará do seu desarmamento aduaneiro em relações às importações da Comunidade.

Independentemente das considerações sobre a inevitabilidade jurídica da introdução das alterações agora em vias de concretização[303], ou sobre as sucessivas avaliações negativas dos efeitos das preferências alfandegárias de que beneficiou este grupo de países[304], está-se num momento em que as Partes convencionaram já, pelo Acordo de Cotonou, o sentido da evolução e tentam encontrar um ponto de compromisso.

Sendo certo que no Acordo de Cotonou se admite a possibilidade de alguns Estados ACP não se inserirem em processos de integração económica regional e poderem celebrar acordos separados com a Comunidade, é também medianamente evidente que esta solução é encarada com pouca simpatia por parte da Comissão e só muito raramente poderá vir a concretizar-se.

A grande aposta está, então, na criação de condições para a negociação de acordos que correspondam aos objectivos apontados no texto de Cotonou e no discurso oficial comunitário, facilitando a integração dos Estados ACP no comércio mundial, permitindo o aumento do investimento estrangeiro e a diversificação das produções e contribuindo para a proliferação de zonas de estabilidade e segurança.

O ponto de partida para estes acordos será dado naturalmente pelas estruturas de integração económica regionais já existentes, cujo reforço e aprofundamento está a ser tentado, ainda que muitas dúvidas existam em relação à consistência de algumas delas.

---

[303] Vd., a este propósito, JOEL LEBULLENGER, «Lés Dispositions Commerciales de l'Accord de Partenariat ACP/CE de Cotonou Confrontées aux Règles de l'OMC», *Revue des Affaires Européennes*, 2001-2002, pp. 75 e segs..

[304] *Livro Verde*, cit..

No momento actual, as formas de integração regional mais avançadas são a União Económica e Monetária Oeste Africana (UEMOA) e o Mercado Comum das Caraíbas (CARICOM), seguindo-se a Eastern African Cooperation. A Comunidade Económica da África Central (CEMAC) e a Comunidade de Desenvolvimento da Africa de Sul (SADC) registam um processo de consolidação ainda relativamente atrasado.

Não é, todavia, seguro que a SADC e o CARICOM venham a figurar como Parte em acordos a celebrar com a Comunidade, no âmbito das previsões de Cotonou, a primeira por envolver a África do Sul, que não é um Estado ACP e o segundo por se poder vir a integrar numa zona de comércio livre das Américas, liderada pelos Estados Unidos.

Por maior que seja o esforço para acelerar e solidificar os processos de integração regional e de os dotar de instrumentos mais adequados a um processo de desenvolvimento económico, parece evidente que em 2008 não estarão ainda reunidas condições para que os espaços integrados celebrem acordos paritários com a Comunidade Europeia.

Os países ACP têm, aliás, plena consciência disso e nas linhas de orientação para a negociação representaram essa dificuldade com uma especial insistência, sustentando a impossibilidade de lhes ser exigido, nos acordos de parceria económica, o mesmo nível de compromissos que será exigido à Comunidade Europeia e recordando o compromisso de preservação do adquirido de Lomé, estabelecido no acordo de Cotonou.

Também a Comunidade parece sensível a esta questão, tendo atribuído à Comissão um mandato negocial flexível que comporta, designadamente, a possibilidade de uma liberalização gradual e controlada por parte dos Estados ACP, acompanhada por medidas de apoio conformes com as regras da Organização Mundial do Comércio e com o texto de Cotonou.

O mandato da Comissão comporta, ainda, injunções quanto aos seguintes aspectos:

– facilitação do acesso dos produtos dos Estados ACP ao mercado comunitário, abolindo as barreiras ainda existentes e cooperando no sentido de afastar as barreiras não alfandegárias;
– auxílio ao aprofundamento da integração, com a harmonização das políticas existentes a nível regional, com vista à criação de mercados mais atraentes para o investimento e de um ambiente económico mais transparente e estável;
– aceitação da necessidade de um especial cuidado na área dos serviços, que pode exigir uma calendarização diversificada;

– abordagem integrada desta problemática com a do desenvolvimento económico e com a preocupação de envolvimento permanente dos actores não estatais.

Da parte dos Estados ACP o mandato negocial evidencia uma grande disponibilidade para se adequarem às novas realidades, ao mesmo tempo que reflecte uma tentativa de preservação do espírito de unidade do grupo, com a exigência de que os acordos sejam elaborados de harmonia com os grandes objectivos de erradicação da pobreza e de inserção dos seus países no comércio internacional.

De entre as linhas já avançadas pelos Estados ACP, destaca-se a defesa da sustentabilidade, erigida em regra fundamental, a aferir com base nos custos de ajustamento resultantes dos acordos, das suas implicações sociais e políticas, assim como da sua repercussão ao nível das capacidades institucionais, de recursos humanos e da estabilidade dos Estados envolvidos.

A negociação destes acordos reveste-se de grande complexidade e delicadeza, exigindo a necessária flexibilidade na procura de soluções diversificadas para as diferentes situações dos vários países e a adequada ponderação de toda uma série de fenómenos que ocorrerão em paralelo, quer no interior da Comunidade, quer noutros espaços.

No plano das evoluções intracomunitárias é, sobretudo, de sublinhar a revisão da PAC, com a execução das respectivas regras e o novo alargamento comunitário.

Em matéria de fenómenos extracomunitários importará ter em devida conta os trabalhos que decorrem na Organização Mundial do Comércio, no sentido da introdução da dimensão do desenvolvimento económico no comércio internacional de uma forma mais clara, através de regras vinculativas, em conformidade com o consensualizado na Declaração de Doha[305].

O acompanhamento das negociações no âmbito da OMC permitirá verificar em que medida a Comunidade aproximará as suas posições das dos Estados ACP, justificando a esperança acalentada por estes.

Apesar das incógnitas a este respeito, seria de uma grande insensibilidade uma posição da OMC que não reconhecesse a especialidade das relações estabelecidas no quadro de Cotonou – num ambiente em que se procuram melhores soluções para os países em desenvolvimento –, tanto mais

---

[305] Cfr. *supra*, Parte II.

522   *Valores e Interesses*

quanto não se trata de contestar as opções de fundo, mas apenas de conseguir soluções transitórias que facilitem a convergência com essas soluções de fundo.

A Comunidade terá, também, de dar resposta às novas iniciativas económicas em curso no Continente Africano e, em especial, à NEPAD, que corresponde, em larga medida, a um processo da tão desejada "apropriação" de políticas de desenvolvimento pelo Continente Africano e assinala um desejo profundo de mudança.

Com razão Joel Lebullenger[306] alerta para a impossibilidade de se fazer, à distância de quinze ou vinte anos, um balanço prospectivo dos resultados dos acordos a celebrar e da possibilidade de os Estados ou agrupamentos regionais maximizarem os seus ganhos e minimizarem os seus custos.

Com o mesmo autor se pode, aliás, considerar que se está em presença de uma aposta no sucesso das relações de livre troca entre a Comunidade e um número indeterminado de países.

Só que, nesta aposta, a fasquia foi elevada de tal modo, que quando chegar o tempo da avaliação do resultado de toda essa imensa transformação de regras e princípios no funcionamento da política de cooperação, o pior que poderia acontecer seria ter de se recomeçar o processo de crítica e reapreciação, por ter ficado tudo na mesma situação e as portas do paraíso – agora prometido com o vigor habitual nos cristãos novos – continuarem fechadas.

---

[306] «Les Dispositions Commerciales», cit., pp. 89-90.

BIBLIOGRAFIA

AA.VV., *René Cassin Amicorum Discipulorumque Liber*, vol. IV, *Méthodologie des Droits de l'Homme*, Paris, Pedone, 1972.
- *Justicia Económica Internacional*, México, Fondo de Coltora Económica, 1976.
- *O Planeamento Económico em Portugal. Lições da Experiência*, Lisboa, Sá da Costa, 1984.
- *La Convention de Lomé en Question. Les Relations entre les Pays d'Afrique, des Caraïbes et du Pacifique (ACP) et l'Union Européenne après l'An 2000*, Paris, Karthla, 1998.
- *Les Organismes Financiers Internationaux, Instrument de l'Économie Libérale*, Paris, Montréal, Centre Tricontinental Louvain-la-Neuve, L'Harmattan, 1999.
- *A Globalização, o Desenvolvimento e a Ética*, Lisboa, ACEGE, 2002.

ABDELWAHAB BIAD, «La Dimension Humaine de la Sécurité dans le Partenariat Euro-Mediterranéen», in Marie-Françoise Labouz (org.), *Le Partenariat de l'Union Européenne avec les Pays Tiers. Conflits et Convergences*, Bruselles, Bruylant, 2000, pp. 73-87.

ABOKSHEM, MUSTAFA ABDALLA ABULGASEM, «The Role of the IMF in the International Debt Management. The Case of Sub-Saharan Africa», in Dominique Carreau e Malcom Shaw (orgs.), *La Dette Extérieure,* Académie de Droit international de La Haye, Dordrech/Boston/London, Martinus Nijhoff, 1995, pp. 315-342.

ABRAHAMSSON, HANS e NILSSON, ANDERS, *Moçambique em Transição. Um Estudo da História de Desenvolvimento durante o Período 1974-1992*, Maputo, CEEI-ISRI, 1994.

ABRAMOVITZ, «Catching Up, Forging Ahead and Falling Behind», *Journal of Economic History*, XLVI, 1986.
- «The Search for the Sources of Growth: Areas of Ignorance, Old and New», *The Journal of Economic History*, volume 53, n.° 2, 1993, pp. 217-243.

ADELMAN, IRMA, «Fallacies in Development Theory and Their Implications for Policy», in Gerald Meier e Joseph Stiglitz (orgs.), *Frontiers of Development Economics. The Future in Perspective*, World Bank, Oxford University Press, 2001, pp. 103--134.

ADELMAN, IRMA e MORRIS, CYNTIA TAFT, *Society, Politics and Economic Development: A Quantitative Approach*, Baltimore, John Hopkins University Press, 1967.

AFFICHARD, JOËLLE e FOUCAULD, JEAN-BAPTISTE DE (orgs.), *Justice Sociales et Inégalités*, Paris, Editions Esprit, 1992.

AGBAKJWA, SHEDRCK, «Reclaiming Humanity: Economic, Social, and Cultural Rights as the Cornerstone of African Human Rights», *Yale Human Rights and Development Journal*, 2002.

AGHION, BEATRIZ ARMENDARIZ DE, «Development Banking», *Journal of Development Economics*, vol. 58 (1999), pp. 83-100.

AGHION e HOWIT, «A Model of Growth through Creative Destruction», *Econometrica*, LX (1992), pp. 323-351.

AGLIETTA, MICHEL e MOATTI, SANDRA, *Le FMI. De L'Ordre Monétaire aux Désordres Financiers*, Paris, Economica, 2000.

AHANHANZO, MAURICE LELÉ, «Introduction à la Charte Africaine des Droits de l'Homme et des Peuples», in *Droits et Libertés à la Fin du XXème Siècle. Influence des Données Économiques et Technologiques. Études Offertes a Claude-Albert Colliard*, Paris, Pedone, 1984, pp. 512 –537.

ALDER, JOHN e WILKINSON, DAVID, *Environmental Law & Ethics*, Houndmills, Basingstoke, Hampshire e London, MacMillan, 1998.

ALESSINA, ALBERTO e DOLLAR, DAVID, *Who Gives Foreign Aid to Whom and Why*, NBER Researching Papers, Junho de 1998.

ALESSINA, ALBERTO; BAQIR, R.; EASTERLEY, W., «Public Goods and Ethnic Divisions», *Quarterly Journal of Economics*, 114, n.º 4 (1996), pp. 1243-1273.

ALMEIDA, FRANCISCO FERREIRA DE, «O Princípio da Não Ingerência e o Direito Internacional Humanitário», *Boletim da Faculdade de Direito da Universidade de Coimbra*, vol. LXXI (1995), pp. 373-401.

ALONSO, J. A. e FRERES, CH. (orgs.), *Los Organismos Multilaterales y la Ayuda al Desarrollo*, Madrid, Civitas, 2000.

ALSTON, Philip (org.), *The EU and Human Rights*, Oxford University Press, 1999.

– «A Third Generation of Solidarity Rights: Progressive Development or Obfuscation of International Human Rights Law», *Netherlands International Law Review*, vol. 29 (1982), pp. 307-322.

– «U.S: Ratification of the Covenant on Economic, Social and Cultural Rights: The Need for an Entirely New Strategy», *American Journal of International Law*, vol. 84 (1990).

ALVES, JOÃO LOPES «Relações Internacionais e Justiça (sobre "The Law of Peoples" de John Rawls)», *Estudos Jurídicos e Económicos em Homenagem ao Professor João Lumbrales,* FDUL, Coimbra, Coimbra Editora, 2000, pp. 253-267.

ALVES, MÁRCIO MOREIRA, *A Igreja e a Política no Brasil*, Lisboa, Sá da Costa, 1978.

AMARO, ROGÉRIO ROQUE, «Crescimento Económico e Desenvolvimento», in Centro de Estudos Sócio-Pastorais, *Questões Sociais, Desenvolvimento e Política*, Lisboa, Universidade Católica, 1994, pp. 155-173.

AMDUR, ROBERT, «Rawls's Theory of Justice: Domestic and International Perspectives», *World Politics*, 29 (1977), n.º 3.

AMIN, SAMIR, *Classes e Nações no Materialismo Histórico*, Lisboa, Morais, 1981.

– «World Poverty, Pauperization & Capital Accumulation», *Monthly Review*, Outubro de 2003.

ANDERSON, WALTER TRUETT, «O Planeta da Informação e a Política Global de Risco», in Fundação Calouste Gulbenkian, *Globalização, Desenvolvimento e Equidade*, Lisboa, Dom Quixote, 2001, pp. 193-206.

ANGELOPOULOS, ANGELOS, *O Terceiro Mundo Face aos Países Ricos*, Livros do Brasil, 1973.

– *Por Uma Nova Política do Desenvolvimento Internacional*, trad. de António Marques dos Santos, Lisboa, Livros do Brasil, 1978.

ARNOTT, RICHARD; GREENWALD, BRUCE; KANBUR, RAVI; NALEBUFF, BARRY (orgs.), *Economics for an Imperfect World. Essays in Honor of Joseph E. Stiglitz*, Cambridge-Massachusetts, London, The MIT Press, 2003.

ARROW, KENNETH J., «The Economic Implications of Learning by Doing», *Review of Economic Studies,* vol. XXIX, 1961, pp. 155-173.

ARTS, KARIN, *Integrating Human Rights into Development Cooperation: the Case of the Lomé Convention*; Kluwer, The Hague, London, Boston, 2000.

– «ACP-EU Relations in a New Era: The Cotonu Agreement», *Common Market Law Review*, vol. 40 (2003), n.° 1, pp. 95-116.

ASKARI, HOSSEIN e CHEBIL, SAMIR, «Reforming the IMF: Some Organizational and Operational Issues», Banca Nazionale del Lavoro Quarterly Review, n.° 211, pp. 335-381.

BAILLEUX, AYMERIC, «La Comunnautée Économique Européenne et les Pays en voie de Développement», *Revue Juridique et Politique Indépendence et Coopération*, 1981 (n.° 4), pp. 898-917.

BANERJEE, ABHIJT V., «A Theory of Misgovernance», *The Quarterly Journal of Economics*, vol. CXII, n.° 4 (1997), pp. 1288-1332.

BANERJEE, V. e NEWMAN, ANDREW F., «Poverty, Incentives and Development», *The American Economic Review, Papers and Proceedings of the Hundred and Sixth Annual Meeting of the AEA*, Maio de 1994, pp. 211-231.

BARBIERI, JOSÉ CARLOS, *Desenvolvimento e Meio Ambiente. As Estratégias de Mudanças da Agenda 21*, 3.ª edição, Petrópolis, Novas Vozes, 1997.

BARDHAN, PRANAB, «Economics of Development and the Development of Economics», *Journal of Economic Perspectives*, vol. 7, n.° 2, 1993, pp. 129-142.

– «Corruption and Development: a Review of Issues», *Journal of Economic Literature*, vol. XXXV (September 1997), pp. 1320 –1346.

BARRO, ROBET e LEE, JONG-WHA, *IMF Programs: Who is Chosen and What are the Effects?*, NBR Working Paper 8951, Cambridge, 2002.

BARRY, BRIAN, *The Liberal Theory of Justice*, Oxford, Clarendon Press.

– *Theories of Justice*, volume 1, de *A Treatise on Social Justice*, University of California Press, 1989.

BARTOLI, HENRI, *Répenser le Développement. En Finir avec la Pauvreté*, Paris, Economica, 1999.

BARYA, JOHN-JEAN B., «The New Political Conditionalities of Aid. An Independent View from Africa», IDS Bulletin, 1993.

BATAILLER-DEMICHEL, FRANCINE, «Droits de l'Homme et Droits des Peuples dans l'Ordre International», in *Mélanges Offerts à Charles Chaumont. Le Droit des Peuples à Disposer d'Eux-Mêmes. Méthodes d'Analyse du Droit International*, Pedone, Paris, 1984, pp. 23-34.

BAUER, PETER, *Dissent on Development*, Harvard University Press, 1972.

– *Equality, The Third World and Economic Delusion*, London, Weidenfeld and Nicolson, 1981.

BEDJAOUI, MOHAMMED (org.), *Droit International. Bilan et Perspectives*, tomo II, Paris, Pedone, 1991.

– «Le Droit au Développement», in Mohammed Bedjaoui (org.), *Droit International. Bilan et Perspectives*, tomo II, Paris, Pedone, 1991, pp. 1247-1273.

526 *Valores e Interesses*

- «Rapport General», in Yves Daudet (org.), *Aspects du Système des Nations Unies dans le Cadre de l'Idée d'un Nouvel Ordre Mondial*, Paris, Pedone, 1992, pp. 99-123.
- Intervenção no Colóquio *Les Nations Unies et le Développement Social International*, Paris, Pedone, 1996, (org.) Yves Daudet, pp. 117-120.

BEITZ, CHARLES, *Political Theory and International Relations*, 1.ª edição, New Jersey, Princeton University Press, 1977.
- *The Diversity of Objections to Inequality*, The Lindley Lecture, Department of Philosophy, University of Kansas, 1997.
- *Political Theory and International Relations*, 2.ª edição, New Jersey, Princeton University Press, 1999.
- «Rawls's Law of Peoples», *Ethics*, 110 (Julho de 2000), pp. 669-696.
- «Does Global Inequality Matter?», in Thomas Pogge (org.), *Global Justice*, Oxford, Blackwell Publishers, 2001, pp. 106-122.

BEITZ, CHARLES; COHEN, MARSHALL; SCANLON, THOMAS; SIMMONS, JOHN (orgs), *International Ethics. A Philosophy and Public Affairs Reader*, 4.ª edição, Princeton and New Jersey, Princeton University Press, 1990.

BELAICH, FRANCIS, «La Conditionnalité Politique dans le Partenariat Euro-Mediterranéen», in Marie Françoise Labouz (org.), *Le Partenariat de l'Union Européenne avec les Pays Tiers*, pp. 89-102.

BELL, ANDREW, «The Quest for Coherence between EU Policies: an Unattainable Goal», in CAROL COSGROVE-SACKS (Org.), *Europe, Diplomacy and Development*, Paulgrave, New York, 2001, pp. 206-214.

BELL, CLIVE, «Development Economics», in John Eatwell, Murray Milgatte e Peter Newmanm (orgs.), *The New Palgrave*, volume *Economic Development*, London, McMillan Press, 1989, pp. 2-17.

BENNOUNA, MAURICE, «Inegalité Économique et Évolution du Droit International», in *Pays en Voie de Développement et Transformation du Droit International*, Paris, Pedone, 1974, pp. 11-40.
- *Droit International du Développement. Tiers Monde et Interpellation du Droit International*, Paris, Berger-Levrut, 1983.
- «Droit International et Développement», in Mohammed Bedjaoui (org.), *Droit International. Bilan et Perspetives*, tomo II, Paris, Pedone, 1991, pp. 663-672.

BENOT, YVES, *Que é o Desenvolvimento*, tradução portuguesa, Lisboa, Sá da Costa, 1980.

BENSIDOUN, ISABELLE; CHEVALIER, AGNÈS; GAULIER, GUILLAUME, «Pour le Sud, Y-a-t-il eu un gain à l'Ouverture?», *Problèmes Économiques*, n.º 2743, Janeiro de 2002, pp. 1-4.

BERTHELOT, YVES, «Les Moyens d'Action des Nations Unies pour le Développement Économique», in Yves Daudet (org.), *Aspects du Système des Nations Unies dans le Cadre de l'Idée d'un Nouvel Ordre Mondial*, Paris, Pedone, 199, pp. 127-135.

BERTRAND, AGNÈS e KALAFATIDES, LAURENCE, *OMC, le Pouvoir Invisible*, Paris, Fayard, 2002.

BERTRAND, MAURICE, *L'ONU*, 4.ª edição, Paris, La Découverte, 2003.

BESSA-RODRIGUES, PARASKEVI, «European Union – MERCOSUL: In Search of a New Relationship», *European Foreign Affairs Review*, vol. 4 (1999), pp. 81-97.

BESSET, JEAN PAUL, «L'Écologie. Nouvel Age de l'Impérialisme ou Véritable Chance du Développpement?», *L'Évenement Européen*, n.º 19 (1992), p. 197-206.

Bibliografia 527

BHAGWATI, JAGDISH, «Directly Unprodutive Profit-Seeking (DUP) activities», *Journal of Political Economy*, 90, Outubro (1982), pp. 988-102.
– Comentário a Raul Prebish «Five Stages in My Thinking on Development», in Meiers e Seers (orgs.), *Pioneers in Development*, World Bank, Oxford University Press, 1984, pp. 197-204.

BHAGWATI e DESAI, *India. Planning for Industrialization*, Oxford University Press, OECD, 1970.

BIERSTEKER, THOMAS (org.), *Dealing with Debt. International Negotiations and Adjustment Bargaining*, Westview Press, 1993.

BIRCH, MELISSA e BIERSTEKER, THOMAS, «The World Bank», in Thomas Biersteker (org.), *Dealing with Debt. International Negotiations and Adjustment Bargaining*, Westview Press, 1993.

BIRD, GRAHAM, *IFM Lending to Developing Countries. Issues and Evidence*, London e New York, Routledge, 1995.

BIRDSALL, NANCY e WILLIAMSON, JOHN (com a colaboração de Brian Deese), *Delivering on Debt Relief. From IMF Gold to a New Aid Architecture*, Whashington, D. C., Center for Global Development, 2002.

BLACQUE-BELAIR, PATRICE, «Les Plans de Développement Social International», in Yves Daudet (org.), *Les Nations Unies et le Développement Social International*, Paris, Pedone, 1995, pp. 91-95.

BLANC, GÉRARD, «Peut-on Encore Parler d'un Droit du Développement?», *Journal du Droit International*, ano 118.° (1991), n.° 4, pp. 903-945.

BOEKE, J.-H., *Economics and Economic Policy of Dual Societies*, New York, Institute of Pacific Relations, 1953.

BOFF, LEONARDO e BOFF, CLÓVIS, *Como Fazer Teologia da Libertação*, Petrópolis, Vozes, 1993.

BOOTE, ANTHONY e THUGGE, KAMAU, *Debt Relief for Low-Income Countries. The HIPC Initiative*, Washington, IMF, 1997.

BORMAN, AXEL e outros, *The Significance of the EEC'S Generalized System of Preferences*, Verlag Weltarchiv GMBH, Hamburg, 1985.

BORNSTEIN, DAVID, *The Price of a Dream*, New York, Simon and Schuster, 1996.

BORROWS, NOREEN, «Development Cooperation Defined», *European Law Review*, vol. 22, n.° 6, 1997, pp. 594-598.

BOSANQUET, BERNARD, *The Philosophical Theory of State*, London, MacMillan, 1958.

BOTHE, MICHEL, «Le Droit de l'Environnement; sa Voie de Développement entre Écologie et Économie», in Michael Bothe e Peter Sand (orgs.), *La Politique de l'Environnement. De la Réglementation aux Instruments Économiques*, The Hague, Boston, London, Martinus Nhijjof Publishers, 2003, pp. 37-88.

BOTHE, MICHEL e SAND, PETER (orgs.), *La Politique de l'Environnement. De la Réglementation aux Instruments Économiques*, The Hague, Boston, London, Martinus Nhijjof Publishers, 2003.

BOURKE, JAMES, «The European Union's Human Rights Activity within the United Nations Commission for Human Rights», in Carol Cosgrove-Sacks (org.) *Europe, Diplomacy and Development*, New York, Paulgrave, 2001, pp. 96-102.

BRAGA, CARLOS PRIMO e FINK, CARSTEN, «Reforming Intelectual Property Rights Regimes: Challenges for Developing Countries», *Journal of International Economic Law* (1998), pp. 537-554.

528 *Valores e Interesses*

BRANDT, R. (org.), *Social Justice*, New Jersey, Englewood Cliffs, 1962.

Brandt, Willy, *Nord-Sud: un Programme de Survie. Rapport de la Commission Indépendante sur les Problèmes de Développement International*, Paris, Galimard, 1980.

BREMS, EVA, *Human Rights: Universality and Diversity*, Martinus Nijhoff, the Hague, Boston, London, 2001.

BRODIN J.; CRÉTIEN, YVES; MOLINIER, G.; PITRONE, A., *L'Aide au Devellopement*, vol. 14 do *Commentaire* Megret, Bruxelles, Université Libre de Bruxellles, 1986.

BROWN, WILLIAM, *The European Union and Africa. The Restructuring of North-South Relations*, London/New York, I. B. Tauris, 2002.

BRUNEL, SYLVIE, *Le Sous-Développement*, Paris, PUF, 1996.

– *La Coopération Nord-Sud*, col. «Que sais-je?», Paris, PUF, 1997.

BRUSCO, GIANLUCA, «Eurocentricism and Political Conditionality: the Case of Lomé Convention», in Carol Cosgrove-Sacks (org.) *Europe, Diplomacy and Development*, pp. 104-114.

BRUTLAND, GRO HARLEM, *Our Common Future*, Oxford University Press, Cambridge, 1986.

BULJIC, MLIAN, *Principles of International Development Law*, 2.ª edição, Martinus Nijjhof, 1993.

BURNELL, PETER, *Foreign Aid in a Changing World*, Buckingham, Philadelphia, Open University Press, 1997.

CABRAL, AMÍLCAR, *Unidade e Luta*, Lisboa, Seara Nova, 1976.

CALDAS, EUGÉNIO DE CASTRO e LOUREIRO, MANUEL DE SANTOS, *Níveis de Desenvolvimento Agrícola no Continente Português*, Lisboa, Fundação Calouste Gulbenkian, 1963.

CALLIER, PHILIPPE, *Finantial Systems and Development in Africa*, EDI Seminar Series, Washigton, The World Bank, 1991.

CAMPOS, JOÃO MOTA (org.), *Organizações Internacionais*, Fundação Gulbenkian, Lisboa, 1999.

CANOTILHO, J. J. GOMES, «Nova Ordem Mundial e Ingerência Humanitária (Claros-Escuros de um Novo Paradigma Internacional)», *BFD*, vol. LXXI (1995), pp. 1-126.

– «Estado Constitucional Ecológico e Democracia Sustentada», Revista do Centro de Estudos de Direito do Ordenamento do Urbanismo e do Ambiente, ano IV, 2001, pp. 9-16.

– *Direito Constitucional e Teoria da Constituição*, 7.ª edição, Coimbra, Almedina, 2004.

CANOTILHO, J. J. GOMES e MOREIRA, VITAL, Constituição da República, anotada, 3.ª Edição revista, Coimbra Editora, 1993.

CARDOSO, FERNANDO HENRIQUE, *O Modelo Político Brasileiro e Outros Ensaios*, São Paulo, Difusão Europeia do Livro, 1972.

CARDOSO, FERNANDO HENRIQUE e FALETTO, ENZO, *Dependence and Development in Latin América*, Berkeley, University of Califórnia Press, 1979.

CARDOSO, RENATO, «Desenvolvimento e Cooperação – A Perspectiva Africana», *Democracia e Liberdade*, Fevereiro-Março de 1986, pp. 57-78.

CARMONA, MAFALDA e outras, «Direito de Intervenção Humanitária», *Revista Jurídica*, n.º 20 (1996), pp. 259-297.

CAROL COSGROVE-SACKS (org.), *Europe, Diplomacy and Development*, Paulgrave, New York, 2001.

Bibliografia

CARREAU, DOMINIQUE, *Le Fonds Monétaire International*, Paris, Armand Collin, 1970.
– «Le Nouvel Ordre Économique International», *Journal du Droit International*, ano 104, n.° 3 (1977).
– «Le Nouvel Ordre Économique International», *Journal du Droit International*, ano 104, n.° 3 (1977), pp. 595-659.
CARREAU, DOMINIQUE e SHAW, MALCOM, (orgs.), *La Dette Extérieure*, Droit International de La Haye, Dordrech/Boston/London, Martinus Nijhoff, 1995.
CARVALHO, AMÉRICO TAIPA DE, *Pessoa Humana – Direito – Estado – e Desenvolvimento Económico (Estado-de-Direito Social e Doutrina Social da Igreja)*, Coimbra Editora, 1991.
CASTANEDA, JORGE, «La Charte des Droites et Devoirs Économiques des États», in Annuaire Français de Droit Internationl, XX, 1974, pp. 31-77.
CASTELLS, MANUEL, *A Era da Informação: Economia, Sociedade e Cultura*, 2 volumes, Lisboa, Gulbenkian, tradução portuguesa, 2002.
CASTRO, JOSUÉ DE, *O Livro Negro da Fome*, 2.ª edição, São Paulo, Editora Brasilense, 1966.
CEREXHE, E., «La Communauté Européenne et les Pays en Voie de Développement», *Journal des Tribunaux*, ano 101., n.° 52000, 13 de Fevereiro de 1982, pp. 239-243.
CHAKRAVARTY, SUKHAMOY, «Development Planning: a Reappraisal», *Cambridge Journal of Economics*, vol. 15, 1991, pp. 5-20.
CHAPMAN, AUDREY, «Une Nouvelle Manière de Concevoir le 'Monitoring'sous le Pacte Internationale Relatif aux Droits Économiques, Sociaux et Culturels», *Droits Économiques, Sociaux et Culturels et le Rôle des Juristes*, número especial da Revista da Comissão Internacional de Juristas, n.° 5, 1995, pp. 29-44.
CHAUVIER, STÉPHANE, *Justice Internationale et Securité*, Nimes, J. Chambon, 1999.
– «Justice and Nakedness», in Thomas Pogge (org.), *Global Justice*, Oxford, Blackwell Publishers, 2001, pp. 91-105.
CHAZOURNES, LAURENCE BOISSON DE, «Le Panel d'Inspection de la Banque Mondiale: à Propos de la Complexification de l'Espace Public International», *Revue Générale de Droit International Public*, tomo 105, n.° 1, 2001, pp. 145-162.
CHO, GEORGE, *Trade, Aid and Global Interdependence*, London e New York, Routledge.
CHOMSKY, NOAM, *A Democracia e os Mercados na Nova Ordem Mundial*, Lisboa, Antígona, 2000.
– *Africa and the International System: The Politics of State Survival*, Cambridge University Press, 1966.
CIANVITI, FRANÇOIS, «The Reform of the International Monetary Fund (Conditionality and Surveillance), in Rosa Lastra (org.), *The Reform of International Financial Architecture*, London, The Hague, Boston, Kluwer Law international, 2001, pp. 93-106.
CISSÉ, HASSANE, «Le Role du FMI», in Dominique Carreau e Malcom Shaw (orgs.), *La Dette Extérieure*, Académie de Droit International de la Haye, Martinus Nijjhoff Publishers, 1995, pp. 275-313.
CLAGUE, CHRISTOPHER (org.) *Institutions and Economic Development. Growth and Governance in Less-Developed and Post-Socialist Countries*, Baltimore e London, the John Hopkins University Press, 1997.
CLAPHAM, CHRISTOPHER, *Third World Politics. An Introduction*, London, Croom Helm, 1985.
CLOOS, J.; REINESC, G.; VIGNES, D.; WEYLAND, J., *Le Traité de Maastricht. Genèse, Analyse, Commentaires*, Brucelles, Bruylant, 1998.

530 *Valores e Interesses*

COHEN, MARSHALL, «Moral Skepticism and International Relations», in Charles Beitz e outros (orgs), *International Ethics,* New Jersey, Princeton University Press, 1985, pp. 3-50.

COLETTA, NAT; LIM, TECK GHEE; KELLES-VIITANNEN, ANITA, *Social Cohesion and Conflict Prevention in Asia. Managing Diversity through Development,* Washington, The World Bank, 2001.

COLLIARD, CLAUDE-ALBERT, «L'Adoption par l'Assemblée Générale de la Déclaration sur le Droit au Développement (Décembre 1986)», in *Annuaire Français de Droit International,* vol. XXXIII, 1987, pp. 614-628.

COLLIER, PAUL, «On the Economic Consequences of Civil War», *Oxford Economic Papers,* vol. 51, 1999, pp. 168-183.

COM, GEORGES, *A Nova Desordem Económica Mundial. Na Origem dos Fracassos do Desenvolvimento,* Lisboa, Instituto Piaget, 1996.

COMICHE, ENEAS, «Da Adesão ao Grupo BAD às Instituições de Bretton Woods. Consequências. A Experiência de Moçambique», *O Economista,* n.° 2, Agosto de 2002.

CONABLE, BARBER, «Development and Environment: A Global Balance», *American University Journal of International Law and Policy,* vol. 5 (1989-1990).

CORDEIRO, HELENA, «África: um Continente em Mudança», in *África Século XXI. Os Desafios da Globalização e as Respostas do Desenvolvimento,* Lisboa, Sociedade de Geografia, 1998, pp. 177-183.

COSGROYE-SACKS, CAROL, *Europe, Diplomacy and Development,* New York, Paulgrave, 2001.

COUSSY, JEAN, «L'Appui de l'Union Européenne aux Ajustements Structurels», in AA.VV., *La Convention de Lomé en Question. Les Relations entre les Pays d'Afrique, des Caraïbes et du Pacifique (ACP) et l'Union Européenne après l'An 2000,* Paris, Karthla, 1998, pp. 309-331.

COWDHURY, SUBRATA ROY e WAART, PAUL J. I. M. DE, «Significance of the Right to Development», in Subrata Roy Cowdhury, EriK M.G. Denters e Paul J.I.M. de Waart (orgs.), *The Right to Development in International Law,* Dordrecht, Kluwer Academic Publishers, 1992, pp. 7-23.

COWDHURY, SUBRATA ROY, DENTERS, ERIK M.G. e WAART, PAUL J.I.M. DE (orgs.), *The Right to Development in International Law,* Dordrecht, Kluwer Academic Publishers, 1992.

CRAWFORD, J., *The Rights of Peoples,* Clarendon Press, 1988.

CREMONA, MARISE, «The European Union as an International Actor: the Issues of Flexibility and Linkage», *European Foreign Affairs Review,* volume 3, n.° 1 (1998), pp. 67-94.

CROWFORD, GORDON, *Foreign Aid and Poltical Reform. A Comparativ Analysis of Democracy Assistance and Political Conditionality,* Palgrave, MacMillan, 2001.

CUNHA, LUÍS PEDRO, *O Sistema Comunitário de Preferências Generalizadas. Efeitos e Limites,* separata do *Boletim de Ciências Económicas,* Coimbra, 1995.

– *Lições de Relações Económicas Externas,* Coimbra, Almedina, 1997.

CUNHA, PAULO DE PITTA E, «A Moeda e a Política Monetária nos Domínios Interno e Internacional. Esquema de um Curso de Economia Monetária», *Revista da Faculdade de Direito da Universidade de Lisboa,* vol. XXIII (1970-71), pp. 27-193.

– *Economia Política,* 3.° ano, versão policopiada, Lisboa, 1973.

– «A Influência do FMI na Orientação das Políticas Cambiais e na Formulação de Programas de Estabilização», in *Estudos em Homenagem ao Prof. Doutor Teixeira Ribeiro,* IV, Coimbra, Vária, 1980, pp. 463-494.

- Comunicação apresentada à Classe de Letras da Academia de Ciências de Lisboa, na sessão de 18 de Janeiro de 1979 e reproduzida em *Memórias da Academia das Ciências de Lisboa. Classe de Letras*, tomo XXI (1980), sob o título «o Fundo Monetário Internacional e a Intervenção nas Políticas Económicas Internas», pp. 169-178.
- *Relações Económicas Internacionais*, versão policopiada, Lisboa, 1983.
- «Direito Internacional Económico» (relatório apresentado no concurso para professor catedrático), *Revista da Faculdade de Direito da Universidade de Lisboa*, vol. XXV (1984), p. 29-99.
- *Integração Europeia. Estudos de Economia, Política e Direito Comunitário*, Lisboa, INCM, 1993.
- «A Organização Mundial do Comércio na Estrutura da Ordem Económica Internacional», in Faculdade de Direito de Lisboa, Georgetown University Law Center, *A Organização Mundial do Comércio e a Resolução de Litígios*, Lisboa, FLAD, 1998, pp. 25-34.
- *A Integração Europeia no Dobrar do Século*, Coimbra, Almedina, 2003.
- «Fundo Monetário Internacional», *Enciclopédia Verbo*, tomo 8, pp. 1804 1805.
CYPHEWR, JAMES e DIETZ, JAMES, *The Process of Economic Development*, 2.ª edição, London e New York, Routledge, 2004.
D'ABADIE, DAMIAN R. SANGES, «The New Security, the Environment and the Mediterranean: Links and Challenges», *Nação e Defesa*, n.º 101 (2002), pp. 31-50.
D'ESTMAEL, TANGUY DE WILDE, *La Dimension Politique des Relations Économiques Extérieures de la Communauté Européene: Sanctions et Incitants Économiques comme Moyens de Politique Etrangère*, Bruxelles, Bruylant, 1998.
DAM, KENNETH, *Le Système Monétaire International. Les Règles du Jeu*, tradução francesa, Paris, PUF, 1985.
DANAHER, KEVIN (org.), *50 Years is Enough. The Case Against the World Bank and the International Monetary Fund*, Boston, South End Press, 1994.
DAS, BHAGIRATH LAL, *Strengthening Developing Countries in the WTO*, Penang, Third World Network, 1999.
- *The Future WTO Agenda and Developing Countries*, New York, 2000.
DASGUPTA, PARTA, *An Inquiry into Well Being and Destitution*, Oxford, Clarendon Press, 1993.
- «The Economics of Poverty in Poor Countries», *Scandinavian Journal of Economics*, volume 100, n.º 1 (1998), pp. 41-68.
DASGUPTA, PARTHA, e STONEMAN, P. (orgs). *Economic Policy and Technological Performance*, Cambridge University Press, 1987.
DASHWOOD, ALAN e HILLION, CHRISTOPHE, *The General Law of External Relations*, London, Sweet & Maxwell, 2000.
DAUDET, YVES (org.), «Le Développement Social International, Nouveau Concept pour un Nouveau Droit?», in *Les Nations Unies et le Développement, Le Cas de l'Afrique*, Paris, Pedone, 1994, pp. 15-27.
- *Les Nations Unies et le Développement, Le Cas de l'Afrique*, Paris, Pedone, 1994.
- *Aspects du Système des Nations Unies dans le Cadre de l Idée d'un Nouvel Ordre Mondial*, Paris, Pedone, 1992.
- *Les Nations Unies et le Développement Social International*, Paris, Pedone, 1995.

532 *Valores e Interesses*

DAVANNE, OLIVIER, *Instabilité du Système Financier International*, relatório apresentado ao Conseil d'Analyse Économique, Paris, La Documentation Française, 1998.

DAVIDSON, BASIL, *À Descoberta do Passado de África*, Lisboa, Sá da Costa, 1981.

DE OLIVIER, SCHUTTER, e LEJEUNE, YVES, «L'Adhésion de la Communauté à la Convention Européenne des Droits de L'Homme. À Propos de l'Avis 2/94 de la Cour de Justice des Communautés», *Cahiers de Droit Euroepéen*, ano 32 (1996), n.ºs 5-6, pp. 555-606.

DE SOTO, HERNANDO, *The Other Path: the Invisible Revolution in the Third World*, New York, Harper an Row, 1989.

– *Il Misterio del Capitale*, Milano, Garzanti, 2001.

DELAPLACE, DOMINIQUE, «L'Union Européenne et la Conditionnalité de l'Aide au Développement», *Revue Trimestrielle de Droit Européen*, 2001, n.º 3, pp. 607-626.

DESSART, MICHEL A., e UBOGU, ROLAND E., *Renforcement des Capacités, Gouvernance et Réformes Économiques en Afrique*, Institut Multilatéral de l'Afrique, FMI, 2001.

DHOKALIA, R. P. (orgs.), *International Law in Transition: Essays in Memory of Judge Nagendra Singh*, Dordrecht, Nijhoff, 1992.

DHOMMEAUX, JEAN, «De l'Universalité du Droit International des Droits de l'Homme: Du Pactum Ferendum au Pactum Latum», *Annuaire Français de Droit International*, vol. XXXV (1989), pp. 399-423.

DI FRANCO, PAOLO, «Il Rispetto dei Diritti dell'Uomo e le "Condizionalità" Democratiche nella Cooperazione Comunitária allo Sviluppo», *Rivista di Diritto Europeo*, n.º 3, 1995, pp. 543-582.

DICKSON, ANNA, «The Demise of the Lomé Protocols: Revising European Development Policy», *European Foreign Affairs Review*, volume 5 (2000), n.º 2, pp. 197-214.

DOBB, MAURICE, *Some Aspects of Economic Development*, Delhi, 1951.

DOGGART, CAROLINE, «From Reconstruction to Development in Europe and Japan», in *The Evolving Role*, The World Bank, pp. 37-67.

DOLLAR, DAVID, «Ajuda Ao Desenvolvimento, Reformas e Redução da Pobreza em África», in *Globalização, Desenvolvimento e Equidade*, 2001, pp. 101-110.

DOLAR E KRAY, «Growth is good for the poor», Journal of Economic Growth, 7, 2002, pp. 195-225.

– *Trade, Growth and Poverty*, (mimeo), World Bank, 2001.

DOMENACH, JEAN MARIE, *Aide au Développement, Obligation Morale?*, New York, Centro de Informação Económica e Social das Nações Unidas, 1971.

DORMOY, DANIEL, «Lomé IV. Les Négociations et l'Accord», *Revue Générale de Droit International Public*, tomo 94, n.º 3 (1990), pp. 635-671.

DRISCOLL, DAVID D., *What is the International Monetary Fund?*, Washington D. C., IMF, 1997.

DUARTE, MARIA LUÍSA, *A Teoria dos Poderes Implícitos e a Delimitação de Competências entre a União Europeia e os Estados Membros*, Lisboa, Lex, 1997.

DUPUY, JEAN-PIERRE, «Les Inégalités Justes Selon John Rawls», in Joëlle Affichard e Jean-Baptiste de Foucauld (orgs.), *Justice Sociales et Inégalités*, Paris, Editions Esprit, 1992, pp. 181-205.

DUPUY, PIERRE MARIE, «Où en est le Droit International de l'Environnement à la Fin du Siècle», *Revue Génerale de Droit International Public*, n.º 4, tomo 101 (1997), pp. 873-903.

DUPUY, RENÉ-JEAN, «Les Ambiguités de l'Universalisme», in *Mélanges Michel Virally*, Le droit international au service de la paix, de la justice et du dévelopement, Paris, Pedone, 1991, pp. 273-280.

DUPUY, RENÉ-JEAN (org.), *Manuel sur les Organizations Internationales*, 2.ª edição, Académie Internationale de Droit International de la Haye, Boston, London, Dodrecht, Martinuas Nijhoff, 1998.

DURUFLÉ, GILES, «Évaluation de l'Appui à l'Ajustement Structurel de l'Union Européenne au Cameroun», in AA.VV., *La Convention de Lomé en Question. Les Relations entre les Pays d'Afrique, des Caraïbes et du Pacifique (ACP) et l'Union Européenne après l'An 2000*, Paris, Karthla, 1998, pp. 33-351.

EASTERLY, WILLIAM, *The Elusive Quest for Growth. Economists'Adventures and Misadventures in the Tropics*, Cambridge, London, MIT Press, 2001.

EASTERLY, WILLIAM, e LEVINE, ROSS, «Africa's Growth Tragedy: Policies and Ethnic Divisions», *Quarterly Journal of Economics*, 43, Novembro (1997), pp. 1203-1250.

EATWELL, JOHN; MILGATTE, MURRAY; NEWMANN, PETER; «General Preface», volume *Economic Development, The New Palgrave*, London e Basingstoke, MacMillan Press, 1991, pp. VII-IX.

ECKAUS, RICHARD, «The Search for the Grail of Development», texto apresentado na conferência internacional em homenagem a SILVA LOPES, Lisboa, 2003.

EIDE, ASBJORN; KRAUSE, CATARINA; KRAUSE, ALLAN (orgs.), *Economic, Social and Cultural Rights. A* Textbook, Martinus Nijhoff Publishers, 1995.

EINCHENGREEN, BARRY, «The Globalization Wars: an Economist Reports from the Front Lines», *Foreign Affairs*, Julho-Agosto de 2002.

ELGSTROM, OLÉ, «Lomé and Post-Lomé: Asymmetric Negotiations and the Impact of Norms», *European Foreign Affairs Review*, volume V (2000), pp. 175-195.

EMERIJ, LOIS, *Norte-Sul. A Granada Descavilhada*, tradução portuguesa, Lisboa, Bertand Editora, 1993.

EMERIJ, LOIS (org.), *Economic and Social Development into the XXI Century,* Washington D. C., John Hopkins University Press, 1997.

ESCOBAR, *Encountering Development*, Princeton University, 1995, M. Rahnema (org.), *The Post Development Reader*, London, Zed Books, 1999.

ESPADA, JOÃO CARLOS, «Riqueza e Pobreza», in AA.VV., *A Globalização, o Desenvolvimento e a Ética*, Lisboa, ACEGE, 2002, pp. 75-86.

ESPADA, JOÃO CARLOS; MORGADO, MIGUEL E CHELO, HUGO, *Riqueza e Pobreza*, Lisboa, Principia, 2002.

ESPIELL, HECTOR GROS, «Los Derechos Económicos, Sociales y Culturales en los Instrumentos Internacionales: Posibilidades y Limitaciones para Lograr su Vigencia», *Anuario Jurídico, Universidad Nacional Autonoma de México*, vol. XII, 1985, pp. 139-188.

ÉTICA MOÇAMBIQUE, *Estudo sobre Corrupção*, Maputo, 2001.

FALK, RICHARD, «The New States and International Legal Order», in *Reccueil des Cours*, 1966, n.º 2, tomo 118, Leyde, A. W. Nijthoff, 1968, p. 7-102.

FAUNDEZ, JULIO; FOOTER, MARY E.; NORTON, JOSEPH J. (orgs.), *Governance, Development and Globalization*, London, Blackstone Press, 2000.

FAUX, JEFF e MISHEL, LARRY, «Inequality and the Global Economy», in Will Hutton e Anthony Giddens (orgs.), *Global Capitalism*, New York, The New Press, 2000, pp. 93-111.

FELIPE, GÓMEZ ISA, «Derechos Humanos, Democracia y Desarrollo en la Cooperación CEE-ACP», *Cuadernos Europeos de Deusto*, n.º 12 (1995), pp. 51-60.

FERRAND, FRÉDERIC, «Le Développement Soutenable Est-il une Notion de Droit International Public?», in Michael Bothe e Peter Sand (orgs.), *La Politique de l'Environne-*

ment. De la Réglementation aux Instruments Économiques, the Hague, Boston, London, Martinus Nijhoff, 2003, pp. 245-258.

FERREIRA, EDUARDO PAZ, *Da Dívida Pública e das Garantias dos Credores do Estado,* Coimbra, Almedina, 1994.

– «O Banco Mundial: Cinquenta Anos Depois de Bretton Woods», *Revista da Banca,* n.° 33 (1995), pp. 61-94.

– «Direitos Humanos e Desenvolvimento», *Revista da Faculdade de Direito de Lisboa,* volume XLI, n.° 1 (2000), pp. 23-34.

– *Direito da Economia,* Lisboa, AAFDL, 2001.

FERREIRA, EDUARDO PAZ e ATANÁSIO, JOÃO, «Nota Introdutória», in *Textos de Direito do Comércio Internacional e do Desenvolvimento Económico,* vol. I, *Comércio Internacional,* Coimbra, Almedina, 2004.

FERREIRA, EDUARDO PAZ e ATANÁSIO, JOÃO (orgs.), *Textos de Direito do Comércio Internacional e do Desenvolvimento Económico,* vol. II, *Desenvolvimento,* Coimbra, Almedina, 2004 (no prelo).

FERREIRA, EDUARDO SOUSA, *Economia Política do Desenvolvimento,* Lisboa, Iniciativas Editoriais, 1977.

FERREIRA, EDUARDO SOUSA e SANTOS, PAULA FERNANDES DOS (orgs.), *Portugal, Países Africanos, CEE. Cooperação e Integração,* Lisboa, Gradiva, 1985.

FEUER, GUY, «Les Nations Unies et le Nouvel Ordre Économique International (1974-1976)», *Journal du Droit International,* ano 104, n.° 3 (1977).

– «Les Différentes Catégories de Pays en Développement. Genèse. Évolution, Statut», *Journal du Droit International,* 109 (1982), n.° 1, pp. 5-54.

FEUER, GUY e CASSAN, HERVÉ, *Droit International du Développement,* 2.ª edição, Paris, Dalloz, 1991,

FIELDHOUSE, DAVID, «A New Imperial System? The Role of the Multinational Corporations Reconsidered», in Jeffrey Frieden e David Lake (orgs.), *Internatinal Political Economy. Perspectives on Global Power and Wealth,* London e New York, Routledge, 2000, pp. 167-179.

FIEVET, GILLES, «Reflexions sur le Concept de Développement Durable: Pretention Économique, Principes Strátegiques et Protection des Droits Fondamentaux», *Revue Belge de Droit International,* volume XXIV, n.° 1 (2001), pp. 128-184.

FIGUEIREDO, ANTÓNIO MANUEL e COSTA, CARLOS S., *Do Subdesenvolvimento. Vulgatas, Rupturas e Reconsiderações em Torno de um Conceito. Roteiro Crítico e Antologia,* vol. I, Porto, Afrontamento, 1982.

FIGUEIREDO, EURICO, *Angústia Ecológica e o Futuro,* Lisboa, Gradiva, 1993.

FILIBECK, GIORGIO, «Il Diritto allo Sviluppo nel Magisterio dellla Chiesa», *Rivista Internazionale dei Diritti dell'Uomo,* ano V (1992), n.° 1, p. 44.

FINGER, J. MICHAEL e SCHULER, PHILIP, «Implementation of the Uruguay Round Commitments: The Development Challenge», *The World Economy,* vol. XXIII, n.° 4, 2000, pp. 511-525.

FISCHER, GEORGES, «L'U.N.C.T.A.D. et sa Place dans le Système des Nations Unies», *Annuaire Français de Droit International,* vol. XII (1966), pp. 234-245.

FLORY, MAURICE, *Droit Internationale du Développement,* Paris, PUF, 1977.

– «La Troisième Décennie des Nations Unies pour le Développement», *Annuaire Français de Droit International,* vol. XXVI (1980), pp. 593-605.

Bibliografia 535

- «Le Droit au Développement. À propos d'un Colloque de l'Académie de la Haye», *Annuaire Français de Droit International*, volume XXVIII, Paris (1981), pp. 169-174.
- «Mondialisation et Droit International du Développement», *Revue Générale de Droit International Public*, 1997, n.º 3, pp. 601-633.

FLORY, MAURICE, MAHIOU, AHMED; Henry, JEAN ROBERT (orgs.), *La Formation des Normes en Droit International du Développement. Table Ronde Franco-Maghrébine*, Octobre, 1982, CNRS, Paris, 1984.

FODHA, HASSEN, «Les Principes Issus du Sommet Mondial pour le Développement Social», in Yves Daudet (org.) *Les Nations Unies et le Développement Social International*, Paris, Pedone, 1996, pp. 79-95.

FONTOURA, LUIS, *Das relações Norte-Sul à cooperação horizontal*, separata da revista do ISCSP, Lisboa, 1996.

FORST, RAINER, «Towards a Critical Theory of Transnational Justice», in Thomas Pogge (org,), *Global Justice*, Oxford, Blackwell Publishers, 2001, pp. 169-187.

FORTUNATO, ADELINO, *Lições de Economia do Crescimento e Desenvolvimento*, versão policopiada, FEUC, 2002.

FORWOOD, GENDEVRA, «Complementarity in the European Union's Development Policy: Fifteen plus one», in *Europe, Diplomacy and Development*, pp. 215-224.

FRANCO, ANTÓNIO LUCIANO SOUSA, «Observações sobre a Formação do Capital numa Economia em Desenvolvimento», separata da *Revista da Faculdade de Direito da Universidade de Lisboa*, volume XX (1966).
- *Políticas Financeiras e Formação de Capital: Estudo Metodológico*, Lisboa, 1972.

FRANK, THOMAS, *Fairness in International Law and Institutions*, Oxford University Press, 1995.

FREIRE, PAULO, *Ideologia e Educação: Reflexões sobre a Não Neutralidade da Educação*, Rio de Janeiro, Terra e Paz, 1981.
- *Pedagogia da Autonomia*, Rio de Janeiro, Terra e Paz, 1997.

FRIEDEN, JEFFREY e LAKE, DAVID (orgs.), *Internatinal Political Economy. Perspectives on Global Power and Wealth*, London e New York, Routledge, 2000.

FRIEDMANN, JOHN, *Empowerment: uma Política de Desenvolvimento Alternativo*, tradução Portuguesa, Oeiras, Celta Editora, 1996.

FRISCH, DICTER, «Le Processus d'Ajustement Strucurel en Afrique Sub-Saharienne. Ajustement, Développement et Equité», *Le Courrier ACP-CEE*, n.º 11, 1988.

FUNDO MONETÁRIO INTERNACIONAL, *Ten Common Misconceptions about the*, Washington, 1993.
- *The IMF and the Poor*, Washington, reimpressão de 2000.
- *What is the International Monetary Fund? A Guide to the IMF*, Whashington, IMPF, 2001.

FURTADO, CELSO, *Teoria e Política do Desenvolvimento Económico*, 2.ª edição, Lisboa, Dom Quixote, 1976.
- *A Fantasia Organizada*, Rio de Janeiro, Paz e Terra, 1985.
- *O Capitalismo Global*, São Paulo, Paz e Terra, 1998, 4.ª edição.
- *Introdução ao Desenvolvimento. Enfoque Histórico – Estrutural*, 3.ª edição, São Paulo, Paz e Terra, 2000.

GABA, LAURENT, «L'État de Droit et la Démocratie: Les Obstacles à leur Implantation en

536 — *Valores e Interesses*

Afrique Subsahariènne», in Daniel Mockle (org.), *Mondialisation et État de Droit*, Bruxelles, Bruylant, 2002, pp. 254-272.

– *The Nature of Mass Poverty*, New York, Harvard University Press, 1979.

GALBRAITH, JOHN KENNETH, *The Good Society. The Humane Agenda*, London, Sinclair-Stevenson, 1996.

GALHARDO, MARIA AGUIAR, *Relações Económicas Internacionais*, aditamento lições de Paulo Pitta e Cunha, AAFDL, 1985.

GARAVELLO, ÓSCAR E VELO, DÁRIO (orgs.), *CEE-Africa fra Processi di Integrazione e Rischi di Frammentazione*, CEDAM, Padova, 1994.

GARCIA, JÚLIO e GARCIA CATALÁN, ISABEL, «La Expansión del Derecho Comunitario Europeo. Los Acuerdos Preferenciales y las Reglas de Origen en las Relaciones Comerciales Exteriores de la Union Europeia», *Revista de la Facultad de Derecho Universidad Complutense*, n.º 89, 1998, pp. 87-104.

GARCIA-AMADOR F. V., *El Derecho Internacional Del Desarrollo. Una Nueva Dimensión del Derecho Internacional Económico*, Madrid, Civitas, 1987.

GARCIA-SÁYAN, DIEGO,«Droits Économiques, Sociaux et Culturels: Une Nouvelle Voie», in *Droits Économiques, Sociaux et Culturels et le Rôle des Juristes*, número especial da Revista da Comissão Internacional de Juristas, n.º 5, 1995, pp. 87-92.

GATT, *The Role of GATT in Relation to Trade and Development*, Genève, 1964.

GAUTRON, J-C (org.), *Les Relations Communauté Européenne – Europe de l'Est*, Economia, Paris, 1991.

GEORGE, SUSAN e SABELLI, FABRIZIO, *Faith and Credit – The World Bank's Secular Empire*, Penguin Books, 1994.

GEORGE, TERENCE, «A Democracia e o Respeito dos Direitos Humanos como Factores de Sucesso das Políticas de Desenvolvimento», in *Direitos Humanos e Desenvolvimento*, Lisboa, CIDAC (1991).

GILLESPIE, ALEXANDER, *The Illusion of Progress. Unsustainable Development in International Law and Policy*, London, Earthcan, 2001.

GILLIS; PERKINS; ROEMER; SNODGRASS, *Economics of Development*, 4.ª edição, London, New York, Norton, 1996.

GIORELLO, MARCO, «The Clauses of Democratic Conditionality in the European Union's External Relations», in Carol Cosgrove-Sacks (org.), *Europe, Diplomacy and Development*, pp. 79-95.

GOYBET, CATHERINE, «Aide au Développement, Démocratie et Droits de l'Homme: Premier Bilan», *Revue du Marché et de l'Union Européenne*, n.º 372, 1993, pp. 775-777.

GRIESGABER, JO MARIE e GUNTER, BERNHARD (orgs.), *Development. New Paradigms and Principles for the Twenty-first Century*, London, East Heaven, Pluto (1996).

GUITARD, ODETE, *Bandoung et le Réveil des Peuples Colonisés*, 2.ª edição, col. «Que Sais-je?», Paris, PUF, 1965.

GUPTA, SANJEEV, *Is the PRGF Living Up to Expectations ? An Assesment of Program Design*, International Monetary Fund Occasional Paper (216), Washington, 2002.

GUTIÈRREZ, GUSTAVO, *Teologia da Libertação*, Petrópolis, Vozes, 1985.

HAGLUND, ANNE, «The European Union and Humanitarian Assistance: Definition, International Context and Developments», in Carol Cosgrove-Sacks (org.), *Europe, Diplomacy and Development*, pp. 153-165.

HAKURA, FADIS, «The Euro-Mediterranean Policy The Implications of Barcelona Declaration», *Common Market Law Review*, 1997, pp. 337-366.

HAMMARBERG, THOMAS, «Is a Dialogue on Human Rights Possible ?», in Jan Olson e Lennart Wohlgemuth (org.) *Dialogue in Pursuit of Development*, Stockholm, EJDI, 2003, pp. 217-218.

HAQUANI, ZALMAI, «Le Droit au Développement: Fondements et Sources», in *Le Droit au Développement sur le Plan International*, colóquio da Academia de Direito Internacional de Haia, de Outubro de 1979, editado por René-Jean Dupuy, Sithjoff e Noordhoff, Alphen an den Rijn, The Netherlands, p. 22.
- «La C.N.U.C.E.D VI», *Revue Générale de Droit International Public*, Paris, Pedone, 1983, pp. 738-779.
- «La CNUCED VII entre l'Impasse et l'Ouverture», *Revue Générale de Droit International Public*, tomo 92, 2 (1988), pp. 335-364.
- «L'Action des Nations Unies dans La Promotion du Développement Économique et Social», pp. 705-706.

HARBERGER, ARNOLD, «Secrets of Success: a Handful of Heroes», *American Economic Review*, 82, n.° 2 (1993), pp. 343-350.

HARBISON, FREDERICK, «Entrepeneurial Organization as a Factor in Economic Development», *Quarterly the Journal of Economics,* vol. LXX (1956), n.° 3, pp. 365-379.

HARNECKER, MARTHA, *Tornar Possível o Impossível. A Esquerda no Limiar do Século XXI*, Porto, Campo de Letras, 2000.

HARRIS, NIGEL, *The End of the Third World. Newly Industrialising Countries and the Decline of an Ideology*, London, Penguin,1987.

HASHEMI, SYED; SCHULER, SIDNEY; RILEY, ANN, «Rural Credit Programs and Women's Empowerment in Bangladesh», *World Development,* Abril de 1996.

HAYAMI, YUJIRO, *Development Economics. From the Poverty to the Wealth of the Nations*, Oxford, Clarendon Press, 1997.

HEN, CHRISTIAN, «Les Accords de Lomé IV et la Politique d'Ajustement Structurel», *Annales de l'Université des Sciences Sociales de Toulouse*, tomo XL, 1992, pp. 53-63.

HERTEL, THOMAS e MARTIN, WILL, «Liberalising Agriculture and Manufactures, a Millenium Round: Implications for Developing Countries», *The World Economy*, vol. XXIII, n.° 4 (2000), pp. 455-469.

HICKS, NORMAN e STREETEN, PAUL, «Indicators of Development: The Search for a Basic Needs Yardstick», *World Development*, vol. 7 (1979).

HILPOLD, PETER, «EU Development Cooperation at a Crossroads: The Cotonu Agreement of 23 June 200 and the Principle of Good Governance», *European Foreign Affairs Review*, volume 7, Primavera de 2002, pp. 53-72.

HIRSCHMAN, ALBERT, *The Strategy of Economic Development*, Yale University Press, 1958.
- «The Rise and Decline of Development Economics», in *Essays in Trespassing Economics to Politics and Beyond*, Cambridge University Press, 1981, pp. 1-23.
- «The Turn to Authoritarianism in Latin America and the Search for its Economic Determinants», in *Essays in Trespassing Economics Politics and Beyond*, pp. 98-135.

HOEBINK, PAUL, «Cohérence des Politiques de Développement de l'Union Européenne», *Revue Tiers Monde*, n.° 164 (2000), pp. 885-902.

538 *Valores e Interesses*

Howse, Robert, «India's WTO Chllenge to Drug Enforcement Conditions in the European Community Generalized System of Preferences. A Little Known Case with Major Repercurssions for "Political" Conditionality in US Trade Policy», *Chicago Journal of International Law*, Vol. 4, n.° 2 (2003).

Hudec, Robert, *Developing Countries in the GATT Legal System*, Aldershot, Brookfield, Hong Kong, Singapore, Sydney, Gower, 1987.

Hufbauer, Gary, «International Economic Law in Times that are Stressful», *Journal of International Economic Law*, vol. V, n.° 1, Março de 2002, pp. 3-16.

Hulme, David e Mosley, Paul, *Finance Against Poverty*, 2 volumes, London, New York, Routledge, 1996.

Huntigton, Samuel, *O Choque das Civilizações e a Mudança na Ordem Mundial*, Lisboa, Gradiva, 2001.

– «Foreign Aid for What and for Whom?», *Foreign Policy*, n.° 1, 1970.

Husain, Ishrat, «The Challenge of Africa», in Sarwar Lateef (org.), *The Evolving Role of the World Bank*, pp. 177-207.

Hutton, Will e Giddens, Anthony (orgs.), *Global Capitalism*, New York, The New Press, 2000.

Ilicch, Ivan, «Development as Planned Poverty», in Majid Rahnema e Victoria Bawtree (orgs.), *The Post-Development Reader*, London, New Jersey, Zed Books (1997), pp. 94-102.

Israel, Jean-Jacques, «Le Droit au Développement», *Revue Génerale de Droit International Public*, tomo 87 (1983), n.° 1, pp. 6-41.

Jacobs, Nicolas, «La Portée Juridique des Droits Économiques, Sociaux et Culturels», Revue Belge de Droit International, 1999, 1, pp. 19-45.

Jarret, Marie France e Mahieu, François-Régis «Éthique et Développement dans le Système de Lomé», in Marie-Françoise Labouz (org.), *Le Partenariat de l'Union Européenne avec les Pays Tiers. Conflits et Convergences*, Bruxelles, Bruylant, 2000, pp. 59-72.

João Paulo II, *«Solicitudo Rei Socialis»*, in Peter Stilwell (org.), *Caminhos da Justiça e da Paz. Doutrina Social da Igreja, Documentos de 1891 a 1991*, 4.ª edição, Lisboa, Rei dos Livros, 2002, pp. 648-705.

João XXIII, *«Pacem in Terris»*, in Peter Stilwell (org.), *Caminhos da Justiça e da Paz. Doutrina Social da Igreja. Documentos de 1891 a 1991*, 4.ª edição, Lisboa, Rei dos Livros, 2002, pp. 215-252.

Joffé, George, «European Multilateralism and Soft Power Projection in the Mediterranean», *Nação e Defesa*, n.° 101 (2002), pp. 9-30.

Julius Nyerere, *O Desafio ao Sul. Relatório da Comissão Sul*, Porto, Afrontamento, 1992.

Kaddous, Christine, *Le Droit des Relations Extérieures dans la Jurisprudence de la Cour de Justice des Communautés Européennes*, Bâle, Genève, Munich, Helbing & Lichtenhahn, 1998.

Kankwenda, Mbaya, «Le PNUD et l'Action Operationnelle», in Yves Daudet (org.), *Les Nations Unies et le Développement. Le Cas de l'Afrique*, Paris, Pedone, 1994, pp. 99-135.

Kant, Immanuel, *A Paz Perpétua e Outros Opúsculos*, Lisboa, Edições 70, 1975.

Kapstein, Ethan, «Distributive Justice as an International Public Good. A Historical Perspective», in Inge Kaul, Isabelle Grinberg e Marc Stern (orgs.), *Global Public Goods*.

International Cooperation in the 21st Century, PNUD, Oxford University Press, 1999, pp. 88-115.

KAUL, INGE e LANGMORE, JOHN, «Potential Uses of the Revenue from a Tobin Tax», in Mahbub ul Haq e outros, *The Tobin Tax*, Oxford, Oxford University Press, 1996, pp. 255-271.

KAUL, INGE; GRUNBERG, ISABELLE; STERN, MARC (orgs.), *Global Public Goods. International Cooperation in the 21st Century*, New York, Oxford University Press, 1999.

KAUL, INGE; GRUNBERG, ISABELLE; STERN, MARC, «Defining global Public Goods» in *Global Public Goods. International Cooperation in the 21st Century*, New York, Oxford University Press, 1999, pp. 2-19.

KENNEDY, ROBERT, Discurso proferido a 18 de Março de 1968, (http://www.progressproject.org/program_areas/measuring_progress.asp)

KINDLEBERGER, CHARLES, *Economic Development*, New York, MacGraw-Hill, 1965, 2.ª edição.

KING, ROBERT e REBELO, SÉRGIO, «Public Policy and Economic Growth: Developing Neoclassical Implications», *Journal of Political Economy*, vol. 98, n.º 5 (1990), pp. 126--150.

KING, ROBERT e LEVINE, ROSS, «Finance and Growth: Schumpeter Might be Right», *The Quarterly Journal of Economics*, vol. CVIII (1993), pp. 717-737.

KNACK, STEPHEN e KEEFER, PHILIP, «Does Social Capital Have an Economic Payoff? A Cross-County Investigation», *The Quarterly Journal of Economics*, n.º 4, vol. CXII, 1997, pp. 1251-1288.

KOLM, SERGE CHRISTOPHE, *Modern Theories of Justice*, Massachusetts, MIT Press, 1996.

KONARÉ, OUMAR ALPHA, «Europe-Afrique: un Mariage de Raison et d'Intérèt», *L'Événement Européen – Dialogues Euroafricains*, 1992, pp. 27-35.

KOVAR, ROBERT, «L'Affaire da la AETR devant la Cour de Justice des Communautés Européennes et la Compétence Internationale de la CEE», *Annuaire Français de Droit International*, 1971, pp. 386-418.

KRANZ, JERZY, «Lomé, le Dialogue et l'Homme», *Revue Trimestrielle de Droit Européen*, n.º 3, ano 24 (1988), pp. 451-479.

KRHOHN, H-B., «La Comunnaité Élargie et lés Pays en voie de Développement», in aa.vv. *La Politique Économique Extérieure de la Communauté Européenne Élargie*, Bruges, De Tempel, 1973.

KRUEGER, ANN, «Introduction», in Anne Krueger (org.) e colab. de Chonira Aturupane, *The WTO as an International Organization*, Chicago e London, Chicago University Press, 1996.

– «The Political Economy of the Rent-Seeking Society», *The American Economic Review*, Junho de 1974, pp. 291-303.

– «Aid in the Development Process», *World Bank Research Observer*, 1, 1986.

– «Government Failures in Development», *The Journal of Economic Perspectives*, vol. 4, n.º 3 (1990), pp. 9-23.

KRUEGER, ANNE (org.) e colab. de Aturupane, Chonira, *The WTO as an International Organization*, Chicago e London, Chicago University Press, 1996.

KRUGMAN, PAUL, «Toward a Counter-Counterrevolution in Development Theory», *Proceedings of the World Bank Annual Conference on Development Economics*, 1992.

540 *Valores e Interesses*

- «Does Third World Growth Hurt First World Prosperity», in *Pop Internationalism*, 2.ª edição, The MIT Press, 1996,
- «The Fall and Rise of Development Economics», (http://web.mit.edu/krugman/www/dishpn.htmail).

KURUVILL, PRETTY «Developing Countries and the GATT/WTO Dispute Settlement Mechanism», *Journal of World Trade*, 1997, pp. 171-208.

KUTTNER, ROBERT, «The Role of Governments in the Global Economy», in Will Hutton e Anthony Giddens (orgs.), *Global Capitalism*, New York, The New Press, 2000, pp. 147-163.

KUZNETS, SIMON, «Economic Growth and Economic Inequality», *The American Economic Review*, volume XLV, n.° 1 (1955), p. 1.

LABISA, ANTÓNIO DOS SANTOS, *Organismos Internacionais,* Banco de Portugal, 1995.

LABOUZ, MARIE – FRANÇOISE (org.), *Le Partenariat de l'Union Européenne avec les Pays Tiers. Conflits et Convergences*, Bruselles, Bruylant, 2000.

LACHARRIÈRE, GUY LADREIT DE, «Aspects Récents du Classement d'un Pays comme "Moins Développé"», *Annuaire Français de Droit International*, XIII, (1967), p. 703-717.

- «Identification et Statut des Pays "Moins Avancées"», *Annuaire Français de Droit International*, XVII, (1971), pp. 461-482.
- «L'Influence de l'Inégalité de Développement des États sur le Droit International», in *Recueil des Cours*, tomo 139, 2 (1973), Lesyde, A. W. Sithoff, 1974, pp. 233-269.

LAL, DEEPAK, *The Poverty of "Development Economics"*, 2.ª edição, MIT Press, 1999.

LANDELL-MILLS, JOSLIN, *Helping the Pooor. The IFM's New Facilities for Structural Adjustment*, Washinton, IFM, reimpressão de 1992.

LANDES, DAVID, *A Riqueza e a Pobreza das Nações*, tradução portuguesa, Lisboa, Gradiva, 2002.

LANZA, ALESSANDRO, *Lo Sviluppo Sostenibile*, Bologna, Il Mulino, 2002, 3.ª edição.

LATEEF, SARWAR (org.), «The First Half Century: an Overview», in *The Evolving Role of the World Bank, Helping Meet the Challenge of Development,* Washington, The World Bank, 1995, pp. 24-36.

LASTRA, ROSA MARIA, «The International Monetary Fund in Historical Perspective», *Journal of International Economic Law,* Oxford, Oxford University Press, vol. 3, n. 3, September, 2000, pp. 507-523.

LASTRA, ROSA MARIA (org.), *The Reform of International Finance Architecture*, The Hague/London/Boston, Kluwer Law International, 2001.

LATOUCHE, SERGE, *Faut-il Refuser le Développement?*, Paris, PUF, 1986.

LAY, KENNETH, «Mobilizing Private Savings for Development. IBRD and the Capital Markets», in Sarwar Lateef (org.), *The Evolving Role of the World Bank. Helping Meet the Challenge of Development,* Washington, The World Bank, 1995.

LEBULLENGER, JOEL, «La Politique Communautaire de Coopération au Développement», *Revue Trimestrielle de Droit Européen*, ano 24 (1988), n.° 1, pp. 123-157.

- «La Rénovation de la Politique Communautaire du Développement», *Revue Trimestrielle du Droit Européen*, ano 30, (1994), n.° 4, pp. 631-663.
- «Les Dispositions Commerciales de l'Accord de Partenariat ACP/CE de Cotonu Confrontées aux Règles de l'OMC», *Revue des Affaires Européennes*, 2001-2002, pp. 75-91.

LEECH, DENNYS, «Voting Power in the Governance of the International Monetary Fund», *Annals of Operational Research*, 109 (2002), pp. 375-397.

LEIBENSTEIN, HARVEY, «Entrepreneurship and Development», *The American Economic Review*, vol. LVIII, n.° 2 (1968), pp. 72-83.

LEITE, MANUELA FERREIRA, «Globalização, Desenvolvimento e Ética», in *A Globalização, o Desenvolvimento e a Ética*, Lisboa, ACEGE, 2002, pp. 40-44.

LELART, MICHEL, *Le Fonds Monétaire International*, Col. «Que-Sais-je?», Paris, PUF, 1991.

LEMAIGNEN, ROBERT, «La Communauté Européenne et les Problèmes du Sous-développement», *Chronique de Politique Étrangère*, vol. XVII, n.° 1 (1964), pp. 681-695.

LINDAUER, DAVID e PRITCHETT, LANT, «What's the Big Idea? The Third Generation of Policies for Economic Growth», *Economia*, volume 1, n.° 3 (2002), pp. 1-39.

LISTER, MARJORIE, *The European Union and the South. Relations with Developing Countries*, London and New York, Routledge, 1997.

LIU, JIAN, «Trust Funds as Mechanisms for Sustainable Development», in Michel Bothe e Peter Sand (orgs.), *La Politique de l'Environnement, de la régulamentation aux instruments économiques,* the Hague, Boston, London, Martinus Nijhoff Publishers, 1993, pp. 269-295.

LOPES, ANTÓNIO SIMÕES, «Politicas de Desenvolvimento», in *Questões Sociais, Desenvolvimento e Política*, Lisboa, Universidade Católica Editorial, 1994, p. 209.

LOPES, CARLOS, «Does the New Development Agenda Encapsulate Real Policy Dialogue», in *Dialogue in Pursuit of Development*, Stockholm, EJDI, 2003, pp. 39-52.

LUBAN, DAVID, «Just War and Human Rights», in Charcos Beitz e outros (orgs.), *International Ethics*, 1985, pp. 195-216.

LUCAS, ROBERT, «On the Mechanisms of Economic Development», *Journal of Monetary Economics*, vol. 22 (1988), pp. 3-342.

LUCCHINI, ALESSANDRA, *Cooperazione e Diritto allo Sviluppo nella Politica Esterna dell'Unione Europea*, Milano, Giuffrè, 1999.

LUCENA, DIOGO, «Globalização e Ética», in AA.VV., *A Globalização, o Desenvolvimento e a Ética*, Lisboa, ACEGE, 2002, pp. 87-101.

LUCHAIRE, FRANÇOIS, *Cours de Droit Internationale du Développement*, Paris, 1970-71.

LUFF, DAVID, «An Overview of International Law of Sustainable Development and a Confrontation Between WTO Rules and Sustainable Development», *Revue Belge de Droit International*, vol. XXIX, n.° 1 (1996), pp. 90-144.

M'BAYE, KEBA, «Le Droit au Développement comme un Droit de l'Homme», *Revue Internationale des Droit de l'Homme*, 1972, 5.

– «Droits de l'Homme et Pays en Développement», in *Humanité et Droit International. Mélanges René-Jean Dupuy*, Pedone, Paris, 1991, pp. 211-222.

MACEDO, JORGE BRAGA DE; FOY, COLM; OMAN, CHARLES, *Development Is Back*, Paris, OCDE, 2002.

MACHADO, JÓNATAS, *Direito Internacional do Paradigma Clássico ao pós 11 de Setembro*, Coimbra, Coimbra Editora, 2003.

MACLEOD, I.; HENDRY, I. D.; HYETT, STEPHEN, *The External Relations of the European Communities*, Oxford University Press, 1996.

MAHIOU, AHMED e MAHIOU, JEAN ROBERT (orgs.), *La Formation des Normes en Droit International du Développement. Table Ronde Franco-Maghrébine*, Octobre, 1982, CNRS, Paris, 1984.

542 Valores e Interesses

MAKARCZYK, JERZY, «Le Rôle du Droit International dans l'Instauration d'un Nouvel Ordre Économique International», *German Yearbook of International Law*, vol. 20 (1977), pp. 217-235.

MALTHUS, *Principles of Political Economy*, New York, August Kelly, 1951; edição original, 1836.

MANDELBAUM, KURT, *The Industrialization of Bacward Áreas*, Oxford, 1947.

MARESCEAU, M. (org.), *The European Community Commercial Policy After 1992: The Legal Dimension*, Kluwer, Dodrecht, 2003.

MARGALIT, AVISHAI, *The Decent Society*, Harvard University Press, 1998.

MARQUES, WALTER, *Moeda e Instituições Financeiras*, 2.ª edição, Lisboa, D. Quixote, 1998.

MARTENCZUK, BERND, «From Lomé to Cotonu: The ACP-EC Partnership Agreement in a Legal Perspective», *European Foreign Affairs Review*, vol. V (2000), n.º 4, pp. 461-487.

MARTINEZ, FRANCESCA, «La Politica di Cooperazione allo Sviluppo della CEE. Rassegna dei Attività Principali», *Rivista Italiana di Diritto Pubblico Comunitário*, 1991, pp. 403-418.

– «Alcuni Problemi Relativi alla Politica di Cooperazione allo Sviluppo della Comunità Europea», *Il Diritto dell'Unione Europea*, 1998, n.º 4, pp. 879-899.

MARTINS, AFONSO D'OLIVEIRA, «A Enciclica Populorum Progressio e o Direito ao Desenvolvimento Integral do Homem», *Estado e Direito*, vol. I, n.º 1 (1987-88), p. 55-68.

MARTINS, ANA GUERRA, *O Art.º 235.º do Tratado da Comunidade Europeia, Cláusula de Alargamento das Competências dos Órgãos Comunitários*, Lisboa, Lex, 1995.

MARTINS, MARGARIDA SALEMA D'OLIVEIRA, *O Princípio da Subsidiariedade em Perspectiva Jurídico-Política*, Coimbra, Coimbra Editora, 2003.

MARTINUSSEN, JOHN, *Society, State and Market. A Guide to Competing Theories of Development*, 2.ª edição, London e New York, Zed Books, 1997.

MARX, KARL, *The Capital*, New York, Modern Library, 1906.

MASSON, PAUL R. e MUSSA, MICHAEL, *The Role of the IMF. Financing and its Interactions with Adjustment and Surveillance*, Washigton, IMF, 1997.

MATEUS, DALILA CABRITA, *A Luta pela Independência. A Formação das Elites Fundadoras Da Frelimo, MPLA e PAIGC*, Lisboa, Inquérito, 1999.

MATOS, RUI PEDRO PAULA DE, *AS ONG(D) e a Crise do Estado Soberano*, Lisboa, Universidade Lusíada Editora, 2001.

MAURO, PAULO, *Why Worry About Corruption?*, Washington, International Monetary Fund, 1997.

MBONKO B-LULA, «Lés Implications du Rapprochement de l'Europe des Douze et de l'Europe de l'Est pour les Pays d'Afrique, des Caraibes et du Pacific (ACP)», *Revue du Marche Commun et de l'Union Européenne*, n.º 353, Dezembro de 1991, pp. 852-858.

MCLHUAN, MARSHALL, *The Gutenberg Galaxy: the Making of Typographic Man*, Toronto, Toronto University Press, 1962.

MCLHUAN, MARSHALL e POWERS, BRUCE, *The Global Village: Transformations in World Life and Media in the 21st Century*, New York, Oxford University Press, 1989.

MCMAHON, JOSEPH, «The Renegotiaton of Lomé: Inventing the Future?», *European Law Review*, vol. 14, (1989), n.º 3, pp. 140-154.

– «Negotiating in a Time of Turbulent Transition: The Future of Lomé», *Common Market Law Review*, vol. 36 (1999), pp. 599-624.

MEDEIROS, EDUARDO RAPOSO DE, *Economia Internacional*, 7.ª edição, Lisboa, ISCSP, 2003.
– «Organização Mundial do Comércio» in João Mota Campos, Organizações Internacionais, Fundação Calouste Gulbenkian, 1999.

MEERHAEGHE, M. A. G. VAN, *International Economic Institutions*, 5.ª edição, Kluwer Academic Publishers, 1987.

MEGLIO, MAURO DI, «Il Tempo e lo Spazio nelle Analasi sullo Sviluppo», *Democrazia e Diritto*, n.º 4, 1996, pp. 19-36.

MEIER, GERALD, «The Formative Period», in Meier e Seers (orgs.), *Pioneers in Development*, World Bank, Oxford University Press, 1984, pp. 3-22.

MEIER, GERALD e SEERS, DUDLEY (orgs.), *Pioneers in Development*, World Bank, Oxford University Press, 1984.

MEIER, GERALD E STIGLITZ, JOSEPH (orgs.), *Frontiers of Development Economics. The Future in Perspective*, World Bank, Oxford University Press, 2001.

MÉRLOZ, GEORGES, *La CNUCED. Droit International et Développement*, Université René Descartes, 1980.

MERRYMAN, JOHN HENRY, «Law and Development Memoirs I: The Chile Law Program» e «Law and Development II: Slade», *The American Journal of Comparative Law*, volume XVIII, n.º 3 e 4, pp. 481-499 e 713-727.

MILANO, JOÃO, *O Desenvolvimento Participativo em Contextos Internacionais "Adversos": Aspectos Africanos*, dissertação de doutoramento inédita apresentada no ISCTE, 2003.

MINISTÉRIO DA ECONOMIA, *A Organização Mundial do Comércio e a Dimensão do Desenvolvimento. Breve Enquadramento*, Lisboa, 2002.

MIRANDA, JORGE, «Sobre a Carta dos Direitos Fundamentais da União Europeia – Parecer Breve», *Revista da Faculdade de Direito de Lisboa*, vol. XLI, n.º 1, 2000, n.º 1, pp. 17-21.
– *Manual de Direito Constitucional*, 3.ª edição, tomo IV, *Direitos Fundamentais*, Coimbra, Coimbra Editora, 2000.
– *Curso de Direito Internacional Público*, 2.ª Edição, Principia, Cascais, Fevereiro 2004.

MOCKLE, DANIEL, *Mondialisation et État de Droit*, Bruxelles, Bruylant, 2002.

MOLINIER, JOEL, «La Traduction Financière des Interventions Externes des Communautés Européennes», *Revue Française de Finances Publiques*, n.º 45, 1994, pp. 165-175.

MONTALIEU, THIERRY, *Économie du Développement*, Paris, Breál, 2001.

MONTEIRO, RAMIRO LADEIRO, *A África na Política de Cooperação Europeia*, 2.ª edição, ISCP, Universidade Técnica de Lisboa, 2001.

MOREIRA, TERESA, «Organização Mundial do Comércio: o Novo Ciclo de Negociações Multilaterais», *Temas de Integração*, n.º 14, 2.º semestre de 2002, pp. 87-117.

MORGENTHAU, «A Political Theory of Foreign Aid», *Political Science Review*, Junho de 1962.

MORRIS, CYNTIA TAFT e ADELMAN, IRMA, «Nineteenth Century Development Experience and Lessons for Today», *World Development*, vol. 17, n.º 9 (1989), pp. 1417-1432.

MOSLEY, PAUL, «El FMI Después de la Crise Asiatica: Méritos y Limitaciones del Papel de "Compañero en el Desarollo a Largo Plazo"» (tradução espanhola), in J. A. Alonso e Ch. Freres (orgs.), *Los Organismos Multilaterales y la Ayuda al Desarrollo*, Madrid, Civitas, 2000, pp. 127-171.

544   *Valores e Interesses*

MOSS, T. O., «La Conditionalité Démocratique dans lés Relations entre l'Europe et l'Afrique», *L'Événement Européen*, n.º 19 (1992), pp. 225-233.

MOTA, PEDRO INFANTE DA, *Dos Aspectos Institucionais do Sistema Comercial Multilateral: do GATT de 1947 à OMC* (inédito).

MOURA, FRANCISCO PEREIRA DE, *Para uma Política de Desenvolvimento Regional em Portugal*, separata de *Estudos Eborenses*, n.º 3, 1967.

MULLER, JEAN CLAUDE, «Le Système de Stabilisation de Recettes d'Exportations (STABEX) dans la Quatrième Convention de Lomé», *Revue du Marche Commun et de l'Union Européenne*, n.º 347, Maio de 1991, pp. 383-390.

MURTEIRA, MÁRIO, «Cooperação Económica para o Desenvolvimento Recíproco», *Análise Social*, II Série, vol. XI, n.º 41 (1975), pp. 7-16.

– «Desenvolvimento e Dependência», *Análise Social*, II Série, vol. XIII, n.º 1 (1977), pp. 55-68.

– *Lições de Economia Política do Desenvolvimento*, 2.ª edição, Lisboa, Presença, 1990.

– *Economia do Mercado Global. Ensaio sobre as Condicionantes Mega e Macro das Estratégias Empresariais*, Lisboa, Presença, 1997.

– *Desenvolvimento, Subdesenvolvimento e o Modo Português*, Lisboa, Presença, s.d.

MYRDALL, GUNAR, *Rich Lands and Poor*, New York, 1957.

– «Equity and Growth», *World Development*, vol. 1, n.º 11, Novembro de 1973, pp. 43-47.

– «El Fin de la Igualdad en el Desarrollo Mundial», in AA.VV., *Justicia Económica Internacional*, México, Fondo de Coltora Económica, 1976, pp. 208-230.

NAÇÕES UNIDAS, *La Réalisation du Droit au Développement*, (Relatório do Centro para os Direitos do Homem das Nações Unidas). New York, 1991.

– *The Challenge of Slums. Global Report on Human Settlements 2003*, Earthcan, London, 2003.

NDOUNG, JEAN PIERRE, *L'Évolution du Fonds Européen de Développement Prévu par les Conventions de Yaoundé et de Lomé*, Bruxelles, Bruylant, 1994.

NETO, ANA MARIA, «Depois de Lomé o Acordo de Cotonou» *Cadernos de Economia*, Julho/Setembro de 2000, pp. 72-75.

NICOLETOPOLOUS, GEORGES, «Le Fonds Monetaire International et le Droit International Économique», in Societè Française pour le Droit International, in *Les Nations Unies et le Droit International Économique*, Colloque de Nice, Paris, Pedone, 1986, pp. 295-326.

NICORA, FRANCO, «Lomé IV: Processus, Phases et Structures de la Negotiation», *Revue du Marché Commun*, n.º 337, Maio de 1990, pp. 395-403.

NIELSON, POUL, «The New Agreement will Benefit the Poorest», número especial do *The Courrier*, Setembro de 2000.

NORTH, V. DOUGLASS, *Structure and Change in Economic History*, New York, Norton, 1981.

– «Institutions», *Journal of Economic Perspectives*, vol. 5, n.º 1, 1991, pp. 97-112.

– «Economic Performance Through Time», *The American Economic Review*, Junho de 1994, pp. 359-368.

Bibliografia

NOWZAD, BAHAM, «The IFM and its Critics», *Princeton Essays in International* Finance, n.° 146 (1981).
- *Promoting Development. The IMF'S Contribution*, Washington, IFM, 1992.

NUNES, ADÉRITO SEDAS, *Princípios de Doutrina Social*, Logos, Lisboa, 1958.
- «"Pacem in Terris" no Diálogo das Ideologias», in *Análise Social*, vol. I, n° 4 (1963), pp. 559-580.
- «Portugal, Sociedade Dualista em Evolução», *Análise Social*, vol. II, n.°s 7-8 (1964), pp. 407-462.

NUNES, AVELÃS A. J., *Industrialização e Desenvolvimento. A economia política do Modelo Brasileiro de Desenvolvimento*, Boletim da Faculdade de Direito, (suplementos XXIV/XXV), 1983.
- Crescimento Económica e Distribuição do Rendimento (Reflexões sobre a Casa Brasileira), *Cadernos de Ciência e Técnica Fiscal*, 143, Lisboa, 1986.
- *Teoria Económica e Desenvolvimento Económico. A Controvérsia Monetarismo/Estruturalismo na América* Latina, Lisboa, Caminho, 1988.
- «Neo-Liberalismo, Globalização e Desenvolvimento Económico», in *Conferência Internacional. Angola, Direito, Democracia, Paz e Desenvolvimento*, Luanda, Faculdade de Direito, 2001.

NUNES, JACINTO NANUEL, *Crescimento Económico e Política Orçamental*, Lisboa, Instituto Superior de Ciências Económicas e Financeiras, 1961.
- *O 2.° Decénio do Desenvolvimento*, Lisboa, ISCEF, 1970.
- *Desenvolvimento Económico e Planeamento*, Lisboa, ISCEF, 1971.
- «A Nova Ordem Económica Internacional (I) – De Bandung a Nova Deli», in *Temas Económicos*, Lisboa, IN-CM (1999), pp. 235-237.

NUNES, RUI CONCEIÇÃO, *Espaço e Desenvolvimento Económico. Introdução ao Estudo do Problema*, Porto, 1964.

NURSKE, RAGNAR, *Problems of Capital Formation in Underdeveloped Countries*, Oxford, 1953.

O'BRIEN, ROBERT; GOETZ, ANNE MARIE; SCHOLTE, JAN AART; WILLIAMS, MARC, *Contesting Global Governance. Multilateral Economic Institutions and Global Social Movements*, Cambridge, Cambridge University Press, 2000.

O'KEEFE, DAVID, «Community and Member States Competence in External Relations Agreements of the EU», *European Foreign Affairs Review*, vol. IV (1999), n.° 1, pp. 7-36.

O'NEIL, ONORA, «Lifeboat Earth», in Charles Beitz, Marshall Cohen, Thomas Scanlon e John Simmons (orgs), *International Ethics. A Philosophy and Public Affairs Reader*, 4.ª edição, Princeton and New Jersey, Princeton University Press, 1990, pp. 268-281.

OCDE, *Shaping the 21st Century: The Contribution of Development Co-operation*, Paris, 1996.
- *Échanges et Développement: les Enjeux*, Paris, 2001.
- Texto de apreciação da política de cooperação portuguesa in *Development Co-operation Review*, volume 2, n.° 2, 2001.
- *The DAC Guidelines, Strategies for Sustainable Development*, Paris, 2001.
- *The DAC Guidelines. Integrating the Rio Conventions into Development Co-operation*, Paris, 2002.

546   *Valores e Interesses*

- *Review of the Development Co-Operations Policies and Programs of the European Community*, Paris, 2002.
- *Les Dossiers du CAD. Coopération pour le Développement. Rapport 2002*, Paris, 2003.
- *Harmonizer l'Aide pour Renforcer son Efficacité*, Paris, 2003.

OLIVEIRA, ANA PAZ FERREIRA PERESTRELO DE, *O Acordo de Cotonu e a Política de Cooperação para o Desenvolvimento*, trabalho inédito, apresentado na disciplina de Relações Internacionais na faculdade de Direito de Lisboa, 2001.

OLSON, JAN e WOHLGEMUTH, LENNART (org.) *Dialogue in Pursuit of Development*, Stockholm, EJDI, 2003.

OLSON, MANCUR, «Big Bills Left on the Sidewalk: Why Some Nations are Rich, and Others Poor», *The Journal of Economic Perspectives*, vol. 10, n.° 2 (1996), pp. 3-24.

ORGANIZAÇÃO MUNDIAL DO COMÉRCIO, *Implementation of Special and Diferential Treatment Provisons in WTO Agreeements and Decisions (WT/COMTD/W/77)*, 2000.
- *The Generalized System of Preferences. A Preliminary Analysis of the GSP Schemes in the Quad*, (Committee on Trade and Development), Outubro de 2001.
- *WTO. The Capacity Building and Development. A Proposal*, Genève, OMC, 2002.

OZDEN, ÇAGLAR e REIINHARDT, ERIC, «The Preversity of Preferences GSP and Developing County Trade Policies, 1976-2000». January 13, 2003, http://www.worldbank.org, "Works Online".

PAPISCA, ANTÓNIO, «L'Evoluzione delle Relazioni Internazionali e i Rapporti CEE-Africa», in Óscar Garavello e Dário Velo (orgs.), *CEE-Africa fra Processi di Integrazione e Rischi di Frammentazione*, CEDAM, Padova, 1994.

PARENTE, JOÃO, *Condicionalidade e Apoio ao Ajustamento Estrutural: a Perspectiva da Convenção de Lomé*, tese de mestrado inédita, Lisboa, ISEG, 1998.

PARTANT, FRANÇOIS, *La Fin du Développement. Naissance d'une Alternative*, Paris, Maspero, 1982.

PASTOR JR., MANUEL, *The International Monetary Fund and Latin America*, Boulder e London, Westview, 1987.

PAUL, ELLEN FRANKEL; MILLER, MILLER; FRED MILLER, PAUL JR. e PAUL, JEFFREY, (orgs.), *Human Flourishing*, Cambridge University Press, 1999.

PAULO VI, «*Populorum Progressio*», in Peter Stilwell (org.), *Caminhos da Justiça e da Paz. Doutrina Social da Igreja. Documentos de 1891 a 1991*, 4.ª edição, Lisboa, Rei dos Livros, 2002, pp. 399-428.

PEARSON, *Partners in Development*, New York, Washington, London, Preager Publishers, 1969.

PEERS, STEVE, «Case C-268/94, Portugal v Council», (development policy), 1996, ECR 1-6177 (Full court), *Common Market Law Review*, vol. 35, n.° 2, Abril, 1998, pp. 539-555.
- «Fragmentation or Evasion in the Community's Development Polc? The Impact of Portugal v. Council», in Alan Dashwood e Christophe Hillion (orgs.), *The General Law of E.C. External* Relations, Sweet and Maxwell, London, 2000, pp. 103-112.

PELLET, ALAIN, *Le Droit Internationale du Développement*, Paris, PUF, 1978.
- *Le Droit Internationale du Développement*, 2.ª edição, Col. «Que-Sais-je?», n.° 1731, Paris, PUF, 1987.

- «Les Composants Sociales et Culturelles du Droit Internationale du Développement», in Alain Pellet e Jean-Marc Sorel (orgs.), *Le Droit Internationale du Développement Social et Culturel*, Lyon, L'Hermès, 1997.

PELLET, ALLAIN, e SOREL, JEAN-MARC (orgs.), *Le Droit Internationale du Développement Social et Culturel*, Lyon, L'Hermès, 1997.

PEMEN, HUGO e BENSCH, ALEXANDRA, *Du GATT à l'OMC. La Communauté Europeénne dans le Uruguay Round*, Leuven University Press, 1995.

PÉPY, DANIEL, «De l'Influence des Décisions Internationales sur l'Aide Bilatérale», in *Pays en Voie de Développement et Transformation du Droit International*, Colloque de Aix-en Provence, Paris, Pedone, 1977, pp. 147-160.

PEREIRA, ANDRÉ GONÇALVES e QUADROS, FAUSTO DE, *Manual de Direito Internacional Público*, 3.ª edição, Almedina, Coimbra, 1993.

PERROUX, FRANÇOIS, *A Economia do Século XX*, tradução portuguesa, Lisboa, Morais, 1965.

- *Le Pain et la Parole*, Paris, Les Editions du Cerf, 1969.

- *Ensaio sobre a Filosofia do Novo Desenvolvimento*, tradução portuguesa, Lisboa, Gulbenkian, 1987.

PESCATORE, PIERRE, *Les Relations Extérieures des Communautés Européennes, Reccueis des Cours* (103), 1961.

- «External Relations in the Case-Law of the Court of Justice of the European Communities», *Common Market Law Review*, vol. 16 (1979), pp. 615-645.

PETERSMANN, ERNEST-ULRICH, *Time for Integrating Human Rights into the Law of Worldwide Organizations. Lessons from European Integration Law for Global Integration Law*, Jean Monnet Working Paper 7/01.

PETIT, BERNARD, «Le Nouvel Accord de Partenariat ACP-EU», *Revue du Marché Commun et de l'Union Européenne*, n.º 437, Abril de 2000, pp. 215-219.

PETRELLA, RICARDO, *O Bem Comum. Elogio da Solidariedade*, Porto, Campo das Letras, 2002.

PICONE, PAOLO, «Assistenza Finanziaria Allo Sviluppo», in Paolo Picone e Giorgio Sacerdoti (orgs.), *Diritto Internazionale Dell'Economia*, Bari, Franco Angeli, 1982, pp. 982-994.

PICONE, PAOLO e SACERDOTI, GIORGIO (orgs.), *Diritto Internazionale Dell'Economia*, Bari, Franco Angeli, 1982.

PIERATTI, GERTRUDE e PIERATTI, JEAN-LUC C., «Droit, Économie, Écologie et Développement Durable: des Relations Nécessairement Complémentaires mais Inévitablement Ambiguës», *Revue Juridique de l'Environnement*, n.º 3 (2000), pp. 421-444.

PINTO, LUÍS M. TEIXEIRA, *Politicas de Desenvolvimento Económico, Lisboa*, 1961.

PINTO, M. C. W., «The Legal Context: Concepts, Principles, Standards and Institutions», in Friedl Weiis, Erik Denters e Paul de Waart (orgs.), *International Economic Law with a Human Face*, the Hague, Dordrecht, London, Kluwer law international, 1998, pp. 13-30.

PISANI, EDGARD, Entrevista a *Le Courrier*, n.º 76 (1982), pp. 49-55.

- «L'Europe et le Nouvel Orde International», *L'Événement Européen – Dialogues Euroafricains*, 1992, pp. 11-21.

PITCHER, M. ANNE, *Transforming Mozambique. The Politics of Privatizations, 1975-2000*, Cambridge University Press, 2002.

PNUD, *Relatório sobre o Desenvolvimento Humano de 2002*.

- *Relatório sobre o Desenvolvimento Humano de 2003*.

POGGE, THOMAS, *Realizing Rawls*, Ithaca and London, Cornell University Press, 1989.

- «An Egalitarian Law of Peoples», *Philosophy and Public Affairs*, volume 23 (1994), n.° 3, pp. 199-224.
- *The Law of the Peoples with "The Idea of Public Reason Revisited"*, Harvard University Press, 1999.
- «Human Flourishing and Universal Justice», in Ellen Frankel Paul, Fred Miller, Jr. e Jeffrey Paul (orgs.), *Human Flourishing*, Cambridge University Press, 1999, pp. 333-361.
- «Priorities of Global Justice», in Thomas Pogge (org.) *Global Justice*, Oxford, Blackwell Publishers, 2001, pp. 6-23.
- (org.), *Global Justice*, Oxford, Blackwell Publishers, 2001.
- «Erradicating Systemic Poverty: Brief for a Global Resources Dividend», in *World Poverty and Human Rights*, Oxford, Polity Press, 2002.
- «General Introduction», in Thomas Pogge (org.), *World Poverty and Human Rights*, Cambridge, Polity, 2002.
- (org.), *World Poverty and Human Rights*, Cambridge, Polity, 2002.

POLLET, KRIS, «Human Rights Clause in Agreements between the European Union and Central and Eastern Countries», *Revue des Affaires Européenes*, ano 7 (1997), n.° 3, pp. 290-301.

PORRO, GIUSEPPE, (org.) *Studi di Diritto Internazionale dell'Economia*, Giappichelli, Torino.

PORTO, MANUEL LOPES, *Teoria da Integração e Políticas Comunitárias*, 3.ª edição, Coimbra, Almedina, 2001.

- Nota de Abertura em «A Globalização, a OMC e o Milénium Round», número temático de *Temas de Integração*, n.° 14, 2.° semestre de 2002.
- *Economia. Um Texto Introdutório*, Coimbra, Almedina, 2002.

PORTO, MANUEL LOPES e CALVETE, VICTOR, «O Grupo Banco Mundial», in João Mota Campos (org.), *Organizações Internacionais,* pp. 510-511.

- «O Fundo Monetário Internacional», in João Mota Campos (org.), Fundação Calouste Gulbenkian, 1999.

POSSNER, RICHARD, «Creating a Legal Framework for Economic Development«, *The World Bank Research Observer*, vol. 13, n.° 1 (1998), pp. 1-11.

PREBISH, *Transformacion y Desarrollo, la Grande Tarea de la América Latina*, México, Fondo de Coltora Económica, 1970.

PRIEUR, MICHEL, «Démocratie et Droit de l'Environnement et du Développement», *Revue Juridique de l'Environnement*, n.° 1 (1993), pp. 23-30.

PUREZA, JOSÉ MANUEL, «A Cláusula da Nação Mais Favorecida», *Documentação e Direito Comparado*, 1987, pp. 483-616.

PUTNAM, ROBERT, (com a colaboração de Robert Leonardi e Raffaella Y. Nanetti), *Making Democracy Work*, New Jersey, Princeton University Press, 1993.

QUADROS, FAUSTO DE, *Relações Económicas Internacionais*, Lisboa, associação de Estudantes do ISE, 1972.

- *Direito das Comunidades Europeias*, Lisboa, Associação Académica da Faculdade de Direito de Lisboa, 1983.
- *O Princípio da Subsidiariedade no Direito Comunitário após o Tratado da União Europeia*, Coimbra, Almedina, 1995.

Bibliografia

QUADROS, FAUSTO e BASTOS, FERNANDO LOUREIRO, "União Europeia", in *Dicionário Jurídico da Administração Pública*, vol. VI, Lisboa, 1986, pp. 453-462.

QUERISH, ASIF, *International Economic Law*, London, Sweet and Maxwell, 1999.

QUESADA, UMAÑA (org.), *The World Bank Inspection Panel*, Washington, The World Bank, 1998.

RACHET, JEAN-MICHEL, «De la Compétence de l'Union Européenne en Matière de Défense et de Promotion des Droits de l'Homme», *Revue du Marché Commun et de l'Union Européenne*, n.º 387, 1995, pp. 256-260.

RAHNEMA, MAJID, «Towards Post-Development Searching for Sign Posts, A New Language and New Paradigms», *The Post Development Reader*, London, New Jersey, Zed Books, 1997.

RAPAZ, VIRGÍLIO, «Fundo Monetário Internacional», *Enciclopédia Verbo*, edição Século XXI, tomo 12, pp. 1162-1165.

RATO, RAUL MOREIRA, *A Igreja e o Terceiro Mundo*, separata de *Estudos Políticos e Sociais*, vol. XIV, n.º 1-2, 1986.

RAUX, J., «Les Accords Externes de la CEE. L'Avis de la Cour de Justice des Communautées Européennes au Titre de l'Article 228, Paragraph 1, 2ème Alinéa du Traité CEE», *Revue Trimestrielle de Droit Européen*, 1976, pp. 482-495.

– «Les Instruments Juridiques des Relations Communauté Européenne/Europe de l'Est», in J. C. GAUTRON (ORG.), *Les Relations Communauté Européenne – Europe de l'Est*, Economia, Paris, 1991.

– «Politique de Coopération au Développement et Politique Commerciale Commune, in M. Maresceau (orgs.), *The European Community Commercial Policy After 1992: The Legal Dimension*, Kluwer, Dodrecht, 2003.

RAWLS, «The Law of Peoples», in Stephen Shute e Susan Hurley (orgs.), *On Human Rights*, New York, Basic Books, 1995.

– *Political Liberalism, with a New Introduction and the "Reply to Habermas"*, Columbia University Press, 1996.

– *Uma Teoria da Justiça*, tradução portuguesa, Lisboa, Presença, 1993; edição original, *A Theory of Justice*, Harvard University Press, 1971.

– *Justice as Fairness. A Restatement*, Harvard University Press, 2001.

– *The Law of the Peoples with "The Idea of Public Reason Revisited"*, Harvard University Press, 1999.

RAY, JEAN-JACQUES e DUTRY, JULIE, *Institutions Économiques Internationales*, 3.ª edição, Bruxelles, Bruylant, 2001.

REBELO, SÉRGIO, «Educação, Capital Humano e Desenvolvimento Económico», in *Globalização, Desenvolvimento e Equidade*, Lisboa, Gulbenkian – Dom Quixote, 2001.

REUTER, PAUL, *La Communauté Européenne du Charbon et de l'Acier*, Paris, 1953.

RICARDO, DAVID, *Princípios de Economia Política e de Tributação*, 3.ª edição, Lisboa, Fundação Calouste Gulbenkian, 1983; edição original *The Principles of Political economy and taxation*, 1965.

RIESENHUBER, EVA, *The International Monetary Fund under Constraint. Legitimacy of its Crisis Management*, The Hague/London/Boston, Kluwer Law International, 2001.

RIST, GILBERT, *Lo Sviluppo. Storia di una Credenza Occidentale*, Torino, Bollati Borinhieri, 1997.

550   *Valores e Interesses*

RIST, GILBERT; RAHNEMA, MAJID; ESTEVA, GUSTAVO (orgs.), *Le Nord Perdu. Repères pour L'Àprés-Développement*, Lausannne, Editions d'En Bas, 1992.

ROBB, CAROLINE, *Can the Poor Influence Policy*, 2.ª edição, The World Bank, International Monetary Fund, Washigton, 2002.

ROBISON, FIONA, «Beyond Rights and Duties: Building Attachments and Focusing Moral Attention on World Poverty», in Sara Owen Vanderluis and Paris Yeros (orgs.), *Poverty in World Politics*, Mac Millan, St. Martin's Press, 2000, pp. 35-38.

ROCARD, MICHEL, «Menaces sur la Convention de Lomé», *Le Monde Diplomatique*, Junho de 1998.

ROCHÈRE, DUTHEIL DE LA, «L'Ère des Compétences Partagées. A Propos de l'Etendue des Compétences Extérieures de la Communauté Européenne», *Revue du Marché Commun*, 1996, pp. 461-470.

RODAN, ROSENSTEIN, «Problems of Industrialization of Eastern and South-Eastern Europe», *Economic Journal*, vol. 43, 1943, pp. 202-211.

– *Economic Development for Latin América*, Londres, Mac-Millan, 1961.

ROMER, PAUL, «Increasing Returns and Long-Run Growth», *Journal of Political Economy*, vol. 94, 1986, pp. 1002-1037.

– «Endogenous Technological Change», *Journal of Political Economy*, XCVIII (1990), pp. 71-99.

– «The origins of Endogenous Growth», Journal of Economics Perspectives, vol. 8, n.º 1 (1994), pp. 3-22.

ROSAS, ALLAN, «So-Called Rights of the Third Generation», in Asbjorn Eide, Catarina Krause e Allan Rosas (orgs.), *Economic, Social and Cultural Rights. A* Textbook, Martinus Nijhoff Publishers, 1995, pp. 243-245.

ROSIO, NINNA e WIESLANDER, CARL JOHAN, «Mainstreaming Human Rights in the EU's External Relations – Recent Trends», *Europarattslig Tidskrift*, Stockholm, 1999.

ROSSI, LUCIA SERENA (org.), *Commercio Internazionale Sostenibile? WTO e Unione Europea*, Bologna, Il Mulino, 2003.

ROSTOW, *The Stages of Economic Growth*, Cambridge University Press, 1960.

ROTBERG, EUGENE, *The World Bank. A Finantial Appraisal,* Washington, The World Bank, 1981.

SAID, MOHAMED KADRY, «Security Cooperation in the Mediterranean: Vision from the South», *Nação e Defesa*, n.º 101 (2002), pp. 51-66.

SALAH, M. MAHMOUD MOHAMED, *Les Contradictions du Droit Mondialisé*, Paris, PUF, 2002.

SALA-I-MARTIN, *Globalization, Poverty and Inequality*, versão preliminar, apresentada na conferência em homenagem a Silva Lopes, Lisboa, 2003.

SANCHEZ, SACRISTIAN IRENE, «The European Union's Human Rights Policy Towards Developing Countries: a Constitutional and Legal Analysis», in Carol Cosgrove-Sacks (org.), *Europe, Diplomacy and Development*, New York, Paulgravem, 2001, pp. 67-78.

SANTOS, ANTÓNIO MARQUES DOS, *Transferência Internacional de Tecnologia, Economia e Direito: Alguns Problemas Gerais*, Lisboa, Cadernos de Ciência e Técnica Fiscal, 1984.

SANTOS, LUÍS MÁXIMO DOS, «Nota Introdutória» a *Textos de Relações Económicas Internacionais*, 2.ª edição, Lisboa, AAFDL, 1999/2000, p. 19-24.

– «OMC: O Fracasso de Seattle ou as Dificuldades da Regulação Global», *Forum Justitiae*, n.º 15, Setembro de 2000, pp. 36-42.

Bibliografia

SARAIVA, RUTE GIL, *Sobre o Princípio da Subsidiariedade: Génese, Evolução, Interpretação e Aplicação*, Lisboa, AAFDL, 2001.

SARWAR, LATEEF, (org.), *The Evolving Role of the World Bank. Helping Meet the Challenge of Development*, Washington, The World Bank, 1995.

SATO, TURID e SMITH, WILLIAM, «The New Development Paradigm: Organizing for Implementation», in Jo Marie Griesgaber e Bernhard Gunter (orgs.), *Development. New Paradigms and Principles for the Twenty-first Century*, London, East Heaven, Pluto (1996), pp. 89-102.

SCANLON, THOMAS, «Rawls' Theory of Justice», *University of Pensylvania Law Review*, 121 (1975), n.° 5.

SCHREINER, MARK e YARON, JACOB, *Development Finance Institutions. Measuring their Subsidy*, Washigton, The World Bank, 2001.

SCHULTZ, THEODORE, «Investment in Human Capital», *American Economic Review*, vol. 51 (1961), pp. 1-17.

– «Nobel Lecture: the Economics of Being Poor», *Journal of Political Economy*, vol. 88, n.° 4 (1980), pp. 639-651.

SCHUMPETER, *The Theory of Economic Development. An Inquiry into Profits, Capital, Credit, Interst and the Business Cycle*, Harvard Economic Studies, vol. XLVI. 1934.

– *Capitalism, Socialism and Democracy*, London, Urwin University Books, 1974.

SCOVAZZI, GIUSEPPE «Le Azzione delle Generazione Future», *Rivista Giuridica dell'Ambiente*, n.° 1, 1995.

SEERS, DUDLEY, «The Limitations of the Special Case», *Bulletin of the Oxford Institute of Economics and Statistics*, XXV (1963), 2, pp. 77-98.

SEN, AMARTYA, «Development: Wich Way Now?», *The Economic Journal*, 93 (1983), pp. 745-760.

– «Development Thinking at the Beginning of the XXI Century», in Louis Emerij (org.), *Economic and Social Development into the XXI Century*, Inter-American Development Bank, Washington, 1997, pp. 531-551.

– *Pobreza e Formas. Um Ensaio sobre Direitos e Privações*, trad. portuguesa, de Poverty and Famines – An Essay on Entitlement and Deprivation (1981), Lisboa, Terramar, 1998.

– «Global Justice Beyond International Equity», in Inge Kaul, Isabelle Grinberg e Marc Stern (orgs.), *Global Public Goods. International Cooperation in the 21st Century*, New York, Oxford University Press, 1999, pp. 116-125.

– *O Desenvolvimento como Liberdade*, tradução portuguesa, Lisboa, Gradiva, 2003.

– «Dieci Punti sulla Globalizzazione«, in *Globalizzazione e Libertà*, tradução italiana, Milano, Mondadori, 2002.

SEN, AMARTYA e DRÈZE, JEAN, *Poverty and Famines: an Essay on Entitlement and Deprivation Hunger and Public Action*, Oxford, Clarendon, 1989.

SENTI, RICHARD, «The Role of the EU as an Economic Actor within the WTO», *European Foreign Affairs Review*, vol. 7 (2002), pp. 111-118.

SERNACLENS, PIERRE DE, *La Mondialisation. Théories, Enjeux et Débats*, 3.ª edição, Paris, Armand Collin, 2002.

SÉROUSSI, ROLAND, *GATT, FMI et Banque Mondiale. Les Nouveaux Gendarmes du Monde*, Paris, Dunod, 1994.

SHIHATA, IBRAHIM, *The World Bank in a Changing World*, vol. I, The Hague, Boston, London, Martinus Nijhhoff, 1991.

– *The World Bank in a Changing World*, vol. II, The Hague, Boston, London, Martinus Nijhhoff, 1995.

– "La Banque Mondiale et les Droits de l'Homme", Revue Belgue de Droit Internationale, vol. XXXII, n.° 1 (1999), pp. 86-96.

– *The World Bank in a Changing World*, vol. III, The Hague, Boston, London, Martinus Nijhhoff, 2000.

– *The World Bank Legal Papers*, The Hague, Boston, London, Kluwer Law International, 2000.

– *The World Bank Inspection Panel in Practice*, 2ª edição, Oxford University Press, 2000.

SHUE, HENRY, *Basic Rights, Subsistence, Affluence, and U.S. Foreign Policy*, 2.ª edição, Princeton and New Jersey, Princeton University Press, 1999.

SHUTE, STEPHEN E HURLEY, SUSAN HURLEY (orgs.), *On Human Rights*, New York, Basic Books, 1995.

SHUTT, HARRY, *The Mith of Free Trade*, London, Blackwell, 1985.

SIDERI, SANDRO, «I Limiti della Cooperazione Comunitária e la Strategia Self-Centered: l'Esperienza dei paesi ACP», in Oscar Garavello e Dario Velo (orgs.), *CEE-Africa fra Processi di Integrazione e Rischi di Frammentazione*, Padova, CEDAM, 1994, pp. 36-105.

SIKORA, R. I. e BARRY, BRIAN (orgs.), *Obligations to Future Generations*, Cambridge, The White Horse Press, 1996.

SILVA, ANTÓNIO e outros, *A Cooperação Portuguesa: Balanço e Perspectivas à Luz da Adesão à CEE e do Alargamento da Convenção de Lomé III*, Lisboa, Instituto de Estudos para o Desenvolvimento, 1986.

SILVA, MANUELA, prefácio a *Desenvolvimento. Dúvidas e Esperanças*, Plataforma Portuguesa das ONGDS, 1995.

SILVA, MARIA MANUELA MAGALHÃES, *Direito Internacional do Desenvolvimento. Breve Abordagem*, Porto, Universidade Portucalense, 1996.

SILVA, VASCO PEREIRA, «The Aahrus Convention: A "Bridge" to a better environment», *Revista Jurídica do Urbanismo e do Ambiente*, n.° 18/19 – Dezembro/2002 – Junho/2003, pp. 134-135.

SIMMA, BRUNO, ASCHENBRENNER, JO BEATRIX; SCHULTZ, CONSTANZE, «Human Rights Considerations in the Development Co-operation Activities of the EEC», in Philip Alston (org.), *The EU and Human Rights*, Oxford University Press, 1999, pp. 571--626.

SIMMONDS, K. R., «The Lomé Convention: Implementation and Renegotiation», *Common Market Law Review*, vol. 16 (1979), pp. 425-452.

– «The Second Convention: the Inovative Features», *Common Market Law Review*, vol. 17 (1980), pp. 415-435.

– «The Third Lomé Convention», *Common Market Law Review*, vol. 22, n.° 3 (1985), pp. 389-420.

– «The Fourth Lomé Convention», *Common Market Law Review*, vol. 28, n.° 3 (1991), pp. 521-547.

SIMPSON, E. E., *The Developing World. An Introduction*, 2.ª edição, Essex, 1994.

Bibliografia 553

SINACEUR, M. A., «O Desenvolvimento para Quê?», prefácio a François Perroux, *Ensaio sobre a Filosofia do Novo Desenvolvimento*, Lisboa, Gulbenkian, 1987, pp. 9-27.

SINGER, H. W, «Is Development Economics Still Relevant?», in Louis Emmerij (org.), *Economic and Social Development into the XXI Century*, pp. 507-516.

SINGER, PETER, «Famine, Affluence and Morality», *Philosophy and Pubic Affairs*, I, n.° 3 (1972), pp. 229-243.

– «Philosophers Are Back to Job Again», *New York Times Review Magazine*, 7 de Julho de 1974.

SKLAIR, LESLIE (org.), *Capitalism and Development*, London-New York, Routledge, 1994.

SLINN, PETER, «Differing Approaches to the Relationship between International Law and the Law of Development», in Francis Snyder e Peter Slinn (orgs.), *International Law of Development: Comparative Perspectives*, Abingdon, Professional Books, 1987, pp. 27-39.

SMITH, ADAM, *Riqueza das Nações*, 2.ª edição, Lisboa, Fundação Calouste Gulbenkian, 1989.

SMITH, KAREN E., «The Use of Political Conditionality in the EU's Relations with Third Countries: How Effective?», *European Foreign Affairs Review*, 1998, 3, pp. 255-274.

SNYDER, FRANCIS e SLINN, PETER (orgs.), *International Law of Development: Comparative Perspectives*, Abingdon, Professional Books, 1987.

SOBRINO HEREDIA, «Consideraciones en Torno a la Dimensión "Mundialista" de la Politica Comunitária de Cooperación para el Desarrollo», *Revista de Instituciones Europeas*, volume 12 (1985), n.° 3, pp. 757-773.

– *Las Relaciones de Cooperación para el Desarrollo CEE – Estados ACP*, Universidad de Santiago de Compostela, 1985.

SOLLOW, ROBERT, «Technical Change and the Agreggate Production function», Revue of Economics and Estatistics, 39 (1957), pp. 312-320.

SOROS, GEORGES, *A Globalização*, Lisboa, Temas e Debates, 2003.

SOUSA, ALFREDO DE, *Economia e Sociedade em África*, Lisboa, Morais Editora, 1965.

SRINIVASAN, T. N., *Developing Countries and the Multilateral Trading System. From the GATT to the Uruguay Round and the Future*, Westview, Boulder, 2002.

STERN, BRIGITTE, «Le Droit International du Développement, un Droit de Finalité?», in Maurice Flory, Ahmed Mahiou e Jean Robert Henry (orgs.), *La Formation des Normes en Droit International du Développement. Table Ronde Franco-Maghrébine*, Octobre 1982, CNRS, Paris, 1984.

STERN, NICHOLAS, «The Economics of Development: a Survey», *The Economic Journal*, 99 (1989), pp. 597-685.

– «The Determinants of Growth», *The Economic Journal*, 101, 1991, pp. 122-133.

– *A Strategy for Development*, Washington, World Bank, 2001.

– «Public Policy for Growth and Poverty Reduction», in Richard Arnott, Bruce Greenwald, Ravi Kanbur e Barry Nalebuff (orgs.), *Economics for an Imperfect World. Essays in Honor of Joseph E. Stiglitz*, Cambridge-Massachusetts, London, The MIT Press (2003), pp. 519-533.

STEVENS, CHRISTOPHER, «Perspectivas da Próxima Convenção de Lomé enquanto Quadro para as Relações entre uma CEE Alargada e a África», in Eduardo Sousa Ferreira e Paula Fernandes dos Santos (orgs.), *Portugal, Países Africanos, CEE. Cooperação e Integração*, Lisboa, Gradiva, 1985, pp. 19-34.

554 *Valores e Interesses*

- «The EU-ACP Relationship After Lomé», in Pitou Van Dijck e Gerrit Faber (orgs.), *The External Economic Dimension of the European Union*, The Hague, London, Boston, Kluwer Law International, 2000, pp. 223-243.

STIGLITZ, JOSEPH E., «Learning to Learn, Localizated Learning and Technological Progress», in P. Dasgupta e P. Stoneman (orgs). *Economic Policy and Technological Performance*, Cambridge University Press, 1987.

- «Markets, Market Failures and Development», *The American Economic Review*, vol. 79, n.° 2 (1989), pp. 197-203.

- «Comment on «Toward a Counter-Counterrevolution in development Theory»», in *Procedings of the World Bank, Annual conference on development economics*, 1992, pp. 39-49.

- «Two Principles for the Next Round or, How to Bring Developing Countries in from the Cold», *The World Economy*, vol. XXIII, n.° 4 (2000), pp. 437-454.

- «Participation and Development. Perspectives from the Comprehensive Development Paradigm», Review of Development Economics, 6 (2), 2002, pp. 163-182.

- *Globalização. A Grande Desilusão*, Lisboa, Terramar, 2002; ed. orig., *The Globalization and Its Discontents*.

STIGLITZ, JOSEPH E. e SQUIRE, LYN, «International Development: Is It Possible?», in Jefrey Frieden e David Lake (orgs.), *International Political Economy. Perspectives on Global Power and Wealth*, London e New York, Routledge, 2000.

STIWEEL, PETER, (org.), *Caminhos da Justiça e da Paz. Doutrina Social da Igreja. Documentos de 1891 a 1991*, 4.ª edição, Lisboa, Rei dos Livros, 2002,

SUDRE, FRÉDÉRIC, *Droit International et Européen des Droits de l'Homme*, PUF, Paris, 1995.

SZMITKOWSKI, M. T., «Reconnaissance du Droit au Développement et Doctrine Chrétienne», in René Cassin, *Amicorum Discipulorumque Liber*, vol. IV, *Méthodologie des Droits de l'Homme*, Paris, Pedone, 1972, pp. 119-136.

TALLACCINI, MARIACHIARA, «Earth Summit 92», *Rivista Internazionale dei Diritti dell'Uomo*, ano V, n.° 2 (1992), pp. 527-544.

TAMAMES, RAMÓN e HUERTA, G. BEGOÑA, *Estrutura Económica Internacional*, 5.ª edição, Lisboa, Dom Quixote, 2000.

TANG, XIAODING, *The Implementation of the WTO Multilateral Trade Agreements, the "Buil-In" Agenda, New Issues and Developing Countries*, Penang, Third World Net Work, 1998.

TANZI, VITO e DAVOODI, HAMID, *Roads to Nowhere: How Corruption in Public Investment Hurts Growth*, International Monetary Fund, 1998.

TEMPLE, JONHATAN e JOHSON, PAUL, «Social Capability and Economic Growth», *The Quarterly Journal of Economics*, vol. CXIII (1988), pp. 965-990.

TEULON, RAYMOND BARRE-FRÉDERIC, E*conomie Politique*, 11.ª edição, tomo 2, Paris, PUF, 1997.

- *Lés Pays en Développement*, Paris, Hachette, 1999.

THE WORLD BANK, *Acelerated Development in Sub-Saharan Africa(Relatório Berg)*, Washington, 1981.

- *Rapport sur le Développement dans le Monde – Une Infrastructure pour le Développement*, 1994.

- *World Development Indicators*, Washington, 1997.

- *Quality of Growth*, Oxford University Press, 2000.
- *Relatório sobre o Desenvolvimento Mundial 2000/2001. A Luta Contra a Pobreza*, Oxford University Press – The World Bank, 2001.
- *Lending Instruments. Ressources for Development Impact*, 2.ª Edição, Washington, 2001.
- *Building Institutions for Markets*, The World Bank, Oxford University, 2002.
- *Global Development Finance. Financing the Poorest Countries*, Washigton, 2002.
- *A Guide to The World Bank*, Washington, 2003.
- *Relatório sobre o Desenvolvimento Mundial de 2003 do Banco Mundial, Sustainable Development in a Dynamic World. Transforming Institutions, Growth and Quality of Life*, Washington, 2003.
- *Making Sustainable Commitments, An Environment Strategy for the World Bank*, Washington, s.d.

TINBERGEN, JAN, *The Design of Development*, The Economic Development Institute, International Bank for Reconstruction and Development, 1958.

TINBERGEN, JAN (org.), *Nord-Sud. Du Défi au Dialogue. Troisième Rapport au Club de Rome*, Paris, Dunod, 1976.

TOBIN, JAMES, «The New Economics one Decade Older», The Elliot Janeway Lectures on Historical Economics in Honor of Joseph Schumpeter, Princeton University Press, 1972.
- «A Proposal for International Monetary Reform», Eastern Economic Journal, vol. IV, 1978, n.°3-4, July/October, pp. 153-159.

TOGNAZI, GIULIO, «Il Parere n.° 1/94: Nuovi Sviluppi in Tema di Relazioni Esterne della Comunità Europea», *Diritto Comunitário e degli Scambi Internazionali*, 1996, n.° 1.

TORRELLI, MAURICE, «La Dimension Humanitaire de la Sécurité Internationale», intervenção no colóquio de 21-23 de Julho de 1992 da Académie de Droit International de la Haie, actas publicadas sob o titulo *Le Développement du Rôle du Conseil de Sécurité*, Académie de Droit International de la Haie, Dordrecht/Boston/London, Martinus Nijhoff Publishers, 1993, pp. 169-250.

TORRES, ADELINO, *Horizontes do Desenvolvimento Africano. No Limiar do Século XXI*, Lisboa, Vega, 1998.

TRUYOL Y SERRA, «Genèse et Structure de la Société Internationale», *Recueil des Cours*, 1959, I, tomo 96, Leyde (Pays-Bas), A. W. Sijthoff (1960), pp. 557-640.

TSHIMBULU, RAPHAEL, «L'Union Européenne sous le Feu de la Critique», *Le Monde Diplomatique*, Juin 2002.

TSHUMA, LAWRENCE, «The Political Economy of the World Bank's Legal Framework for Economic Development», in Julio Faundez, Mary E. Footer e Joseph J. Norton (orgs.), *Governance, Development and Globalization*, London, Blackstone Press, 2000, pp. 7-27.

TUCKER, V., *Cultural Perspectives on Development*, London, Franck Cass, 1997.

TUNC, ANDRÉ, *Les Aspects Juridiques du Développement Économique*, Paris, Dalloz, 1966.

UL HAQ, MAHBUB; KAUL, INGE; GRUNBER, ISABELLE, (orgs.), *The Tobin Tax. Coping with Finantial Volatility*, Oxford University Press, 1996.

VAN DE WALLE, NICOLAS, «Reforma Económica em África, 1980-2000: Padrões e Condicionalismos», in *Globalização, Desenvolvimento e Equidade*, 2001, pp. 141-190.

556 *Valores e Interesses*

VAN DIJCK, PITOU E FABER, GERRIT (orgs.), *The External Economic Dimension of the European Union*, The Hague, London, Boston, Kluwer Law International, 2000.

VAN DUNEM, FRANÇA, «Algumas Reflexões sobre a Problemática do Relacionamento entre a CEE e os ACP na véspera da adesão de Portugal e Espanha ao Tratado de Roma», in Eduardo Sousa Ferreira e Paula Fernandes dos Santos (orgs.), *Portugal, Países Africanos, CEE. Cooperação e Integração*, Lisboa, Gradiva, 1985, pp. 35-40.

VAN THEEMAT, PETER VERLOREN, *The Changing Structure of International Economic Law*, Martinus Nijhofff, 1981.

VANDERLUIS, SARA OWEN e YEROS PARIS (orgs.), *Poverty in World Politics*, Mac Millan, St. Martin's Press, 2000.

VASAK, KAREL, «A 30-Year Struggle: the Sustained Efforts to Give Force of Law to the Universal Declaration of Human Rights», *UNESCO Courrier*, 1977.

VELASCO VALLEJO, MANUEL DIEZ DE, *Les Organizations Internationales*, Paris, Economica, 1999.

VELLANO, MICHELLE, «La Disciplina della Cooperazione Italiana allo Sviluppo e il suo Rapporto con il Diritto Comunitario e Internazionale», in Giuseppe Porro (org.), *Studi di Diritto Internazionale dell'Economia*, Giappichelli, Torino, pp. 149-180.

VERDIRAME, GUGLIELMO, «The Definition of Developing Countries under GATT and other International Law», *German Yearbook of International Law*, vol. 39 (1996), pp. 164-197.

VERNIER, GÉRARD, «La Convention de Lomé ente une Escale à Maurice et la Recherche de Nouveaux Horizons *(flutuact nec mergitur)*», in *La Convention de Lomé en Questions*, Paris, Karthala, 1998, pp. 29-53.

VIEIRA, SUSANA CAMARGO, «Regional Integration and Protection of the Environment: The Case of Mercosul», in Friedl Weiis, Erik Denters e Paul de Waart (orgs.), *International Economic Law with a Human Face*, The Hague, Docrecht, London, Kluwer Law International (1998), pp. 330-348.

VIGNES, DANIEL, «Communautée Européennes et Pays en Voie de Développement», in *Recueil des Cours de L'Académie de Droit International*, 1988 III, tomo 210 (1989), pp. 237-399.

– «L'Homme ACP, Acteur et Bénéficiaire Principal du Développement dans Lomé III et IV», in *Humanité et Droit International. Mélanges René-Jean Dupuy*, Pedone, Paris, 1991, pp. 363-372.

VILAR, PIERRE, *Desenvolvimento Económico e Análise Histórica*, tradução portuguesa, Lisboa, Presença, 1982.

VILHENA, MARIA DO ROSÁRIO, *O Princípio da Subsidiariedade no Direito Comunitário*, Coimbra, Almedina, 2002.

VIRALLY, MICHEL, «Vers un Droit Internationale du Développement», *Annuaire Français de Droit Internationale*, 1965.

– «La Deuxième Décennie des Nations Unies pour le Développement. Essai d'Interprétation Para-Juridique», in *Annuaire Français de Droit International*, XVI (1970), pp. 9-33.

VLASTOS, GRAGORY, «Justice and Equality«, in R. Brandt (org.), *Social Justice*, New Jersey, Englewood Cliffs, 1962.

VORBE, CHARLES, «Le FMI, Instrument International de l'Hégémonie Économique des États Unis», in AA.VV., *Les Organismes Financiers Internationaux, Instruments de l'Économie Politique Libérale*, Paris, L'Harmottan, 1999, pp. 65-87.

XAVIER, ALBERTO, «As Desigualdades Internacionais e a Integração Económica (introdução ao estudo das relações entre comércio internacional e o desenvolvimento económico)», *Revista da Faculdade de Direito da Universidade de Lisboa*, volume XXII, 1968/69, pp. 191 a 311.

WALLERSTEIN, IMMANUEL, «Development: Lodestar or Ilusion?», in Leslie Sklair (org.), *Capitalism and Development*, Routledge, London e New York, 1994, pp. 3-20.

– *Após o Liberalismo. Em Busca da Reconstrução do Mundo*, Petrópolis, Editora Vozes, 2002; ed. orig., *After Liberalism*, 1995.

WANTCHEKON, LEONARD, *Why do Resource Dependent Countries Have Authoritarian Governments?*, Yale University, versão preliminar, 1999.

WARD, ANGELA, «Community Development Aid and the Evolution of the Inter-institutional Law of the European Union», in Alan Dashwood-Christophe Hillion, *The General Law of External Relations*, pp. 42-47.

WEIIS, FRIEDL, DENTERS, ERIK e WAART, PAUL DE (orgs.), *International Economic Law with a Human Face*, the Hague, Dordrecht, London, Kluwer law international, 1998.

WEIL, PROSPER, «Vers une Normativité Relative en Droit International», in *Revue Générale de Droit International Public*, 1982.

WEILER, J. H. H. e FRIES, SYBILLA C., «A Human Rights Policy for the European Community and Union: the Question of Competences», in Philip Alston (org.), *The EU and Human Rights*, 1999, pp. 147-165.

WHALLEY, JOHN, «Special and Diferential Treatment in the Millenium Round», *The World Economy*, vol. XXII, n.º 8, 1999, pp. 1065-1093.

WHITE, G., «Structural Adjustment with a Human Face and Human Rights in Development: New Aproaches in the Fourth Lomé Convention», in R. S. Pathak e R. P. Dho-Kalia (orgs), *International Law in Transition: Essays in Memory of Judge Nagendra Singh*, Dordrecht, Nijhoff, 1992, pp. 33-63.

WILLIAMS, MARC, *International Economic Organizations and the Third World*, New York, Harvester-Wheatsheaf, 1994.

WILLIAMSON, JEFFREY, «Globalization and Inequality, Past and Present», *The World Bank Research Observer*, vol. 12, n.º 2 (1997), pp. 117-135.

WILLIAMSON, JOHN, *Latin American Adjustment: How Much Has Happened?*, Washington, Institute for International Economics, 1990.

– «The Whashington Consensus Revisited», in Lois Emerij (org.), *Economic and Social Development into the XXI Century*, Washington D. C., John Hopkins University Press, 1997, pp. 48-69.

WILLIAMSON, OLIVER, «The Institutions and Governance of Economic Development and Reform», in *Proceedings of the World Bank Annual Conference on Development Economics*, 1994, pp. 171-197.

– «The Institutions of Governance», *The American Economic Review*, vol. 88, n.º 2 (1998), pp. 75-79.

WOLFENSOHN, JAMES, *Africa's Moment*, divulgado na conferência da Comissão Económica para as Nações Unidas em Janeiro de 1998 em Adis-Abeba, publicada pelo Banco Mundial.

YUNUS, MUHAMMAD, «Redifining Development» in Kevin Danaher, (org.), *50 Years is Enough. The Case Against the World Bank and the International Monetary Fund*, Boston, South End Press, 1994.

– *O Banqueiro dos Pobres*, tradução portuguesa, Lisboa, Difel, 2002.

YUSSUF, SHAHID e STIGLITZ, JOSEPH, «Development Issues: Settled and Open», in Gerald
Meier e Joseph Stiglitz (orgs.), *Frontiers of Development Economics. The Future in
Perspective*, World Bank, Oxford University Press, 2001, pp. 227-268.

ZACKLIN, RALF, «The Right to Development at the International Level: Some Reflections
on its Sources, Content and Formulation», in *Le Droit au Développement,* pp.
115-120.

ZISCHKA, ANTON, *Afrique, Complement de l'Europe*, Paris, Laffont, 1952.

ÍNDICE

Nota Prévia 7

Introdução 11

I – Das Razões da escolha de um tema e de uma metodologia 13
II – Devemos preocuparmo-nos com o desenvolvimento? 25

PARTE I
QUESTÕES FUNDAMENTAIS DO DESENVOLVIMENTO ECONÓMICO

Capítulo I – **A Economia do Desenvolvimento: Cinquenta Anos de Debate** 45

1. A economia do desenvolvimento: uma ciência em mutação permanente 45
2. Antecedentes históricos do pensamento económico em matéria de desenvolvimento 48
3. Refluxo e renascimento do pensamento económico em matéria de desenvolvimento 51
4. Origens da moderna economia de desenvolvimento 54
5. Características da moderna economia do desenvolvimento 61
6. A revisão das concepções de desenvolvimento 71
7. As novas preocupações e inquietações dos estudos de desenvolvimento económico 76
8. Sínteses e perspectivas de futuro 81
   8.1. O desenvolvimento como qualidade de vida global 91
   8.2. O desenvolvimento sustentável 100

Capítulo II – **O desenvolvimento como imperativo ético** 109

1. Aspectos gerais 109
2. Desenvolvimento e justiça nas relações económicas internacionais 117
3. John Rawls. Da teoria da justiça à Lei dos povos 121
4. O liberalismo cosmopolita 128
5. Outras posições 134
6. Desenvolvimento e doutrina social da igreja 138
7. A ajuda ao desenvolvimento como expressão de uma obrigação ética universal... 145

560 *Valores e Interesses*

Capítulo III – **Aspectos jurídicos do desenvolvimento**..................................... 153

1. Considerações preliminares 153
2. Das razões da necessidade de uma resposta jurídica para o problema do desenvolvimento.. 159
3. Direito ao desenvolvimento 165
   3.1. Questões gerais 165
   3.2. As origens do conceito.. 167
   3.3. O papel das Nações Unidas na definição do conteúdo do direito ao desen-
        volvimento.. 169
   3.4. Os sujeitos do direito ao desenvolvimento 179
        3.4.1. O conceito de Estados em desenvolvimento.................... 185
        3.4.2. A classificação como "país em vias de desenvolvimento".......... 188
        3.4.3. A distinção entre várias categorias de países em desenvolvimento. 191
4. O desenvolvimento económico nos textos constitucionais 193
5. O desenvolvimento nos grandes textos internacionais....................... 198

PARTE II
ORGANIZAÇÕES INTERNACIONAIS E DESENVOLVIMENTO ECONÓMICO

Introdução 203

Capítulo I – **A Organização das Nações Unidas**...................................... 205

1. Considerações Gerais... 205
2. O Papel da Assembleia-Geral 206
   2.1. Os Primeiros Decénios para o Desenvolvimento 208
   2.2. O Terceiro Decénio para o Desenvolvimento e a Nova Ordem Económica
        Internacional... 209
   2.3. O Quarto Decénio para o Desenvolvimento e a Evolução Posterior 213
3. O sistema das Nações Unidas para o Desenvolvimento...................... 220
   3.1. O Conselho Económico e Social 222
   3.2. A CNUCED 224
   3.3. O PNUD.. 226
4. Aspectos Conclusivos 228

Capítulo II – **As Organizações de Bretton Woods**................................. 231

Introdução 231

Secção I – **O Banco Mundial**.. 235

1. Génese e Acordo Constitutivo 235
2. A Actividade do Banco como Agente Financeiro do Desenvolvimento............. 240

Índice   561

3. Os Empréstimos do Banco Mundial 241
    3.1. A evolução da Política de Empréstimos do Banco 243
    3.2. As Novas Modalidades de Empréstimos 247
4. O Grupo Banco Mundial 248
5. Outros Sentidos da Evolução do Banco 254
    5.1. O Painel de Avaliação 254
    5.2. A Relação com as ONGs 255
    5.3. Questão Ambiental 256
    5.4. A Participação 259
6. Os Ciclos de Vida do Banco 259
    6.1. Os Primeiros Anos de Funcionamento do Banco. 259
    6.2. A Presidência MacNamara. 260
    6.3. Os Anos 80 262
    6.4. Os Anos 90 265
7. Aspectos de Controvérsia 267
8. Os Novos Desafios do Banco 270
    8.1. A Boa Governação. 271
    8.2. O Combate à Miséria 272

Secção II – **O Fundo Monetário Internacional** 275

1. Questões Gerais 275
2. Os Objectivos e Formas de Intervenção do Fundo 277
3. Membros e Orgânica 284
4. A Evolução do Fundo Monetário Internacional 287
5. O Debate sobre a Nova Arquitectura do Sistema Financeiro Internacional e o Papel do FMI 289
6. O FMI e os Países em Desenvolvimento 297
    6.1. Aspectos Institucionais 297
    6.2. As Operações do Fundo com os Países em Desenvolvimento 297
7. Apreciação Crítica 301
8. Outros Agentes do Sistema Financeiro Internacional 305

Capítulo III – **A organização Mundial do Comércio** 307

1. Questões Introdutórias 307
2. Do GATT à OMC 308
3. A Organização Mundial do Comércio 316
    3.1. Generalidades 316
    3.2. Membros e Orgânica 317
    3.3. O Alargamento de Competências 319
    3.4. As Conferências Ministeriais 321
4. A OMC e os Países em Desenvolvimento 323
    4.1. Aspectos Introdutórios 323
    4.2. As Disposições Especiais a Favor dos Países em Desenvolvimento 324
    4.3. As Conferências Ministeriais e o Desenvolvimento 327
5. A Apreciação Crítica 329

562 *Valores e Interesses*

Capítulo IV – **A Ajuda Pública como Instrumento das Políticas de Desenvolvimento** 335

1. Considerações Preliminares 335
2. A Ajuda Pública. Problemas e Evolução 337
3. A Condicionalidade da Ajuda e a Conferência de Monterrey 344
4. O Financiamento da Ajuda Pública 349

PARTE III
A POLÍTICA COMUNITÁRIA DE COOPERAÇÃO PARA O DESENVOLVIMENTO

Introdução 355

Capítulo I – **A Política Comunitária de Cooperação para o Desenvolvimento numa Perspectiva Histórica** 361

1. Os Primórdios da Política Comunitária de Cooperação 361
2. As Convenções de Yaoundé 365
3. As Convenções de Lomé 369
   3.1. A Nova Perspectiva de Cooperação. 369
   3.2. A Convenção de Lomé I 370
   3.3. A Convenção de Lomé II 374
   3.4. A Convenção de Lomé III 376
   3.5. A convenção de Lomé IV 381
       3.5.1. O Texto Originário 381
       3.5.2. A Revisão Intercalar 386
   3.6. Balanço Sumário das Convenções de Lomé 389

Capítulo II – **O Acordo de Cotonou** 395

1. Os Antecedentes 395
   1.1. O Livro Verde sobre Política de Cooperação 397
2. A Influência do Tratado de Maastricht 400
3. Aspectos Fundamentais do Acordo 401
   3.1. Questões de Ordem Geral 401
   3.2. A cooperação política 402
   3.3. Redução da Pobreza 406
   3.4. O Relacionamento Económico e Comercial 407
   3.5. O Corte com Lomé e a Integração Económica Regional 410
   3.6. O Desenvolvimento Participativo 414
   3.7. A Reforma Financeira 416
   3.8. Aspectos Institucionais 419
   3.9. A Natureza Jurídica do Acordo 420
4. Considerações Finais 420

Índice 563

Capítulo III – *Outras vertentes da política comunitária de cooperação e apoio aos países em desenvolvimento* 425

1. Aspectos gerais 425
2. Outras Soluções de Base Regional 426
   2.1. A Política Mediterrânica 426
   2.2. A política de Cooperação com a América Latina 430
   2.3. A Política de Cooperação com a Ásia 434
3. As Soluções Universalistas 436
   3.1. O Sistema Comunitário de Preferências Generalizadas 437
   3.2. A Ajuda Técnica e Financeira aos Países em Desenvolvimento não Associados 444
   3.3. A Segurança Alimentar 445
   3.4. Acções de Carácter Humanitário 446
   3.5. A Ajuda na Luta Conta o SIDA. 449

Capítulo IV – **Os Fundamentos Jurídicos da Política de Cooperação** 451

1. Aspectos Gerais 451
2. A ajuda ao Desenvolvimento Antes do Tratado de Maastricht 452
3. A Política de Cooperação para o Desenvolvimento no Tratado de Maastricht ... 457
   3.1. Aspectos Gerais 457
   3.2. O Novo Título XX 458
   3.3. O Acórdão Portugal /Conselho 460
   3.4. A Política de Cooperação como Política Comum 464
   3.5. Outros Aspectos 466
4. O Título XXI 467

Capítulo V – **Balanço Final: uma Política na Encruzilhada** 469

1. Aspectos Gerais 469
2. Perspectivas de Futuro 474
3. O Projecto de Constituição Europeia 476
4. Os grandes Temas em Debate na Política de Cooperação 478
   4.1. A "Apropriação" das Políticas de Desenvolvimento 478
   4.2. A Defesa dos Direitos do Homem 482
      4.2.1. O Carácter Universal dos Direitos Humanos 483
      4.2.2. A Legitimidade da Intervenção Externa e a Adequação dos Acordos Internacionais à Defesa dos Direitos Humanos 485
      4.2.3. A Coerência Interna e Externa da Comunidade em Matéria de Direitos Humanos 487
      4.2.4. Das Proposições Teóricas à Acção Prática 493
   4.3. A Condicionalidade Política 496
   4.4. A Boa Governação 504
   4.5. A Coerência das Políticas, a Complementaridade e a Cooperação 506

564 Valores e Interesses

5. Políticas Comunitárias 507
    5.1. Articulação das Políticas Comunitárias com as Políticas dos Estados
    Membros 511
6. A Cooperação Descentralizada 515
6.1. Os Agentes não Estatais 515
6.2. A Desconcentração dos Poderes da Comissão 518
7. A Preparação dos Novos Acordos Económicos 519

Bibliografia 523